DELFÍN CARBONELL BASSET

B.A. Duquesne University
M.A. University of Pittsburgh
Licenciado y Doctor en Filología,
Universidad Complutense

DICCIONARIO PANHISPÁNICO DE REFRANES

DE AUTORIDADES E IDEOLÓGICO, BASADO EN PRINCIPIOS HISTÓRICOS QUE DEMUESTRAN CUÁNDO SE HA UTILIZADO UN REFRÁN, CÓMO SE HA EMPLEADO Y QUIÉN LO HA UTILIZADO, CON PROVERBIOS, ADAGIOS, DICHOS, FRASES Y SENTENCIAS DE LA LENGUA CASTELLANA. UNA ANTOLOGÍA DE LOS REFRANES DOCUMENTADOS EN LAS LETRAS HISPÁNICAS

Herder

Diseño de la cubierta: CLAUDIO BADO y MÓNICA BAZÁN

© 2002, Delfín Carbonell Basset

© 2002, Empresa Editorial Herder, S.A.

La reproducción total o parcial de esta obra sin el consentimiento expreso de los titulares del *Copyright* está prohibida al amparo de la legislación vigente

Imprenta: Tesys
Depósito Legal: B-9541-2002
Printed in Spain

| ISBN: 84-254-2232-9 | **Herder** | Código catálogo: DIC2232 |

Provenza, 388. 08025 Barcelona - Teléfono 93 476 26 26 - Fax 93 207 34 48
e-mail: editorialherder@herder-sa.com - http: www.herder-sa.com

DICCIONARIO PANHISPÁNICO DE REFRANES

«Hay momentos en que todo, hasta lo evidente, llega a parecer, por tan lejano, imposible. Son momentos que hay que vencer, como un vicio, a fuerza de voluntad, de mucha y muy firme voluntad.»

Camilo José Cela,
Las compañías convenientes y otros fingimientos y cegueras, 1963.

- o o -

«Si no podemos hacer algo grande, intentemos por lo menos hacer algo fuera de lo habitual.»

Giuseppe Verdi.

- o o -

«Supuesto que por la lengua pecamos, y que por ella hemos de morir, no será mucho que dediquemos a este ramo de la literatura algunas de nuestras tareas. Bien se deja conocer que la lengua es para un hablador lo que el fusil para el soldado; con ella se define y con ella mata. Tengamos, pues, prevenidas y en el mejor estado posible nuestras armas, y démosle a este fin un limpioncito de cuando en cuando.»

Mariano José de Larra,
El pobrecito hablador, «Filología».

- o o -

«Pero no es culpa nuestra que la ciencia esté derribando a martillazos un día y otro tanto ídolo vano, la superstición, el sofisma, las mil mentiras de lo pasado, bellas las unas, ridículas las otras, pues de todo hay en la viña del Señor.»

Benito Pérez Galdós,
Doña Perfecta, 1876.

- o o -

«No, no; el horizonte de nuestra percepción no es el horizonte de la realidad. Por esto Leibniz, cuando quiere definir el síntoma decisivo del espíritu, advierte que no consiste en la percepción, por la cual nos damos cuenta de lo que tenemos delante, sino en lo que sugestivamente llama percepturitio, es decir, une tendence à nouvelles perceptions, una como sensibilidad para lo que aún no está ante nosotros, para lo ausente, desconocido, futuro, remoto y oculto.»

José Ortega y Gasset,
El espectador, I, 1916.

«I learned this at least, by my experiment; that if one advances confidently in the direction of his dreams, and endeavors to live the life which he has imagined, he will meet with a success unexpected in common hours. He will put some things behind, will pass an invisible boundary; new, universal, and more liberal laws will begin to establish themselves around and within him; or the old laws be expanded, and interpreted in his favor in a more liberal sense, and he will live with the license of a higher order of beings. In proportion as he simplifies his life, the laws of the universe will appear less complex, and solitude will not be solitude, nor poverty, poverty, nor weakness, weakness. If you have built castles in the air, your work need not be lost; that is where they should be. Now put the foundations under them.»

HENRY DAVID THOREAU,
Walden.

Dedico este pequeño trabajo al Instituto Caro y Cuervo de Santafé de Bogotá, en prenda de gratitud a su labor, porque con su ejemplo de rigor científico y aportación al estudio del idioma estimula a investigadores independientes como yo, que tratamos de emular sus esfuerzos y nos da ánimos para proseguir nuestro trabajo. Llevar a término el Diccionario de construcción y régimen de la lengua castellana, *de Rufino José Cuervo, demuestra un talante y una manera de hacer que enorgullece a todos los hispanohablantes.*

Delfín Carbonell Basset

ÍNDICE

¿Qué contiene este libro? 13

Prólogo de Alonso Zamora Vicente, de la Real
    Academia Española 15

Introducción 23

Símbolos y siglas 37

Diccionario panhispánico de refranes 39

Breve prueba de sus conocimientos de refranes 497

Bibliografía 499

¿QUÉ CONTIENE ESTE LIBRO?

En este libro encontrará usted con facilidad refranes que de verdad existen en el idioma, y su significado; **cómo** se han empleado –aportando citas–; **cuándo** se han empleado –aportando fechas–; **quién** los ha empleado –aportando nombres–; **dónde** se han utilizado –aportando títulos, revistas o programas de radio y televisión–; y en qué **región** geográfica –aportando nombres de países hispánicos.

No son muchos los refranes que pueden presentar testigos por escrito, documentación, de su existencia y vigencia; y los llamados *refraneros* son engañosos y producto del pillaje del autor o de su inventiva. Este libro es diferente: es el primer diccionario de refranes de autoridades del idioma castellano. Por lo tanto ya no tiene usted que hacer un acto de fe y creer a pie juntillas lo que le dicen, porque se muestran pruebas. Es un trabajo riguroso y serio, así como divulgativo, donde no se da gato por liebre y no recoge refranes al buen tuntún.

Los refranes son frases que han caído en gracia y se han convertido en clichés que expresan una idea de manera concisa y rápida. Y a estas alturas debemos replantearnos si el refrán es el resultado de la sabiduría popular, como siempre se ha dicho y repetido. Observar cómo es y actúa la gente nos hace dudar de esa cacareada sabiduría que creo no existe y, por tanto, el refrán no puede reflejar lo que no es. Tampoco es portador de valores eternos. La lengua castellana emplea tantos o tan pocos refranes como cualquier otro idioma, ni más ni menos. No nos hagamos ilusiones lingüísticas vanas e imperialistas y fuera de lugar.

Con los refranes hemos estado comulgando con ruedas de molino. Pero ya no. Este libro coloca las cosas en su justo lugar y de una vez por todas, porque si no luego pasa lo que pasa.

También se hace evidente que estos refranes y frases que recojo, muchos por primera vez, se emplean en todos los países de habla castellana, con variantes y formas diferentes. Y es que el idioma es uso y no fosilización, es cambio y no estancamiento, es renovación viva y constante. Estas frases las han empleado los clásicos, y escritores contemporáneos como, por ejemplo, Cela, Sábato, García Márquez, Vargas Llosa, Carlos Fuentes, Borges, y muchos más que encontrará aquí en las citas textuales.

Este libro ambiciona ser entretenido e informativo, para leer, aprender y disfrutar.

No es poco lo que aquí se ofrece.

Si se le despierta la curiosidad por saber más y tiene tiempo, le remito a la Introducción donde explico cosas casi eruditas, con notas a pie de página y todo.

Es una invitación a descubrir la aventura y misterio del idioma a través de sus refranes. Abre la posibilidad de enriquecer la fraseología propia de cada uno y ahondar en el conocimiento del idioma, la mejor y más útil herramienta que ha inventado el hombre.

Delfín Carbonell Basset

PRÓLOGO

ALONSO ZAMORA VICENTE
de la Real Academia Española

Delfín Carbonell Basset, nombre ya bien conocido en el campo de la lexicografía, ha mostrado siempre su dedicación a la lengua viva, lejos de la orquestación forzada de los retoricismos literarios. Han sido objeto de sus tareas los proverbios, la fraseología, con frecuencia marginada, el argot... Su *Gran diccionario del argot: El sohez* (Barcelona: Larousse, 2000) es prueba candente de esta preocupación. Sus publicaciones tienen, además, el valor añadido de procurar atestiguar, con autoridades escritas, frecuentemente en textos de alta calidad literaria, todo cuanto recoge. Digamos aprisa y sin rodeos que, a pesar de las reticencias o reparos que la sabiduría oficial pueda oponerle, le debemos, ante todo, gratitud, por dotarnos de estos elementos de trabajo y ponernos al alcance de la mano la presencia palpitante de una provincia del idioma poco frecuente en la literatura, casi siempre envuelta en cuidadosos velos de indecisa perfección.

Esta vez Carbonell cae sobre los refranes. Y solicita un prólogo mío para su recopilación. He de darle gustosa bienvenida y esquivar cuidadosamente el marchamo de «refranero». No, no quiere Carbonell que este libro sea un «refranero». Sus métodos de laboreo le han llevado a pensar que no existen tantos refranes como el abundante refranero suele cobijar. Y cree poco en las razones esgrimidas intelectualmente para hablar de voz y sabiduría populares. Aquí, probablemente, como tantos otros investigadores, Carbonell hace equilibrios en la frontera entre *popular* y *vulgar*. Por mi parte, creo que, desde el meollo mismo de nuestra literatura –excepcional literatura entre las de los pueblos modernos– lo popular desempeña un papel de primerísima importancia, y que es precisamente la lucha entre ambas valoraciones (mejor: contra lo *vulgar*) uno de sus caballos de batalla más ilustradores, con el que hay que contar siempre. Y también que el repertorio acarreado por Delfín Carbonell Basset nos proporcionará ayuda en gran medida, a fin de iluminar este mantenido, secular combate.

En primer lugar, la vigencia de un refrán no se puede medir con criterios extrictamente lexicográficos: anda vacilante entre la lengua general y la circunstancia social que la lanza a la vida. Puede ser familiar en ciertos círculos sociales y desconocido en el resto. Ya desde el humanismo renacentista (con el peso de los *Adagia* de Erasmo, tumultuosamente manejados), el refrán pugna por ser héroe cotidiano en las meditaciones sobre la lengua hablada. Es curiosa la total aquiescencia en países, teorías, etc. sobre su contenido e historia: son viejos, algunos viejísimos, con noble presencia en el admirado mundo clásico antiguo; su lección o consejos morales no necesitan para nada de las analogías o dependencias con el mundo cristiano: ya eran así, y lo siguen siendo, en lugares o sociedades donde dominan otras formas de creencia o de estructura política. ¿Que son frases de alto origen que han tenido la suerte de ser aprendidas, repetidas y pasar a enriquecer el almacén universal de creencias, ideas, conductas, etc.? Pues, sí, pero tampoco es cuestión censurable ese lento aprendizaje, digo yo. Son populares según la boca que las pronuncia o la situación a que se apliquen. El refrán vive entre nosotros y, si bien es cierto que tantos miles de ellos como nos apedrean desde los refraneros (¡manes de Rodríguez Marín...!), sufren olvido o destierro, pero también es verdad, y grave verdad, que solamente en tiempos muy próximos se han empezado a mirar sus frecuentes rimas, su estructura lingüística, su resurrección inesperada y oportuna. Las investigaciones de María Josefa Canellada y de otros tantos jóvenes que revelan una nueva, encariñada actitud ante el refrán. La colección de Carbonell vendrá a aumentar las posibilidades de conocimiento serio. Y más de uno de sus ejemplos, tan certeros, nos demostrará lo que la vieja concepción humanista sostenía: *dignificación de lo popular*, con absoluto desprecio de lo vulgar. Ya nos dijo Don Quijote (¿de qué no sigue siendo guía y maestra la voz cervantina?): «Paréceme, Sancho, que no hay refrán que no sea verdadero.» (Quijote, II, 21). Y a la vez, nos avisa: «... ensartar refranes a trochemoche hace la plática desmayada y baja.» (II, 43). ¿No está aquí la cuestión última de la pervivencia y del olvido de otros? Sí, creo que sí: detrás de estas palabras está la arriesgada aventura de la transformación literaria: dotar a la frasecilla, hasta ese mismo instante despoblada, de íntegra decisión de permanencia, convertirla en criatura artística. No leeremos una página de nuestra literatura sin tropezarnos con ejemplos admirables de esta conversión. «En los nidos de antaño, no hay pájaros hogaño», nos dice Don Quijote cuando siente llegar la extinción de sus pulsos. ¿Dónde se han escondido las regañinas a Sancho por su locuacidad refraneril...? ¿Cabe más hermosa y rotunda manera de ver el desfile de síes y de noes de toda una vida, ese tembloroso vaivén de gozos y fracasos? Por lo pronto, ya para siempre sea de donde fuere el lector, ese refrán obliga a cambiar el tono de la lectura, en cuanto le ponemos la mirada encima. Inevitablemente, una mansa ola de pesadumbre nos invade y conturba nuestro ánimo. Aunque ya no empleemos hoy *hogaño* en nuestra conversación urbana o literaria y aunque ya muchos no sepan bien qué es un *nido*. Hoy nos encandila este trueque de lo popular, llevado al ara misma de la más depurada estética. La ciencia nueva, la lexicografía rigurosa, la estilística, el análisis poético, los variopintos procedimientos de la crítica, etc. etc., todo cambia de signo ante esas palabrejas que del hablar rústico lanzan sus ecos al trasmundo. Cervantes habló de pedir discreción al hablante, es decir, cultura, tacto, finura espiritual (aunque hubiera nacido en Majadahonda, tierra de pastores) y Fray Luis de León nos pedía obrar con «particular juicio». Para todo esto, el acervo ordenado por Delfín Carbonell puede ser inestimable auxilio.

Leyendo sus páginas, se ha reabierto en la memoria esa herida que nos acompaña tenaz, algo que llenó el habla de mis años mozos y que ante muchos ejemplos de Carbonell, he vuelto a rehacer espontáneamente, (ya fue recurso del teatro clásico): emplear, sabiendo que todos asienten y pueden acabarlo, la primera parte de un refrán. Y esquivando la sabiduría colectiva, terminarlo con consecuencia improvisada, disparatada a veces, incluso de «mal tono», como entonces se decía. Estallaban las risas, coincidente desconcierto, incluso el mal humor: «Marzo ventoso y abril lluvioso...» Silencio. Todos exhiben su sapiencia. Y esa actitud se rebaja bruscamente de nivel: «sacan a mayo que da asco verlo.» Cito el testimonio más suave. Pero, por lo general, la falsa secuencia se adornaba de obscenidad, usual y palurda, universalmente censurada: «Quien a buen árbol se arrima, buenos ... cojones le cuelgan.» Quizá teníamos muy buen cuidado y, antes de recurrir a semejante comportamiento, dominábamos bien cómo era el auditorio... Especialmente si había oyentes femeninos, tan pudorosos por aquellos calendarios. Es truco que, en muchas ocasiones se nos escapa al comentar textos clásicos. Obsesos con la erudición, se nos ha traspapelado que grandes creaciones literarias tienen en su base un refrán, una cancioncilla. La tan zarandeada *Fuen-*

teovejuna, cuando Lope la escribe, es ya sabiduría popular; figura con su ritmo refranesco en el Diccionario de Covarrubias. Detrás de *El caballero de Olmedo*, suena y resuena la cancioncilla que nos conduce a la muerte del caballero. Una comedia tan *seria* ha sido sometida a verdaderas torturas por la erudición moderna para explicar el sentido de la transitoriedad humana que tan dignamente lleva Juan Labrador. Asombra ver la cantidad de textos y autores antiguos –y hasta contemporáneos de Lope– que se han traído a colación. Y toda esa fascinante serenidad espiritual que Lope refleja no queda satisfecha con las aclaraciones eruditas. Se piensa, doctoralmente, en la muerte como final. Es verdad que para ese viaje no necesitábamos alforjas. Entre tanta sapiencia universitaria, nadie ha reparado en algo elemental y próximo. Cien veces al día, las bocas hispanohablantes, en cualquiera de sus plurales geografías, dicen: «Hasta el fin, nadie es dichoso.» Y se aplica a innumerables circunstancias. Los cambios sociales, prósperos o desdichados, han suprimido o relegado a un segundo término el valor religioso del refrancillo: Hasta que hayamos llamado a la puerta celestial, y seamos recibidos, no podemos cantar victoria. Para Lope, gran pecador, el valor primero es insustituible. ¿Cabe encontrar una fuente más cercana y más certera? ¿Habrá que volver a hacer recuento y estadística de los títulos teatrales o de otros géneros, que son refranes, o viven de ellos?

Añadamos la extraordinaria abundancia con que se juguetea, a lo largo del desarrollo dialogado del drama, con refrancillos a los que se imita vagamente. Y eso resulta un acierto, porque se sabe que el corral entero suple las palabras infinitamente repetidas. Es recurso copiosísimo. Recordaré solamente un par de ejemplos. En *Peribáñez*, Lope pone en boca de una lugareña: «... era palmilla gentil / de Cuenca, si allá se teje, / y oblígame a que la deje / Menga, la de Blanco Gil, / porque, dice, / que el color / no dice bien con mi cara.» La palmilla de Cuenca, tejido estimadísimo, era verde. Pues ahí brota el refrán: «Quien se viste de verde a su rostro se atreve.» (Clas. Cast. Nueva serie, pág. 85). Carbonell registra el dicho, así como otro, en México, aplicado al amarillo. En los campos españoles, sigue vigente.

El otro ejemplo que acabo de prometer pertenece a *Don Gil de las calzas verdes*: «... y cuando iba a desprender / joyas con que enriquecer / mis albricias (todas nueces, / gran ruido y poco fruto» (Clas. Cast. 187, pág. 228). Todavía hoy, en una colectividad inmensa, ¿no se oye este refrán sin el menor gesto de extrañeza o de repudio? Sí, sin duda, pero como muchos, puede escapar a nuestra diligencia. Quizá por esto no debemos desdeñar la existencia de tanto *refranero*: «Donde menos se espera, salta la liebre.» Es decir, las sorpresas siempre agradables, brotan inesperadamente. A todo este desordenado amontonamiento de experiencia secular, de canto ocasional o ritual (bautizos, bodas, festejos anuales, entierros, etc.), las ricas y variadas situaciones de enfermedades y sus remedios, etc., es lo que despachamos como *sabiduría popular*.

Espero que Delfín Carbonell se añada a la lista de los que juzgamos que esa sabiduría tiene hueco en la convivencia, merece ser respetada y estudiada: él mismo la utiliza en su *Diccionario Sohez*. Llama *piojo verde* al tipo pesado, que molesta, que estamos deseando perder de vista (y que nuestro lexicógrafo no ha logrado documentar; debió ser pasajera y casi clandestina moda). Carbonell está contribuyendo a ensanchar esa difusa zona de la sabiduría popular. Carbonell, ausente de España largos años, no ha podido reconocer, en esa actitud ante el diminuto piojo, al trasmisor del tifus exantemático, que tantos quebraderos de cabeza provocó en la España insomne de la posguerra civil. En épocas anteriores, el mismo uso y el mismo sujeto, se llamó *filoxera*: fueron los años de las grandes plagas que dañaron seriamente los viñedos. Nuestro autor habla de «comulgar con ruedas de molino»; dice con absoluta limpieza conversacional, «ir al grano», «hinchar el perro», «el que venga detrás (que arree» es la forma usual); «marear la perdiz», etc., etc.

En fin: habíamos quedado en que estas líneas no deberían ser largas: corren el peligro de considerarse como refranes traídos por los pelos. Hoy, solamente quería destacar que ese maravilloso rasgo de hablar y escribir (¡y de soñar!) dispone de un apoyo más, inestimable: el que nos regala Delfín Carbonell con sus refranes autorizados.

ALONSO ZAMORA VICENTE
de la Real Academia Española

DICCIONARIO PANHISPÁNICO
DE REFRANES

de autoridades[1] *e ideológico, basado en principios históricos, que demuestra cuándo se ha utilizado un refrán, cómo se ha empleado y quién lo ha utilizado, con proverbios, adagios, dichos, frases y sentencias de la lengua castellana. Una antología de los refranes documentados en las letras hispánicas*

---

1. Texto que se cita para corroborar lo que se alega.

INTRODUCCIÓN

«Si yo viera que personas mejor tituladas [...] se dignaban comunicarnos sus averiguaciones sobre este tema, no me atrevería a editar los pensamientos que ocasionalmente han venido a visitarme. Pero la ausencia de más sólidas reflexiones proporciona acaso algún valor a las siguientes ideas que enuncio a la buena de Dios...»[2]

La gentil y encantadora Ariadna, de la Biblioteca Nacional, en Madrid, me dice que tiene en el catálogo 680 títulos[3] relacionados con *refranes* y *proverbios*. Hay tantos libros de refranes en lengua castellana que publicar otro sería superfluo e injustificable si no fuera porque éste no tiene relación ni parecido alguno con los ya escritos.[4] Mi diccionario se basa

2. José Ortega y Gasset, *Ideas sobre la novela*, 1925. Me aventuro a exponer las ideas que siguen animado también por las palabras de Camilo José Cela: «El mundo camina sin detenerse porque todavía vive Antífanes entre nosotros, entre quienes probamos a emprender sin cansancio caminos desconocidos y novedosos porque creemos que una sola cosa nueva, aunque sea temeraria, vale más que una infinidad de cosas viejas.» ABC, 31/12/2000.

3. «... en las lenguas romances occidentales, prolifera la publicación de colecciones paramiográficas mientras se reduce considerablemente el uso de las paremias por parte del vulgo, hasta el punto de que, por lo general, se las considera fenómenos lingüísticos fosilizados, en particular los refranes.» Julia Sevilla Muñoz, «Consideraciones sobre la búsqueda de correspondencias paremiológicas, francés-español.» en Gloria Corpas Pastor, *Las lenguas de Europa: Estudios de fraseología, fraseografía y traducción,* Comares: 2000.

4. Los más importantes: Marqués de Santillana, 1508; Pedro de Vallés, 1549; Hernán Núñez, 1555; Juan de Mal Lara, 1568; Lorenzo Palmireno, 1569; Sorapán de Rie-

en investigación y cánones puramente lexicográficos, apoyados en evidencia documental.[5] **Es el primer intento de compilar un refranero de autoridades en lengua castellana.**[6] Aun así cabe preguntarse:

¿Se han quedado obsoletos los refranes, proverbios y dichos?

¿Son quizá fósiles lingüísticos que sobreviven en los museos que son los diccionarios, las recopilaciones y las listas de refranes que se copian los unos a los otros con descaro y gran descoco?

¿Han estado alguna vez vigentes?

¿Siguen vigentes?

¿Se emplean o se han empleado en nuestra literatura y periodismo?

¿Se oyen en radio y televisión?

La respuesta es *sí*, naturalmente, y la prueba es el libro que tiene usted en sus manos. **Aquí se encuentran los refranes documentados con citaciones,** citaciones que apoyan su existencia escrita en todo el mundo de habla castellana, desde España a Chile, pasando por México, Puerto Rico, Guatemala, Cuba, Venezuela, Perú...[7] Citas por **Camilo José Cela, Gabriel García Márquez, Jorge Luis Borges, Miguel Delibes, Mariano Azuela, Miguel Ángel Asturias, Mario Benedetti, Jorge Edwards, Mario Vargas Llosa, Álvaro Pombo, Sealtiel Alatriste, Isabel Allende, Carmen Martín Gaite, José María Carrascal, Ernesto Sábato, José Eustasio Rivera, Juan Marsé, Manuel Vázquez Montalbán**..., así como los llamados clásicos, patrimonio común de todos los hispanohablantes: Pérez Galdós, Fernán Caballero, Baroja, Cervantes, Lope, Mateo Alemán, Gracián, Fernando de Rojas, Juan Ruiz... y muchos más que encontrará en el listado de la bibliografía al final del libro.

---

ros, 1616; Gonzalo Correas, 1627; José María Sbarbi, 1874-78; F. Rodríguez Marín, 1895-1941; Luis Martínez Kleiser, 1953; J.G. Campos y A. Barella, 1995. Véase nota 27.

5. «Para el escritor hay una cuestión de honor intelectual en no escribir nada susceptible de prueba sin poseer antes esta.» José Ortega y Gasset, *Meditaciones del Quijote*, 1914.

6. En lengua inglesa, por ejemplo, hay varios pero adolecen todos del mismo defecto: se apoyan en refraneros anteriores para entresacar evidencias (¿?) de uso porque no encuentran citaciones, autoridades, literarias, escritas, para la mayoría de los refranes que incluyen. Esto no es aceptable.

7. Se incluyen citaciones de escritores y publicaciones periódicas de los siguientes países: Argentina, Bolivia, Chile, Colombia, Costa Rica, Cuba, Ecuador, EE.UU., El Salvador, España, Filipinas, Guatemala, Honduras, México, Nicaragua, Panamá, Paraguay, Perú, Puerto Rico, República Dominicana, Uruguay y Venezuela.

¿Qué más podemos pedir?[8]
Es una prueba palpable de la realidad de algunos refranes en el mundo hispánico y de la universalidad, y globalización de la lengua castellana. Vuelvo a mi antigua idea de que ahora el idioma ya no conoce límites geográficos, que toda palabra, dícere o refrán pertenece a la lengua universal y no a un lugar determinado. Tenemos que olvidar las parcelaciones regionales y pensar globalmente. Creo que si seguimos por este camino, el del idioma como patrimonio de personas y no de lugares, lograremos dar empuje y auge a la lengua castellana.[9] J.J. Armas Marcelo cita a Caballero Bonald: «... que nadie pueda monopolizar las influencias lingüísticas porque todos los que hablamos español somos propietarios del lenguaje.»[10]

Pero sin embargo, **de los miles de refranes, dichos y proverbios que están reseñados en los refraneros, son contados los que poseen**

---

8. «... en realidad, no existen estudios descriptivos fiables que nos permitan comprobar si las paremias han caído en desuso, o si, por el contrario, siguen gozando de buena salud.» Y más aún: « Una reflexión seria [...] de las paremias en la lengua debe comenzar por el análisis empírico de estas unidades fraseológicas en contexto, teniendo en cuenta los datos fiables que sólo un estudio a gran escala es capaz de aportar.» Gloria Corpas Pastor, «El uso de paremias en un corpus del español peninsular actual.» en Gerd Wotjak (ed.), *Estudios de fraseología y fraseografía del español actual*, (Lingüística iberoamericana, Universidad de Leipzig, 1998.)

9. Remito al lector a la introducción de mi *Gran diccionario del argot: El Sohez*, (Larousse, 2000.)

10. ABC, 29/7/2000. Y cito más: «Caballero Bonald [...] acaba de proponer una norma panhispánica del español y sus literaturas frente a lo que, con sumo tino, el escritor llama parcelaciones regionales... Dice Caballero Bonald que la inflexible pureza del idioma es tan execrable como la exigencia de la pureza de sangre. Contra esta tesis de pureza, cada vez más debilitada por la revolución de las comunicaciones y por la globalización del libro...» Hago mías también las palabras del mismo J. J. Marcelo Armas, ABC Cultural 9/12/2000, cuando se refiere al castellano: «Quiero decir que esa lengua no puede ya ser nacionalizada por ningún gobierno, ni poder financiero, ni mediático, ni civil, ni militar ni eclesiástico, ni cibernético ni internético. Va por libre y conquista pacíficamente a hablantes en todas las fronteras del mundo. [...] Hoy [...] podemos decir, al margen de cánones inventados que Alberti, Cela, Paz, Borges, García Márquez, Juan Goytisolo, García Hortelano, Vargas Llosa, Cortázar y tantos y otros [...] no son escritores sólo españoles, argentinos, peruanos, colombianos o mexicanos, sino escritores de la lengua española, todos de igual a igual en todos nuestros ámbitos culturales, geográficos y literarios.»

documentación escrita.[11] Con mucha humildad digo que no creo en la tradición oral –de los refranes, canciones y romances– que de ser cierta nos obligaría a modificar las teorías sobre el lenguaje y su evolución. También tendríamos que considerar el papel de la memoria del cerebro humano, que está sujeta a vaivenes sorprendentes. Los que creen que los viejos recuerdan mejor el pasado, lingüístico o social, se equivocan. Los viejos recordamos lo que queremos o lo que nos ha impresionado más, si es que recordamos algo.[12] **Estas ideas me obligan a sospechar que en todo este asunto de la vigencia de las paremias, la copia, el plagio, el robo y la invención gratuita desempeñan, que no juegan, un gran papel en los refraneros.** Y no tiene objeto reseñar 5.000, 15.000 o 100.000 paremias que nunca se han puesto negro sobre blanco y de las cuales no tenemos noticia fehaciente y documentada literariamente.[13] Esto ya lo apuntaba Joaquín Calvo-Sotelo en su prólogo al libro de Martínez Kleiser: «... se hace difícil eliminar de la obra de Martínez Kleiser ese olor un poco triste de los museos históricos... tropezamos en sus pobladas columnas, infinitos consejos, advertencias, que ya

---

11. «... y como muchas de esas frases obscuras alcanzaron estado literario y figuran en las obras maestras de nuestra literatura, el acuerdo de omitirlas sistemáticamente no sería aconsejable. Habrá, pues, que estudiar caso por caso y resolverlos todos discrecionalmente, *a la vista de las autoridades que cada frase proverbial tenga en su abono.*» Julio Casares, *Introducción a la Lexicografía moderna*, 1950 (subrayado mío).
12. Pregunto a conocidos el nombre de la madre de su abuela y no lo saben. La tradición oral y la memoria familiar es corta. Y supongo que la tal señora fue importante en la familia y objeto de lloriqueos a su muerte y de inscripciones como *nunca te olvidaremos.* Y tengamos muy presente que la lengua siempre se transmite de manera oral, es un fonómeno oral, claro, que es la única realidad. Cuando los idiomas dejan de hablarse, mueren y se convierten en lenguas muertas. Y no hablemos ya de los «famosos» escritores de mucho éxito de ventas que en una generación caen en un vergonzoso olvido, relegados a unas líneas en historias de la literatura, con suerte.
13. Los filólogos y paremiólogos María Conca y Josep Guía, de la Universitat de València dicen con mucha razón: «Cal tenir en compte, a més, que, des d'una perspectiva pragmàtica, el proverbi es un acte de comunicació que arrela i s'estructura en una determinada llengua, amb un lèxic específic, unes marques d'inserció característiques i un valor metafòric configurador de sentit, per la qual cosa, tot i ser susceptible de traducció, *no hi ha garantia d'haver estat usat pels parlants de la llengua a què s'ha traslladat, si hom no pot documentar o la seva utilització en textos altres que la pura i simple compilació».* En «Proverbis catalans en el *Vocabulario de refranes* de Gonzalo Correas». *Att. del XXI Congresso Internazionale di Lingüística e Philologia Romanza*, Vol. 3, Tübingen: Max Niemeyer Verlag, 1998 (subrayado mío).

nadie repite...»[14] Obras son amores y no buenas razones, y callen barbas y hablen cartas. Y lo demás, me atrevo a pensar quizá en mi ignorancia, son zarandajas, insignificancias.[15] **Incluyo, pues, algunos de los refranes que han sobrevivido por escrito y dejo de lado los que, en el proceso de selección natural léxica, como apuntó Darwin,**[16] **han desaparecido en combate**, los que han caído en la cuneta lingüística y no han logrado perdurar, los que han sido olvidados y ni se mentan y ni se escriben y que, repito, simplemente yacen en los nichos de los diccionarios de refranes que son el campo santo del refrán y del proverbio, donde descansan acumulando polvo hasta que un ladrón[17] de tumbas de refranes se los lleva a su propio cementerio, a su *nuevo* diccionario.[18] Pobrecitos refranes, almas en pena que, quizá, sólo hayan existido en los albores del idioma.

El objeto de este pequeño trabajo es poner las cosas en claro, en su sitio cabal y sólo reseñar los refranes que se pueden documentar fuera de refraneros, diccionarios y listados. Esta es la única realidad y no exige un acto de fe.[19]

El lexicógrafo –que no paremiólogo–, como simple notario de la realidad léxica, no debe hacer conjeturas acerca de lo que puede haber existido o no, y se debe atener a la documentación que demuestra a ojos vistas lo que es; debe reflejar lo que ve y oye con la mayor precisión y la más exacta objetividad posibles. La fantasía, la mentira y la censura no tienen cabida en el quehacer del diccionarista.[20] Creo que

14. *Refranero general ideológico español*, Hernando, 1989.
15. Que me corrijan los que sepan de correcciones, aportando pruebas documentales que no procedan de refraneros, claro está.
16. Remito al lector a la introducción en mi *Gran diccionario del argot: El Sohez* (Larousse, 2000.)
17. A veces son varios, son un equipo de seis o siete investigadores/descuideros.
18. Los últimos que caen en mis manos son *Mil refranes, mil verdades*, Presentado [sic] por Constantino Romero, Martínez Roca, 2001, y *Gran diccionario de refranes*, de Larousse, 2001.
19. «Dictionaries only succeed because of an act of faith on the part of the users...» Rosamund Moon, «Objective or Objectionable: Ideological Aspects of Dictionaries.» en *English Language Research*, Berhimgham, Eng. 1989.
20. En el encuentro de don Quijote con los mercaderes, el caballero les pide que hagan un acto de fe, que digan, sin verla ni conocerla, que Dulcinea es una mujer estupenda, o sea: que comulguen con ruedas de molino. Naturalmente se niegan y piden pruebas, por pequeñas que sean. Y así ha de ser.

no debemos faltarle al respeto al idioma haciéndole violencia, que luego pasa lo que pasa. Simplemente anotemos su quehacer y sus andaduras y cambios de rumbo. Nada más. Ya dijo Richard Chevenix Trench en 1857 que el lexicógrafo es historiador, no legislador. Y volviendo a lo de antes: hay cientos de refraneros y diccionarios que encierran miles y miles de paremias, hasta, quizá, un total de 100.000,[22] más que entradas tiene el DRAE. Rodríguez Marín casi se los sacaba de la manga: *Más de 21.000 refranes castellanos no contenidos en la copiosa colección del maestro Gonzalo Correas* (Madrid, 1926), *12.600 refranes más de mi última rebusca...* (Madrid, 1930), *Los 6.666 refranes de mi última rebusca* (Madrid, 1934), *Todavía 10.700 refranes más no registrados por el maestro Correas* (Madrid, 1941). O sea, un total de 50.966 refranes, que no está del todo mal si los añadimos al libro de Correas. Pero debemos preguntarnos si es esto posible. Habrá o no existido tal número de paremias, pero la realidad es que pocas, poquísimas, se pueden compulsar en fuentes escritas que es, hoy por hoy, la única evidencia fehaciente que podemos presentar, repito, de su paso por el lenguaje, o sea: el ejemplo real de uso. Todo esto no debe sorprender a nadie, máxime si tenemos en cuenta que las lenguas, los idiomas, como parte del ser humano, mueren, desaparecen con él.

Reseño también díceres,[23] que no son refranes propiamente pero que el lector buscará aquí, ajeno a estas distinciones.

No copio de *refraneros*. Cito al *maestro* Correas,[24] 58 veces, para fechar algunas entradas, así como al Marqués de Santillana.[25] He tomado algu-

21. «On Some Deficiencies in our English Dictionaries» en *Transactions of the Philological Society*, Londres, 1857.
22. Luis Martínez Kleiser, *Refranero general ideológico español*, (Madrid: Hernando, 1980) reseña 65.000.
23. «... dícere, en singular, es voz viva que, en el ámbito que señala, quiere decir: dicho proverbial, frase hecha. Esta es la designación que hemos de dar a nuestras locuciones, adverbiales o proverbiales, a las que pensamos que ha de venirles como anillo al dedo, a las mil maravillas e incluso como pedrada en ojo de boticario, expresado sea con tres díceres.» Camilo José Cela, *Diccionario geográfico popular de España*, I, 1998. p. 36.
24. Gonzalo Correas, murió en 1631, gramático y paremiólogo, escribió *Vocabulario de refranes y frases proverbiales*. «El Maestro Correas, hombre de singular humor, es fama en Salamanca que ya en sus últimos días tenía la humorada de hacerse poner los días de mercado un sillón a la cabeza del puente, junto al famoso Toro, compañero de los *Toros de guisando*, y al charro que le decía un refrán que él no tuviese en su colección,

nas citas de Covarrubias principalmente para situar algunos refranes en el tiempo.

Llamo refrán a la *unidad fraseológica*[26] *de intención didáctica o moralizadora*. Es la paremia *un cliché, un lugar común, una frase hecha*, exactamente como las demás, excepto que pretende encerrar una verdad pseudofilosófica de intención edificante.[27] La Real Academia Española decidió eliminar los refranes del diccionario, explicando el motivo en su Preámbulo de 1970 con unas palabras interesantes e importantes: «... la decisión adoptada por la Academia de eliminar del diccionario los miles de refranes que contenía. En su mayor parte estas *sentencias de la sabiduría popular tienen más valor intelectual y moral que puramente lingüístico*» (subrayado mío).

Sin pretender adoctrinar a nadie y sin ánimo alguno de polémica y con la mejor intención del mundo, sugiero una reflexión sobre los siguientes puntos:

1. Opino que es un ejercicio arriesgado decir que el refrán es la destilación de la sabiduría y filosofía populares[28] cuando parece ser, más bien,

---

le daba un cuarto por cada uno...» nos explicaba B. J. Gallardo en 1830. Nos podemos imaginar a los lugareños inventándose «refranes» para sacarle los cuartos al maestro. Ver Antonio Rodríguez-Moñino, *Don Bartolomé José Gallardo (1776-1852)*, Madrid, 1955.

25. Íñigo López de Mendoza, Marqués de Santillana, (1398-1458), *Refranes que dizen las viejas tras el fuego*.

26. «En consecuencia, el término unidad fraseológica incluye combinaciones muy diversas que frecuentemente se conocen con las denominaciones de modismo, locución, frase proverbial, refrán y fórmula pragmática, aunque también puede hablarse de otros grupos.» Leonor Ruiz Gurillo, *Aspectos de fraseología teórica española*, Universidad de Valencia, 1997. Gloria Corpas Pastor: «Las paremias son unidades fraseológicas capaces de constituir actos de habla por sí mismas y susceptibles de funcionar como enunciados con carácter de texto.»

27. Camilo José Cela, *Diccionario geográfico popular de España*, I, 1998, p. 26: «El refrán, según nos permitimos suponer, es frase idiomática, y la peculiaridad o característica para considerarla como tal estriba en su significación, en la certeza (previsión más inamovilidad) de sus términos, y en su funcionamiento con unidad de sentido. A tenor de lo dicho, el refrán sería el idiomatismo de origen anónimo y popular que se expresa relacionando dos o más ideas.» De *sentencias philosophales* nos habla Fernando de Rojas en el título de su obra.

28. Este tópico manido aparece, por ejemplo, en: «El refrán es algo más que la voz del pueblo, es la voz de la experiencia y filosofía popular. El pensamiento que encierra, la sabiduría que encarna, el conocimiento del corazón humano que supone...»

una muestra de la desidia, pereza y estulticia humanas, que tiende siempre a volver por el camino trillado, repitiendo una frase *ad nauseam* porque resulta más cómodo que buscar nuevas formas de expresión.[29] Aparte

---

Lázaro Sánchez Ladero, *Refranes, Iter 2000*, 1997. / «… el refrán es el exponente más exacto y transcendente, de la filosofía popular.» F. Caudet Yarza, *Los mejores refranes españoles*, M.E. Editores, 1994. / «Repetidamente ha mostrado la Academia su interés por la sabiduría popular condensada en los refranes.» Rafael Lapesa, Prólogo a Juana G. Campos y Ana Barella, *Diccionario de refranes*, 1993. / «El refrán es el resultado de la palabra de la autoridad, es decir, de la palabra del varón, del hombre maduro que por serlo resume en sus frases el futuro de la experiencia de la vida...» Mauro Fernández, *Diccionario de refranes*, Alderabán, 1994. / «El depósito de los refranes viene a ser como una tradición apoteca donde se guardan las recetas de la sabiduría popular.» Amando de Miguel, *El espíritu de Sancho Panza*, Espasa, 2000. / «En este libro se considera refrán a la forma de expresión española de la sabiduría popular.» y «… nace de la experiencia acumulada durante siglos en una comunidad o grupo social.» José Calles Vales, *Refranes, proverbios y sentencias*, Libsa, 1999. / «Estudiar el cuerpo y el alma de los refranes es bucear en el conocimiento del pueblo...» Luis Martínez Kleiser, *Refranero general ideológico español*, Hernando, 1989. / «Tanto los Refranes como los Proverbios, son antiguos como la humanidad misma, son formas primitivas de la sabiduría popular...» *Diccionario de aforismos, proverbios y refranes*, F. Plaza de Amo, S.L., 1991. / «It is obvious that a proverb or proverbial phrase, a cystallised summary of popular wisdom...» G. G. Apperson, *Dictionary of Proverbs*, London, 1993. / «People everywhere seem to appreciate small and usually illustrated collections as enjoyable and readable *treasure troves of traditional wisdom*.» Wolfgang Mieder, *DeProverbio.com*. vol. 5, nº 1, 1999 (subrayado mío). / «[…] los refranes no son una literatura gratuita, sino ante todo una interpretación del mundo, una ética y una doctrina...» José Esteban, *Refranero anticlerical*, 1994. / «Con este diccionario –dice Ruiz Gallardón– […] podemos reconstruir nuestra idea de España a través de refranes y expresiones populares. Finalmente, expresó la necesidad de recuperar la sabiduría popular...» ABC, 16/4/1998. / «As in other languages, Spanish proverbs are mirrors of the popular, and often earthy, philosophy of their users.» J. Serrano, *The Vulgar Tongue, Oral Tradition in Spanish*, 1998. / «… los refranes son la sabiduría de las naciones.» J. Bergua, *Refranero español*, 1988. Y todo esto a pesar de que ya en 1950, Julio Casares dijo en su *Introducción a la lexicografía moderna:* «Si apartamos de cualquier refranero todas aquellas fórmulas cuya vitalidad y propagación no puede atribuirse a un contenido ideológico de interés general (pullas entre pueblos vecinos, sátiras socarronas contra gente o cosas respetables, adivinanzas, obscenidades, juegos de palabras, rimas jocosas, etc.) comprobaremos que el acervo que en verdad constituye un patrimonio hereditario de la sabiduría popular sólo representa una parte, y no la mayor, del total de refranes coleccionados.»

29. Algo similar tenemos con el bordón conversacional, como: *o sea, ¿sabes?, pues, ¿no?, lógicamente, verdad, esto, ¿comprendes?, evidentemente,* y muchas más que no han sido estudiadas como forma y resultado de la falta de imaginación y pereza léxicas.

de que las verdades universales de que nos hablan los refranes resultan ser cuatro ideas, cuatro o cinco lugares comunes, clichés, verdades de Perogrullo que se repiten,[30] simple y pura moralina, y eso a pesar de que la esencia íntima del idioma es la constante innovación, el continuo cambio. Sí son un reflejo de las actitudes machistas, de los prejuicios y de la maldad del hombre en general, que está presente en el idioma siempre, como herramienta de expresión y arma arrojadiza. Y los literatos los emplean para imitar el lenguaje popular tal como es. Esta fraseología refleja, repito, ideas y costumbres de un tiempo caducado y perdido, llena de tópicos manidos y fosilizados. «Los refranes aparentan ofrecer una sabiduría y verdades para todas las épocas, pero las contradicciones y la forma en la que el contexto condiciona el significado, sugieren que su aparente universalidad es en realidad muy relativa. Por lo tanto, construir con los refranes un sistema moral está abocado al fracaso.»[31] La llamada *sabiduría popular* está plagada de malentendidos, tópicos absurdos y mucha superstición, producto todo de la ignoracia y oscurantismo del común de las gentes. Y todo lo que se cree y se dice de los refranes –que son muchísimos, que los ha inventado el pueblo, que destilan sabiduría, que se han ido transmitiendo de generación en generación a través de los tiempos– es muy bonito pero es una ilusión, una bonita ilusión sin ningún fundamento y que no nos sirve para nada. Ya el Padre Feijoo puso reparos a la pretendida sabiduría de los refranes: «Pero yo nunca he assentido a que todos los adagios sean evangelios breves: y quien se pone de intento a impugnar errores comunes, no debe embarazarse en

---

En el capítulo 71 de *El ingenioso caballero don Quijote de la Mancha*, 1615, dice don Quijote: «No más refranes, Sancho, por un solo Dios, [...] habla a lo llano, a lo liso, a lo no intricado, como muchas veces te he dicho, y verás cómo te vale un pan un ciento.» Y también: «Yo te aseguro que estos refranes te han de llevar un día a la horca...» id. Cabe siempre la posibilidad de que la sabiduría que se adjudica a los refranes tenga su origen en la Biblia. En *Proverbios*, leemos: «Para conocer sabiduría y disciplina, para comprender discursos inteligentes...»

30. Sir Richard Burton se refería a esto como *proverbial philosophy*. Ver su *Wit and Wisdom from West Africa; or a Book of Proverbial Philosophy, Idioms, Enigmas, and Laconisms*, London: Tinsley Bros., 1865. Y Juan Mal Lara tituló su refranero: *La Philosophia Vulgar*, 1568.

31. Linda y Roger Flavell, *Dictionary of Proverbs and Their Origins*, (Nueva York: Hippocrene Books, 1997), traducción mía. También dicen: «If proverbs demonstrate the wisdom of the people, then the people are in two minds and do not know what they want.» p. 178.

refranes».[32] En el mundo anglosajón también se ha apuntado esto varias veces. Rosalind Fergusson dice: «Quizá es un error considerar los refranes como una fuente de sabiduria acumulada».[33] Henry David Thoreau dudaba si el hombre más sabio aprendía algo de valor absoluto viviendo, y se quejaba de que los viejos no tenían consejos importantes que dar a los jóvenes porque su propia experiencia ha sido muy parcial y sus vidas, fracasos espectaculares.[34]

2. El noventa y nueve por ciento de los refranes han perdurado y existen gracias a las compilaciones y listados y no como resultado de la memoria colectiva y tradición oral del pueblo. Casi todos los refranes catalogados son desconocidos por los hablantes del idioma, y por el mismo compilador, que lo único que ha hecho es entrar a saco en otros refraneros que son también el resultado de idéntico pillaje.

3. Los refranes son de origen anónimo porque son o han sido frases afortunadas, de creación individual –no labor de equipo– que han caído en gracia.[35] Ya Juan Valdés en su *Diálogo de la lengua*, de 1535, fomentó que «... [los refranes] castellanos son tomados de dichos vulgares, los más dellos nacidos y criados entre viejas, tras el fuego hilando sus ruecas; y los griegos y latinos, como sabéis, son nacidos entre personas dotas y están celebrados en libros de mucha dotrina. Pero, para considerar la pro-

32. Benito Jerónimo Feijoo, *Teatro crítico universal I*, 1726. Ya antes Quevedo se había burlado de los «evangelios chicos». «Si de un lado se burla de los «Evangelios chicos» o refranes, estimándolos lenguaje y metafória muerta...» Eugenio Asensio, *Itinerario del entremés*, 1963.
33. *The Penguin Dictionary of Proverbs*, (London: Bloomsbury Books, 1983.) Traducción mía.
34. Lo decía así, en su *Walden*, de 1854: «One may almost doubt if the wisest man has learned anything of absolute value by living. Practically, the old have no very important advice to give the young, their own experience has been so partial, and their lives have been such miserable failures... [...] I have lived some thirty years on this planet, and I have yet to hear the first syllable of valuable or even earnest advice from my seniors.»
35. En *Caplletra 18*, Primavera 1995, nos dicen María Conca y Josep Guia que «Parlar dels proverbis –de la major part dels proverbis- en termes d'origen, autoria o nacionalitat resulta força arriscat, car llur antiguitat fa que es perden en el temps i, àdhuc aquells que podem documentar com a basats en apotegma d'algun savio o filòsof, mai no arribem a saber del cert si aquest savi el va agafar d'una tradició oral anterior a ell o va ser-ne l'autor original.»

piedad de la lengua castellana, lo mejor que los refranes tienen es ser nacidos en el vulgo.»

4. Deberíamos replantearnos el uso de *el refranero*, con artículo, como si de algo abstracto se tratase, ya que parece ser que *el refranero* es el conjunto total de todos los refranes posibles, habidos y por haber, lo cual es una entelequia, por no decir un absurdo. La idea de *el refranero* ha sido el resultado de las afirmaciones disparatadas de J. M. Sbarbi, F. Rodríguez Marín, Julio Cejador, M. Mir y hasta de E. S. O'Kane.[36]

Como consecuencia de lo antedicho, me he permitido inventarme unos cuantos refranes, a título de curiosidad:

Cuando el viento duerme la calor despierta.
Trabaja poco, come menos y vivirás mucho.
Dineros ten que serán tu sostén.
Al calzonazos, dos tortazos.
El alumno y el cartapacio, despacio.
Cincha, trébedes y badajo, al carajo.
Niño en colegio, padre en oficina y mujer en la cocina.
Si necesitas cariño arrímate a un perro.
Herencias hacen pendencias.[37]

---

36. Remito al lector al interesantísimo y muy documentado trabajo de María Conca y Josep Guia, «D'un complex d'inferioritat proverbial», *Caplletra 18,* primavera de 1995, de donde entresaco: «El complex de superioritat dels uns els ha dut a la dèria de col.leccionar refranys sense esmentar-ne la procedència i, així, arribar a creure i dir, amb un xovinisme pueril, que són el poble més refranyer del món. [...] Com a mostra del xovinisme espanyol citarem, sense ànim d'exhaustivitat, algunes afirmacions ben representatives d'una ideologia que es configura al segle XIX a partir d'una pràctica d'apropiació ja iniciada al XVI.» Y pasan a citar a J.M. Sbarbi: «... no nos parece aventurado decir que el no significar en francés la palabra *refrain* lo mismo que nuestra voz *refrán*, es acaso debido a que los naturales de aquel país no son, ni con mucho, tan pródigos en el uso de los refranes en sus conversaciones como nosotros.» Y a Rodríguez Marín: «Porque España, entre todos los países es, por antonomasia, la tierra de los refranes...» Y También a Julio Cejador y Frauca: «El castellano se distingue de todos los demás por la riqueza de su fraseología, por sus frases hechas, refranes y villancicos.» Y a Mir: «Es notorio y admitido por todos que, tocante a refranes y frases proverbiales, ninguna de las lenguas modernas puede ser comparada con la nuestra.»

37. Quizá fuese interesante escribir un *Refranero apócrifo* de paremias inventadas *ad hoc*, con explicaciones y todo, para hacer una verdadera *reductio ad absurdum*.

que he leído a familiares y amigos. Todos me han dicho que los conocen o les suenan. Esto da mucho que pensar. Es curioso lo mucho que ignora la gente de su propio idioma. Parece que sabe lo justito.

Para que casi sea un diccionario histórico, he ordenado cronológicamente los ejemplos de uso, las citaciones.

Añado, entre corchetes [ ], tras el signo ◇ información o explicaciones de carácter general que puedan ser de interés y cuando el significado no queda claro, así como posibles variantes.

Las citaciones, el corazón y alma del libro, vienen entrecomilladas y seguidas del nombre completo del autor, así como el título también completo de la obra, año de publicación y país. Creo que no hay nada más irritante que tratar de descifrar las siglas, abreviaturas y demás galimatías de los diccionarios generales, como, por ejemplo: *ZVicente, Traque*, que quiere decir: *Alonso Zamora Vicente, A traque Barraque, 1972*, o *OJENTERR*, que en romance es: *Miguel Ángel Asturias, Los ojos de los enterrados, 1982*. Todo este engorro –criptogramas, en realidad– intuyo que se inventa para ahorrar espacio y papel. La bibliografía completa está al final del libro. Aparte de las publicaciones que he manejado de primera mano, he consultado el corpus CREA-CORDE de la Real Academia Española. En la bibliografía señalo los títulos de dicha base de datos con las siglas RAE, antes del país de origen, así que no nos podemos llamar a engaño, y demos al César lo que es del César.

Las definiciones y explicaciones son mías y por tanto personales y sujetas a mejora. Y como sobre gustos no hay nada escrito, no he consultado otras para no contaminar las que propongo; si se pareciesen a las que andan por ahí, cosa que no creo, sería por casualidad. Trato de ser escueto, ir al grano y evito la verborrea de los refraneros que marean la perdiz más que otra cosa, de puro repetir la idea central para hinchar el perro. Las definiciones van dirigidas al lector inteligente. Los refraneros suelen proponer explicaciones que son casi un insulto. Intento explicar brevemente el sentido del refrán o dicho, sin que la definición implique que comulgue yo con la idea expresada.

La microestructura está diseñada como si fuese –y lo es– un diccionario fraseológico. Ordenado alfabéticamente bajo la palabra clave del registro o entrada, tiene muchas referencias cruzadas para llevar la búsqueda a buen fin. A esto lo llamo usolexicografía: la lexicografía de uso, para el estudioso de a pie. Dentro de la entrada principal, los refranes aparecen numerados y por orden alfabético. Las citaciones documentales y de uso, como ya he dicho, vienen catalogadas cronológicamente. También es un diccionario ideológico, o por lo menos lo he intentado. Las entradas ideológicas van precedidas de un asterisco (*) y en su lugar, según el orden alfabético, y clasificadas según las ideas que expresan los refranes. La palabra en **negrita** indica dónde hay que buscar la entrada. Aparte hay muchísimas referencias cruzadas. No he escatimado esfuerzo para facilitar la labor de búsqueda. Tengamos presente que esta parte ideológica no es un dechado de rigor, por su propia naturaleza. Es una ayuda y no pretendo más.

Como la perfección no existe, o por lo menos yo la desconozco, con seguridad se han quedado fuera de la obra muchos refranes que se pueden documentar, pero que yo he sido incapaz de hacerlo. Mi somera erudición no ha dado para más y también he pensado que como lo mejor es enemigo de lo bueno, no hay que explayarse más de lo aceptable. Y el que venga detrás... que arrime el hombro, que el trabajo no hace daño, y para que no se diga que en España siempre somos los mismos los que cardamos la lana.

Al bucear en estas páginas, el lector atento descubrirá despistes y malentendidos de los autores citados, así como de los eruditos y sabihondos de turno, para su regocijo y algazara, espero.

Compilar las entradas de este libro, que comencé en 1920, demuestra una cachaza por mi parte que me ha restado dioptrías, neuronas y masa muscular pero que me ha devuelto la fe en el ser humano por lo que puede lograr si se le mete entre ceja y ceja desarrollar un trabajo de chino, superfluo y a petición de nadie, y para nadie. No deja de sorprenderme. Una vez más digo que he realizado la tarea en solitario, a escondidas, sin recursos, a la luz de un candil, cerca del fogón en invierno, y al lado del botijo en verano. He utilizado una máquina de escribir Hispano-Olivetti, de carro grande, y las copias se han hecho con papel carbón. Y no me hago ilusiones; me temo que este trabajo mío es como dejar caer una gota en el inmenso océano de lo ignorado.[38]

Muchas gracias al profesor Alonso Zamora Vicente por su amabilidad, grata charla, excelente café y el prólogo, que me satisface mucho.

Doña Serapia Muñoz, de cincuenta años, natural de Segovia, portera y antigua conocida del maestro José Gutiérrez-Solana, me ha regala-

---

38. *Mateo*, 7:6.

do consejos que no siempre he seguido, pero que me obsequió con una cita de Baruch de Spinoza, tomada de su *Ethica Ordine Geometrico Demonstrata*, de 1677, que me gustó y que repito en voz alta en momentos de menoscabo: *Sed omnia praeclara tam difficilia quam rara sunt.*

DELFÍN CARBONELL BASSET

SÍMBOLOS Y SIGLAS

•	comienzo de citaciones.
‖	separación entre citaciones.
[◇]	explicaciones y anotaciones.
var.	variante(s).
cf.	compárese.
L.	latín.
>	véase.

Ac.	Diccionario de la Real Academia Española, seguido de la fecha.
AdM	Amando de Miguel, *El espíritu de Sancho Panza*, 2000.
AMD	Abraham Madroñal Durán, *Refranero popular toledano*, 1991.
CJC	Camilo José Cela, *Diccionario geográfico popular de España*, 1998.
CLAVE	*Diccionario de uso del español actual*, CD-ROM.
CO	Sebastián de Covarrubias, *Tesoro de la lengua castellana o española*, 1611.
DA	Real Academia Española, *Diccionario de autoridades*, 1726-39.
DCB	Delfín Carbonell Basset, *Diccionario de refranes, inglés y castellano*, 1996.
DRAE	Diccionario Real Academia Española, 1992/2001.
JC	Julio Casares, *Diccionario ideológico*, 1959.
JMI	José María Iribarren, *El porqué de los dichos*, 1956.
JST	Jaime Suances-Torres, *Diccionario del verbo español, hispanoamericano y dialectal*, 2000.
MM	María Moliner, *Diccionario de uso del español*, CD-ROM, 1965.
NDLC	J. Guim, *Nuevo diccionario de la lengua castellana*, 1863.
RAE	Real Academia Española: CREA-CORDE.

N.B. Al final del diccionario se incluye un test de nivel de sus conocimientos de refranes castellanos. Compruebe cuántos reconoce o sabe.

a

abad
1. el abad de lo que canta, yanta. Cada cual vive de su oficio o profesión, de lo que sabe hacer.
• «Por lo que algunos dizen inojos o hinojos, yo digo rodillas, no embargante que se puede dezir el uno y el otro. Entre gente vulgar dizen yantar, en corte se dice comer; un refrán no malo usa yantar, diziendo: El abad de donde canta, d'allí yanta.» Juan de Valdés, *Diálogo de la lengua*, **1535**. España. || «Pues yo les voto a tal que si me traen a las manos otro algún enfermo, que antes que le cure me han de untar las mías, que el abad de donde canta yanta...» Miguel de Cervantes Saavedra, *Segunda parte de El ingenioso caballero don Quijote de la Mancha*, **1615**. España. || «Ya sabes que el abad de lo que canta yanta.» Benito Pérez Galdós, *Aita Tettauen*, **1905**. España. [◇*abad*: JC explica: «En algunas provincias cura párroco.» El DA (1726-39) dice de *yantar*: «Lo mismo que comer. Es voz antigua.» Para el CLAVE: «Su uso es característico del lenguaje literario.» No obstante la palabra sigue vigente: «... y tras yantar un estofado de carne del país...» *La Vanguardia*, 16/12/1995. España. En cuanto a «hinojos», de la primera citación, MM dice: «Rodilla. Actualmente se usa sólo en la frase, de uso literario, *de hinojos*, de rodillas.»]
2. si bien canta el abad (sacristán), no le va en zaga el monacillo. Los que se juntan suelen tener algo en común y hacen lo mismo.
• «Como canta el abad, responde el monacillo.» Sebastián de Covarrubias, *Tesoro de la lengua castellana o española*, **1611**. España. || «En buena mano está, compadre –respondió el otro–, pues si bien canta el abad, no le va en zaga el monacillo.» Miguel de Cervantes Saavedra, *Segunda parte del ingenioso caballero don Quijote de la Mancha*, **1615**. España. || «Sus chantajes y sus tejemanejes no sirven ya. Camila. Bien habla el sacristán, pero no le va en zaga el monaguillo.» Antonio Gala, *Petra Regalada*, **1980**. España. [◇*monacillo*, monaguillo. Var. *Como canta el*

abad responde el sacristán y dice el NDLC: «Los inferiores se adhieren comúnmente al dictado de sus superiores.» DA: «No ir o quedarse en zaga. Phrase vulgar, que significa no ser inferior a otra en alguna cosa». Dice Covarrubias: «Este proverbio nos advierte que seamos con todos Bien criados, aunque nos sean inferiores, porque si les hablamos mal, nos podrán responder peor.»]

abarcar
    1. quien mucho abarca, poco aprieta. El que lleva muchas empresas, o asuntos, al mismo tiempo no puede atender bien ninguno.
    • «... y es que en nuestro castellano dezimos: quien mucho abarca, poco aprieta.» Gabriel Alonso de Herrera, *Obra agricultura*, **1513**. España. || «El que mucho abarca, poco aprieta. Yo me entiendo.» Leopoldo Alas (Clarín), *El señor y lo demás son cuentos*, **1893**. España. || «... ya que quien mucho abarca, poco aprieta como dice el sabio refrán.» Cristán Caballero, *Cómo educar la voz hablada y cantada*, **1985**. México. || «Quizá lo mejor de lo suyo lo dejó para el final de su vida: su obra sobre Flaubert y su autobiografía. Pero, lamentablemente, el resto, a mí al menos, se me cae de las manos. Es el ejemplo vivo de que quien mucho abarca, poco aprieta.» Eugenio Trías, *El Mundo, El Cultural*, 18/4/**2001**. España. || «El que mucho abarca, poco aprieta.» Programa «El informal», Telecinco TV, 15/5/**2001**. España. [◇DA: Refr. «Que quiere decir, que el que emprende, o toma a su cuidado muchas cosas a un tiempo, ordinariamente no consigue ni cumple con ninguna.» Y el NDLC explica «... se dice para manifestar, que no se debe emprender más que aquello que está en armonía con las fuerzas o facultades de uno. También equivale comparativamente al proverbio latino, *qui duos lepores sequitur, neutrum capit*; con la diferencia que este indica: que quien todo lo quiere sin nada se queda, y aquel denota que no se pueden desempeñar bien, ni conseguir muchas cosas a la vez.» AMD: «Quien mucho abarca, poco puede.» Sin embargo la gente muy ocupada, la que tiene mucha carne en el asador, es capaz de abarcar mucho y hacer varias cosas al mismo tiempo y bien. *Eclesiástico*, 11:9, «Hijo mío, no te metas en muchos asuntos, pues si los multiplicas no quedarás impune.»]

abatirse
    1. quien se abate a poco, no perdonará lo mucho. Los hay que comienzan cometiendo pequeños errores y acaban haciendo grandes faltas.

- «No me entréis más en casa ni paséis por mi puerta, que quien se abate a poco no perdonará lo mucho, si ocasión se le ofrece.» Mateo Alemán, *Primera parte de Guzmán de Alfarache*, **1599**. España. [◇*abatirse*, «Desalentar o perder el ánimo, las fuerzas o el vigor.» CLAVE.]

abismo
1. un abismo llama otro. Un error conduce a otro, y a otro. Se convierte en un hábito.
- «Si mi trato fuera verdad, aunque pasara por tantos tormentos, afrentas y pesadumbres, no pudieran al cabo dejar de tener buen puerto. Era mentira, embuste y bellaquería: luego faltó y quebró. No pudo resistir la torcedura: siempre rodando de daño en daño, de mal en peor, que abismo llama otro.» Mateo Alemán, *Primera parte de Guzmán de Alfarache*, **1599**. España. ‖ «... hasta donde puedes llegar si no luchas: el abismo llama a otros abismos.» José María Escribá de Balaguer, *Surco*, **1986**. España. [◇*abismo* es también peligro. Para todo hay consuelo: el que no comete errores es porque no hace nada. *Salmos*, 42:8, «Un remolino llama a otro remolino.» En Vulgata, «abyssmus abyssum invocat.»]

abogado
1. así está el labrador entre dos abogados como el pez entre dos gatos. Es una situación peligrosa porque el que se mete entre abogados lleva siempre las de perder.
- «Ansí está el labrador entre dos abogados, komo el peze entre dos gatos.» Gonzalo Correas, *Vocabulario de refranes y frases proverbiales*, **1627**. España. [◇«Según ese dicho, el cliente debe recelar tanto del abogado de la parte contraria como de la propia. Ya es desconfinza. Se entiende que los abogados consigan restablecer los derechos de los clientes, pero esquilmándolos.» AdM. Esta ojeriza contra los abogados se encuentra también en otras culturas e idiomas, y ocasión para chistes y chanzas a su costa. Tenemos en castellano coloquial y jergal términos como *abogado de secano, abogadillo, alivio, amparo, bogui, buscapleitos, leguleyo, manzanillo, papelista, remedio*, etc.]

aborrecer > **mal**, *quien mal hace aborrece la claridad.*

abrasarse > **casarse**, *mejor es casarse que abrasarse.*

abril

abril
1. abril, aguas mil. Se supone que en abril llueve mucho, o llovía, por lo menos.
• «En abril, aguas mil, i todas por un mandil; en maio, tres o kuatro, i ésas ke llegen al barro.» Gonzalo Correas, *Vocabulario de refranes y frases proverbiales*, **1627**. España. || «Te ofrezco mi amor, ¡oh, hermosa y gentil, porque eres la flor que adorna el pensil en abril cuando caen aguas mil.» Enrique Jardiel Poncela, *Angelina o el honor de un brigadier*, **1934**. España. || «Abril, el de las aguas mil, mientras éstas quepan en un barril, no hace con sus chubascos perjuicio alguno a las abejas…» Javier Cabezas, *Cartilla del Colmenero*, **1951**. España. || «Son de abril, las aguas mil…» Francisco Melgares, *Anselmo B*, **1985**. España. || «Es éste un mes prolijo en refranes: en abril, aguas mil; abril sonriente, de frío mata a la gente […] Ciertamente abril es un mes loco meteorológicamente hablando. No obstante, es un mes propicio para viajar, no sólo durante la Semana Santa. Conscientes de ello, queremos animar a nuestros lectores a que se sacudan definitivamente las telarañas del invierno y se escapen con nosotros a alguno de los lugares que hemos visitado.» *Escapada*, 4/**1999**. España.[◇«Refr. Que se dice, porque en este mes tienen necesidad de agua los panes y las plantas, o porque en él suele llover muchas veces.» DA.]
2. abril sonriente, de frío mata a la gente. En abril todavía hace frío.
• «Es éste un mes prolijo en refranes: en abril, aguas mil; abril sonriente, de frío mata a la gente […] Ciertamente abril es un mes loco meteorológicamente hablando. No obstante, es un mes propicio para viajar, no sólo durante la Semana Santa. Conscientes de ello, queremos animar a nuestros lectores a que se sacudan definitivamente las telarañas del invierno y se escapen con nosotros a alguno de los lugares que hemos visitado.» *Escapada*, 4/**1999**. España.
3. aguarraditas de abril, unas ir y otras venir. Nos habla de las lluvias de abril y de lo inciertas que son.
• «Hay cierto refrán que dice: aguarraditas de abril, unas ir y otras venir.» Camilo José Cela, *Judíos, moros y cristianos*, **1956**. España. [◇ «Aguarrada: aguacero.» MM.]
4. > **día,** *días treinta hay en septiembre, en abril, noviembre y junio, en febrero veintiocho, y en los demás treinta y uno.*
5. > **marzo,** *marzo ventoso y abril lluvioso traen a mayo florido y hermoso.*

abuela
1. éramos pocos y parió la abuela. Se emplea cuando se agrega a un grupo más gente de la que se esperaba.
• «Es decir [...] que éramos pocos y parió la abuela.» José María de Pereda, *Sotileza,* **1885-88**. España. || «Ahora, amorcito, como éramos pocos, parió la abuela, según el viejo dicho español.» Blanca de Mora y Araujo, Carta de 18/11/**1950**. Guatemala. || «Ahí viene Gekrepten llena de paquetes. Éramos pocos y parió la abuela...» Julio Cortázar, *Rayuela,* **1963**. Argentina. || «Llevas razón, Manuel. Por si éramos pocos, parió la abuela... ¿Y qué piensas hacer?» Francisco García Pavón, *El reinado de Witiza,***1968**. España. || «... como se dice vulgarmente éramos pocos y parió la abuela...» Gabriel García-Badell, *Funeral por Francia,* **1975**. España. || «Por si éramos pocos, parió la abuela, como dice tu tío...» Sealtiel Alatriste, *Por vivir en quinto patio,* **1985**. México. || «Por si éramos pocos parió la abuela...» Julio Feo, *Aquellos años,***1993**. España. [◇*burra* se emplea a veces en vez de abuela, como en la siguiente citación: «Pues éramos pocos y nos parió la abuela, ¿o era la burra?...» de B. Pérez Aranda, *La ex siempre llama dos veces,* **1993**. España.]

abundar
lo que abunda no daña. Mucho es siempre bueno y no hace mal.
• «... que no falte salud, y lo que abunda no daña.» Juan Méndez Nieto, *Discursos medicinales,* **1606**. España. || «Con una versión corregida: lo que abunda no daña...» Alfonso Chase, *El pavo real y la mariposa,* **1996**. Costa Rica. [◇L. «quod abundat non nocet.» Esto es gratuito y con poco sentido ya que si daña o no daña depende de lo que sea. Por ejemplo, abunda mucho la ignorancia y causa grandes estragos. Y nos dice Cervantes en el prólogo a la segunda parte de su Quijote, «... que la abundancia de las cosas, aunque sean buenas, hace que no se estimen.»]

°*****abusar** (ideas) *al **amigo** y al caballo, no apretallo; del **árbol** caído todos hacen leña; el **asno** sufre la carga, mas no la sobrecarga; la culpa del **asno** echarla a la albarda; contra el caído todos se **atreven**; autoridad que no abusa no es **autoridad**; le ha hecho la **boca** un fraile; nunca lo **bueno** fue mucho; a la **burra** preñada cargarla hasta que para; quien hace la **canasta** hará el canastillo; **cantar** mal y porfiar; **comida** (pan comido) hecha, compañía deshecha; tras de **cornudo**, apaleado; el **huésped** y el pez a los tres días hieden; allá van **leyes** do quieren reyes; cada día **olla** amarga el caldo; contra el vicio* de **pedir**, *hay la virtud de no dar; el **pez** grande se come al pequeño (chico); quien parte y **reparte** se lleva la mejor parte.*

abusar > **autoridad**, *autoridad que no abusa no es autoridad.*

acabar
   1. bien está lo que bien acaba. Lo importante es que las cosas acaben bien, que tengan un buen final.
   • «No, no compiten vuestros encantos con los suyos; si lograros era a costa de perderla, vale más una decepción que una cadena: así pues, all is well that ends well. Bien está lo que en bien acaba» Cecilia Böhl de Faber (Fernán Caballero), *Clemencia*, **1864**. España. || «Te digo lo mismo que le diré a él. Yo no entiendo de lirismos. Yo únicamente tengo que decir que sólo es bueno aquello que bien acaba.» Fulgencio Argüelles, *Letanías de lluvia*, **1993**. España. || «... lo que abunda no daña, y todo era como si lo que mal comienza mal acaba, las conversaciones, las tertulias, las cenas.» Alfonso Chase Brenes, *El pavo real y la mariposa*, **1996**. Costa Rica. || «Creyendo que bien está lo que bien acaba, la dirección del PP probablemente ha dado por zanjada la crisis. Pero se equivoca.» *El Mundo*, 1/6/**1996**. España. [◊L. «si finis bonus est totum bonum est.» Nos acordamos del desenlace de los acontecimientos más que de las vicisitudes.]
   2. lo que mal empieza (comienza), mal acaba. Malos comienzos auguran un final infeliz.
   • «Lo que mal empieza mal acaba y si yo hubiera...» Manuel Vázquez Montalbán, *Galíndez*, **1990**. España. || «... lo que abunda no daña, y todo era como si lo que mal comienza mal acaba, las conversaciones, las tertulias, las cenas.» Alfonso Chase Brenes, *El pavo real y la mariposa*, **1996**. Costa Rica. || «El segundo acontecimiento fue de vodevil y demuestra que lo que mal empieza, mal acaba.» Carlos Díaz Güell, *Diario 16*, 29/4/**2001**. España.
   3. > **bien**, *bien está lo que bien acaba.*
   4. > **empezar**, *lo que no se empieza no se acaba.*

acaso
   1. más vale un por si acaso que un quién pensara. Es mejor prevenir, estar preparados, que lamentarse por los imprevistos.
   • «... pero más vale un por si acaso.» Alonso de Santos, *La estanque-*

ra de Vallecas, **1981**. España. || «... más vale un por si acaso que un quién pensara.» Antonio Gala, *Petra Regalado*, **1986**. España.

aceña > amigo, *más vale aceña parada que amigo molinero.*

achaque
  1. **con achaque de trama, ¿está acá nuestra ama?** Se aplica a los que fingen.
  • «Que no ay mejor alcahuete para ellas que un arco, que se puede entrar cada uno hecho moxtrenco; como dizen: en achaque de trama... etc. ¡Mas ay, Sempronio, de quien tiene de mantener honrra y se va haziendo vieja como yo!» Fernando de Rojas, *La Celestina*, **1499**. España. [◇*con el pretexto* [achaque] *de tejer seda* [trama] *¿qué hace nuestra ama?* DA: «Refr. Que se dice de los que fingen una cosa, y hacen otra, o la quieren hacer.» Este refrán ha caído en desuso.]
  2. **> odre,** *achaque al odre que sabe a pez.*

acometer
  1. **tiempos hay de acometer y tiempos de retirar.** Siempre hay un momento adecuado para cada cosa.
  • «¡Cuerpo del mundo, señor bachiller! Sí, que tiempos hay de acometer y tiempos de retirar sí, no ha de ser todo ¡Santiago, y cierra, España!» Miguel de Cervantes Saavedra, *Segunda parte del ingenioso caballero don Quijote de la Mancha*, **1615**. España. [◇Paráfrasis de la Biblia, *Eclesiastés*, 3:1-8: «Todo tiene su momento y todo cuanto se hace debajo del sol tiene su tiempo... tiempo de guerra y tiempo de paz.»]

acompañado > solo, *más vale estar solo que mal acompañado.*

*****aconsejar** (ideas) *¿para qué **aconseja** el que a sí no se aconseja?; nadie diga de esta **agua** no beberé; no bebas **agua** que no veas ni firmes carta que no leas; por el **alabado** dejé el conocido, y vime arrepentido; las **apariencias** engañan; **arrieros** somos y en el camino nos encontraremos; quien no **arrisca** no aprisca; quien destaja, no **baraja**; en **boca** cerrada no entran moscas; hagas lo que hagas, no te olvides de las **bragas**; camarón (boquerón) que se duerme se lo lleva la corriente; la **caridad** bien entendida (ordenada) empieza por uno mismo; antes que te **cases** mira lo que haces; ojo al **Cristo**, que es de plata; detrás de la **cruz** está el diablo; predicar con el **ejemplo**; al **embarcar**,* *aconsejar*

*el primero y al desembarcar, el postrero; no la **hagas** y no la temas; **haz** bien y no mires (cates) a quien; **júntate** con los buenos y serás uno de ellos.*

aconsejar
 1. **¿para qué aconseja el que a sí no se aconseja?** Los hay que no siguen los consejos que prodigan a los demás.
 • «Porque dirán que para qué aconseja el que a sí no se aconseja. Que igual hubiera sido haberles contado tres o cuatro cuentos alegres, con que la señora doña Fulana, que ya está cansada y durmiéndose con estos disparates, hubiera entretenídose.» Mateo Alemán, *Segunda parte de la vida de Guzmán de Alfarache*, **1604**. España. [◇He oído que muchos deben su éxito a consejos que no han seguido, inclusive los propios.]

acordarse
 1. **el que se acuerda mucho de uno, merece el olvido piadoso de los demás.** El egoísmo tiene su justo pago y castigo.
 • «En mi pago existe un refrán que dice: El que se acuerda mucho de uno, merece el olvido piadoso de los demás.» *Los Tiempos*, 14/12/**1996**. Bolivia. [◇Los egocéntricos nunca piensan en los demás y merecen el desprecio y olvido. Se creen el centro del universo.]

acostarse > **niño**, *quien con niños se acuesta, cagado amanece.*

acto
 1. **un solo acto no hace hábito.** Hay que hacer las cosas varias veces para crear hábito.
 • «Una alma sola ni canta ni llora; un solo acto no haze hábito; un frayle solo pocas vezes le encontrarás por la calle; una perdiz sola por maravilla buela, mayormente en verano; un manjar solo, continuo, presto pone hastío; una golondrina no hace verano; un testigo solo no es entera fe; quien sola una ropa tiene, presto la envegece.» Fernando de Rojas, *La Celestina*, **1499**. España. [◇Pero dicen que los chinos dicen que el viaje de mil kilómetros empieza con un paso.]

adalid
 1. **bueno eres para adalid para regir gente en tierra de moros.** Se refiere al timorato que no sirve para mandar.
 • «¡Bueno eres para adalid para regir gente en tierra de moros de

noche!» Fernando de Rojas, *La Celestina*, **1499**. España. [◇ *adalid*, caudillo, jefe. Según el NDLC «antiguamente era la segunda persona del ejército, pues no tenía otro superior que el caudillo. El modo de elegirlo no carece de originalidad. Se reunían doce adalides y, a falta de alguno, otro oficial de graduación; juraban en manos del rey que el candidato tenía las circunstancias necesarias para el desempeño de su empleo. Hecho el juramento, el rey u otra persona en su nombre le daba una espada que un *ricohome* le ceñía. Se le colocaba enseguida sobre un escudo, y el rey o su representante, le desenvainaba la espada, poniéndosela en la diestra; los adalides levantábanle en alto cara al oriente, y el electo dando al aire un tajo y un revés en forma de cruz, decía yo desafío en nombre de Dios a todos los enemigos de la fe, e de mi señor el rey e de mi tierra.»]

adelantar > **paga**, *paga adelantada, paga viciosa.*

adelante
1. **quien adelante no mira, atrás se queda.** Los que no son previsores acaban mal.
 • «Llegamos a casa tan presto el amo como el mozo; y a fe que no me faltaba cuidado, que quien adelante no mira atrás se queda. Pero, como no hay dolor que la largueza del tiempo no lo disminuya y ablande, consoléme y, por el camino, estudié la solución del argumento.» Gregorio González, *El guitón Onofre*, **1604**. España. || «Quien adelante no mira, atrás se queda. Este refrán enseña que en todos los negocios que emprendamos no miremos sólo el tiempo presente, sino también el venidero.» José González Seijas, *Catón metódico de los niños*, **1885**. España. || «El mal camino, andarlo pronto. Quien adelante no mira, atrás se queda.» Tomás Navarro Tomás, *Manual de pronunciación española*, **1918**. España.

adversario
1. **el duro adversario entibia las iras y las sañas.** Un adversario fuerte nos calma, principalmente por temor.
 • «... que, como dizen: el duro adversario entibia las yras y saña.s» Fernando de Rojas, *La Celestina*, **1499**. España. [◇ No hay nada como el miedo para apaciguar a los demás.]

adversidad

adversidad
1. la adversidad es la madre de la sapiencia. La desgracia es gran maestra.
• «(Traducido al romance: la adversidad la madre de la sapiencia. Una crisis profunda es siempre fecunda.)» Ramón Pérez de Ayala, *Belarmino y Apolonio*, **1921**. España. [◇El DA dice que sapiencia «lo mismo que sabiduría. Es voz puramente latina y tiene poco uso.» Y los latinos decían «mater artium necessitas.»]

afortunado > **desgraciado,** *desgraciado en el juego, afortunado en amores.*

afrecho > **chancho,** *cada chancho busca el afrecho que le gusta.*

agosto
 1. **agosto, frío en rostro.** En el mes de agosto ya se empieza a notar el frío.
• «Y como en toda Castilla dicen del agosto ya que el frío en rostro da.» Lope de Vega Carpio, *Peribáñez y el comendador de Ocaña*, **1610**. España. || «En sus comienzos se utilizaba preferentemente la observación directa —si el año pasado en mayo llovió, en éste lloverá también— y el refranero español: en agosto, frío en rostro.» *El País*, 3/1/**1981**. España. [◇«Loc. prov; para denotar que en este mes suele empezar a sentirse el frío.» NDLC.]
 2. **agosto y vendimia no es cada día, y si cada año, unos con provecho y otros con daño.** La vendimia era tiempo de trabajo y de provecho si la cosecha era buena.
• «De hecho, antiguamente se decía hacer su agosto y su vendimia, tal vez por reminiscencia de un viejo refrán que sentenciaba: Agosto y vendimia no es cada día, y si cada año, unos con provecho y otros con daño.» *Muy Interesante*, nº 195, 8/**1997**. España.
 3. **hacer su agosto.** Obtener muchas ganancias o beneficios.
• «... y después de medianoche, cuando el huésped ha hecho lo más de su agosto y vendimia...» Francisco de Luque Fajardo, *Fiel desengaño contra la ociosidad y los juegos,* **1603**. España. || «... es regla que no duerman en poblado hasta hacer su agosto como hormigas.» Pedro Liñán de Riaza, *Poesías,* **1607**. España. || «Con estos y otros embustes la clientela no se alejaba, y los bohemios hacían muy bonitamente su agosto.» Julián Zugasti y Sáenz, *El bandolerismo. Estudio social y memorias*

históricas, **1876-80**. España. || «Los generales alfonsinos, después de hecho su agosto y ascendido en su carrera...» Pío Baroja, *Zalacaín el aventurero,* **1909**. España. || «Varios administradores reconocieron que de todo lo que se ve en el Día del Amor y la Amistad lo mejor para ellos es que hacen su agosto porque lo que recaudan un Día del Amor y la Amistad es equivalente a dos o tres días normales.» *El Tiempo,* 13/9/**1996**. Colombia. || «Además de cobrar dinero por sus consultas, los llamados adivinadores hacen su agosto con la venta de distintos artículos con poderes mágicos para alejar cualquier mala influencia.» *La Nación,* 8/12/**1996**. Costa Rica. || «Con Santiago Bucaram en el poder, los empresarios y diputados hicieron su agosto.» *Vistazo,* 3/4/**1997**. Ecuador. || «Especuladores inmobiliarios y empresarios de la demolición hacen su agosto. Estos últimos buscan el pino oregón en vigas y estructuras: es el oro del demoledor.» *Hoy,* 26/6/**1997**. Chile. [◇JMI: «... alude a la recolección, y significa entrojar y almacenar la cosecha de cereales y semillas, y, por extensión, hacer su negocio o lucrarse...» Y DA: «Phrase mui usada, que además del sentido literal vale lograr alguna ocasión de utilidad considerable.» Y MM: «Sacar provecho, obtener muchas ganancias de ciertas circunstancias.» Y también, «Dícelo el refrán, porque ya en este mes, como va el sol cayendo, son más largas las noches, y en ellas se refresca el ambiente.» DA.]

agradecido
1. es de bien nacidos ser agradecidos. El agradecimiento por los favores recibidos demuestra la nobleza de la gente.
• «De gente bien nacida es agradecer los beneficios que reciben, y uno de los pecados que más a Dios ofende es la ingratitud.» Miguel de Cervantes Saavedra, *Segunda parte del ingenioso caballero don Quijote de la Mancha,* **1615**. España. || «Un antiguo refrán lo subraya: Es de bien nacido ser agradecido.» Rafael Gómez Pérez, *El ABC de las buenas costumbres,***1994**. España. || «De bien nacidos es ser agradecidos. Esa frase, incluida por el alcalde de Silos en el bando que exhortaba a sus convecinos a recibir al presidente con aplausos y vítores, surtió efecto.» *El País Digital,* nº 481, 27/8/**1997**. España. || «¿No creen que ha llegado el momento de que demuestren que ser agradecidos es de bien nacidos?» María Teresa García-Olguín, *ABC,* 26/8/**2000**. España. [◇var. *no es bien nacido quien no es agradecido.*]

agravio

1. a secreto agravio, secreta venganza. Hay que responder a las ofensas de igual modo.

• «Secreto, ante todo; a secreto agravio, secreta venganza.» Miguel de Unamuno, *En torno al casticismo*, **1895-1902**. España. || «¡Ah, un agravio alevoso como aquél merecía, asimismo, secreta venganza.» Emilio Larreta, *La gloria de don Ramiro*, **1908**. Argentina. || «... los jóvenes comisionistas alemanes esparcidos por el mundo no deberían dejar de tener en sus cuartos de modesta pensión –a secreto agravio, secreta venganza– el símbolo del autorretrato juvenil de Alberto Durero.» Eugenio d'Ors, *Tres horas en el Museo del Prado*, **1923**. España. [◇Shakespeare nos habla de venganza, pura y dura, en su *Mercader de Venecia*, cuando dice «Si no alimenta nada más, alimentará mi venganza.»]

agua

1. agua corriente no mata a la gente. Antaño el agua de río se podía beber sin peligro. Hogaño, no.

• «Eso de que agua corriente no mata a la gente es un refrán que no puede ser tomado al pie de la letra.» Enrique Genovés, *Montañismo*, **1951**. España. [◇Hoy cualquier agua corriente está contaminada. *ABC Salud*, 18/8/2001, dice: «Las aguas corrientes sin tratar adecuadamente son otra fuente de intoxicaciones. En algunos lugares se producen filtraciones del alcantarillado...» Y Madroñal dice: «Es una manera de aconsejar esta bebida frente a otras que pueden ocasionar perjuicios al hombre, es decir, las alcohólicas.»]

2. agua estancada, agua envenenada. El agua estancada produce enfermedades, y ahora el agua corriente también.

• «Dice el refrán: agua estancada, agua envenenada.» J. L. Cidón Madrigal, *Stop a la celulitis*, **1995**. España.

3. agua pasada no muele (mueve, corre) molino. La oportunidad perdida no puede ser recuperada.

• «Kon agua pasada no muele molino.» Gonzalo Correas, *Vocabulario de refranes y frases proverbiales*, **1627**. España. || «Con esto, y con unas cuantas citas de San Pablo y de la Sagrada Escritura, quedó demostrado que a lo hecho pecho, y agua pasada no muele molino...» Sebastián de Miñano, *Sátiras y panfletos del Trienio Constitucional (1820-23)*. España. || «¡Bien! A lo hecho, pecho, y agua pasada no corre molino.» Camilo José Cela, *La colmena*, **1951**. España. || «Vamos a echarle un vistazo; que sepas que no me importa, que veas que agua pasada no mueve molino...» Alfonso Grosso, *La zanja*, **1961**. España. || «Agua pasada no mueve molino.» Antonio Gala, *¿Por qué corres, Ulises?*, **1975**. España. || «... agua pasada no muele molino, pibe...» Luisa Futoransky, *De Pe a Pa*, **1986**. Argentina. || «Vamos, hombre: agua pasada no mueve molinos.» José Sanchís Sinisterra, *Ñaque o de piojos y autores*, **1980**. España. || «Nosotros hemos sido los hacedores de este libro de consulta, pero es sabido que agua pasada no corre molino...» Ernesto Carratalá García, Introducción al *Gran diccionario de frases hechas*, **1901**. [◇var. *Agua pasada no mueve molino*. MM: «Refrán con que se expresa que una oportunidad pasada ya no se puede aprovechar o que una situación pasada ya no tiene eficacia.» NDLC: «Son inoportunos los consejos y las reflexiones, pasada la ocasión de aprovecharlas.»]

4. agua que no has de beber, déjala correr. Indica que debemos hacer caso omiso a lo que no nos atañe o no podemos conseguir.

• «el sacrificio y el heroísmo sostienen el mundo; dime con quién andas y te diré quién eres; agua que no has de beber, déjala correr.» Enrique Jardiel Poncela, *Amor se escribe sin hache*, **1929**. España. || «... se tropiezan con una campesina joven y bella como las princesas de los cuentos, que anda con sus andares cadenciosos, orgullosos, solemnes y mayestáticos. ¡Qué aire! –Sí, ¡agua que no has de beber...!» Camilo José Cela, *Del Miño al Bidasoa*, **1974**. España. || «Te quedarás sin la tuya. Agua que no has de beber, déjala correr.» Augusto Roa Bastos, *Vigilia del almirante*, **1992**. Paraguay.

5. agua vertida, no toda cogida. No todos los errores se pueden rectificar por completo.

• «Verter por derramar avemos ya dexado, a pesar del refranejo que dize: Agua vertida, no toda cogida.» Juan de Valdés, *Diálogo de la lengua*, **1535**. España.

6. algo tendrá el agua cuando la bendicen. Pondera las bondades del agua.

• «Pero algo tiene el agua cuando la bendicen; algo habrá en mi persona que le ha gustado...» Benito Pérez Galdós, *Ángel Guerra*, **1890-91**. España. || «El vagabundo –aunque algo tendrá el agua cuando la bendicen– no podría jurar que fuera cierta la copla.» Camilo José Cela, *Judíos, moros y cristianos*, **1956**. España. || «Algo tendrá el agua cuando la bendicen...» Manuel Longares, *La novela del corsé*, **1979**. España. || «El amor mismo, a ver, ¿no es sobre todo cuestión de palabras?, por lo menos el de las novelas que es el que hace llorar, algo tendrá el agua cuando la bendicen, y ella asiente...» Carmen Martín Gaite, *Nubosidad variable*, **1992**. España. || «Algo tendrá el agua cuando la bendicen.» *ABC Cultural*, 14/6/**1996**. España.

7. del agua mansa me libre Dios, que de la brava me libraré yo. Lo tranquilo y apacible suele ser más peligroso que lo que se nos antoja agresivo.

• «Bien dizen que del agua mansa me guarde Dios... Espantado me tienes, Pinel, con lo que sabes.» Juan Rodríguez Florián, *Comedia llamada Florinea*, **1554**. España. || «Y aunque cuanto en lo exterior parece ya estar aquel fuego muerto, de tal agua mansa nos guarde Dios.» Mateo Alemán, *Segunda parte de la vida de Guzmán de Alfarache. Atalaya de la vida humana*, **1604**. España. || «... del agua mansa líbrame Dios...» Guillermo Morón, *El gallo de las espuelas de oro*, **1986**. Venezuela. [◇var. *De las aguas mansas me libre Dios, que de las bravas me libraré yo*. NDLC: «Ref. que expresa que las personas de un exterior manso y apacible, suelen ser las más iracundas e impetuosas, cuando llegan a incomodarse; o que los hipócritas suelen ser los más perversos.»]

8. echar agua en el mar. Tarea superflua que no aporta beneficio alguno.

• «Siempre, Sancho, he oído decir, que el hacer bien a villanos es echar agua en el mar.» Miguel de Cervantes Saavedra, *El ingenioso hidalgo don Quijote de la Mancha*, **1605**. España.

9. nadie diga de esta agua no beberé. Nunca se sabe lo que puede acontecernos en el futuro y lo que tengamos que hacer a nuestro pesar.

• «Pero el hombre pone y Dios dispone, y Dios sabe lo mejor y lo que le está bien a cada uno, y cual el tiempo, tal el tiento, y nadie diga desta agua no beberé, que adonde piensa que hay tocinos, no hay estacas; y Dios me entiende, y basta, y no digo más, aunque pudiera.» Miguel de Cervantes Saavedra, *Segunda parte del ingenioso caballero don Quijote de la Mancha*, **1615**. España. || «Nadie puede decir de esta agua no beberé.» Miguel de Unamuno, *Niebla*, **1914**. España. || «Manuel Aparicio era de su agrado y nunca se puede decir de esta agua no beberé.» Max Aub, *La calle de Valverde*, **1961**. España. || «... por nuestra flaca naturaleza a las solicitaciones de la carne y no pudiendo decir de antemano de esta agua no beberé, olvido...» Juan Goytisolo, *Señas de identidad*, **1966**. España. || «... y que nunca se debe decir de esta agua no beberé.» Sealtiel Alatriste, *Por vivir en quinto patio*, **1985**. México. || «... bueno, pues como dice el refrán, nunca digas de esta agua no beberé.» *ABC*, 4/7/**1989**. España. || «Al final no se puede decir que de esta agua no beberé...» *ABC Cultural*, 1/6/**1996**. España. || «Pero uno nunca puede decir: De esta agua no beberé.» *Caras*, 14/18/**1997**. Chile. || «Nunca se puede decir de esta agua no beberé.» Carmen Sevilla, Programa «La noche abierta», TVE2, 9/10/**2000**. || «... ha liderado varias listas de mujeres más poderosas del mundo de los negocios. Como suele decir Arredondo, Nunca digas de esa agua no beberé.» *Tiempo*, 19/3/**2001**. España. [◇NDLC: «Nadie está libre de que le suceda lo que puede suceder a otros.» Joaquín Bastús, *La sabiduría de las naciones*, 2ª serie, 1863: «Un borracho juraba sin cesar que nunca bebería agua de una fuente y murió ahogado en ella.»]

10. no bebas agua que no veas ni firmes carta que no leas. Hay que cerciorarse de las cosas antes de cometer un error. El agua y la firma pueden acarrear serios problemas.

• «El cauto adagio no bebas agua que no veas ni firmes carta que no leas, se olvidó de que hay casos en que la sed puede más que la higiene, y autoridades a las que los apremios del quehacer no les dan vagar para parar mientes en el detalle de lo que firman.» Félix de Llanos y Torriglia, *Discurso de recepción en la Real Academia Española*, **1945**. España. [◇Ahora eso de firmar es mucho más arriesgado desde que se ha inventado eso que se llama «la letra pequeña», para engañar a los incautos.]

11. > **año,** *al cabo de los años mil, vuelve el agua por do solía ir.*
12. > **azadonada,** *a la segunda azadonada sacó agua.*
13. > **molino,** *llevar el agua a su molino.*

aguja
1. buscar una aguja en un pajar. Buscar algo o a alguien difícil de encontrar.

• «... y se fue a buscar una aguja en un pajar, como él dijo, esto es, a buscar a Obdulia entre la multitud...» Leopoldo Alas (Clarín), *La Regenta*, **1884**. España. || «Ella buscaría como si se tratase de una aguja en un pajar y había de topar un hombre a carta cabal...» Tomás Carrasquilla, *La marquesa de Yolombo*, **1928**. Colombia. || «Por fin, cansado de buscar una aguja en un pajar, y aprovechando que el herrero se había cansado de manosear el automóvil...» Eduardo Mendoza, *La verdad sobre el caso Savolta*, **1975**. España. || «Lo de esta pistola, por ejemplo, podía convertirse en la clásica aguja en un pajar.» Juan Madrid, *Flores, el gitano*, **1989**. España. || «No es una aguja en un pajar —comentó Celso en las alturas–. Es un pez en el océano. Un astro en el universo.» Luis Mateo

ahorcado   54

Díez, *El expediente del náufrago,* **1992**. España. || «A todo esto, tanto la mujer de asiento como la querida buscaban al buaycito como aguja en un pajar, y fueron a los hospitales, para ver si Arístides había cantado el Manisero, a la cárcel, donde sus amigotes y nadita de nada. El man había desaparecido.» *El Siglo,* 22/4/**1997**. Panamá. || «Así las cosas, identificar a la progenitora parecía tan complicado como encontrar una aguja en un pajar.» *ABC Electrónico,* 6/7/**1997**. España. || «Pero esas excepciones hay que buscarlas del mismo modo que se busca una aguja en un pajar.» *Diario de las Américas,* 28/2/**1997**. EE.UU. [◇MM: «Comentario que se hace en forma de comparación cuando se busca algo en un sitio donde, por la gran cantidad de cosas que hay o por otra circunstancia, es dificilísimo encontrarlo.»]
   2. > **alabar,** *cada buhonero alaba sus agujas.*

ahorcado > **soga,** *mentar la soga en casa del ahorcado.*

ahorcar
   1. a la fuerza ahorcan. Las circunstancias o las personas obligan a hacer cosas a la fuerza y nunca por propia voluntad.
   • «... gente que aquí me va a ser insoportable; pero por fuerza ahorcan.» José Zorrilla, *Cartas íntimas e inéditas,***1883-89**. España. || «... pero ya sabe usted, a la fuerza ahorcan, no hay más remedio.» Camilo José Cela, *La colmena,* **1951**. España. || «Bien, a la fuerza ahorcan, ofreceré este sacrificio, el de la copita, a... ¿a quién puede Satanás ofrecer un sacrificio? Como esto no va a la feria, je, je, je.» Ramón Ayerra, *La lucha inútil,* **1984**. España. || «Y, a la fuerza ahorcan, se conformaron.» Javier Maqua, *Invierno sin pretexto,* **1992**. España. || «Y en ese caso, a la fuerza ahorcan, ¿no?» *La Nueva Provincia,* 13/4/**1997**. Argentina. || «Sus palabras fueron, en realidad, una especie de «a la fuerza ahorcan».» *ABC Electrónico,* 21/6/**1997**. España. [◇Hay cosas que hacemos por necesidad y no por gusto. Por lo menos en España ya no existe la pena de muerte, aunque la frase perdura.]
   2. a quien dice la verdad, lo ahorcan. Hay que ir con cuidado al decir las verdades.
   • «Recordad que esta copla la espetasteis con sin igual descaro a la infanta María Teresa. Id con cuidado, porque aquí se impone aquello que reza el refrán: a quien dice la verdad, lo ahorcan.» Néstor Luján, *Los espejos paralelos,* **1991**. España.
   3. > **rico,** *quien en un año quiere ser rico, al medio le ahorcan.*

ajo
1. quien se pica, ajos come. El que se da por aludido y se resiente de lo que se le dice, es porque tiene motivos para ello.
• «Quien se quema, ajos ha comido.» Sebastián de Covarrubias, *Tesoro de la lengua castellana o española*, **1611**. España. || «Lo digo por quien lo digo, y quien se pica ajos come.» Jacinto Benavente, *La malquerida*, **1913**. España. || «... Pablo Castellano vistió ayer de refrán: El que se pica ajos come.» *El Mundo*, **5/3/1994**. España. [◇MM: «Refrán con que se expresa que alguien que se resiente por una cosa que se dice en general debe de tener motivos para creerse aludido.» NDLC: «... el que de algo se resiente por censura en general, a sí propio no se miente, y es o ha sido otro tal; quien se pone colorado por aludido, es culpado; el que zaherido chilla, le remuerde... una cosilla...» DA: «Quien se pica, ajos ha comido. Refr. Que reprende al que se resiente o toma por suyo, y como si a él, y por él se dijese lo que en general y casualmente se ha dicho o hablado en alguna conversación.» Covarrubias da esta versión: «Quien se quema, ajos ha comido, quando diziendo una cosa en general alguno la toma por sí.»]

alabado
1. por el alabado dejé el conocido, y vime arrepentido. Dejar lo conocido y seguro por lo que atrae e impresiona, siempre es peligroso.
• «Y yo apostaré que dice aquel bobillo, polligallo, quiérelotodo: Por el alabado dejé el conocido, y vime arrepentido.» Lope de Vega Carpio, *La Dorotea*, **1632**. España. [◇Sin embargo > todo lo nuevo place.]

alabanza
1. la alabanza propia envilece. No sirve la propia alabanza y va en menoscabo del que la practica.
• «... que si yo no la alabo es por lo que suele decirse que la alabanza propria envilece; pero mi escudero os dirá quién soy.» Miguel de Cervantes Saavedra, *Segunda parte del ingenioso caballero don Quijote de la Mancha*, **1615**. España. || «¿No sabían los estupendos abogados –según del decir que confirma aquel refrán que reza que el elogio en boca propia es vituperio– de Lozano Gracia que...» *Excelsior*, **8/5/1996**. México. [◇Se llenan de oprobio los que hablan bien de sí mismos y los tenemos como engreídos y fatuos. L. «laus in proprio ore sordescit.» *Proverbios:* 27,2: «Que te alabe el extraño, no tu boca; el ajeno, no tus labios.»]

alabar

1. cada buhonero alaba sus agujas. Es necesario promocionarse para vender. Y, además, lo nuestro siempre nos parece mejor.

• «Hermana, paréceme aquí que cada bohonero alaba sus agujas; que el contrario desso se suena por la cibdad.» Fernando de Rojas, *La Celestina*, **1499**. España. [◇«Todos procuran ponderar sus cosas, aunque no lo merezcan en sí mismas.» NDLC. *Buhonero* era el vendedor ambulante de baratijas, objetos de poca monta. «... como un buhonero con sus bártulos plásticos a la espalda...» *ABC Cultural*, 1/11/**1996**. Covarrubias da esta versión: «Cada bohonero alaba sus agujas, y todos alaban sus mercadurías.»]

albarda

1. cada pollino, su albarda. Cada cual con lo suyo.

• «Existe Dios desde que hay conciencias con telarañas porque le hacen sus creyentes, como al mar sus gotas y es lo que dice un refrán: Cada pollino, su albarda. Cada pastor, su rebaño; cada caudillo, sus masas; cada cura su parroquia; cada santo, su peana; y que me diga quien sepa buscar efectos y causas...» José García Pradas, *Sin caudillo*, **1938**. España. [◇*Albarda*, «Utensilio que se pone sobre el lomo de las caballerías para acomodar la carga.» MM. Solía estar hecho de esparto. El pollino y la albarda ya han pasado a la historia, por lo menos en España. Refrán pasado de moda ya que ni las albardas ni los pollinos existen. El burro está protegido para que no se extinga.]

2. quien no puede dar en el asno, da en la albarda. El que no puede atacar a alguien, ataca a otro más débil.

• «No pueden dar en el asno i dan en la albarda.» Gonzalo Correas, *Vocabulario de refranes y frases proverbiales*, **1627**. España. [◇«Hay sujeto que no pudiendo vengarse en la persona de su enemigo, se venga en las cosas de su pertenencia.» NDLC. *Albarda*, «Utensilio que se pone sobre el lomo de las caballerías para acomodar la carga.» MM. Solía estar hecho de esparto.]

3. > **asno,** *do vino el asno, vendrá la albarda.*

alcalde

1. el que tiene el padre alcalde, seguro va a juicio. El que posee apoyo e influencias lo tiene seguro.

• «... que por ser hombre rico y –como dicen– el padre alcalde y com-

padre el escribano, se libró.» Mateo Alemán, *Primera parte de Guzmán de Alfarache*, **1599**. España. || «A mi cargo queda eso, y séle decir que, por mi parte, puedo ir seguro a juicio, pues tengo el padre alcalde; cuatro dedos de enjundia de cristiano viejo rancioso tengo sobre los cuatro costados de mi linaje: ¡miren si veré el tal retablo!» Miguel de Cervantes Saavedra, *Entremés del retablo de las maravillas*, **1615**. España. || «Crespo: Hija, ya tenéis el padre alcalde, él os guardará justicia.» Pedro Calderón de la Barca, *El alcalde de Zalamea*, **1640-44**. España. || «...dirás «¡milagro, milagro!» y no hay tal milagro, sino que tienes el padre alcalde, como se suele decir.» Benito Pérez Galdós, *Fortunata y Jacinta*, **1885-87**. España. || «Entonces no se hubiera dado el caso de que una ópera de Conrado del Campo, compositor ya consagrado por todos los públicos, y que, además, tiene en esta ocasión al padre alcalde (el libreto es de Francos Rodríguez), durmiese el sueño del olvido.» Julio Casares, *Crítica efímera*, **1919-23**. España. || «No hablo de los intelectuales. No conozco sólo gente inteligente, ni a los que se tienen por tal, acabando por los que se tienen en más; los que no temen a nadie, los que tienen el padre alcalde y a quienes no les falta cosa buena, sino a tenderos y peones, ingenieros y registradores, profesores y carpinteros.» Max Aub, *La gallina ciega. Diario español*, **1971**. España. [◊«Contar con el apoyo de alguna autoridad.» NDLC.]
   2. > **hombre**, *por falta de hombres buenos a mi padre hicieron alcalde*.

alcohólico > **borracho**, *más vale borracho conocido que alcohólico anónimo*.

alegría
   1. **más vale alegría que tristeza**. Naturalmente, aunque los hay que no comparten esta opinión.
   • «Más vale –insiste– la alegría que la tristeza, más vale la admiración que el menosprecio, más vale el ejemplo que la vergüenza.» *La Vanguardia*, 30/7/**1995**. España.

alevoso > **traidor**, *a un traidor, dos alevosos*.

alforja
   1. **para ese viaje no necesitamos alforjas**. Para hacer una cosa simple o innecesaria no hace falta organizar mucho barullo.

algo

- «¡Pues para ese viaje no necesitábamos alforjas! –gritó Contracayes.» Leopoldo Alas (Clarín), *La Regenta,* **1884**. España. || «Para ese viaje no necesito alforjas, concluyó don Celedonio.» Ramón Pérez de Ayala, *Belarmino y Apolonio,* **1921**. España. || «¡Para ese viaje no se precisan alforjas! ¿A qué has venido con todo esto?» Elena Soriano, *Caza menor,* **1951**. España. || «Para este viaje no hacían falta demasiadas alforjas.» *La Vanguardia,* 30/12/**1995**. España. || «... como señalaba ayer con ironía algún concejal, para este viaje no hacían falta tantas alforjas.» *El Mundo,* 28/11/**1996**. España. || «Se piensa, doctoralmente, en la muerte como final. Es verdad que para ese viaje no necesitábamos alforjas.» Alonso Zamora Vicente, prólogo al *Diccionario panhispánico de refranes,* **2002**. España. [◇*Alforja*: «Tira de tela fuerte con las puntas dobladas de modo que forman dos bolsas que llevan los campesinos colgada al hombro o se pone sobre las caballerías, para transportar cosas.» MM.]

algo
    1. **más vale algo que nada.** Por malo que sea, algo siempre vale más que nada y no se debe despreciar.
- «... y en este entretanto, la traeré como pudiere, que más vale algo que nada.» Miguel de Cervantes Saavedra, *El ingenioso hidalgo don Quijote de la Mancha,* **1605**. España. || «Si quieren usar de ella, la majan en pilones hasta hacerla harina, y amasada, les sirve de pan ó de gachas ó atole, con que se defienden del mayor enemigo, diciendo á su modo lo que dicen los españoles que «de paja ó heno el pancho lleno, ó más vale algo que nada.» Juan José Delgado, *Historia general sacro-profana, política y natural de las islas del Poniente llamadas Filipinas,* **1754**. Filipinas. || «Pero ya comprende el Padre que con mil o dos mil pesetas al año no comen, ni visten, ni duermen diez lo mismo que cinco, y mucha diferencia entre un mendrugo de pan negro y una libra de pan blanco; y, aunque más vale algo que nada...» Ramón Sarabia, *¿Cómo se educan los hijos? Lecciones de pedagogía familiar,* **1945**. España. || «... la propuesta socialista porque más vale algo que nada.» *El Mundo,* 18/5/**1994**. España [◇«No es conveniente despreciar las cosas por su ínfimo valor, pues no faltan casos y circunstancias en que se echan de menos.» NDLC.]

alguacil > **mujer,** *en casa del ruín la mujer es alguacil.*

allegador > **harina,** *allegador de la ceniza y derramador de la harina.*

alma
  1. el alma triste en los gustos llora. Los tristes y depresivos todo lo ven negro y mal, hasta la alegría.
  • «El alma triste en los gustos llora.» Mateo Alemán, *Primera parte de Guzmán de Alfarache*, **1599**. España. [◇La gente triste y pesimista está siempre descontenta, incluso en las alegrías.]
  2. un alma sola ni canta ni llora. Uno solo, sin ayuda, poco puede hacer.
  • «Una alma sola ni canta ni llora; un solo acto no haze hábito; un frayle solo pocas vezes le encontrarás por la calle; una perdiz sola por maravilla buela, mayormente en verano; un manjar solo, continuo, presto pone hastío; una golondrina no hace verano; un testigo solo no es entera fe; quien sola una ropa tiene, presto la envegece.» Fernando de Rojas, *La Celestina*, **1499**. España. [◇Sin embargo > **solo**, más vale estar solo que mal acompañado.]
  3. > **vino,** *el vino con agua es salud de cuerpo y alma.*

almendra > **Dios,** *da Dios almendras a quien no tiene muelas.*

alto
  1. de muy alto grandes caídas se dan. Los que tienen cargos importantes pueden, y suelen, caer y fracasar. Pero no todos, claro.
  • «¡O mi gozo, cómo te vas diminuyendo! Proverbio es antigo, que de muy alto grandes ca?das se dan.» Fernando de Rojas, *La Celestina*, **1499**. España.

amagar
  1. amagar y no dar es apuntar y no tirar. Las amenazas o proyectos hueros, de nada sirven si no van seguidos de acción.
  • «El yugo de la ley de Christo más amaga que hiere, más perdona que castiga, más disimula que acusa, más espanta que cansa y aún más alivia que carga, porque el mismo Christo que nos le mandó cargar, Él mismo y no otro nos le ayuda a llevar...» Fray Antonio de Guevara, *Epístolas familiares, libro primero*, **1521-1543**. España. || «Es terrible, porque amenaza siempre y nunca pega; hace como aquello que cantábamos en un juego: amagar y no dar! Y esto es lo terrible.» Miguel de Unamuno, *Recuerdos de niñez y de mocedad*, **1908**. España. || «Y nada más: amagar y no dar ...Antes de un mes los chiquillos saltaban por encima de tan tre-

amanecer

mendo maestro.» Ramón Sarabia,*¿Cómo se educan los hijos? Lecciones de pedagogía familiar*, **1945**. España. || «... protestaron porque, a su juicio, se quedan siempre en amagar y no dar.» *La Vanguardia*, 2/8/**1995**. España. || «Gobierno instalado en la mentira de los débiles, Gobierno especialista de amagar y no dar, en prometer firmeza ante sus socios comunitarios y volver a Madrid con el rabo entre las piernas.» *El Mundo*, 29/4/**1995**. España. [◇var. *Quien amaga y no da, miedo ha* y *Quien amaga y no da, por cobarde quedará*. «*Amagar y no dar*, juego de muchachos que se reduce a levantar la mano como para pegar a otro, que está vuelto de espaldas, un golpe, sin dárselo, porque en este caso se pierde.» NDLC. Y MM: «Amagar, amagar y no dar. Juego de chicos en que una de las cosas que se hacen es decir esa frase realizando a la vez lo que se expresa.» DA: «Úsase también como phrase, para dar a entender que se desea en el culpado la enmienda sin llegar al rigor del castigo.»]

amanecer
 1. **amanecerá (Dios) y medraremos (veremos).** Mañana veremos lo que pasa.
 • «Ahora bien, tornémonos a acomodar y durmamos lo poco que queda de la noche, y amanecerá Dios y medraremos.» Miguel de Cervantes Saavedra, *Segunda parte del ingenioso caballero don Quijote de la Mancha*, **1615**. España. || «... aunque imagino que el cariño y la hambre le han de forzar a que me busque esta noche, y amanecerá Dios y veremos.» Miguel de Cervantes Saavedra, *Segunda parte del ingenioso caballero don Quijote de la Mancha*, **1615**. España. || «... desafortunadamente aún no puedo dedicarme a ello por entero, amanecerá y veremos, como dice el adagio, por lo pronto tengo mucho trabajo en el Banco y más con el ascenso de que fui objeto. Bueno, ahora cuénteme de usted, ¿cómo fue que por fin lo cazaron?» Cristina Bain, *El dolor de la Ceiba*, **1993**. Colombia. [◇«Medrar: mejorar de fortuna una persona, aumentando sus bienes o su situación económica.» JST.]
 2. > **Dios,** *cuando Dios amanece, amanece para todos.*
 3. > **madrugar,** *no por mucho madrugar amanece más temprano.*

amar
 1. **quien bien ama, bien desama.** Del amor al odio no hay más que un paso cortito.
 • «Quien espera, desespera; y de la mesma manera amar y desamar: Quien

bien ama, bien desama; y atar y desatar: Quien bien ata, desata.» Juan de Valdés, *Diálogo de la lengua*, **1535**. España. [◇> refrán siguiente. «Desamar: Dejar de amar; abandonar el cariño o afición que se tenía.» JST.]
   2. quien bien ama tarde olvida. Se supone que los que aman de verdad no olvidan.
   • «… aora mas la queria: mas por mi pueden dezir, quien bien ama tarde oluida. Estas palabras diziendo, vido como el Rey venia…» Damián López de Tortajada, *Floresta de varios romances*, **1646**. España. || «Quien bien ama, tarde olvida; por mucho madrugar no amanece más temprano…» Homero Aridjis, *El Mundo al revés*, **1994**. México. [◇Sin embargo > el refrán anterior.]

amargar
   1. a nadie le amarga un dulce. Las cosas buenas gustan a todos.
   • «Ahora, alegrarse de tener ocasión de conocerlo un poco, puede que sí, porque a nadie le amarga un dulce…» José María de Pereda, *Peñas arriba*, **1895**. España. || «… hacer dinero, porque a nadie le amarga un dulce, y acabar controlando al Islam, aunque me parece que, con Jomeini y Gaddafi, le ha salido la criada respondona.» Fernando Schwartz, *La conspiración del Golfo*, **1982**. España. || «… una vez al día estaría dispuesto, a nadie le amarga un dulce, pero lo de tu madre es demasiado…» Manuel Hidalgo, *Azucena, que juega al tenis*, **1988**. España. || «… escudado tras el parapeto del comfort (sic) (a nadie le amarga un dulce)…» Antonio Limón, *Andalucía, ¿tradición o cambio?*, **1988**. España.

amarillo
   1. el que de amarillo se viste, en su belleza confía o de sinvergüenza se pasa. El amarillo es el color de los que mucho confían en sí mismos.
   • «En el modismo mexicano se entiende que alguien se amarilló por los celos. Un refrán español previene que el que de amarillo se viste, en su belleza confía o de sinvergüenza se pasa.» Eulalio Ferrer, *Información y comunicación*, **1997**. México. [◇«Amarillear: palidecer.» JST. > también **verde**.]

amasar > **cocer**, *a quien cuece y amasa no le hurtes hogaza.*

*****amenazar** (ideas) ***amagar** y no dar es apuntar y no tirar; **arrieros** somos y en el camino nos encontraremos; que quiera, que no quiera, el **asno** ha de *ir a la feria; quien bien **ata**, bien desata; entre **bobos** (pillos, cutres, vivos) anda el juego; el que abre la **boca** paga con la gorja; a buen **bocado**, buen grito; el **can** con angosto a su amo vuelve el rostro; quien hace un **cesto** hace ciento; cuando la **cólera** sale de madre, no tiene la lengua padre; poco **daño** espanta y mucho amansa; la mejor **defensa** es el ataque; no es tan negro (fiero) el **diablo** como lo pintan; del **dicho** al hecho hay mucho trecho; **Dios** sufre a los malos, pero no para siempre; quien **escucha** su mal oye; quien a **hierro** mata, a hierro muere, no estar el **horno** para bollos; **lentejas**, si las quieres las tomas (comes) y si no las dejas; la **letra** con sangre entra; al **maestro**, cuchillada; **obligado** te veas para que lo creas; quien con **perros** se acuesta, con pulgas se levanta; **perro** que ladra no muerde; de lo que se **siembra**, se coge.*

amigo

1. al amigo y al caballo, no apretallo. Hay que usar pero no abusar, que luego pasa lo que pasa.

• «¿No es mucho mejor que vamos contigo? Do Anastasio: No puede ser; y al amigo y al caballo no hay que apretarlo, según dice aquel antiguo adagio.» Don Ramón de la Cruz, *El cortejo escarmentado*, **1773**. España. [◊«Apretar: aguijar o espolear al caballo.» JST.]

2. al mayor amigo, el mayor tiro. Los hay malvados que arremeten contra sus propios amigos.

• «Iten, se condenan a descaramiento algunos otros, como dezir: Preso por mil, preso por mil y quinientas, Al mayor amigo el mayor tiro. Y aquello de ándeme yo caliente y ríase la gente es una muy desvergonçada frialdad; sólo se les permita a las mugeres que andan escotadas el dezir: Andeme yo fría, y más que todo el mundo se ría.» Baltasar Gracián, *El Criticón*, **1657**. España. [◊«Dios me libre de enemistades de amigos», decía Lope de Vega.]

3. amigo que no da (presta) y cuchillo que no corta, que se pierda, poco importa. El amigo que no sirve no es amigo.

• «El amigo que no da y el cuchillo que no corta, que se pierda poco importa –dijo entre dientes la tía Latrana.» Cecilia Böhl de Faber (Fernán Caballero), *Clemencia*, **1864**. España. [◊«Lo que da a entender lo poco que importa que se pierdan las cosas inútiles.» NDLC.]

4. de amigo a amigo, chinche en el ojo. No se puede confiar en las amistades.

• «Amigo, amigo, chinche en el ojo.» Gregorio González, *El guitón*

Onofre, **1604**. España. ‖ «... y para confusión de los hombres, que tan mal saben guardarse amistad los unos a los otros. Por esto se dijo: No hay amigo para amigo: las cañas se vuelven lanzas; y el otro que cantó: De amigo a amigo, la chinche, etc.» Miguel de Cervantes Saavedra, *Segunda parte del ingenioso caballero don Quijote de la Mancha*, **1615**. España. ‖ «¡Es que me dan bascas esas amigas de sus amigas, y luego ¡chinche en el ojo!» Jesús Alviz Arroyo, *Un solo son en la danza*, **1982**. España.

5. ese es el amigo que socorre a su amigo. El verdadero amigo te ayuda y socorre.

• «Ese es el amigo que socorre a su amigo.» Mateo Alemán, *Primera parte de Guzmán de Alfarache*, **1599**. España. [◊«No es en la prosperidad cuando se conoce al amigo...» Eclesiástico, 12:8.]

6. los amigos, el dinero y los cojones son para las ocasiones. Las tres cosas son necesarias para disfrutar de las ocasiones que los requieran.

• «Los amigos, el dinero y los cojones son para las ocasiones, refr. de obvio entendimiento.» Camilo José Cela, *Diccionario secreto*, **1969**. España. [◊Quizá es variante del siguiente refrán o dicho.]

7. los amigos son para las ocasiones. Los amigos están para ayudarse.

• «Hombre, los amigos son para las ocasiones, y hoy por ti y mañana por mí, porque nadie puede decir de esta agua no beberé, y aquí nos conocemos todos...» Julián Zugasti y Sáenz, *El bandolerismo. Estudio social y memorias históricas*, **1876-80**. España. ‖ «Los amigos son para las ocasiones y para decorar gratis los pisos.» Alonso Zamora Vicente, *A traque barraque*, **1972**. España. [◊«Amicus certus in re incerta cernitur.» citado por Cicerón.]

8. más vale aceña parada que amigo molinero. Más hace la suerte que las amistades.

• «... se ahorque don Bela, que más vale aceña parada que amigo molinero.» Lope de Vega Carpio, *La Dorotea*, **1632**. España. [◊*aceña*, molino harinero de río. «Más vale aceña parada que molinero amigo; tiene dos acepciones. Más vale tener que ser amigo del que tiene. Más vale a veces la ocasión, que los amigos.» NDLC.]

9. más vale amigos en plaza que dineros en arca. Se supone que la amistad vale más que el dinero.

• «Por necedad, se prohibe el dezir más valen amigos en plaça que dineros en arca, lo uno porque ¿dónde se halla[r]án verdaderos y fieles?, lo

amilanar 64

otro porque a quien tiene dineros en arca nunca le faltan amigotes en todas partes.» Baltasar Gracián, *El Criticón,* **1657**. España.
   10. todo es común entre los amigos. Todo se comparte entre los buenos amigos.
   • «Porque está bien puesto lo justo, y también aquel vulgar proverbio que dice ser todo común entre los amigos, porque en la compañía se funda la amistad, y los hermanos y amigos todo lo tienen común.» Pedro Simón Abril, *Traducción de la Ética de Aristóteles,* **1577**. España.
   11. más vale un buen amigo que en troja mucho trigo. La amistad vale más que las posesiones materiales.
   • «Y tanto alegó y lo sostuvo, que al fin lo consiguió, cumpliéndose el adagio de que: Más te vale un buen amigo que en tu troja mucho trigo.» Pastor Serbando Obligado, *Tradiciones argentinas,* **1903**. Argentina. [◇«Troja: alforja, mochila o saco.» MM.]
   12. > **camino,** *en luengo camino y en cama angosta se conocen los amigos.*
   13. > **enemigo,** *el enemigo de mi enemigo es mi amigo.*
   14. > **esposa,** *para escoger esposa hay que bajar un escalón; y subirlo para escoger un amigo.*
   15. > **vino,** *quien es amigo del vino es enemigo de sí mismo.*

*amilanar (ideas) *el duro* **adversario** *entibia las iras y las sañas; al mayor* **amigo,** *el mayor tiro; a gran* **arroyo,** *pasar postrero; díjolo* **Blas,** *punto redondo; el* **can** *con angosto a su amo vuelve el rostro.*

amistad
   1. los peregrinos tienen muchas posadas y pocas amistades. Los que viajan no hacen grandes amistades.
   • «... como Séneca nos dize, los peregrinos tienen muchas posadas y pocas amistades porque en breve tiempo con ninguno no pueden firmar amistad; y el que está en muchos cabos no está en ninguno...» Fernando de Rojas, *La Celestina,* **1499**. España.
   2. para conservar la amistad (vecindad), pared en medio. Para que la amistad dure, los vecinos deben guardar las distancias.
   • «No ha venido mala vecindad, pared en medio.» Don Ramón de la Cruz, *El Prado por la noche,* **1765**. España. [◇«Pon rara vez tu pie en la casa del vecino, no se harte de ti y te aborrezca.» *Proverbios,* 25:17.]

***amistades** (ideas) *dime con quién* **andas** *(duermes, sales, vuelas) y te diré quién eres; ¿quién es tu hermana? La* **vecina** *más cercana.*

amo
   1. **haz lo que tu amo te manda y siéntate con él a la mesa.** El empleado obediente consigue el favor del jefe.
   «... no hay sino obedecer y bajar la cabeza atendiendo al refrán haz lo que tu amo te manda y siéntate con él a la mesa...» Miguel de Cervantes Saavedra, *Segunda parte del ingenioso caballero don Quijote de la Mancha,* **1615**. España.
   2. **quien trueca de amo, trueca de ventura.** El que cambia de actividad o de empleo, corre peligro.
   • «Por ejemplo, Beatriz hay un dicho que le digo a mi niño y me repito a mí; ese que dice: Quien trueca de amo, trueca de ventura. Y yo le digo a mi niño y me digo, que no, que quien trueca de amo, jamás trueca de ventura.» Jesús Alviz Arroyo, *Un solo son en la danza,* **1982**. España.
   3. > **ojo,** *el ojo del amo engorda el caballo.*
   4. > **maestro,** *si va el maestro (amo) a los toros, vámonos todos.*

amor
   1. **amor con amor se cura.** Los males del amor se curan con amor, y no de otra manera.
   • «... según lo que pondera los excesos y desgracias que el amor ocasiona, de que su ministerio sea más bien benéfico, porque el amor con amor se cura...» Ramiro de Maeztu, *Don Quijote, Don Juan y la Celestina. Ensayos en simpatía,* **1926**. España. [◇El escritor William R. Alger decía que las palabras de amor son obras de amor.]
   2. **amor con amor se paga.** Indica que se debe devolver en justa correspondencia, de igual manera, un bien recibido.
   • «... y como se suele decir: amor con amor se paga.» Juan Justiniano, *Instrucción de la mujer cristiana,* **1528**. España. || «Si amor con amor se paga, sólo con tenerme amor...» Antonio Panes, *Escala mística,* **1675**. España. || «... y mi amigo Micifuz durmiendo al amor de la lumbre, si no es que se haya salido a los tejados en busca de las vecinas, salidas también como él; que amor con amor se paga, niña mía...» Ramón Mesonero Romanos, *Escenas y tipos matritenses,* **1842**. España. || «Mira, Narvaez, amor con amor se paga.» Ramón María del Valle-Inclán, *La corte de los*

milagros, **1927**. España. || «¡Miren, la enamorada! ¡Por amor! Pues, bella Quiteria, amor con amor se paga. (Hacen simultáneamente a Quiteria un corte de mangas, seguido de una pedorreta.)» Domingo Miras, *Las brujas de Barahona*, **1978**. España. || «Amor con amor se paga dice un refrán conocido, pero el bien que se ha perdido no hay bien que lo satisfaga.» Manuel Vázquez Montalbán, *Galíndez*, **1990**. España. || «Pero ningún amor paga a otro amor, a pesar del dicho amor con amor se paga». Rafael Gómez Pérez, *El ABC de las buenas costumbres*, **1994**. España. || «Los críticos son autores que aún no han escrito obras. Critican con mucho cuidado ya que amor con amor se paga.» *El Nacional*, 19/1/**1997**. Venezuela. [◊A veces se añade *y lo demás con dinero*. «Denota la mutua y delicada correspondencia de las personas bien animadas, en cualquier asunto, acontecimiento, etc., prósperos o adversos.» NDLC. Y «Frase con que se comenta la correspondencia de alguien al buen trato que recibe de otro. Se usa frecuentemente con ironía, refiriéndose a un mal trato correspondido en la misma forma.» MM.]

    3. **amor de rey no es heredad.** El amor, la amistad de los poderosos no es de fiar y no es una propiedad.

    • «Amor de sennor non es heredad.» Alfonso X, *General Estoria I*, **1275**. España. || «Amor de rey non es heredad.» Anónimo, *Libro de los cien capítulos*, **1284**. España. || «Ca el amor del Rey non es heredad.» Anónimo, *Libro del caballero Çifar*, **1300-1305**. España. [◊«Heredad: porción de terreno cultivado perteneciente a un mismo dueño.» JC.]

    4. **amor hace mucho y el dinero, remucho.** El dinero puede más que el amor.

    • «Ya lo dice el refrán: Amor hace mucho y el dinero, remucho.» Antonio Martínez Ballesteros, *Pisito clandestino*, **1990**. España. [◊«En la guerra y en el amor es lo primero / el dinero, el dinero y el dinero.» Ramón de Campoamor, *Doloras, poemas y humoradas*, 1846. España.]

    5. **amor, tos, humo y dinero no se pueden ocultar.** Estas cosas se notan enseguida por mucho que se quieran ocultar.

    • «En primer lugar, hay un refrán que dice: Amor, tos, humo y dinero no pueden estar secretos...» Marco Fidel Suárez, *Sueños de Luciano Pulgar*, **1923**. Colombia. [◊«Al que está enamorado se le nota enseguida, tanto como al que tose, que no puede evitarlo. En latín se dice: *amor tussisque non celatur*, el amor y la tos no se pueden ocultar. Y los franceses hablan del amor y del humo: *L'amour et la fumée ne peuvent se cacher*.» DCB. var. *Amor, tos y dinero llevan cencerro*.]

6. amor trompero, cuantas veo, tantas quiero. Se dice de los muy mujeriegos, que desean a toda mujer que ven.
• «Había un viejo refrán en el pueblo: Amor trompero, cuantas veo, tantas quiero.» Guillermo Cabrera Infante, *La Habana para un infante difunto*, **1986**. España. [◇«Trompero: el que engaña.» JC. Honoré de Balzac decía que el amor es un juego en el que siempre hacemos trampas.]
7. amor y señorío no quieren compañía. El amor y el poder no quieren ser compartidos.
• «Pues eso no lo dudéis, que no es hombre que sufrirá tan necio agravio; que amor y señorío no quieren compañía.» Lope Vega Carpio, *La Dorotea*, **1632**. España.
8. amores nuevos olvidan viejos. Lo nuevo hace olvidar lo viejo, lo antiguo y conocido.
• «... fingiendo a Elvira haber olvidado por otros amores nuevos.» Mariano José de Larra, *Macías*, **1834**. España. || «Lo que pasa –siguió ella al rato de estar callados–, es que amores nuevos y de la capital son mejores que viejos amores de pueblo; y es bonita, contá, tiene bonito pelo, debe ser de ojos linderlos...» Miguel Ángel Asturias, *Hombres de maíz*, **1949-53**. Guatemala. [◇Enrique Jardiel Poncela decía que el amor es como la salsa mayonesa: cuando se corta, hay que tirarlo y empezar otro nuevo.]
9. contra el amor es remedio poner mucha tierra en medio. Para no enamorarse, lo mejor es escaparse.
• «Hay refranes que están llenos de sabiduría, Loli. Y hay uno que dice: Contra el amor es remedio poner mucha tierra en medio.» Antonio Martínez Ballesteros, *Pisito clandestino*, **1990**. España.
10. de los amores y las cañas, las entrañas. Cuanto más profundo y vehemente, mejor.
• «No me espanto; que de los amores y las cañas, las entradas.» Lope de Vega Carpio, *La Dorotea*, **1632**. España.
11. el amor, el dolor y el dinero no se pueden ocultar. Se nota enseguida cuando alguien sufre, o está enamorado o tiene dinero.
• «Como asegura el refrán español: El amor, el dolor y el dinero no se pueden ocultar.» *ABC*, 29/1/**1985**. España. [◇> *amor, tos, humo y dinero no se pueden ocultar*.]
12. el amor es ciego. Porque es incomprensible cómo se enamoran los unos de los otros, a pesar de sus defectos.
• «... tiembla si abandonas la luz de la razón, que amor es ciego.» Juan

Arolas Bonet, *Poesías,* **1830-46**. España. || «No es, pues, exacto decir, sin más: el amor es ciego o el amor es clarividente.» Gregorio Marañón, *Ensayo sobre la vida sexual,* **1919-29**. España. || «Dicen que el amor es ciego, tío.» Mario Vargas Llosa, *La tía Julia y el escribidor,* **1977**. Perú. || «Dicen que el amor es ciego, pero también ciega a quien quiere perder. *ABC,* 9/4/**1985**. España. [◇L. «amor caecus.» Dijo Glenway Wescott en el NY Herald Tribune, 19/12/1965: «No es que el amor sea ciego sino la falta de amor.» Y Jacinto Benavente explicaba que: «Al amor lo pintan ciego y con alas. Ciego para no ver los obstáculos y con alas para salvarlos.» El amor es ciego y la amistad cierra los ojos. Y Sancho nos dice, Quijote, II, «... el amor, según he oído decir, mira con unos anteojos, que hacen parecer oro al cobre, a la pobreza riqueza, y a las legañas perlas.»]
    13. el amor lo vence todo. El amor salva todos los obstáculos.
    • «Amor vincit omnia: el amor lo vence todo. Virgilio conocía el cielo y el infierno (especialmente el infierno) pero no sabía nada del amor.» Guillermo Cabrera Infante, *La Habana para un infante difunto,* **1986**. Cuba. [◇L. «Amor vincit omnia», decía Virgilio. «Ahora vemos por espejo, oscuramente, más entonces veremos cara a cara. Ahora conozco en parte; pero entonces conoceré como fui conocido. Y ahora permanecen la fe, la esperanza y el amor, estos tres; pero el mayor de ellos es el amor.» *1 Corintios,* 13:12.]
    14. hay amores que matan. No todos los amores son buenos.
    • «Hay amores que matan.» Antonio Gala, *¿Por qué corres, Unlises?,* **1975**. España. || «Agnes sabía que su madre las amaba, a ella y a Fernanda, en una forma muy singular, esa con la que se convierte en verdadero el refrán de que hay amores que matan.» Cristina Bain, *El amor de la Ceiba,* **1993**. Colombia. || «... el título pudiera ser La ilusiones perdidas o bien Hay amores que matan; quizá El premio mayor.» *Proceso,* 8/9/**1996**. México. [◇«A pesar de lo mucho que te quiero, / no me mato por ti, pero me muero.» Ramón de Campoamor, *Doloras, poemas y humoradas,* 1846. España. Nos dice Cervantes por boca de Marcela: «... el verdadero amor no se divide, ha de ser voluntario, y no forzoso.» Quijote, I.]
    15. las sopas y los amores, los primeros son los mejores. Lo primero interesa y gusta más.
    • «Las sopas i los amores, los primeros son los mexores.» Gonzalo Correas, *Vocabulario de refranes y frases proverbiales,* **1627**. España. [◇También *frutos y amores, los primero los mejores.* Sólo se ha documen-

tado en este refranero. Sin embargo recordemos a Pablo Neruda: «Es tan corto el amor y es tan largo el olvido.»]

16. todo vale en el amor y la guerra. La cuestión es ganar, sea como sea, aun empleando malas artes.

• «... y advertid que el amor y la guerra son una misma cosa, y así como en la guerra es cosa lícita y acostumbrada usar de ardides y estratagemas para vencer al enemigo, así en las contiendas y competencias amorosas se tienen por buenos los embustes y marañas que se hacen...» Miguel de Cervantes, *Segunda parte del ingenioso caballero don Quijote de la Mancha*, **1615**. España. || «¿Quién ha dicho que en el amor y en la guerra vale todo?» *Tiempo*, nº 993, **2001**. España.

17. > **casarse,** *quien se casa por amores, ha de vivir con dolores.*
18. > **muerte,** *para el amor y la muerte no hay casa fuerte.*
19. > **pobreza,** *cuando la pobreza entra en una casa por la puerta, el amor sale por la ventana.*
20. > **puta,** *ni sábado sin sol, ni moza sin amor, ni viejo sin dolor, ni puta sin arrebol.*

Ana
1. por Santa Ana amanecen las mujeres con cojones en la cama. Con un hombre en la cama.

• «Por Santa Ana, amanecen las mujeres con cojones en la cama, refr. oído en Asturias y usado en numerosos pueblos que tienen por patrón a Santiago; explica lo que dice por alusión a los festejos que se celebran en tal día, víspera de Santa Ana, y a las eróticas culminaciones del jolgorio...» Camilo José Cela, *Diccionario secreto,* **1969**. España.

andar
1. dime con quién andas (duermes, sales, vuelas, comes) y te diré quién eres. Las compañías son muy importantes e influyen en el carácter y comportamiento de la persona.

• «... si es verdadero el refrán que dice: Dime con quién andas, decirte he quién eres, y el otro de No con quien naces, sino con quien paces.» Miguel de Cervantes Saavedra, *Segunda parte del ingenioso caballero don Quijote de la Mancha*, **1615**. España. || «Ni un mal bibelot; nada de lo que piden el confort y el buen gusto. La alcoba es la mujer como el estilo es el hombre. Dime cómo duermes y te diré quién eres.» Leopoldo Alas (Clarín), *La Regenta*, **1884**. España. || «Dime con quién andas y te diré quién eres. Refrán que manifiesta que generalmente se juzga de la conducta y propiedades de un sujeto por la que tengan las compañías y personas con quienes se junte.» José González Seijas, *Catón metódico de los niños*, **1885**. España. || «A la vista de los platos, casi se podía adivinar si su dueño era un nórdico o un meridional. Dime qué comes y te diré quién eres, resultaba más cierto que la frase original.» José Luis Sampedro, *Congreso en Estocolmo*, **1952**. España. || «Dime qué vitola fumas y te diré quién eres. En la vitola del habano que fuma ostentosamente Winston Churchill, de viejo conocedor de La Habana, hay una fachada de imperio.» Fernando Ortiz, *Contrapunteo cubano del tabaco y el azúcar*, **1963**. Cuba. || «Dime con quién sales y te diré quién eres –recitaba el gallego, avanzando veloz por los pasillos, dejando tras de sí el vuelo airoso de los faldones de su batín escarlata–. Pero ¿en qué mundo vives, mariposa?» Juan Marsé, *Últimas tardes con Teresa*, **1966**. España. || «Si te hubieras puesto profesor o tía vieja y les hubieras preguntado, dime con quién andas y te diré quién eres, todas las flores habrían mirado a Susan.» Alfredo Bryce Echenique, *Un mundo para Julius*, **1970**. Perú. || «... no con quien naces, sino con quien paces. Dime con quién andas...» David Viñas, *Maniobras*, **1985**. Argentina. || «dime con quién andas y te diré quién tú eres.» David Viñas. *Lisandro*, **1985**. Argentina. || «El dicho dime con quién andas y te diré quién eres lo dice todo.» Sophia, *El arte de adivinar con las cartas*, **1996**. EE.UU. || «Los refranes vienen a la mente al pensar en Los Pasaco: de tal palo, tal astilla, y dime con quién andas y te diré quién eres.» *Prensa Libre*, 7/3/**1997**. Guatemala. || «Aparte de lo que representan como imagen en el competido escenario mundial, donde cada día se aplica más la versión modernizada del adagio: Dime en qué vuelas y te diré quién eres.» *Semana*, 24/11/**1997**. Colombia. || «Puede parafrasearse un refrán clásico para afirmar: Dime quién te ataca y te diré quién eres.» Reynaldo González, *El bello habano. Biografía íntima del tabaco*, **1998**. Cuba. [◊Lord Chesterfield en una carta fechada en 1747, le dice a su hijo: «There is a Spanish proverb, which says very justly, tell me whom you live with, and I will tell you who you are.» MM: «Frase con que se expresa que, por la compañía que buscan, se conoce la manera de ser de las personas.»]

2. **poco a poco se anda mucho.** Con perseverancia se consiguen las cosas.

• «Poco a poco se anda mucho, dice el proverbio, y dentro de diecisiete millones de años quizá gocemos del paraíso que se sueñan los pa-

cifistas, con fuentes de cristal de roca, árboles de pan y bananos de oro.» Miguel Ángel Asturias, *Navidad. La derrota de un soldado de plomo*, **1927**. Guatemala.
3. quien mal anda, mal acaba. El que lleva una vida desordenada tiene un mal fin.
• «¡Quien mal anda, mal acaba!» Gustavo Adolfo Bécquer, *Desde mi celda*, **1864**. España. || «... pues no podía negarse con dádivas el hecho, y con sus pecadores cuerpos en la cárcel dieron, probándose con ello que quien mal anda mal acaba, como dijo un Rodrigón que violos pasar por la calle de Bodegones, donde hemos luego de le conocer: descansa tanimientras, y perdona pío lector.» J. Fuentes y Ponte, *Murcia que se fue*, **1872**. España. || «Si no pagáis la renta, dejad el molino. Si mañana no recibo noticias, le escribiré de nuevo. Gaviotas por tierra, viento sur a la vela. Quien mal anda, mal acaba. Cadáver a bordo, tempestad segura. Quien a los suyos sale, honra merece. Quien bien tiene y mal escoge, del mal que le venga no se enoje.» Tomás Navarro Tomás, *Manual de pronunciación española*, **1918**. España. || «... siempre lo decía: quien mal anda, mal acaba.» Camilo José Cela, *La colmena*, **1951**. España. || «... que el que mal anda mal acaba.» Miguel Ángel Asturias, *El Papa Verde*, **1954**. Guatemala. || «A ti no te pregunto cuál es tu última voluntá, porque ya se sabe que me vas a decir una de tus majaderías y no estoy pa líos. Quien mal anda, muchacho...» José María Rodríguez-Méndez, *Bodas que fueron famosas del Pingajo y la Fandanga*, **1976**. España. || «La Traviata, una ópera que enseña que quien mal anda mal acaba, que a los ejercicios de gimnasia, más propios de la soldadesca que de una reina.» Ana María Moix, *Vals negro*, **1994**. España. || «Los más abyectos refranes sirvieron para enterrarlo y los del que mal anda, mal acaba, el que a hierro mata, a hierro muere y a todo cerdo le llega su San Martín.» Luciano G. Egido, *Corazón*, **1995**. España. [◊«El que vive desordenadamente tiene por lo común un fin desastrado, igual al *tales vita, finis ita*, de los Latinos.» NDLC. Y el DA: «Es sentencia sagrada contra los que viven desordenadamente y sin acordarse de la ley de Dios, que muchas veces mueren mal, porque la muerte suele ser como la vida.»]

anillo
1. cuando te dieren el anillo, pon el dedillo. Hay que aprovechar las oportunidades.
• «Kuando te dieren el anillo, pára el dedillo.» Gonzalo Correas, *Voca-*

animosidad

bulario de refranes y frases proverbiales, **1627**. España. [◊No se debían rechazar proposiciones matrimoniales antaño, hogaño sí.]
    2. venir como anillo al dedo. Justo lo que se necesita y requiere en el momento.
    • «Mira, Sancho –respondió don Quijote–: yo traigo los refranes a propósito, y vienen cuando los digo como anillo en el dedo.» Miguel de Cervantes Saavedra, *Segunda parte del ingenioso caballero don Quijote de la Mancha*, **1615**. España. || «Esta es la designación que hemos de dar a nuestras locuciones adverbiales o proverbiales, a las que pensamos que ha de venirles como anillo al dedo, a las mil maravillas…» Camilo José Cela, *Diccionario geográfico popular de España*. I, **1998**. España. || «Hay un refrán que dice que no por mucho madrugar se amanece más temprano, y tal parece que aplica como anillo al dedo a un evento…» *El Nuevo Día*, 5/1/**1998**. Puerto Rico. [◊Un anillo en el dedo equivalía a estar casado, lo que era muy conveniente y bueno. MM: «Ser muy oportuna y adecuada para la cosa de que se trata.»]

*animosidad (ideas) *quien **adelante** no mira, atrás se queda; quien no puede dar en el **asno**, da en la albarda; al mayor **amigo**, el mayor tiro; **año** caro, harnero espeso y cedazo claro; **año** nuevo, vida nueva; quien a buen **árbol** se arrima, buena sombra le cobija; más vale un mal **arreglo** que una permanente discusión; quien no se **aventura** no gana; no hay **bien** ni mal que cien años dure; díjolo **Blas**, punto redondo; al **buey** maldito el pelo le luce.*

animoso > **fortuna**, *a los animosos ayuda la fortuna.*

Antona > **valer**, *más valéis vos, Antona, que la corte toda.*

anzuelo
    1. en la dádiva está encubierto el anzuelo. Los regalos esconden peligro.
    • «En la dádiva está encubierto el anzuelo, porque no hay ninguna que no tenga ponzoña.» Gregorio González, *El guitón Onofre*, **1604**. España. [◊«Anzuelo: ardid con que se atrae a alguien.» MM.]

año
    1. al cabo de los años mil, vuelve el agua por do solía ir. Con el tiempo todo vuelve a estar como antes.

• «Entonces se verificará el adagio que dice: Después de los años mil vuelven las aguas por donde solían ir: porque no es posible dudar que en lo antiguo seguía el Rio Paraná su derrotero por medio del Estero comunicando con el Uruguay por dicho...» Félix de Azara, *Geografía física y esférica de las provincias del Paraguay*, **1790**. Paraguay. [◊«El transcurso y variación del tiempo vuelve a poner en uso y boga las costumbres, hábitos, gustos, modas, etc., que yacían abolidas por anticuadas...» NDLC. Do, dónde.]

2. año caro, harnero espeso y cedazo claro. En épocas malas hay que aguantar con poco.

• «Hermano Laurencio, en año caro, harnero espeso y cedazo claro.» Lope de Vega Carpio, *La Dorotea*, 1632. España. [◊*cedazo*, «instrumento que sirve para separar las partes sutiles de las gruesas de algunas cosas; como la harina...» *harnero*, «especie de criba.» DRAE.]

3. año de nieves, año de bienes. El año que nieva mucho hay buenas cosechas.

• «De donde nació por ventura aquel refrán que año de nieves es año de bienes.» Luis de Toro, *Discurso y consideraciones,* **1569**. España. || «Por donde solemos decir año de nieves, año de bienes.» Fray Luis de Granada, *Introducción al símbolo de la fe,* **1583**. España. || «... el refrán año de nieves, año de bienes es una verdad indiscutible.» Eugenio Luis Gete-Alonso, *Tiempo de ocio,* **1987**. España. [◊NDLC: «El año que nieva mucho suele abundar en excelentes frutos.» Esto es porque hay más agua, al derretirse la nieve.]

4. año nuevo, vida nueva. Frase con la que se recibe al año nuevo, y se resuelve cambiar de hábitos de vida.

• «Se designó el primero de año, por aquello de año nuevo, vida nueva.» Leopoldo Alas (Clarín), *El señor y lo demás son cuentos,* **1893**. España. || «El año 1945 entró como de puntillas en la vida de los gerundenses. Año nuevo, vida nueva. ¿Sería verdad? Posiblemente.» José María Gironella, *Los hombres lloran solos,* **1986**. España. || «Cada uno tiene su manera de recibir al nuevo año; pero no todos pueden elegir año nuevo, vida nueva.» *El Tiempo,* 2/1/**1990**. Colombia. || «En lo que al Atleti respecta, año nuevo, vida vieja.» *El Mundo,* 9/1/**1995**. España. || «Es conveniente que el día tenga un significado especial para el fumador. Es muy adecuado el del cumpleaños o a primeros de año. Año nuevo, vida nueva y dejar el tabaco es una nueva forma de vida, argumenta el doctor Jiménez.» *El Mundo,* 16/1/**1997**. España. || «Año nuevo, envi-

día vieja. La envidia, al contrario del yogur, no caduca.» *La Razón*, 7/1/**2001**. España.
    5. > **mal**, *no hay mal que cien años dure*.

apariencia
    1. las apariencias engañan. Ni las cosas ni las personas son como parecen ser, sino todo lo contrario.
    • «¿No te has puesto a pensar si será un hombre que te conviene? Porque ya sabes que las apariencias engañan y no sería extraño que fueras saliendo con que el señor don Carlos es un libertino.» José Tomás de Cuéllar, *Historia de Chucho el Ninfo*, **1871**. México. || «A saber si lo es realmente, que las apariencias engañan...» Benito Pérez Galdós, *Fortunata y Jacinta*, **1885-87**. España. || «El niño ignora que las apariencias engañan y que debajo de una mala capa puede esconderse un buen bebedor.» Camilo José Cela, *Viaje a la Alcarria*, **1947**. España. || «Da la imagen de ser una mujer de rompe y rasga. ¿Es así o las apariencias engañan?» *Tiempo*, 4/6/**1990**. España. || «... no se lo pensó dos veces; el hermano Gerardo dijo entonces que empezamos a corrompernos desde el mismo día en que nacemos, que las apariencias, y yo estaba convencido de que eso era verdad...» Eduardo Mendicutti, *El palomo cojo*, **1991**. España. || «Una deliciosa comedia romántica que demuestra que las apariencias engañan y que la felicidad se encuentra a la vuelta de la esquina.» *El Nacional*, 17/1/**1997**. Venezuela. || «Eso, al menos, es lo que parece. Pero, a veces, las apariencias engañan...» *Diario de las Américas*, 26/2/**1997**. EE.UU. || «... que se acaba de escapar de la prisión y que también participó en la muerte de su padre. Pero hay veces que las apariencias engañan.» *Heraldo de Aragón*, 8/3/**2001**. España. [◇De una fábula de Esopo, fabulista griego del siglo VI a. de C., donde un lobo se disfraza con la piel de una oveja para pasar desapercibido y comer a su gusto.]

*****aprecio** (ideas) *quien te da el **hueso** no te quiere ver muerto; más quiero mis dientes que mis **parientes***.

aprender
    1. todos los días se aprende algo. El aprendizaje no termina nunca; es un proceso continuo.
    • «Cada día se aprende algo, dijo el cordobés; pero continúe usted...» Julián Zugasti y Sáenz, *El bandolerismo. Estudio social y memorias histó-*

ricas, **1876-80**. España. || «Todos los días se aprende algo, modas, remedios, conjuros...» Alonso Zamora Vicente, *A traque barraque,* **1972**. España. || «Voy a seguir trabajando. Todos los días te falta algo. Todos los días se aprende algo. Yo tengo que ser la mejor para volver a verlo. Tengo que brillar como una estrella.» José Luis Cabouli, *Terapia de vidas pasadas,* **1995**. Argentina. || «Del toro nunca se termina de aprender, cada día se aprende algo.» *Proceso,* 22/12/**1996**. México. || «Qué compromiso, porque está ahí en sus manos; qué experiencia acumulada, y cuánto por aprender todavía, cuánta sabiduría por adquirir, porque todos los días se aprende algo, y nosotros hemos aprendido, y mucho, en lo que hemos visto en estos días.» *Granma Internacional,* 1/**1998**. Cuba. [◇Ahora se habla mucho del aprendizaje continuo... A buenas horas mangas verdes.]

aprendiz
  1. **aprendiz de todo, maestro de nada.** Se aplica a los que no profundizan en estudio o aprendizaje alguno.
  • «... he sido muy curioso y me ha gustado leer de todo. En una palabra, he sido aprendiz de todo y oficial de nada.» José Joaquín Fernández de Lizardi, *El periquillo Sarniento,* **1816-27**. México. || «Trata en lo personal, sin esforzarse demasiado, de mejorar al leerse la imagen interior que tiene de sí. Aprendiz de todo, maestro de nada, no se empeña en buscar giros ampulosos y alambicados.» Augusto Roa Bastos, *Vigilia del Almirante,* **1992**. Paraguay. || «No es admisible un superfedatario omnipresente, conocedor de todo y maestro de nada.» *El Mundo,* 22/11/**1994**. España. || «El reportero es un aprendiz de todo y un maestro de nada.» *El Mundo,* 15/3/**1996**. España.

apretar > **abarcar,** *quien mucho abarca, poco aprieta.*

araña
  1. **como el capitán Araña que embarcaba a la tropa y se quedaba en tierra.** Ataque contra los que animan o fuerzan a otros a hacer algo y ellos no lo hacen.
  • «¡Ah, terrible capitán Araña!... ¡Cómo gustamos de embarcar a la gente y quedarnos en tierra!... ¿Y usted?» Wenceslao Fernández Flórez, *Volvoreta,* **1917**. España. [◇Nos cuenta José María Iribarren: «Cuando a principios del último tercio del siglo XVIII se enviaba a las Américas gente de nuestro país, con el fin de combatir a los insurrectos de aquel conti-

árbol

nente, existía en una de las ciudades de nuestro litoral un capitán de barco, llamado Arana o Aranha (nombre que el vulgo transformó en Araña), del cual se cuenta que, después de reclutar a mucha gente con el citado objeto, él se quedó en tierra y nunca más volvió a emprender viaje allende los mares.»]

árbol
1. del árbol caído todos hacen leña. Todos se ceban en el desgraciado, el desheredado de la fortuna, y se aprovechan de él.
• «Mis amigos me desprecian / porque me ven abatido / todo el mundo corta leña / del árbol que está caído.» DA, **1726**-39. España. || «Que, como la experiencia nos enseña, de árbol caído todos hacen leña.» Félix María de Samaniego, *Fábulas*, **1781**-84. España. || «¡Pobre tiranía! –dijo el general–. De árbol caído todos hacen leña.» Cecilia Böhl de Faber (Fernán Caballero), *La gaviota*, **1849**. España. || «… no era partidario de hacer leña del árbol caído.» *La Vanguardia*, 24/10/**1994**. España. || «… llevan las de perder; además, al pueblo le gusta hacer leña del árbol caído.» Alan García, *El Mundo de Maquiavelo*, **1994**. Perú. || «Es muy cómodo hacer leña del árbol caído…» Pedro J. Ramírez, *David Contra Goliat*, **1995**. España. || «Sáenz hizo caso omiso y no se sumó a la estrategia de hacer leña del árbol caído.» *La Vanguardia*, 16/2/**1995**. España. || «Es que, mientras resulta penoso que todos hagamos leña del árbol caído.» *Diario Hoy*, 10/2/**1997**. Ecuador. || «En el caso de Ray Sugar Leonard ahora todo el mundo quiere hacer leña del árbol caído.» *El Tiempo*, 7/4/**1997**. Colombia. [◊«DA: «Refrán que da a entender que al que le es contraria la suerte, todos le pasan por encima y suelen sacar de su desgracia provecho y utilidad.»]
2. quien a buen árbol se arrima, buena sombra le cobija. Es una ventaja tener amigos o valedores poderosos. Así se llega lejos.
• «Así que, quien a buen árbol se arrima…» Fernando de Rojas, *La Celestina*, **1499**. España. || «Al fin cobija ruin sombra al que a mal árbol se arrima…» Hernando de Ávila, *La tragedia de San Hermenegildo*, **1580**. España. || «… y de los quien a buen árbol se arrima, buena sombra le cobija.» Miguel de Cervantes, *Segunda parte del ingenioso caballero don Quijote de la Mancha*, **1615**. España. || «Niña, eso no es razón, pues la mujer necesita sombra; cuando te falte la mía, quiero dejarte un árbol que te la dé buena. Sépaste que la mujer sola es como hoja sin tronco; el hombre es sólo como árbol sin hoja.» Cecilia Böhl de Faber (Fernán Caballero),

Clemencia, **1864**. España. || «Porque el que a buen árbol se arrima...» Rómulo Gallegos, *Canaima,* **1935**. Venezuela. || «... pero si no han visto una mujer ni en pintura! ¡si es una verdadera obsesión!... claro el que se arrima al árbol buena sombra le cobija o como se diga.» Gabriel García-Badell, *Funeral por Francia,* **1975**. España. || «Aquí no puede aplicarse aquello de que a buen árbol se arrima, buena sombra le cobija.» *Listín Diario,* 3/7/**1997**. República Dominicana. || «No sólo acuña giros y vocablos, sino que crea y recrea las frases y dichos que son la entraña viva, la esencia comunicadora de una lengua. Ruin sea quien por ruin se tiene... No conocemos el bien hasta que lo hemos perdido... El que es vencido hoy será vencedor mañana... Tanto vales, cuanto tienes...» «Quien a buen árbol se arrima, buena sombra le cobija, Nació para vivir muriendo... Nunca lo bueno fue mucho... Por la libertad y la honra se puede y se debe aventurar la vida... Proverbios y refranes siembran el libro con sus referencias sentenciosas, otorgando al lenguaje su valor supremo, el del entendimiento común.» Eulalio Ferrer, *Información y comunicación,* **1997**. México. || «El que no arriesga no pasa la mar, perro que no anda no topa hueso, y como el que a buen árbol se arrima buena sombra le cobija...» Eladia González, *Quién como Dios,* **1999**. México.

3. un árbol se le conoce por su fruto. Juzgamos a las personas por sus acciones.

• «Al árbol se le conoce por sus frutos; obramos según somos, y del conocimiento de nuestras obras entramos al de nosotros mismos con la misma marcha que al de nuestros prójimos por las suyas, puesto que, en resolución, no es cada cual más que el primer prójimo de sí propio.» Miguel de Unamuno, *En torno al casticismo,* **1895**. España. || «Al árbol lo conocerás por su fruto dice el apotegma bíblico. Y de esa semilla sólo podrán acaecer más males.» *Diario de las Américas,* 3/2/**1997**. EE.UU. [◇*Mateo,* 12:33, «Decís que el árbol es bueno, si es bueno su fruto; decís que el árbol es malo, si es malo su fruto. Porque el árbol se conoce por su fruto.»]

argén
1. quien tiene argén, tiene todo bien. El que tiene dinero lo tiene todo.

• «Quien tiene argén, tiene todo bien...» Baltasar Gracián, *El Criticón,* **1657**. España. [◇«Argen. Ant. Moneda, pecunia, dinero, metálico, numerario, etc. según se comprueba por el ref. *quien tiene argén tiene todo* *bien*; igual a la sentencia bíblica *pecuniae obediunt omnia;* nada resiste al dinero, todo lo alcanza ligero.» NDLC.]

arrear > detrás, *el que venga detrás que arree.*

arrebol
   1. arreboles de Aragón a la noche con agua son. Si se veían arreboles por la mañana, llovía por la noche.
   • «Arreboles de Aragón a la noche con agua son...» Anónimo, *Corpus de la lírica popular hispánica*, **1500-1700**. España. [◊«Arrebol: color rosado que se ve en las nubes por los rayos del sol naciente o poniente.» MM.]
   2. arreboles de la mañana, viento trae. Manera primitiva y poco segura de predecir el tiempo.
   • «... si alguno quisiese dezir que tal rubificación en ellas apareçida demostrase movimiento de viento e non serenidat e quisiese traer en prueva de lo que dixo Virgilio en el primer libro de la Geórgica, que los arreboles de la mañana eran testimonio del viento...» Enrique de Villena, *Traducción y glosas de la Eneida*, **1427**. España. [◊«Arrebol: color rosado que se ve en las nubes por los rayos del sol naciente o poniente.» MM.]

arreglo
   1. más vale un mal arreglo que una permanente discusión. Los arreglos, los tratos, son siempre preferible a las confrontaciones.
   • «Carrera, pues, puso término a esta penetración inglesa y aunque se lesionaron bastante los derechos guatemaltecos, cabe decir que más vale un mal arreglo que una permanente discusión en la cual siempre va perdiendo más el débil.» *La Hora*, 8/4/**1997**. Guatemala. [◊Posiblemente variante de «más vale un mal arreglo que un buen pleito.» L. «cum licet fugere, en quaere litem,» más vale mal arreglo que un buen pleito.]
   2. más vale un mal arreglo que un buen pleito. Un arreglo siempre es preferible a llegar a los tribunales.
   • «... no, no, que más vale un mal arreglo que un buen pleito, se dijeron todos, al unísono, mientras los carbunclos se escondían en los bordes de los muros...» Alfonso Chase Brenes, *El pavo real y la mariposa*, **1996**. Costa Rica. [◊> **sentencia**. L. «cum licet fugere, in quoere litem.» Los juicios, los abogados, los litigios, son mala cosa y siempre es mejor evitarlos.» DCB. *Proverbios*, 17:14, «Comenzar un pleito es dar suelta a

las aguas; deja la porfía antes que se entable.» *Mateo,* 5:40, nos dice también: «y al que quiera ponerte a pleito y quitarte la túnica, déjale también la capa.» Cualquier cosa menos pleitear.]

arriero
   1. arrieros somos y en el camino nos encontraremos. Ya tendremos ocasión de desquitarnos o de devolver el mal que nos han hecho.
   • «Me engañó. Pero no hay cuidado, chato; arrieros somos y en el camino andamos.» Mariano Azuela, *La luciérnaga,* **1932**. México. || «... ya se sabe, ¡arrieros somos, y en el camino nos encontraremos!» Camilo José Cela, *Judíos, moros y cristianos,* **1956**. España. || «En parecidos términos se había pronunciado días antes el presidente del Gobierno, Felipe González, al comentar esta conducta en una versión actualizada del famoso refrán arrieros somos y en el camino nos encontraremos.» *La Vanguardia,* 17/4/**1995**. España. [◇«Todos mutuamente nos necesitamos en este mundo, y el que se niega a otro, mañana sufrirá igual negativa de él; hoy por ti, mañana por mí; es refrán conminatorio o amenaza de desquite futuro por repulsa presente.» NDLC. «Arriero: el que trajina con caballerías de carga.» JC.]

arriscar
   1. quien no arrisca no aprisca. Hay que correr riesgos para obtener algún provecho.
   • «... y bien los usa el refrán pastoril que dize: Quien no arrisca no aprisca.» Juan de Valdés, *Diálogo de la lengua,* **1535**. España. [◇*arriscar,* arriesgar; *apriscar,* pillar, obtener.]

arte > ventura, *más vale arte que ventura.*

arroyo
   1. a gran arroyo, pasar postrero. Hay que ser cauto ante el posible peligro y dejar que se arriesguen otros antes.
   • «A grand arroio, pasar postrero.» Gonzalo Correas, *Vocabulario de refranes y frases proverbiales,* **1627**. España. [◇var. *A mal paso, pasar postrero.*]

arruinar
   1. acabado el templo, arruinado el pueblo. Las grandes obras arquitectónicas arruinaban al pueblo.

asar

• «La megalomanía de uno de ellos, llamado Sol Entre los Hombres, dio lugar al refrán popular Acabado el templo, arruinado el pueblo.» Manuel Leguineche, *El camino más corto,* **1995**. España.

asar > pringar, *aún no asamos y ya pringamos.*

ascua > sardina, *arrimar uno el ascua a su sardina.*

*****asentimiento** (ideas) *quien* **calla,** *otorga; no hay más* **cera** *que la que arde.*

asilo > cuenta, *de planes que no cuajan y cuentas que no salen, se llenan los asilos y los hospitales.*

asno
   1. **asno de muchos, lobos se lo comen.** Lo compartido no es siempre cuidado ni atendido y se echa a perder.
   • «... ya oístes que asno de muchos, lobos lo comen...» Juan Ruiz (Arcipreste de Hita), *Libro de buen amor,* **1330-43**. España. || «¿Quién tal pudo dezir, asno de muchos, lobos se lo comen?; antes, él se los come a ellos, y come como un lobo y come el pan de todos...» Baltasar Gracián, *El Criticón,* **1657**. España. [◊«El fundamento de la propiedad privada es más psicológico que otra cosa. Simplemente, uno cuida más de lo suyo. A pesar de la tradición de los bienes comunales, el refranero manifiesta grandes suspicacias respecto de la propiedad compartida. (...) *asno de muchos, lobos le comen.*» AdM.]
   2. **do vino el asno, vendrá la albarda.** Muchas cosas suelen ir juntas.
   • «Calla, que para la mi santiguada do vino el asno vendrá el albarda.» Fernando de Rojas, *La Celestina,* **1499**. España. [◊*Do,* dónde. «*Albarda,* utensilio que se pone sobre el lomo de las caballerías para acomodar la carga.» MM.]
   3. **el asno sufre la carga, mas no la sobrecarga.** Todo tiene sus límites más allá de los cuales se pierde la paciencia y el aguante.
   • «Más de mil azotes, si yo no he contado mal, te has dado: bastan por agora, que el asno, hablando a lo grosero, sufre la carga, mas no la sobrecarga.» Miguel de Cervantes Saavedra, *Segunda parte del ingenioso caballero don Quijote de la Mancha,* **1615**. España.
   4. **la culpa del asno echarla a la albarda.** Excusarse cargando a otro con la culpa propia.

• «Muy bien dice vuestra merced –respondió Sancho–, porque, según opinión de discretos, la culpa del asno no se ha de echar a la albarda.» Miguel de Cervantes Saavedra, *Segunda parte del ingenioso caballero don Quijote de la Mancha*, **1615**. España. || «La kulpa del asno, echarla a la albarda.» Gonzalo Correas, *Vocabulario de refranes y frases proverbiales*, **1627**. España. [◇DA: «Refr. que enseña, que por no confesar algunas personas sus defectos, o su corta habilidad, o inteligencia, atribuyen a otros sus propias culpas, o los males que han causado sus acciones.» «*Albarda*, utensilio que se pone sobre el lomo de las caballerías para acomodar la carga.» MM.]

5. **más vale con mal asno el hombre contender, que solo y cargado a cuestas traer.** La ayuda, aunque mala y poca, es mejor que hacer las cosas solo.

• «… que más val con mal asno el omne contender que solo e cargado faz a cuestas traer.» Juan Ruiz, (Arcipreste de Hita), *Libro de buen amor*, **1330-43**. España.

6. **que quiera, que no quiera, el asno ha de ir a la feria.** Estamos sujetos a las órdenes de los que mandan, queramos o no.

• «Que quiera, que no quiera, el asno ha de ir a la feria.» Lope de Vega Carpio, *La Dorotea*, **1632**. España.

7. **quien al asno alaba, tal hijo le nazca.** Los hay que alaban lo que no deben.

• «Quien al asno alaba, tal hijo le nazca.» Lope de Vega Carpio, *La Dorotea*, **1632**. España.

8. **un asno entre muchas monas, cócanle todas.** Cuando el hombre no tiene competencia todo son halagos.

• «Un asno entre muchas monas, cócanle todas.» Lope de Vega Carpio, *La Dorotea*, **1632**. España. [◇*cocar*, mimar.]

9. > **burro,** *muerto el burro (mulo, asno) la cebada al rabo.*
10. > **oro,** *un asno cubierto de oro parece mejor que un caballo enalbardado.*
11. > **oro,** *un asno cargado de oro sube ligero por una montaña.*
12. > **miel,** *no se ha hecho la miel para la boca del asno.*
13. > **mulo,** *dijo el asno al mulo, arre allá, orejudo.*

*****asustar** (ideas) *el duro* **adversario** *entibia las iras y las sañas;* **arrieros** *somos y en el camino nos encontraremos; no hay* **atajo** *sin trabajo; cuando las* **barbas** *de tu vecino veas afeitar, pon las tuyas a remojar; a buen* **bocado,** *buen grito;*

atajo

casa *de dos puertas es difícil de guardar; poco* **daño** *espanta y mucho amansa; el* **deseo** *vence al miedo; no es tan negro (fiero) el* **diablo** *como lo pintan; de los* **escarmentados** *salen los avisados; las cañas se vuelven* **lanzas***.

atajo
    1. no hay atajo sin trabajo. Para lograr algo hay que trabajar y hacer esfuerzo. La manera fácil de hacer algo no existe.
    • «No hay atajo sin trabajo.» Marqués de Santillana, *Refranes que dizen…*, **1454**. España. ‖ «De manera es que no hay atajo sin trabajo…» Enrique Gil y Carrasco, *El Señor de Membibre*, **1844**. España. ‖ «No hay atajo sin trabajo. Este refrán manifiesta que no se consiguen las cosas útiles o necesarias sin el competente trabajo, ya sea éste corporal, de estudio o de constancia.» José González Seijas, *Catón metódico de los niños*, **1885**. España. ‖ «… conviene atenerse a ese refrán que dice: No hay atajo sin trabajo.» Agustín Faus, *Diccionario de la montaña*, **1963**. España. [◇«Cuanto más tiempo se ahorre en cualquier negocio, tanto más trabajo o sacrificios tiene que costar.» NDLC. Y AMD dice: «R. Jara añade: *ni vereda sin tarea*. Este refrán se utiliza también como primer verso de un cantar, que quiere decir que todo tiene su sacrificio.» Se dice que el padre del éxito es el trabajo, la madre la ambición. Y también sabemos que vamos por buen camino si es cuesta arriba. > **cuesta,** *no hay cuesta abajo sin cuesta arriba.*]

atar
    1. quien bien ata, bien desata. El que hace puede también deshacer.
    • «Quien espera, desespera; y de la mesma manera amar y desamar: Quien bien ama, bien desama; y atar y desatar: Quien bien ata, desata.» Juan de Valdés, *Diálogo de la lengua*, **1535**. España. ‖ «Quien bien ata, bien desata.» Jerónimo de Barrionuevo, *Poesías*, **1641-43**. España. [◇«El que emprende un asunto con los conocimientos necesarios para manejarlo, los tiene también para salir de él airoso o buscarle salida.» NDLC.]

atreverse
    1. contra el caído todos se atreven. Todos son valientes con el débil.
    • «Como contra el caído todos se atreven.» Antonio de Fuenmayor, *Vida y hechos de Pío V*, **1595**. España. [◇> **árbol,** *del árbol caído todos hacen leña.*]

ausencia
1. la ausencia causa olvido. La gente se olvida de los que no ve o trata.

• «Probarás, con partirte, la nobleza de mi invencible amor, y que ha mentido quien dijo que la ausencia causa olvido.» Tirso de Molina (Fray Gabriel Téllez), *Cigarrales de Toledo*. **1624**. España. || «Con eco claro del célebre soneto de Boscán (Quien dice que el ausencia causa olvido / merece ser de todos olvidado.» *ABC Cultural*, 13/12/**1991**. España.

ausente
1. el ausente todos los males tiene y teme. Al no estar presente, el ausente no se puede defender.

• «Cuanto más, que harta ocasión tengo en la larga ausencia que he hecho de la siempre señora mía Dulcinea del Toboso, que, como ya oíste decir a aquel pastor de marras, Ambrosio, quien está ausente todos los males tiene y teme.» Miguel de Cervantes Saavedra, *El ingenioso hidalgo don Quijote de la Mancha*, **1605**. España.

autoridad
1. autoridad que no abusa no es autoridad. Se cree que la autoridad siempre se extralimita y abusa.

• «Lamentamos mucho las versiones en contra de todo un pueblo y censuramos la posición del Jefe del estado, porque parece que quiere aplicar el refrán de autoridad que no abusa no es autoridad.» *Los Tiempos*, 8/4/**1997**. Bolivia.

avaricia
1. la avaricia (codicia) rompe el saco. El ansia de obtener más, malogra los éxitos obtenidos.

• «Y mirá que, si yo entendiera a su criado, bien claro me lo dijo, que bien mirado, ¿qué me podía a mí dar uno que es estado en la posada del señor don Diego, sino fruta de hospital pobre? En fin, la codicia rompe el saco.» Francisco Delicado, *La Lozana Andaluza*, **1528**. España. || «Y como la codicia rompe el saco, pareciome un día de fiesta sacar nueva invención. Hice mis preparamentos, aderecé una pierna que valía una viña. Fuime a la iglesia con ella, comencé a entonar la voz, alzando de punto la plaga, como el que...» Mateo Alemán, *Primera parte de Guzmán de Alfarache*, **1599**. España. || «... pero como la codicia rompe el saco, a mí me ha sesgado mis esperanzas...» Miguel de Cervantes Saavedra, *El ingenioso hidalgo don Quijote de la Mancha*, **1605**. España, || «Y, ya que te gustan tanto los refranes, acuérdate que hay varios que apoyan lo que digo: la codicia el saco; seguro mató a confianza, y qué sé yo cuántos más.» Tomás Carrasquilla, *La marquesa de Yolombó*, **1928**. Colombia. || «La codicia rompe el saco.» Mariano Azuela, *La luciérnaga*, **1932**. México. «–¿Seguimos? –No, la avaricia rompe el saco. Con seis pesetas ya nos defenderemos y, si queremos más, a lo mejor la pringamos...» Camilo José Cela, *Del Miño al Bidasoa*, **1952**. España. || «La avaricia rompe el saco.» Miguel Barnet, *Gallego*,1981. Cuba. || «Mi padre nos enseñó de pequeños a los once hermanos que la avaricia rompe el saco.» *Tiempo*, 12/2/**1990**. España. || «... y la avaricia siempre rompe el saco.» Pedro J. Ramírez, *David contra Goliat*, **1995**. España. || «La codicia rompe el saco y las huelgas no cesarán...» *El Universal*, **1997**. Venezuela. || «Coplas y ripios: La avaricia rompe el saco.» Francisco Rabal, *ABC*, 20/1/**2001**. España. [◊«Quien mucho quiere abarcar o ambicionar suele quedarse sin nada.» NDLC. *Timoteo*, 6:10, «Porque la avaricia es la raíz de todos los males, llevados de la cual algunos se apartaron de la ley y se infligieron muchos dolores.»]

ave
  1. no hay tal ave como la que dicen ave del tuyo. Lo que uno posee es lo mejor, mucho o poco, malo o bueno. Eso es lo que hay.
  • «... y vivir más honesto que pudiese con lo mío, que no hay tal ave como la que dicen ave del tuyo, y quien le hace la jaula fuerte, no se le va ni se le pierde.» Francisco Delicado, *La Lozana Andaluza*, **1528**. España.
  2. un ave sola ni bien canta ni bien llora. Solos poco podemos hacer.
  • «Una fabla lo dize que vos digo agora, que una ave sola nin bien canta nin bien llora.» Juan Ruiz (Arcipreste de Hita), *Libro de buen amor*, **1330-43**. España.

avenencia > **sentencia,** *más vale mala avenencia que buena sentencia.*

aventura
  1. quien no se aventura no gana. Hay que arriesgar para conseguir.
  • «A perro viejo no cuz cuz. Pero muy mejor veréis la diferencia que ay en el escrivir a sin h o con ella en este refrán: Quien lengua ha, a Roma

va; y para que veáis mejor lo que importa escrivir a con aspiración o sin ella, mirad este refrán que dize Quien no aventura no gana, el qual algunos no entienden por hallar escrita la primera a del aventura con aspiración, porque piensan ser razón que quiere dezir: quien no tiene ventura no gana; en lo qual ya vosotros veis el engaño que reciben.» Juan de Valdés, *Diálogo de la lengua*, 1535. España. [◇var. *Quien no aventura no pasa la mar.*]
 2. > **mar**, *quien no se aventura no pasa la mar.*

ayunar
 1. **ayunar después de hartar.** Es fácil ayunar después de mucho comer.
 • «Por mi parte creo que la mejor solución se encuentra en el refrán español Ayunar, después de hartar, o Ayunar, después de cenar, que se complementa con los de ayunar para bien comer, es fácil hacer.» Carlos Fisas, *Historias de la Historia*, 1983. España.
 2. **bien ayuna quien mal come.** El que come mal es como si ayunase.
 • «Bien ayuna quien mal come; harto haré en buscar la vida para mí y para mi familia.» Baltasar Gracián, *El Criticón. Segunda parte*, 1653. España. ‖ «Y para terminar este apartado, citemos, ya que estamos metidos en refranes, que Cura más la dieta que la lanceta, o Dieta mangueta y vida quieta y mandar los disgustos a la puñeta. Mangueta es la cánula que sirve para dar lavativas. Y en fin, que Harto ayuna quien mal come.» Carlos Fisas, *Historias de la Historia*, 1983. España. [◇«Harto tiene el pobre con su desventura, sin que le precisen a carga más dura; puede y debe el mal comer al ayuno equivaler...» NDLC.]

azadonada
 1. **a la segunda azadonada sacó agua.** Es suerte hacer algo bien a la segunda intentona, lo cual indica que debemos perseverar.
 • «La qual puso tanta diligencia y solicitud, que a la segunda açadonada sacó agua.» Fernando de Rojas, *La Celestina*, 1499. España. [◇«A las primeras de cambio caisteis en la cuenta de tal o cual cosa, al poco trato conocisteis no ser digna del concepto que gozaba tal o cual persona.» NDLC. *Azadonada* o *azadonazo*, cada golpe dado con el azadón.]

b

bailar
1. tocarle a uno bailar con la más fea. Tocarle a uno la peor parte en una situación.
• «Pero de nuevo, por órdenes superiores, Rubio se ve obligado a hacer de fontanero y bailar con la más fea.» Jesús Cacho Cortés, *Asalto al poder. La revolución de Mario Conde*, **1988**. España. ‖ «En la ronda de los vivos y los muertos a uno siempre le toca bailar con la más fea.» Severo Sarduy, *Pájaros de la playa*, **1993**. España. ‖ «Son dos responsabilidades distintas. Al presidente le toca bailar con la más fea.» *La Nueva Provincia*, 21/7/**1997**. Argentina. ‖ «Desde que fue detenido hace poco más de un año, Avella ha sido visto por la opinión pública y por quienes siguen de cerca el narcoescándalo como el funcionario de la campaña samperista a quien le ha tocado bailar con la más fea.» *Semana*, 17-24/9/**1996**. Colombia. [◇Refrán que muestra la falta de caridad y sensibilidad de muchos para con los demás.]
2. > **entender,** *yo me entiendo y bailo solo.*

baño > **negra,** *fue la negra al baño y trajo que contar un año.*

barajar
1. quien destaja, no baraja. No se pueden hacer dos cosas a la vez.
• «... sobre que ordinariamente se ofrecen voces y mohínas, las cuales pudieran escusarse procediendo llanamente, conforme el común proverbio: quien destaja, no baraja.» Francisco Luque Fajardo, *Fiel desengaño contra la ociosidad y los juegos*, **1606**. España. ‖ «... que hablen cartas y callen barbas, porque quien destaja no baraja, pues más vale un toma que dos te daré.» Miguel de Cervantes Saavedra, *Segunda parte del ingenioso caballero don Quijote de la Mancha*, **1615**. España. [◇*destajar*: cortar la baraja en el juego. «El significado recto de este refrán es, más o

barato

menos, que el que corta las cartas no es el mismo que el que las baraja; el figurado, a mi modo de ver, quiere decir que una misma persona no lo puede hacer todo.» AMD. Nos dice Covarrubias, **1611**, sobre destajar: «Echar la cuenta por menudo, taxando o tasando y dividiendo la obra por partes.»]
    2. > **uno,** *cuando uno no quiere, dos no barajan.*

barato
    1. lo barato es caro. Porque dura poco o se estropea pronto.
    • «No sé por qué; mas he oído decir muchas veces que lo barato es caro, mayormente en cosa que tanto va; y no tendría por buen mercado vender mi conciencia por cien ducados más o menos.» Diego Hermosilla, *Diálogo de los pajes en que se trata de la vida que a mediados del siglo XVI llevaban en los palacios ...*, **1545**. España. || «Dices que me darán mucho dinero porque me case: lo barato es caro; recelo que me engaña el pregonero.» Francisco de Quevedo, *Poesías*, **1597-1645**. España. || «¡Lo barato es caro! Este aforismo económico-alegórico-moral, como para sí le llamó Avecilla, no mereció respuesta ni comentarios por parte de doña Petra, sin embargo de que lo había entendido perfectamente.» Leopoldo Alas (Clarín), *Pipá*, **1886**. España. || «... entretenimiento y se hace bueno el refrán de que lo barato es caro.» Manuel Arias-Paz, *Manual de automóviles*, **1940**. España. || «Objetivo: aplicar con total transparencia todos los descuentos y bajadas de precio y no sólo dar ofertas. Filosofía: Lo barato acaba saliendo caro.» Anuncio, *El Cultural, El Mundo*, 18/4/**2001**. España. [◇Covarrubias nos dice: «Lo barato es caro, porque es ruin, y lo tal por ningún precio puede ser bueno.»]

barba
    1. callen barbas y hablen cartas. Hay que dejar de hablar, y probar de manera indudable lo que se dice.
    • «Y que hablen cartas y callen barbas, porque quien destaja no baraja...» Miguel de Cervantes, *Segunda parte del ingenioso caballero don Quijote de la Mancha*, **1615**. España. || «Callen barbas y hablen cartas; aquí está quien no me dejará mentir.» Francisco de Quevedo y Villegas, *Cuento de cuentos*, **1626**. España. || «... y ya no valen propagandas ni elogios desorbitados de lo que va a ser: ahora, reza el dicho, *hablen cartas y callen barbas.*» F. Sevilla Arrollo, «Rico contra Cervantes», *Manuscrit. Cao, VII*, **1996-98**. España. [◇«*Hablen cartas y callen barbas*; acúdase a las prue-

bas de los escritos, de los documentos, en vez de perder el tiempo ociosamente en inútiles palabras.» NDLC.]

2. cuando las barbas de tu vecino veas afeitar (arder, pelar, cortar), pon las tuyas a remojar. Cuando algo le acaece al prójimo, es probable que nos ocurra también a nosotros.

• «Quando vieres la barba de tu vezino pelar, echa la tuya en remojo.» Sebastián de Covarrubias, *Tesoro de la lengua castellana o española*, **1611**. España. || «Quando vieres la barba de tu vecino pelar, echa la tuya en remojo.» Marcos Fernández, *Olla podrida a la española*, **1655**. España. || «... que acaso pensaba cuando la barba de tu vecino...» Emilia Pardo Bazán, *Los pazos de Ulloa*, **1886**. España. || «... por aquello de que cuando las barbas de tu vecino veas cortar...» Jenny E. Hayen, *Por la calle de los anhelos*, **1993**. México. || «... cuando las barbas de tu vecino veas pelar...» Efectivamente, Radio Madrid, 8/10/**1991**. España. || «Cuando Cuba se libere del castrato, pudiéramos tener la misma situación y como dice el viejo adagio: Cuando veas las barbas de tu vecino arder, pon las tuyas en remojo. Apelemos al poder político de los cubanos.» *Diario de las Américas*, **1997**. EE.UU. || «... y hasta sus mismos lectores porque una vez el mercado ya no lo necesitó y lo arrojó a la basura y a las tinieblas exteriores. Lo que por lo visto —barbas del vecino— nos podrá suceder a todos.» Rafael Conte, *ABC Cultural*, 6/1/**2001**. España. || «Cuando las barbas de tu vecino veas cortar, pon las tuyas a remojar.» Programa «El informal», Telecinco TV, 15/5/**2001**. España. || «El caso Misolevic, serio aviso a Fidel Castro; cuando las barbas de un dictador veas pelar, pon las tuyas a remojar.» *La Razón*, 1/7/**2001**. España. [◇Covarrubias, 1611, nos dice: «Quando vieres la barba de tu vezino pelar, echa la tuya en remojo; si vemos seguirse algún daño a los que son de nuestra condición y trato, devemos temer que otro día avrá de acontecer por nosotros y prevenirnos para que el golpe no sea tan recio.»]

Bárbara
1. nos acordamos de Santa Bárbara cuando truena. Nos solemos acordar de las cosas o personas sólo cuando necesitamos de ellas.

• «Tú no te acuerdas de Santa Bárbara sino cuando truena.» Benito Pérez Galdós, *Fortunata y Jacinta*, **1885**. España. || «Si repentinamente se desarrollase una peste que diezmase nuestras vidas, o una pertinaz sequía agostase prematuramente los campos, correrían todos a una rogativa extraordinaria; lo cual equivaldría a acordarse de Santa Bárbara cuando truena;

sin tener en cuenta que más vale prevenir que remediar...» Juan Albizu y Sainz de Murieta, *Homilías parroquiales*, **1917**. España. || «Y si esta savia vivificante dejamos que se derrame por el suelo –como el caldo del puchero roto– no nos acordemos de Santa Bárbara en el instante mismo de empezar la tormenta.» Camilo José Cela, *Las compañías convenientes...*, **1963**. España. || «Algunos de los que han disfrutado plácidamente del período de dominación franquista, y que sólo se acuerdan de Santa Bárbara cuando truena.» Jorge Semprún, *Autobiografía de Federico Sánchez*, **1977**. España. || «Te acuerdas de Santa Bárbara cuando truena, mal agradecido –me decían los que trabajaban en la línea Vedado-Muelle de Luz–.» Miguel Barnet, *Gallego*, **1981**. Cuba. || «Que se acuerda de Santa Bárbara cuando truena. Sin ánimo de ofender a una compañera. Entiéndaseme bien.» Ana Magnabosco, *Santito mío*, **1990**. Uruguay. || «Lamentarse de que la Constitución española no habilite al rey Juan Carlos para convocar elecciones anticipadas cuando exista una situación de inestabilidad no es precisamente acordarse de Santa Bárbara cuando truena.» *La Vanguardia*, 30/1/**1995**. España. [◊Santa Bárbara es la patrona de las tormentas y la que protege del rayo en estos casos. AdM: «Superado el obstáculo, la devoción queda olvidada hasta la próxima ocasión. Claro que los santos, por serlo, seguramente tienen mucha paciencia con esos ruegos...»]

barrer > **casa**, *unos por otros y la casa sin barrer.*

barriga
   1. barriga llena corazón contento. Lo más importante para la mayoría de la gente es comer. Y en verdad lo es.
   • «...ya se ve que habrán oído decir que los duelos con pan son buenos, y que a barriga llena corazón contento.» José Joaquín Fernández de Lizardi, *El Periquillo Sarniento*, **1816**. México. || «... sin ninguna de las ventajas de los gordos, que son todos placenteros, barriga llena de corazón contento.» Miguel Ángel Asturias, *Hombres de maíz*, **1949**. Guatemala. [◊En *Proverbios*, 15:13, se dice: «Un corazón contento alegra el rostro.»]
   2. de los cuarenta para arriba, no te mojes la barriga. A partir de los cuarenta años la gente debe cuidarse.
   • «Ya no sabe contar, no comprende nada... De los cuarenta para arriba... Por cierto, que nunca me ha dicho la edad que tiene.» Fernando Arrabal, *El Arquitecto y el Emperador de Asiria*, **1975**. España. || «Los viejos

duraban sin bañarse todo este tiempo: De los cuarenta pa'rriba no te mojes la barriga.» Jenny Hayen, *Por la calle de los anhelos*, **1993**. México.

barril > **cosario,** *de cosario a cosario no se pierden sino los barriles.*

batata
   1. en conuco viejo nunca faltan batatas. La gente trabaja con más ahínco en sus propiedades que en las ajenas.
   • «Y volviendo al punto de partida: ¡qué sabio es el refrán que dice que en conuco viejo nunca faltan batatas. No sólo en amores, sino también en política sucede así...» Rómulo Gallegos, *Canaima*, **1935**. Venezuela. [◊*conuco*, «parcela de tierra que concedían los dueños a sus esclavos para que la cultivasen por su cuenta.» MM.]

beato
   1. cuentas de beato y uñas de gato. Los hay hipócritas que ponen buena cara pero son malos en el fondo.
   • «Kuentas de beato i uñas de gato.» Gonzalo Correas, *Vocabulario de refranes y frases proverbiales*, **1627**. España.

bebedor > **capa,** *debajo de una mala capa hay un buen bebedor.*

beber
   1. más vale beber que perder. Esto lo dicen los bebedores.
   • «Hay refrán empleado en Nalda que dice: Más vale beber que perder.» VV. AA. *Manual de la matanza*, **1982**. España.
   2. > **agua,** *agua que no has de beber, déjala correr.*
   3. > **taberna,** *ya que no bebo en la taberna, huélgome en ella.*

*****belleza** (ideas) *el **hombre** y el oso cuanto más feo, más hermoso; hay ojos que de **legañas** se prendan; la **mujer** lunarosa, de suyo se es hermosa;* **palo** *compuesto no parece palo; la **suerte** de la fea la hermosa la desea.*

belleza > **amarillo,** *el que de amarillo se viste, en su belleza confía o de sinvergüenza se pasa.*

Beltrán
   1. quien bien quiere a Beltrán, bien quiere a su can. A la gente hay que apreciarla o quererla con todos sus defectos incluidos.

• «Amor mío, ya sabes quánto quise a Pármeno y como dizen: quien bien quiere a Beltrán, a todas sus cosas ama. Fernando de Rojas, *La Celestina*, **1499**. España. || «Sí es, porque un refrán dize: El can congosto, a su amo vuelve el rostro; y otro: Quien bien quiere a Beltrán, bien quiere a su can.» Juan de Valdés, *Diálogo de la lengua*, **1535-36**. España. || «...pues dizen que quien bien quiere a Beltrán, bien quiere a su can.» Juan Rodríguez Florián, *Comedia llamada Florinea*, **1554**. España. || «Bien parece que no se acuerda de aquel refrán que dice: Quien bien quiere a Beltrán bien quiere a su can.» Miguel de Cervantes Saavedra, *Rinconete y Cortadillo*, **1613**. España. || «El escudo de Roa lleva una leyenda que dice: Quien bien quiere a Beltrán, bien quiere a su can. El can de Beltrán aparece en el cuartel de la derecha, atado ante un castillo con la puerta cerrada. Chiquiznaque, hablando con Monipodio, en el Rinconete y Cortadillo, usa el mote del escudo de Roa como refrán.» Camilo José Cela, *Judíos, moros y cristianos*, **1956**. España. [◇L. «qui me amat, amet et canem meum.»]

besar
1. el que en la calle besa, en la calle la deja. El hombre que no tiene recato con la mujer, es un libertino.
• «... acababa despreciando a la mujer que se rendía a sus insistentes requerimientos de intimidad. El que en la calle besa, en la calle la deja, rezaba un refrán que estaba en boca de todas las madres.» Carmen Martín Gaite, *Usos amorosos de la posguerra española*, **1987**. España. [◇Ahora todos se besan en público y no pasa nada.]

beso
1. besos y abrazos no hacen chiquillos, pero tocan a vísperas. Por algo se empieza, y se acaba mal.
• «Y camino del embarazo es... ¡tente puma!, que ya lo dice el refrán, besos y abrazos no hacen chiquillos, pero tocan a vísperas, cuya consecuencia se desarrolla en otro proverbio: ¡Ay de mí, que cuanto menos lo caté, preñada me ví.» Carlos Fisas, *Historias de la Historia*, **1983**. España.

bien
1. bien está lo que bien acaba. Lo importante es el fin, el final, que si es feliz y bueno justifica los sinsabores anteriores.

• «No, no compiten vuestros encantos con los suyos; si lograros era a costa de perderla, vale más una decepción que una cadena: así pues, all is well that ends well. Bien está lo que en bien acaba.» Cecilia Böhl de Faber (Fernán Caballero), *Clemencia,* **1864**. España. || «Además: bien está lo que bien acaba.» *El País,* 2/1/**1981**. España. || «Pero bien está lo que bien acaba; coro y orquesta se unieron al fin para ofrecer el Te Deum de Haydn y quedó claro que la voz cantante, en esta masa ingente, la lleva el coro, y que la orquesta actuaba casi de acompañante sinfónico.» *La Vanguardia,* 18/8/**1994**. España. || «Por lo que se refiere al interfecto, bien está lo que bien acaba.» Pedro Ramírez Codina, *David contra Goliat,* **1995**. España. || «Creyendo que bien está lo que bien acaba, la dirección del PP probablemente ha dado por zanjada la crisis. Pero se equivoca.» *El Mundo,* 1/6/**1996**. España. [◇> **acabar.**]

2. cuando viene el bien, mételo en casa. Hay que aprovechar las rachas de buena suerte.

• «O otra cosa semejante, no soy tan necio, que la desechase; que también se dice: cuando te dieren la vaquilla, corre con la soguilla, y cuando viene el bien, mételo en tu casa.» Miguel de Cervantes Saavedra, *Segunda parte del ingenioso caballero don Quijote de la Mancha,* **1615**. España.

3. el bien no es conocido hasta que es perdido. Muchas veces echamos en falta y necesitamos algo precisamente cuando no lo tenemos.

• «... el refrán que decimos, que el bien no es conocido hasta que es perdido.» Fray Pedro Malón de Chaide, *La conversión de la Magdalena,* **1588**. España. || «... se desea el bien perdido, mayormente quando no es conocido hasta que es perdido.» Juan Méndez Nieto, *Discursos medicinales,* **1606-11**. España. || «El bien no es conocido hasta que es perdido, decía siempre mi abuela Adriana.» Marcela Serrano, *Antigua vida mía,* **1955**. Chile. || «No sólo acuña giros y vocablos, sino que crea y recrea las frases y dichos que son la entraña viva, la esencia comunicadora de una lengua. Ruin sea quien por ruin se tiene...; No conocemos el bien hasta que lo hemos perdido...; El que es vencido hoy será vencedor mañana...; Tanto vales, cuanto tienes...; Quien a buen árbol se arrima, buena sombra le cobija; Nació para vivir muriendo...; Nunca lo bueno fue mucho...; Por la libertad y la honra se puede y se debe aventurar la vida...; Proverbios y refranes siembran el libro con sus referencias sentenciosas, otorgando al lenguaje su valor supremo, el del entendimiento común.» Eulalio Ferrer, *Información y comunicación,* **1997**. México.

4. el bien se acaba y el mal dura. Lo malo nos parece que dura más que lo bueno.

• «Alabarán siempre lo passado, que de verdad lo bueno fue y lo malo es, el bien se acaba y el mal dura.» Baltasar Gracián, *El Criticón. Tercera parte*, **1657**. España.

7. hacer bien nunca se pierde. Las buenas obras siempre traen provecho.

• «Hermano Laurencio, hacer bien nunca se pierde. Está afligida la pobrecita; que es mañana la boda, y creo que se descuidó con un paje.» Lope de Vega Carpio, *La Dorotea*, **1632**. España. || «... quien me estuvo siempre muy agradecido como diré a su lugar. Así el hacer bien nunca se pierde, que sirva de aviso a mis hijos para su gobierno.» Raimundo de Lantery, *Memorias*, **1705**. España. [◊*Eclesiástico*, 12:2, «Haz bien al piadoso y encontrarás correspondencia; y si no de él, al menos del Altísimo.»]

6. haz bien y no mires (cates) a quien. Hay que hacer el bien desinteresadamente, a cualquier persona, hasta a los enemigos.

• «Todavía dice el refrán: haz bien y no cates a quien.» Anónimo, *Viaje de Turquía*, **1557**. España. || «¿No sabes el refrán: haz bien y no mires a quien?» Cecilia Böhl de Faber (Fernán Caballero), *La gaviota*, **1849**. España. || «Por ellos no quiero nada: haz bien y no mires a quien. Se los voy a regalar.» Camilo José Cela, *Viaje a la Alcarria*, **1947**. España. || «Haz bien y no mires a quien.» Cantinflas, Película *El padrecito*, **1964**. México. || «... y me dije: Haz bien y no mires a quien.» Miguel Barnet, *Gallego*, **1981**. Cuba. || «Haz el bien y no mires a quien.» Rosario Ferré, *La batalla de las vírgenes*, **1993**. Puerto Rico. || «... jode bien y no mires a quien.» Jordi Sierra i Fabra, *El regreso de Johnny Pickup*, **1995**. España. [◊var. *Haz bien y no cates a quien.* > hacer. «Los beneficios deben hacerse sin interés mezquino de calculada reciprocidad o fines particulares; conviene socorrer a los necesitados, sin pararse en lo que hayan podido ser, cuando la miseria los abruma.» NDLC. Pero sin embargo la Biblia dice en *Eclesiástico*, 12:1, «Si obras el bien, mira a quien lo haces, y tendrás recompensa en tus bienes.»]

8. no hay bien ni mal que cien años dure. Nada es eterno.

• «Tú, Pedro Juan, hazte la cuenta de que no hay bien ni mal que cien años dure...» José María de Pereda, *La puchera*, **1889**. España. || «No diga eso, madre, aunque lo dé por cierto. No hay mal que cien años dure –le respondía Pascasia acariciándola.» Eugenio Noel, *Las siete cucas*, **1927**. España. || «Pero no te apures, hombre, no eches los pies por alto, no merece la pena. Además, ya sabes que no hay mal que cien años dure.» Camilo José Cela, *La colmena*, **1951**. España. || «Nada eterno: ni gobierno que perdure, ni mal que cien años dure...» Max Aub, *La gallina ciega. Diario español*, **1971**. España.

bienes
   1. si los bienes no son comunicados no son bienes. Indica que si nadie sabe lo que uno tiene, o hace, es como si nada.
   • «... démosle parte; que los bienes no son comunicados, no son bienes.» Fernando de Rojas, *La Celestina*, **1499**. España.

Blas
   1. díjolo Blas, punto redondo. Frase proverbial con la que se zanja, se da punto final a una cuestión.
   • «De modo que el lector del libro del Profesor Morison se queda con la impresión de mi Díjolo Blas, punto redondo, siendo así que a la frase citada por él sigue toda una nutrida página de discusión y apoyo que el Profesor Morison se guarda muy bien no ya de discutir sino de recordar.» Salvador de Madariaga, *Vida del muy magnífico señor don Cristóbal Colón*, **1940-47**. España. || «¡Díjolo Blas, punto redondo! ¿Y eso es todo?» Alejandro Casona, *La dama del alba*, **1944**. España. || «Mario tiene cosas dentro, pero entre todas le quitáis las voluntades, lo dijo Blas, punto redondo, anda que por mí, mira...» Miguel Delibes, *Cinco horas con Mario*, **1966**. España. || «Las negociaciones están bien cuando las armas hablan. Lo dijo Blas –o Goitiri– y punto redondo.» Cristóbal Zaragoza, *Y Dios en la última playa*, **1981**. España. [◊Iribarren dice: «En los tiempos del feudalismo existía un señor de los de horca y cuchillo, llamado Blas, y que se distinguía por su carácter avasallador (...) queriendo imponer su voluntad. Cuando dos de sus villanos tenían una cuestión, iban a resolverla ante su señor, y este, como era natural fallaba a favor de una de las partes. La parte desairada protestaba casi siempre, y el señor, indignado, ordenaba retirar al que protestaba, quien lo hacía, diciendo entre dientes: Lo dijo Blas, punto redondo.»]

bledo > **vieja**, *regostóse la vieja a los bledos, no dejó verdes ni secos*.

bobo
   1. entre bobos (pillos, cutres, vivos) anda el juego. Se aplica irónicamente a los listos y astutos que llevan algo turbio entre manos.

- «A Madrid caminando vengo de Illescas; tengo el alma quedita, ¡dale, morena! Rojas Zorrilla, Entre bobos anda el juego.» Anónimo, *Corpus de la lírica popular hispánica*, **1500-1700**. España. || «Pues tened cuenta: ¡Entre bobos anda el juego! Pedro, entrad.» Francisco de Rojas Zorrilla, *Entre bobos anda el juego*, **1638**. España. || «Y aun por esso viene diziendo aquel otro: Sí, sí, entre bobos anda el juego.» Baltasar Gracián, *El Criticón. Tercera parte*, **1657**. España. || «... cuando la contrataron para la comedia *Entre pillos bobos anda*, en un papel de moderna prostituta que le llevó a obtener el premio de la Academia Británica.» *ABC*, 5/5/**1989**. España. || «Y la cutreidad de cuatro años da por resultado un cutre. Entre cutres anda el juego.» Francisco Umbral, *El Mundo*, 30/9/**1996**. España. || «Entre vivos anda el juego.» Antonio Gala, *El Mundo*, 5/10/**1996**. España.

  2. un bobo hace ciento. Por la mala influencia, un bobo convierte a todos en bobos.

- «Un bobo hace ciento.» José Sánchez Arjona, *Noticias referentes a los Anales del Teatro en Sevilla desde Lope de Rueda hasta fines del siglo XVI...*, **1898**. España.

boca

1. el que abre la boca paga con la gorja. El que habla demasiado arriesga el cuello, o mejor, un castigo.

- «Conozco un refrán que viene a significar lo mismo: el que abre la boca paga con la gorja. Pero la gorja de un bufón es muy difícil. Recordad lo que acaeció años ha con el Primo, nuestro compadre.» Néstor Luján, *Los espejos paralelos*, **1991**. España. [◊*gorja*, garganta.]

  2. en boca cerrada no entran moscas. Es conveniente callar para no errar.

- «... en este caso viene bien el comun adagio para el que no sabe: En boca cerrada no entran moscas. Ofrécesme este ejemplar por ser yo el testigo.» Jusepe Martínez, *Discursos practicables del nobilísimo arte de la pintura*, **1673**. España. || «... considerando que quien mucho habla, mucho yerra; que en boca cerrada no entran moscas; que al buen callar llaman Sancho; que la palabra que se suelta, no puede recogerse; que por la boca muere el pez, y que muchas veces la lengua produce más perjuicios que ventajas.» Julián Zugasti y Sáenz, *El bandolerismo. Estudio social y memorias históricas*, **1876**. España. || «Yo digo que en boca cerrada no entran moscas.» Miguel Barnet, *Gallego*, **1981**. Cuba. || «En boca cerrada no entran moscas.» Jorge Edwards, *El anfitrión,* **1987**. Chile. || «En boca cerrada no entran moscas.» Ernesto Caballero, *Quinteto de Calcuta,* **1996**. España. [◇L. «nihil silentio tutius.» Proverbios, 17:27, «Es parco en palabras quien tiene la sabiduría; y el de ánimo pacato es hombre inteligente. Aun el necio, si calla, pasará por sabio, y por inteligente si cierra sus labios.»]

3. le ha hecho la boca un fraile. Se dice de la persona que no para de pedir.

• «¡Anda, que al niño le ha hecho la boca un fraile.» Fernando Fernán-Gómez, *Las bicicletas son para el verano,* **1982**. España. || «Bien se ve que a sus amigos del alma, señor Felipe, les ha hecho la boca un fraile, y un fraile mendicante o limosnero...» *ABC,* 4/6/**1989**. España.

4. por la boca muere el pez. Hay que hablar poco; el que mucho habla comete errores.

• «... considerando que quien mucho habla, mucho yerra; que en boca cerrada no entran moscas; que al buen callar llaman Sancho; que la palabra que se suelta, no puede recogerse; que por la boca muere el pez, y que muchas veces la lengua produce más perjuicios que ventajas.» Julián Zugasti y Sáenz, *El bandolerismo. Estudio social y memorias históricas,* **1876**. España. || «Por la boca muere el pez, ya lo sé.» Leopoldo Alas (Clarín), *La Regenta,* **1884**. España. || «Aquí ha abierto la boca el pez y por la boca muere el pez.» Manuel Vázquez Montalbán, *Galíndez,* **1990**. España. || «Ojo, que por la boca muere el pez.» Ednodio Quintero, *La danza del jaguar,* **1991**. Venezuela. || «Pero se hizo y por la boca muere el pez...» *Caretas,* 4/9/**1997**. Perú. || «Por la boca muere el pez.» Programa «El informal», Telecinco TV, 15/5/**2001**. España.

5. > **Dios,** *Dios nos dio oídos y una sola boca para que escuchemos más y hablemos menos.*

bocado

1. a buen bocado, buen grito. El que comete excesos recibe su castigo.

• «A buen bocado, buen grito.» Marqués de Santillana (Íñigo López de Mendoza), *Refranes que dizen las viejas tras el fuego,* **1454**. España. || «Lo mismo, pues, acaece a estos miserables después de sus largas cenas y convites, por donde se suele comúnmente decir: A buen bocado, buen grito. En lo cual parece claro que, buscando por este medio gusto y deleite, ninguna cosa hallan menos que la que buscan.» Fray Luis de Granada,

Libro de la oración y meditación, **1554**. España. || «Mas, como el refrán dize: a buen bocado buen grito. No dexo de me reír muy de veras de algunos viejos decrépitos que...» Luis de Toro, *Discurso o consideraciones...*, **1569**. España. || «Pague la niña: que a buen bocado, buen grito. Quien de honestidad los muros rompe, mil males se aplica.» Miguel de Cervantes Saavedra, *Comedia famosa del laberinto de amor*, **1615**. España. || «A buen bocado, buen grito; lo que mucho vale mucho cuesta; donde las dan, las toman y donde no las toman, no las dan.» José Francisco de Isla, *Historia del famoso predicador Fray Gerundio de Campazas alias Zotes*, **1758**. España. [◇Buen bocado alude a los excesos en la comida.]

bollo > **horno,** *no estar el horno para bollos.*

bombón
1. **más vale un bombón para dos que una perlana para uno.** A veces es mejor compartir algo bueno que no tenerlo.
 • «Pues me los pegue, más vale un bombón para dos que una perlana para uno.» Miguel Barnet, *Gallego*, **1981**. Cuba. [◇«... perlana, sexo masculino, entre el pueblo bajo, por supuesto.» «... y se operó y vino ya con la perlana arreglá y con el frenillo y el pellejo en su sitio...» F. Quiñones, *Las mil noches de Hortensia Romero*, **1979**. España. Bombón, en la cita de Barnet, se refiere a una chica atractiva.]

bonanza > **tormenta,** *tras muy sosegada bonanza muy furiosa tormenta.*

boquerón > **camarón,** *camarón (boquerón) que se duerme se lo lleva la corriente.*

borracho
1. **más vale borracho conocido que alcohólico anónimo.** Juego de palabras basándose en el refrán.
 • «Después de todo, más vale ser borracho conocido que alcohólico anónimo. ¿Quién habrá parido esa sapiencia?» Mario Benedetti, *Primavera con una esquina rota*, **1982**. Uruguay.

borrón > **escribano,** *el mejor escribano echa un borrón.*

bota > **vender,** *cuando el tabernero vende la bota, o sabe a pez o está rota.*

boticario > **pedrada,** *venir como pedrada en ojo de boticario.*

botón > **muestra,** *como muestra vale un botón.*

braga
 1. **hagas lo que hagas, no te olvides de las bragas.** No se debe perder la honestidad se haga lo que se haga.
 • «Mi abuela me decía: hagas lo que hagas no te olvides de las bragas.» Programa «Historias de Madrid hoy», Telecinco TV, 19/1/ **2001.** España.
 2. **yo dígole que se vaya, y abájase las bragas.** Hacer lo contrario de lo que se le ordena a uno.
 • «Yo le digo que se vaya y el descalçase las bragas.» Marqués de Santillana (Íñigo López de Mendoza), *Refranes que dizen las viejas tras el fuego,* **1454.** España. || «Yo dígole que se vaya y abáxase las bragas; no ando por lo que piensas.» Fernando de Rojas, *La Celestina,* **1499.** España. || «Dígole ke se vaia, i él deskálzase las bragas; o Dígole ke se vaia, i él kítase las bragas; o i él kitávase las bragas; o desátase las b[ragas].» Gonzalo Correas, *Vocabulario de refranes y frases proverbiales,* **1627.** España. [◇Braga: antiguamente, pantalón de hombre. Hoy es, en plural, ropa interior baja de mujer. Abajar: bajar. Obsoleto.]

brasa > **llama,** *salir de las llamas y caer en las brasas, saltar de la sartén y caer en las brasas.*

brazo > **dinero,** *a dineros pagados, brazos quebrados.*

breva
 1. **no caerá esa breva.** No tendremos esa suerte.
 • «¡Mi Dios, sácame de este mundo! Julepe: ¡No caerá esa breva!» Ramón María del Valle-Inclán, *La Rosa de Papel,* **1927.** España. || «No se puede estar en noviembre las horas muertas sentada aquí. Se va usted a matar. Ana: No, señor. No caerá esa breva.» Antonio Gala, *Los verdes campos del Edén,* **1963.** España. [◇Breva: higo grande de la primera cosecha de las higueras.]
 2. > **higo,** *de higos a brevas.*

*ˈ**broma** (ideas) *habló el* **buey** *y dijo mu; el que se* **burla** *se confiesa; el que* *siempre está de* **burlas** *no es hombre de veras; las* **burlas** *se vuelven veras; no son buenas* **burlas** *con los mayores; si te vide* **burléme***, y si no calléme.*

***bueno** (ideas) *bien está lo que bien* **acaba**; *algo tendrá el* **agua** *cuando la bendicen; venir como* **anillo** *al dedo;* **año** *de nieves, año de bienes; un* **árbol** *se le conoce por su fruto; quien tiene* **argén**, *tiene todo bien; a la segunda* **azadonada** *sacó agua; haz* **bien** *y no mires (cates) a quien; hacer* **bien** *nunca se pierde; lo* **bueno** *cansa y lo malo nunca se daña; lo* **bueno** *(poco) si breve, dos veces bueno; a buen* **caballo**, *la mejor espuela; hay más dicha en* **dar** *que en recibir; un* **grano** *no hace granero, pero ayuda al compañero; ése es* **hidalgo** *que hace las obras; no es mal acierto darte en el ojo tuerto; que si en el* **bueno** *te diera, ciego te hiciera.*

bueno
  1. lo bueno cansa y lo malo nunca se daña. Nos cansamos hasta de lo bueno.
  • «Mas como lo bueno cansa y lo malo nunca se daña, no pudo entre los malos ley tan santa conservarse.» Mateo Alemán, *Primera parte de Guzmán de Alfarache*, **1599**. España.
  2. lo bueno (poco) si breve, dos veces bueno. Lo breve, lo parco, lo corto es siempre mejor que lo largo y farragoso, por ende.
  • «Lo bueno, si breve, dos veces bueno. Y aun lo malo, si poco, no tan malo.» Baltasar Gracián, *Oráculo manual y arte de prudencia*, **1647**. España. || «Hasta la material sed es treta de buen gusto picarla, pero no acabarla; lo bueno, si poco, dos veces bueno.» Baltasar Gracián, *Oráculo manual y arte de prudencia*, **1647**. España. || «Es el deseo medida de la estimación...; lo bueno, si poco, dos veces bueno.» El lenguaje deberá, por lo tanto, atraer con su novedad e ingenio...» Rafael Lapesa, *Historia de la lengua española*, **1942**. España. || «Más que nunca es válido aquí el conocido adagio: Lo bueno, si breve, dos veces bueno.» Federico Revilla, *Hacerlo bien y hacerlo saber*, **1970**. España. || «Cuando Gracián escribió que lo bueno, si breve dos veces bueno no pensaba en la comida o bien se trataba de uno de esos mugrientos intelectuales de mierda capaces de alimentarse de sopas de letras y un huevo tan huevo y tan duro como la forma de sus propias cabezas. «"Hay que comer para vivir, no hay que vivir para comer", decía más de un filósofo rancio, ahora refrendado por especialistas en dietética sin otra ciencia donde caerse muertos que la represión del obeso.» Manuel Vázquez Montalbán, *La soledad del mánager*,

1977. España. || «Ya sabe, lo bueno, si es breve dos veces mejor. A menudo le tentaba la autocompasión, pero nunca recurrió a ella.» Javier Memba, *Homenaje a Kid Valencia*, **1989**. España. || «… pero la Señora, presentada como madrina de Tati, la desengañó diciéndole que ya estaban completos, y la consoló argumentando que las ceremonias chiquitas eran mejores porque, como se decía, lo bueno, si breve dos veces bueno.» Santiago Gamboa, *Páginas de vuelta*, **1998**. Colombia. [◇L. «quidquid praecipies, esto brevis» cualquier cosa que expliques, sé breve.]
   3. nunca lo bueno fue mucho. Lo bueno nunca es suficiente ni demasiado y siempre nos parece poco.
   • «Algo largo es en las églogas, pero nunca lo bueno fue mucho; guárdese con los escogidos.» Miguel de Cervantes Saavedra, *El ingenioso hidalgo don Quijote de la Mancha*, **1605**. España. || «No sólo acuña giros y vocablos, sino que crea y recrea las frases y dichos que son la entraña viva, la esencia comunicadora de una lengua. Ruin sea quien por ruin se tiene… No conocemos el bien hasta que lo hemos perdido… El que es vencido hoy será vencedor mañana… Tanto vales, cuanto tienes… Quien a buen árbol se arrima, buena sombra le cobija, Nació para vivir muriendo… Nunca lo bueno fue mucho… Por la libertad y la honra se puede y se debe aventurar la vida… Proverbios y refranes siembran el libro con sus referencias sentenciosas, otorgando al lenguaje su valor supremo, el del entendimiento común.» Eulalio Ferrer, *Información y comunicación*, **1997**. México.
   4. > **juntarse**, *júntate con los buenos y serás uno de ellos.*
   5. > **mejor**, *lo mejor es enemigo de lo bueno.*

buey
   1. ¿adónde irá el buey que no are, sino al matadero? Lo que –o el que– no sirve se descarta y desecha.
   • «¿Adónde irá el buey que no are?, y aquí: Allégate a los buenos y serás uno dellos.» Juan de Valdés, *Diálogo de la lengua*, **1535**. España. || «¿Dónde irá el buey que no are?» Francisco de Luque Fajardo, *Fiel desengaño contra la ociosidad y los juegos*, **1603**. España.
   2. al buey maldito el pelo le luce. La mala gente prospera y vive bien.
   • «Unas vezes acrecienta, como en reluzir, que sinifica más que luzir; es bien verdad que no todas vezes se puede usar el reluzir, como en este refrán: Al buey maldito el pelo le luze, adonde no vernía bien dezir reluze.» Juan de Valdés, *Diálogo de la lengua*, **1535**. España.

3. buey muerto, vaca es. Muchas cosas, o personas, aparentan ser lo que no son.

• «De semejante abandono han abusado los obligados y traficantes en carnes, confiados en el adagio vulgar de que buey muerto vaca es; demostrando en su esencial sentido el abuso de poder con satisfaccion mezclar carnes inferiores, enfermas, &c. entre las superiores y de ley, sobre cuyo apoyo fundan sus esperanzas lucrativas los obligados de carnes...» Ventura de Peña y Valle, *Tratado general de carnes*, **1832**. España.

4. el buey suelto bien se lame. Solos nos las arreglamos mejor.

• «... dizen que buey suelto bien se lame. Por tanto, tú a solas te gozas y a solas hazes tu voluntad.» Juan Rodríguez Florián, *Comedia llamada Florinea, que tracta de los amores del buen duque Floriano con la linda y muy casta ...*, **1554**. España. || «... libertad a toda ley, porque si me han hecho buey, el buey suelto bien se lame.» Lope de Vega Carpio, *La bella malmaridada o la cortesana*, **1598**. España. || «No digo nada, ni murmuro de nada –respondió Sancho–; sólo estaba diciendo entre mí que quisiera haber oído lo que vuesa merced aquí ha dicho antes que me casara, que quizá dijera yo agora: El buey suelto bien se lame. –¿Tan mala es tu Teresa, Sancho? –dijo don Quijote. –No es muy mala –respondió Sancho–, pero no es muy buena: a lo menos, no es tan buena como yo quisiera.» Miguel de Cervantes Saavedra, *Segunda parte del ingenioso caballero don Quijote de la Mancha*, **1615**. España. || «¡Currillo, el buey suelto bien se lame!» Ramón María del Valle-Inclán, *Los cuernos de don Friolera*, **1921**. España. || «Mas a pesar de que en aquellos tiempos andaba dificilísimo para toda mujer este negocio del casamiento, porque la mayor parte de los hombres ponía en práctica el proverbio vulgar de: El buey suelto bien se lame.» Juan Pallarés, *El último estoico*, **1923**. España. || «Al esquinado tópico que el buey solo que bien se lame, con el que trata de consolarse el solitario, responde –tajante– el *Ecclesiastés* : ¡Ay del solo, que si cae no tendrá quien le ayude a levantarse!» Camilo José Cela, *Las compañías convenientes y otros fingimientos y cegueras*, **1963**. España.

5. entre bueyes no hay cornadas. Los de la misma especie o calaña no se atacan.

• «Es una verdad que dice un viejo refrán camba: entre bueyes no hay cornadas, lo que significa que todo quedará en nada, para chasco del pueblo que jamás verá a los que tienen el poder político mal parados ya que son ellos los que digitan la mal llamada justicia.» *Los Tiempos*, 13/2/**1997**. Bolivia.

6. habló el buey y dijo mu. Se refiere a las bobadas que dice la gente.
• «Si su sobrino decía alguna grosería: Pablo –exclamaba su tío– habló el buey y dijo mu...» Cecilia Böhl de Faber (Fernán Caballero), *Clemencia*, **1864**. España. || «Habló el buey y dijo mu. Hasta los gatos quieren zapatos.» Vlady Kociancich, *La octava maravilla*, **1982**. Argentina. [◇«Frase que se aplica a los necios acostumbrados a callar, y cuando llegan a romper su silencio es sólo para decir algún disparate.» JMI.]

buhonero > **alabar,** *cada buhonero alaba sus agujas.*

bulto
1. a menos bulto, más claridad. Cuantos menos, mejor.
• «Mientras el chófer y el arriero se enzarzaron a palos, el vagabundo, a quien ni le iba ni le venía semejante maraña, siguió por su camino sin meterse a redentor, en cura de que pudieran crucificarlo; en estos casos, cuanto menos bulto, más claridad.» Camilo José Cela, *Judíos, moros y cristianos*, **1956**. España. || «Francisca ordenándome los cajones: –Cuanto menos bulto, más claridad.» Elena Quiroga, *Escribo tu nombre*, **1965**. España.

burla
1. el que se burla se confiesa. Hablando en burla, en broma, se pueden decir verdades, incluso las propias.
• «el que se burla tal vez se confiessa, el que dize mal de la mercadería, el que haze el simple sabe más…» Baltasar Gracián, *El Criticón. Primera parte*, **1651**. España.
2. el que siempre está de burlas no es hombre de veras. No hay que estar siempre de fiesta porque la gente interpreta mal el buen humor.
• «Conócese la prudencia en lo serio, que está más acreditado que lo ingenioso. El que siempre está de burlas nunca es hombre de veras.» Baltasar Gracián, *Oráculo manual y arte de prudencia*, **1647**. España. || «…el maestro de cuentos, licenciado del chiste, que como siempre están de burlas, nunca son hombres de veras; gente, toda ésta, de chança y de poca substancia.» Baltasar Gracián, *El Criticón. Primera parte*, **1651**. España.
3. las burlas se vuelven veras. A veces comenzamos con bromas y luego acaba la cosa mal.
• «Creedme, señor Condestable, que ni en burlas ni en veras nunca de muger debéis confiar cosas secretas, porque a fin que las tengan los otros

en algo luego descubren cualquier secreto.» Fray Antonio de Guevara, *Epístolas familiares*, **1521**. España. || «Cada día se ven cosas nuevas en el mundo: las burlas se vuelven veras y los burladores se hallan burlados.» Miguel de Cervantes Saavedra, *Segunda parte del ingenioso caballero don Quijote de la Mancha*, **1615**. España.

4. no son buenas burlas con los mayores. No hay que andar con confianzas con los mayores o más poderosos.

• «Ande cada oveja con su pareja, que no son buenas burlas con los mayores.» Mateo Alemán, *Primera parte de Guzmán de Alfarache*, **1599**. España.

5. si te vide burléme, y si no calléme. Los hay que les gusta burlarse de los demás.

• «... Siendo descubierto alguna vez, dicen que era pasatiempo; o como el proverbio español dice: si te vide, burléme, etc.» Francisco Luque Fajardo, *Fiel desencanto contra la ociosidad y los juegos*, **1603**. España.

burra

1. a la burra preñada cargarla hasta que para. Implica que hay que abusar de todo mientras se pueda.

• «A la burra preñada, kargarla hasta ke para, i a la parida, kada día; o después de parida, kada día.» Gonzalo Correas, *Vocabulario de refranes y frases proverbiales*, **1627**. España. [◇Sólo se ha documentado esta barbaridad en este refranero.]

2. jo que te estrego, burra de mi suegro. Ser bueno con cierta gente es perder el tiempo y el esfuerzo.

• «Mas ¡jo, que te estrego, burra de mi suegro! ¡Mirad con qué se vienen los señoritos ahora a hacer burla de las aldeanas, como si aquí no supiésemos echar pullas como ellos!» Miguel de Cervantes Saavedra, *Segunda parte del ingenioso caballero don Quijote de la Mancha*, **1615**. España. || «¡Xo, ke te estrego, burra de mi suegro!» Gonzalo Correas, *Vocabulario de refranes y frases proverbiales*, **1627**. España. || «¿Te enojas, el amigo? Yo que te estriego, burra de mi suegro.» Juan Montalvo, *Las catilinarias*, **1880-82**. España. [◇*jo, so*, interjección usada para parar a las caballerías; *estregar*: frotar, restregar.]

burro

1. más vale burro vivo que sabio muerto. Por mucho que haya sabido el muerto, de poco sirve.

- «Ya sabe lo de más vale burro vivo que sabio... aunque el refrán sea demasiado soez.» José María del Val, *Llegar tarde a Hendaya,* **1981**. España.

2. muerto el burro (mulo, asno), la cebada al rabo. Hay cosas que llegan tarde para solucionar algo, cuando ya no hay remedio.

- «Al asno muerto: ponelle la çevada al rabo.» Marqués de Santillana (Íñigo López de Mendoza), *Refranes que dizen las viejas tras el fuego,* **1454**. España. || «El asno muerto, la çevada al rabo.» Juan Méndez Nieto, *Discursos medicinales,* **1606**. España. || «Al asno muerto la cebada al rabo.» Félix María de Samaniego, *Fábulas,* **1781**. España. || «... muerto el mulo la cebada al rabo.» L. Mateo Díez, *La fuente de la edad,* **1986**. España. || «... no seáis ingenuos, pues muerto el burro cebada al rabo.» M. Martínez Mediero, *Juana del amor hermoso,* **1982**. España. [◇var. *Una vez muerto el burro, la cebada al rabo.* L. «post factum, nullum consilium.» AMD: «Enseña que los agasajos o atenciones para con alguien hay que hacerlos en vida.»]

3. sólo los burros no cambian de opinión con el tiempo. Debemos cambiar de opinión cuando sea necesario.

- «Las opiniones del ex Presidente Patricio Aylwin, uno de los hombres más íntegros de este país, o de cualquier otra persona, pueden cambiar, lo cual es perfectamente normal, pues –como dice el proverbio– sólo los burros no cambian de opinión con el tiempo.» *Hoy,* 14/4/**1997**. Chile.

4. > **caballo,** *caballo (burro) grande, ande o no ande.*

C

caballo
1. a buen caballo, la mejor espuela. A lo bueno hay que darle lo mejor.
• «Nada más vulgar que el adagio aquel de Al mejor caballo la mejor espuela; y decimos vulgar, no porque deje de encerrar cierta parte de lógica, sino porque esto se toma tan al pie de la letra, que no hay un aprendiz que al presentarse en un picadero á tomar lecciones, no lo haga provisto ya de sus grandes espuelas, ó cuando menos, que no pretenda llevarlas á los cuatro días, creído que en ese momento ha de poder ejecutar sobre el caballo cuanto su ilusión le dicta y ve hacer á los demás.» José Hidalgo y Terrón, *Obra completa de equitación*, **1889**. España. || «No, Loli; porque ha repetido esta noche el examen. Y seguro que ha sacado muy buena nota. Como dice el refrán: A buen caballo, la mejor espuela.» Antonio Martínez Ballesteros, *Pisito clandestino*, **1990**. España.
2. a caballo regalado no le mires el diente. Hay que aceptar los regalos sin ponerles reparos o sacarles defectos.
• «Todo debe ser alegre en un día como hoy. Además que, a caballo regalado, no se le mira el diente.» Cecilia Böhl de Faber (Fernán Caballero), *La gaviota*, **1849**. España. || «... por gente del pueblo que no miraba el diente al caballo regalado.» José Antonio Gabriel y Galán, *El bobo ilustrado*, **1986**. España. || «El problema es que a caballo regalado no se le miran los dientes y entonces, estas personas hacen y deshacen sin orientación y argumentar sus actos.» *Siglo Veintiuno*, 7/10/**1997**. Guatemala. [◇var. *A caballo regalado no le mires el dentado. / A caballo regalado no le mires los dientes.* San Jerónimo: *noli ... ut vulgare proverbium est, equi dentes inspicere donati.* «Es una impertinencia harto grosera andar buscando faltas en las cosas que le regalan a uno; defecto propio de genios vanos y descontentadizos.» NDLC.]

3. caballo (burro) grande, ande o no ande. Lo grande se considera siempre mejor, aunque tenga defectos.
• «Caballo grande, ande o no ande, suspiraban en grupo los gentiles, pero ella estaba siempre muy bien puestecita...» R. Humberto Moreno-Durán, *El toque de Diana*, **1981**. Colombia. ‖ «Yo apoyo este instructivo dicho, con el refrán de burra grande, ande o no ande, es decir: calibre grande y buena munición.» Carlos Gracia Monterde, *Tras la caza menor*, **1996**. España. [◇«*Burro grande, ande o no ande*. Señala que las cosas de gran tamaño son preferibles a las pequeñas, porque por lo menos tienen materia de donde tirar.» AMD.]

4. el ojo del amo engorda el caballo. Los asuntos, los negocios, los debe llevar uno personalmente ya que es el amo el que está más interesado que nadie en que todo funcione y marche bien.
• «... porque a lo tuyo tú: el ojo del amo engorda el cavallo.» Marcos Fernández, *Olla podrida a la española*, **1655**. España. ‖ «... que por eso se dice aquel refrán que el ojo del amo engorda el caballo.» Raimundo de Lantery, *Memorias*, **1705**. España. ‖ «De las dos proposiciones de Mariano Rosas sobre las bestias, opté por la primera, teniendo presente que el ojo del amo engorda el caballo.» Lucio Victorio Mansilla, *Una excursión a los indios Ranqueles*, **1870**. Argentina. ‖ «... señor don José, se puede decir aquello de que el ojo del amo engorda la vaca.» Benito Pérez Galdós, *Doña Perefecta*, **1876**. España. ‖ «A veces decía, uniendo el inicio de un refrán con un axioma de matemáticas: El ojo del amo engorda el caballo...» José Lezama Lima, *Paradiso*, **1966**. Cuba. ‖ «Tengo que ir a poner orden. Allá hace falta el ojo del amo –murmuraba.» Isabel Allende, *La casa de los espíritus*, **1982**. Chile. ‖ «... porque no confiaba ciegamente en sus administradores, recordando el dicho de su padre: sólo el ojo del amo engorda al caballo.» Samuel Rovinski, *Herencia de sombras*, **1993**. Costa Rica. ‖ «Han vuelto a escribir con renglones torcidos el refrán, porque saben que la que verdaderamente engorda el caballo es la hija del amo, no el ojo del amo, porque el amo, padre y muy señor mío no mueve un dedo, ve estas cosas cuando están ya en los quioscos o en las pantallas.» *El Mundo*, 2/8/**1994**. España. [◇> *ojo, el ojo del amo engorda el caballo*. «... León Medina en su trabajo *Frases literarias afortunadas* [...] escribe lo siguiente: ... Si el pasaje de Plutarco a que alude Bastús es auténtico, resulta que ya en tiempo del autor de las *Vidas paralelas* se había olvidado el origen de esta sentencia proverbial: pues Plutarco la atribuye a un palafrenero, cuando, según Aristóteles, se debe a personaje de más

campanillas. En su *Económica* (I, 6,3) refiere: [...] interrogado acerca de lo que engordaba más al caballo, contestó: *el ojo del amo.*» JMI.]
6. > **amigo,** *al amigo y al caballo, no apretallo.*
7. > **caporal,** *no dejes que tu caporal administre tu hacienda, monte tu caballo y cuide a tu mujer, porque te puedes quedar sin hacienda, sin caballo y sin mujer.*
8. > **hombre,** *no hay hombre cuerdo a caballo.*

cabeza
1. cabeza fría, pies calientes y culo corriente dan larga vida a la gente. No perder la calma, arroparse bien y hacer deposiciones normales dan como resultado buena salud.
• «Dice el refrán: Cabeza fría, pies calientes y culo corriente dan larga vida a la gente.» J. L. Cidón Madrigal, *Stop a la celulitis,* **1995**. España.
2. cabeza loca no quiere toca. Los que no tienen juicio no tienen remedio.
• «El proverbio dice: En cabeza loca, poco dura la toca.» Gregorio Mayans y Siscar, *Orígenes de la lengua española,* **1737**. España. [◊«Señala que las personas de vida licenciosa o alocada no pueden someterse a sujeción. La toca representa quizá la dignidad de las monjas.» AMD. «La persona atronada y de poco juicio, no suele admitir corrección ni tomar consejos.» NDLC.]

cabo
1. a cada cabo hay tres leguas de mal quebranto. Los problemas y los disgustos abundan mucho.
• «Señora hija, a cada cabo ay tres leguas de mal quebranto.» Fernando de Rojas, *La Celestina,* **1499**. España. [◊Cabo: parte.]
2. el que está a muchos cabos está en ninguno. El que atiende a muchas cosas, las hace todas mal.
• «... como Séneca nos dize, los peregrinos tienen muchas posadas y pocas amistades porque en breve tiempo con ninguno no pueden firmar amistad; y el que está en muchos cabos no está en ninguno...» Fernando de Rojas, *La Celestina,* **1499**. España. [◊> *el que mucho abarca, poco aprieta.*]

cabra
1. la cabra tira al monte. Cada cual actúa según su personalidad y manera de ser.

caca

- «Apuesto a que el título de la pieza será: La cabra tira al monte –dijo Rafael en voz alta...» Cecilia Böhl de Faber (Fernán Caballero), *La gaviota,* **1849**. España. || «... pueblo naciste y pueblo serás toda la vida. La cabra tira al monte.» Benito Pérez Galdós, *Fortunata y Jacinta,* **1885**. España. || «Supongo que sí. ¿Sabes por qué? Porque la cabra tira al monte, como decía el Culepe.» Mario Vargas Llosa, *La ciudad y los perros,* **1962**. Perú. || «... aquel dicho famoso de Surubi que reza la cabra tira al monte y el toro a la vaca.» *Los Tiempos,* 20/1/**1997**. Bolivia. || «La cabra tira al monte.» TVE1, Programa «Noche de fiesta», 30/4/**2000**. España. [◇«Regularmente se obra y procede según el origen, inclinación, o naturaleza de cada uno; a lo mejor descubre el rústico su grosera crianza; cada uno es como Dios lo hizo, a despecho de la más esmerada educación, etc.» NDLC.]

caca > **huérfano,** *la caca del huérfano hiede más.*

cadáver
   1. **cadáver a bordo, tempestad segura.** Una superstición de la gente del mar.
- «Si no pagáis la renta, dejad el molino. Si mañana no recibo noticias, le escribiré de nuevo. Gaviotas por tierra, viento sur a la vela. Quien mal anda, mal acaba. Cadáver a bordo, tempestad segura. Quien a los suyos sale, honra merece. Quien bien tiene y mal escoge, del mal que le venga no se enoje.» Tomás Navarro Tomás, *Manual de pronunciación española,* **1918**. España.

caer > **rodear,** *más vale rodear que caer;* > **pelo,** *cuando se cae el palo y el pelo no lo para sino el suelo.*

cagar > **niño,** *quien con niños se acuesta, cagado amanece.*

caída > **alto,** *de muy alto grandes caídas se dan.*

caído > **atreverse,** *contra el caído todos se atreven.*

calcetín
   1. **calcetín blanco y zapato oscuro, hortera seguro.** La elegancia y estas dos prendas juntas no son compatibles.
- «¿Estás de acuerdo con el dicho popular calcetín blanco y zapato os-

curo, hortera seguro?» *Tiempo,* 4/6/**2001**. España. [◇«Hortera. Persona pretenciosa, vulgar y de mal gusto.» Delfín Carbonell Basset, *Gran diccionario del argot: el Sohez.*]

caldo
1. caldo de zorra, que está frío y quema. Los hay que parecen una cosa y son otra.
• «Este mochacho es un bendito, no tiene hiel mala. Como caldo de zorra, si me conocieses.» Gregorio González, *El guitón Onofre,* **1604**. España. || «De aquí el refrán ó adagio vulgar dijo: Caldo de zorra, que está frío y quema; y prescindiendo de su moral sentido, que alude á la falsedad y solapada trastienda en obrar; en lo físico demuestra que, aunque un caldo de carne de zorra ó de otra alimaña se tome frío, por el ardor irritante natural de su especie, su mucílago es capaz de alterar la economía y producir una enfermedad inflamatoria, de furor, etc. Mas concluyamos este punto con el siguiente párrafo.» Ventura de Peña y Valle, *Tratado general de carnes,* **1832**. España.
2. > **casamiento,** *casamiento y caldo es caldando.*
3. > **garbanzo,** *de los garbanzos, el caldo.*

· **caliente**
1. ande yo caliente y ríase la gente. La persona es más importante que la opinión que los demás tengan de ella, o las críticas que reciba.
• «¡Mal año y mal mes para cuantos murmuradores hay en el mundo, y ándeme yo caliente, y ríase la gente.» Miguel de Cervantes Saavedra, *Segunda parte del ingenioso caballero don Quijote de la Mancha,* **1615**. España. || «Y aquello de ándeme yo caliente y ríase la gente es una muy desvergonçada frialdad; sólo se les permita a las mugeres que andan escotadas el dezir: Andeme yo fría, y más que todo el mundo se ría.» Baltasar Gracián, *El Criticón. Tercera parte,* **1657**. España. || «Y todos los humanos, salvo los muy cínicos y hedónicos (los del ande yo caliente y ríase la gente), prefieren sin lugar a duda la pérdida de salud.» Luis Cencillo, *Método y base humana,* **1973**. España. || «... hínchese el que pueda, ande yo caliente y grite la gente, el que más pille, más pillo.» *ABC,* 31/5/**1989**. España. || «Eso es, precisamente, lo que piensa todo el mundo. Que se ha aplicado el refrán de ande yo caliente y ríase la gente...» *Tiempo,* 30/4/**1990**. España. [◇«Cuánto tiempo libre gana el que no mira qué ha dicho el vecino, hizo o pensó, sino lo que él mismo hace...» Marco Aurelio, *Meditaciones.*]

callar
1. cállate y callemos que sendas no tenemos. Es conveniente no reprochar los defectos de los demás por si se notan los nuestros.
• «Cállate y callemos, que sendas nos tenemos.» Marqués de Santillana (Íñigo López de Mendoza), *Refranes que dizen las viejas tras el fuego*, **1454**. España. || «¡A la par, a la par lleguemos a Jodar! Duérmete y callemos, que sendas nos tenemos. Parece que siento la puerta, ¿quién será?» Francisco Delicado, *La Lozana Andaluza*, **1528**. España. || «Señor mío, cosas son que acontecen y aun se suelen premiar; calle y callemos, que sendas nos tenemos, y velemos lo que queda de la noche a este difunto, por que Dios le depare quien haga otro tanto por su cuerpo cuando deste mundo vaya.» Anónimo, *La vida y hechos de Estebanillo González*, **1646**. España. || «… disimula el engaño, porque si todo lo quisieres llevar por sus derechas veredas, llegará el caso de que anden los ojos á muletazos; y así, lo que conviene es callar, y callemos, que sendas tenemos.» Fulgencio Afán de Ribera, *Virtud al uso y mística a la moda*, **1729**. España. [◇*senda* se refiere a la buena conducta.]
2. el que callar no puede, hablar no sabe. Hay que ser parco en el hablar para no equivocarse.
• «El que callar no puede, hablar no sabe.» Tomás Navarro Tomás, *Manual de pronunciación española*, **1918**. España.
3. quien calla, otorga. El que permanece callado, da a entender que acepta lo que se le propone o dice.
• «Et dizen los sabios que quien calla otorga.» Anónimo, *Calila e Dimna*, **1251**. España. || «Y porque no me responde, y quien calla otorga…» Juan Alfonso de Molina Cano, *Descubrimientos geométricos*, **1598**. España. || «Ya ve usted, quien calla otorga.» Manuel Bretón de los Herreros, *El pelo de la dehesa*, **1840**. España. || «¿No sabe usted que quien calla otorga?» Cecilia Böhl de Faber (Fernán Caballero), *La gaviota*, **1849**. España. || «…dijo suavemente Alice Gould al recordar que quien calla otorga.» Torcuato Luca de Tena, *Los renglones torcidos de Dios*, **1979**. España. || «…pues si no decía algo los otros eran capaces de endilgarle aquello que por extensión también se aplica a las mujeres: quien calla, otorga.» R. Humberto Moreno-Durán, *El toque de Diana*, **1981**. Colombia. || «Interpretó mal mi silencio, por aquello de que quien calla otorga.» Javier Tomeo, *Amado monstruo*, **1985**. España. [◇L. «qui tacet, consentire videtur.» NDLC: «frase muy vulgar por la que denotamos que el que no contradice lo que oye, lo

aprueba; pero tiene este refrán por antagonista a este otro: *quien calla, nada dice.*»]
4. por callar a nadie se hizo proceso. El que calla no se mete en problemas.
• «Santo silencio profeso: no quiero, amigos, hablar; pues vemos que por callar a nadie se hizo proceso.» Francisco de Quevedo y Villegas, *Poesías,* **1597-1645**. España.
5. > Sancho, *al buen callar llaman Sancho.*

calma > tempestad, tormenta, después de la tempestad (tormenta), viene la calma.

calumniar
1. calumnia que algo queda. Cuando se injuria y calumnia siempre queda la mala reputación, aunque que se repare ésta luego.
• «Calumnia: que algo queda», dice el adagio popular. Lo cual es ciertísimo en este caso. Porque apenas el presidente De La Madrid, pisó recientemente el suelo de los EE. UU. para asistir a la Asamblea General de la ONU, donde pronunció un memorable discurso, el «News Week», reprodujo aquellas viejas acusaciones, que empañan más al apellido que lleva el presidente de México, que el de su primo, Edmundo, del que nadie se hubiese ocupado jamás de no llevar el mismo nombre de la familia que el presidente de la República.» *ABC,* 2/10/**1986**. España. || «Y, para ponerlo más bonito, llega el señor Rubalcaba, recuerda aquello de calumnia que algo queda y dice que es un viejo proverbio español, cuando la frase viene de Francia, como todos sabemos, del XVIII y probablemente de Voltaire. Encima poco instruidos.» Francisco Umbral, *El Mundo,* 10/11/**1994**. España. || «Eso de que calumnia que algo queda, es verdad.» Padre José Apeles, Programa «Tómbola», Telemadrid TV, 12/1/**2001**. || «Yo también, y sospecho que Cela saldrá limpio, excepto por lo que resulte de aquello tan vil del calumnia, que algo queda.» Martín Casariego, *ABC Cultural,* 31/3/**2001**. España. || «Los grandes premios literarios generosamente dotados florecen en España. Premia que algo queda.» *Tiempo,* n° 993, **2001**. España. [◊Para José María Iribarren puede ser atribuido el dicho a Bacon, Voltaire, Beaumarchais y hasta a un adagio latino: «Calumniare fortier aliquid adhaerebit.»]

calvo
1. dentro de cien años todos calvos. Con el tiempo moriremos y debemos pensar que todo tiene una importancia relativa.
• «Antes creía que alguien podía vivir siempre, pero dentro de cien años todos calvos y, además, sin cuero cabelludo.» Ramón Gómez de la Serna, *Automoribundia*, **1948**. España. || «Y si en este bajo mundo al genio no se le toma en consideración, ¿para qué preocuparnos si dentro de cien años, todos calvos?» Camilo José Cela, *La colmena*, **1951**. España. || «De aquí a cien años todos calvos. Ésa es la vida y nada más. Pues claro está que sí.» Rafael Sánchez Ferlosio, *El Jarama*, **1956**. España. || «Y dentro de cien años todos calvos.» Alonso Zamora Vicente, *A traque barraque*, **1972**. España. || «Y no te preocupes –lo alentó–, que dentro de cien años, todos peinaremos calvas.» Héctor Sánchez, *El héroe de la familia*, **1988**. Colombia. || «(Limpiándose una lágrima) Pero, mira, dentro de cien años, todos calvos. En el pecado llevarán la penitencia.» Agustín Gómez-Arcos, *Queridos míos, es preciso contaros ciertas cosas*, **1994**. España. [◊Entre otros comentarios, dice JMI: «Fernández Flórez en su libro *Visiones de neurastenia*, consigna que la dijo uno de los autores del famoso crimen de la Guindalera, cometido en Madrid. En el patíbulo pidió permiso para hablar. Se adelantó hasta el borde del tablado, y, echando una mirada al bullicioso gentío que iba a sobrevivirle, extendió sus brazos y dijo: «¡Respetable público! ¡Dentro de cien años todos calvos.»]
2. ni tanto ni tan calvo. Ni mucho ni poco, lo justo.
• «Es usted, sin embargo, algo injusto. Ne quid nimis. Ni tanto ni tan calvo.» Miguel de Unamuno, *Carta a Francisco de Cossío [Epistolario inédito]*, **1916**. España. || «Ni tanto ni tan calvo. Eso de los pelos...» Ramón Pérez de Ayala, *Tigre Juan*, **1926**. España. || «Y no vaya a creerse que no comían para luego heredar más; ni tanto ni tan calvo como a San Bartolomé pintan. Sino que haz lo que vieres, que si se equivoca uno la culpa va entre dos.» Eugenio Noel, *Las siete cucas*, **1927**. España. || «... anda, ¿no ves?, parece un espantapájaros, ni tanto ni tan calvo, que lo que ella quería era que se acercasen...» Miguel Delibes, *Cinco horas con Mario*, **1966**. España. || «Hombre, yo, ni tanto ni tan calvo, que uno tiene su instrucción, a ver, aunque no sea más que... ¿Qué siga? ¡Va!» Alonso Zamora Vicente, *A traque barraque*, **1972**. España. || «Esta es una prenda que, por si no lo saben, hay que saber elegir. Si te descuidas, o vas con los huevos colgando como los cojones de los verracos o más encogidos que en el Polo Norte. Ni tanto ni tan calvo.» Carlos Pérez

Merinero, *Días de guardar,* **1981**. España. || «... un Baby en maduro, en Pignatari, pero no del todo: ni tanto ni tan calvo: ni tan rico ni tan guapo.» Álvaro Pombo, *El metro de platino iridiado,* **1990**. España. || «Ni tanto ni tan calvo. Ni aspirábamos al oro ayer, ni se ha acabado el sueño hoy.» *El País Digital,* 30/6/**1997**. España. || «Bueno, ni tanto ni tan calvo. A pesar de las diferencias, sí existen sustanciales acuerdos...» Ángeles Enríquez Soriano, *Estrés. Cómo aprender en la encrucijada,* **1997**. España.

cama
 1. primero la firmita y luego la camita. Para la mujer es mejor hacer negocios antes de ofrecer favores sexuales.
 • «Primero la firmita y luego la camita.» Programa «Historias de Madrid hoy», Telecinco TV, 19/1/**2001**. España.

camarón
camarón (boquerón) que se duerme se lo lleva la corriente. Hay que estar siempre alerta para no convertirnos en perdedores.
 • «Pero otro cuadro comenta el sueño del Caballero con un refrán popular: Camarón que se duerme, se lo lleva la corriente.» Octavio Paz, *Sombra de obras,* **1983**. México. || «No se me duerma General, por aquello de que camarón que se duerme...» Francisco Herrera Luque, *En la casa del pez que escupe el agua,* **1985**. Venezuela. || «Como se sabe que a camarón que se duerme se lo lleva la corriente.» Volodia Teitelboim, *En el país prohibido. Sin el permiso de Pinochet,* **1988**. Chile. || «Alguna vez tendría que detenerse, y ése sería su fin. Camarón que se duerme, se lo lleva la corriente.» Luis Landero, *Juegos de la edad tardía,* **1989**. España. || «...cuyos hombres se dedicaron a aplicar la célebre frase de que camarón que se duerme se lo lleva la corriente.» *La Vanguardia,* 30/1/**1995**. España. || «Las estrategias de marketing han entrado al mundo editorial para quedarse y al escritor que se duerme se lo lleva la corriente.» *Hoy,* 28/10/**1996**. Chile.

cambiar > **burro,** *sólo los burros no cambian de opinión con el tiempo.*

camino
 1. el mal camino, andarlo pronto. Los malos tragos hay que pasarlos deprisa.

- «El mal camino, andarlo pronto.» Tomás Navarro Tomás, *Manual de pronunciación española*, **1918**. España.
  2. en luengo camino y en cama angosta se conocen los amigos. En ambos casos debemos pensar que es porque se pueden agobiar al estar juntos tanto tiempo.
- «En luengo camino y en cama angosta se conoçen los amigos.» Marqués de Santillana (Íñigo López de Mendoza), *Refranes que dizen las viejas tras el fuego*, **1454**. España.

camisa
  1. meterse en camisa de once varas. Inmiscuirse en asuntos que no nos atañen.
- «Y nos veremos las caras, pues ya se firmó el concierto, si quiere meterse el muerto en camisa de once varas.» Manuel Bretón de los Herreros, *Muérete ¡y verás!*, **1837**. España. ‖ «Quizás Perfecta no se oponga a ello –dijo el sabio, fijando la atención en sus notas y papeles–. No quiero meterme en camisa de once varas.» Benito Pérez Galdós, *Doña Perfecta*, **1876**. España. ‖ «… porque qué diablos está una buscando aquí y quién la ha mandado meterse en camisa de once varas.» Esther Tusquets, *El mismo mar de todos los veranos*, **1978**. España. ‖ «… tal vez me esté metiendo en camisa de once varas... en bolsita de once varas...» Daniel Leyva, *Una piñata llena de memoria*, **1984**. México. ‖ «El Director accedió. Profesor Ledesma: la Prefectura dice que usted nos está metiendo en camisa de once varas.» Manuel Scorza, *La tumba del relámpago*, **1988**. Perú. [◇«Meterse uno en lo que no le va ni le viene, entrometerse en asuntos ajenos o que no le importan a uno, ni son de su incumbencia.» NDLC. «Parece averiguado que esta expresión tiene su origen en la ceremonia que se hacía en la Edad Media para adoptar a uno como hijo, consistente en que el padre adoptante metía al adoptado por la manga, muy holgada, de una camisa, y lo sacaba por el cabezón o cuello de ésta, hecho lo cual le daba un fuerte beso en la frente. [...] Once es número indefinido, que significa *muchas*, para dar a entender que se trata de una camisa muy larga.» JMI.]
  2. quien camisas hurta, jubón espera. El que comete un delito debe esperar el castigo.
- «Por una saya, por dos camisas...: quien camisas hurta, jubón espera.» Mateo Alemán, *Segunda parte de la vida de Guzmán de Alfarache*, **1604**. España.

campana
1. campana cascada nunca sana. Hay cosas que no tienen remedio y una vez hecho el mal tiene difícil enmienda.
• «Campana cascada, nunca sana.» Lope de Vega Carpio, *La Dorotea*, **1632**. España.
2. echar las campanas al vuelo. Celebrar algo a lo grande.
• «Si todos sintieran mi ida como el hijo de mi madre, se habían de echar las campanas al vuelo.» Cecilia, Böhl de Faber (Fernán Caballero), *La gaviota*, **1849**. España. || «El mando de Madrid lanzó las campanas al vuelo y Fanny lamentó horrores...» José María Gironella, *Un millón de muertos*, **1961**. España. || «En estos momentos de decadencia y radicalidad (de ETA) todavía hay que tener más precaución y en modo alguno nadie puede echar las campanas al vuelo.» *El Universal*, 8/1/**1997**. Venezuela. || «El doctor Urrutia tampoco quiso lanzar las campanas al vuelo.» *El Diario Vasco*, 4/5/**1999**. España.
3. oír campanas y no saber dónde. Tener una somera noción de algo o no estar bien informado.
• «... personaje ignorantísimo que ha oído campanas y no sabe dónde...» Juan Valera, *Carta 14 diciembre*, *1885*. España. || «Luna, con la curiosidad del profano que ha oído campanas y quiere saber dónde...» Miguel Ángel Asturias, *Periodismo y creación literaria*, **1927**. Guatemala. || «Ese ha oído campanas y no sabe dónde. Lo más probable es que...» Juan Luis Cebrián, *La rusa*, **1986**. España. || «Eso es falso, aunque como se dice por ahí, hay alguien que ha dicho eso, ha oído campanas y no sabe dónde.» *La Vanguardia*, 16/6/**1995**. España. [◊*Oír cacarear los gallos y no acertar con el lugar.*]

can
1. el can con angosto a su amo vuelve el rostro. El perro, y la persona, enfadada se revuelve.
• «Porque suelen dezir que el can con grand angosto e con ravia de la muerte a su dueño trava al rostro.» Juan Ruiz (Arcipreste de Hita), *Libro de buen amor*, **1330-43**. España. [◊*angosto*, triste, penoso.]
2. el can que mucho lame, sangre saca. Si repetimos algo mucho acabaremos haciendo mal, aun deseando hacer bien.
• «... el can que mucho lame sin dubda sangre saca.» Juan Ruiz (Arcipreste de Hita), *Libro de buen amor*, **1330-43**. España. [◊«Lo fundamental es el espíritu contenido. La excesiva demostración de cariño tam-

cana

poco es recomendable. Por eso *can que mucho lame, saca sangre*. Es conocido el gesto de los perros de lamerse con reiteración hasta hacerse una llaga. Por lo mismo, el exceso de mimo en los humanos puede llegar a estragar.» AdM.]

    3. menea la cola el can, no por ti, sino por el pan. Se hacen las cosas por el interés.

    • «Menea la kola el kan, no por ti, sino po el pan.» Gonzalo Correas, *Vocabulario de refranes y frases proverbiales*, **1627**. España. ‖ «Y usted que es uno de granzas, diga que viene en su nombre y en el de su comadre la resucitada a pedirme aguinaldos y hablará verdad una vez en su vida, pues menea la cola el can, no por ti, sino por el pan.» Cecilia Böhl de Faber (Fernán Caballero), *Clemencia*, **1864**. España.

    4. quien matar quiere a su can, achaque le levanta. Cuando queremos hacer una acción ruin buscamos excusas para justificarnos.

    • «Quien matar quier su can, achaque le levanta porque non le dé del pan.» Juan Ruiz (Arcipreste de Hita), *Libro de buen amor*, **1330-43**. España.

    5. si quieres que te siga el can, dale pan. Nos mueve el interés.

    • «Laurencio amigo, si quieres que te siga el can, dale pan.» Lope de Vega Carpio, *La Dorotea*, **1632**. España.

cana

    1. a canas honradas, no hay puertas cerradas. Los ancianos honrados son respetados en todas partes.

    • «Podrán entrarse libremente por las casas agenas, acercarse al fuego, pedir de beber, alargar la mano al plato, que a canas honradas nunca ha de haber puertas cerradas.» Baltasar Gracián, *El Criticón. Tercera parte*, **1657**. España.

    2. canas son, que no lunares. No debemos fingir.

    • «De hoy más, pensamiento mío, andemos por tierra llana; canas son, que no lunares, haya seso, pues hay canas.» Pedro Liñán de Riaza, *Poesías*, **1607**. España. ‖ «Cuando dan por los aladares, canas son, que no lunares. Dame sin que lo vean.» Lope de Vega Carpio, *La Dorotea*, **1632**. España.

canasta

    1. quien hace la canasta hará el canastillo. El que hace una mala acción, hará otra.

• «Yo lo ando en pequeño ratillo: quien faze la canasta, fará el canastillo.» Juan Ruiz (Arcipreste de Hita), *Libro de buen amor*, **1330-43**. España. [◇> también *quien hace un cesto hace ciento.*]

candela > cirio, *muchas candelillas hacen un cirio pascual.*

Candelaria
   1. **cuando la Candelaria llora, el invierno fora; que llore o que cante, invierno atrás o delante.** Manera primitiva e ineficaz de pronosticar el tiempo.
   • «La Candelera, que es hoy, ¿ríe o llora? Explica el refrán que, si hoy luce el sol, tendremos todavía frío.» *La Vanguardia*, 2/2/**1995**. España. [◇«Fiesta de la purificación de la Virgen, que se celebra el 2 de febrero. Ha recibido este nombre por las luces que los fieles acostumbran encender dicho día, y por las candelas que se bendicen y llevan en procesión.» NDLC.]

candil
   1. **candil sin mecha, ¿qué aprovecha?** Hay cosas que para ser útiles necesitan de otras.
   • «... y el refrán dize: Candil sin mecha, ¿qué aprovecha?» Juan de Valdés, *Diálogo de la lengua*, **1535**. España. [◇«Candil: utensilio para alumbrar formado por un pequeño recipiente provisto de un gancho para colgarlo y con un pico en el borde por donde asoma la mecha la cual, por el otro extremo, queda sumergida en el aceite que contiene el recipiente.» MM.]

cantar
   1. **cantar mal y porfiar.** Los hay engreídos que se jactan de lo que no saben.
   • «Si inventaran estos dos esperar y tener celos, las mujeres de por vida, la gota y hacerse viejos, cantar mal y porfiar...» Francisco de Quevedo y Villegas, *Poesías*, **1597-1645**. España. || «... bastaría una voz o un par, para consejo o desvelo, que lo demás es cantar mal y porfiar.» Baltasar Gracián, *El Discreto*, **1646**. España. || «Si al cantar mal añaden lo porfiado, los que ya están cansados no me espantan...» José Francisco de Isla, *El Cicerón*, **1774**. España. [◇«Porfiar: Sostener alguien una cosa con obstinación.» MM.]

2. quien canta su mal espanta. Se supone que se canta cuando se tiene un mal, un problema y así se ahuyenta.
• «Antes he yo oído decir –dijo don Quijote– que quien canta sus males espanta. –Acá es al revés –dijo el galeote–, que quien canta una vez llora toda la vida.» Miguel de Cervantes Saavedra, *El ingenioso hidalgo don Quijote de la Mancha*, **1605**. España. || «Encantada (le dije), porque quien canta su mal espanta.» Enrique Vila-Matas, *Suicidios ejemplares,* **1961**. España. || «¡El que canta, su mal espanta.» Carrillo, *El señor presidente. Ritual bufo en dos jornadas,* **1974**. Guatemala. [◇var. *Quien canta sus males espanta.*]
    3. > **ciego,** *si quieres que cante el ciego, dale la paga primero.*
    4. > **gallo,** *en menos que canta un gallo.*
    5. > **Marta,** *bien canta Marta cuando está harta.*

cántaro
    1. si da el cántaro en la piedra, o la piedra en el cántaro, mal para el cántaro. El fuerte y poderoso siempre gana.
• «¿Qué mejores –dijo Sancho– que entre dos muelas cordales nunca pongas tus pulgares, y a idos de mi casa y qué queréis con mi mujer, no hay responder, y si da el cántaro en la piedra o la piedra en el cántaro, mal para el cántaro, todos los cuales vienen a pelo?» Miguel de Cervantes Saavedra, *Segunda parte del ingenioso caballero don Quijote de la Mancha,* **1615**. España.
    2. tanto va el cántaro a la fuente que allí deja el asa o la frente. Correr riesgos repetidamente puede traer funestas consecuencias.
• «Con todo eso –dijo don Quijote–, mira, Sancho, lo que hablas, porque tantas veces va el cantarillo a la fuente..., y no te digo más.» Miguel de Cervantes Saavedra, *El ingenioso hidalgo don Quijote de la Mancha,* **1605**. España. || «Hasta aquí hemos llegao; se acabó lo que se daba; tanto va el cántaro a la fuente, que al fin se rompe.» Enrique Jardiel Poncela, *Eloísa está debajo de un almendro,* **1943**. España. || «Claro, claro... Yo lo decía porque ya sabe usted lo que pasa, que tanto va el cántaro a la fuente, que un día se rompe.» Antonio Díaz-Cañabate, *Paseíllo por el planeta de los toros,* **1970**. España. || «Imaginemos que tanto va el cántaro a la fuente, que ella un día tiene una debilidad esporádica con Dalmau. Imaginemos que poco después descubre que está embarazada...» Jaume Ribera, *La sangre de mi hermano,* **1988**. España. || «Tanto iba el cántaro a la fuente que al final, en el minuto 39, se rompió.» *La Voz de*

Galicia, 30/10/**1991**. España. [◇var. *Tanto va el cántaro a la fuente que al fin se quiebra.* «Razón de más para que la persona que va a por agua sea precavida. Un cántaro roto es de imposible compostura. Una vez más, los pies de plomo, en este caso literalmente para que descienda el centro de gravedad.» AdM.]

caña > lanza, *las cañas se vuelven lanzas.*

capa
   1. **debajo de una mala capa hay un buen bebedor.** Las apariencias no dicen siempre cómo son las personas.
   • «... como so mala capa yaze buen bevedor...» Juan Ruiz (Arcipreste de Hita) *Libro de buen amor,* **1330-43**. España. ‖ «que donde falta conocimiento el hábito califica, pero engaña de ordinario, que debajo de mala capa suele haber buen vividor.» Mateo Alemán, *Primera parte de Guzmán de Alfarache,* **1599**. España. ‖ «En fin, en fin, hablando a su modo, debajo de mala capa suele haber buen bebedor.» Miguel de Cervantes Saavedra, *Segunda parte del ingenioso caballero don Quijote de la Mancha,* **1615**. España. ‖ «¡Y qué! si bajo una mala capa hay un buen bebedor. Pues a las manos les traigo un tesoro, no hay sino alargarlas.» Cecilia Böhl de Faber (Fernán Caballero) *La familia de Alvareda,* **1849**. España. ‖ «El niño ignora que las apariencias engañan y que debajo de una mala capa puede esconderse un buen bebedor.» Camilo José Cela, *Viaje a la Alcarria,* **1947**. España. [◇«refr. Debajo de una mala capa hay o se encuentra un buen bebedor; las apariencias suelen ser tan engañosas que muchas veces se toma por ignorante al sabio, por leal al traidor, y donde se pensaba haber desenmascarado a un pícaro aparece un hombre de bien. No es raro, sino harto frecuente, encontrar en un sujeto prendas y circunstancias que no prometen las señales exteriores.» NDLC.]
   2. **hacer uno de su capa un sayo.** Hacer uno lo que quiere.
   • «... y deje a cada varón que haga de su capa un sayo...» Manuel Bretón de los Herreros, *El pelo de la dehesa,* **1840**. España. ‖ «En fin, cada uno hace de su capa un sayo...» Joaquín Dicenta, *Juan José,* **1895**. España. ‖ «Cada cual hace, si quiere, de su capa un sayo.» Camilo José Cela, *Las compañías convenientes y otros fingimientos y cegueras,* **1963**. España. ‖ «Pero la vida les ha sido demasiado fácil como para ahora plantearse tales sacrificios. Acostumbrados a hacer de su capa un sayo, gracias a la

mayoría absoluta, González y los suyos no quieren renunciar.» Pedro J. Ramírez, *David contra Goliat. Jaque mate al felipismo*, **1995**. España. || «Como respondió al Abc cuando el polémico viaje a Cuba: Yo hago de mi capa un sayo.» *El País Digital*, 4/10/**1997**. España. || «Por dentro es diferente. Por dentro cada cual puede hacer de su tanga un sayo.» Programa «Ahora», Antena 3 TV, 8/3/**2001**. España. [◇«Phrase con que se da a entender que cada uno es dueño de su voluntad, y que de sus cosas puede disponer a su gusto, y como le pareciere.» DA.]

3. la capa que todo lo tapa. Las capas disimulan los defectos al ser grandes y cubrir mucho.

• «... bien es verdad que soy algo malicioso, y que tengo mis ciertos asomos de bellaco; pero todo lo cubre la gran capa de la simpleza mía.» Miguel de Cervantes Saavedra, *Segunda parte del ingenioso caballero don Quijote de la Mancha*, **1615**. España. || «Una vez más la manta se queda tan corta que casi todo se le escapa. Y tan larga que todo lo tapa...» *El Mundo*, 15/3/**1995**. España. [◇ var. *La manta que todo lo tapa*. A propósito de esto dice José Gutiérrez-Solana en su *Madrid, escenas y costumbres, segunda serie*, 1918, «El entierro del panadero»: «¿No os parece que le pica a uno la espalda por el sudor y que nos debemos quitar las capas y las pellizas?... los acompañantes, en vista de esto, decidieron doblar las capas y ponerlas al hombro; entonces se descubrieron al sol muchas rodilleras y culeras zurcidas y con brillo; ¡bendita capa que oculta los hilachos de las mangas, los rotos y su mugre!»]

capitán > **pan**, *no debe haber mesa sin pan ni ejército sin capitán*; > **araña,** *como el capitán Araña que embarcaba a la tropa y se quedaba en tierra*.

caporal

1. no dejes que tu caporal administre tu hacienda, monte tu caballo y cuide a tu mujer, porque te puedes quedar sin hacienda, sin caballo y sin mujer. No debemos ser confiados y poner nuestras posesiones en manos extrañas.

• «Pues que en barinas hay un dicho que dice no dejes que tu caporal administre tu hacienda, monte tu caballo y cuide a tu mujer, porque te puedes quedar sin hacienda, sin caballo y sin mujer.» Francisco Herrera Luque, *En casa del pez que escupe agua*, **1985**. Venezuela. [◇«Caporal: persona que se ocupa del ganado que se emplea en la labranza.» CLAVE.]

cara > **diente,** *cara sin dientes hace a los muertos vivientes*; > **ojo,** *los ojos (cara) son el espejo del alma*; > **tiempo,** *a mal tiempo, buena cara.*

carga > **asno,** *el asno sufre la carga, mas no la sobrecarga.*

caridad
  1. **la caridad bien entendida (ordenada) empieza por uno mismo.**
  Hay que pensar en uno mismo a veces, y no sólo en los demás.
  • «... tener muy presente aquello de la caridad bien ordenada, etc.» Fulgencio Afán de Ribera, *Virtud al uso y mística a la moda*, **1729**. España. || «La caridad bien ordenada empieza por sí mismo; y si el no preocuparse de la eternidad.» Juan Albizu y Sainz de Murieta, *Homilías parroquiales varias y distintas sobre cada uno de los evangelios de todos los domingos del...*, **1917**. España. || «Yo no digo que sea malo hacer el bien; pero la caridad bien entendida debe comenzar por uno mismo.» Mariano Azuela, *La luciérnaga*, **1932**. México. || «Ponga debió pensar, sin duda, que la caridad bien entendida empezaba por uno mismo.» *ABC*, **6/1/1987**.|| «Echar del país a los extranjeros en situación ilegal para preservar las fuentes de trabajo de sus compatriotas, al afirmar que la caridad bien entendida empieza por casa.» *El Mundo*, 29/4/**1995**. España. || «Dice el viejo proverbio cristiano que la caridad comienza por casa y es desde allí que debemos iniciar nuestro esfuerzo.» Oscar Butteler, *Ecología y civilización*, **1996**. Perú. [◇L. «prima charitas incipit ab ego.»]

carne > **pan,** *pan de ayer, carne de hoy y vino de antaño, traen al hombre sano.*

carnero
  1. **vaca y carnero, olla de caballero.** Ensalza las bondades gastronómicas del carnero.
  • «Yo, por ejemplo, no me explico la preferencia que atribuye Cervantes al carnero respecto de otras carnes cuando habla del yantar de Don Quijote; pero, si considero que corrían válidos a la sazón refranes como de la mar el mero, y de la tierra, el carnero, vaca y carnero, olla de caballero, olla sin carnero, olla de escudero, etc.» Julio Casares, *Crítica efímera*, **1919**. España.
  2. > **cordero,** *tan presto se va el cordero como el carnero.*

carnicería
1. andar, Juan de Espíritus, a la carnicería por verdolagas. Cubrir las apariencias.
• «Andar, Xuan de Espíritus, a la karnizería por verdolangas.» Gonzalo Correas, *Vocabulario de refranes y frases proverbiales*, **1627**. España. [◇Sólo se ha documentado en este refranero. «La frase es un ruego de la madre o la esposa del pobre Juan de Espíritus, como expresión del quiero y no puedo de la clase hidalga. Todavía los andaluces de cierta edad recuerdan que de niños recogían verdolagas de los lugares húmedos del monte para comerlas como ensalada. Es una humilde planta herbácea de hojas carnosas...» AdM.]

caro > **barato,** *lo barato es caro.*

carrera > **perro,** *a carrera larga, perro galgo.*

carta
1. por carta de más o de menos se pierden los juegos. Los extremos son malos.
• «Lo primero, es necessario que el que ha de ser ayo de algún hijo de bueno, en la edad que ha, ni pierda por carta de más, ni pierda por carta de menos...» Fray Antonio de Guevara, *Reloj de príncipes*, **1529-31**. España. || «Y en estas cartas, los secretarios han sinpre de perder el juego, como dizen, por carta de más, y no por carta de menos, porque este perder es ganar las voluntades de las gentes para el señor...» Antonio de Torquemada, *Manual de escribientes*, **1552**. España. || «... créame vuesa merced, señor don Diego, que antes se ha de perder por carta de más que de menos, porque mejor suena en las orejas de los que lo oyen el tal caballero es temerario y atrevido que no el tal caballero es tímido y cobarde.» Miguel de Cervantes Saavedra, *Segunda parte del ingenioso caballero don Quijote de la Mancha,* **1615**. España. || «Assí, que unos por cortos, otros por largos, unos por carta de más, otros de menos, todos perdían...» Baltasar Gracián, *El Criticón. Segunda parte,* **1653**. España. || «Si comenzado el juego, algún jugador tiene carta de más o de menos, pierde la partida, y el que dió mal paga cuatro tantos al plato. Si a cualquier jugador le falta una carta siendo culpable de su extravío, pierde el juego sin responsabilidad para el que dió.» Anónimo, *Juegos de naipes españoles*, **1944**. España.

2. > **agua,** *no bebas agua que no veas ni firmes carta que no leas.*
3. > **barba,** *callen barbas y hablen cartas.*

carreta > **teta,** *dos tetas tiran más que dos carretas.*

casa
1. cada casa es un mundo. Cada familia es diferente.
• «... y como cada casa es un mundo, sabe Dios lo que estará pasando en la casa de don Pedro por mi causa, sin que yo me aperciba de...» Facundo (José Tomás de Cuéllar), *Historia de Chucho el Ninfo*, **1871**. México. || «No se canse usted, don Silvestre; cada casa es un mundo decía una tarde del verano de 1844 la marquesa de Cortegana...» Cecilia Böhl de Faber (Fernán Caballero), *Clemencia*, **1864**. España. || «Conviene recordar que si cada casa es un mundo, a cada jardín se le podría aplicar también la tan manida frase.» Magda Ródenas, *ABC de las plantas de jardín y terraza*, **1964**. España. || «Cada casa es un mundo, suelen decir algunas gentes noveleras.» Pío Baroja, *Desde la última vuelta del camino. Memorias*, **1944-49**. España.
2. cada uno en su casa y Dios en la de todos. Cada cual a lo suyo sin inmiscuirse en los asuntos de los demás.
• «Cada uno en su casa y Dios en la de todos, que es padre poderoso.» Gonzalo Correas, *Vocabulario de refranes y frases proverbiales*, **1627**. España. || «... hija mía, más días hay que longanizas, y cuando queráis noticias de la tierra, sabed que allá cerca del cielo hay una vieja que os quiere bien; y ahora me voy, señor vecino, que ya ha acabado de ser noche y la vieja honrada su puerta cerrada, y cada uno en su casa y Dios en la de todos...» Ramón Mesonero Romanos, *Escenas y tipos matritenses*, **1842**. España. || «Cada uno en su casa y Dios en la de todos, se oye.» Moisés Cayetano, *Autonomías, ocio, educación y cultura*, **1980**. España. || «... que bueno está lo bueno y que cada uno en su casa y Dios en la de todos, pero...» Ramón Ayerra, *La lucha inútil*, **1984**. España. [◊«... al reivindicar cada uno su casa, se está diciendo que nadie debe invadir la autonomía personal. No es sólo que uno no se debe prodigar en atender a los demás, sino que tampoco se debe esperar mucho de la cooperación ajena. Cada uno debe arreglárselas como pueda.» AdM.]
3. casa de dos puertas es difícil de guardar. Dos situaciones son siempre peligrosas al no poder atenderlas debidamente y al mismo tiempo.
• «Todo te fare, mas casa de dos puertas no te guardare.» Marqués de Santillana (Íñigo López de Mendoza), *Refranes que dizen las viejas tras*

casa

el fuego, **1454.** España. ‖ «Hombre, hombre; casa con dos puertas mala de guardar.» Serafín Álvarez Quintero, *Puebla de las mujeres,* **1912.** España. ‖ «¡Oh casa con dos puertas que es la mía!» María Luisa Mendoza, *El perro de la escribana o Las piedecasas,* **1982.** México.

4. casa sin varón, plaza sin guarnición. Antaño la casa tenía que tener hombre, hoy no.

• «Casa sin varón, plaza sin guarnición.» Tomás Navarro Tomás, *Manual de pronunciación española,* **1918.** España. [◇Estas ideas machistas ya casi han desaparecido.]

5. de fuera vendrán que de tu casa te echarán. Los hay que se meten a mandar en tu propia casa, si se les deja, claro.

• «Sí sé que tienes razón. Y hasta dice un refrán: De fuera vendrá quien de tu casa te echará. Pero, ¿qué quieres?» Antonio Martínez Ballesteros, *Pisito clandestino,* **1990.** España.

6. el casado, casa quiere. Los que se casan prefieren vivir en su propio hogar.

• «… ella y él; que el refrán dice, y yo a su razón me atengo, que el casado casa quiere, y no porque vivan lejos hemos de olvidarle nunca ni hemos de quererle menos.» José Echegaray, *El gran Galeoto,* **1881.** España. ‖ «Yo he oído siempre decir que el casado casa quiere, y puesto que tú me consideras como tu mujer, quiero ser dueña de mi casa.» Ángel Ganivet, *Los trabajos del infatigable creador Pío Cid,* **1898.** España. ‖ «Yo, sin embargo, creo que deben poner casa; el casado, casa quiere.» Miguel de Unamuno, *Abel Sánchez,* **1917.** España. ‖ «Pues sí que no. Cae de su peso. Cada casado casa quiere.» Ramón Pérez de Ayala, *Tigre Juan,* **1926.** España. ‖ «El refranero tradicional está lleno de sentencias antiguas sobre este particular; quizás la más conocida en Andalucía sea, el casado, casa quiere.» Antonio Limón, *Andalucía, ¿tradición o cambio?,* **1988.** España.

7. mi casa y mi hogar cien sueldos val. La casa, el hogar, es lo que más vale.

• «E ansí dizen que mi casa y mi hogar cien sueldos val. ¿Pero qué es lo que mandas agora?» Juan Rodríguez Florián, *Comedia llamada Florinea, que tracta de los amores del buen duque Floriano…,* **1554.** España.

8. si vas a trabajar en una casa de citas, es bueno ser la mejor de las empleadas. Hay que ser siempre un buen profesional.

• «O si prefieren, se puede aplicar el refrán: si vas a trabajar en una casa de citas, es bueno ser la mejor de las empleadas.» *La Época,* 5/11/**1997.** Chile.

9. unos por otros y la casa sin barrer. Cuando varias personas tienen que hacer una tarea, se diluyen las responsabilidades y acaba el trabajo sin hacer.
• «Yo por ti, tú por mí: la casa sin barrer.» *ABC,* 12/5/**1988**. España.
‖ «Tres en el poder, la casa sin barrer.» *ABC Cultural,* 12/7/**1996**. España. ‖ «En tales casos ocurre como dice el refrán Uno por el otro, la casa sin barrer.» Carlos Gracia Monterde, *Tras la caza menor,* **1996**. España. ‖ «... el trabajo en equipo suele ser la muleta de la mediocridad compartida y la patente de corso de la holganza. [...] los unos por los otros y la casa sin barrer...» Camilo José Cela, *Diccionario geográfico popular de España, I,* **1998**. España.
11. > **cena,** *en casa llena presto se guisa la cena.*
12. > **mujer,** *la mujer honrada, la pierna quebrada y en casa.*
13. > **mujer,** *toma casa con hogar y mujer que sepa hilar.*
14. > **olla,** *una olla y una vara, el gobierno de una casa.*

casada
1. la casada y la ensalada, dos bocados y dejarla. Refrán ofensivo y machista de baja estofa.
• «La casada y la ensalada, dos bocados y dejarla.» Lope de Vega Carpio, *La Dorotea,* **1632**. España. [◇Sólo aparece en esta obra de Lope. ¿De su propia cosecha?]

casado
1. un hombre casado es un ser disminuido. Quizá porque ya no puede decidir por sí mismo.
• «Un hombre casado es un ser disminuido.» Max Aub, *La calle de Valverde,* **1961**. España.

casamiento
1. casamiento y caldo es caldando. A buena temperatura y en su justo momento.
• «Marchad vos a casa del cura: ya conocéis el adagio, Casamiento y caldo es caldando.» Gertrudis Gómez de Avellaneda, *La velada del helecho o el donativo del diablo,* **1857**. Cuba. [◇«Caldear: hacer que alguna cosa fría aumente perceptiblemente de temperatura.» JST. Es retruécano.]
2. un casamiento hace ciento. Se suele imitar lo que se ve hacer.

• «de una boda sale otra y que un casamiento hace ciento...» Ángel Ganivet, *Los trabajos del infatigable Pío Cid,* **1898**. España. [◊San Agustín dijo que casarse está bien. No casarse está mejor.]
3. > **matrimonio,** *matrimonio y mortaja, del cielo baja.*

casarse
1. **antes que te cases mira lo que haces.** Hay que pensárselo dos o tres veces.
• «Proverbio: Antes que te cases, mira lo que haces.» Sebastián de Covarrubias, *Tesoro de la lengua castellana o española,* **1611**. España. || «¡Mentira! Antes que te cases, mira lo que haces, dice el refrán.» Manuel Bretón de los Herreros, *La escuela del matrimonio,* **1852**. España. || «¿No me habéis dicho siempre: Antes que te cases mira lo que haces? ¿Por qué de repente queréis que me case?» Cecilia Böhl de Faber (Fernán Caballero), *Clemencia,* **1864**. España. [◊Esto es válido tanto para el hombre como para la mujer, claro. Marie Coreli dijo que nunca se casó porque no tuvo esa necesidad: tenía un perro que le gruñía por la mañana; un loro que se pasaba el día blasfemando y un gato que llegaba a las tantas de la madrugada.]
2. **quien se casa por amores, ha de vivir con dolores.** Visión pesimista del amor y del matrimonio.
• «Y a los que se valen del adagio vulgar, que quien se casa por amor vive con dolor...» María de Zayas y Sotomayor, *Desengaños amorosos,* **1647-49**. España. || «Quien se casa por amores ha de vivir con dolores, la causa de ellos es el genio de la especie, que ha de sacrificar a los padres para obtener los hijos que desea. Si los individuos padecen, la especie se salva, por lo que el pesimismo de Schopenhauer viene a ser relativo.» Ramiro de Maeztu, *Don Quijote, don Juan y la Celestina,* **1926**. España. || «... cita precisamente en apoyo de su tesis un refrán español: Quien se casa por amores ha de vivir con dolores.» Gregorio Marañón, *Ensayos sobre la vida sexual,* **1919-29**. España. [◊«La dolorida visión del mundo ni siquiera se mitiga por la consideración de los momentos felices. El español transido por la amarga experiencia no le compensa la fortuna de la fruición amorosa. No es que el matrimonio por interés sea del todo aconsejable, pero *quien casa por amores, vive vida con dolores.* Ya es triste un consejo así.» AdM.]
3. **mejor es casarse que abrasarse.** Casarse para no pecar cayendo en relaciones sexuales extramaritales.

• «Compadre, error fue, pero no muy grande; porque, según el dicho del Apóstol, mejor es casarse que abrasarse.» Miguel de Cervantes Saavedra, *Entremés del viejo celoso*, **1615**. España. || «Cualquiera tiene un desliz, la carne es flaca; por eso no es bueno para el hombre vivir solo, porque se encenaga, y como dijo quien lo entendía, es mejor casarse que abrasarse en concupiscencia, señor don Pedro. ¿Por qué no se casa, señorito? –exclamó, juntando las manos–. ¡Hay tantas señoritas buenas y honradas!» Emilia Pardo Bazán, *Los pazos de Ulloa*, **1889**. España. || «Aconsejaba a sus fieles que siguieran su ejemplo de soltería, pero que, si alguien no se sentía con fuerzas para dominar los impulsos de la carne, debería tomar estado, puesto que mejor es casarse que abrasarse...» Juan José López Ibor, *El libro de la vida sexual*, **1968**. España. || «Estas tienen sus argumentos de repostería; para persuadir al santo matrimonio, te introducirán primero en una conversación de tono humano, y luego te embestirán con aquello de más vale casarse que abrasarse.» Carmen Martín Gaite, *Usos amorosos del dieciocho en España*, **1972**. España. [◊La idea de sexualidad y pecado estaba muy arraigada en las gentes de otras épocas. En la Biblia, *1 Corintios* 7:8, leemos: «Digo, pues, a los solteros y a las viudas, que bueno les fuera quedarse como yo; pero si no tienen don de continencia, cásense, pues mejor es casarse que abrasarse.» Pero recordemos que San Agustín dijo que casarse está bien. No casarse está mejor.]

casta > **galgo,** *de casta le viene al galgo ser rabilargo.*

castaño
1. **pasarse algo de castaño oscuro.** Ser intolerable, insoportable.
• «Pero esto pasa de castaño oscuro... ¡Vivir en los Pazos y no saber...» Emilia Pardo Bazán, *Los Pazos de Ulloa*, **1886**. España. || «Ya el asunto se pasaba de castaño oscuro, ¿no?» Enrique Serpa, *Contrabando*, **1938**. Cuba. || «Mire, usted, señora, lo de su lorito ya pasa de castaño oscuro.» Camilo José Cela, *La colmena*, **1951**. España. || «La cosa ya pasa de castaño oscuro.» Enrique Anderson Imbert, *El estafador se jubila*, **1969**. Argentina. || «... ya se pasaba de castaño oscuro y se rió del juego de palabras.» Carmen Martín Gaite, *Nubosidad variable*, **1992**. España. [◊No es refrán propiamente dicho, sino unidad fraseológica.]

*****castigar** (ideas) *a buen* **bocado,** *buen grito; a la* **burra** *preñada cargarla hasta que para; quien* **camisas** *hurta, jubón espera; donde las* **dan,** *las toman;*

*el que **da** primero da dos veces: a las iras de **Dios** no hay casa fuerte; **Dios** sufre a los malos, pero no para siempre; **escarmentar** en cabeza ajena; quien **escucha** su mal oye; quien al cielo **escupe**, en la cara le cae; tu lo quisiste **fraile** mostén, tú te lo ten; hay **gustos** que merecen palos; el que la **hace** la paga; quien a **hierro** mata, a hierro muere; por su mal le nacieron alas a la **hormiga**; **hurtar** es cosa linda si colgasen por la pretina; ir por **lana** y salir trasquilado; allá van **leyes** do quieren reyes; el **loco** por la pena es cuerdo; al **maestro**, cuchillada; el que **compra** y miente en su bolsa lo siente; a cada **puerco** le llega su San Martín.*

catar > **hacer,** *haz bien y no mires (cates) a quien.*

caudillo > **albarda,** *cada pollino, su albarda.*

cebada > **burro,** *muerto el burro (mulo), la cebada al rabo.*

cegar > **pasión,** *la pasión ciega la razón.*

celoso
   1. celosillo es mi marido y yo me río porque cuando él va yo ya he venido. Hay mujeres listas que logran burlar los celos del marido.
   • «Y acabemos con otro refrán: Celosillo es mi marido y yo me río porque cuando él va yo ya he venido.» Carlos Fisas, *Historias de la Historia,* **1993.** España. [◊«El que halla mujer encuentra la ventura y ha recibido un favor de Yavé.» Nos dice la Biblia, *Proverbios,* 18:22.]

cementerio > **imprescindible,** *de personas imprescindibles están llenos los cementerios*; > **desagradecido,** *de desagradecidos está el mundo (cementerio) lleno.*

cena
   1. de grandes cenas están las sepulturas llenas. Las cenas copiosas son muy perjudiciales.
   • «Soles, i penas, i zenas, tienen las sepulturas llenas.» Gonzalo Correas, *Vocabulario de refranes y frases proverbiales,* **1627.** España. || «Acuérdate que de penas y cenas están las sepulturas llenas.» Cecilia Böhl de Faber (Fernán Caballero), *Clemencia,* **1864.** España. || «... habiendo otro dicho que corrobora ese refrán: de buenas cenas está lleno el cementerio.» Ramón

Gómez de la Serna, *Automoribundia*, **1948**. España. || «Ya dice la gente, de grandes cenas están las sepulturas llenas.» Camilo José Cela, *La colmena*, **1951**. España. || «... se bebió lo que le dió tiempo de trasegar y, recordando que de grandes cenas están las sepulturas llenas, procuró hacer la digestión despierto.» Camilo José Cela, *Judíos, moros y cristianos*, **1956**. España. || «El dice: Piense, Benilde, que de grandes cenas están las sepulturas llenas. Pero ella: Coma, coma, que con tanto encierro acabará enfermando.» José María Merino, *Novela de Andrés Choz*, **1987**. España. || «Ya lo sabéis, de grandes cenas están la sepulturas llenas.» Eduardo Galán, *La posada del arenal*, **1994**. España. [◊En 1611, Covarrubias escribió que «cena, conforme al uso común que agora corre, es el pasto o comida de la noche, y entre la gente que anda a la labor del campo y entre los caçadores suele serlo.»]

    2. en casa llena presto se guisa la cena. Porque hay poco con qué hacerla.

    • «En casa llena presto se guisa la cena.» Melchor Santa Cruz de Dueñas, *Floresta española*, **1574**. España. || «Así es verdad –respondió Sancho–, pero al buen pagador no le duelen prendas, y en casa llena presto se guisa la cena: quiero decir que a mí no hay que decirme ni advertirme de nada, que para todo tengo y de todo se me alcanza un poco.» Miguel de Cervantes Saavedra, *Segunda parte del ingenioso caballero don Quijote de la Mancha*, **1615**. España. || «En casa llena pronto se guisa la cena.» Juan Valera, *Carta de 23/11/* **1900**, *[Epistolario Valera y Menéndez y Pelayo.]* España.

    3. más mató la cena que sanó Avicena. Las cenas, especialmente las muy copiosas, son malas para la salud.

    • «... y por cuyas indigestiones se dijo: Más mató la cena que curó Avicena.» Pastor Servando Obligado, *Tradiciones argentinas*, **1903**. Argentina. || «Y ya sabe mi señorito aquello de más mató la cena que sanó Avicena.» Miguel de Unamuno, *Niebla*, **1914**. España. || «En el refranero castizo están las palabras que aluden al gran Avicena y que dicen: más mató la cena que sanó Avicena.» Ramón Gómez de la Serna, *Automoribundia*, **1948**. España. || «Frase que condensa un proverbio español con las palabras: Más mató una cena que sanó Avicena.» Carlos Fisas, *Historias de la Historia*, **1983**. España. [◊«Come poco y cena más poco que la salud de todo el cuerpo se fragua en la oficina del estómago.» Quijote, II.]

cera
  1. no hay más cera que la que arde. Indica que no hay más, ni más evidente, de lo que se ve o se tiene.
  • «Pues se equivoca. No hay más cera que la que arde, y yo no tolero insolencias...» Rosario Castellano, *El eterno femenino*, **1975**. México. ‖ «... como yo, y se acabó, no hay más cera que la que arde.» Ramón Ayerra, *La lucha inútil*, **1984**. España. ‖ «Entre brevedad y calidad, por lo general ha prevalecido la primera, pero no hay más cera que la que arde.» *ABC Cultural*, 19/1/**1996**. España. ‖ «Él asegura que es sincero, que no hay más cera que la que arde y que nunca cambiará.» Magazine *La Razón*, 24/6/**2001**. España. [◊Indica que las cosas son como son y no de otra manera.]

cerdo
  1. a cerdo gordo, untarle el rabo. Cuando las cosas están en su punto, hay que aprovecharse de ellas.
  • «Ante ellos siempre recuerdo aquel sabio refrán que reza: A cerdo gordo, untarle el rabo.» *El Mundo*, 1/6/**1995**. España.
  2. > **puerco,** *a cada puerco le llega su San Martín.*

cesto
  1. quien hace un cesto hace ciento. El que hace una mala pasada es capaz de hacer muchas más.
  • «Quien haze un cesto hará ciento.» Sebastián de Covarrubias, *Tesoro de la lengua castellana o española*, **1611**. España. ‖ «Quien hace un cesto, hace ciento dice el refrán.» Rosario Castellano, *El eterno femenino*, **1975**. México. ‖ «A lo mejor pensó aquello de quien hace un cesto hace ciento.» Inés Palou, *Carne apaleada*, **1975**. España. ‖ «... mi deber es pensar que quien hace un cesto hace ciento.» Joaquín Leguina, *Tu nombre envenena mis sueños*, **1992**. España. [◊«*Quien hace un cesto hace ciento.* También Horozco. Pedro Vallés lo continuó de la siguiente manera: *si tiene mimbres y tiempo.* Indica que el que aprende algo, ya sea malo o bueno, no lo olvida nunca y es capaz de repetirlo.» AMD. > también *quien hace la canasta hará el canastillo.*]

chancho
  1. cada chancho busca el afrecho que le gusta. Cada cual va tras lo que quiere y necesita.

• «... se lavó las manos respecto al problema del desabastecimiento, con un refrán que brotó de su sutil ingenio: Cada chancho busca el afrecho que le gusta.» Antonio Skármeta, *El cartero de Neruda*, **1986**. Chile. [◇*afrecho*, salvado de la molienda. «Chancho. En zonas del español meridional, cerdo.» CLAVE.]
 2. > **puerco**, *a cada puerco le llega su San Martín*.

chinche > **amigo**, *de amigo a amigo, chinche en el ojo*.

chocolate
 1. **las cuentas (cosas) claras y el chocolate espeso**. Las cuentas deben estar claras siempre.
 • «Lo dicho dicho y el chocolate espeso.» Eugenio Noel, *Las siete cucas*, **1927**. España. || «... porque los hombres hablando se entienden, y le dije: Las cosas claras y el chocolate espeso: esto pasa de castaño oscuro, así que cruz y raya...» Enrique Jardiel Poncela, *Eloísa está debajo de un almendro*, **1940**. España. || «... el sol, el agua, los amigos, los libros, las naranjas, el solomillo de vaca y el amor cuando es amor. Y el chocolate espeso.» Ángel Palomino, *Torremolinos, Gran Hotel*, **1971**. España. [◇En establecimientos de baja estofa solían servir un chocolate aguado e insulso.]

chuco
 1. **hijo de chuco no yerra bejuco**. De una cosa viene otra por necesidad y el que está acostumbrado a algo, lo hace bien.
 • «De esa zona ando-larense, en donde las selváticas lianas sirven de maroma a los monos saltarines, es aquel adagio: Hijo de chuco no yerra bejuco, y si lo yerra es porque es muy maluco, que es un quien lo hereda no lo hurta semejante al ya citado para donde brinca la cabra..., con la diferencia de la adaptación al medio, expresada a través de los elementos ambientales.» Francisco Tamayo, *El hombre frente a la naturaleza*, **1993**. Venezuela. [◇*chuco*, barrizal o pantano. *Bejuco*: nombre aplicado a diversas especies de plantas tropicales de tallos largos y flexibles que se utilizan en tejidos de cestería para asientos de sillas, para hacer cuerdas...» MM.]

ciego
 1. **en el país de los ciegos el tuerto es rey**. Lo malo parece bueno comparado con lo peor.

- «Bien se me echaba de ver la leche, que, aunque en mi tierra era águila, aquí no pasaba mi moneda. En la tierra de los ciegos el tuerto es rey.» Gregorio González, *El guitón Onofre*, **1604**. España. || «... por haberle informado que yo era el mejor de todo el ejército, me recibió para que le sirviese en el dicho oficio, porque en la tierra de los ciegos el que es tuerto es rey.» Anónimo, *La vida y hechos de Estebanillo González*, **1646**. España. || «El corazón del hombre no tolera el vacío de lo excelente y supremo. Con palabras diversas viene a decir lo mismo el refrán viejo: «En tierra de ciegos, el tuerto es rey.» José Ortega y Gasset, *Meditaciones del Quijote*, **1914**. España. || «¡Entre los ciegos, el tuerto es rey!» Domingo Miras, *Las brujas de Barahona*, **1978**. España. || «El tuerto es rey en el país de los ciegos, como dicen los proverbios antiguos.» Alfonso Sastre, *Revelaciones inesperadas sobre Moisés*, **1991**. España. || «El primer año tuve un primero, ya sabe usted, en tierra de ciegos el tuerto es rey.» Jorge López Páez, *Doña Herlinda y su hijo y otros hijos*, **1993**. México. || «En tierra de ciegos el tuerto es rey, es un refrán para consolar a ineptos.» *El Salvador Hoy*, 12/5/**1997**. El Salvador. || «En lo que respecta al señor Fujimori, ha sido el mejor Presidente que ha tenido el Perú desde que tengo memoria. Sin embargo, reconozco que es algo así como en el país de los ciegos el tuerto es rey.» *Caretas*, 7/8/**1997**. Perú. [◇«Desiderio Erasmo de Rotterdam (1467-1536): *in regione caecorum rex est luscus*.» DCB.]

2. la mujer del ciego, ¿para quién se afeita? ¿Por qué se arregla y compone la mujer del ciego?

- «Viuda es, y no le pesa de parecer bien. La mujer del ciego, ¿para quién se afeita? TEO. ¿Qué murmuran estas damas?» Lope de Vega Carpio, *La Dorotea*, **1632**. España. [◇*afeitar*, componerse, maquillarse. Amando de Miguel: «Afeitarse en castellano clásico era tanto como arreglarse, darse afeites al rostro. Quizá lo de "ciego" haya que tomarlo en su doble sentido de invidente o del que no quiere darse cuenta de la realidad.» Este refrán da a entender que la mujer debía arreglarse sólo para su marido, y no para ella misma.]

3. si quieres que cante el ciego, dale la paga primero. Hay que remunerar el trabajo.

- «Si quieres que cante el ciego, dale la paga primero.» Tomás Navarro Tomás, *Manual de pronunciación española*, **1918**. España. [◇Demuestra la triste situación del ciego antaño. Var. *Si quieres que el ciego cante, la limosna por delante.*» Y AMD dice: «*Si quieres que te cante, la paga por delante...* significa que alguien no quiere empezar a trabajar si no le pagan

primero, porque no se fía del que le ha encargado el trabajo.» Covarrubias nos da otro refrán parecido: «Por dinero bayla el perro; las más cosas se hazen por el propio interés, y no por darnos contento.»]
   4. > **ojo,** *no es mal acierto darte en el ojo tuerto; que si en el bueno te diera, ciego te hiciera.*

cielo
   1. cielo aborregado, pronto mojado. Cuando el cielo se cubre de nubecillas, lluvia segura.
   • «Predicen la aparición del mal tiempo, según dice el refrán, cielo aborregado, pronto mojado.» Enrique Genovés, *Montañismo,* **1951.** España. [◇var. *Suelo aborregado, suelo mojado.*]
   2. > escupir, *quien al cielo escupe, en la cara le cae.*

cierto
   1. dejar lo cierto por lo dudoso. Aventurarse en la inseguridad.
   • «Ninguno debe dejar lo cierto por lo dudoso.» Cecilia Böhl de Faber (Fernán Caballero), *La gaviota,* **1849.** España. || «Parece que tenéis el don de dejar siempre lo cierto por lo dudoso.» Julián Zugasti y Sáenz, *El bandolerismo. Estudio social y memorias históricas,* **1876.** España. || «¿Para bien? ¿Para mal? Por lo pronto iban a dejar lo cierto por lo dudoso.» Carlos Reyles, *El gaucho Florido. La novela de la estancia cimarrona y del gaucho crudo,* **1932.** Paraguay. [◇«El que se aparta del camino de la sabiduría vendrá a parar en la compañía de los muertos.» *Proverbios,* 21:16.]

cirio
   1. muchas candelillas hacen un cirio pascual. Con poco se puede hacer mucho.
   • «Y como que muchas candelillas (dice el adagio) hacen un cirio pascual, así tambien muchos miles de pequeños propietarios hacen el todo de uno, ó algunos grandes, que con su industria distributiva producen gana...» Ventura de Peña. *Tratado general de carnes,* **1832.** España.

Ciruela > maestro, *el maestro Ciruela, que no sabía leer y puso escuela.*

cita > casa, *si vas a trabajar en una casa de citas, es bueno ser la mejor de las empleadas.*

claridad > **bulto**, *a menos bulto, más claridad.*

clavo
1. agarrarse a un clavo ardiendo. Optar por una opción desesperada en última instancia y a falta de otra mejor para salir de un apuro.
• «Muchas veces tiene un hombre que agarrarse a un clavo ardiendo para mantener las obligaciones.» Julián Zugasti y Sáinz, *El bandolerismo. Estudio social y memorias históricas,* **1876-80**. España. || «… fue porque una mujer joven y sola, sin una mai ni un pai que la vaya guiando, muchas veces para sobrevivir se tiene que agarrar a clavo ardiendo.» Pedro Vergés, *Sólo cenizas hallarás (bolero)*. **1980**. República Dominicana. || «¿A qué venía eso de los peces que vivían tantos años? —preguntó doña Herminia con el escrúpulo de agarrarse a clavo ardiendo.» José Manuel Caballero Bonald, *Toda la noche oyeron pasar pájaros,* **1981**. España. || «Maldonado y yo sabíamos que, de momento, nuestra única posibilidad de sobrevivir era agarrarnos como a clavo ardiendo a las aficiones teatrales del usurero…» Fernando Fernán-Gómez, *El viaje a ninguna parte,* **1985**. España. || «Sólo la reflexión de que este pueblo necesita urgentemente algún mito, alguna esperanza, clavo ardiendo al que agarrarse siquiera con el recuerdo de una mujer con dos ovarios que siempre tiró por la calle de en medio.» *Tiempo,* 29/5/**1995**. España. || «… tensando y sujetándole la piel al suelo interminable de su lengua, o colgándose de ella como de un clavo ardiendo.» Federico Jiménez Losantos, *Lo que queda de España. Con un prólogo sentimental y un epílogo balcánico,* **1995**. España.
2. un clavo saca otro clavo. Un mal se cura, o se olvida, con otro mal; una cosa sigue a otra.
• «No es eso, sino que como un clavo saca otro clavo, asy un loco debe tener particular graçia y virtud para curar y sanar otro…» Juan Méndez Nieto, *Discursos medicinales,* **1606-11**. Portugal. || «No sé si un clavo saca otro clavo en medicina, ni si la mancha de la borrachera con otra verde se quita…» Leopoldo Alas (Clarín), *La Regenta,* **1884**. España. || «Se me dirá que acabada una relación se empieza otra y ya está, que un clavo saca otro clavo; y en efecto, así es…» Félix de Azúa, *Historia de un idiota contada por él mismo (o el contenido de la felicidad),* **1986**. España. || «Por aquello de que un clavo saca otro clavo, continuaban bebiendo cerveza.» Demetrio Aguilera Malta, *Una pelota, un sueño y diez centavos,* **1988**. Ecuador. || «¿Tú crees eso de que un clavo saca otro clavo?» Elio Palencia, *Camino a Kabaskén,* **1989**. Venezuela. || «Cabe preguntarse cuál será

la perdurabilidad –digamos los límites de su eficacia– de esta técnica del clavo saca otro...» Márgara Russotto, *Tópicos de retórica femenina*, **1993**. Venezuela. || «Si yo con jabón me lavo; un clavo saca otro clavo, y canela, y echen fuego.» Francisco de la Torre, *Transpor*, **1995**. México. [◊Cicerón lo menciona en su *Cuarta Tusculana*: «novo amore, veterem amorem, tamquam clavo clavum, eiciendum putant». Esto es: piensan que un nuevo amor debe reemplazar a otro amor antiguo, a la manera que un clavo saca otro clavo, como apunta Iribarren.]
  3. > **herradura,** *dar una en el clavo y ciento en la herradura.*

cobarde > **valiente,** *el valiente vive mientras el cobarde quiere.*

cocer
  1. a quien cuece y amasa no le hurtes hogaza. El experto es difícil de engañar.
  • «... yo soy caritativo de mío y tengo compasión de los pobres; y a quien cuece y amasa, no le hurtes hogaza.» Miguel de Cervantes Saavedra, *Segunda parte del ingenioso caballero don Quijote de la Mancha*, **1615**. España.
  2. > **habas,** *en todas partes cuecen habas (y en la mía a calderadas).*

cochino
  1. carne de cochino, pide vino. Se emplea para justificar la bebida.
  • «Ya proclamaba el refrán: Carne de cochino, pide vino.» VV. AA., *Manuel de la matanza*, **1982**. España. [◊«Cochino. Cerdo, especialmente el que se cría y engorda para la matanza.» CLAVE.]

cocinero
  1. haber sido cocinero antes que fraile. Tener experiencia.
  • «Ten en cuenta que el que ha sido cocinero antes que fraile sabe lo que se guisa en el convento...» Hermilio Alcalde de Río, *Escenas cántabras*, **1914**. España. || «... porque ha sido cocinero antes que fraile...» Ramón Gómez de la Serna, *Automoribundia*, **1948**. España. || «Mira, Charro, lo que te dice uno que fue cocinero antes que fraile... Como si hubiera adivinado lo que estoy pensando, deja de pronto sus ademanes y se queda serio.» Alejandro Gándara, *La media distancia*, **1984**. España. || «La editorial Alfaguara fue algo muy distinto porque en ese terreno CJC había sido cocinero antes que fraile.» C.J. Cela Conde, *Cela, mi padre*,

1989. España. || «Ha sido cocinero antes que fraile ya que antes que empresario y consultor fue deportista profesional.» Amado Juan de Andrés, *Mecenazgo y patrocinio. Las claves del Marketing del siglo XXI*, **1993**. España. || «¿Qué pasa con el cocinero? –Que el refrán es: antes de fraile fui cocinero.» José Ángel Mañas, *Historias del Kronen*, **1994**. España. [◇ *Quien ha sido cocinero antes que fraile, lo que pasa en la cocina bien lo sabe*. La experiencia es buena, sin embargo la mayoría de la gente no aprende nada de ella, pero sí de una buena patada en el trasero.]

codicia > **avaricia**, *la avaricia (codicia) rompe el saco*.

cojo
1. **a los cojos se les conoce por la manera de andar.** A la gente se la conoce por sus actos.
• «Si a los cojos se les conoce –según el refrán y según lo más probable– por la manera de andar...» Camilo José Cela, *El gallego y su cuadrilla*, **1949**. España.
2. **quien se junta con un cojo, al año cojo y medio.** Las malas compañías perjudican nuestras costumbres.
• «¡Uy, por poco! Pero en fin, quien va con un cojo, al año, cocinero.» Alberto Miralles, *Comisaría especial para mujeres*, **1992**. España.

cojones
1. **en materia de cojones las milicias no admiten graduaciones.** Todos pueden ser valientes en el ejército.
• «En materia de cojones las milicias no admiten graduaciones.» Camilo José Cela, *Diccionario secreto*, **1969**. España.
> **amigo**, *los amigos, el dinero y los cojones son para las ocasiones*.
> **Ana**, *por Santa Ana amanecen las mujeres con cojones en la cama*.

col
entre col y col, lechuga. Indica que se necesita variedad en las cosas, sin darles importancia.
• «Tú dirás lo tuyo: entre col y col, lechuga.» Fernando de Rojas, *La Celestina*, **1499**. España. || «¡Oh, Divicia!, ¿oiste nunca decir entre col y col, lechuga? ¿Sabes qué quiere decir? afanar y guardar para la vejez, que más vale dejar en la muerte a los enemigos, que no demandar en la vida a los amigos.» Francisco Delicado, *La Lozana Andaluza*, **1528**. España.

‖ «Entre col y col, lechuga –dijo riyéndose–. Eso, por la misericordia de Dios, todos lo sabemos, Onofre.» Gregorio González, *El guitón Onofre,* **1604**. España. ‖ «Cristianos rebueltos, turcos contentos. Si Juan de Leide no me tirara de la capa, materia harta tenía: perdone señor letor que no parece mal, entre col i col, lechuga.» Marcos Fernández, *Olla podrida a la española,* **1655**. España. ‖ «Aquello estuvo mal organizado. Presentación de líderes en la Segunda Cadena. Landelino en la primera, en competencia con la película. Vuelta a la Segunda, para debate: Entre col y col, lechuga.» *ABC,* 4/10/**1982**. España. ‖ «No obstante, hombre precavido, decidió poner en antecedentes a Remedios. Lo hizo entre col y col, con tierna socarronería, sin darle la menor importancia...» Javier Maqua, *Invierno sin pretexto,* **1992**. España. ‖ «Se los agradezco y algunas mencionaron el éxito en la salud y algunas cosas positivas, observó. Entre col y col, lechuga. Pero me olvido de los agravios y les doy las gracias por algunas cosas positivas que han divulgado de Cuba.» *El Nuevo Herald,* 11/1/**1998**. EE.UU. [◇«Pero donde mejor vi explicada esta locución fue en el *Tesoro,* de Covarrubias, que en la palabra col escribe: Proverbio: *entre col y col, lechuga,* acostumbran los hortelanos a hacer las eras de su hortaliza tan ordenadas y compuestas, que dan contento a la vista; y, por variar, entre una col ponen una lechuga, de do se tomó el refrán, para advertirnos que todas las cosas piden alguna variación y diversidad, para no cansar el entendimiento ni los sentidos.» JMI.]

colchón > dormir, *dos que duermen en el mismo colchón se vuelven de la misma opinión.*

cólera
 1. cuando la cólera sale de madre, no tiene la lengua padre. Cuando nos encolerizamos perdemos dominio sobre lo que decimos.
 • «porque no tenía para qué retar a los muertos, a las aguas, ni a los panes, ni a los que estaban por nacer, ni a las otras menudencias que allí se declaran; pero vaya, pues cuando la cólera sale de madre, no tiene la lengua padre, ayo ni freno que la corrija.» Miguel de Cervantes Saavedra, *Segunda parte del ingenioso caballero don Quijote de la Mancha,* **1615**. España. [◇«Salirse alguien de madre: coloquial. Excederse o pasarse de lo acostumbrado o de lo normal.» CLAVE. «Salirse de madre: exagerar, perder la compostura.» DCB: *Gran diccionario del argot: El Sohez,* **2000**. España.]

color > engaño, *so la color está el engaño.*

colorado
1. más vale ponerse morado una vez que cien veces colorado. Es preferible abochornarse un poco una vez que muchas veces mucho.
• «No hay que olvidar que hasta ahora Fedecámaras o sus representantes en la junta directiva del Seguro, fueron en parte cómplices o al menos, convidados de piedra de ese desastre, pero hay que reconocer que ahora han tenido el coraje de recordar que más vale ponerse morado una vez que cien veces colorado.» *El Universal,* 9/10/**1996**. Venezuela.

comadre > verdad, *mal me quieren mis comadres porque digo las verdades.*

comenzar
1. el que comienza, la mitad tiene hecho. Lo importante es comenzar, que quizá sea lo más difícil.
• «...y como dice el adagio: El que comienza, la mitad tiene hecho; por lo cual, nos avisa David, diciendo que aunque abunden las riquezas, no les apliquemos el corazón.» San Juan de la Cruz, *Subida del Monte Carmelo,* **1578-83**. España. [◇Horacio, *Epístolas,* I, ii, «dimidum facti qui coepit habet.» Lewis Carrol en su *Alicia en el país de las maravillas* decía que debemos empezar por el principio y continuar hasta que lleguemos al final, y entonces paramos.]

*comer (ideas) *el* **abad** *de lo que canta, yanta;* **ayunar** *después de hartar; bien* **ayuna** *quien mal come;* **barriga** *llena corazón contento; vaca y* **carnero,** *olla de caballero; de grandes* **cenas** *están las sepulturas llenas; en casa llena presto se guisa la* **cena;** *más mató la* **cena** *que sanó Avicena; a* **cerdo** *gordo, untarle el rabo; carne de* **cochino,** *pide vino;* **cura** *más la dieta que la lanceta; la* **danza** *sale de la panza; cara sin* **dientes** *hace a los muertos vivientes;* **dieta** *mangueta y vida quieta y mandar los disgustos a la puñeta; los* **duelos** *con pan son menos; a carne de* **lobo,** *diente de perro; bien canta* **Marta** *cuando está harta; lo que no* **mata,** *engorda; de la mar el* **mero,** *y de la tierra el carnero; de paja o heno, el* **pancho** *(vientre) lleno;* **pollo** *de enero cada pluma vale un dinero;* **tripa** *llena, Dios alaba; el* **vientre** *grueso engendra grueso entendimiento.*

comer
  1. ayunar para bien comer es fácil hacer. Es fácil ayunar cuando se va a comer bien después.
  • «Por mi parte creo que la mejor solución se encuentra en el refrán español Ayunar, después de hartar, o Ayunar, después de cenar, que se complementa con los de Ayunar para bien comer, es fácil hacer.» Carlos Fisas, *Historias de la Historia,* **1983**. España.
  2. comamos y bebamos que mañana moriremos. Disfrutemos de la vida porque nos espera la nada, la muerte.
  • «Mira que nos pasa la flor de la edad, pasemos la edad en flor, comamos y bebamos que mañana moriremos...» Baltasar Gracián, *El Criticón,* **1653**. España. || «Bueno, qué le vamos a hacer. Comamos y bebamos, que mañana ayunaremos. Estas perrunillas con moscatel son una delicia...» Víctor Chamorro, *El muerto resucitado,* **1984**. España. || «La posición epicúrea, cuya forma extrema y más grosera es la de comamos y bebamos, que mañana moriremos, o el carpe diem horaciano, que podría traducirse por vive al día...» Miguel de Unamuno, *Del sentimiento trágico de la vida,* **1913**. España. || «El uno padeció martirio y sufrió destierro por la fe de su Señor; el otro cifró el plan de su vida en el comamos y bebamos, que mañana moriremos.» Fidel Suárez, *Sueños de Luciano Pulgar,* **1911-25**. Colombia. || «Si los muertos no resucitan, comamos y bebamos que mañana moriremos...» Fray Justo Pérez de Urbel, *San Pablo, apóstol de las gentes,* **1941**. España. [◇*Isaías,* 22.13. Seamos felices porque no sabemos lo que pasará mañana.]
  3. come poco y cena más poco. Invita a la frugalidad en los alimentos.
  • «Come poco y cena más poco, que la salud de todo el cuerpo se fragua en la oficina del estómago.» Miguel de Cervantes Saavedra, *Segunda parte del ingenioso caballero don Quijote de la Mancha,* **1615**. España.
  4. comer para vivir, no vivir para comer. El comer no debe ser el único fin o meta de la vida.
  • «... me cita sin cesar aquella ley de Comer para vivir; no vivir para comer...» Manuel Bretón de los Herreros, *La escuela del matrimonio,* **1852**. España. || «Hay que comer para vivir, no hay que vivir para comer, decía más de un filósofo rancio, ahora refrendado por especialistas en dietética sin otra ciencia donde caerse muertos que la represión del obeso.» Manuel Vázquez Montalbán, *La soledad del mánager,* **1977**. España. [◇«Non ut edam vivo, sed vivam edo.» No vivo para comer, sino que como para vivir. Quintilano, *Instituitio oratoria.*]

comida

5. dime cómo comes y te diré quién eres. La manera de comer de uno demuestra su talante.
• «... siendo cierto el adagio popular que dice Dime cómo comes y te diré quién eres.» Manuel Martínez Llopis, *Alimentos y nutrición*, **1961**. España. [◇Variante de otro refrán.]
6. donde comen dos (tres) comen tres (cuatro). Se tiene la creencia errónea de que la comida de dos se puede repartir entre tres, o cuatro.
• «Venga para acá, buen hombre, que donde comen dos comen tres y, en todo caso, algo quedará por la cocina.» Julio Llamazares, *El río del olvido*, **1990**. España. || «¿Mi... opinión? Pues... ya lo dice un refrán: Donde comen tres comen cuatro..., añadiendo más en el plato.» Antonio Martínez Ballesteros, *Pisito clandestino*, **1990**. España. || «¿Por qué? ¿No dicen que donde comen dos comen tres?» Elvira Lindo, *La ley de la selva*, **1995**. España. [◇No está claro si son dos o tres, pero uno más siempre quiere unirse al festín.]
7. el comer y el rascar todo es empezar. Una vez se empieza a comer los hay que no pueden parar, como cuando comienzan a rascarse. Una vez comenzada una tarea, se le toma gusto.
• «El comer y el rascar, todo es empeçar, o començar.» Sebastián de Covarrubias, *Tesoro de la lengua castellana o española*, **1611**. España. || «Aunque ya sabes, el comer y el rascar todo es empezar.» Joaquín Leguina, *Tu nombre envenena mis sueños*, **1992**. España. [◇Los franceses dicen: *L'appétit vient en mangeant.*]
8. lo comido por lo servido. Quedar en paz; lo uno por lo otro.
• «Vaiase lo komido por lo servido.» Gonzalo Correas, *Vocabulario de refranes*, **1627**. España. || «Nada de sueldo. Lo comido por lo servido y las propinas.» Alberto Insúa, *El negro que tenía el alma blanca*, **1922**. España. || «Lo comido por lo servido.» Federico García Lorca, *La zapatera prodigiosa. Farsa violenta en dos actos*, **1930**. España.
9. > trabajar, *el que no trabaja que no coma.*

comida
1. comida (pan comido) hecha, compañía deshecha. Sólo el interés reúne a la gente y la mantiene junta.
• «No se dirá por mí, señor mío, el pan comido, y la compañía deshecha.» Miguel de Cervantes Saavedra, *Segunda parte del ingenioso caballero don Quijote de la Mancha*, **1615**. España. || «Dió fin lo que empezó en comida y acabó en banquete, y usando los camaradas diez de comida

hecha, compañía deshecha.» Anónimo, *La vida y hechos de Estebanillo González*, **1646**. España. [◊«El pan comido y la compañía deshecha; refr. Que se dice por los ingratos, que después de haber recibido el beneficio, se olvidan de él y no hacen caso, o se apartan de aquel de quien lo recibieron.» NDLC.]

compañía > amor, *amor y señorío no quieren compañía.*

comparación
1. toda comparación es odiosa. Debemos evitar comparar a las personas o las cosas.
• «…leyes y costumbres, en paz y en guerra, sin comparar cosa alguna de éstas a otras semejantes que en las historias divinas y humanas se hallan, ni al gobierno de nuestros tiempos, porque toda comparación es odiosa.» Garcilaso de la Vega (El Inca), *Comentarios Reales de los Incas*, **1606**. Perú. || «Que ya sabe que toda comparación es odiosa, y, así, no hay para qué comparar a nadie con nadie.» Miguel de Cervantes Saavedra, *Segunda parte del ingenioso caballero don Quijote de la Mancha*, **1615**. España. || «… hemos nacido, acaso, para andar a cachetes con los libros en el mundo? Esto no tiene vuelta; además, que aunque toda comparación es odiosa, y que es género de argumentación que no te agrada, según recuerdo cuando tú estudiabas, y yo paseaba por la Dialéctica, sin embargo, ello es cierto que siempre los necios…» Serafín Estébanez Calderón, *Escenas andaluzas, bizarrías de la tierra, alardes de toros, rasgos populares, cuadros de costumbres…*, **1847**. España. || «Toda comparación es odiosa, dice un dicho decidero, y es que, en efecto, queremos ser únicos.» Miguel de Unamuno, *Del sentimiento trágico de la vida*, **1913**. España. || «Dicen que toda comparación es mala, pero para entender un poco más lo que representa la evolución cultural me gustaría compararla con la evolución biológica.» Daniel Piñero, *De las bacterias al hombre: la evolución*, **1987**. México. [◊Esto es así porque se compara para minimizar, ridiculizar o menospreciar algo o alguien.]

***compartir** (ideas) *todo es común entre los **amigos**; **Dios** que da la llaga, da la medicina; lo que al pobre das, **Dios** con creces te lo pagará; predicar con el **ejemplo**; en todas partes cuecen **habas** (y en mi casa a calderadas); juntarse (confundir) juntarse (confundir) el hambre con las ganas de comer; **hoy** por ti, mañana por mí; tanto peca el que **mata** la vaca como el que le* *detiene la pata; lo mío,* **mío** *es y lo tuyo de entre ambos; no es como* **naces**, *sino con quien paces.*

comprar > **mentir,** *el que compra y miente en su bolsa lo siente.*

común
   1. obra de común, obra de ningún. Indica que los trabajos en equipo diluyen las responsabilidades y la faena tiene mal fin.
   • «Obra de común, obra de ningún.» Gonzalo Correas, *Vocabulario de refranes y frases proverbiales*, **1627**. España. || «Obra de común, obra de ningún.» DCB, *Gran diccionario del argot: el Sohez*, **2000**. España. [◇«Obra de común, obra de ningún; lo que está al cargo de muchos, no puede salir bien, porque los unos descansan en el trabajo de los otros.» NDLC.]

confesar > **burlar,** *el que se burla se confiesa.*

confianza > **peligro,** *en la confianza está el peligro.*

confesión
   1. confesión de parte, relevo de prueba. No se necesitan pruebas una vez hecha la confesión.
   • «Como dice un proverbio judicial, a confesión de parte, relevo de prueba.» *El País Digital*, nº 411, 18/6/**1997**. España. [◇var. *Hecho confesado, hecho probado; confesión de parte, plena probanza.*]

conocer
   1. quien no te conozca que te compre. Se emplea para dar a entender que se conocen los defectos de una persona.
   • «Quien no te conoce, que te compre... Al extremo a que han llegado las cosas, me parece que no debo intervenir ya, ni tomar vela en ese entierro.» Benito Pérez Galdós, *Fortunata y Jacinta*, **1885-87**. España. || «... que mientras andaba, con una inverosímil habilidad de contorsionista, se iba quitando los hábitos y descubriendo el otro traje, que la transformaba en otra persona: —¡El que no te conozca, que te compre!» Luciano G. Egido, *Corazón*, **1995**. España. [◇José María Iribarren cita a Fernán Caballero y a Juan Valera acerca del origen de esta expresión: Unos estudiantes engañan a un campesino haciéndole creer que el animal está encan-

tado. Y cuando el buen hombre acude a la feria de ganado a comprar otro asno y ver al suyo allí, le dice al oído la frase en cuestión.]
   2. > fruto, *por sus frutos les conoceréis.*

consejo
   1. consejo sin remedio es cuerpo sin alma. Los consejos deben ir acompañados de soluciones y remedios.
   • «Ese parecer bueno es y lo tomara; mas téngolo por impertinente en este tiempo, y consejo sin remedio es cuerpo sin alma.» Mateo Alemán, *Primera parte de Guzmán de Alfarache,* **1599.** España. || «...porque pienso que cada cual debe ejercer su derecho de errar a solas, de equivocarse solo, pero le recuerdo que en el Guzmán de Alfarache se lee que consejo sin remedio es cuerpo sin alma, y yo no tengo ningún remedio con el que socorrerle.» Camilo José Cela, «Carta a una escritora incipiente.» *ABC,* 1/10/**2000.** España.
   2. el consejo de la mujer es poco, y el que no lo toma, un loco. Las mujeres siempre aconsejan bien y hay que hacerles caso. Nunca se sabe.
   • «Teresa dice –dijo Sancho– que ate bien mi dedo con vuestra merced, y que hablen cartas y callen barbas, porque quien destaja no baraja, pues más vale un toma que dos te daré. Y yo digo que el consejo de la mujer es, y el que no le toma es loco.» Miguel de Cervantes Saavedra, *Segunda parte del ingenioso caballero don Quijote de la Mancha,* **1615.** España.
   3. no des consejo a viejo, ni espulgues zamarro prieto. A los viejos no se les puede, ni se les debe, dar consejos, creen que lo saben todo.
   • «Ni des konsexo a viexo, ni espulges zamarro prieto.» Gonzalo Correas, *Vocabulario de refranes y frases proverbiales,* **1627.** España. || «Ya os dije lo que sentía, y lo que habíades de hacer. Pero no des consejo a viejo, ni espulgues zamarro prieto. ¿Para qué la dejáis salir con cuanto quiere?» Lope de Vega Carpio, *La Dorotea,* **1632.** España. [◇*prieto,* oscuro, negro. «zamarro, zamarra: prenda de vestir, de forma de chaleco, hecha de piel con su pelo.» MM.]
   4. > tiempo, *del tiempo el consejo.*

consentir > matar, *hazientes y consientes, pena por igual.*

conservar > amistad, *para conservar la amistad (vecindad), pared en medio.*

consolarse
   1. el que no se consuela es porque no quiere. Hay que tener voluntad de resignación y aceptar las cosas como son.
   • «El que no se consuela es porque no quiere.» Emilia Pardo Bazán, *La cuestión palpitante*, **1882**. España. || «El que no se consuela es porque no quiere.» Carlos Pérez Merinero, *Días de guardar,* **1981**. España. || «Como dicen por estos pagos: El que no se consuela es porque no quiere.» *Diario El Clarín,* 17/3/**1997**. Argentina. || «Al menos, pues el que no se consuela es porque no quiere.» *El Norte de Castilla,* 24/5/**1999**. España. || «El que no se consuela es porque no quiere.» Federico Jiménez Losantos, *El Mundo,* 16/5/**2001**. España.

contar > **saber,** *todo lo sabe el que sabe contar.*

*****contento** (ideas) *echar las* **campanas** *al vuelo; quien* **canta** *su mal espanta; de la* **abundancia** *del corazón habla la boca; la* **danza** *sale de la panza; a* **enemigo** *que huye, puente de plata; al* **freír** *será el reír y al pagar será el llorar; de* **ilusión** *también se vive; bien canta* **Marta** *cuando está harta.*

conuco > **batata,** *en conuco viejo nunca faltan batatas.*

coño
   1. más tira coño que soga. La mujer tiene, para el hombre, más fuerza de tracción que sogas.
   • «... que a mi hija no le cuesta sino demandallo, y tal vuelta se entra ella misma en la guardarropa de monseñor, y toma lo que quiere y envía a casa, que, como dicen: más tira coño que soga.» Francisco Delicado, *La Lozana Andaluza,* **1528**. España.
   2. no hay coño de balde. El sexo siempre cuesta algo.
   • «¿D'eso comeremos? Pagá si queréis, que no hay coño de balde.» Francisco Delicado, *La Lozana Andaluza,* **1528**. España.
   3. a coño regalado no le mires los pelos. No hay que ser remilgado en cuestiones sexuales.
   • «A coño regalado no le mires los pelos.» R. Gómez de Parada, *La universidad me mata,* **1995**. España. [◇Posible invención del autor.]
   4. > **cosa,** *cuatro cosas no valen si no son participadas: el placer, el saber, el dinero y el coño de la mujer.*

*cooperar (ideas) *una mano lava la otra; tanto peca el que mata la vaca como el que le detiene la pata; más ven cuatro ojos que dos; cada oveja con su pareja; más vale persuadir que prohibir; lo mismo sirve para un roto que para un descosido.*

corazón
1. de la abundancia del corazón habla la boca. El habla explica lo que siente en el corazón.
* «De la abundancia del corazón habla la boca, dice el refrán.» *La Prensa*, 31/1/**1997**. Honduras. [◇ *Mateo*, 12:34: «¡Generación de víboras! ¿Cómo podéis hablar lo bueno, siendo malos? Porque de la abundancia del corazón habla la boca.» En Vulgata es «ex abundantia cordis os loquitor.»]
2. > **barriga,** *barriga llena corazón contento.*
3. > **ojo,** *ojos que no ven, corazón que no siente.*

cordero
1. tan presto se va el cordero como el carnero. Todos nos podemos morir en cualquier momento, tanto el viejo como el joven.
* «Tan presto, señora, se va el cordero como el carnero. Ninguno es tan viejo que no pueda vivir un año, ni tan moço que oy no pudiesse morir. Assí que en esto poca avantaja nos leváys.» Fernando de Rojas, *La Celestina*, **1499**. España. || «Es el caso –replicó Sancho– que, como vuestra merced mejor sabe, todos estamos sujetos a la muerte, y que hoy somos y mañana no, y que tan presto se va el cordero como el carnero, y que nadie puede prometerse en este mundo más horas de vida de las que Dios quisiere darle; porque la muerte es sorda, y, cuando llega a llamar a las puertas de nuestra vida, siempre va de priesa, y no la harán detener ni ruegos...» Miguel de Cervantes Saavedra, *Segunda parte del ingenioso caballero don Quijote de la Mancha*, **1615**. España.

cornudo
1. tras de cornudo, apaleado. Ensañarse con alguien por medio de ofensas e insultos.
* «Y si por ti la tomas, desdichado, vendráte a suceder lo que al borrico, y serás, tras cornudo, apaleado.» Francisco de Quevedo, *Poesías*, **1597-1645**. España. || «Oh, galanamente y bien está mi mal remediado! Herido y despedazado, ¿y habré de quedar también, tras cornudo, apa-

corral

leado? ¡Ved cuál es nuestro bien!» Francisco de Aldana, *Poesías*, **1560-1578**. España. || «Mucho sabía el cornudo, pero más el que se los puso.» José Sanchís Sinisterra, *Ñaque o de piejos y autores*, **1980**. España. || «... por lo que sobre cornudo, apaleado.» Ramón Ayerra, *La lucha inútil*, **1984**. España. || «... ahora Doña Inés decide con su amigo matar a Don Pedro de Ávila, cornudo. apaleado y asesinado.» Guillermo Morón, *El gallo de las espuelas de oro*, **1986**. Venezuela. || «Sobre cornudo, apaleado.» *ABC Electrónico*, 17/4/**1997**. España. [◊«Cornudo. Referido a una persona, que padece la infidelidad de su pareja sentimental. *Si le hace caso a tu mujer terminarás siendo un cornudo.*» CLAVE. DA: «Methafóricamente se le da este nombre al marido a quien su mujer ofende, bien que lo ignore o consienta.» Y Sebastián de Covarrubias nos dice: «Es el marido cuya muger le hace trayción, juntándose con otro y cometiendo adulterio.» Y Correas en su *Vocabulario de refranes*, dice: «Sabido es el cuento que el amo, con los vestidos de la mujer, esperaba a su mozo en el corral. Entretanto estuvo este con su ama, y luego fue a apalear al amo; quedó el amo satisfecho de mozo y mujer, y el mozo de su ama.» Parecida situación aparece en la obra de Shakespeare, *Las alegres comadres de Windsor*, donde Falstaff resulta varias veces apaleado, disfrazado de mujer.]

corral
   1. como gallina (gallo) en corral ajeno. Sentirse incómodo, en lugar extraño.
   • «Te sientes como gallina en corral ajeno. Deseando marcharte cuanto antes.» Rafael Sánchez Ferlosio, *El Jarama*, **1956**. España. || «Los vecinos de este pueblo habían implantado por su cuenta el comunismo libertario, considerando que si todo el mundo se metía en corral ajeno, sería el cuento de nunca acabar.» José María Gironella, *Un millón de muertos*, **1961**. España. || «Los pocos Cuerpos de Paz, como en todas partes, estaban aquí como perro en misa, como gallo en corral ajeno.» José María Arguedas, *El zorro de arriba y el zorro de abajo*, **1969**. Perú.

correr
   1. el que no la corre de joven, la corre de viejo. El hombre que no tiene aventuras amorosas de joven, las tiene de mayor.
   • «El problema sexual adquiere aquí una importancia fundamental. Por aquello de que quien no la corre de joven la corre de viejo el espa-

ñol se casa tarde, mal o nunca.» Max Aub, *La calle de Valverde*, **1961**. España.
   2. quien mucho corre pronto para. Las prisas no son buenas y hacen que las cosas vayan mal.
   • «Para cuando lleguemos nosotros a San Fernando, aburridos de verse en Madrid. Es decir, si no se estrellan antes y no se quedan hechos una tortilla en cualquier poste del camino. –Quien mucho corre pronto para– corroboró el Secretario.» Rafael Sánchez Ferlosio, *El Jarama*, **1956**. España.

corsario > **cosario**, *de cosario a cosario no se pierden sino los barriles.*

cortés
   1. lo cortés no quita lo valiente. No se debe tomar la cortesía por debilidad.
   • «… pero Pepita, para cumplir el refrán de que no quita lo cortés a lo valiente…» Juan Valera, *Pepita Jiménez*, **1874**. España. || «No hay aquello de tirez les premiers, messieurs les Anglais, porque sabemos bien que el que da primero da dos veces, aunque no quite lo cortés a lo valiente.» Miguel de Unamuno, *En torno al casticismo*, **1895**. España. || «Y cuando esos mamarrachos, alcornoques secos y vacíos, digan y repitan la gran sandez de lo cortés no quita lo valiente…» Miguel de Unamuno, *Vida de don Quijote y Sancho*, **1905**. España. || «… pero en fin, ya sabe usté que lo cortés no quita lo valiente. Se puede ser inglés y… persona desente.» Concepción Castella de Zavala, *Cruz de flores*, **1939**. España. || «¿No sabía usted que lo cortés no quita lo valiente? Todo tiene su límite.» Jorge Edwards, *El anfitrión*, **1987**. Chile. || «Yo sé que me quiere mucho, sí, pero lo cortés no quita lo valiente.» Héctor Quintero, *Te sigo esperando (Una crónica cubana de los noventa)*, **1996**. Cuba. || «Una madre a quien, lo cortés no quita lo valiente, ni el director…» *El Diario Vasco*, 27/4/**1999**. España. || «… ya lo había realizado Lenny Riefenstal, ¡y de qué manera!, pese a sus devaneos, más bien desvaríos con el nazismo; aunque en su caso lo cortés no quita lo valiente.» Luis Racionero, *Blanco y Negro*, 17/9/**2000**. [◇var. *No quita lo cortés a lo valiente.*]

cortesía
   1. cortesía cuesta poco y vale mucho. Las buenas maneras y formas, la buena educación vale mucho y se aprecia y exige poco esfuerzo.

• «... cortesías, cuanto quisieren, a hartar, que me cuesta poco y me vale mucho...» Baltasar Gracián, *El Criticón. Tercera parte*, **1657**. España.

cosa
1. cada cosa en su lugar y un lugar para cada cosa. El orden es la primera ley de la naturaleza.
• «A, a rose is a rose is a rose, April is the cruellest month (*sic*), cada cosa en su lugar y un lugar para cada rosa es una rosa es una rosa...» Julio Cortázar, *Rayuela*, **1963**. Argentina. [◇Aquí Cortázar hace juegos de palabras.]
2. cosa dura y fuerte es dejar la costumbre, el hado y la suerte. Las costumbres arraigadas tardan en perderse.
• «Como dize el sabio, cosa dura e fuerte es dexar la costunbre, el fado e la suerte; la costunbre es otra natura, çiertamente: apenas non se pierde fasta que viene la muerte.» Juan Ruiz (Arcipreste de Hita), *Libro de buen amor*, **1330-43**. España. [◇«Hado: Destino, estrella, fortuna, sino.» MM.]
3. cuatro cosas no valen si no son participadas: el placer, el saber, el dinero y el coño de la mujer. Si no se habla de ellas no se entera nadie.
• «Señor Salomón, sabé que cuatro cosas no valen nada, si no son participadas o comunicadas a menudo: el placer, y el saber, y el dinero, y el coño de la mujer, el cual no debe estar vacuo, según la filosofía natural.» Francisco Delicado, *La Lozana Andaluza*, **1528**. España.
4. > chocolate, *las cuentas (cosas) claras y el chocolate espeso.*

cosario
1. de cosario a cosario no se pierden sino los barriles. Los iguales, los que tienen algo en común, se respetan.
• «Y aun el verdadero trasunto del texto no [lo] dize como lo acotaste, sino que de cosario a cosario no se pierde sino los barriles.» Juan Rodríguez Florián, *Comedia llamada Florinea, que tracta de los amores del buen duque Floriano con la linda y muy casta* ..., **1554**. España. || «... después de regatear dos largas horas me compraban un cuarto dellas, y de cosario a cosario me dejaban sin barriles.» *La vida y hechos de Estebanillo González*, **1646**. España. [◇*cosario*, arriero que conducía género de una población a otra. «Los de una misma clase no se suelen hacer daño.» NDLC. A propósito de cosario, nos dice Covarrubias, 1611, «Tiene pena de muerte el cosario, según la ley 18, t. 14, p. 7, que hablando de los ladrones

dize así: Mas por razón de furto no debe matar ni cortar miembro ninguno, fueras ende si fuesse ladrón conocido, que manifiestamente corriese caminos, o que robasse otros en la mar...»]

costar
1. lo que no nos cuesta, hagámoslo fiesta. Disfrutemos de las cosas gratuitas.
• «De allí el refrán de que lo que no nos cuesta hagámoslo fiesta y añadimos que si la plata es del pueblo mucho mejor fiesta.» *El Siglo*, 27/3/**1997**. Panamá.
2. nunca mucho costó poco. Lo mucho siempre cuesta mucho.
• «... es muy llegada a razón, y celebrada de todos los sabios, andar por la mayor parte juntas dificultad y grandeza, y aun el adagio castellano lo testifica, pues dice que nunca mucho costó poco, y si en algo se muestra más clara esta verdad, es, sin duda, en las cosas de la salud y la vida.» Luis Mercado, *Libro de la peste*, **1599**. España. || «ansí le pareçerá menos pesada la cura y, si con todo eso la tuviera por prolixa y molesta, sepa que nunca mucho costó poco.» Juan Méndez Nieto, *Discursos medicinales*, **1606**. España. || «Y dándole vida para mayor pena; por tanto, te ruego no te anieblen estas nubes oscuras que trae consigo el miedo, sino con generoso y valeroso ánimo prosigas lo comenzado, que nunca mucho costó poco: con el trabajo continuado todo se alcanza; que si los valerosos capitanes animosos soldados no arriesgáran su vida con ánimo valor constante, no llegáran sus trofeos á ser perpétuos.» Jusepe Martínez, *Discursos practicables del nobilísimo arte de la pintura*, **1673**. España.
3. > pan, *pan ajeno caro cuesta.*

*****costumbre** (ideas) *un solo **acto** no hace hábito; lo **bueno** cansa y lo malo nunca se daña; la **cabra** tira al monte; si da el **cántaro** en la piedra, o la piedra en el cántaro, mal para el cántaro; un **casamiento** hace ciento; quien se junta con un **cojo**, al año cojo y medio; costumbres y **dineros** hacen los hijos caballeros; de los hombres es **errar**, de bestias perseverar; el **hábito** no hace al monje; donde **fueres**, haz lo que vieres; cada **maestrillo** con su librillo; en cada **tierra** su uso.*

costumbre
1. la costumbre es otra naturaleza, y mudarla se siente como la muerte. Las costumbres adquiridas son difíciles de quitar.

• «… donde vine a verificar aquel antiguo adagio que vulgarmente se dice: que la costumbre es otra naturaleza, y el mudarla se siente como la muerte. Miguel de Cervantes Saavedra, *Los trabajos de Persiles y Segismunda*, **1616**. España.
2. la costumbre es remedio para los males. Los hábitos, la costumbre, hacen la vida más tranquila.
• «La costumbre dicen que es muy gran remedio a los males; yo digo que es al revés, que los hace más mortales.» Diego Hurtado de Mendoza, *Poesía*, **1535-75**. España.
3. > **cosa,** *cosa dura y fuerte es dejar la costumbre, el hado y la suerte.*

creer
1. quien bien cree, bien reniega. Los que creen a pie juntillas, con fe ciega, son engañados y se quejan.
• «Quien bien cree, bien reniega.» Lucas Fernández, *Farsa o quasi comedia*, **1514**. España. || «… por su sentido simbólico y por su porfiada y mortificante insistencia. Quien bien cree, bien reniega es un proverbio que incluyó Lucas Fernández en su *Farsa o Quasi Comedia*...» Fernando Ortiz, *La música africubana*, **1975**. Cuba.
2. yerro es no creer, y culpa creerlo todo. No debemos ser ni demasiado confiados ni demasiado desconfiados.
• «Duda tengo en su consejo. Yerro es no creer, y culpa creerlo todo. Mas humano es confiar…» Fernando de Rojas, *La Celestina*, **1499**. España.
3. > **obligar,** *obligado te veas para que lo creas.*

criado
1. criado, enemigo pagado (encubierto). Los empleados son los enemigos de los jefes.
• «Viles criado, enemigos encubiertos, ¿es posible que tan mal correspondáis con el amor que me debéis, que así me traten vuestras manos?» Alonso de Castillo Solórzano, *Aventuras del Bachiller Trapaza*, **1637**. España.

Cristo
1. a mal Cristo, mucha sangre. Encubrir una obra de mala calidad exagerando algo de ella para disimular sus defectos.
• «… se resume en el dicho: a mal Cristo, mucha sangre…» Luis Rosales, *Cervantes y la libertad*, **1960**. España || «Mal empieza este bujarrón,

apelando a los buenos sentimientos, porque, cuando no hay razones, a mal Cristo, mucha sangre.» Luciano G. Egido, *Corazón...*, **1995**. España. ||
«...templanza ante los tiempos y laconismo del artista, que las cosas no se arreglan poniéndole al mal Cristo mucha sangre.» Francisco Umbral, *El Cultural, El Mundo,* 21-27/6/**2000**. España. [◇AdM dice sobre esto: «El fingimiento es aconsejable cuando no se dominan las otras expresiones artísticas, las de las bellas artes. Por eso dice con aparente irreverencia que *a mal Cristo, mucha sangre*. Se podría haber aplicado literalmente a la representación de la Pasión que hacía Enrique Rambal. Se puede ampliar a muchos órdenes de la vida en los que hay que suplir con efectos dramáticos la ausencia de verosimilitud.»]

2. ojo al Cristo, que es de plata. Advierte que hay que ir con cuidado.

• «¡Allí está! Hace sus saliditas, ojo al Cristo, para lo cual Feliciana le presta su ropa. No te creas; es una chica muy buena. ¡Tiene un ángel...!» Benito Pérez Galdós, *Fortunata y Jacinta,* **1885**. España. || «Es un protegido de la duquesa de Somavia. Conque..., ojo al Cristo, que es de plomo.» Ramón Pérez de Ayala, *Belarmino y Apolonio,* **1921**. España. || «Claro que hay que estar ojo al Cristo con los curas, pero el Club de los Diez les tiene el ojo puesto...» Alfonso Chase Brenes, *El pavo real y la mariposa,* **1996**. Costa Rica. || «En San Pedro Sula, don Héctor Sabillón Cruz está ojo al Cristo pues vio a Óscar Kilgore platicando con Mario Hasbun.» *La Prensa,* 26/6/**1996**. Costa Rica. [◇«Dentro de la sección de refranes ligeramente irreverentes habría que situar la exclamación *¡ojo al Cristo, que es de plata!* Equivale a razonar que hay que tener cuidado de la imagen, por si alguno estuviera tentado de robarla. El temor al robo o a cualquier otra inclemencia permite recurrir a ese expresivo refrán.» AdM. José María Iribarren admite: «El dicho nacería de alguna historieta que no me ha sido posible averiguar.»]

cruz

1. detrás de la cruz está el diablo. Detrás de los beatos se esconde la maldad; o la maldad se esconde tras la aparente bondad.

• «... yo sabré no dárseme nada por discreto; y yo he oído decir que detrás de la cruz está el diablo, y que no es oro todo lo que reluce.» Miguel de Cervantes Saavedra, *Segunda parte del ingenioso caballero don Quijote de la Mancha,* **1615**. España. || «... de modo que en donde menos se piensa, salta la liebre, y detrás de la cruz, suele estar el diablo.» Julián Zugasti y Sáenz, *El bandolerismo. Estudio social y memorias históricas,* **1876-80**.

cubrir

España. || «El demonio, idea de la que con rigor aséptico me habían apartado, se personificó en aquel cuento como el Enemigo: un hombre malo, tan malo que su espíritu ni ante la forma de la cruz, ni dentro de ella misma, abdicaba de su maldad. También se unía a esto un proverbio, Detrás de la cruz está el diablo.» Rosa Chacel, *Desde el amanecer. Autobiografía de mis primeros diez años*, **1972**. España. || «¿Es por eso que dice el refrán tras la cruz está el diablo?» María Luz Melcón, *Catalina de Cervantes I. Boda en Esquivias*, **1995**. España. [◇«Hay hipócritas que aparentan virtud externa que encubre vicios y maldad.» DCB.]

cubrir
   1. quien te cubre, te descubre. Estamos a merced de los que nos protegen o ayudan.
   • «Por el refrán que dice: ¡Quien te cubre, te descubre! Por el pobre todos pasan los ojos como de corrida, y en el rico los detienen; y si el tal rico fue un tiempo pobre...» Miguel de Cervantes Saavedra, *El ingenioso hidalgo don Quijote de la Mancha*, **1605**. España. || «... vamos a jugar ese juego. Carlota: Quien te cubre te descubre.» Homero Aridjis, *Adiós, mamá Carlota*, **1994**. México.

cuchara > madera, *la madera no está para hacer cucharas.*

cuchillo
   1. un cuchillo mesmo me parte el pan y me corta el dedo. Una cosa o una persona nos puede beneficiar o dañar.
   • «Un cuchillo mesmo me parte el pan y me corta el dedo.» Lope de Vega Carpio, *La Dorotea*, **1632**. España. [◇*mesmo* mismo.]
   2. > amigo, *amigo que no da y cuchillo que no corta, que se pierda, poco importa.*
   3. > herrero, *en casa del herrero, cuchillo de palo.*

cuenta
   1. de planes que no cuajan y cuentas que no salen, se llenan los asilos y los hospitales. Hay que ser precavido y calcular bien, para no sufrir después.
   • «Dice un refrán español que: De planes que no cuajan y cuentas que no salen, se llenan los asilos y los hospitales, y otro que: En el hospital, cada uno llora su mal.» Carlos Fisas, *Historias de la Historia*, **1983**. España.

cuerdo > **necio,** *más sabe el necio (loco) en su casa que el cuerdo en la ajena.* > **loco,** *el loco por la pena es cuerdo.* > **hombre,** *no hay hombre cuerdo a caballo.* > **loco,** *más vale loco conocido que cuerdo por conocer.*

cuerno
 1. **sobre cuernos, penitencia.** Sobre un agravio, un insulto.
 • «Aquí podremos dezir: sobre cuernos, penitencia.» Juan Enzina, *Égloga de Mingo, Gil y Pascuala,* **1496**. España. || «Mas no –dijo el criado–, sino sobre cuernos, penitencia.» Juan de Timoneda, *El sobremesa y alivio de caminantes,* **1562**. España. || «... y al mismo tiempo también la dijo á su muger mesma, que la pediía perdon de aquella tan grande ofensa; con que se cumplió el adagio: tras de cuernos penitencia. Con esto han visto, señores, los enredos de las viejas, y los perjuicios que causan en las casas que ellas entran. Y por tanto el autor pide á todos cuantos le lean, que para ningun asunto jamas se fíen de viejas.» Anónimo, *Los calzones y las alforjas,* **1850-1900**. España. [◊«Símbolo de la infidelidad sentimental de uno de los miembros de una pareja.» CLAVE.]

cuero
 1. **del cuero salen las correas.** Una cosa es el resultado lógico de otra.
 • «Del cuero salen las correas; de lo principal sale lo accesorio.» Sebastián de Covarrubias, *Tesoro de la lengua castellana o española,* **1611**. España. || «Es cierto un dicho bien conocido que del cuero salen las correas. Mejor sería que del cuero tiene que salir las correas.» Pedro Beltrán, *La verdadera realidad peruana,* **1976**. Perú.

cuervo
 1. **cría cuervos y te sacarán los ojos.** Desagradecidos son los malvados que devuelven mal por el bien recibido. No se puede hacer el bien al malo.
 • «Cría el cuervo, y sacarte ha el ojo...» Sebastián de Covarrubias, *Tesoro de la lengua castellana o española,* **1611**. España. || «... y que es bueno tener presente que quien cría cuervos se expone a que éstos le saquen los ojos...» Lucio Victorio Mansilla, *Una excursión a los indios Ranqueles,* **1870**. Argentina. || «No... es la que dice... cría cuervos...» Benito Pérez Galdós, *Fortunata y Jacinta,* **1886**. España. || «Eso dicen todos y después, para uno que vuelve, cien se largan, y si te he visto no me acuerdo. ¡Ni hablar! ¡Cría cuervos y te sacarán los ojos! Dile a Pepe que ya sabe:

a la calle con suavidad, y en la acera, dos patadas bien dadas donde se tercie. ¡Pues nos ha merengao!» Camilo José Cela, *La colmena*, **1951**. España. || «Armando, cría cuervos y te sacarán los ojos.» *Grupo La candelaria, Guadalupe años sin cuenta*, **1975**. Colombia. || «... defendiendo al hombre que ha matado a su amigo, cría cuervos y si te he visto no me acuerdo.» Luciano G. Egido, *El corazón inmóvil*, **1995**. España. || «El título de la película se refiere al antiguo refrán: Cría cuervos que te sacarán los ojos, aludiendo así a...» Julio López Navarro, *Clásicos del cine,* **1996**. Chile. [◇«En francés: nourris un corbeau, il te crèvera les yeux. Y en latín, pabula da corvis, dement tibi lumina corvi. «Frase con que se comenta algún caso en que los beneficios hechos a quien no los merece son correspondidos con desagradecimiento.» MM. «Los beneficios hechos a ingratos suelen servirles de armas para pagar con mal el recibido bien. Dícese cuando alguno corresponde con ingratitudes y malos procederes a sus padres, maestros o bienhechores.» NDLC. Y Covarrubias dice: «Cría el cuervo, y sacarte ha el ojo, lo que el proverbio latino dice *ale luporum catulos*; el mal nacido pocas vezes dexa de responder a sus progenitores.» Y *Proverbios*, 19:26, «El que maltrata a su padre y ahuyenta a su madre es un hijo infame y deshonroso.»]

cuesta
1. no hay cuesta abajo sin cuesta arriba. Lo fácil va siempre emparejado con lo difícil.
• «Bien lo sabes: perro ladrador... amén de que no hay una cuesta abajo sin una cuesta arriba...» José María de Pereda, *La puchera*, **1889**. España. [◇> **atajo**, *no hay atajo sin trabajo*.]

culo
1. culo sentado no gana bocado. Para conseguir algo hay que trabajar.
• «... pero muévase, muchacho, no ve que culo sentado no gana bocado, que esto no cambia hasta que la rana eche pelos, o cuando San Juan baje el dedo...» Alfonso Chase Brenes, *El pavo real y la mariposa*, **1996**. Costa Rica. [◇«Las puertas giran en sus quicios, el perezoso en su lecho.» *Proverbios*, 26:14.]
2. culo veo, culo quiero. Hay quien siempre quiere o desea todo lo que ve.
• «... y todos quieren la misma medida, ya sabes tú, culo veo, culo quiero...» A. Zamora Vicente, *Historias de viva voz*, **1995**. || «... porque

el imbécil es culo-veo-culo-quiero, y como no le hagan el mismo disfraz...» Elvira Lindo, *Manolito gafotas,* **1996**. España. || «Mi hija Cuca es culo veo, culo quiero. No te asustes.» Eladia González, *Quién como Dios,* **1999**. México. [◇«Nalgas o parte carnosa que rodea el ano.» CLAVE. «Nombre vulgar aplicado a las nalgas de las personas...» MM.]
    3. confundir el culo con las témporas. Liarse, enredarse y confundir las cosas.
    • «... parece que a los locos no les gusta nada que se confunda el culo con las témporas...» Alfredo Bryce Echenique, *La vida exagerada de Martín Romaña,* **1981**. Perú. || «Eso es confundir el culo con las témporas.» Ramón Ayerra, *La lucha inútil,* **1984**. España. || «Estas navidades nos hemos puesto las botas de champán Beluga... Confunden el culo con las témporas.» Miguel Sánchez-Ostiz, *Un infierno en el jardín,* **1995**. España. [◇«Tiempo de ayuno en el comienzo de cada una de las estaciones del año.» CLAVE.]
    4. > **cabeza,** *cabeza fría, pies calientes y culo corriente dan larga vida a la gente.*
    5. > **pez,** *el que quiera peces que se moje el culo.*

culpa > **asno,** *la culpa del asno echarla a la albarda.*

cura > **albarda,** *cada pollino, su albarda*; > **hombre,** *más vale un hombre de bien que un cura perdido.*

***curas** (ideas) *el **abad** de lo que canta, yanta; si bien canta el **abad**, no le va en zaga el monacillo; le ha hecho la **boca** un fraile; entre fraile y fraile, Dios me guarde; un fraile solo pocas veces lo encontrarás por la calle; lo que no haga un fraile no hará el diablo: tú lo quisiste fraile mostén, tú te lo ten; más vale un **hombre** de bien que un cura perdido; no se acuerda el cura (prior) de cuando fue **sacristán**.*

curar
    1. cura más la dieta que la lanceta (receta). La mejor medicina es una buena dieta.
    • «Y para terminar este apartado, citemos, ya que estamos metidos en refranes, que Cura más la dieta que la lanceta, o Dieta mangueta y vida quieta y mandar los disgustos a la puñeta. Mangueta es la cánula que sirve para dar lavativas. Y en fin, que Harto ayuna quien mal come.»

Carlos Fisas, *Historias de la Historia*, **1983**. España. || «Si ya se ha presentado la intoxicación, recuerde que, sin necesidad de apelar a grandes remedios, la dieta cura más que la receta.» *ABC Salud,* 18/8/**2001**. España.
2. > **locura,** *la locura no se cura, y si se cura poco dura.*

d

dádiva
   1. dádivas quebrantan peñas. Los regalos, los sobornos, lo consiguen todo.
   • «Dádivas quebrantan peñas; mas, como yo no pretendo quebrantarte, las excuso de lástima de tus huesos.» Francisco de Quevedo y Villegas, *Poesías*, **1597-45**. España. ‖ «... sabiendo aquel refrán que dicen por ahí, que un asno cargado de oro sube ligero por una montaña, y que dádivas quebrantan peñas, y a Dios rogando y con el mazo dando, y que más vale un toma que dos te daré?» Miguel de Cervantes Saavedra, *Segunda parte del ingenioso hidalgo don Quijote de la Mancha*, **1615**. España. ‖ «Pero dádivas quebrantan peñas; Julia sacó dulces, frutas y mil golosinas.» Leopoldo Alas (Clarín), *Pipá*, **1886**. España. ‖ «... ni de los forrados del favor de los mandamases, que poderoso caballero es Don Dinero y dádivas quebrantan piedras.» *Época*, 6/4/**1998**. España. [◇«Dádiva: Lo que se da como regalo o se concede como una dádiva.» CLAVE. Y en *Proverbios*, 18:16, «Las dádivas abren camino al hombre, y le dan entrada a los grandes.»]

danza
   1. la danza sale de la panza. Se baila después de comer bien, y casi nunca antes.
   • «Dice un proverbio vaqueiro que la danza sale de la panza. Y aunque ahora no puedan participar todos en el baile como era tradicional después del convite.» Luis Agromayor, *España en fiestas*, **1987**. España.

daño
   1. poco daño espanta y mucho amansa. Un mal menor asusta y los grandes males nos acobardan de tal modo que ya casi ni importan.

• «... y, para final de desdichas, hurtarme la capa. Poco daño espanta y mucho amansa.» Mateo Alemán, *Primera parte de Guzmán de Alfarache*, **1599**. España. || «Poko mal espanta, i mucho amansa; o Poko daño espanta...» Gonzalo Correas, *Vocabulario de refranes y frases proverbiales*, **1627**. España.

dar
1. a quien dan no escoge. Hay que aceptar lo que nos dan sin ponerle reparos.
• «A quien dan no escoje.» Marqués de Santillana (Íñigo López de Mendoza), *Refranes que dizen las viejas tras el fuego*, **1454**. España. || «Mirad que, ¡cuerpo de tal!, a quien dan no escoge.» Melchor de Santa Cruz de Dueñas, *Floresta española*, **1574**. España. || «... que entonces –como al mal decir no hay casa fuerte– tomaré lo que me venga, pues a quien dan no escoge.» Gregorio González, *El guitón Onofre*, **1604**. España. || «Amigo y señor: Allá va la comisión que acaba de remitirme nuestro P. General. A quien da no escoge.» Gregorio Marañón, *Discurso de recepción ante la Real Academia Española*, **1934**. España. [◇«Dize el proverbio: a quien dan no escoge, porque como es gracioso y no le cuesta nada, toma lo que le dan y calla, so pena de ser ingrato y descomedido.» CO.]

2. da y ten, venirte han a ver. El que tiene y es generoso es siempre solicitado y atendido.
• «Con todo eso, hay ya tantos locos que, porque dice el refrán: da y ten, venirte han a ver, creen que quien más dineros tiene más vale en autoridad.» Gregorio González, *El guitón Onofre*, **1604**. España. [◇«No niegues un beneficio al que lo necesita, siempre que en tu poder esté el hacérselo.» Proverbios, 3:27.]

3. donde las dan, las toman. Cuando se hace una mala acción hay que estar preparado para recibir el mismo trato.
• «Créeme, cierto que donde las dan las toman, y que el amor y deleite en las criaturas tienen sobre si muy grandes tributos, y que son después mayores los dolores del parto que el deleite de la concepción.» Granada, Fray Luis de Granada, *Libro de la oración y meditación*, **1554**. España. || «... no salió con alguna costilla quebrada; y pues sabe que donde las dan las toman y que no siempre hay tocinos donde hay estacas...» Miguel de Cervantes Saavedra, *Segunda parte del ingenioso caballero don Quijote de la Mancha*, **1615**. España. || «A buen bocado, buen grito; lo

que mucho vale mucho cuesta; donde las dan, las toman y donde no las toman, no las dan.» José Francisco de Isla, *Historia del famoso predicador Fray Gerundio de Campazas alias Zotes,* **1758**. España. || «Pero que no te quite el sueño la información –donde las dan las toman–, que no te desnivele.» Antonio Gala, *Petra Regalada,* **1980**. España. || «Bien está. ¡Pero recuerden que donde las dan las toman y callar es bueno.» Miguel Ángel Rellán, *Crónica indecente de la muerte del cantor,* **1985**. España. || «Pero, donde las dan las toman. Y el aludido ha reaccionado con calificativos de tono muy subido contra Sánchez de Lozada que van desde sinvergüenza a vendepatria.» *Los Tiempos,* 8/4/**1997**. Bolivia.

4. el dar y el tener seso ha menester. Para poseer y retener hay que ser cautos.

• «... y el dar y el tener seso ha de menester.» Miguel de Cervantes Saavedra, *Segunda parte del ingenioso caballero don Quijote de la Mancha,* **1615**. España. [◊«El dar y el tener seso ha menester. Úsase dando a entender, cuánta prudencia, moderación y tino se requiere, para que el sujeto liberal no raye en derrochador o caiga en el extremo de pródigo.» NDLC.]

5. el que da lo que no tiene a ganar el cielo se atiene. El generoso con los pobres será recompensado.

• «Me alegraba verlo entrar por la puerta de mi oficina, pelado de la risa y gritando: ¡Aquí estoy, Padre, no se apure!, Contra el vicio de no dar está la virtud de pedir!, o El que da lo que no tiene, a ganar el cielo se atiene! mientras me abrazaba cariñosamente o me daba palmadas por la espalda...» Rosario Ferré, *La batalla de las vírgenes,* **1993**. Puerto Rico.

6. el que da lo que tiene no está obligado a más. Uno puede dar lo que tiene, y nada más y no se le puede tener en cuenta que dé poco.

• «Os dejaré la pensión, y el que da lo que tiene no está obligado a más.» José Zorrilla, *Cartas íntimas e inéditas,* **1883**. España. || «Y nosotros hicimos lo que pudimos, a ver, el que da lo que tiene no está obligado a más.» Alonso Zamora Vicente, *A traque barraque,* **1972**. España. || «A quien da lo que puede, no le pidas más.» Domingo Miras, *Las brujas de Barahona,* **1978**. España.

7. el que da primero da dos veces. En la acción lleva ventaja el que se adelanta.

• «Acertado será, que, como dijo el refrán, dádivas ablandan peñas, y peor es dilatallo, porque quien da presto da dos veces.» Gregorio González, *El guitón Onofre,* **1604**. España. || «Y aun suele decirse que el que luego da, da dos vecees.» Miguel de Cervantes Saavedra, *El ingenioso hidalgo don Quijote de la Mancha*, **1605**. España. || «No hay aquello de tirez les premiers, messieurs les Anglais, porque sabemos bien que el que da primero da dos veces, aunque no quite lo cortés a lo valiente.» Miguel Unamuno, *En torno al casticismo*, **1895**. España. || «La vida no es así, en la vida no ocurre así. El que la hace no la paga. El que a hierro muere no a hierro mata. El que da primero no da dos veces. Ojo por ojo. Ojo de vidrio para rojo cuévano hueco. Diente por diente.» Luis Martín-Santos, *Tiempo de silencio*, **1961**. España. || «El que da primero, da dos veces.» José Luis Martín Vigil, *Los curas comunistas*, **1968**. España. || «Ya saben que el que da primero da dos veces.» *El País*, 5/5/**1976**. España. || «Después de lo que ha pasado en Viena hay que atacar: quien da primero da dos veces.» Joaquín Leguina, *Tu nombre envenena mis sueños*, **1992**. España. [◇«bis dat qui cito dat» Publio Cirio.]

    8. harto da quien da lo que tiene. El que da lo que posee lo da todo, por poco que sea.

• «¡Andá, señora, harto da quien da lo que tiene! Lozana: Sí, verdad es, mas no lo que hurta.» Francisco Delicado, *La Lozana Andaluza*, **1528**. España. [◇> «el que da lo que no tiene a ganar el cielo se atiene.»]

    9. hay más dicha en dar que en recibir. Es más gozoso dar que recibir.

• «El mismo Jesucristo lo vivió y lo dijo, cuando afirmó que hay más alegría en dar que en recibir.» *El País*, 5/11/**1997**. Colombia. [◇*Hechos de los Apóstoles*, 20:35. Esto es lo que dice la Biblia aunque se podría debatir porque los hay de contraria opinión. Y George Eliot escribió que hay que ser pobre para reconocer el lujo de dar. > *Harto da quien da lo que tiene.*]

    10. más vale darlo que pedirlo. Es peferible poder dar que tener que pedir.

• «... y vienen aquí como los lisiados a la romería, enseñando muñones o haciéndose los ciegos, con el platillo en la mano y la cantinela de más vale darlo que no pedirlo.» *ABC*, 4/6/**1989**. España. [◇Los ciegos, tullidos y mendigos en general, usaban esta cantinela para solicitar limosnas, y no sin razón porque la situación del que da es siempre mejor que la de quien recibe. «Hay que ser pobre para reconocer el lujo de dar.» George Eliot.]

    11. > **pedir,** *contra el vicio de pedir, hay la virtud de no dar.*
    12. > **tomar,** *más vale un toma que dos te daré.*

decidor
1. aunque el decidor sea necio (loco), el escuchador sea cuerdo.
Alguien tiene que mantener el sentido común y la cordura.
• «Avnque el dezidor sea loco, el escuchador sea cuerdo.» Marqués de Santillana (Íñigo López de Mendoza), *Refranes que dizen las viejas tras el fuego*, **1454**. España. || «Señor, aunque el decidor sea necio, el escuchador sea cuerdo. ¿Todas tienen sus amigos de su nación?» Francisco Delicado, *La Lozana Andaluza*, **1528**. España.

decir
1. decir y hacer comen a mi mesa. La persona de palabra dice y hace y no promete en balde.
• «Y por que veáis si dezir y hacer comen a mi mesa, empeçad a contar: aventurar, escaramuçar, escarpiar, madrugar, acuchillar, amagar...» Juan de Valdés, *Diálogo de la lengua*, **1535**. España.
2. > **dicho,** *del dicho al hecho va un buen trecho.*

dedo
1. cuando San Juan baje el dedo. Dentro de mucho tiempo, o nunca.
• «Aquí nos quedamos hasta que San Juan baje el dedo. Te lo digo yo.» Ignacio Aldecoa, *El fulgor y la sangre*, **1954**. España. || «... pero muévase, muchacho, no ve que culo sentado no gana bocado, que esto no cambia hasta que la rana eche pelos, o cuando San Juan baje el dedo...» Alfonso Chase Brenes, *El pavo real y la mariposa*, **1996**. Costa Rica. [◊«¿No aludirá el dicho a San Juan Bautista, a quien los escultores suelen representar alzando el dedo de su mano derecha hacia la banderola donde figura inscrita la frase *Ecce agnus Dei*?» JMI.]
2. > **ojo,** *lo que veo por los ojos, con el dedo lo señalo.*

*****defectos** (ideas) *de casta le viene al* **galgo** *ser rabilargo; hay* **gustos** *que merecen palos; quién* **habló,** *que la casa honró; quien mucho* **habla,** *mucho yerra;* **haz** *tú lo que bien digo, y no lo que mal hago;* **hierba** *mala nunca muere; el* **infierno** *está empedrado de buenas intenciones; todos quieren* **justicia** *y ninguno por su casa;* **loro** *viejo no aprende a hablar; unos* **nacen** *con estrella y otros nacen estrellados; lo que veo por los* **ojos,** *con el dedo lo señalo; ver la* **paja** *en el ojo ajeno y no la viga en el nuestro;* **pájaro** *de mal natío el que se ensucia en el nido; siempre quiebra la* **soga** *por lo más delgado.*

defensa

defensa
1. la mejor defensa es el ataque. Cuando el enemigo está ocupado defendiéndose, no ataca.
• «Sabía que en la guerra no hay mejor defensa que la ofensiva...» Alberto Tauro del Pino, *Perú: época republicana*, **1973**. Perú. || «... está escrito que la mejor defensa es el ataque, y ayer Narcís Serra actuó de acuerdo con esa vieja máxima.» *La Vanguardia*, 19/5/**1994**. España. || «Se ve que alguien le ha dicho a González que, tal como están ahora las cosas, su mejor defensa es el ataque.» *El Mundo*, 6/10/**1994**. España. || «En Atlanta se acogieron al tópico de que la mejor defensa es un buen ataque.» *El Mundo*, 8/8/**1996**. España. || «Deciden remediar una fragilidad tan extrema aplicando la máxima militar de que la mejor defensa es un buen ataque...» *CuerpoMente*, nº 101, julio **2000**. España. || «La mejor defensa es un buen ataque, como está demostrando el grandón de Lara con la pequeña aspirante a plagiada.» Juan Palomo, *El Cultural, El Mundo*, 2/5/**2001**. España. || «La mejor defensa... es un buen ataque. Y tres son las armas en las que confía Peugeot para que su nuevo 307 pueda medirse con sus rivales...» *Autoclub RACE*, nº 90, verano **2001**. España. [◊var. *El ataque es la mejor defensa.*]

dentera
1. pasar la dentera mientras otro se come la naranja (manzana). Sufrir mientras otros disfrutan.
• «Pues si Adán hizo el hurto y tu Señor llevas los azotes; si él comió la manzana, y tú sufres la dentera; si al fin el hombre debe la deuda, y en tu persona y bienes se manda hacer la ejecución; luego por mí pagas, Señor...» Fray Pedro Malón de Chaide, *La conversión de la Magdalena*, **1588**. España. || «¡Si todavía le parece poco! José para todo lo desagradable: para negar el crédito, para apretar al cliente que se atrasa en los pagos y ahora para servirle de verdugo a la pobre muchachita. En una palabra: para pasar la dentera mientras tú te comes la naranja. –¡Hombre! –exclamó el hermano bromista– Es la primera vez que te oigo emplear un refrán de esta tierra.» Rómulo Gallegos, *Canaima*, **1935**. Venezuela. [◊«Sensación desagradable que se nota en los dientes, especialmente cuando se oyen chirridos o cuando se toman sustancias agrias.» CLAVE.]

***derrochar** (ideas) *quien mucho **abarca**, poco aprieta; de planes que no* *cuajan y* **cuentas** *que no salen, se llenan los asilos y los hospitales;* **día** *de mucho, víspera de nada; lo mal ganado el* **diablo** *se lo lleva; los* **dineros** *del sacristán, cantando vienen y cantando van; allegador de la ceniza y derramador de la* **harina;** **padre** *guardador, hijo gastador.*

desagradecido
1. de desagradecidos está el mundo (cementerio, infierno) lleno. Los agradecidos no abundan.
• «Entre los pecados mayores que los hombres cometen, aunque algunos dicen que es la soberbia, yo digo que es el desagradecimiento, ateniéndome a lo que suele decirse: que de los desagradecidos está lleno el infierno.» Miguel de Cervantes Saavedra, *Segunda parte del ingenioso caballero don Quijote de la Mancha,* **1615**. España. || «... hijo, sí, de desagradecidos está el cementerio lleno...» Manuel Martínez Mediero, *El niño de Belén,* **1991**. España. [◇«Al amanecer dite a ti mismo: me voy a tropezar con un indiscreto, un desagradecido, un insolente, un envidioso, un insociable. Todo esto les sucede por su ignorancia del bien y del mal.» Marco Aurelio, *Meditaciones.*]
2. de desagradecidos se puebla el infierno. Los desagradecidos reciben su justo castigo, por malos.
• «Y porque no se dijese por mí que de los ingratos estaba lleno el infierno.» Mateo Alemán, *Primera parte de Guzmán de Alfarache,* **1599**. España. || «No quiera Dios que yo olvide a quien me dio ratos buenos: que de desagradecidos dicen se puebla el infierno.» Francisco de Quevedo y Villegas, *Poesías,* **1597-1645**. España. || «Entre los pecados mayores que los hombres cometen, aunque algunos dicen que es la soberbia, yo digo que es el desagradecimiento, ateniéndome a lo que suele decirse: que de los desagradecidos está lleno el infierno.» Miguel de Cervantes Saavedra, *Segunda parte del ingenioso caballero don Quijote de la Mancha,* **1615**. España. [◇«De desagradecidos está el infierno lleno; refrán que expresa que la ingratitud es el más odioso y el más común de todos los vicios. Según la Iglesia y las más autorizadas tradiciones de los Santos Padres hay cuatro infiernos: el uno llamado de los condenados, ... el otro, el denominado purgatorio, destinado a la purificación de las almas que al separarse de sus cuerpos tenían alguna culpa leve; el tercero, el limbo de los párvulos, que mueren sin el bautismo; y el otro el ya mencionado con el nombre de limbo de Abraham.» NDLC.]

*desánimo (ideas) *quien se **abate** a poco, no perdonará lo mucho; quien destaja, no **baraja**; no caerá esa **breva**; muerto el **burro** (mulo), la cebada al rabo; a cada **cabo** hay tres leguas de mal quebranto; dentro de cien años todos **calvos**; **campana** cascada nunca sana; quien **canta** su mal espanta; agarrarse a un **clavo** ardiendo; como gallina (gallo) en **corral** ajeno; quien **espera**, desespera; unos nacen con **estrella** y otros nacen estrellados; no es la **fortuna** para quien la busca; el **hombre** propone y Dios dispone; al **hombre** vergonzoso el diablo se lo llevó a palacio; **lentejas**, si las quieres las tomas (comes) y si no las dejas; nunca **llueve** a gusto de todos; donde todo es **malo** no es posible escoger; un **manjar** solo pronto da hastío; no todo el **monte** es orégano.*

*descartar (ideas) *¿a dónde irá el **buey** que no are, sino al matadero?*

descosido > roto, *lo mismo sirve para un roto que para un descosido.*

descubrir > cubrir, *quien te cubre, te descubre.*

desdicha
1. siempre la desdicha persigue al buen ingenio. Las desgracias y calamidades se ceban en los inteligentes, trabajadores y cultos.
• «Y desdichado –respondió Ginés–, porque siempre las desdichas persiguen al buen ingenio.» Miguel de Cervantes Saavedra, *El ingenioso hidalgo don Quijote de la Mancha*, **1605**. [◇España. Esto lo dicen los presuntuosos y engreídos que se creen víctimas.]

desdichado
1. al desdichado poco le vale ser esforzado. Los desheredados de la fortuna poco pueden hacer por salir de su desgracia.
• «Al desdichado, poko le vale ser esforzado.» Gonzalo Correas, *Vocabulario de refranes y frases proverbiales*, **1627**. España. [◇Se incluye a título de curiosidad.]

deseo
1. el deseo vence al miedo. Para conseguir algo no hay como desearlo mucho, y hasta corremos riesgos para obtenerlo.
• «Dicen bien que el deseo vence al miedo, tropella inconvenientes y allana dificultades.» Mateo Alemán, *Primera parte de Guzmán de Alfarache*, **1599**. España. [◇Tropellar: atropellar.]

desesperar > **esperar,** *quien espera, desespera.*

***desgracia** (ideas) *la **adversidad** es la madre de la sapiencia; de muy **alto** grandes caídas se dan; hay **amores** que matan; quien mal **anda**, mal acaba; del **árbol** caído todos hacen leña; tocarle a uno **bailar** con la más fea; el **bien** no es conocido hasta que es perdido; muerto el **burro** (mulo), la cebada al rabo; **cadáver** a bordo, tempestad segura.*

desgracias
 1. **las desgracias nunca vienen solas.** Muchos creen que las desgracias vienen en tropel, como si el destino se cebase en ellos.
 • «Y como las desgracias nunca vienen solas como dicen, a la mañana día 13 del mismo mes, entró tal recio levante...» Raimundo de Lantery, *Memorias,* **1705**. España. || «Las desgracias nunca vienen solas –comentó el estanciero.» Rodolfo Walsh, *Cuento para tahures,***1951-61**. Argentina. || «Las desgracias nunca vienen solas, primero Santiago y ahora los cubiertos.» Francisco Herrera Luque, *En la casa del pez que escupe el agua,* **1985**. Venezuela. || «Y como las desgracias nunca vienen solas, voy al vestíbulo y, mire usted por dónde, descubro allí el amor, y con él el infierno.» Luis Landero, *Juegos de la edad tardía,* **1989**. España. || «Pero tía Blanca tenía razón: las desgracias nunca vienen solas y lo único que puede hacer uno es resignarse.» Eduardo Mendicutti, *El palomo cojo,* **1991**. España. || «Como las desgracias nunca vienen solas, tuvimos otra baja, esta vez en la persona de don Francisco Martínez, quien, gravemente herido al caerse del caballo.» Yolanda Arenales, *Desde el Arauco,* **1992**. España. || «Las desgracias nunca vienen solas. A Henri Emmanuelli le han condenado a un año de cárcel por...» *Tiempo,* 29/5/**1995**. España. || «De un tiempo a esta parte vamos aprendiendo que las desgracias nunca vienen solas.» Amando de Miguel, *La Razón,* 26/11/2**000**. [◇L. «nulla calamitas sola.»]

***desidia** (ideas) *unos por otros y la casa sin barrer; obra de **común**, obra de ningún; a mal **Cristo**, mucha sangre; **culo** sentado no gana bocado; el que mucho **duerme**, legañas cría; quien a su **enemigo** popa, a sus manos muere; juntarse (confundir) el hambre con las ganas de comer; en casa del **herrero**, cuchillo de palo; al **hombre** vergonzoso el diablo se lo llevó a palacio; **hombre** sin plata, la cama lo mata; **madre** holgazana saca hija cortesana; a buenas horas **mangas** verdes; la **ociosidad** es la madre (fuente) de todos los vicios;*

*entrar por un **oído** y salir por el otro; no es nada lo del **ojo**, y lo llevaba en la mano; **oveja** que bala pierde bocado; a nadie le toma el **sol** en la cama.*

desnudar > vestir, *el que de ajeno se viste, en la calle le desnudan.*

desnudo
1. **desnudo nací, desnudo me hallo; ni pierdo ni gano.** Consuelo para los que pierden y para los pobres.
 • «De mis viñas vengo, no sé nada, no soy amigo de saber vidas ajenas, que el que compra y miente, en su bolsa lo siente. Cuanto más, que desnudo nací...» Miguel de Cervantes Saavedra, *El ingenioso hidalgo don Quijote de la Mancha,* **1605**. España. || «Pero digan lo que quisieren, que desnudo nací, desnudo me hallo: ni pierdo ni gano; aunque por verme puesto en libros y andar por ese mundo de mano en mano, no se me da un higo que digan de mí todo lo que quisieren.» Miguel de Cervantes Saavedra, *Segunda parte del ingenioso caballero don Quijote de la Mancha,* **1615**. España. [◊«Desnudo nací, desnudo me hallo, ni pierdo ni gano; dícese en el sentido de no dársele a uno mucho por la pérdida material que ha sufrido en alguna empresa o negocio. Carecer de ambición, conformarse fácilmente, aunque se pierda o se deje de adquirir algunos bienes. Ayer era algo, hoy ya no lo soy, mañana me muero, ¿Da más ayer que hoy? Si nada hay durable, como estaba estoy.» NDLC.]
2. > **duro,** *más da el duro que el desnudo.*

***desobedecer** (ideas) *yo dígole que se vaya, y abájase las **bragas**.*

despacio
1. **(vísteme) despacio que tengo prisa.** Para hacer las cosas bien no hay que apresurarse.
 • «Don Gregorio Pano consideraba como una prueba de la genialidad de Felipe II el que este rey hubiese dicho una vez, al levantarse de la cama, a su criado: –Vísteme despacio que voy de prisa. No sabemos si esta frase consta en las crónicas.» Pío Baroja, *Desde la última vuelta del camino,* **1944**. España. || «El Diccionario académico registra en dos lugares vísteme despacio que estoy de prisa.» Julio Casares, *Introducción a la Lexicografía moderna,* **1950**. España. || «Acuérdate de lo que dice siempre papá: Vísteme despacio que tengo prisa.» Ángel Vázquez, *La vida perra de Juanita Narboni,* **1976**. España. || «Eso sí, advirtió que dicha acción

debe ser un proceso transparente, programado y con pasos muy sólidos pues aquí se aplica el refrán popular despacio que tengo prisa.» *La Nación*, 27/11/**1996**. Costa Rica. [◇L. «festina lente.»]
  2. despacio y buena letra. Recomienda hacer las cosas con tiempo y bien.
  • «... y le piden vaya poco a poco, y, en su lenguaje a espacio y buena letra, como gente que en éstas de maldad están muy adelante...» Francisco de Luque Fajardo, *Fiel desengaño contra la ociosidad y los juegos*, **1603**. España. || «Despacito y buena letra. Sentémonos.» Tomás de Iriarte, *La señorita malcriada*, **1788**. España. || «¡Despacito y buena letra! Vamos a ver, Aníbal...» Miguel Ángel Rellán, *Crónica indecente de la muerte del cantor*, **1985**. España. || «Desde los tiempos ancestrales de la humanidad hasta hoy, algo ha llovido, y el ser humano ha evolucionado, no tanto como sería deseable, pero despacito y con buena letra.» *La Vanguardia*, 22/11/**1994**. España.
  3. > **palacio,** *las cosas de palacio van despacio.*

***despiste** (ideas) *oír* **campanas** *y no saber dónde.*

desprecio
  1. no hay mejor desprecio que no hacer aprecio. La indiferencia es la más contundente forma de desprecio.
  • «Sí. Pienso que no hay mejor desprecio que no hacer aprecio, ¿no?» Programa «El martes que viene», TVE 1, 26/2/**1990**. España. || «Estas acusaciones fueron respondidas ayer por el presidente de la comisión y portavoz del PNV, minutos antes de comenzar la ponencia: No hay mejor desprecio que no hacer aprecio.» *El País Digital*, 8/5/**1997**. España.

detrás
  1. el que venga detrás que arree. Frase de menosprecio hacia los que vienen después.
  • «... y el que venga detrás que arree, y el que fuere tonto, que estudie...» Sebastián de Miñano, *Sátiras y panfletos del trienio constitucional*, **1820**-23. España. || «Ahora no me importa más que mi cuerpo. Darle todo el gusto que pueda, y el que venga atrás que arree...» Enrique Serpa, *Contrabando*, **1938**. Cuba. || «Hacían pozos de cimentación, zanjas y excavaciones de futuros sótanos que se inundaban de inmediato: El que venga detrás que arree, parecía ser la divisa que cubría el cielo.» Miguel

Sánchez-Ostiz, *Un infierno en el jardín,* **1995**. España. || «No es que la deuda quedó atrás como dicen los medios oficiales. Deberían decir solamente que, «el que venga atrás, que arree.» *Caretas,* 1/8/**1996**. Perú.

deuda
   1. lo prometido es deuda. Lo que se promete hay que cumplirlo y queda pendiente.
   • «Bajo del bien entendido que usté también cantará, y luego se acordará que es deuda lo prometido; razón por la que le pido que no se vaya a olvidar…» Hilario Ascasubi, *Santos Vega, el payador,* **1872**. Argentina. || «Conque adiós; lo prometido es deuda.» Ángel Ganivet, *Los trabajos del infatigable creador Pío Cid,* **1898**. España. || «Usted lo prometió y lo prometido es deuda.» Mario Vargas Llosa, *La casa verde,* **1966**. Perú. || «Lo prometido es deuda, dijo Juan Lucas, enseñándole el telegrama a Susan.» Alfredo Bryce Echenique, *Un mundo para Julius,* **1970**. Perú. || «No quiero perderme estas extraordinarias veladas, ni hacer esperar mucho tiempo a Laurita. Lo prometido es deuda…» Mario Zaldívar, *Ahora juega usted Señor Capablanca,* **1990**. Costa rica. || «Soy hombre de palabra: al regreso tendrá el encargo en su celda. Lo prometido es deuda.» Eliseo Alberto, *La eternidad por fin comienza un lunes,* **1992**. Cuba. || «Lo prometido es deuda.» Programa «Noticias», Telemadrid, 16/6/**2000**. España. [◇Se puede arreglar todo menos una promesa rota.]

devoción > obligación, *antes es la obligación que la devoción.*

día
   1. día de mucho, víspera de nada. Se cree que la escasez sigue a la abundancia.
   • «Días de mucho, vísperas de…» *Tiempo,* 4/6/**2001**. España.
   2. días treinta hay en septiembre, en abril, noviembre y junio, en febrero veintiocho, y en los demás treinta y uno. Sirve para recordar el número de días de los meses del año.
   • «Treynta trae noviembre, abril y junio y septiembre; veynte y ocho trae uno; los otros treinta y uno.» Anónimo, *Corpus de la lírica popular hispánica,* **1500-1700**. España. || «Días treinta hay en Septiembre en Abril, Noviembre y Junio, en Febrero veintiocho, y en los demás treinta y uno.» Pilar Pascual de Sanjuán, *Flora o la educación de una niña,* **1888-1923**. España.

3. > **longaniza,** *haber más días que longanizas.*
4. > **mañana,** *mañana será otro día.*

diablo
1. cuando el diablo no tiene que hacer, coge la escoba y se pone a barrer. Cuando la gente está ociosa se entretiene con cualquier cosa.
• «... ¡una Marina de Guerra!, que esto sólo se sostiene con nuestra ayuda, porque cuando el diablo no tiene qué hacer, coge la escoba y se pone a barrer, don Ascensión.» Alfonso Chase Brenes, *El pavo real y la mariposa*, **1996**. Costa Rica. || «... aquello de que, cuando el diablo no tiene que hacer, la casa se pone a barrer.» Amando de Miguel, *La Razón*, 11/10/**2001**. España.
2. el mal habido se lo lleva el diablo. Lo que se consigue con malas artes se pierde y no tiene recompensa.
• «Lo mal habido se lo lleva el diablo, dice un refrán popular que podría aplicarse como anillo al dedo a lo ocurrido en la Alcaldía paceña.» *Los Tiempos*, 9/1/**1997**. Bolivia. [◇> *Lo mal ganado el diablo se lo lleva.*]
3. lo mal ganado el diablo se lo lleva. No aprovecha el dinero ganado ilícitamente.
• «Lo mal ganado el diablo se lo lleva, i kuanto a ellos se llega.» Gonzalo Correas, *Vocabulario de refranes y frases proverbiales*, **1627**. España. [◇Sólo se ha documentado en este refranero. Es variante del anterior.]
4. más sabe el diablo por viejo que por diablo. La vejez, la experiencia, es el supremo saber.
• «La Humanidad es muy vieja, Colás, y más sabe el diablo por viejo que por diablo...» Ramón Pérez de Ayala, *El curandero de su honra*, **1926**. España. || «Pero más sabe el diablo por viejo y en lugar de sus manos...» Miguel Ángel Asturias, *El Papa Verde*, **1954**. Guatemala. || «... del estilo de más sabe el diablo por viejo que por diablo...» David Leyva, *Una piñata llena de memoria*, **1984**. México. || «Probablemente sería para decir: ¡Diablo de mujer! o ¡Al diablo! O aun, más sabe el diablo por viejo.» Virgilio Piñera, *¿Un pico, o una pala?*, **1990**. Cuba. || «Y aunque la quinceañera ni siquiera testeró hebras ni ovillos, tenía el alma en un hilo porque más sabe el diablo por viejo.» Jenny E. Hayen, *Por la calle de los anhelos*, **1993**. México. || «¿Te doy un consejo? Mira que sabe más el diablo por viejo que por diablo.» José Donoso, *Donde van a morir los elefantes*, **1995**. Chile. || «Más sabe el diablo por viejo...» A. Chase, *El pavo real y la mariposa*, **1996**. Costa Rica. || «El refrán es claro: más sabe el dia-

dicho

blo por viejo que por diablo.» *Hoy,* 10-16/2/**1997**. Chile. || «Bueno, naturalmente. No en balde hay un dicho que dice que más sabe el diablo por viejo que por diablo. A medida que envejecemos sabemos más, maduramos más.» *El Universal,* **1997**. Venezuela. || «Que más sabe el Diablo por viejo que por Diablo, es una de esas verdades populares que aconseja respetar la experiencia ajena...» *La Razón,* 8/8/**2001**. España.
    5. no es tan negro (fiero) el diablo como lo pintan. Las cosas no son tan malas ni tan peligrosas como creemos.
    • «No ha de ser tan fiero el diablo como lo pintan, ¿quiere darme otra caña?» Ricardo Güiraldes, *Don Segundo Sombra,* **1926**. Argentina. || «¡No es tan negro el diablo como lo pintan, vamos!» Ernesto Sábato, *Sobre héroes y tumbas,* **1961**. Argentina.
    6. > **Dios,** *Dios los cría y ellos (el diablo los) se juntan.*
    7. > **Dios,** *encenderle una vela a Dios y otra al diablo.*
    8. > **cruz,** *detrás de la cruz está el diablo.*
    9. > **hombre,** *al hombre vergonzoso el diablo se lo llevó a palacio.*
    10. > **hombre,** *el hombre es fuego, la mujer estopa; llega el diablo y sopla.*
    11. > **milagro,** *hágase el milagro, hágalo el diablo.*
    12. > **fraile,** *lo que no haga un fraile no hará el diablo.*

dicho
    1. del dicho al hecho hay mucho trecho. Es muy diferente lo que se dice de lo que se hace.
    • «Y que, si haber allá tan largo trecho del dicho al hecho, enseña el viejo dicho, Aquí va mucho más del hecho al dicho.» Pedro de Oña, *Arauco domado,* **1596**. Chile. || «... cuando volviese lo pagaría todo. Pero del dicho al hecho hay gran trecho. La promesa es fácil...» Gregorio González, *El guitón Onofre,* **1604**. España. || «Proverbio: Del dicho al hecho ay gran trecho.» Sebastián de Covarrubias, *Tesoro de la lengua castellana o española,* **1611**. España. || «Plega a Dios, Sancho, que así sea, porque del dicho al hecho hay gran trecho.» Miguel de Cervantes Saavedra, *Segunda parte del ingenioso hidalgo don Quijote de la Mancha,* **1615**. España. || «Porque de la teoría a la práctica, así como del dicho al hecho, hay un gran trecho.» Cecilia Böhl de Faber (Fernán Caballero), *La gaviota,* **1849**. España. || «¡Casarse, casarse! Pronto se dice; pero del dicho al hecho... ¿Regalos?» Emilia Pardo Bazán, *La Tribuna,* **1883**. España. || «En primer lugar, del dicho al hecho siempre hay un gran trecho, y mucho más si los hechos son de la magnitud de éste...» José María de Pereda,

Peñas arriba, **1895**. España. || «Esa distancia que va del dicho al hecho, de pensar algo a ser algo es la misma...» José Ortega y Gasset, *Ensayos de estética,* **1914**. España. || «Eso se dice. Pero del dicho al hecho hay mucho trecho.» Tomás Carrasquilla, *La marquesa de Yolombó,* **1928**. España. || «No hay que insistir demasiado en la vulgaridad de que del dicho al hecho hay mucho trecho, y que el nombre no hace la cosa.» Pío Baroja, *Desde la última vuelta del camino. Memorias,* **1944**. España. || «... y déjate de puntaditas y de que si del dicho al hecho va un trecho...» Miguel Delibes, *Cinco horas con Mario,* **1966**. España. || «Era previsible. No hablaba de otra cosa. Pero del dicho al hecho...» Manuel Vázquez Montalbán, *La soledad del mánager,* **1977**. España. || «Pero del dicho al hecho hay mucho trecho.» Gioconda Belli, *La mujer habitada,* **1992**. Nicaragua. || «Pero... del dicho al hecho hay mucho trecho.» *La Nación,* 1/12/**1996**. Costa Rica. || «Y ya que hemos estado haciendo alusiones a ciertos dichos o refranes, acordémonos también de aquel que dice que del dicho al hecho hay mucho trecho...» *La Prensa,* 21/4/**1997**. Nicaragua. || «En primer lugar hay que decir que el micrófono, como el papel, aguanta con todo y que del dicho al hecho hay mucho trecho.» *La Hora,* 30/4/**1997**. Guatemala. [◇L. «inter verba et actus magnus quidam mons est.» > también en **hecho**. Var. *Del dicho al hecho un trecho; del dicho al hecho va un trecho.*]

dichoso > **fin,** *hasta el fin nadie es dichoso.*

diente
1. cara sin dientes hace a los muertos vivientes. Una buena comida siempre gusta y resucita hasta los muertos.
• «Come, Dorotea; que cara sin dientes hace a los muertos vivientes.» Lope de Vega Carpio, *La Dorotea,* **1632**. España. [◇la *cara sin dientes es la gallina o pollo.*]
2. > **lobo,** *a carne de lobo, diente de perro.*
3. > **pariente,** *más quiero mis dientes que mis parientes.*

dieta
1. dieta mangueta y vida quieta y mandar los disgustos a la puñeta. Evitar el estrés es la mejor terapia.
• «Y para terminar este apartado, citemos, ya que estamos metidos en refranes, que Cura más la dieta que la lanceta, o Dieta mangueta y

difícil

vida quieta y mandar los disgustos a la puñeta. Mangueta es la cánula que sirve para dar lavativas. Y en fin, que Harto ayuna quien mal come.» Carlos Fisas, *Historias de la Historia*, **1983**. España.
   2. > **curar**, *cura más la dieta que la lanceta.*

***difícil** (ideas) *buscar una **aguja** en un pajar; no hay **atajo** sin trabajo; **casa** de dos puertas es difícil de guardar; dejar lo **cierto** por lo dudoso; nunca mucho **costó** poco; lo que natura no da, **Salamanca** no lo presta.*

diligencia
   1. la diligencia es la madre de la buena ventura. La rapidez en la actividad da siempre buenos frutos.
   • «Común sentencia es entre todos que la diligencia es madre de buena ventura, y ansí en todas las cosas la presteza con discreción suele ser faborecida con buen sucesso.» «Joaquín Romero de Cepeda, *La historia de Rosián de Castilla*, **1586**. España. || «Es común proverbio, fermosa señora, que la diligencia es madre de la buena ventura...» Miguel de Cervantes Saavedra, *El ingenioso hidalgo don Quijote de la Mancha*, **1605**. España. || «Sea moderado tu sueño, que el que no madruga con el sol, no goza del día; y advierte, ¡oh Sancho!, que la diligencia es madre de la buena ventura, y la pereza, su contraria, jamás llegó al término que pide un buen deseo.» Miguel de Cervantes Saavedra, *Segunda parte del ingenioso caballero don Quijote de la Mancha*, **1615**. España.

dinero
   1. a dineros pagados, brazos quebrados. Si se paga un trabajo de antemano, no se hace.
   • «... que, aunque dicen que a dineros pagados brazos quebrados, como aún no había hecho cosa que oliese a trabajo...» Gregorio González, *El guitón Onofre*, **1604**. España. || «No, no, señor –respondió Sancho–, no se ha de decir por mí: a dineros pagados, brazos quebrados.» Miguel de Cervantes Saavedra, *Segunda parte del ingenioso caballero don Quijote de la Mancha*, **1615**. España.
   2. costumbres y dineros hacen los hijos caballeros. La buena educación y el dinero convierten a los hijos de obreros en señores.
   • «Y si vuelve a lo que solía, perdióse vuestra casa, rematóse vuestra hacienda. Que costumbres y dineros hacen los hijos caballeros.» Lope de Vega Carpio, *La Dorotea*, **1632**. España.

3. dinero llama dinero. Con dinero podemos tener más dinero.
* «O una trampa mágica. Porque con el derroche se espera atraer, por contagio, a la verdadera abundancia. Dinero llama dinero.» Octavio Paz, *El laberinto de la soledad,* **1950-59**. México. ‖ «No pasaban muchos transeúntes, de modo que la mujer con trenza agitaba una y otra vez en vano el platillo de plástico haciendo resonar unas pocas monedas, echadas acaso por ella misma, dinero llama a dinero.» Javier Marías, *Corazón tan blanco,* **1992**. España. ‖ «... España era el sitio donde se podía hacer dinero más rápidamente y Conde, Rubio y Roldán se enriquecían porque dinero llama a dinero...» *El Mundo,* 9/1/**1995**. España. [◇«*Dinero llama dinero,* es decir, los ricos tienen la facilidad de enriquecerse todavía más. Es lo que llamamos ahora *efecto Mateo.* La celebrada expresión se debe al sociólogo Robert K. Merton para indicar el reconocimiento acumulado que reciben los científicos eminentes, los que más tienen.» .]

4. dinero no falte y trampa adelante. Los hay que viven de la trampa, a la salta la mata.
* «¡Qué presto desmayáis! ¿No entraron los que están dentro? Pues no nos faltará traça a nosotros. Dinero no falte, y trampa adelante.» Baltasar Gracián, *El Criticón. Segunda parte,* **1653**. España.

5. el dinero es el nervio de la guerra. Para equipar un buen ejército hace falta dinero y es, también, el promotor de guerras.
* «... ni menos pertrechos de guerra para ello y mucho menos de dinero pronto en las cajas reales, nervio de la guerra con que se hace.» Raimundo de Lantry, *Memorias,* **1705**. España. ‖ «... en él avía poquíssimo dinero que es el nervio de la guerra...» Pascual Boronat y Barrachina, *Los moriscos españoles y su expulsión,* **1901**. España. ‖ «Como si el conde de Santisteban conociera la frase de Colbert de que la economía es el nervio de la guerra...» Manuel Ballesteros Gaibrois, *Historia de América,* **1946-52**. España. ‖ «Algo parecido decía Lenin, para el cual el dinero es el nervio de la guerra, y no un unto de rana.» Fernando Arrabal, *La torre herida por el rayo,* **1982**. España. ‖ «Como bien sabemos, el dinero es el nervio de la guerra. Para impedir que ETA consiga el que necesita para proseguirla...» *El País Digital,* 21/5/**1997**. España. [◇Cicerón dijo «nervus belli pecunia».]

6. el dinero es la fuente de todos los males. El dinero acarrea problemas.
* «...también afirmaba que el dinero y el orgullo constituyen la fuente de todos los males: desaparecerían por completo los crímenes si se anu-

lase el dinero.» Lisandro Otero, *Temporada de ángeles*, **1983**. Cuba. ||
«Fuente de todos los males es el dinero, dicen los moralistas.» *Excelsior*,
9/11/**1996**. México. [◊Luisa May Alcott dijo que el dinero es la raíz de
todos los males, y sin embargo es tan útil que no podemos pasarnos sin
él.]

7. el mejor cimiento es el dinero. Es lo que mejor sostiene y mantiene las cosas.

• «Sobre un buen cimiento se puede levantar un buen edificio, y el
mejor cimiento y zanja del mundo es el dinero.» Miguel de Cervantes
Saavedra, *Segunda parte del ingenioso caballero don Quijote de la Mancha*,
1615. España.

**8. los cristianos en pleitos, los judíos en pascuas y los moros en
bodas gastan sus dineros.** La gente se gasta el dinero como quiere.

• «Para encarecer las grandes costas que hazen en sus casamientos, traen
un refrán que dize: los Cristianos en pleitos, los Iudíos en pascuas y los
Moros en bodas gastan sus dineros.» Diego de Torres, *Relación del origen
y suceso de los Xarifes...*, **1575**. España.

9. los dineros del sacristán, cantando vienen y cantando van. Lo
que se obtiene con facilidad, se pierde con la misma facilidad.

• «Los dineros del sacristán cantando se vienen i cantando se van.»
Anónimo, *Corpus de la lírica popular hispánica*, **1500-1700**. España. ||
«Pero más comúnmente vivieron los señores montañeses retirados en sus
casonas y mayorazgos, prefiriendo ser los primeros de su aldea, a cualquier puesto de la corte, aunque sus segundones se hicieran por su cabeza o por sus puños, obispos y generales, o trajeran de América con qué
adquirir títulos y mujeres, de quienes, a la vuelta de pocas generaciones,
se pudiera decir lo que de los dinero del sacirstán.» José María de Pereda, *Peñas arriba*, **1895**. España.

10. no hay cordel como el dinero. El dinero es lo que más tira y atrae.

• «... si andas tú cumplido en dar; que para hacer confesar no hay cordel como el dinero.» Juan Ruiz de Alarcón, *La verdad sospechosa*, **1619**.
España.

11. poderoso caballero es don dinero. El dinero todo lo puede.

• «... y quita el decoro y quebranta cualquier fuero, poderoso caballero es don Dinero...» Francisco de Quevedo, *Poesías*, **1557-1645**. España. || «... y menos desde que sé que el poderoso caballero Don Dinero anda en el ajo...» Ángel Ganivet, *Los trabajos del infatigable creador Pío
Cid*, **1898**. España. || «Dicen que poderoso caballero es Don Dinero,

pero no creo yo que pueda cumplir la proeza de blanquear a Peter, ni de decidir a Emma a casarse con una venda en los ojos, ni de hacerme a mí cometer... una infamia.» Alberto Insúa, *El negro que tenía el alma blanca*, **1922**. España. || «Y como poderoso caballero es don dinero, y el hombre es brillante y no le faltan cualidades...» *ABC*, 7/5/**1986**. España. || «La ricachona quiso proteger, ya que estaba en su mano hacerlo pues poderoso caballero es don dinero, insisto podía, y por lo tanto ejerció...» Jenny Hayen, *Por la calle de los anhelos*, **1993**. México. || «Y además, sirve para que las leyes no caigan sobre la cabeza de los políticos ni de los forrados del favor de los mandamases, que poderoso caballero es Don Dinero y dádivas quebrantan piedras.» *Época*, 6/4/**1998**. España.

12. sobre dineros no hay amistad. Tratándose de dinero no hay que fiarse ni de los amigos.

• «Vamos entramos, y si en esso se pone, espantémosla de manera que le pese. Que sobre dinero no ay amistad.» Fernando de Rojas, *La Celestina*, **1499**. España.

13. todo lo puede el dinero. Con dinero se consigue todo.

• «Todo lo puede el dinero; las peñas quebranta, los ríos passa en seco. No ay lugar tan alto que un asno cargado de oro no le suba.» Fernando de Rojas, *La Celestina*, **1499**. España. || «En suma, todo lo puede el dinero, las peñas quebranta, los ríos pasan en seco, no hay lugar tan alto que un asno cargado de oro no lo suba.» Anónimo, *Diálogo de las transformaciones de Pitágoras*, **1535**. España.

14. > **amigo,** *los amigos, el dinero y los cojones son para las ocasiones.*
15. > **amigo,** *más vale amigos en plaza que dineros en arca.*
16. > **amor,** *amor hace mucho y el dinero, remucho.*
17. > **amor,** *el amor, el dolor y el dinero no se pueden ocultar.*
18. > **dinero,** *cuatro cosas no valen si no son participadas: el placer, el saber, el dinero y el coño de la mujer.*
19. > **mujer,** *mujer sin enredo, bolsa sin dinero.*
20. > **sembrar,** *siembra postrero y lograrás tu dinero.*

Dios
1. a Dios rogando y con el mazo dando. La fe y las oraciones puede que no sean suficientes y por eso hay que poner esfuerzo y trabajo de nuestra parte.

• «... acordándose del de ordinario refrán que dice: A Dios rogando y con el mazo dando...» Juan de Escalante, *Itinerario de navegación de los mares...,* **1575**. España. || «... sabiendo aquel refrán que dicen por ahí, que un asno cargado de oro sube ligero por una montaña, y que dádivas quebrantan peñas, y a Dios rogando y con el mazo dando, y que más vale un toma que dos te daré?» Miguel de Cervantes Saavedra, *Segunda parte del ingenioso caballero don Quijote de la Mancha,* **1615**. España. || «... y finalmente que a Dios rogando, y con el mazo dando. Este es un conceptazo de primera clase. Explícaselo así: que se ponga en las manos de Dios como si no hubiera médico...» Fulgencio Afán de Ribera, *Virtud al uso y mística a la moda,* **1729**. España. || «... pero tachan el amén con que termina, y aquí en el mismo guión: el proverbio popular: A Dios rogando y con el mazo dando.» José María Pemán, *Mis almuerzos con gente importante,* **1970**. España. || «Se me vino a la cabeza el proverbio a Dios rogando y con el mazo dando.» Enrique Araya, **1982**. Chile. || «... Jiménez Losantos: a Dios rogando y con el mazo dando. Escribía ayer...» *El Mundo,* 27/2/**1994**. España. || «A Dios rogando... y con el mazo dando.» *La Vanguardia,* 2/12/**1995**. España. [◊«... al mismo tiempo que uno pide a Dios alguna cosa, debe también valerse de los medios que estén a su alcance para obtenerla, poniendo de su parte todo lo que pueda.» NDLC. Ernesto Sábato tiene la siguiente variante en su *Abaddón el exterminador* de 1974: «... y adagios? A Dios rogando y con el cazzo dando.» Por *cazzo* entiéndase pijo, verga, pene.]

2. a las iras de Dios no hay casa fuerte. No hay salvación contra las iras de Dios, del destino en general.

• «Ansí que a la ira de Dios (como dicen las viejas) no hay casa fuerte ni se halla cosa tan eficaz que baste a defendernos de los juicios fatales.» Pío Font Quer, *Plantas Medicinales. El Dioscórides Renovado,* **1962**. España.

3. a quien Dios se la dé, San Pedro se la bendiga. Sirve de consuelo y resignación ante algo.

• «... y a quien Dios se la dio, San Pedro se la bendiga.» Miguel de Cervantes Saavedra, *El ingenioso hidalgo don Quijote de la Mancha,* **1605**. España. || «... y a quien Dios se la diere, San Pedro se la bendiga...» Miguel de Cervantes Saavedra, *Segunda parte del ingenioso caballero don Quijote de la Mancha,* **1616**. España. || «... á quien Dios se le diere, San Pedro se la bendiga...» Pastor Servando Obligado, *Tradiciones argentinas,* **1903**. Argentina. || «Pero un hombre civilizado no puede lavarse las manos y decir a quien Dios se la dé, San Pedro se la bendiga.» Miguel de Unamuno, *Epistolario inédito,* **1916**. España. || «Por ahí hay un dicho que dice que al que Dios se lo dio, San Pedro se lo bendiga. Y nosotros tenemos un estómago privilegiado...» Miguel Barnet, *Gallego*, **1981**. Cuba. || «... y a quien Dios se la dé, San Pedro se la bendiga.» Alfonso Sastre, *El viaje infinito de Sancho Panza*, **1984**. España. || «¡Eso es otra cosa! Ahí al que Dios se la dé que San Pedro se la bendiga.» Juan Pedro Aparicio, *Retratos de ambigú*, **1989**. España. [◇NDLC: «... buen provecho le haga a quien le toque: se usa para manifestar la conformidad en la contingencia de un suceso próspero o adverso, sin envidiarlo, si es favorable y tocare a otro, ni exasperarse con él, si le tocare a sí propio.»]

4. a quien se humilla Dios le ensalza. La humildad tiene su recompensa.

• «Con todo eso, te has de sentar, porque a quien se humilla, Dios le ensalza.» Miguel de Cervantes Saavedra, *El ingenioso hidalgo don Quijote de la Mancha*, **1905**. España. || «... pues es verdad evangélica que quien se humilla será ensalzado.» Xavier Antonio de Santa María, *Vida prodigiosa de la venerable Virgen Juana de Jesús,* **1756**. Ecuador. || «A quien se humilla, Dios le ensalza.» Tomás Navarro Tomás, *Manual de pronunciación española*, **1918**. España. || «... cualquiera que se ensalza será humillado, y quien se humilla será ensalzado.» Luis Ribera, *Misalito Regina para jóvenes*, **1963**. España.

5. cada uno es como Dios le hizo. Somos como somos, y no hay remedio.

• «... y cada uno meta la mano en su pecho y no se ponga a juzgar lo blanco por negro y lo negro por blanco, que cada uno es como Dios le hizo, y aun peor muchas veces.» Miguel de Cervantes Saavedra, *El ingenioso hidalgo don Quijote de la Mancha*, **1605**. España.

6. con lo mío me haga Dios merced. Sólo con lo nuestro podemos contar.

• «Hermano, con lo mío me haga Dios merced.» Melchor de Santa Cruz de Dueñas, *Floresta española*, **1574**. España.

7. cuando Dios amanece, amanece para todos. No hay nada más igualitario y democrático que la naturaleza.

• «... vivamos todos y comamos en buena paz compaña, pues cuando Dios amanece, para todos amanece.» Miguel de Cervantes Saavedra, *Segunda parte del ingenioso caballero don Quijote de la Mancha,* **1615**. España. [◇NDLC: «ref. que enseña que debemos comunicar nuestros bienes y felicidades a los demás.» Amando de Miguel: «Cuando Sancho llega a gobernador, no se le sube el cargo a la cabeza. Sigue entonces predicando la igualdad fundamental del género humano...» Esta idea de la igualdad de todos perdura a pesar de que la realidad circundante comunica todo lo contrario.]

8. da Dios almendras (pan) a quien no tiene muelas (dientes). Hay quien tiene cosas que para nada le sirven.

• «Dio Dios almendras a kien no tiene muelas.» Gonzalo Correas, *Vocabulario de refranes y frases proverbiales*, **1627**. España. || «Dios da pan a quien no tiene dientes –suspiró Paco. – Al que no está hecho a bragas, las costumbres le hacen llagas –replicó este experto en refranes.» Vlady Kociancich, *La octava maravilla*, **1982**. Argentina. [◊NDLC: «... es muy común el tener riquezas los que no saben utilizarlas o no pueden disfrutarlas. Los que no necesitan o no pueden hacer uso de alguna cosa suelen ser precisamente a quienes la suerte se la proporciona.» : «Por mucho que se reconozca la acción correctora de la Providencia, la contemplación del paisaje humano lleva a amargas conclusiones. El mundo no está bien repartido, o mejor dicho *da Dios almendras al que no tiene muelas*. En la sociedad agraria tradicional lo lógico era que los pocos que acumulaban propiedades solían ser los que tenían cierta edad.»]

9. de menos nos hizo Dios. Podemos aspirar a cualquier cosa ya que de muy humildes venimos.

• «... tener paciencia; que de menos nos hizo Dios y un día viene tras otro día...» Miguel de Cervantes Saavedra, *Rinconete y Cortadillo*, **1613**. España. || «Vaya, ponte a ser honrada, que de menos nos hizo Dios... Oye lo que te digo...» Benito Pérez Galdós, *Fortunata y Jacinta*, **1885-87**. España. «¿Y si fuéramos descendientes no ya del mono, sino de la Montmorillonita? y es que como se dice en mi tierra: de menos nos hizo Dios.» Manuel Rodríguez Gallego, *Historia de la Cristalografía*, **1990**. España. || «De menos nos hizo Dios –replicó impasible y lejano Goyo Luna–. No me puedo quejar.» Augusto Roa Bastos, *El Crack*, **1995**. Paraguay. [◊«Ramón Caballero, en su *Diccionario de modismos*, cita las frases *De menos hizo Dios a Perico*, *De menos nos hizo Dios, que nos hizo de la nada*, expresión que explica la esperanza de conseguir lo que se intenta, aunque parezca desproporcionado.» JMI.]

10. Dios aprieta pero no ahoga. Por mal que se pongan las cosas, no hay que desesperar porque siempre hay esperanza.

• «No te apures, que Dios aprieta, pero no ahoga, y aquí estoy yo para que no ayunes más de la cuenta, que el cielo bien ganado te lo tienes ya...» Benito Pérez Galdós, *Misericordia*, **1897**. España. || «Por esta dilación en recibir respuesta a lo que pedimos, si bien la recibimos finalmente, se usa familiarmente aquel proverbio: Dios aprieta, pero no ahoga.» C. M. de Heredia, *Una fuente de energía*, **1932**. México. || «Como que después de un día viene otro, y Dios aprieta, pero no ahoga.» Enrique Jardiel Poncela, *Eloísa está debajo de un almendro*, **1943**. España. || «Dios aprieta pero no ahoga. Cuando el Almirante-Virrey desembarcó en Isabela, vencido por la enfermedad, pudo haber recordado este proverbio.» Salvador de Madariaga, *Vida del muy magnífico señor don Cristóbal Colón*, **1940-47**. España. || «Mas Dios aprieta, pero no ahoga, dice la sabiduría popular y confirma la teología de la gracia.» José Luis Sampedro, *El caballo desnudo*, **1970**. España. || «Mi madre esperanzada levantaba la cabeza y decía: Dios aprieta pero no ahoga.» José Asenjo Sedano, *Eran los días largos*, **1982**. España. || «... y nadie hará nada por nosotras, Emiliana Dios aprieta, pero no ahoga...» Gloria Parrado, *1905 (Tríptico)*, **1984**. Cuba. || «Sin embargo, Dios aprieta pero no ahoga, dice el refrán, y al parecer TV3 dispone de las tres series más recientes...» *La Vanguardia*, 16/10/**1995**. España.

11. Dios da pañuelo a quien no tiene mocos. Hay quien tiene cosas que para nada le sirven.

• «... vamos, que Dios da pañuelo a quien no tiene mocos, vivir para ver, y es que en invierno y en verano, con calor o con frío, el cura, con paso firme pero sin precipitaciones, batía el entorno de Santa Inés, abordando toda clase de caminejos practicables y haciendo rotar los itinerarios...» Ramón Ayerra, *La lucha inútil*, **1984**. España.

12. Dios los cría y ellos (el diablo los) se juntan. La gente se junta sin ton ni son, a la buena de Dios, sin orden ni concierto, y así salen las cosas.

• «¡Dios los cría y ellos se juntan!» Serafín Estébanez Calderón, *Escenas andaluzas...*, **1847**. España. || «Porque como dice el dicho, Dios los cría y el diablo los junta.» Rómulo Gallegos, *Doña Bárbara*, **1929**. Venezuela. || «Dios los cría y ellos se juntan.» Manuel Vázquez Montalbán, *La soledad del mánager*, **1977**. España. || «Yo lo dije en Madrid en los años treinta, a Hernández Coronado, un periodista que luego fue directivo del Atlético de Madrid, porque Dios los cría y ellos se juntan.» Manuel Vázquez Montalbán, *La soledad del mánager*, **1977**. España. || «Tira de cartera otra vez y me enseña la foto de su mujer –una chica anodina con carita de buena persona; Dios los cría y ellos se juntan...» Carlos Pérez Merinero, *Días de guardar*, **1981**. España. || «Dios los cría y ellos se juntan: conspiración y acoso.» Mario Benedetti, *Primavera con una esquina* *rota,* **1982**. Uruguay. || «Tía Blanca diría, con mucho arremangamiento de boca, Dios los cría y ellos se juntan.» Eduardo Mendicutti, *El palomo cojo,* **1991**. España. || «Plácido Domingo, Fleming, Meier, Levine, Mehta, Barenboim, Tate... Dios los cría y ellos se juntan.» *ABC Cultural,* 10/5/**1996**. España. || «Al final de cuentas Dios los cría y el diablo los junta...» *Los Tiempos,* 9/1/**1997**. Bolivia. || «Apenas Menem reaccionó con un poco ingenioso pero muy nervioso Dios los cría y ellos se juntan.» Brecha, 15/8/**1997**. Uruguay. || «Aquí el problema no es mecánico sino moral y como dice el adagio popular, Dios los crea y el Diablo los junta.» *El Tiempo,* 10/4/**1997**. Colombia. [◇L. «orunis avis quaerit similem sui». NDLC: «... se da a entender que los que son semejantes en las inclinaciones y en el genio se buscan unos a otros. Más comúnmente se aplica esta locución a los malos que a los buenos.»]

13. Dios nos dio oídos y una sola boca para que escuchemos más y hablemos menos. Mejor es oír que hablar más de la cuenta.

• «Refrán que trae a la memoria este otro dicho tan conocido, pero no tan practicado: Dios nos dio oídos y una sóla boca para que escuchemos más y hablemos menos.» *El País,* 8/7/**1997**. Colombia.

14. Dios que da la llaga, da la medicina. Dios lo arregla todo, hasta los males que nos envía.

• «Dios lo hará mejor –dijo Sancho–, que Dios, que da la llaga, da la medicina.» Miguel de Cervantes Saavedra, *El ingenioso hidalgo don Quijote de la Mancha,* **1605**. España.

15. Dios sufre a los malos, pero no para siempre. Hasta la infinita paciencia de Dios tiene un límite.

• «... que yo sé que no habría navaja que con más facilidad rapase a vuestras mercedes como mi espada raparía de los hombros la cabeza de Malambruno; que Dios sufre a los malos, pero no para siempre.» Miguel de Cervantes Saavedra, *Segunda parte del ingenioso caballero don Quijote de la Mancha,* **1615**. España.

16. el hombre propone y Dios dispone. Las ilusiones o esperanzas del hombre no siempre dan el resultado apetecido.

• «Mas el hombre propone y Dios dispone.» Mateo Alemán, *Segunda parte de la vida de Guzmán de Alfarache. Atalaya de la vida humana,* **1604**. España. || «Pero el hombre pone y Dios dispone, y Dios sabe lo mejor y lo que le está bien a cada uno, y cual el tiempo, tal el tiento, y nadie diga desta agua no beberé, que adonde piensa que hay tocinos, no hay estacas; y Dios me entiende, y basta, y no digo más, aunque pudiera.» Miguel de Cervantes Saavedra, *Segunda parte del ingenioso caballero don Quijote de la Mancha*, **1616**. España. || «Pero el hombre propone, y no siempre Dios sino el diablo dispone.» Juan Valera, *Genio y figura*, **1897**. España. || «Pero el hombre propone y Dios dispone. En aquella ocasión dispuso que una mañana...» Julio Nombela, *Impresiones y recuerdos*, **1912**. España. || «Pero como el hombre propone y Dios —en este caso, mi pistola— dispone, van como borregos hasta donde está el de la perilla y los tres se ponen a meter el dinero en las bolsas.» Carlos Pérez Merinero, *Días de guardar*, **1981**. España. || «... supe una vez más que el hombre propone y la mujer, diosa, odiosa, dispone.» Guillermo Cabrera Infante, *La Habana para un infante difunto*, **1986**. España. || «Ironizaba el general. Sabía que el hombre propone y Dios dispone y que el destino lo había llevado irremisiblemente a la ciudad.» Jorge Andrade, *Un solo dios verdadero*, **1993**. Argentina. || «Sin embargo, como reza el refrán, el hombre propone y Dios dispone...» Cristina Bain, *El dolor de la Ceiba. Novela latinoamericana*, **1993**. Colombia. || «Pero el hombre propone, Dios dispone y el diablo lo descompone.» *La Hora*, 1/3/**1997**. Guatemala. [◇«En el seno se echan las suertes, pero es Dios quien da la decisión.» Proverbios, 16:33. L. «homo proponit, sed Deus disponit.» La cantidad de citaciones aportadas demuestra que el hombre sigue siendo fatalista y cree que el destino no está en sus manos.]

17. encenderle una vela a Dios y otra al diablo. Tratar de estar a bien con todos.

• «En Madrid es el primer monumento que contemplan los niños... Y un refrán español es encenderle una vela a Dios y otra a mí...» Enrique Jardiel Poncela, *Las cinco advertencias de Satanás*, **1935**. España. || «Queda bien con Dios y con el diablo.» Juan Carlos Onetti, *Juntacadáveres*, **1964**. Uruguay.

18. fíate en Dios y no corras. Hay que tener fe que todo se arreglará.

• «Yo creo en Dios, por ejemplo, cosa en la que sin duda cree el respetable público —aunque hay un refrán maldito que dice: Fíate en Dios y no corras.» Lucio Victorio Mansilla, *Una excursión a los indios Ranqueles*, **1870**. Argentina.

19. hurtar el cebón y dar los pies por Dios. Ser mala persona y fingir lo contrario.

• «La primera que estos logreros se hacen dispensadores de los bienes agenos, quitando el dominio y uso dellos a los verdaderos señores; donde se cumple el común proverbio español: Hurtar el cebón, y dar los pies

por Dios.» Francisco Luque Fajardo, *Fiel desengaño contra la ociosidad y los juegos,* **1603**. España. [◇Refrán que no ha prosperado en literatura ni en el habla popular.]
 20. lo que al pobre das, Dios con creces te lo pagará. Hay que hacer obras de caridad y ayudar a los necesitados.
 • «Lo que al pobre das, Dios con creces te lo pagará, dice el refrán popular.» *Diario Hoy,* 29/1/**1997**. Ecuador.
 21. nadie puede prometerse más horas de vida que Dios quiera darle. Tenemos los días contados, y no viviremos ni uno más.
 • «... y que nadie puede prometerse en este mundo más horas de vida de las que Dios quisiere darle; porque la muerte es sorda, y, cuando llega a llamar a las puertas de nuestra vida, siempre va de priesa, y no la harán detener ni ruegos, ni fuerzas, ni ceptros, ni mitras, según es pública voz y fama, y según nos lo dicen por esos púlpitos.» Miguel de Cervantes Saavedra, *El ingenioso hidalgo don Quijote de la Mancha,* **1605**. España
 22. > **casa,** *cada uno en su casa y Dios en la de todos.*
 23. > **errar,** *quien yerra y se enmienda, a Dios se encomienda.*
 24. > **madrugar,** *a quien madruga, Dios le ayuda.*
 25. > **mudarse,** *quien se muda, Dios le ayuda.*
 26. > **tripa,** *tripa llena, Dios alaba.*

discreto > **necio,** *no hay rico necio ni pobre discreto.*

discusión > **arreglo,** *más vale un mal arreglo que una permanente discusión.*

divertirse
 1. cada uno se divierte como puede. Así justificamos nuestro comportamiento molesto para los demás.
 • «Tranquilo, hombre, cada cual se divierte como puede.» Juan José Alonso Millán, *El guardapolvo,* **1990**. España. || «Cada cual se divierte como puede, Smith.» Agustín Gómez-Arcos, *Interview de Mrs. Muerta Smith por sus fantasmas,* **1991**. España.

doctor
 1. donde hay más doctores hay más dolores. Cuanta más gente trabaja en algo, peor es el resultado.

• «Y es de advertir que donde hay más doctores, hay más dolores. Esto dize dellos la ojeriza común...» Baltasar Gracián, *El Criticón. Primera parte*, **1651**. España. [◇Ya nos advierte Gracián sobre la ojeriza que la gente tiene a los médicos. Es una relación de amor y odio.]

dolor > **amor,** *el amor, el dolor y el dinero no se pueden ocultar.* > **casarse,** *quien se casa por amores, ha de vivir con dolores.* > **locura,** *si la locura fuese dolores, en cada casa habría voces.*

doncella
1. la doncella honesta, el hacer algo es su fiesta. Refrán machista que quiere tener ocupadas a las mujeres para que no se desmanden.
• «Vos, hermano, idos a ser gobierno o ínsulo, y entonaos a vuestro gusto, que mi hija ni yo por el siglo de mi madre que no nos hemos de mudar un paso de nuestra aldea: la mujer honrada, la pierna quebrada, y en casa; y la doncella honesta, el hacer algo es su fiesta.» Miguel de Cervantes Saavedra, *Segunda parte del ingenioso caballero don Quijote de la Mancha*, **1615**. España.

dormir
1. donde duermas no hagas daño. Hay que portarse bien donde uno vive.
• «Hombre, yo no he querido nunca meterme con la gente del Arahal, porque se han portado bien conmigo, porque me quieren y me dejan el paso libre, y yo en eso me parezco a los gitanos, que dicen: Donde duermas, no hagas daño.» Julián Zugasti y Sáenz, *El bandolerismo. Estudio social y memorias históricas*, **1876-80**. España.
2. dos horas duerme el santo, tres el que no lo es tanto, cuatro el estudiante, cinco el caminante, seis el teatino, siete el pollino. Las horas necesarias de dormir según quién.
• «Dos horas duerme el santo, tres, el que no lo es tanto, quatro, el estudiante, cinco, el caminante, seis, el teatino, siete, el pollino.» Melo, *La tiorba de Polymnia* (Obras, t. 3, p. 254). *Corpus de la lírica popular hispánica*, **1500-1700**. España. || «Tres horas duerme el santo, quatro, el que no es tanto, cinco, es lo forzoso, seis, el pereçoso, siete, el tiatino, ocho, el cochino.» Anónimo, *Corpus de la lírica popular hispánica*, **1500-1700**. España. [◇Teatino: religioso de una orden fundada en en el siglo XVI que se dedicaba a asistir a los condenados a muerte. Hoy dormimos

lo que podemos, que es muy poco. «Teatino, se dice de los religiosos regulares de S. Cayetano. Tomaron este nombre del obispo de Teati Juan Pedro de Carrasa, que después fue sumo pontífice con el nombre de Paulo IV.» DA.]

3. dos que duermen en el mismo colchón se vuelven de la misma opinión. Se cree que los que duermen juntos comparten las mismas opiniones.

• «Por otro lado, tampoco hay que esperar que la mujer del presidente disienta mucho de su marido. Dice el pueblo que dos que duermen en el mismo colchón se vuelven de la misma opinión. La conseja vale igualmente para el colchón alquilado de la Moncloa.» Amando de Miguel, *La Razón*, 1/7/**2001**. España.

4. durmamos y medraremos. El descanso mejora las cosas.

• «Ahora bien, tornémonos a acomodar y durmamos lo poco que queda de la noche, y amanecerá Dios y medraremos.» Miguel de Cervantes Saavedra, *Segunda parte del ingenioso caballero don Quijote de la Mancha*, **1615**. España.

5. el que mucho duerme, legañas cría. No hay que dormir demasiado, sino lo justo.

• «Como dice el refrán: El que mucho duerme legañas cría. Pero yo de legañas nada, porque con lo que me está pasando a mí esta noche...» Antonio Martínez Ballesteros, *Pisito clandestino*, **1990**. España. [◇Amonesta don Quijote a Sancho diciéndole: «¿Soy yo, por ventura, de aquellos caballeros que toman reposo en los peligros? Duerme tú, que naciste para dormir...» I, cap. XX.]

6. > **río,** *a quien duerme junto al río la corriente se lo lleva.*

dos

1. no hay dos sin tres. Se cree que todo viene en tandas de tres.

• «Le pusiera una fila más, quizás por aquello de que no hay dos sin tres, y quizás también porque los poetas suelen ser gentes aficionadas a tomarse licencias, a falta de cosa de mayor substancia.» Camilo José Cela, *Judíos, moros y cristianos*, **1956**. España. || «Ella, tú y yo. Hay tres, pero sois dos ¡no hay dos sin tres! Ella, tú, la soledad y yo.» José María Fernández, *Salvar al drogadicto*, **1981**. España. || «Miguel se hubiera convertido en el tercer pájaro. Nunca hay dos sin tres.» Javier García Sánchez, *La historia más triste*, **1991**. España. || «Se acostaba con dos a la vez. Una punzada de celos oprimió su pecho, y se consoló recurriendo al refrán de que no hay dos sin tres.» *El Mundo*, 8/8/**1996**. España. || «No hay dos sin tres, esta vez se dio que cantamos los premios gordos de Navidad, Año Nuevo y Reyes, pero no somos de tener tanta suerte...» *Diario El Clarín*, 12/1/**1997**. Argentina.

duda
 1. **en la duda, abstente.** Es preferible no hacer o actuar que cometer un error.
 • «Sí. En la duda, abstente. ¡Qué fácil!» Max Aub, *La gallina ciega*, **1971**. España. || «... dudan sobre lo que será mejor y por aquello de que ante la duda abstente, no hacen nada para no comprometerse en algo que los confunde.» Jorge Almeida, *Cómo cuidar al niño. El libro de mamá*, **1975**. Argentina. || «... y comprendo hasta qué punto me he equivocado por no aplicar aquello de que en la duda abstente, y por no confiar en mi vieja y maldita intuición de mierda.» Alfredo Bryce Echenique, *La vida exagerada de Martín Romaña*, **1981**. Perú. || «Por último, me dije: en la duda, abstente.» *Hoy*, 25/4-01/5/**1984**. Chile. [◇L. «in dubiis abstine.»]

dudoso > **cierto,** *dejar lo cierto por lo dudoso.*

duelo
 1. **los duelos (penas) con pan son menos.** Las desgracias son más llevaderas si van acompañadas de algo que gusta, especialmente de comer.
 • «Y aún menos mal si comiéramos, pues los duelos con pan son menos, pero tal vez hay que se nos pasa un día y dos sin desayunarnos, si no es del viento que sopla.» Miguel de Cervantes Saavedra, *Segunda parte del ingenioso caballero don Quijote de la Mancha*, **1615**. España. || «... un pedazo de pan le dio a su jumento, que no le supo mal, y díjole Sancho, como si lo entendiera: –Todos los duelos con pan son buenos.» Miguel de Cervantes Saavedra, *Segunda parte del ingenioso caballero don Quijote de la Mancha*, **1615**. España. || «¿Los duelos con pan son menos? Ni aun tengo que agradecer al astro que me persigue esa dedada de miel.» Manuel Bretón de los Herreros, *La escuela del matrimonio*, **1852**. España. || «En mis tiempos se decía que los duelos con pan son menos.» Antonio Gala, *Nieve*, **1994**. España. || «Menos mal que los duelos con pan son menos y los tres goles ante el Celta...» *El Mundo*, 30/9/**1996**. España. || «... y si se te va el amor, que se vaya, las penas con juerga y un buen choricito

dulce

son menos.» José Manuel Cuéllar, *ABC,* 2/12/**2000**. España. [◇«Son más soportables los trabajos habiendo bienes y conveniencias.» NDLC.]

dulce > **amargar,** *a nadie le amarga un dulce.*

durar > **mal,** *no hay mal que cien años dure.*

duro
   1. estar a las duras y a las maduras. Es necesario atenerse a lo bueno y a lo malo, y aceptarlo.
   • «... el que está dispuesto a las maduras, ha de estar también a las duras. Así como estuviste conforme y gustoso con los pesos que gastaste, así lo debes estar con los palos que has llevado.» José Joaquín Fernández de Lizardi, *El Periquito Sarniento,* **1816-27**. México. ‖ «El príncipe está, como quien dice, a las blandas, a las duras y a las maduras...» Alfonso Vallejo, *Latidos,* **1980**. España. ‖ «...y los burgueses traicionaban el reparto si no llevaban el bolsillo bien surtido, que hay que estar a las duras y a las maduras.» José Luis Martín Vigil, *En defensa propia,* **1985**. España. ‖ «Hay que estar a las duras y a las maduras, aunque un tiempo hará falta para remontar este golpe.» Luis Mateo Díez, *La fuente de la edad,* **1986**. España. [◇NDLC: «ref. *Vayan las duras con o por las maduras*, el que tiene utilidades en un trabajo o empleo, debe también sufrir las incomodidades que origina.»]
   2. más da el duro que el desnudo. Del que algo tiene, algo se puede sacar.
   • «Más da el duro que el desnudo: una por una, ya dio éste hasta la capa, el otro aún se está por ver, y él repite: Para tener dineros, tenerlos.» Baltasar Gracián, *El Criticón. Tercera parte,* **1657**. España.

e

Ebro
 1. **Ega, Arga y Aragón hacen al Ebro varón.** Tres afluentes del Ebro.
 • «Los principales afluentes del Ebro son los que provienen de los Pirineos. El Elga, el Aragón con el Arga, aumentan mucho su caudal como indica el refrán: Ega, Arga y Aragón, hacen al Ebro varón.» Anónimo, *Geografía de España y Portugal,* **1920**. España. || «… recordó en *El Proletario* el adagio popular: Ega, Arga y Aragón hacen al Ebro varón.» José María Gironella, *Un millón de muertos,* **1961**. España.

ejemplo
 1. **predicar con el ejemplo.** Uno debe hacer lo que quiere que hagan los demás.
 • «… repite cada día que hay que predicar con el ejemplo y la pureza de la vida.» Miguel de Unamuno, *Vida de don Quijote y Sancho,* **1905-14**. España. || «La educación moral no consiste en discursear en consejo de actos laudables sino en predicar con el ejemplo…» José Sarmiento Lasuén, *Compendio de paidología,* **1914**. España. || «Sólo faltaría que, además, le tocase predicar con el ejemplo.» Terenci Moix, *No digas que fue un sueño,* **1986**. España. || «Como se dice, hay que predicar con el ejemplo.» Manuel Penella, *Tu hijo: genio en potencia. Las claves fundamentales para su educación,* **1995**. Argentina. || «Para predicar con el ejemplo, Germán se estaba tomando dicho cafetito en un bar próximo a su estudio de arquitectura mientras hojeaba uno de los dieciocho periódicos y…» Adolfo Marsillach, *Se vende ático,* **1995**. España. || «Nuestro ministro se ha esforzado en predicar con el ejemplo.» *La Razón,* 15/4/**2001**. España.

ejercicio > **práctica,** *la práctica hace maestro.* > **maestro,** *el ejercicio hace maestro.*

elegir

elegir > llamar, *muchos son los llamados y pocos los elegidos.*

elogio > alabanza, *la alabanza propia envilece.*

embarcar
1. al embarcar, el primero y al desembarcar, el postrero. Hay que ser el primero para lo bueno y lo cierto y el último para lo dificultoso y aventurado.
• «Hice llevar mi baúl, observando el adagio que dice: al embarcar, el primero, y al desembarcar, el postrero; metílo a lo príncipe en la...» Anónimo, *La vida y hechos de Estebanillo González,* **1646**. España.

embudo
1. la ley del embudo, para mí lo ancho y para ti lo agudo. Ley por la cual, y cuando se aplica, unos salen más beneficiados.
• «Pero para otra ocasión dejemos tan grave asunto. Hablaremos... Entre tanto, que sea siempre tu escudo la razón, y ten presente que sujetas al influjo del hombre, para nosotras hizo la ley del embudo.» Manuel Bretón de los Herreos, *La escuela del matrimonio,* **1852**. España. || «Quédase Ganivet en los umbrales del quijotismo al suponer que la justicia hecha por Don Quijote en los galeotes se fundara en que no hay derecho estricto a castigar a un culpable mientras otros se escapan por las rendijas de la ley, y que es preferible la impunidad de todos a la ley del embudo.» Miguel de Unamuno, *Vida de don Quijote y Sancho,* **1905-14**, España. || «... cuando dos semanas atrás se aprobó en el Congreso una ley dando al servicio de espionaje americano poderes nunca tenidos. Es la ley del embudo.» Pedro Salinas, *Correspondencia,* **1923-1951**. España. || «... que mentado en cierto muy repetido refrán, se ha elevado a símbolo del egoísmo sin freno. La ley del embudo, para mí lo ancho, para ti lo agudo.» Azorín, *Madrid,* **1941**. España. || «A medida que pasan los años, Mario, fíjate, más me convenzo, de que el hombre no es un animal monógamo, de que la monogamia para vosotros es una antigualla. Nos veis tan pánfilas que abusáis de nuestra sumisión, os echan las bendiciones y a descansar, un seguro de fidelidad, claro que eso para vosotros no rige, la ley del embudo.» Miguel Delibes, *Cinco horas con Mario,* **1966**. España. || «... con muslos que convergen hacia el entrevisto tesoro como dos imperiosas señales de tráfico: dirección única, ley del embudo que la hispánica grey acata y sólo el traidor desdeña!» Juan Goytisolo, *Reivin-*

dicación del conde don Julián, **1970**. España. [◇«*La ley del embudo*. Algunos añaden como complemento o explicación *lo ancho para mí y lo estrecho para ti*. Es la ley donde todo es favorable para el que la dicta y perjudicial para el que la ha de cumplir, aludiendo a la parte ancha del embudo que se reserva el legislador para sí, mientras dirige la parte estrecha a los que han de obedecerle.» JMI.]

emperador
1. a tal emperador, tal siervo. Los empleados son un reflejo de los jefes.
• «¡Oh, qué joven, qué seductor es usted! Qué razón tiene el adagio: a tal Emperador, tal siervo. Déjeme que le bese su vientre de fuego.» Fernando Arrabal, *El Arquitecto y el Emperador de Asiria*, **1975**. España.

empezar
1. lo que no se empieza no se acaba. Todo hay que empezarlo si queremos terminarlo. Por algo se empieza, por el principio, por ejemplo.
• «Es preciso empezar, Señor, porque lo que no se empieza, no se acaba». Eugenio Vallarino, *Evolución de las estructuras hidráulicas*, **1984**. España.
2. > **acabar,** *lo que mal empieza, mal acaba.*

enamorado
1. piensan los enamorados que todos tienen los ojos vendados. El enamorado no cree que se equivoca, sino los demás cuando critican a la persona que ama.
• «De modo que piensan los enamorados que todos los demás tienen los ojos vendados.» Baltasar Gracián, *El Criticón. Primera parte*, **1651**. España.

encantar
1. con lo que encantas, espantas. La mismas cualidades que atraen, pueden repeler.
• «Hay un dicho que creo que es peruano, que dic,: Con lo que encantas, espantas, y eso me ha pasado a mí, fíjate.» TVE1, Programa «La Luna», 21/11/**1989**. España.

encubrir > **anzuelo,** *en la dádiva está encubierto el anzuelo.*

enemigo
   1. a enemigo que huye, puente de plata. Cuando el enemigo se retira y deja la batalla, lo mejor es dejarle ir.
   • «El mismo decía: –Al enemigo que huye, hacerle la puente de plata. Yendo a acometer en una batalla a los enemigos, cayó del caballo. Algunos mostraron no tenerlo por buena señal. Díjoles: –No temáis, que, pues la tierra nos abraza, bien nos quiere.» Melchor de Santa Cruz de Dueñas, *Floresta española*, **1574**. España. || «Yo había oído decir que aquel era verdaderamente loco que buscaba su mujer habiéndosele ido, o que a el enemigo se le había de hacer la puente de plata por donde huyese.» Mateo Alemán, *Segunda parte de la vida de Guzmán de Alfarache. Atalaya de la vida humana*, **1604**. España. || «... y a lo que comúnmente se dice, que, al enemigo que huye, la puente de plata, y el mayor que el hombre tiene suele decirse que es la mujer propia.» Miguel de Cervantes Saavedra, *Los trabajos de Persiles y Segismunda*, **1616**. España. || «Y así terminó la entrevista con la cual quiso poner en práctica Francisco Vellorini el proverbio de Al enemigo, puente de plata.» Rómulo Gallegos, *Canaima*, **1935**. Venezuela. || «Como dijo Napoleón: A enemigo que huye, puente de plata...» Ciro Alegría, *Los perros hambrientos*, **1939**. Perú. || «A enemigo descubierto puente de plata...» Luis Gasulla, *Culminación de Montoya*, **1975**. Argentina. || «No tuve más remedio que decir: Al enemigo que huye, puente de plata.» Benito Pérez Galdós, *Fortunata y Jacinta*, **1885**. España. || «A Francisco Rico no le basta con eso de que al enemigo que huye, la puente de plata; por el contrario, me hostiga amistosamente, si la contradicción es admisible...» *ABC,* 18/10/**1996**. España. [◇ Se atribuye la frase a Arístides que aconsejó a Temístocles, político y general ateniense (514-449 a. C.), que no destruyese un puente de barcas que Jerjes, rey de Persia, había construido en el Helesponto para invadir Grecia. Y Erasmo escribió: «Hostibus fugientibus pontem argenteum exstruendum esse.»]
   2. de los enemigos los menos. Es mejor tener pocos enemigos.
   • «¡De los enemigos, los menos!» Fernando de Rojas, *La Celestina*, **1499**. España. || «... que siempre oi decir: de los enemigos, los menos.» Anónimo, *Segunda parte del Lazarillo de Tormes*, **1555**. España. || «Ozmín deseaba tener de los enemigos los menos y...» Mateo Alemán, *Primera parte del Guzmán de Alfarache*, **1599**. España. || «Que, si de los enemigos los menos, uno ha faltado del oficio...» Francisco de Luque Fajardo,

Fiel desengaño..., **1603**. España. || «No dices mal –dijo don Quijote–; porque de los enemigos, los menos.» Miguel de Cervantes Saavedra, *Segunda parte del ingenioso caballero don Quijote de la Mancha*, **1615**. España. || «Mientras más moros muertos más ganancia y entonces serán enemigos los menos.» Pascual Boronat, *Los moriscos españoles y su expulsión*, **1901**. España.
    3. el enemigo de mi enemigo es mi amigo. Porque se tiene en común la enemistad contra la misma persona.
    • «La vieja tendencia humana a que el enemigo de mi enemigo es mi amigo, la lleva el articulista a su extremo más transparente y por lo tanto más grotesco.» José Antonio Zarzalejos, *ABC*, 19/5/**2001**. España.
    4. no hay enemigo pequeño. Todo enemigo es siempre potencialmente peligroso y no se debe menospreciar.
    • «No podemos fiarnos de nadie y hay que salir a tope, porque no existe enemigo pequeño.» *La Vanguardia*, 2/9/**1995**. España. || «la eliminación del término Pantomima para referirse al, no hay enemigo pequeño, Ejército Popular Revolucionario.» *Diario de Yucatán*, 9/9/**1996**. México. || «No hay enemigo pequeño ni tácticas que se le opongan suficientes para contenerlo.» *Excelsior*, 6/1/**1997**. México. [◇«El insensato desprecia al prójimo...» Proverbios, 11:12.]
    5. quien a su enemigo popa, a sus manos muere. No hay que fiarse nunca del enemigo y hay que estar atento siempre.
    • «Quien a su enemigo popa a las sus manos muere; el que a su enemigo non mata, si podiere, su enemigo a él matará, si cuerdo fuere.» Juan Ruiz (Arcipreste de Hita), *Libro de buen amor*, **1330-43**. España. || «Popar, por despreciar, me parece que usa un refrán que dize: Quien su enemigo popa, a sus manos muere; agora ya no lo usamos en ninguna sinificación...» Juan de Valdés, *Diálogo de la lengua*, **1535**. España. || «Yo confieso que es trabajo hacer daño a otro para aprovecharse a sí, pero yo no reparaba en eso; que quien a su enemigo popa a sus manos muere. Salió el padre al ruido no con menos sobresalto que el que pedían mis voces y golpes.» Gregorio González, *El guitón Onofre*, **1604**. España. [◇*popar*, despreciar, menospreciar. «Quien desprecia a un enemigo personal suele ser víctima de su vana confianza, y necio orgullo que lo hace considerarse superior en todo al despreciado.» NDLC.]
    6. ¿quién es tu enemigo? El que es de tu oficio. Nuestros colegas de profesión u oficio son los que más envidia y recelos tienen y los que más nos atacan.

enemigo

• «... y así se verifica entre ellos el adagio que dice: quien es tu enemigo sino el de tu oficio; aunque es verdad que esto no se puede decir que es regla general...» Juan de Escalante de Mendoza, *Itinerario de navegación de los mares y tierras occidentales*, **1575**. España. ‖ «Y, como habían de dar los acreedores el mesón a quien mejor se lo pagase, no faltaron para él opositores. Que quien es de tu oficio, ése es tu enemigo. Nunca en los tales falta invidia: siempre les pesa del acrecentamiento del otro.» Mateo Alemán, *Segunda parte de la vida de Guzmán de Alfarache. Atalaya de la vida humana*, **1604**. España. ‖ «No quiero decir más destas figuras voraces, temiendo no se me pegue algo o que, si los aprieto mucho, no falte quien diga: ¿Quién es tu enemigo? El de tu oficio.» Francisco de Quevedo y Villegas, *Vida de la corte y Capitulaciones matrimoniales*, **1611**. España. ‖ «¿Quién es tu enemigo? El de tu oficio. Este proverbio castellano tiene su correspondiente en todos los idiomas cultos. ¡Tan íntima es y tan vulgarizada está la conviccion de que la rivalidad de profesiones ocasiona enemistades y envidia!» Tomás Orduña Rodríguez, *Manual de higiene privada*, **1881**. España. ‖ «Pero usted le aborrece por aquello de ¿Quién es tu enemigo? El de tu oficio. Usted vende objetos del culto: cálices, patenas, vinajeras, lámparas, sagrarios, casullas, cera y hasta hostias...» Leopoldo Alas (Clarín), *La Regenta*, **1884-85**. España. ‖ «Al adversario no hay que buscarle lejos. ¿Quién es tu enemigo? El de tu oficio.» Amando de Miguel, *El espíritu de Sancho Panza*, **2000**. España. [◇«Por eso se comprende que en los conflictos interpersonales haya muchos más lazos y elementos comunes de los que sospechan los contendientes. Los policías saben que, ante un caso de asesinato, lo más probable es que la víctima conociera al asesino.» .]

    7. > **criado,** *criado, enemigo pagado (encubierto).*

*****enemistad** (ideas) *amigo que no da (presta) y cuchillo que no corta, que se pierda, poco importa; de* **amigo** *a amigo, chinche en el ojo; contra el caído todos se* **atreven***; el* **can** *con angosto a su amo vuelve el rostro; quien matar quiere a su* **can***, achaque le levanta;* **criado,** *enemigo pagado (encubierto); quien te* **cubre,** *te descubre; cría* **cuervos** *y te sacarán los ojos; no hay mejor* **desprecio** *que no hacer aprecio; el que venga* **detrás** *que arree; sobre* **dineros** *no hay amistad; donde* **duermas** *no hagas daño; la ley del* **embudo,** *para mí lo ancho y para ti lo agudo; no hay* **enemigo** *pequeño; ¿quién es tu* **enemigo***? El que es de tu oficio; quien* **engaña** *al engañador tiene cien años de perdón; so la color está el* **engaño***; si no* **estás** *conmigo estás contra mí; el* **hombre** *es un lobo para el hombre; por arte* **juran** *muchos, y por arte son* *perjuros; las cañas se vuelven* **lanzas**; *al* **maestro**, *cuchillada; la* **manzana** *podrida pierde a su compañía; entre todos la* **mataron** *y ella sola se murió; a* **muertos** *y a idos no hay amigos; mucho te quiero Perico pero* **pan** *poquico; vale más una migaja de* **pan** *con paz, que toda la casa llena de viandas con rencilla; la* **pasión** *ciega la razón; ni* **pidas** *a quien pidió ni sirvas a quien sirvió;* **piensa** *mal y acertarás; dos no* **riñen** *si uno no quiere.*

enero
    1. enero y febrero, la liebre en el reguero. En los regueros se encuentran las liebres en esos meses.
    • «En Aragón y para referirse a los puntos de encame elegidos en las épocas de invierno, existe un refrán que dice: En enero y febrero, la liebre en el reguero.» Carlos Gracia Monterde, *Tras la caza menor*, **1996**. España.

*****enfermedad** (ideas) *donde hay más* **doctores** *hay más dolores.*

engañar
    1. quien engaña al engañador tiene cien años de perdón. Excusa las malas acciones y los engaños.
    • «... quien engaña al engañador... ya me entiendes. Y si sabe mucho la raposa, más el que la toma...» Fernando de Rojas, *La Celestina*, **1499**. España.
    2. > **apariencia**, *las apariencias engañan.*
    3. > **ladrón**, *quien roba a un ladrón tiene cien años de perdón.*

*****engaño** (ideas) *entre* **bobos** *(pillos, cutres, vivos) anda el juego;* **buey** *muerto, vaca es; el que se* **burla** *se confiesa; caldo de zorra, que está frío y quema;* **cállate** *y callemos que sendas no tenemos; menea la cola el* **can**, *no por ti, sino por el pan;* **cantar** *mal y porfiar; debajo de una mala* **capa** *hay un buen bebedor; no dejes que tu* **caporal** *administre tu hacienda, monte tu caballo y cuide a tu mujer, porque te puedes quedar sin hacienda, sin caballo y sin mujer; antes que te* **cases** *mira lo que haces;* **celosillo** *es mi marido y yo me río porque cuando él va yo ya he venido; la mujer del* **ciego**, *¿para quién se afeita?; tras de* **cornudo**, *apaleado; detrás de la* **cruz** *está el diablo; hurtar el cebón y dar los pies por* **Dios**; *encenderle una vela a* **Dios** *y otra al diablo; donde* **duermas** *no hagas daño; con lo que* **encantas**, *espantas; ni* **están** *todos los que son ni son todos lo que están; de noche todos los*

gatos *son pardos; el* **hábito** *no hace al monje; hecha la* **ley***, hecha la trampa; debajo de mi* **manto***, al rey mato; el que malas* **mañas** *ha, tarde o nunca las perderá; no es* **oro** *todo lo que reluce;* **paga** *adelantada, paga viciosa; a otro* **perro** *con ese hueso; cuando el tabernero* **vende** *la bota, o sabe a pez o está rota; mucha mala bestia* **vende** *buen corredor.*

engaño
1. **la mitad del año, con arte y engaño, y la otra parte, con engaño y arte.** Los hay que viven engañando y trampeando.
• «La mitad del año con arte y engaño y la otra parte con engaño y arte.» Baltasar Gracián, *El Criticón*, **1657**. España. [◇«Si se sabe hacer bien, el fingimiento permite medrar socialmente, que es una preocupación del español de todos los tiempos. *Con arte y engaño se vive medio año; y con engaño y arte la otra parte.* Parece la divisa de un pícaro.».]
2. **so la color está el engaño.** Las apariencias son engañosas.
• «So por debaxo se usa algunas vezes, diziendo: So la color está el engaño y So el sayal, ay ál...» Juan de Valdés, *Diálogo de la lengua*, **1535**. España. [◇*so*, bajo: so pena de, so la color, etc.]

enriquecer
1. **¿quién te enriqueció? Quien te gobernó.** El que dirige, el que manda, el jefe, puede ser artífice de tus riquezas.
• «... que, como dicen, ¿quién te enriqueció?: quien te gobernó.» Francisco Delicado, *La Lozana Andaluza*, **1528**. España. || «También, madre, dicen que quien te gobernó, ése te enriqueció; y debes advertir que a quien en un año quiere ser rico, al medio le ahorcan.» Lope de Vega Carpio, *La Dorotea*, **1632**. España.

ensalada > casada, *la casada y la ensalada, dos bocados y dejarla.*

enseñar
1. **enseñando se aprende.** Tratando de explicar a los demás se aprende.
• «El que esto escribe ha visto un abogado pretendiendo cualquiera cátedra de derecho, la vigésima o la centésima, para no precisar demasiado, y obtenerla al fin; y ante el asombro de semejante procedimiento, sentar el principio: enseñando se aprende y adelante.» Franz Tamayo, *Creación de la pedagogía nacional*, **1910**. Bolivia. || «... siendo psicológicamente

útil que compartan sus conocimientos con los demás alumnos, con sus padres y con el propio profesor, puesto que es cierto que enseñando se aprende.» Rafael Rodríguez Delgado, *Del universo al ser humano. Hacia una concepción planetaria para el siglo XXI,* **1997**. España.
2. > **nacer,** *nadie nace enseñado.*
3. > **saber,** *no sólo basta saber, sino que hay que saber enseñar.*

entendedor
1. **a buen entendedor, pocas palabras bastan.** Al inteligente le basta con poca retórica para comprender lo que se le dice, especialmente cuando esto está claro.
• «Pocas palabras cumplen al buen entendedor.» Juan Ruiz (Arcipreste de Hita), *Libro de buen amor,* **1330-43**. España. || «¡A, López mía! ¿Y para qué es nada deso? A buen entendedor, pocas palabras. López: No os entiendo, en berdad. Dicildo claro.» Lorenzo Sepúlveda, *Comedia de Sepúlveda,* **1565**. España. || «Ya me entiendes, y a buen entendedor, pocas palabras.» Mateo Alemán, *Segunda parte de la vida de Guzmán de Alfarache. Atalaya de la vida humana,* **1604**. España. || «... según he oído decir a vuesa merced, tanto se pierde por carta de más como por carta de menos, y al buen entendedor, pocas palabras.» Miguel de Cervantes Saavedra, *Segunda parte del ingenioso caballero don Quijote de la Mancha,* **1615**. España. || «Aun en la disputa prefiere la expresión velada a la injuria: al buen entendedor, pocas palabras.» Octavio Paz, *El laberinto de la soledad,* **1950-59**. México. || «... cuando le hicieron director, aunque con mucha vaselina ya te lo vino a decir, que a buen entendedor, que la bici sobraba...» Miguel Delibes, *Cinco horas con Mario,* **1966**. España. || «Creí que a buen entendedor... Me dedico al contrabando.» F. Sánchez-Dragó, *El camino del corazón,* **1990**. España. || «... no dijeron cuando, lo dijeron nomás, y a buen entendedor...» *Caretas,* 13.11.**1997**. Perú. [◇L. «verbum sat sapientia est.»]

entender
1. **yo me entiendo y bailo solo.** Yo me las arreglo solo, sin ayuda, y sé lo que hago.
• «...Que no haré caso y seguiré en mis trece, pues yo me entiendo y bailo solo.» Miguel de Unamuno, *Amor y pedagogía,* **1902**. España.

entendimiento > **vientre,** *el vientre grueso engendra grueso entendimiento.*

enterrar
   1. con vos me entierren que sabéis de cuenta (de todo). Se emplea a manera de halago, para congraciarse con alguien.
   • «Con vos me entierren, que sabéis de cuenta. Ve do vas, y como vieres, ansí haz, y como sonaren, así bailarás.» Francisco Delicado, *La Lozana Andaluza*, **1528**. España. || «Con vos me entierren, Sancho, que sabéis de todo –respondió el duque–, y yo espero que seréis tal gobernador como vuestro juicio promete.» Miguel de Cervantes Saavedra, *Segunda parte del ingenioso caballero don Quijote de la Mancha*, **1615**. España.

*entrometerse (ideas) *meterse en* **camisa** *de once varas; escarba la* **gallina** *siempre por su mal; quién* **habló***, que la casa honró; la* **ignorancia** *es muy atrevida; entre dos* **muelas** *cordiales nunca pongas tus pulgares; lo que veo por los* **ojos***, con el dedo lo señalo.*

envenenar > **agua,** *agua estancada, agua envenenada.*

envidia** (ideas) ***culo *veo, culo quiero; ¿quién es tu* ***enemigo****? El que es de tu oficio; unos nacen con* ***estrella*** *y otros nacen estrellados;* ***mal*** *de muchos consuelo de todos (tontos); todo* ***monaguillo*** *alguna vez quiere decir misa.*

envidia
   1. la envidia es la madre de todos los males. La envidia es la raíz de todos los problemas que tiene el hombre.
   • «... una cosa tengo muy clara: antes que la envidia, madre de todos los males, siempre elegiré el mal menor del recelo.» *La Vanguardia,* 21/7/**1994**. España. [◇«El ojo malvado es envidioso de pan, y hay penuria en su mesa.» Eclesiástico, 14:10.]
   2. mejor es tener envidia que lástima. Si nos envidian es porque hacemos o tenemos algo que codician los demás.
   • «Y así, amigo Elicio, no digas mal del estado en que te hallas, porque yo te prometo que, cuando se comparase con el mío, hallaría yo ocasión de tenerte más envidia que lástima.» Miguel de Cervantes Saavedra, *La Galatea*, **1585**. España. [◇Aparece en Píndaro, Heródoto y en los *Adagios* de Erasmo, «potius sero quam nunquam.»]
   3. si la envidia fuese tiña, cuántos tiñosos habría. La envidia abunda por doquier.

• «Si la enbidia fuera tiña, ¡ké de tiñosos avría!; o muchos tiñosos avría.» Gonzalo Correas, *Vocabulario de refranes y frases proverbiales*, **1627**. España. || «... y hace tan amarga el agua, los que no padecen de flatulentos carcinomas, abortos de Palas y la Estijia (si la envidia tiña fuera) no quieren beber de semejante estomáquico; y él tiene que volverse solo o con algún terroso verdemente biliado a su calleja de la amargura.» Juan Ramón Jiménez, *Españoles de tres mundos*, **1942-58**. España. || «...cuales suelen alegar que si la envidia fuera una enfermedad degradante de la piel, el mundo estaría lleno de tiñosos.» Edgardo Rolla, *Familia y personalidad*, **1976**. Argentina. || «¡Tú a lo tuyo, Daría, que si la envidia fuera tiña...!» Andrés Berlanga, *La gaznápira*, **1984**. España. || «Anda, rica, que si la envidia fuese tiña no te se iba a quedar ni un solo pelo en la chola.» Ernesto Caballero, *Squash*, **1988**. España. || «Recordemos que si la envidia fuese tiña, muchos tiñosos habría.» *Diario Hoy*, 3/9/**1997**. Ecuador. [◇«No malgastes la parte que te queda de vida en imaginaciones sobre los otros... esto es, imaginando qué hace Fulano de Tal, por qué motivo, qué piensa, qué maquina...» Marco Aurelio, *Meditaciones*.]

envilecer > alabanza, *la alabanza propia envilece.*

errar
1. de los hombres es errar, de bestias perseverar. No hay que ser empecinado ni terco.
• «De los hombres es errar, y bestial es la porfía.» Fernando de Rojas, *La Celestina*, **1499**. España. || «Yo confieso mi pecado. De los hombres es errar y de bestias la perseverancia en el yerro.» Gregorio González, *El guitón Onofre*, **1604**. España. [◇NDLC: *«De hombres es errar, de bestias obstinarse en el error*; el hombre sabio se convence fácilmente de sus errores y los confiesa con ingenuidad, pero los estúpidos tienen a menos declarar sus faltas.»]
2. errar es humano. Se emplea a manera de excusa cuando uno se equivoca.
• «Errar es humano, dice el proverbio, pero el asunto es grave cuando se trata de un error gubernamental.» *Revista Hoy*, 19-25/10/**1983**. Chile. [◇L. «errare humanum est.»]
3. quien yerra por un punto, por mil yerra. No nos podemos fiar del que comete un error, porque seguramente que cometerá más.
• «Como dice un refrán de nuestra tierra, quien yerra por un punto,

por mil yerra.» Bartolomé Jiménez Patón, *Elocuencia española en arte*, **1604-21**. España.
4. quien yerra y se enmienda, a Dios se encomienda. Es bueno admitir el error y corregirlo.
• «… y si hablo mucho, más procede de enfermedad que de malicia; mas quien yerra y se enmienda, a Dios se encomienda.» Miguel de Cervantes Saavedra, *Segunda parte del ingenioso caballero don Quijote de la Mancha*, **1615**. España.

*****error** (ideas) *un **abismo** llama otro; **agua** vertida, no toda cogida; por el **alabado** dejé el conocido, y vime arrepentido; el **bien** no es conocido hasta que es perdido; el que abre la **boca** paga con la gorja; por la **boca** muere el pez; a cada **cabo** hay tres leguas de mal quebranto; el que está a muchos **cabos** está en ninguno; camarón (boquerón) que se duerme se lo lleva la corriente; quien **camisas** hurta, jubón espera; el **can** que mucho lame, sangre saca; **cantar** mal y porfiar; antes que te **cases** mira lo que haces; yerro es no **creer**, y culpa creerlo todo; confundir el **culo** con las témporas; piensan los **enamorados** que todos tienen los ojos vendados; de los hombres es **errar**, de bestias perseverar; **errar** es humano; quien **yerra** por un punto, por mil yerra: el mejor **escribano** echa un borrón; el que se **excusa**, se acusa; quien mucho **habla**, mucho yerra; por un clavo se pierde una **herradura**; dar una en el clavo y ciento en la **herradura**; el **hombre** es el único animal que tropieza dos veces con la misma piedra; por falta de **hombres** buenos a mi padre hicieron alcalde; con un **lobo** no se mata otro; el propósito **muda** el sabio, el necio persevera; quien con **niños** (mocosos) se acuesta, cagado (mojado) amanece; **paga** adelantada, paga viciosa; hallar nidos donde se piensa hallar pájaros; la **pasión** ciega la razón; vivir **pobre** por morir rico; mientras más **sabio** es su autor, menos enmienda tiene su error; echar (arrojar) la **soga** tras el caldero; adonde se piensa que hay **tocino**, no hay estacas.*

escarmentado
1. de los escarmentados salen los avisados (arteros). El que ha sufrido un mal se guarda siempre y desconfía.
• «De los escarmentados se hazen los arteros.» Sebastián de Covarrubias, *Tesoro de la lengua castellana o española*, **1611**. España. || «Y como de los escarmentados se hacen los arteros, pedí licencia a mi capitán para ir a cumplir un voto que le di a entender había hecho en la tormenta referida.» Anónimo *La vida y hechos de Estebanillo González*, **1646**. España. ||

«¡Tan cierto es que no hay mal que por bien no venga, y que de los escarmentados nacen los avisados!» Julián Zugasti y Sáenz, *El bandolerismo. Estudio social y memorias históricas*, **1876**. España. [◊Artero: astuto.]

escarmentar
   1. escarmentar en cabeza ajena. Aprender de los castigos o desdichas de los demás.
   • «... y al fin de alguno alcanzada y aun burlada, como cada día vemos, y paréceme que es bien escarmentar en cabeza ajena...» Pedro de Luján, *Coloquios matrimoniales,* **1550**. España. || «... a Roma por todos; el pago que da el mundo; escarmentar en cabeza ajena; el corazón me quiebra; la soga a la garganta...» Francisco de Quevedo, *Pragmática que este año 1600 se ordenó...,* **1600**. España. || «... los defectos de los malos predicadores para que el rubor de verse ridiculizados en cabeza ajena...» José Francisco de Isla, *Historia del famoso predicador Fray Gerundio de Campazas...,* **1758**. España. || «Nadie escarmienta en cabeza ajena, es un viejo proverbio. Sin embargo, en materia de opciones económicas, intentarlo sería lo menos costoso posible.» *El Universal,* 2/1/**1989**. Venezuela. [◊«Porque con el escarmiento nos apartamos de la culpa y nos escudamos contra ella y es mucha ventura escarmentar (como dize el proverbio) en cabeza agena.» CO.]

escoba
   1. escoba nueva barre bien. Lo nuevo parece mejor y funciona mejor.
   • «Después de un sueño reparador nos levantamos con todo el consentimiento de que es exacto ese refrán que dice: escoba nueva barre bien.» Ernesto Che Guevara, *Viaje por Sudamérica,* **1992**. Argentina.
   2. > **diablo,** *cuando el diablo no tiene que hacer, coge la escoba y se pone a barrer.*

escoger
   1. quien bien tiene y mal escoge, del mal que le venga no se enoje. El que comete errores a sabiendas no debe quejarse del resultado.
   • «Y advierta que ya tengo edad para dar consejos, y que este que le doy le viene de molde, y que más vale pájaro en mano que buitre volando porque quien bien tiene y mal escoge, por bien que se enoja no se venga.» Miguel de Cervantes Saavedra, *El ingenioso hidalgo don Quijote de la Mancha,* **1605**. España. || «Si no pagáis la renta, dejad el molino. Si mañana

escribano

no recibo noticias, le escribiré de nuevo. Gaviotas por tierra, viento sur a la vela. Quien mal anda, mal acaba. Cadáver a bordo, tempestad segura. Quien a los suyos sale, honra merece. Quien bien tiene y mal escoge, del mal que le venga no se enoje.» Tomás Navarro Tomás, *Manual de pronunciación española*, **1918**. España. [◇Martín de Riquer explica del refrán dicho por Sancho: «Refrán trastocado por Sancho: tendría que ser: por mal que le venga no se enoje.»]
    1. > **dar**, *a quien dan no escoge.*
    2. > **malo**, *donde todo es malo no es posible escoger.*

escribano
    1. **el mejor escribano echa un borrón.** Todos nos equivocamos, hasta los más expertos.
    • «... como usted se hace cargo, mi amigo, el mejor escribano de tarde en tarde, suele echar su borroncito.» Miguel Ángel Asturias, *Rectificaciones imposibles*, **1926**. Guatemala. || «... el mejor escribano echa un borrón...»Programa «Primero izquierda», TVE1, 29/2/**1992**. España.

escuchar
    1. **quien escucha su mal oye.** Indica que no se debe acechar las conversaciones privadas ajenas.
    • «que, aunque dicen que quien asecha su mal oye.» Gregorio González, *El guitón Onofre*, **1604**. España.
    2. > **Dios**, *Dios nos dio oídos y una sola boca para que escuchemos más y hablemos menos.*

escupir
    1. **quien al cielo escupe, en la cara le cae.** Quien blasfema paga por ello, así como el que hace una mala acción.
    • «Quien al cielo escupe en su cara cae.» Marqués de Santillana (Íñigo López de Mendoza), *Refranes que dizen las viejas tras el fuego*, **1452**. España. || «... que sus mujeres no trajesen tanta vanidad a cuestas, porque al fin todo cae sobre ellos, y quien al cielo escupe a los ojos le torna.» Juan Justiniano, *Instrucción de la mujer cristiana, de J. L. Vives*, **1528**. España. || «No puedes escupir al cielo porque te cae en el ojo.» Sara Montiel, Programa «Mama mía», Telemadrid TV, 20/8/**2001**. España.

*****esfuerzo** (ideas) *el **abad** de lo que canta, yanta; si bien canta el abad, no* *le va en zaga el monacillo; no hay* **atajo** *sin trabajo; a la segunda* **azadonada** *sacó agua; en conuco viejo nunca faltan* **batatas***; si quieres que cante el* **ciego***, dale la paga primero; el que* **comienza***, la mitad tiene hecho; nunca mucho* **costó** *poco; no hay* **cuesta** *abajo sin cuesta arriba;* **culo** *sentado no gana bocado; la* **diligencia** *es la madre de la buena ventura; a* **dineros** *pagados, brazos quebrados; a* **Dios** *rogando y con el mazo dando; la* **doncella** *honesta, el hacer algo es su fiesta; predicar con el* **ejemplo***; lo que no se* **empieza** *no se acaba;* **fatigar** *y no ganar nada; a los animosos ayuda la* **fortuna***;* **gato** *con guantes no caza ratones;* **huerta** *mejor labrada da la mejor manzana;* **libro** *cerrado no saca letrado; no dejes para* **mañana** *lo que puedas hacer hoy; los buenos* **marineros** *se ven en las tempestades;* **molino** *andando gana; el* **movimiento** *se demuestra andando; quien se* **muda***, Dios le ayuda; antes (primero) es la* **obligación** *que la devoción;* **obras** *son amores y no buenas razones; la* **obra** *alaba al maestro;* **matar** *dos pájaros de un tiro;* **perro** *que anda, hueso halla; el que quiera* **peces** *que se moje el culo;* **piedra** *movediza nunca moho la cobija; muchos* **pocos** *hacen un mucho; el que* **porfía** *mata venado (la caza); la* **práctica** *(ejercicio) hace al maestro; el que algo* **quiere***, algo le cuesta; más hace el que* **quiere** *que el que puede;* **querer** *es poder; el* **saber** *no ocupa lugar; la* **suerte** *es para quien la busca; no se pescan* **truchas** *a bragas enjutas; lo que mucho* **vale***, mucho cuesta;* **zorra** *adormecida no coge gallina.*

espantar > **encantar,** *con lo que encantas, espantas.*

espejo > **ojo,** *los ojos son el espejo del alma.*

*****esperanza** (ideas) **amanecerá** *y medraremos (veremos); el* **amor** *lo vence todo; venir como* **anillo** *al dedo;* **año** *nuevo, vida nueva; quien no se* **aventura** *no gana; a la segunda* **azadonada** *sacó agua; no hay* **bien** *ni mal que cien años dure; hacer* **bien** *nunca se pierde; no caerá esa* **breva***; quien* **canta** *su mal espanta; en el país de los* **ciegos** *el tuerto es rey; agarrarse a un* **clavo** *ardiendo; el que no se* **consuela** *es porque no quiere; de la* **abundancia** *del corazón habla la boca.*

esperanza
 1. **la esperanza es lo último que se pierde.** Tenemos que ser optimistas.
 • «Tal vez sea un iluso o idealista, pero volviendo a los refranes, hay

esperar

uno que dice La esperanza es lo último que se pierde.» *Diario de Yucatán,* 9/9/**1996**. México.
2. más vale buena esperanza que ruin posesión. Es mejor confiar en un futuro mejor que conformarnos con mala posesión.
• «Y advertid, hijo, que vale más buena esperanza que ruin posesión, y buena queja que mala paga.» Miguel de Cervantes Saavedra, *Segunda parte del ingenioso caballero don Quijote de la Mancha,* **1615**. España.

esperar
1. quien espera, desespera. Las esperas son siempre ingratas y causan desazón. Es preferible tomar las cosas con calma.
• «Quien espera, desespera.» Juan de Valdés, *Diálogo de la lengua,* **1513**. España. || «Y ansí con tal división mi morir se suspendiera esperando redempción, por do con justa occasión quien espera desespera...» Juan Rodríguez Florián, *Comedia llamada Florinea, que tracta de los amores del buen duque Floriano con la linda y muy casta ...,* **1554**. España. || «El que un buen gozar espera. Cuanto espera, desespera.» Tirso de Molina, *El burlador de Sevilla,* **1613**. España. || «Quien espera, desespera, quien desespera no alcanza.» Pedro Laín Entralgo, *Historia y teoría del esperar humano,* **1957**. España. || «Javier hizo unas bromas sobre el novio impaciente y trajo a colación un oportuno refrán: el que espera, desespera.» Mario Vargas Llosa, *La tía Julia y el escribidor,* **1977**. Perú. [◊«Quien espera desespera y el que viene nunca llega. Es refrán que señala simplemente lo largo que se le hace a uno esperar a otra persona.» AMD.]

espliego
1. espliego y alhucema son una cosa mesma. Diferentes maneras de nombrar la misma cosa.
• «Hay un refrán que dice: Espliego y alhucema son una cosa mesma.» Pío Font Quer, *Plantas medicinales,* **1962**. España. [◊«Espliego: planta labiada de tallos leñosos, hojas casi lineales y flores en espiga azuladas...; alhucema: espliego.» MM.]

esposa
1. para escoger esposa hay que bajar un escalón; y subirlo para escoger un amigo. La esposa, de baja condición; el amigo, de clase alta.
• «Podrían añadirse nuevas citas, que, es cierto, se contradicen con

otras, como el refrán judío que dice: Para escoger esposa hay que bajar un escalón; y subirlo para escoger un amigo. Profundo error, nacido del designio poco generoso de que a medida que la hembra proceda de más baja esfera, será más fácilmente sometida.» Gregorio Marañón, *Ensayos sobre la vida sexual*, **1919-29**. España.

espuela > caballo, *a buen caballo, la mejor espuela.*

estar
1. dejar estar. No inmiscuirse.
• «Ni es la peor regla del vivir el dejar estar.» Baltasar Gracián, *Oráculo manual y arte de la prudencia*, **1647**. España.
2. ni están todos los que son ni son todos los que están. Alusión a los manicomios y a los locos.
• «El film alemán es expresionista, aunque ni son todos los que están ni están todos los que son, porque hay en otros países cine expresionista y, películas germanas, no pertenecen a este género, pero proyectamos de tal manera esquemática, pedagógicamente, para ver la tendencia, verbigracia:...» Juan Ignacio Hernáiz, *Teoría, historia y sociología del arte*, **1986**. España. || «Ya que parece que se está dando el hecho de que ni son todos los que están, ni están todos los que son; es decir, personas que podrían beneficiarse de recibir tratamiento ansiolítico, no son detectadas como enfermos de ansiedad y no llegan a recibirlo nunca, mientras que a otras se les prescribe sin que reúnan requisitos para el diagnóstico, lo cual plantea contraindicaciones...» Jerónimo Saiz, *La ansiedad*, **1993**. España. || «Es una frontera tan sutil como la de la locura y la cordura. En los manicomios ni son todos los que están ni están todos los que son. La palabra intelectual ha sido muy maltratada por las mismas gentes que se consideran como tales y que a veces sólo son unos farsantes.» *La Vanguardia*, 10/8/**1994**. España. [◇Iribarren dice: «En ninguno de los refraneros, diccionarios y repertorios de frases que conozco he visto recogido este aforismo en verso, alusivo a los locos y al manicomio...»]
3. si no estás conmigo estás contra mí. O amigos o enemigos.
• «... entonces, si no estás conmigo, estás contra mí, mejor que no existas...» J. J. Armas Marcelo, «Guadalajara, boleto de regreso», *ABC Cultural*, 9/12/**2000**. [◇*Mateo*, 12:30, «El que no está conmigo está contra mí, y el que no recoge conmigo desparrama.»]

estrella
  1. unos nacen con estrella y otros nacen estrellados. Unos tienen suerte y otros no la tenemos. Resignación.
  • «... cuando afirma: hay unos que nacen con estrella y otros estrellados.» Francisco Herrera Luque, *En la casa del pez que escupe el agua,* **1985**. Venezuela. || «No sé, dicen que unos nacen con estrella y otros estrellados, y este porfiado debe pertenecer a los primeros...» Jenny E. Hayen, *Por la calle de los anhelos,* **1993**. México. || «Es la vida, Manolo. Los hay que nacen con estrella y los hay que nacen estrellados.» José Ángel Mañas, *Historias del Kronen,* **1994**. España. [◇> también **nacer.**]

excepción > **regla,** no hay regla sin excepción.

excusarse
  1. el que se excusa, se acusa. La excusa implica admitir la culpa.
  • «¡Qué apariencias puede haber entre nosotros! ¿No sabe usted que el que se excusa se acusa?» Cecilia Böhl de Faber (Fernán Caballero), *La gaviota,* **1849**. España. || «Y además, la explicación es un vicio. Puede entenderse como excusa, y quien se excusa, se excusa. Rey: ¿Me llamas vicioso?» Griselda Gambaro, *Real envido,* **1983**. Argentina. || «Se acaba por pedir explicaciones, y los matrimonios se dañan cuando los esposos se tienen que justificar. Quien se excusa se acusa.» Carlos Fuentes, *Constancia,* **1989**. México.
  2. > **usar,** *lo que se usa no se excusa.*

*experiencia (ideas) *haber sido* **cocinero** *antes que fraile; a los* **cojos** *se les conoce por la manera de andar; más vale ponerse morado una vez que cien veces* **colorado***; quien mucho* **corre** *pronto para; del* **cuero** *salen las correas; más sabe el* **diablo** *por viejo que por diablo; no es tan negro (fiero) el* **diablo** *como lo pintan; del* **dicho** *al hecho hay mucho trecho; la* **diligencia** *es la madre de la buena ventura; de menos nos hizo* **Dios***; en la* **duda***, abstente;* **enseñando** *se aprende; a buen* **entendedor***, pocas palabras bastan;* **escarmentar** *en cabeza ajena; cada uno cuenta (habla) de la* **feria** *como le va en ella;* **gato** *escaldado del agua fría huye; el* **gato** *que se quemó con leche, cuando ve la vaca, llora; en todas partes cuecen* **habas** *(y en mi casa a calderadas);* **hablando** *se entiende la gente; por el* **hilo** *se saca el ovillo; en la mesa y en el* **juego** *se conoce al caballero; quien conoce el* **juego** *no lo enseña; de las cosas internas no juzga el* **juez***; el buen* **juez** *por su casa empieza;* **júntate** *con los buenos y serás uno de ellos;* **loro** *viejo no aprende a hablar; no por mucho* **madrugar** *amanece más temprano; el ejercicio hace* **maestro***; es más cierto* **médico** *el esperimentado que el letrado; no es como* **naces***, sino con quien paces; nadie* **nace** *enseñado; más ven cuatro* **ojos** *que dos; por la muestra se conoce el* **paño***; ni* **pidas** *a quien pidió ni sirvas a quien sirvió; a* **perro** *viejo no hay cuz cuz;* **perro** *viejo late echado; no se acuerda el* **prior** *(cura) de cuando fue sacristán; si mucho sabe la* **raposa***, más el que la toma;* **rectificar** *es de sabios; no es mal* **sastre** *el que conoce el paño; los* **toreros** *en las plazas; los cómicos, en las tablas.*

experiencia
1. la experiencia es la madre de todas las ciencias. La experiencia lo es todo.
• «Paréceme, Sancho, que no hay refrán que no sea verdadero, porque todos son sentencias sacadas de la mesma experiencia, madre de las ciencias todas, especialmente aquel que dice: Donde una puerta se cierra, otra se abre. Dígolo porque si anoche nos cerró la ventura la puerta de la que buscábamos, engañándonos con los batanes, ahora nos abre de par en par otra, para otra mejor y más cierta aventura...» Miguel de Cervantes Saavedra, *El ingenioso hidalgo don Quijote de la Mancha*, **1605**. España. || «¿Será cierto que la experiencia es la madre de la ciencia?» Lucio Victorio Mansilla, *Una excursión a los indios Ranqueles*, **1870**. Argentina. || «La experiencia es la madre de todas las ciencias.» *Hoy*, 15-22/9/**1997**. Chile. [◊Jardiel Poncela dijo que llamamos experiencia a una cadena de errores. Y Óscar Wilde dijo algo parecido: experiencia es el nombre que damos a nuestras equivocaciones.]
2. la experiencia y escarmiento hace a los hombres arteros. Los experimentados y los escarmentados son más sabios.
• «Por esto dizen: quien las sabe las tañe, y que es más cierto médico el esperimentado que el letrado y la esperiencia y escarmiento haze los hombres arteros...» Fernando de Rojas, *La Celestina*, **1499**. España. [◊Pero dice Gabriel García Márquez que la sabiduría nos llega cuando ya no nos sirve para nada.]

***extraño** (ideas) *por* **muerte** *de un obispo.*

faltar > **sobrar**, *más vale que sobre que falte.*

fama
1. cría buena fama y échate a dormir. Cuando uno tiene buena reputación, ya no necesita hacer más esfuerzos.
• «¿No havéys oído dezir: cobra buena fama y échate a dormir, y que quando una no es buena, para ser buena muger resulta en alcahueta?» Lope de Rueda, *Pasos*, **1545-65**. España. || «Lo cierto es que en materia de amores no vale el proverbio que dice cobra buena fama y échate a dormir...» Tirso de Molina (Fray Gabriel Téllez), *Cigarrales de Toledo*, **1624**. España. || «... se destierra por ocioso el cobra buena fama y échate a dormir, pues ya, aun antes de cobrarla, se echan a dormir todos.» Baltasar Gracián, *El Criticón*, **1657**. España. || «Cría buena fama y échate a dormir. Hay mucha gente falsa, pero mucha.» *Tiempo*, 19/11/**1990**. España. || «Cría fama y échate a dormir.» Manuel Vázquez Montalbán, *Galíndez*, **1990**. España. || «... que coge buena fama, y échate a dormir...» Federico Jiménez Losantos, *Lo que queda de España. Con un prólogo sentimental y un epílogo balcánico*, **1995**. España. || «Hermoso pensamiento cuyo incumplimiento revela por qué hay mil valores malogrados, pues son ejemplos de lo contrario: cría fama y échate a dormir.» *Excelsior*, 19/6/**1996**. México. || «Como dice el dicho, créate fama y échate a dormir.» David Martín del Campo, *Las rojas son las carreteras*, **1976**. México. || «Este país nuestro está lleno de aquellos que no quieren enterarse de las cosas. Sigue siendo un lugar ideal para criar fama y echarse a dormir.» Carlos Herrera, *ABC*, 19/5/**2001**. España. [◇ Proverbios, 22:1, «Más que las riquezas vale el buen nombre, más que la plata y el oro, la buena gracia.»]
2. > **lana**, *unos tienen la fama y otros cardan la lana.*

familia > **rezar**, *la familia que reza unida permanece unida.*

fatigar
   1. fatigar y no ganar nada. No siempre el esfuerzo y el trabajo nos dan recompensas.
   • «Señor, ya veis, fatigar y no ganar nada. Estóme en mi casa, la soledad y la pobreza están mal juntas, y no se halla lino a comprar, aunque el hombre, quiera hilar por no estar ociosa, que querría ordir unos manteles, por no andar a pedir prestados cada día.» Francisco Delicado, *La Lozana Andaluza,* **1528**. España.

fea
   1. ni fea que espante, ni hermosa que mate. La mujer no debe ser ni demasiado fea, ni excesivamente guapa.
   • «Ni fea que espante, ni hermosa que mate. A mayor riesgo, mayor desengaño.» Tomás Navarro Tomás, *Manual de pronunciación española,* **1918**. España. [◇Refrán ofensivo y obsoleto, por suerte para todos.]
   2. > **suerte,** *la suerte de la fea la hermosa la desea.*

febrero > **día,** *días treinta hay en septiembre, en abril, noviembre y junio, en febrero veintiocho, y en los demás treinta y uno.*

feo > **pobre,** *al pobre y al feo, todo se le va en deseo.*

feria
   1. cada uno cuenta (habla) de la feria como le va en ella. Nuestra reacción ante la realidad está sujeta a cómo nos afecta a nosotros.
   • «Bien conozco que hablas de la feria según te va en ella: así que otra canción dirán los ricos.» Fernando de Rojas, *La Celestina,* **1499**. || «Cada uno cuenta de la feria como le va en ella.» Sebastián de Covarrubias, *Tesoro de la lengua castellana o española,* **1611**. España. || «Cada cual habla, si no prefiere callar, de la feria según le va en ella.» Camilo José Cela, *Las compañías convenientes y otros fingimientos y cegueras,* **1963**. España. || «Cada quien habla de la feria según le va en ella. De eso no hay duda alguna.» *Proceso,* 12/1/**1997**. México. || «Cada cual cuenta de la feria según le haya ido.» *Diario de las Américas,* 8/3/**1997**. EE.UU. || «... que nunca hay que hacer caso de esos dimes y diretes, porque cada cual habla de la feria según le va.» Inés Palou, *Carne apaleada,* **1975**. España. || «En efecto, cada uno ve la feria como le va en ella. Es un refrán muy cierto.» Amando de Miguel, *La Razón,* 2/6/**2000**. España.

2. > **asno**, *que quiera, que no quiera, el asno ha de ir a la feria.*

fiar
1. **ni fíes ni porfíes.** Hay que ser cauto siempre.
• «... si yo me recuerdo, siempre oí decir que ni fíes ni porfíes, ni prometas lo incierto por lo cierto.» Francisco Delicado, *La Lozana Andaluza*, **1528**. España.

fiesta
1. **por la víspera se conoce la fiesta.** Se conoce la importancia del acontecimiento que se va a celebrar por los preparativos.
• «Por la víspera se conoce la fiesta, dice llana, pero expresivamente un refrán castellano; grandiosa, con la grandeza inmarable tendrá que ser la de mañana, a juzgar por los preparativos que estamos viendo.» Antonio Loma-Ossorio, *Hoy, día de la victoria...*, **1939**. España. || «El vagabundo, que sabe por experiencia que las vísperas son aún más fecundas que las mismas fiestas...» Camilo José Cela, *Del Miño al Bidasoa*, **1952**. España. [◊var. *Se sacan por las vísperas los disantos.*]

fin
1. **el fin corona la obra.** El final es el que demuestra el valor de la obra.
• «... al tiempo que sujetaba con la mano libre el ridículo sombrero de paja. Finis coronat opus. ¡El fin corona la obra!» Eliseo Alberto, *La eternidad por fin comienza un lunes*, **1992**. Cuba. [◊L. «finis coronat opus.»]
2. **el fin justifica los medios.** Se dice para justificar todo tipo de comportamientos poco éticos.
• «En efecto, cuando las bastardas ambiciones han llegado a proclamar como un axioma, que el fin justifica los medios.» Julián Zugasti y Sáenz, *El bandolerismo. Estudio social y memorias históricas*, **1876-1880**. España. || «Y según la máxima que se atribuye a los jesuitas, de que el fin justifica los medios, yo permitiría jugar a los prohibidos si así se lograba sostener una sociedad útil para el progreso del país.» Ángel Ganivet, *Los trabajos del infatigable creador Pío Cid*, **1898**. España. || «... sin reparo, sin respetos, prescindiendo de hombres y de principios, con la anestesia ética del que cree que el fin justifica los medios.» Gregorio Marañón, *El Conde-Duque de Olivares*, **1936**. España. || «A decir verdad, prescindiendo

del cinismo moral de Maquiavelo, que deriva en definitiva de una extralimitación de su propio tecnicismo (al admitir que el fin justifica los medios), un punto de vista puramente positivo y técnico no es despreciable en la Teoría del Estado.» Manuel Fraga Iribarne, *El nuevo anti-Maquiavelo*, 1962. España. || «Ni el alma ni el diablo existen –a ver, a ver–. Si crees que el fin justifica los medios eres un nazi.» Mario Vargas Llosa, *Conversación en la catedral*, 1969. Perú. || «Hay un dicho que dice que el fin justifica los medios, testificó Blandón.» *Proceso*, 22/9/**1996**. México. [◇«Se atribuye esta frase a Hermann Busenbaum, jesuita, que dijo *cum finis est licitus, etiam media sunt licita*. Sin embargo Iribarren da otras alternativas sobre el posible origen de la frase: Pascal, por ejemplo, en sus *Cartas provinciales*. Cita a León Medina quien dice que Maquiavelo, en el capítulo XVIII de *El Príncipe*, menciona el *fin* y los *medios*. Pero antes que el escritor italiano, Eurípides y Cicerón ya escribieron frases parecidas.» DCB.]

3. hasta el fin nadie es dichoso. La dicha verdadera viene con la muerte.

• «... fue discreta, suavemente irónica, no quería decir: Venciste, Galileo, sino hasta el fin nadie es dichoso.» Leopoldo Alas (Clarín), *La Regenta*, **1884**. España. || «Cien veces al día, las bocas hispanohablantes, en cualquiera de sus plurales geografías, dicen: Hasta el fin, nadie es dichoso. Y se aplica a innumerables circunstancias. Los cambios sociales, prósperos o desdichados, han suprimido o relegado a un segundo término el valor religioso del refrancillo. Hasta que hayamos llamado a la puerta celestial, y seamos recibidos, no podemos cantar victoria.» Alonso Zamora Vicente, Prólogo al *Diccionario panhispánico de refranes*, **2002**. España.

*****fingir** (ideas) *con* **achaque** *de trama, ¿está acá nuestra ama?;* **amor**, *tos, humo y dinero no se pueden ocultar; el* **amor**, *el dolor y el dinero no se pueden ocultar; las* **apariencias** *engañan; si los* **bienes** *no son comunicados no son bienes;* **buey** *muerto, vaca es; caldo de zorra, que está frío y quema;* **cállate** *y callemos que sendas no tenemos; menea la cola el* **can**, *no por ti, sino por el pan; si quieres que te siga el* **can**, *dale pan; canas son, que no lunares; quien* **canta** *su mal espanta; debajo de una mala* **capa** *hay un buen bebedor; la mujer del* **ciego**, *¿para quién se afeita?; quien no te* **conozca** *que te compre; hurtar el cebón y dar los pies por* **Dios**; *quien* **engaña** *al engañador tiene cien años de perdón; so la color está el* **engaño**; *de noche todos los* **gatos** *son pardos; el* **hábito** *no hace al monje; cada* **ladrón** *tiene su santo de devoción; debajo de mi* **manto**, *al rey mato; aunque la mona se vista de seda,* **mona**

se queda; no es **oro** *todo lo que reluce; a* **palabras** *necias (locas), oídos sordos;* **romería** *vista de cerca, mucho vino y poca cera.*

firmar > **agua,** *no bebas agua que no veas ni firmes carta que no leas.*

flaco > **gordo,** *más vale un gordo sano que un flaco enfermo.*

forastero > **La Coruña,** *en La Coruña nadie es forastero.*

fortuna
  1. a los animosos ayuda la fortuna. La fortuna está siempre de parte de los emprendedores.
  • «Pues si es así, como lo es, y el proverbio moral dice que a los animosos ayuda la fortuan, en ella fío...» María de Zayas y Sotomayor, *Desengaño amoroso,* **1647-49.** España. [◇Virgilio: «audentes fortuna iuvat.»]
  2. no es la fortuna para quien la busca. El destino es incierto y no se le puede forzar.
  • «Bien dice el refrán, que no es la fortuna para quien la busca, sino para aquél a quien se viene a las manos.» Cecilia Böhl de Faber (Fernán Caballero) *Clemencia,* **1984.** España. [◇Sin embargo > *suerte.*]

fraile
  1. entre fraile y fraile, Dios me guarde. Se refiere a las enfermedades veraniegas.
  • «Bien lo dice el refrán: entre fraile y fraile, Dios me guarde.» Néstor Luján, *Los espejos paralelos,* **1991.** España. [◇«Desde San Antonio de Padua, 13 de junio, hasta San Francisco, 4 de octubre, hay grandes enfermedades de verano.» José Esteban, *Refranero anticlerical,* **1994.** España.]
  2. lo que no haga un fraile no hará el diablo. Queda patente la mala reputación de los frailes.
  • «Con que se vino a verificar aquel común adagio de que lo que no haga un fraile no hará el diablo; con que los sujetos se volvieron con el rabo entre piernas como dicen.» Raimundo de Lantery, *Memorias,* **1705.** España.
  3. tú lo quisiste fraile mostén, tú te lo ten. Recibir uno su merecido castigo.
  • «... tú lo quisiste, fraile mostén, tú lo quisiste, tú te lo ten.» Julián Zugasti y Sáenz, *El bandolerismo. Estudio social y memorias históricas,* **1876-80.** España. || «... aunque luego te pesa saberlo: tú lo quisiste, tú te

lo ten.» Cecilia Böhl de Faber (Fernán Caballero), *Clemencia*, **1852**. ||
«Tú te metiste / fraile mostén; / tú lo quisiste, / tú te lo ten.» Mariano
Pardo de Figueroa, **1894**. España. || «En fin, tú lo quisiste fraile mostén,
tú te lo ten. Hermilio Alcalde del Río, *Escenas cántabras (Apuntes del natural)*, **1914**. España. || «Ni siquiera nos queda el consuelo de quejarnos;
pues: tú lo quisiste, fraile mostén; tú lo quisiste, tú te lo ten. ¡Cuántas
veces nos arrepentimos de haber pedido algo que Dios, al fin, nos concedió!» C. M. de Heredia, *Una fuente de energía*, **1932**. México. || «Una
visita al monasterio famoso. —Aquella señora extranjera sintió apiadársele las entrañas al considerar la pobreza del edificio: '¿Deben llevar ustedes una vida muy dura, no?'. Y el monje, satisfecho, se limitó a contestar: 'Tú lo quisiste, fraile mostén; tú lo quisiste, tú te lo ten'». José María
Escrivá de Balaguer, *Camino*, **1939-57**. España. [◇> *El porqué de los
dichos*, de Iribarren para más información.]

4. un fraile solo pocas veces lo encontrarás por la calle. Porque van
en parejas o en grupos, son como montoneros.

• «Una alma sola ni canta ni llora; un solo acto no haze hábito; un frayle solo pocas vezes le encontrarás por la calle; una perdiz sola por maravilla buela, mayormente en verano; un manjar solo, continuo, presto pone
hastío; una golondrina no hace verano; un testigo solo no es entera fe;
quien sola una ropa tiene, presto la envegece.» Fernando de Rojas,
La Celestina, **1499**. España. [◇Se consideraba mal a los frailes y se les
tenía por pedigüeños, resabiados, mujeriegos y glotones.]

5. > **boca**, *le ha hecho la boca un fraile*.

6. > **cocinero**, *haber sido cocinero antes que fraile*.

freír
1. al freír será el reír y al pagar será el llorar. Todo momento de
alegría tiene su futuro de pesar.

• «... y aún no tenemos hijo y ponéysle vuestro nombre. Pues al freír
lo veréys.» Juan Rodríguez Florián, *Comedia llamada Florinea*, **1554**.
España. || «... y si no al freír de los huevos lo verá, quiero decir que lo
verá cuando aquí su merced del señor ventero le pida el menoscabo de
todo.» Miguel de Cervantes Saavedra, *El ingenioso hidalgo don Quijote
de la Mancha*, **1605**. España. || «Refranes bimembres: Al freír será el reír,
y al pagar será el llorar.» Julio Casares, *Introducción a la Lexicografía
moderna*, **1950**. España. || «... repitiéndoos la sentencia que el buen ladrón
dirigió a su compañero relajado: Al freír será el reír.» Francisco Nieva,

Coronada y el toro (Rapsodia española), **1982**. España. || «... progresistas y radicales a esta familia de la Saboya; al freír será el reír (subrayada esta última frase).» Pedro Ortiz-Armengol, *Aviraneta o la intriga*, **1994**. España. [◇«Por cierto que en este caso el olvido de la segunda parte del proverbio dio pie para buscar a la primera una justificación anecdótica. Hela aquí: Una buena mujer, viendo salir de su cocina al carbonero con la cara toda tiznada, no pudo contener la risa, a la que respondió el carbonero: al freír será el reír, pensando en la sartén que había robado y que se llevaba oculta en el saco.» Julio Casares, *Introducción a la lexicografía moderna*, 1950. Esto lo «tomó» el gran Casares de Covarrubias. Y dice Iribarren: « Sbarbi, en su *Gran diccionario de refranes*, explica así el origen de esta expresión: Cuentan que en tiempos de Felipe IV había en la Corte un calderero que tenía la fama de ser un tuno redomado. Un pillo que esto supo se propuso engañarlo y reírse a su costa. Se fue a la tienda y pidió a este una sartén; dióle el calderero una que estaba rota; este no lo notó pero le dio en pago una moneda falsa, que el sartenero guardó sin mirar; pero viendo que el comprador se estaba riendo, le dijo: Al freír será el reír. A lo cual le contestó el contrario: Al contar será el llorar.» JMI. En nota al pie, Martín de Riquer explica la cita del Quijote: «al freír será el reír.»]

*frío (ideas) *agosto, frío en rostro*.

frío
   1. cada cual siente el frío según anda vestido. La realidad la siente y la interpreta uno según sus circunstancias.
   • «Kada kual siente el frío komo anda vestido.» Gonzalo Correas, *Vocabulario de refranes y frases proverbiales*, **1627**. España. || «Y cada cuba huele al vino que tiene. Ríos: Y cada cual siente el frío, según anda vestido.» José Sanchís Sinisterra, *Ñaque o de piojos y autores*, **1980**. España.
   2. no tiene más frío nadie que la ropa que trae. Debemos conformarnos con lo que tenemos y dejar de quejarnos.
   • «No tiene más frío nadie que la ropa que trae.» Lope de Vega Carpio, *La Dorotea*, **1632**. España.

fruto
   1. el fruto prohibido es el más apetecido. Lo prohibido gusta más siempre.

• «Con la consiguiente protesta de las cofradías, que hacía más codiciado el fruto prohibido –afirmará Luis Beltrán Guerrero–, Zola se lee en Venezuela desde 1880.» José Ramón Medina, *Los homenajes del Tiempo. Vida y obra de Francisco Lazo Martí*, **1971**. Argentina. [◇var. *Fruta prohibida, la más apetecida*. Alude a la célebre manzana del paraíso donde moraban Eva y Adán. Y alguien dijo que los besos robados son siempre los más dulces. El caso es robar.]
   2. por sus frutos les (los) conoceréis. Conocemos a la gente por sus acciones, por lo que de sí dan.
   • «Cuando el divino Salvador dice que estos vienen á nosotros con piel de oveja, añade que se les reconocerá por sus frutos; es decir, por lo que enseñan.» Juan Francisco Guerra, *Manual de oratoria sagrada o año predicable, parte tercera*, tomo II, **1855**. España. || «No es del caso personalizar; por sus frutos los hemos ido conociendo. Su bandera no es la azul y blanca ni la de ARENA, sino el billete, lo que les hace desconocer aquello que siempre hemos creído los areneros puros: Que más vale una onza de lealtad que un quintal de sapiencia.» *El Salvador Hoy*, 18/9/**1996**. El Salvador. || «Por los frutos los conoceréis, señala un viejo adagio. Tan evidente es esta afirmación, que gran parte del magisterio fiscal educa a sus hijos en establecimientos particulares.» *Los Tiempos*, 23/1/**1997**. Bolivia. [◇*Mateo*, 7:20.]

fuego > **humo,** *por el humo se sabe dónde está el fuego.*

fuego
   1. quien juega con fuego se quema los dedos. El que corteja el peligro puede sufrirlo.
   • «Quien juega con fuego acaba quemándose –solía decir.» Javier Maqua, *Invierno sin pretexto*, **1992**. España. || «Lo tuyo era de esperarse, el que juega con fuego sale quemado.» Carmen Naranjo, *El caso 117.720*, **1987**. Costa Rica. || «... el PSOE se conforma con lograr una victoria mínima y advirtió a Aznar que quien juega con fuego se puede quemar por su insistencia en atribuir la condición de primarias a las elecciones europeas.» *El Mundo*, 26/5/**1994**. España.
   2. > **hombre,** *el hombre es fuego, la mujer estopa; llega el diablo y sopla.*

g

galgo
1. de casta le viene al galgo ser rabilargo. Los hijos heredan los defectos de los padres.
• «... habéis sido siempre muy largos de lengua, y de casta le viene al galgo el ser rabilargo.» Ángel Ganivet, *Los trabajos del infatigable creador Pío Cid*, **1898**. España. || «Este sobrino mío va a dar mucho que hablar. De casta le viene al galgo.» Pío Baroja, *Zalacaín el aventurero*, **1909**. España. || «No le des más vueltas, cariño, obedecer es lo que te recome, obedecer y callar, al fin y al cabo, de casta le viene al galgo, mira Charo...» Miguel Delibes, *Cinco horas con Mario*, **1966**. España. || «Así que de casta le viene al galgo...» Mercedes Salisachs, *La gangrena,* **1975**. España. || «Veo que de raza le viene al galgo.» *Caretas,* 17/4/**1997**. Perú. || «Y lo recuerdo en *El rey del río* y veo *El Bola* y su descubrimiento del niño actor Ballesta. De casta le viene al galgo, que así –de largo y desde el principio– se distingue de los podencos, siempre efímeros y oportunistas.» J. J. Armas Marcelo, «Achero», *ABC,* 10/2/**2001**. España.
2. > **perro,** *a carrera larga, perro galgo.*

gallina
1. escarba la gallina siempre por su mal. A menudo es preferible dejar las cosas como están y no removerlas.
• «¿Un murmurador sin provecho, que, pensando hacer en sí, deshace a los otros y escarba la gallina siempre por su mal?» Mateo Alemán, *Segunda parte de la vida de Guzmán de Alfarache. Atalaya de la vida humana,* **1604**. España.
2. la gallina de los huevos de oro. La fuente de nuestros ingresos o beneficios.
• «El que descansa en este momento, porque acaba de repartir las cartas, y juegan cuatro, es la gallina de los huevos de oro del Procurador y

gallo

de don Basilio.» Leopoldo Alas (Clarín), *La Regenta,* **1884-85**. España. || «... a este menudo catalán que come al fondo y que tiene en la cabeza la verdadera gallina de los huevos de oro.» José Ortega y Gasset, *Artículos (1917-33),* **1917-33**. España. || «No andas bien de salud, por más que te empeñes en ocultarlo, y no hay que matar la gallina de los huevos de oro.» Rómulo Gallegos, *Canaima,* **1935**. Venezuela. || «Están matando la gallina de los huevos de oro.» Ángel Palomino, *Torremolinos, Gran Hotel,* **1971**. España. || «No se debe matar a la gallina de los huevos de oro...» Antonio Gala, *Los buenos días perdidos,* **1972**. España.
   3. por San Antón, gallinita pon. Ya se podían comer las gallinas para esa época.
• «¿Conoces el refrancillo *Por San Antón, gallinita, pon...?* ¡Tú que vas a conocer!» Alonso Zamora Vicente, *La Razón,* 15/4/**2001**. España.
   4. > corral, *como gallina (gallo) en corral ajeno.*
   5. > huevo, *sobre un huevo pone la gallina.*
   6. > mujer, *la mujer y la gallina por andar se pierde aína.*

gallo
   1. cada gallo canta en su muladar. Cada cual domina en su propio entorno.
• «... cúntale como gallo que escarva en el muladar. Bien se acaeçe a vos...» Juan Ruiz, *Libro de buen amor,* **1330-43**. España. || «... ¿no avéis oído dezir que Cada gallo cante en su muladar?» Juan de Valdés, *Diálogo de la lengua,* **1535**. España. || «Porque cada gallo canta en su gallinero.» Juan de Timoneda, *El sobremesa y alivio de caminantes,* **1562-69**. España. || «... será en mi naturaleza, porque cada gallo canta en su muradal, y en la tierra agena la vaca acuerna al buey.» Juan Rodríguez Florián, *Comedia llamada Florinea, que tracta de los amores del buen duque Floriano con la linda y muy casta ...,* **1554**. España. || «Pues ya. Caa gallo canta en su mulaar.» Tomás de Iriarte, *La señorita malcriada,* **1788**. España. || «Cada gallo canta en su muladar.» José Sanchís Sinisterra, *Ñaque o de piojos y autores,* **1980**. España. [◇«Cada cual se siente fuerte y confiado cuando está en casa o en territorio propio. En latín, Gallum in suo sterquilinio plurinum posse, de Séneca.» DCB. Muladar: estercolero.]
   2. en menos que canta un gallo. Con rapidez.
• «... pues bien claro es que ya tiene decidido quitar del trono a los reyes padres para ponernos en él a nuestro príncipe querido. Sí..., que no sabrá hacerlo en menos que canta un gallo el buen señor.» Benito

Pérez Galdós, *La corte de Carlos IV,* **1873**. España. || «Y en menos que canta un gallo fui a clavar derecho el pico contra una cara de cuico que estaba sobre un sufás...» Antonio Dionisio Lussich, *Cantalicio Quirós y Miterio Castro,* **1883**. Uruguay. || «Se organizó, pues, el baile en menos que canta un gallo, y a poco empezaron a sonar las guitarras y a formarse parejas para un cielito en batalla.» B. Fernández Medina, *Charamuscas,* **1892**. Uruguay. || «Yo anduve medio lerdo, no atiné a agarrar las pistolas, no sabía de qué se trataba; de no, probablemente les salvó la vida a Abrojo y Barranca. Todo sucedió en menos que canta un gallo.» Carlos Reyles, *El gaucho Florido,* **1932**, Uruguay. || «... por el gasto que Dupont y el vagabundo hicieron en un santiamén y que él cobró, casi sin figurárselo, en menos que canta un gallo...» Camilo José Cela, *Del Miño al Bidasoa,* **1952**. España. || «A mí no me grita usted, que yo sé mis derechos; que soy una proletaria por cuenta ajena y la pongo en la Magistratura en menos que canta un gallo.» Eloy Herrera, *Un cero a la izquierda,* **1976**. España. || «...la casa la limpiaba en lo que canta un gallo...» Pedro Vergés, *Sólo cenizas hallarás (bolero),* **1980**. Rep. Dominicana. || «... se resbaló sobre la cama, se cubrió la cabeza y en menos de lo que canta un gallo, estaba nuevamente dormida.» Sealtiel Alatriste, *Por vivir en quinto patio,* **1985**. México. || «... anuncios animados del tamaño de un piano que colapsan el ordenador en menos que canta un gallo...» *El Semanal,* 17-23/6/**2001**. España. [◊Es simplemente un cliché, no un verdadero refrán.]

3. gallo cantor acaba en el asador. El que habla más de lo debido tiene problemas.

• «... mucho ruido y pocas nueces, cuando el río suena, piedras trae, gallo cantor acaba en el asador...» A. Chase, *El pavo real y la mariposa,* **1996**. Costa Rica.

4. otro gallo nos cantara. Sería otra cuestión, sería diferente.

• «Yo soy buen testigo y sé más que otro en ese caso, y sé que si él se fuera (como pudo muy bien hacerlo y le fue consejado), que otro gallo le cantara...» Gonzalo Fernández de Oviedo, *Batallas y quinquagenas,* **1535-52**. España. || «Mándote yo –dijo Sancho–, pobre doncella, mándote, digo, mala ventura, pues las has habido con una alma de esparto y con un corazón de encina. ¡A fe que si las hubieras conmigo, que otro gallo te cantara!» Miguel de Cervantes Saavedra, *Segunda parte del ingenioso caballero don Quijote de la Mancha,* **1615**. España. || Si no nos hubiesen vendido, otro gallo nos cantaría.» Alberto Blest Gana, *Martín Rivas,*

1862-75. Chile. || «Si todas hicierais como que yo, otro gallo nos cantara.» Eugenio Noel, *Las siete cucas*, **1927**. España. || «¡Marcar el paso, rediós! Si tú hubieras marcado el paso a su tiempo, otro gallo nos cantaría a todos.» Ramón J. Sender, *Imán*, **1930**. España. || «Si no se muere, otro gallo nos cantara.» Miguel Ángel Asturias, *El Papa Verde*, **1954**. Guatemala. || «Mira, no volvamos a lo de siempre. Si no fueses como eres, otro gallo nos cantaría. ¿Le hablarás?» Max Aub, *La calle de Valverde*, **1961**. España. || «... que si en vez de preocuparte tanto por saber lo que ganaban los demás te hubieras preocupado un poco más de ganarlo tú, otro gallo nos cantara.» Miguel Delibes, *Cinco horas con Mario*, **1966**. España. || «Si le hicieran caso a usted –dijo Prevotines– otro gallo nos cantara.» Eduardo Mendoza, *El laberinto de las aceitunas*, **1982**. España. || «Los hombres del pueblo afirman susurrando que si tuvieran que vivir como estas aves, a la hora de casarse... ¡Otro gallo les cantaría!» *ByN Dominical*, 1/4/**2001**. España.
 5. > **corral,** *como gallina (gallo) en corral ajeno.*

*__ganancia__ (ideas) *agosto y vendimia no es cada día, y si cada año, unos con provecho y otros con daño; hacer su **agosto**; a nadie le **amarga** un dulce; cuando te dieren el **anillo**, pon el dedillo; **año** de nieves, año de bienes; al **buey** maldito el pelo le luce; a **caballo** regalado no le mires el diente; el ojo del amo engorda el **caballo**; muchas **candelillas** hacen un cirio pascual; lo que no nos **cuesta**, hagámoslo fiesta; la **diligencia** es la madre de la buena ventura; fíate en **Dios** y no corras; **durmamos** y medraremos; la **gallina** de los huevos de oro; unas veces se **gana** y otras se pierde; **hablando** se entiende la gente; no por **jugar** bien siempre se gana; más vale una onza de **lealtad** que un quintal de sapiencia; a **moro** (toro) muerto, gran lanzada; a más **moros**, más ganancia; el **ojo** del amo engorda el caballo; más vale **pájaro** en mano que cien(to) volando; quien **resiste**, gana; a **río** revuelto ganancia de pescadores.*

ganar > **diablo,** *lo mal ganado el diablo se lo lleva.*

ganar
 1. lo bien ganado se pierde, y lo demás él y su amo. Lo que se adquiere ilegalmente se pierde de mala manera.
 • «Bien dizen que lo bien ganado se pierde, y lo malo él y su amo.» Lope de Rueda, *Pasos*, **1545-65**. España. || «Señora Cristina, señora

Cristina, lo bien ganado se pierde, y lo malo, ello y su dueño.» Miguel de Cervantes Saavedra, *Entremés del vizcaíno fingido*, **1615**. España.
   2. unas veces se gana y otras se pierde. Hay que conformarse con lo que se tiene.
   • «Y el juego tiene reveses, albur y gallo, y entreses, y se echa culo, y se echa suerte, y se reniega, y se divierte. A veces se pierde, a veces se gana, y también sucede que uno va por lana, y trasquilao sale de la jugada por desdichao.» Hilario Ascasubi, *Paulino Lucero*, **1853**. Argentina. || «¡Azares de la vida! Unas veces se gana y otras se pierde.» Julio Nombela, *Impresiones y recuerdos*, **1912**. España. || «–¡Tranquilo, caballero, que esto es como la vida, unas veces se gana y otras se pierde! –Rogelio entregó dos billetes de mil a Irene y otros dos al tanga...» Juan Madrid, *Flores, el gitano*, **1989**. España. || «–Bueno, Roberto. A veces se gana y a veces se pierde pero, si no se intenta, no se gana nunca.» José Ángel Mañas, *Historias del Kronen*, **1994**. España. || «Cantuarias demoró en reconocer su imprevista derrota, pero finalmente, cerca de las 23:30, en breves diez minutos, admitió ante un número comprensiblemente reducido, aunque entusiasta, de partidarios que la democracia es así, que a veces se gana y a veces se pierde...» *Hoy*, 15-21/12/**1997**. Chile.
   3. > molino, *molino andando gana.*
   4. > perder, *lo que con unos se pierde con otros se gana.*

garbanzo
   1. de los garbanzos, el caldo. Se han tenido en poca estima los garbanzos, quizá por considerarse comida de pobres.
   • «Es una legumbre que se hace pesada al estómago, aunque da mucho mantenimiento, y después de comer un buen plato de garbanzos el hambre se aleja por muchas horas. Pero ni aun en España goza de gran reputación: De los garbanzos, el caldo, dice el refrán.» Pío Font Quer, *Plantas medicinales*, **1962**. España.
   2. el buen garbanzo y el buen ladrón de Fuentesaúco son. Hay buenos garbanzos en esa tierra. La segunda parte ya no es tan cierta.
   • «Un refrán popular dice: El buen garbanzo y el buen ladrón, de Fuentesaúco son. Fuentesaúco, en la provincia de Segovia, fue en bastantes ocasiones de su larga historia, campo de batalla...» Xavier Domingo, *El sabor de España*, **1992**. España. [◊«El orden no es más cosa que el hallazgo de la clave del caos; esto se me ocurrió la otra mañana [...] que se había acercado a Fuentesaúco a comprar una arroba de garbanzos y

gastar

seis frascos grandes de laxante vitaminado y granulado marca Cacaprón.» Camilo José Cela, Prólogo a *José Gutiérrez Solana, Obra literaria,* 1998.]

gastar
1. el que gasta más de lo que tiene no debe enojarse si le dijeren ladrón. Porque no pagará las deudas que contraiga.
• «Por eso dice un refrán antiguo que el que gasta más de lo que tiene no debe enojarse si le dijeren ladrón.» José Joaquín Fernández de Lizardi, *El Periquillo Sarniento,* **1816-27**. México.
2. el que gasta poco, gasta doblado. El que escatima en las compras, acaba gastando más a la larga.
• «... por no perder un bocado se pierden ciento; el que gasta poco gasta doblado, el que te haze llorar te quiere bien.» Baltasar Gracián, *El Criticón. Primera parte,* **1651**. España.

gato
1. de noche todos los gatos son pardos. Cuando las cosas no están claras se puede engañar, ya que cuando falta claridad, información, todo parece igual.
• «Tan buen pan hacen aquí como en Francia, y de noche todos los gatos son pardos, y asaz de desdichada es la persona que a las dos de la tarde no se ha desayunado...» Miguel de Cervantes Saavedra, *Segunda parte del ingenioso caballero don Quijote de la Mancha,* **1615**. España. || «Si bien a Pablo le faltaba mucho para ser un real mozo, a bien, malvarosita, que te casaremos a la oración, y que de noche todos los gatos son pardos.» Cecilia Böhl de Faber (Fernán Caballero), *Clemencia,* **1864**. España. || «Sentimos que de la raíz de nuestro ánimo asciende como una voluntad de mediodía enemiga de las visiones crepusculares donde todos los gatos son pardos.» José Ortega y Gasset, *Ensayo de estética a manera de prólogo, La deshumanización del arte,* **1914**. España. || «Hegel decía que esto era como un pistoletazo; y la identidad –que, según Schelling, es indiferencia– era como la noche, donde todos los gatos son pardos...» Julian Marías, *Historia de la Filosofía,* **1941-70**. España. || «Y tú, San Serenín –se encaró a la última dándole un capón–, no te me atravieses que de noche todos los gatos son pardos y no hay modo de distinguir a un presbítero de un seglar...» Luis Mateo Díez, *El expediente del náufrago,* **1992**. España. || «En la sala de espera de los testigos han instalado un ventilador, máquina en la que está el secreto para soportar tanto calor,

como bien cantó Gato Pérez, un rumbero que recordaba que, de noche, todos los gatos son pardos.» *La Vanguardia*, 6/7/**1994**. España. [◇Inglés: «At night all cats are gray.» Francés: «La nuit tous les chats sont gris.»]
   2. el gato que se quemó con leche, cuando ve la vaca, llora. El escarmentado tiene siempre miedo.
   • «El gato que se quemó con leche, cuando ve la vaca, llora.» *Los Domingos de ABC,* 1/10/**2000**. España.
   3. gato con guantes no caza ratones. Los excesivamente remilgados y puntillosos no consiguen nada.
   • «No le pide guantes. Cierto. Gato con guantes no caza ratones; pero con botas y con las manos libres –¿economía manual de mercado?– atrapa, sin duda, presas mucho más importantes.» *Hoy,* 7-13/1/**1981**. Chile. || «Debes recordar que un gato con guantes no caza ratones... frase que aún ahora le intriga. Tal vez lo estaba confundiendo con algún otro muchacho para quien esa frase tuviera sentido, o se refería a que aún no se había desnudado y quedado en calzoncillos como los demás.» Sergio Pitol, *Juegos florales,* **1982**. México. || «Atendé a tu trabajo. Gato con guantes no caza ratones. Miré mis manos. Tenía puestos los guantes que me regaló mi novia. ¡En qué podían ofenderla mis manos enguantadas!» Silvina Ocampo, *Cornelia frente al espejo,* **1988**. Argentina.
   4. gato escaldado del agua fría huye. El que ha experimentado algún mal, huye del más mínimo peligro.
   • «¿Pero qué...? Tú dirás que gato escaldado del agua fría huye (sonriéndose ligeramente, por primera vez en aquella conferencia). Otra cosa: enséñame a tu hijo.» Benito Pérez Galdós, *Fortunata y Jacinta,* **1885-87**. España. || «La gente estaba escamada: era como el gato escaldado del refrán. Y no es que los gañanes estuviesen bien. Se iba viviendo nada más, pero peor estaban los pobres a los que habían ajusticiado en Jerez.» Vicente Blasco Ibáñez, *La bodega,* **1905**. España. || «Ya estamos en México. Del restorán del hotel, Dionisio subió aquella primera noche a su departamento, como gato escaldado, arañándose el corazón y sus bolsillos aligerados.» Mariano Azuela, *La luciérnaga,* **1932**. México. || «Es una gran mentira eso del gato escaldado, salvo que haya que tomar al pie de la letra la referencia al agua fría; porque de la caliente José no se alejaba nunca, y hasta parecía ofrecerse, pobre animalito...» Julio Cortázar, *Final del juego,* **1945-64**. Argentina. || «No se sabe nada. También le dejaron ir y se volvió a su barco, como gato escaldado, sin ganas de volver a las andadas.» Eduardo Mendoza, *La verdad sobre el caso Savolta,* **1975**. España

genio

‖ «… debe ser descartada por aquello de que el gato escaldado del agua fría huye.» *El Mundo,* 3/10/**1994**. España. ‖ «Le diré: Franco era un viejo gato escaldado.» Abel Posse, *La pasión según Eva,* **1995**. Argentina. [◇var. *Gato escaldado del agua fría ha miedo.* «El que ha experimentado algún daño en lances peligrosos, con dificultad entra aún en los de menos riesgo; el que ha escarmentado en su cabeza, por lo general se vuelve precavido y temeroso…» NDLC.]
    5. hasta los gatos quieren zapatos. Cualquiera se cree con derecho a todo.
    • «Conejo a la Marengo. Hasta los gatos quieren zapatos. También el conejo tiene su guiso como el pollo.» Ángel Muro, *El Practicón. Tratado completo de cocina,* **1891-94**. España. ‖ «Habló el buey y dijo mu. Hasta los gatos quieren zapatos.» Vlady Kociancich, *La octava maravilla,* **1982**. Argentina. [◇«Los que menos valen quieren que se les guarden las mismas consideraciones y deferencias que a las personas útiles, o que merecen ciertas distinciones, justas o injustas, por su edad, saber, riqueza, posición social, etc. Dícese también cuando a los niños se les antojan prematuramente algunas de aquellas exenciones o privilegios que no han adquirido todavía hasta que lleguen con la edad.» NDLC.]
    6. lo que has de dar al mur, dalo al gato. Lo que has de regalar, dáselo a alguien conocido que sepa apreciarlo.
    • «… porque dizen: Lo que as de dar al mur, dalo al gato.» Juan de Valdés, *Diálogo de la lengua,* **1535**. España. ‖ «Él hace muy bien –dijo a esta sazón Sancho Panza–, porque lo que has de dar al mur, dalo al gato, y sacarte ha de cuidado.» Miguel de Cervantes Saavedra, *Segunda parte del ingenioso caballero don Quijote de la Mancha,* **1615**. España. [◇*mur,* ratón.]
    7. > **hijo,** *el hijo de la gata ratones mata.*

genio
    1. genio (hechura) y figura hasta la sepultura. Indica la tozudez del hombre en general.
    • «El proverbio que dice genio y figura hasta la sepultura, sin duda se entiende de los hombres, mucho más de las naciones…» José Cadalso, *Cartas marruecas,* **1773**. España. ‖ «El espíritu de las ciudades, como el de las personas, es imposible de cambiar, lo que vulgarmente se dice con el refrán de hechura y figura hasta la sepultura, o el otro, más chapín, de que el que nació para triste, ni bolo se pone alegre.» Miguel Ángel Asturias, *Ojo nuevo,* **1928**. Guatemala. ‖ «La verdad encerrada en el viejo

proverbio Genio y figura hasta la sepultura ha sido confirmada por las numerosas investigaciones que se han llevado a cabo en torno al tema de las relaciones entre la constitución y la personalidad.» José Luis Pinillos, *La mente humana*, **1969**. España. || «... divagando en lo alto de tu mirífica ínsula: ¡genio y figura hasta la sepultura! ¡cuanto más genio, más figura! ¡cuanto más figura, más genio!» Juan Goytisolo, *Reivindicación del conde don Julián*, **1970**. España. || «Y desde allí genio y figura, hasta la sepultura, comienza a vérsele la tendencia...» *El Universal*, 15/9/**1996**. Venezuela. || «Me lo contaron al día siguiente muertos de risa. ¡Ah, los hombres!, genio y figura hasta la sepultura.» Nélida Barreiro Trelles, *La farmacia está en su cocina*, **1996**. Argentina. || «De todas formas habrá que ver cómo se le ve esta noche, cuando vuelva a la pantalla porque no hay que olvidar que Fidel tiene claro ese dicho popular de genio y figura hasta la sepultura.» *La Razón*, 24/6/**2001**. España.

*gente (ideas) *éramos pocos y parió la* **abuela**; *a menos* **bulto**, *más claridad;* **cabeza** *loca no quiere toca; la* **cabra** *tira al monte; ande yo* **caliente** *y ríase la gente; de fuera vendrán que de tu* **casa** *te echarán;* **comida** *(pan comido) hecha, compañía deshecha.*

gente > pelear, *más vale pelear con gente de bien que triunfar con gente de mal;* > agua, *agua corriente no mata a la gente.*

gitano > honrado, *tan honrado es el conde como los gitanos.*

gloria
   1. cuán pronta pasa la gloria del mundo. Todo es efímero y pasajero.
   • «Oh, cuán pronta pasa la gloria del mundo! Ojalá que su vida haya sido de acuerdo con su ciencia; entonces habrían estudiado y leído bien.» José Izquierdo, *Traducción de «La imitación de Cristo» de Kempis*, **1967**. Venezuela. || «*Sic transit gloria mundi* por esos parajes del universo llenos de peleas y discusiones.» J. J. Armas Marcelo, *ABC Cultural*, 30/6/**2001**. España. [◇Tomás de Kempis, *De imitatio Cristi*, «Sic transit gloria mundi.»]

golondrina
   1. una golondrina no hace verano. Una cosa sola no es bastante.
   • «... un manjar solo, continuo, presto pone hastío; una golondrina

no hace verano...» Fernando de Rojas, *La Celestina. Comedia o tragicomedia de Calisto y Melibea*, **1499**. España. || «Mas, con todo eso, no hay que fiar de la serenidad de un buen succeso, porque una golondrina no hace verano.» Gregorio González, *El guitón Onofre*, **1604**. España. || «A lo cual respondió nuestro don Quijote: –Señor, una golondrina no hace verano.» Miguel de Cervantes Saavedra, *El ingenioso hidalgo don Quijote de la Mancha*, **1605**. España. || «... es menester que ocupe realmente la vida, porque una golondrina no hace verano, ni un solo día, y así tampoco hace al hombre dichoso y feliz un solo día ni un tiempo breve.» Julián Marías, *Historia de la Filosofía*, **1941**. España. || «Pero una golondrina no hace verano...» José Sanchís Sinisterra, *Ñaque o de piojos y autores*, **1980**. España. || «Desde luego, se reconoce que una golondrina no hace verano...» *Prensa Libre*, 18/1/**1997**. Guatemala. || «Y la prueba puede darse, y se da sin duda, también con los libros, pero estas golondrinas no hacen verano.» José Jiménez Lozano, «Cuando la historia se enquista», *ABC*, 10/2/**2001**. España. [◇Tiene variantes modernas, por ejemplo: «Tres sotanas no hacen un seminario, lo sé, ni un cura es el vaticano.» Carlos Herrera, *ABC*, 2/12/2000. En latín, «una hirundo non facit ver»; en alemán, «Eine Schwalbe macht nicht einen Sommer»; en francés, «Une hirondelle ne fait pas le printemps»; en inglés, «a swallow does not make a summer»; y en catalán, «una oroneta no fa estiu». Para Ramón Gómez de la Serna «las golondrinas son los pájaros vestidos de etiqueta.»]

gordo
1. **más vale un gordo sano que un flaco enfermo.** Es preferible estar grueso que enfermo.
• «Tanto como para hacerse análisis en busca de un reaseguro de la salud o como para abandonar el tratamiento diciéndose así mismo: más vale un gordo sano que un flaco enfermo.» Osvaldo J. Brusco, *¿Qué debemos comer?*, **1987**. Argentina.

gota
1. **gota a gota la mar se agota.** Poco a poco se consiguen grandes cosas.
• «Gota a gota, la mar se apoka; o la mar se agota.» Gonzalo Correas, *Vocabulario de refranes y frases proverbiales*, **1627**. España.

gozo
   1. mi gozo en un pozo. Expresión de contrariedad y desilusión.
   • «Si busca la bolsa, pues venga, que a todo diré adveniat. Pero mi gozo en el pozo, que papeles saca.» Juan Rodríguez Florián, *Comedia llamada Florinea...*, **1554**. España. || «Y passar por mas peligros, que el primer nauta passó por ganar el Vellocino con los toros y el dragon. Hallé mi gozo en el poço, desluzido mi sudor...» Alonso de Castillo Solórzano, *Donayres del Parnaso*, segunda parte, **1625**. España. || «Ya pensaba en la jaqueca que le iba a dar al administrador, cuando se acordó (su gozo en un pozo) de que el administrador era Estupiñá.» Benito Pérez Galdós, *Fortunata y Jacinta*, **1885-87**. España. || «Pero, de improviso (¡mi gozo en un pozo!), caigo en la cuenta de que este parentesco, de existir realmente, no afectaría a la señora, puesto que vendría por la línea paterna.» Francisco Ayala, *La cabeza del cordero*, **1949**. España. || «El gozo se va al pozo de cabeza al no poder el lector imaginarse qué oficial de joyas modernas de la más alta calidad...» Camilo José Cela, *Las compañías convenientes...*, **1963**. España. || «Su gozo en un pozo y el nuestro también al presentir el desenlace lúgubre de la peripecia narrada en 1979.» Manuel Longares, *La novela del corsé*, **1979**. España. || «Pero mi gozo en un pozo. La tía va y lo escupe y se pone a toser.» Carlos Pérez Merinero, *Días de guardar*, **1981**. España.

gracia
   1. más vale caer en gracia que ser gracioso. Es preferible caer bien a la gente ante todo, seamos como seamos.
   • «Y ya se sabe que en democracia es tanto o más importante caer en gracia que ser gracioso.» *ABC*, 16/1/**1987**. España. || «Imagino que será por aquello de que mas vale caer en gracia que ser gracioso.» *Cambio 16*, 20/8/**1990**. España. || «Y es que más vale caer en gracia electoral que ser gracioso popular.» *El Mundo*, 29/4/**1995**. España. || «Una vez dijo un sabio que más vale caer en gracia que ser gracioso. Qué razón tenía el tío.» *El País Digital*, 21/4/**1997**. España.

*****grande** (ideas) *caballo (burro) grande, ande o no ande.*

granero
   1. un grano no hace granero, pero ayuda al compañero. Toda ayuda, por escasa que sea, sirve.

• «No te pones tú pocos moños. Un grano no hace granero... ¿Quién es este chico?» Antonio Díaz Cañabate, *Paseíllo por el planeta de los toros*, **1970**. España. || «Sabido es que un grano no hace granero, pero...» F. Sánchez-Dragó, *El camino del corazón*, **1990**. España. || «Con estos granos no hacemos granero, amiguetes.» Juan Palomo, *El Cultural*, 22-28/11/**2000**. España.

grano
1. **grano a grano llena el buche la gallina.** El que guarda siempre tiene, y las cosas se hacen poco a poco.
• «Y ese te hizo rico, que te hizo el pico: grano a grano hinche la gallina el papo. Llegábamos a tener caudal con que algún honrado levantara los pies del suelo y no pisara lodos.» Mateo Alemán, *Primera parte de Guzmán de Alfarache*, **1599**. España. || «... suelen decir en un refrán de su lengua: Grano a grano llena el buche la gallina.» Juan José Delgado, *Historia general sacro-profana...*, **1754**. Filipinas.
2. > **granero**, *un grano no hace granero, pero ayuda al compañero.*

guardar
1. **quien guarda, halla.** El ahorrador siempre tiene.
• «Él entonces, para poder ver, quitóse el pegado del otro, diciendo: —A la fe, quien guarda, halla.» Joan Timoneda, *Buen aviso y portacuentos*, **1564**. España. || «... no se ha de jugar a los dados, ni se ha de leer en el Dante, ni se han de comer dátiles, ni han de saber otro refrán sino quien guarda halla.» Francisco de Quevedo y Villegas, *Cartas del Caballero de la Tenaza*, **1606**. España. || «... como costumbres caen cada día de nuevo dignas de saberse en los venideros tiempos guardadas en el arca de los escritos, por aquello del que guarda halla.» Javier Fuentes y Ponte, *Murcia que se fue*, **1872**. España.

guarro
1. **Dios te libre de guarro gordo y de vaca flaca.** Los cerdos gordos tienen demasiada grasa y las vacas escuálidas no dan leche ni carne.
• «Deje que le conteste con un refrán: Dios te libre de guarro gordo y de vaca flaca.» Programa «El informal», Telecinco, TV, 8/1/**2001**. España.

guerra > **amor,** *todo vale en el amor y la guerra.*

gusto
1. sobre gustos no hay nada escrito. Cada cual tiene sus propios gustos y es imposible imponerlos o predecirlos.
• «... en este momento se había puesto a escribir en el escritorio de Clemencia una carta a Villa-María–, sobre gustos no hay nada escrito; cuando Clemencia...» Cecilia Böhl de Faber (Fernán Caballero), *Clemencia*, **1864**. España. || «A mí me extrañó mucho cuando los señores de Espasa-Calpe de aquí, de Madrid, me dijeron que los señores de Espasa-Calpe de ahí, de Buenos Aires, se interesaban por este libro, pero, como sobre gustos según la gente, no hay nada escrito, me callé y en paz.» Camilo José Cela, Prólogo de 1952, *Viaje a la Alcarria*, **1948**. España. || «No das el tipo. Pero, en fin, sobre gustos no hay... ¡qué expresión tan sombría!» Álvaro Pombo, *El héroe de las Mansardas de Mansard*, **1983**. España. || «Bueno, sobre gustos no hay nada escrito.» Marco Antonio de la Parra, *La secreta obscenidad de cada día*, **1984**. Chile. || «Aquí sí se puede decir, con el clásico, que sobre gustos no hay que disputar mucho.» Amando de Miguel, *La perversión del lenguaje*, **1994**. España. || «Sobre gustos no hay nada escrito, se dice. Por el contrario, hay escrito una barbaridad. La anterior es una frase hecha a la defensiva, porque siempre hay quien trata de infundirnos sus gustos por cantidad de motivos diversos y opuestos.» Francisco Nieva, *La Razón*, 24/9/**2000**. [◇L. «de gustibus non est disputandum.» También «aliis alia placent», a unos agradan unas cosas y a otros otras.]
2. hay gustos que merecen palos. A la gente le gustan cosas inauditas y sorprendentes.
• «¿Te asombras? Más me asombré yo. ¡Sobre que hay gustos que merecen palos!» Cecilia Böhl de Faber (Fernán Caballero), *La gaviota*, **1849**. España. || «Si quieres que te diga la verdad no me entra en la cabeza ese tonto afán tuyo por conservarte en forma, correrte cincuenta kilómetros en bicicleta a lo bobo, sin ir a ninguna parte ni nada, que hay gustos que merecen palos.» Miguel Delibes, *Cinco horas con Mario*, **1966**. España.

Guatemala
1. salir de Guatemala para entrar en guatapeor. Escapar de una situación mala y meterse en otra peor.
• «Salir de Guatemala para entrar en guatapeor...» Emilio Rodríguez Demorizi, *Comienzos del refranero americano*, **1975**. República Dominicana.

h

habas
 1. en todas partes cuecen habas (y en mi casa a calderadas). Todo es igual en todas partes.
 • «No hay camino tan llano –replicó Sancho–, que no tenga algún tropezón o barranco; en otras casas cuecen habas, y en la mía, a calderadas; más acompañados y paniaguados debe de tener la locura que la discreción.» Miguel de Cervantes Saavedra, *Segunda parte del ingenioso caballero don Quijote de la Mancha*, **1615**. España. || «Y no penséis que sólo en México es esta pública gorronería. En todas partes cuecen habas, y, en prueba de ello, en España es tan corriente que allá saben un versito que alude a esto.» José Joaquín Fernández de Lizardi, *El Periquillo Sarniento*, **1816-27**. México. || «Señor Gobernador, la verdad en su lugar; pero yo estoy diciendo lo que he oído a gente que entiende mucho de esos fregados, porque en todas partes cuecen habas...» Julián Zugasti y Sáenz, *El bandolerismo. Estudio social y memorias históricas*, **1876-80**. España. || «Pues, hombre, ¡vaya usted a saber! En esto, en todas partes cuecen habas.» Camilo José Cela, *Del Miño al Bidasoa*, **1952**. España. || «... para que vean que aquí también se cuecen habas y más habas, y para que se enteren...» Alfredo Bryce Echenique, *La vida exagerada de Martín Romaña*, **1981**. Perú. || «Ciertamente en todas partes se cuecen habas, pero aquí el homicidio se ha desbordado...» *El Tiempo*, 16/4/**1994**. Colombia. || «En todas partes cuecen habas y en casa a calderadas.» *La Vanguardia*, 2/1/**1995**. España. || «Sobre gustos se han escrito incontables páginas y no está claro que lo único que se cueza en todas partes sean habas» Luis Conde-Salazar, *ABC Cultura*, 23/3/**2002**. España.

hábito
 1. el hábito no hace al monje. Las apariencias no son suficientes para ser algo o alguien.

• «A mí nadie me hará creer dixo entonces Gaspar Palavicino que se use entre hombres de bien juzgar las condiciones y el arte por los vestidos y no por las palabras y obras; porque así muchos se engañarían; y no sin causa se trae por refrán que el hábito no hace al monje.» Juan Boscán, *Traducción de El cortesano de Baltasar de Castiglione*, **1534**. España. || «Y aunque de pícaro, cree que todos somos hombres y tenemos entendimiento. Que el hábito no hace al monje; demás que en todo voy con tu corrección.» Mateo Alemán, *Primera parte de Guzmán de Alfarache*, **1599**. España. || «El hábito no hace al monje; y tanta honra tiene un soldado roto por causa de la guerra, como la tiene un colegial con el manto hecho añicos, porque en él se muestra la antigüedad de sus estudios; y váyase, que haré lo que dicho tengo.» Miguel de Cervantes Saavedra, *Entremés de la guarda cuidadosa*, **1615**. España. || «–¿Qué importa? El vestido no hace la persona y la misma librea del diablo puesta sobre mi cuerpo no dañaría mi alma.» Benito Pérez Galdós, *Ángel Guerra*, **1890-91**. España. || «Estos primeros días de andar a los barcos, Joselín experimenta una inseguridad de movimientos. El que ha dicho que el hábito no hace al monje, no supo lo que decía.» Juan Antonio de Zunzunegui, *El Chiplichandle*, **1940**. España. || «El hábito no hace al monje. Las cosas no son como las pintan. Y el mundo se ve del color del cristal con que se mira.» Raúl Alberto Leis Romero, *Viene el sol con sombrero de combate puesto*, **1976**. Panamá. || «Es que... el hábito hace al monje.» Oswaldo Dragún, *Al violador*, **1981**. Argentina. || «Tampoco hay que caer en lo del hábito que hace al monje, porque detrás de cada muchacho que exhibe su cabeza monda y lironda no hay necesariamente un delincuente.» *La Vanguardia*, 30/7/**1995**. España. || «Una vez más: el traje no hace al monje...» *La Prensa*, 27/1/**1997**. Nicaragua. [◊En latín es «cucullus non facit monachum». Y Quintiliano dijo: «vestis virum reddit.» La ropa hace al hombre.]

hablar
   1. hablando se entiende la gente. Se supone que con el diálogo se allanan las dificultades.
   • «–¡Poco a poco! que no soy escopeta, respondió Pedro; hablando se entiende la gente, nadie nos corre.» Cecilia Böhl de Faber (Fernán Caballero), *La familia de Alvareda*, **1849**. España. || «... pero que se le diga... ¡que se le diga, congrio! y hablando se entiende la gente. Eso de callarse, como se hace conmigo, un mes y otro mes...» José María de Pereda, *La*

puchera, **1889**. España. || «Para terminar, ¿usted cree que hablando se entiende la gente?» *Tiempo,* 14/5/**1990**. España. || «No es cierto que hablando se entienda la gente, hablando se luce la gente.» Francisco Umbral, *La leyenda del César visionario,* **1991**. España. [◇Creo que hablando es como no se entiende la gente.]
 2. quién habló, que la casa honró. Se aplica al que habla cuando debería callar porque comete la misma falta que critica o comenta.
 • «... ni que nos tratemos como extraños, sería una cursilería (¡quién habló, que la casa honró!), ¿quieres dejar de interrumpirme como una tía?, tengo, además, la intención de mostrarte a mi animal antes de que te vayas.» Félix Azúa, *Diario de un hombre humillado,* **1987**. España.
 3. quien mucho habla, mucho yerra. Cuanto más se habla, más posibilidades de cometer errores.
 • «... considerando que quien mucho habla, mucho yerra; que en boca cerrada no entran moscas; que al buen callar llaman Sancho; que la palabra que se suelta, no puede recogerse; que por la boca muere el pez, y que muchas veces la lengua produce más perjuicios que ventajas.» Julián Zugasti y Sáenz, *El bandolerismo. Estudio social y memorias históricas,* **1876-80**. España. || «Óigame este consejo: ¡no diga nada! Dicen que el que habla yerra, pero el que hable de estos secretos errará más.» José Eustasio Rivera, *La vorágine,* **1924**. Colombia. || «Estoy por levantarme y cantarle las cuarenta delante de todos. Pero lo mejor es que me vaya, para demostrarle que por un oído me entra y por el otro me sale, que a palabras necias, oídos sordos y que el que mucho habla, mucho yerra y que todo lo que diga me lo paso por el arco del triunfo.» Luciano G. Egido, *Corazón,* **1995**. España. || «¿Cuántas veces les hemos dicho en este programa que en boca cerrada no entran moscas?»Programa «El informal», Telecinco TV, 12/1/**2001**. España. [◇El sabio piensa todo lo que dice; el tonto dice todo lo que piensa.]
 3. > **Dios,** *Dios nos dio oídos y una sola boca para que escuchemos más y hablemos menos.*
 4. > **rey,** *hablando del rey de Roma, por la puerta asoma.*

***hablar** (ideas) *callen* **barbas** *y hablen cartas; el que abre la* **boca** *paga con la gorja; en* **boca** *cerrada no entran moscas; por la* **boca** *muere el pez; el que* **callar** *no puede, hablar no sabe; por* **callar** *a nadie se hizo proceso; del* **dicho** *al hecho hay mucho trecho;* **Dios** *nos dio oídos y una sóla boca para que escuchemos más y hablemos menos;* **gallo** *cantor acaba en el asador; quien mucho*

habla, mucho yerra; no tiene la culpa el **loro**, sino quien le enseña a hablar; **al pan**, pan y al vino, vino.

hacer
   1. a lo hecho, pecho. Hay que afrontar las consecuencias de las acciones efectuadas y aceptarlas.
   • «Si se murió, a lo hecho, pecho, ya no ha de resucitar.» José de Espronceda, *El estudiante de Salamanca*, **1840**. España. || «Sin embargo, decía doña Candelaria que con aquella insignificante pensión no se podía vivir en ninguna parte, y que por tener que buscarse la vida, convenía un centro, cuanto más grande mejor, donde hubiera mundo y donde cada cual pudiera hacer lo que le diese la gana, sin críticas ni murmuraciones de nadie. En fin, a lo hecho, pecho...» Ángel Ganivet, *Los trabajos del infatigable creador Pío Cid*, **1898**. España. || «Los cuatro formaremos un solo hombre. No hemos nacido para reliquias. ¡A lo hecho, pecho!» José Eustasio Rivera, *La vorágine*, **1924**. Colombia. || «No le hace, Don. A lo hecho, pecho. Graciah'a Dios ya estoy güeno.» Ricardo Güiraldes, *Don Segundo Sombra*, **1926**. Argentina. || «Ni para remedio dejaron uno. A lo hecho, pecho. Aunque tal vez no estuvo malo que los mataran a todos, porque el cacique se tiró al río para apagarse el fuegarón de las tripas que lo estaba matando.» Miguel Ángel Asturias, *Hombres de maíz*, **1949-53**. Guatemala. || «¡Bien! A lo hecho, pecho, y agua pasada no corre molino. Su hermana no es ningún pendón.» Camilo José Cela, *La colmena*, **1951**. España. || «En el lío que se ha y me ha metido! (Girando a duras penas hacia el frente.) Pero a lo hecho, pecho. (Mirando a Virginia.)» Francisco Arriví, *Cóctel de Don Nadie*, **1964**. Puerto Rico. || «Qué mala pata la mía, si hasta parece armado en México. Pero bueno, a lo hecho, pecho.» Tomás Mojarro, *Yo, el valedor (y el Jerásimo)*, **1985**. México. || «Viéndome así, fijamente, me dijo que a lo hecho, pecho. Me dejó pasmado.» Sealtiel Alatriste, *Por vivir en quinto patio*, **1985**. México. || «... sirvió tres vasos que se rebalsaron de espuma, y dio curso a la petición del cartero sin una mueca, pero con una frase que reemplazó a la temida bala: A lo hecho, pecho...» Antonio Skármeta, *El cartero de Neruda*, **1986**. Chile. || «Ni siquiera posee la gallardía de la consumación, que lleva aparejada la responsabilidad de lo hecho. Porque a lo hecho, pecho. *ABC Electrónico*, 22/5/**1997**. España. [◊Las citas que se aportan demuestran la popularidad de la frase en el mundo de habla castellana.]
   2. el que la hace la paga. Las malas acciones se castigan.

• «Que quien la hace la paga, dice un Sabio Llamado Don Roldán...» José Francisco de Isla, *El Cicerón*, **1774**. España. || «Silda, el que la hace, la paga; y si esto es ley hasta en asuntos de poco más o menos, en pleitos de la honra debe serlo con mayor motivo.» José María de Pereda, *Sotileza*, **1885-88**. España. || «La vida no es así, en la vida no ocurre así. El que la hace no la paga. El que a hierro muere no a hierro mata. El que da primero no da dos veces. Ojo por ojo. Ojo de vidrio para rojo cuévano hueco. Diente por diente.» Luis Martín-Santos, *Tiempo de silencio*, **1961**. España. || «Los ciudadanos se sienten tranquilizados cuando parecen hacerse realidad que aquí el que la hace la paga. Nadie podrá reprochárselo, si con ello se entiende que ningún delito debe quedar sin sanción.» Andrés Ollero Tassara, *ABC*, 7/4/**2001**. España. || «¿Cómo puede ser tan torpe como para dar ideas a los ciudadanos acerca de que quien la hace la paga?» *La Razón*, 1/7/**2001**. España.

3. haz bien y no mires (cates) a quien. Indica que hay que hacer siempre el bien, a quien sea.

• «E dizen los prouerbios: faz bien e non cates a quien» Anónimo, *Libro de los cien capítulos*, **1284**. España. || «Todavía dice el refrán: haz bien y no cates a quien; haz mal y guarte.» Anónimo, *Viaje de Turquía*, **1557-58**. España. || «A instancia de Séneca y otros filósofos morales, se ha tenido por un solemne disparate decir: Haz bien y no mires a quien.» Baltasar Gracián, *El Criticón. Tercera parte*, **1657**. España. || «¿No sabes el refrán: haz bien y no mires a quien. Vamos, Dolores, ayúdame y manos a la obra.» Cecilia Böhl de Faber (Fernán Caballero), *La gaviota*, **1849**. España. [◇> también **bien**.]

4. haz tú lo que bien digo, y no lo que mal hago. Recomienda que debemos seguir las recomendaciones que se nos hacen, aunque el que las dé no las practique.

• «Haz tú lo que bien digo y no lo que mal hago.» Fernando de Rojas, *La Celestina*, **1499**. España. [◇*Mateo*, 23:3, «Así que, todo lo que os digan que guardéis, guardadlo y hacedlo; mas no hagáis conforme a sus obras, porque dicen y no hacen.»]

5. lo que no se hace no se sabe. Se entiende que no se debe hacer el mal, para que no se sepa.

• «El mejor secreto es no hacello, porque como dice el refrán, lo que no se hace no se sabe.» Gregorio González, *El guitón Onofre*, **1604**. España.

6. no hagas las cosas a medias. Lo que se empieza se deber terminar.

• «Porque ¿qué malicia de morondanga, decíamos nosotros, es la que encierran esas semblanzas, para que se la crea digna de quien nunca supo decir ni hacer las cosas a medias?» Sebastián de Miñano, *Sátiras y panfletos del Trienio Constitucional (1820-1823)*, **1820**. España. || «No necesitó más la bondadosa anciana, para que se le desbordase la piedad, que caudalosa inundaba su alma; y llevando a la realidad sus intenciones con la presteza que era en ella característica, fue al instante a la tienda de comestibles, que en el ángulo de aquel edificio existe, y compró lo necesario para poner un puchero inmediatamente, tomando además huevos, carbón, bacalao... pues ella no hacía nunca las cosas a medias.» Benito Pérez Galdós, *Misericordia*, **1897**. España. || «El duque Orsini no debía hacer las cosas a medias.» Mujica Láinez, *Bomarzo*, **1962**. España. || «No hagas nunca las cosas a medias. Si te equivocas, equivócate a fondo, a tope, al no va más, hasta el delirio.» *ABC*, 17/2/**1987**. España.

7. no la hagas y no la temas. Para no temer un castigo, lo mejor es no hacer mal.
• «No la hagas, i no la temerás.» Gonzalo Correas, *Vocabulario de refranes y frases proverbiales*, **1627**. España. || «No la hagas y no la temas.» Eusebio Blasco, *Mis Contemporáneos*, **1886**. España. || «Y con que nadie se obsesione conmigo. No la hagas y no la temas, dice el refrán.» *ABC Cultural*, 8/11/**1996**. España.

8. > **decir,** *decir y hacer comen a mi mesa.*
9. > **ir,** *donde fueres, haz lo que vieres.*

hacienda > **caporal,** *no dejes que tu caporal administre tu hacienda, monte tu caballo y cuide a tu mujer, porque te puedes quedar sin hacienda, sin caballo y sin mujer.*

hallar > **guardar,** *quien guarda, halla.*

hambre
1. a buen hambre no hay pan duro (mal pan). Cuando se tiene hambre todo alimento parece apetitoso.
• «¿No has oído decir que a la hambre no hay mal pan? Digo que se me hizo almíbar y me dejó goloso.» Mateo Alemán, *Primera parte de Guzmán de Alfarache*, **1599**. España. || «A buena hambre no ai pan duro.» Gonzalo Correas, *Vocabulario de refranes*, **1627**. España. || «... pues, si vos tuvierais gana, a la hambre no hay pan duro, no hay pan feo...» Jacinto Polo de Medina, *Poesía*, **1630-55**. España. || «... y aunque tienen algo

de amargo, las comen bien, porque a buena hambre no hay pan duro.» Juan José Delgado, *Historia general sacro-profana...*,**1754**. Filipinas. || «Llegó la hora bendita del refectorio, y aunque la comida era de comunidad, a mí me pareció bajada del cielo, como que a un buen hambre no hay mal pan.» José Joaquín Fernández de Lizardi, *El Periquillo Sarniento*, **1816-27**. México. || «Comida ciertamente frugal para un rico, pero a mí me pareció de un rey o por lo menos de un embajador, pues si a buena hambre no hay mal pan, aunque sea malo, cuando el pan es de por sí bueno, debe parecer inmejorable por la misma regla.» José Joaquín Fernández de Lizardi, *El Periquillo Sarniento*, **1816-27**. México. || «Hízose de rogar éste cuanto sufría por una parte la prudencia y exigía por otra el decoro, y teniendo en cuenta sin duda que a buena hambre no hay pan duro, que a falta de pan buenas son tortas, y que más vale pájaro en mano que buitre volando.» Luis Coloma, *Pequeñeces*, **1891**. España. || «José Jacinto Milanés en su proverbio dramático A buen hambre no hay pan duro (que se refiere a un episodio de la vida de Cervantes en su matrimonio con doña Catalina de Palacios...» Juan Remos y Rubio, *Tradición Cervantina en Cuba,* **1947**. Cuba. || «Los alumnos deberán reconstruir la frase dancística en el orden lógico en que fue creada. Es como si separáramos las palabras de un refrán, por ejemplo: Buen hay duro a hambre no pan. Una vez dictadas las palabras en ese orden, los alumnos deberán ordenar la frase: A buen hambre, no hay pan duro.» Paulina Ossona, *La educación por la danza*, **1976**. Argentina. || «Casi siempre daban lentejas o panza con pan. Pero a buen hambre no hay pan duro...» Miguel Barnet, *Gallego,* **1981**. Cuba. || «Y ustedes ándense con cuidado, que es muy bueno, pero cuando le aprieta la gana no entiende, y ya saben que a buen hambre no hay pan duro.» Javier Maqua, *Invierno sin pretexto,* **1992**. España. [◇«*Al hambre no hay pan negro*. O'Kane cita textos judeoespañoles relacionados con nuestro refrán: *En tiempos de hambrera no hay mal pan.* Igualmente lo recoge Correas con la variante *duro* por *negro*. Horozco: *Al hambre no hay mal pan*. En cualquier caso resalta que en tiempos de necesidad no hay remilgos.» AMD.]

2. juntarse (confundir) el hambre con las ganas de comer. Dos cosas o personas poco recomendables que se juntan.

• «Cuando el joven Colombo llega a Portugal en 1476, al pie de aquel peñón de Sagres sobre el cual había construido el Infante Don Enrique su nido de aves marinas, se juntan, según nuestra pintoresca frase española, el hambre con las ganas de comer.» Salvador de Madariaga,

Vida del muy magnífico señor don Cristóbal Colón, **1940**. España. || «... y aun de modo tal vez más dramático que en el campo, pues aquí parece juntarse el hambre con las ganas de comer.» Antonio Limón, *Andalucía, ¿tradición o cambio?*, **1988**. España. || «En este caso se confunden, a todas luces, el hambre con las ganas de comer.» *El Nacional*, 11/4/**1997**. Venezuela.
   3. > **pan,** *a buen hambre no hay pan duro.*
   4. > **salsa,** *la mejor salsa es el hambre.*

harina
   1. allegador de la ceniza y derramador de la harina. Los hay que escatiman lo trivial y derrochan lo importante.
   • «Porque no es Dios, como suelen decir, allegador de la ceniza y derramador de la harina, mas antes, cuanto son las cosas mas perfectas, tanto mayor cuidado y providencia tiene dellas...» Fray Luis de Granada, *Introducción del símbolo de la fe*, **1583**. España. [◇*allegar,* amontonar, juntar.]
   2. donde no hay harina, todo es mohína. Cuando falta el dinero, comienzan los problemas.
   • «Vivimos en un país pobre, y donde no hay harina todo es mohína. La pobreza económica explica nuestra anemia mental...» Miguel de Unamuno, *En torno al casticismo*, **1895-1902**. España. || «Malo es empezar con boqueras, porque, como suele decirse, donde no hay harina todo es mohína; pero las cosas se han presentado así.» Ángel Ganivet, *Los trabajos del infatigable creador Pío Cid*, **1898**. España. || «A su retorno a Isabela, el 29 de marzo, el Virrey-Almirante se encontró con una situación deplorable. Donde no hay harina, todo es mohína, dice nuestro refrán.» Salvador de Madariaga, *Vida del muy magnífico señor don Cristóbal Colón*, **1940**. España. || «Vivimos –escribió Unamuno– en un país pobre, y donde no hay harina todo es mohína. La miseria económica explica nuestra miseria mental.» Publio López Mondéjar, *Historia de la fotografía en España*, **1997**. España. [◇«Mohína: enfado con alguien.» MM.]

hastío, > **manjar,** *un manjar solo pronto da hastío.*

hecho > **dicho,** *del dicho al hecho hay un gran trecho.*

hechura > **genio,** *genio (hechura) y figura hasta la sepultura.*

heredar
1. quien lo hereda no lo hurta. Se dice que las riquezas heredadas son obtenidas legítimamente.
• «... de tal palo tal astilla, quien lo hereda no lo hurta. En ese tiempo la orquesta ya no tocaba en la Casa de Castilla.» Mario Vargas Llosa, *La casa verde,* **1966.** Perú. || «De esa zona ando-larense, en donde las selváticas lianas sirven de maroma a los monos saltarines, es aquel adagio: Hijo de chuco no yerra bejuco, y si lo yerra es porque es muy maluco, que es un quien lo hereda no lo hurta semejante al ya citado para donde brinca la cabra..., con la diferencia de la adaptación al medio, expresada a través de los elementos ambientales.» Francisco Tamayo, *El hombre frente a la naturaleza,* **1993.** Venezuela.

hermosa > fea, *ni fea que espante, ni hermosa que mate.*

herradura
1. por un clavo se pierde una herradura. Por una pequeñez pueden acaecer grandes calamidades.
• «Y así como suelen decir que por un clavo se pierde una herradura, y por una herradura un caballo, y por un caballo un caballero; así también suele acaecer aquí muchas veces, que por un muy liviano descuido se viene a perder toda la hora del ejercicio, y todo el bien que de él se pudiera seguir.» Fray Luis de Granada, *Libro de la oración y meditación,* **1554.** España. || «Acuérdate del proverbio que dice que por un clavo se pierde una herradura, y por una herradura un caballo, y por un caballo un caballero.» Justo Cuervo, *Traducción del Compendio de Doctrina Cristiana recopilado de diversos autores...,* **1906.** España. [◇La versión completa es: *por un clavo se pierde una herradura; por una herradura, un caballo; por un caballo, un caballero; por un caballero, un campo; por un campo, un reino.*]

herrero
1. dar una en el clavo y ciento en la herradura. Hay quien se equivoca cien veces por una que acierta.
• «... de donde nació otro proverbio: una en el clavo y ciento en la herradura.» Sebastián de Covarrubias, *Tesoro de la lengua castellana o española,* **1611.** España. || «Cuando Manier hubo exhibido su gran mapa, de la instrucción popular, algunos españoles de esos que dan ciento en la

herradura y una en el clavo...» Juan Montalvo, *Las catilinarias*, **1880-82**. Ecuador. || «No hay más que un modo de dar una vez en el clavo, y es dar ciento en la herradura.» Miguel de Unamuno, *Vida de don Quijote y Sancho*, **1905**. España. || «Que en gangas, añagazas y balumbas de mujeres, lo mejor es esperar a la postdata y todo otro adelanto es dar en el clavo una vez y ciento en la herradura.» Eugenio Noel, *Las siete cucas*, **1927**. España. [◇«... está tomado de herradores que dan muchos golpes en la herradura y pocos en el clavo que van hincando; de donde nació otro proverbio: Una en el clavo, y ciento en la herradura, cuando se gastan muchas palabras impertinentes, que no hazen a propósito.» Covarrubias.]

2. en casa del herrero, cuchillo de palo. La gente tiene dejadez y desidia en cuestiones privadas y personales.

• «Y en verdá que, como oliera, yo mismo la enseñaría a usté el camino; que ya le sé por mi uficio, y no se ha de decir por mí que en casa del herrero, cochillo de palo.» José Francisco de Isla, *Historia del famoso predicador Fray Gerundio de Campazas alias Zotes*, **1758**. España. || «... sucede lo que en casa del herrero, que el cuchillo es de palo...» Ángel Muro, *El Practicón. Tratado completo de cocina*, **1891-94**. España. || «... todos en su casa comían pan seco, confirmando el dicho popular de que en casa del herrero, cuchillo de palo.» Pío Baroja, *La busca*, **1904**. España. || «... pues ya veis, en casa del herrero, cuchillo de palo.» Fulgencio Argüelles, *Letanías de lluvia*, **1993**. España. || «... porque en casa del herrero no va a haber esta vez cuchillo de palo.» Pedro J. Ramírez, *David contra Goliat*, **1995**. España. || «Estuve casada con un doctor y aproveché, pero no crea que me operé de todo, no. En casa del herrero, cuchillo de palo.» *La Razón*, 28/4/**2000**. España. [◇Gonzalo Correas, en su *Vocabulario de refranes y frases proverbiales*, reseña las siguientes variantes: *En kasa del herrero, el kuchillo mangorrero; o de madero. / En kasa del herrero, el más rruin apero. / En kasa del herrero, el peor apero. / En kasa del herrero, badil de madero.*]

3. herradura que chapalea, clavo le falta. Siempre tenemos indicios de que algo no marcha bien.

• «No sin razón dice nuestro vulgar adagio que a herradura que chapalea clavo le falta, y es por esto...» José Joaquín Fernández de Lizardi, *El Periquillo Sarniento*, **1816-27**. México. [◇«Chapalear: chacolotear: hacer ruido la herradura por estar floja o faltarle clavos. *Herradura que chapaletea, clavo le falta y firme no está.*» JST.]

hervir
1. hervir, pelar o tirar. Lo que hay que hacer con la fruta para que no nos enferme.
• «Hervir, pelar o tirar.» Programa «Noticias», Telecinco TV, 20/6/**2000**. España.

hidalgo
1. ése es hidalgo que hace las obras. El que hace bien es el verdadero hidalgo, el caballero de bien.
• «De esa vuestra opinión creo yo que nació el proverbio de que ese es hidalgo que hace las obras.» Diego Hermosilla, *Diálogo de los pajes...*, **1545**. España.

hierba
1. hierba mala nunca muere. Se aplica a los malvados que se les encuentra por doquier y siempre.
• «Porque la mala hierba nunca muere.» Miguel Hernández, *Los hijos de la piedra*, **1935**. España. || «Fidencio intervino y le dijo que hierba mala nunca muere, que dejara de estarle metiendo esas ideas a Maruchita y la dejara ir a disfrutar del ritmo acariciador de las olas del mar.» Sealtiel Alatriste, *Por vivir en quinto patio*, **1985**. México. || «Nómbralo: ya salió, ya ni modo, con todos sus genes a cuestas, portando, por Dios, portando todo lo que somos, hierba mala nunca muere: semillita, semillonaria...» Carlos Fuentes, *Cristóbal Nonato*, **1987**. México. España.
2. hierba turmera, dame la compañera. Cierta hierba anuncia donde hay criadillas de tierra.
• «En Castilla, añade en la página siguiente, se dice un refrán común: hierba turmera, dame la compañera; porque dicen que se hallan donde se cría cierta hierba que es señal manifiesta de que allí hay turmas.» Pío Font Quer, *Plantas medicinales*, **1962**. España. [◇Turma de tierra es una especie de hongo.]

hierro
1. machacar (majar) en hierro frío. Hacer algo inútilmente.
• «... procuraban por todas las vías posibles apartarle de tan mal pensamiento, pero todo era predicar en desierto y majar en hierro frío.» Miguel de Cervantes Saavedra, *Segunda parte del ingenioso caballero don Quijote de la Mancha*, **1615**. España. || «Sólo usted, doña Isabel. Porque yo, can-

sado ya de machacar en hierro frío, le hice darme su palabra de honor que no se haría nada sin que se viera con usted.» Salvador de Madariaga, *¡Viva la muerte! Tragedia moderna en tres actos*, **1974**. España. [◇Majar es triturar.]

    2. quien a hierro mata, a hierro muere. Los que actúan mal suelen recibir el mismo trato de los demás.

• «... confirmándose en él aquella sentencia del Maestro Divino: Quien a hierro mata, a hierro muere.» Pilar Pascual de Sanjuán, *Flora o la educación de una niña*, **1888-1923**. España. || «El que á hierro mata á hierro muere, y haciendo brillar el amarillo naranjero se acerca Santos Pérez, quien al sacar bajo del poncho deja en descubierto los escapularios que cual los amuletos de Muselino y bandidos de la Calabria usaban también los de aquella sierra, lo descarga sobre el pálido rostro que enmarañada cabellera, tan renegrida como sus...» Pastor Servando Obligado, *Tradiciones argentinas*, **1903**. Argentina. || «El que a hierro mata, no puede morir a sombrerazos. Tal vez yo mismo lo mate un día.» Isabel Allende, *La casa de los espíritus*, **1982**. Chile. || «Así como el refrán dice: El que a hierro mata a hierro muere, yo puedo decir: El que a hierro hiere, a hierro cura.» José Luis Cabouli, *Terapia de vidas pasadas*, **1995**. Argentina. || «Los más abyectos refranes sirvieron para enterrarlo y los del que mal anda, mal acaba, el que a hierro mata, a hierro muere y a todo cerdo le llega su San Martín.» Luciano G. Egido, *Corazón*, **1995**. España. [◇«L. "qui gladio ferit, gladio perit"» La cita bíblica de *Mateo*, 26:52, dice: *Cuantos empuñan la espada, a espada perecerán*. En otras palabras: los que actúan mal, tarde o temprano recibirán su merecido.» DCB.]

higo
    1. de higos a brevas. Muy de tarde en tarde.

• «Poca levita, mucha tuína y chaqueta; de higos a brevas.» Emilia Pardo Bazán, *La Tribuna*, **1883**. España. || «... míseros farsantes que representan su papel y entre los cuales apenas si se halla de higos a brevas un caballero andante.» Miguel de Unamuno, *Vida de don Quijote y Sancho*, **1905**. España. || «El caso es que de higos a brevas me gusta que alguna tía me ponga una inyección.» Carlos Pérez Merinero, *Días de guardar*, **1981**. España. || «El caso es que como tío Ramón venía por el pueblo de higos a brevas.» Eduardo Mendicutti, *El palomo cojo*, **1991**. España. [◇«Breva: higo grande de la primera cosecha de las higueras que dan dos.» MM.]

hija
   1. a la hija muda su madre la entiende. Sólo las madres son capaces de hacer ciertas cosas. —«No, hijo, no. Pero, Perico, a la hija muda su madre la entiende, respondía Ana con profundo dolor.» Cecilia Böhl de Faber (Fernán Caballero), *La familia de Alvareda,* **1849**. España.
   2. > **madre,** *madre holgazana saca hija cortesana.*

hijo
   1. al hijo de tu vecino, límpiale las narices y métclo en tu casa. Debemos conformarnos con nuestros iguales, con los de nuestro nivel social.
   • «A el hijo de tu vecino métclo en tu casa...» Mateo Alemán, *Segunda parte de la vida de Guzmán de Alfarache,* **1604**. || «Medíos, Sancho, con vuestro estado –respondió Teresa–, no os queráis alzar a mayores y advertid al refrán que dice: Al hijo de tu vecino, límpiale las narices y métele en tu casa.» Miguel de Cervantes Saavedra, *Segunda parte del ingenioso caballero don Quijote de la Mancha,* **1615**. España. || «Momo, dice el refrán: ¿Quién es tu hermana? La vecina más cercana. Y otro añade: Al hijo de tu vecina, quitarle el moco y meterlo en casa. Y la sentencia reza: Al prójimo como a ti mismo.» Cecilia Böhl de Faber (Fernán Caballero), *La gaviota,* **1849**. España. || «Los campesinos siguen el viejo proverbio: al hijo de tu vecino límpiale las narices y métclo en tu casa.» Ramón J. Sender, *Requiem por un campesino español,* **1953**. España. [◇: «El codicioso escudero sueña con casar a su hija Mari Sancha con algún noble. Su mujer, Teresa, más realista, le contesta: Medíos, Sancho (…). En este caso, el igualitarismo es por abajo.»]
   2. el hijo de la gata ratones mata. Los hijos aprenden de los padres y actúan como ellos.
   • «Y como sea notoria verdad que el hijo de la gata ratones mata, mil veces me ocurrieron a la memoria cosas de mi mocedad: que si, como llegué a Roma, hubiera venido allí con mis embelecos, tiña, lepra y llagas, pudiera dejar un mayoradgo.» Mateo Alemán, *Segunda parte de la vida de Guzmán de Alfarache. Atalaya de la vida humana,* **1604**. España
   3. el que ahorra la vara odia a su hijo. No castigar a los hijos a tiempo hace que se conviertan en seres odiosos.
   • «El que ahorra la vara odia a su hijo; / mas el que le ama se apresura a corregirle.» Eloíno Nácar, *Traducción de la «Sagrada Biblia»,* **1965**. España. [◇*Proverbios,* 13:24, «El que ahorra la vara odia a su hijo, mas el que le ama se apresura a corregirle.»]

4. hijo no tenemos y nombre le ponemos. No hay que adelantarse a los acontecimientos ni preocuparse antes de tiempo.
• «Fijo no auemos y nombre le ponemos.» Marqués de Santillana, (Íñigo López de Mendoza), *Refranes que dizen las viejas tras el fuego*, **1454**. España. || «¡Aún el hijo no tenemos, ya el nombre le ponemos.» Juan del Enzina, *Égloga de Plácida y Vitoriano*, **1513**. España. || «Y como dizen, hija no tenemos y nombre le ponemos...» Juan Rodríguez Florián, *Comedia llamada Florinea, que tracta de los amores del buen duque Floriano con la linda y muy casta ...*, **1554**. España. || «... y aún no tenemos hijo y ponéysle vuestro nombre.» Juan Rodríguez Florián, *Comedia llamada Florinea, que tracta de los amores del buen duque Floriano con la linda y muy casta ...*, **1554**. España.
5. > **padre,** *padre guardador, hijo gastador.*

hilo
1. por el hilo se saca el ovillo. Por una cosa se llega a otra.
• «... que vuestra merced sea servido de mostrarnos algún retrato de esa señora, aunque sea tamaño como de un grano de trigo; que por el hilo se sacará el ovillo y quedaremos con esto satisfechos...» Miguel de Cervantes Saavedra, *El ingenioso hidalgo don Quijote de la Mancha*, **1605**. España. || «... llamo Estebanillo González, tan hijo de mis obras que si por la cuerda se saca el ovillo, por essas sacarás mi noble descendencia...» Anónimo, *La vida y hechos de Estebanillo González*, **1646**. España. || «Y, como por el hilo se saca el ovillo, por unas palabras saco otras y acá, a mi modo, formo el concepto de lo que quiere decir.» José Francisco de Isla, *Historia del famoso predicador Fray Gerundio de Campazas alias Zotes*, **1758**. España. || «El general me ha mandado recoger balas y aquí llevo las que he podido encontrar. Por el hilo se saca el ovillo, y por el proyectil, el arma.» Benito Pérez Galdós, *Aita Tettauen*, **1859**. España. || «Sé muy bien, como dijo el otro, que por el hilo se saca el ovillo, por la muestra se conoce el paño y por la uña el león.» Benito Pérez Galdós, *Doña Perfecta*, **1876**. España. || «Por el hilo se saca el ovillo: la relación que de Tarsis había establecido con el francés fue desflorada.» Fernando Arrabal, *La torre herida por el rayo*, **1982**. España. || «Vea, don Félix Arcadio: me los leí casi todos, de cabo a rabo. Si por el hilo se saca el ovillo, estos papeles están diciendo cosas que se escriben en otros libros y recortes, y que al menos yo no conozco...» Alfonso Chase Brenes, *El pavo real y la mariposa*, **1996**. Costa Rica.

hogar > casa, *mi casa y mi hogar cien sueldos val.*

hogaza > muerto, *el muerto al hoyo y el vivo al bollo.*

hombre
1. al hombre vergonzoso el diablo se lo llevó a palacio. No hay que tener vergüenza nunca y por nada.
• «Presto me hice de su masa, que hombre vergonzoso el diablo lo llevó a palacio. Enseñáronme a vivir, que beber yo me lo sabía.» Gregorio González, *El guitón Onofre,* **1604.** España.
2. de hombre a hombre no va nada. Todos son iguales.
• «De hombre a hombre no va nada, dice el refrán, y el refrán no dice bien: es un refrán jactancioso, o es refrán de otros tiempos; para los nuestros, jactancioso resulta.» José Echegaray, *Ciencia popular,* **1870.** España.
3. el hombre braga de hierro, la mujer de carne. Explica la antigua idea de que el hombre es fuerte y la mujer débil y objeto sexual.
• «Poco sabéis, hermano; al hombre braga de hierro, a la mujer de carne. Gana me viene de os azotar.» Francisco Delicado, *La Lozana Andaluza,* **1528.** España. [◇ *braga,* antiguamente especie de pantalón.]
4. el hombre es el único animal que tropieza dos veces con la misma piedra. Comete los mismos errores una y otra vez porque le cuesta aprender de la experiencia.
• «... una de las evidencias más dolorosas de la especie humana, la evidencia de que el hombre es el único animal que tropieza dos veces con la misma piedra...» Camilo José Cela, *Las compañías convenientes y otros fingimientos y cegueras,* **1963.** España. || «Acusemos el golpe: historia magistra vitae y no volvamos a tropezar en la misma piedra.» Luis Cencillo, *Método y base humana,* **1973.** España. || «... se confirmaba que el hombre es el único animal que tropieza dos veces en la misma piedra.» *La Vanguardia,* 16/7/**1995.** España. || «...de seres humanos. Por más que un refrán castellano diga que el hombre es el único animal que tropieza dos veces en la misma piedra, de mente borrical demostraríamos ser si en este caso así sucediera.» César Vidal, *Historias del ocultismo,* **1995.** España. || «Sin los conocimientos acumulados por los ancestros y preservados en los libros, estaríamos condenados a recomenzar la historia una y otra vez, a tropezar todas las veces con la misma piedra y a incurrir en los mismos desatinos.» *El Siglo,* 27/8/**1997.** Panamá. || «Ojalá esa reflexión

sirva para no volver a tropezar con la misma piedra.» *Granma Internacional,* 6/**1997**, núm. 20, Cuba. || «Pero quizá, por haber visto muchas cosas en el pasado siglo y ser ya mayor, a mí me gusta recordar aquel proverbio –el hombre es el único animal que tropieza dos veces en la misma piedra– para que nadie lo olvide.» Santiago Carrillo, *El País,* 23/2/**2001**. España. [◇«El que se equivoca y no se corrige se vuelve a equivocar.» dice la Biblia en *Proverbios.* Y Tullulah Bankhead dijo: «Si tuviera que vivir de nuevo cometería los mismos errores, pero antes.»]

5. el hombre es fuego, la mujer estopa; llega el diablo y sopla. Es natural que el hombre y la mujer tengan apetencias sexuales, sin que el diablo tenga nada que ver en el asunto.

• «Yo ya estoy cansada de repetirlo. Mientras haya hombres y haya mujeres, habrá siempre líos; el hombe es fuego y la mujer estopa y luego, ¡pues pasan las cosas!» Camilo José Cela, *La colmena,* **1951**. España. || «... el muchacho soplando una candela o la composición con la pareja de jóvenes y el mono, a la luz de una vela, basada en lo que expresa el refrán español: el hombre es fuego y la mujer estopa...» Enrique Lafuente Ferrari, *Breve historia de la pintura española,* **1946-53**. España. || De repente la figurilla ardió, como ilustrando el refrán de España: El hombre es fuego, la mujer estopa; viene el Diablo y sopla.» Manuel Mújica Laínez, *Bomarzo,* **1962**. Argentina. [◇*«El hombre es fuego, la mujer estopa...* la fragilidad humana es tal, que no puede haber trato frecuente entre hombres y mujeres, sin riesgo de algún desliz o resbalón.» NDLC. «Por la hermosura de la mujer muchos se extraviaron, y con eso se enciende como fuego la pasión.» *Eclesiástico,* 9:9.]

6. el hombre (dinero) es la medida de todas las cosas. El hombre es el patrón por el cual se considera todo.

• «Pero sobre todos estos usos, que son sencillos y naturales, halló la comunicación de los hombres el uso del dinero, el cual (como dijo el filósofo) es la medida de todas las cosas...» José de Acosta, *Historia natural y moral de las Indias,* **1590**. España. || «Platón dixo que el hombre era la medida de todas las cosas.» Fray Joaquín Bolaños, *La portentosa vida de la muerte,* **1792**. México. || «Cuando Protágoras decía que el hombre es la medida de todas las cosas, decía algo superfetatorio.» José Ortega y Gasset, *Artículos (1917-1933),* **1917**. España. || «Protágoras enseña que el hombre es la medida de todas las cosas, y que ningún objeto sensible es independiente del ser que piensa y que siente.» Pío Baroja, *Desde la última vuelta del camino. Memorias,* **1944-49**. España. || «Decía un viejo sofista

griego, Protágoras de Abdera, que el hombre es la medida de todas las cosas, de las que son y de las que no son...» José Luis Pinillos, *La mente humana*, **1969**. España. [◇Protágoras (c. 485 - c. 410 a.C.).]
    7. el hombre es un lobo para el hombre. El hombre es el peor enemigo del hombre.
    • «¿Vamos a borrar esa sentencia del poeta latino: Homo, homini lupus, el hombre es un lobo para el hombre?» Pío Baroja, *El árbol de la ciencia*, **1911**. España. || «Hobbes cree que el hombre es un lobo para el hombre; Sartre piensa que el Infierno son los otros.» Manuel Fraga Iribarne, *El nuevo anti-Maquiavelo*, **1962**. España. || «Rousseau afirmaba que la naturaleza del hombre es buena originariamente y que ésta empeora a medida que se contamina del mal que alienta en la sociedad; para Hobbes, en cambio el hombre es un lobo para el hombre.» *ABC*, 24/2/**2001**. España. || «Contra ello alienta esta parábola en cuyo fondo late la negativa visión barojiana de nuestra naturaleza, el *homo homini lupus*, su profunda convicción de que el hombre es un lobo para el hombre.» Santos Sanz Villanueva, *El Mundo*, 13/6/**2001**. España.[◇«Traducción de la expresión latina *Homo homini lupus*. [...] Aunque quien popularizó este adagio fue el filósofo inglés Thomas Hobbes (1588-1679), en su tratado *De homine*, se trata de una expresión muy antigua.» JMI. «Los hombres han nacido los unos para los otros. Por tanto, enséñales o sopórtalos.» Marco Aurelio, *Meditaciones*.]
    8. el hombre no hace la cosa. El hombre no lo es todo, y hay leyes naturales por encima de él.
    • «No hay que insistir demasiado en la vulgaridad de que del dicho al hecho hay mucho trecho, y que el nombre no hace la cosa.» Pío Baroja, *Desde la última vuelta del camino. Memorias*, **1944**. España. || «... quedaba aún otra dificultad: la impropiedad de la denominación de Geografía humana con que seguían designándose estos estudios. Hay, en castellano, un adagio que dice: El nombre no hace a la cosa. Pues bien; en este caso, el nombre hacía a la cosa.» Leoncio Urabayen, *La tierra humanizada*, **1949**. España. [◇«¿Qué es el hombre en medio del infinito?» Blaise Pascal, *Pensées*.]
    9. el hombre propone y Dios dispone. No todo depende de la voluntad o esfuerzo del hombre. Suelen surgir imprevistos.
    • «Deseando cobrar esta deuda. Mas el hombre propone y Dios dispone.» Mateo Alemán, *Segunda parte de la vida de Guzmán de Alfarache*, **1604**. España. || «El hombre propone y Dios dispone. Fue imposible seguir la marcha a las nueve.» Lucio Victorio Mansilla, *Una excursión a*

los indios Ranqueles, **1870.** Argentina. || «Se dice por ahí que el hombre propone y Dios dispone. Quizá fuera mejor aclarar un poco la cosa especificando que, en el hombre dispone y, en definitiva, Dios decide.» Camilo José Cela, *Las compañías convenientes y otros fingimientos y cegueras,* **1963.** España. || «Pero el hombre propone y Dios dispone. El refranero suele ser certero.» *ABC,* 26/8/**1989.** España. || «Sabía que el hombre propone y Dios dispone y que el destino lo había llevado irremisiblemente a la ciudad para que asumiera la carga pesada de sus responsabilidades.» Jorge Andrade, *Un solo dios verdadero,* **1993.** Argentina. || «Pero el hombre propone, Dios dispone y el diablo lo descompone.» *La Hora,* 1/3/**1997.** Guatemala. [◇*Proverbios*: 16:5, «El hombre elige su camino y Dios conduce sus pasos.»]

10. el hombre y el oso cuanto más feo, más hermoso. Expresión inventada por los hombres feos a manera de consuelo, y para tener oportunidades con las mujeres.

• «... al papel de actor principal en el gran teatro del mundo, desplazado sutil pero categóricamente por la mujer, aquel refrán de El hombre y el oso cuanto más feo más hermoso va perdiendo validez.» Adolfo María Gómez Montoya, *La cirugía estética. Qué es, qué no es,* **1995.** España.

11. hombre prevenido (apercibido, precavido) vale por dos (medio combatido). La persona precavida vale más que la no prevenida, al haberse preparado para cualquier eventualidad.

• «Mejor sería, señor, que se gastasse esta hora que queda en adereçar armas que en buscar questiones. Ve, señor, bien apercebido: serás medio combatido.» Fernando de Rojas, *La Celestina,* **1499.** España. || «Por tanto dicen que el hombrre apercibido medio combatido.» Francisco Delicado, *La Lozana Andaluza,* **1528.** España. || «Hombre apercebido, medio combatido. No se pierde nada en que yo me aperciba, que sé por experiencia que tengo enemigos visibles e invisibles, y no sé cuándo, ni adónde, ni en qué tiempo, ni en qué figuras me han de acometer.» Miguel de Cervantes Saavedra, *Segunda parte del ingenioso caballero don Quijote de la Mancha,* **1615.** España. || «Trampeta, con actividad vertiginosa, hacía la cama al candidato del gobierno. Muy a menudo iba a la capital de provincia, a conferenciar con el gobernador: en tales ocasiones el secretario, calculando que hombre prevenido vale por dos, ni olvidaba las pistolas...» Emilia Pardo Bazán, *Los pazos de Ulloa,* **1886.** España. || «Hombre precavido vale por dos.» Programa «Noticias», Telecinco TV., 28/4/**2000.** España. [◇var. *Hombre precavido vale por dos.*]

12. hombre sin plata, la cama lo mata. El hombre sin dinero no hace nada y le corrompe la desidia.
• «Hasta los más simpáticos que recitan aquel refrán popular que dice: Hombre sin plata, la cama lo mata.» Fabiola Calvo Ocampo, *Colombia. ELP, una historia armada,* **1987**. Colombia.
14. más vale un hombre de bien que un cura perdido. No es necesario ser cura para ser persona de bien.
• «Que mi confesor, el padre Angélico, profesor, además hombre de fama de-sabio-doctor, dice que no tengo vacación por ningún lado que se le mire o busque con la mejor intención posble, y que más vale un hombre de bien que un cura perdido.» Renato Prada Oropeza, *Larga hora, la vigilia,* **1979**. México.
15. no es un hombre más que otro si no hace más que otro. En las obras se diferencian los hombres. «Sábete Sancho, que no es un hombre más que otro si no hace más que otro...» Miguel de Cervantes Saavedra, *El ingenioso hidalgo don Quijote de la Mancha,* **1605**. España.
16. no hay hombre cuerdo a caballo. Con el poder todos parecen enloquecer.
• «Ved qué negro adobo para que no se dañase el adobado. Si no bebo en la taberna, huélgome de ella. No hay hombre cuerdo a caballo...» Mateo Alemán, *Segunda parte de la vida de Guzmán de Alfarache,* **1604**. España. || «porque para esta operación se requiere estar con vigilancia en lo que se hace, y con cordura y juicio burlar el adagio de que no hay hombre cuerdo a caballo...» Nicolás Rodrigo Noveli, *Cartilla para torear,* **1726**. España. || «... empezaré recordando un refrán gaucho, que dice: ¡No hay hombre cuerdo a caballo! A lo que añadiré... ¡No hay hombre serio jugando al truquiflor...» Hilario Ascasubi, *Santos Vega, el payador,* **1872**. Argentina. [◊«No hay hombre cuerdo a caballo; pocos son los que teniendo la ocasión de propasarse, no lo hacen.» NDLC.]
17. no hay hombre grande para su ayuda de cámara. Porque le conoce en su intimidad, tal cual es.
• «Hase dicho, sin embargo, que no hay hombre grande para su ayuda de cámara, y no se libraba el gran Robinsón de esta ley general de las ilustres celebridades.» Luis Coloma, *Pequeñeces,* **1891**. España. || «... ve en su jefe la jerarquía máxima del mundo, pese al aforismo de que no hay hombre grande para su ayuda de cámara.» Corinto y Oro, *Apología del mozo de espadas [La Lidia de México, 2 de febrero de* **1951***].* México.

hongo 250

[◇«Iribarren nos dice que Mme. Cornuel (1705-1794) dijo: *Il n'y a pas de héros pour son valet de chambre.*» DCB.]
   18. por falta de hombres buenos a mi padre hicieron alcalde. Se echa mano de cualquier cosa o persona en caso de verdadera necesidad.
   • «Por falta de hombres buenos a mi padre hicieron alcalde, ha de decir; y le ha de amancebar al indio Ramón, con una araucana probablemente.» Juan Montalvo, *Las catilinarias*, **1880**. Ecuador.
   19. vale más un día del hombre discreto, que toda la vida del necio. La persona inteligente y discreta vale mucho.
   • «No en balde se dize que vale más un día del hombre discreto que toda la vida del nescio y simple.» Fernando de Rojas, *La Celestina*, **1499**. España.
   20. > casado, *un hombre casado es un ser disminuido.*
   21. > errar, *de los hombres es errar, de bestias perseverar.*

hongo
   1. no se hace la boda de hongos, sino de buenos bollos (dineros) redondos. Las cosas no se hacen con poco o con malos ingredientes.
   • «Gran perdón vos pido yo si mal saben mis ditongos o si gran siniestro vo: ya sabéis, gran Rey, que no se haze boda de hongos.» Antón de Montoro, *Cancionero*, **1445-1480**. España. || «Y avisaldo que no se hacen los negocios de hongos, sino con buenos dineros redondos.» Francisco Delicado, *La Lozana Andaluza*, **1528**. España. || «Hubo jetas en la mesa y en la boca de los dueños, y hongos, por ser la boda de hongos.» Francisco de Quevedo, *Poesías*, **1597-1645**. España.

honra
   1. en casos de honra, no se ahonda. Cuando la honra de alguien está bajo sospecha, lo mejor es no remover la cosa.
   • «Sí, pero... (No sabe qué decir y lo arregla con un refrán.) En casos de honra, no se ahonda, mujer, no se ahonda. Ya lo dice el refrán.» Antonio Martínez Ballesteros, *Pisito clandestino*, **1990**. España.
   2. honra sin provecho, anillo en dedo. De nada sirve si no nos sirve.
   • «Que honra sin provecho, no es sino como anillo en el dedo.» Fernando de Rojas, *La Celestina*, **1499**. España.
   3. quien a los suyos sale, honra merece. Es bueno que uno se parezca a su familia.
   • «Si no pagáis la renta, dejad el molino. Si mañana no recibo noticias,

le escribiré de nuevo. Gaviotas por tierra, viento sur a la vela. Quien mal anda, mal acaba. Cadáver a bordo, tempestad segura. Quien a los suyos sale, honra merece. Quien bien tiene y mal escoge, del mal que le venga no se enoje.» Tomás Navarro Tomás, *Manual de pronunciación española*, **1918**. España.
    4. > **libertad,** *por la libertad y la honra se puede y se debe aventurar la vida.*

***honradez** (ideas) *a quien dice la verdad, lo **ahorcan**; haz **bien** y no mires (cates) a quien; hacer **bien** nunca se pierde; hagas lo que hagas, no te olvides de las **bragas**; a **canas** honradas, no hay puertas cerradas; las **cuentas** (cosas) claras y el chocolate espeso; el que **da** lo que no tiene a ganar el cielo se atiene; el que **da** lo que tiene no está obligado a más; lo mal ganado el **diablo** se lo lleva; el mal habido se lo lleva el **diablo**; a quien se humilla **Dios** le ensalza; la **doncella** honesta, el hacer algo es su fiesta; cría buena **fama** y échate a dormir; lo que no se **hace** no se sabe; tan **honrado** es el conde como los gitanos; por la libertad y la **honra** se puede y se debe aventurar la vida; quien quita la **ocasión**, quita el pecado; para ser **puta** y no ganar nada, más vale ser mujer honrada.*

honrado
    1. la vieja honrada, su puerta cerrada. Parece indicar que las mujeres honradas deben permanecer en casa.
    • «... hija mía, más días hay que longanizas, y cuando queráis noticias de la tierra, sabed que allá cerca del cielo hay una vieja que os quiere bien; y ahora me voy, señor vecino, que ya ha acabado de ser noche y la vieja honrada su puerta cerrada, y cada uno en su casa y Dios en la de todos...» Ramón Mesonero Romanos, *Escenas y tipos matritenses*, **1842**. España.
    2. tan honrado es el conde como los gitanos. Los de escasa ética se encuentran en todas las clases sociales y todas las razas.
    • «... o unos pícaros de a folio como los otros de su ralea, de donde provino el refrán que dice: Tan honrado es el conde como los gitanos.» Julián Zugasti, *El bandolerismo. Estudio social y memorias históricas*, **1876-80**. España. [◇Demuestra la tradicional ojeriza hacia los gitanos.]

hora > **manga,** *a buenas horas mangas verdes.*

horma > **zapato,** *hallar uno la horma de su zapato.*

hormiga
1. por su mal le nacieron alas a la hormiga. Las malas acciones se castigan.
• «Con las barbas me contento –respondió Sancho–, por ahora a lo menos, que andando el tiempo Dios dijo lo que será, y podría ser que el no dármele redundase en pro de mi conciencia, que, maguera tonto, se me entiende aquel refrán de por su mal le nacieron alas a la hormiga...» Miguel de Cervantes Saavedra, *El ingenioso hidalgo don Quijote de la Mancha*, **1605**. España.

horno
1. no estar el horno para bollos. No estar la situación como para tomarse las cosas a la ligera.
• «Bueno estaba para bollos el horno del señor gobernador a las dos de la tarde de aquel mismo día 26 de junio...» Luis Coloma, *Pequeñeces*, **1891**. España. || «Jesús mío; no está el horno para bollos; no está la Magdalena para tafetanes.» Julio Casares, *Introducción a la Lexicografía moderna*, **1950**. España. || «No está el horno para bollos. –¿Qué quieres decir?» José Luis Martín Vigil, *Los curas comunistas*, **1968**. España. || «Tal vez, en alguna clase –pero no lo creo–, porque tenía que haber sido en el Instituto y no estaba entonces el horno para bollos.» Max Aub, *La gallina ciega. Diario español*, **1971**. España.

hortera, > **calcetín**, *calcetín blanco y zapato oscuro, hortera seguro.*

hospital
1. en el hospital cada uno llora su mal. Todos tenemos nuestros males, pesares y cuitas.
• «Dice un refrán español que De planes que no cuajan y cuentas que no salen, se llenan los asilos y los hospitales, y otro que En el hospital, cada uno llora su mal.» Carlos Fisas, *Historias de la Historia*, **1983**. España.

hoy
1. hoy (antes) mejor que mañana. No hay que posponer o aplazar nada.
• «Ea, señor don Quijote mío, hermoso y bravo, antes hoy que mañana se ponga vuestra merced y su grandeza en camino...» Miguel de Cer-

vantes Saavedra, *Segunda parte del ingenioso caballero don Quijote de la Mancha*, **1615**. España. || «... apreciando de todo lo que es Cielo, y con valiente resolución vuelve antes hoy que mañana a la casa de tu Dios y a la mesa de tu buen Padre.» Baltasar Gracián, *El comulgatorio*, **1655**. España. || «... ya conozco que hay algo de importante, y antes hoy que mañana; y más bien ahora que luego, y andar que andemos, paso largo y al avío.» Serafín Estébanez Calderón, *Escenas andaluzas, bizarrías de la tierra, alardes de toros, rasgos populares...*» **1847**. España. || «Hoy todos los esfuerzos se deben concentrar en el objetivo de salir de él con justicia y dignidad. Para Internautas por la Paz y la Libertad nunca es tarde para la paz. Mejor hoy que mañana.» *El Faro de Vigo*, 3/5/**1999**. España.

2. hoy por ti, mañana por mí. Un favor se paga con otro favor en otro momento.

• «Ellos traen entre sí la maza rodando, hoy por mí, mañana por ti, déjame comprar, dejaréte vender; ellos hacen los estancos en los mantenimientos...» Mateo Alemán, *Primera parte de Guzmán de Alfarache*, **1599**. España. || «... que hoy por ti y mañana por mí...» Miguel de Cervantes Saavedra, *Segunda parte del ingenioso caballero don Quijote de la Mancha*, **1615**. España. || «Hoy por ti, mañana por mí: la solidaridad egoísta, o egoísmo racional.» *Autoclub RACE*, nº 90, verano **2001**. España.

huérfano
1. la caca del huérfano hiede más. Los huérfanos eran menospreciados.

• «Doña Augusta afirmaba, llorosa acaso: La caca del huérfano hiede más. ¿Lo había ella oído como refrán? Era uno de esos rezumos que cada familia obtiene como fulguración graciosa y sabia.» José Lezama Lima, *Paradiso*, **1966**. Cuba.

huerta
1. huerta mejor labrada da la mejor manzana. El trabajo y el esfuezo dan buenos resultados.

• «Cierta cossa es ésta: molino andando gana, huerta mejor labrada da la mejor mançana, muger mucho seguida sienpre anda loçana.» Juan Ruiz (Arcipreste de Hita), *Libro de buen amor*, **1330-43**. España. [◊«El que cultiva su tierra tendrá pan a saciedad.» *Proverbios*, 12:11.]

hueso

1. quien te da el hueso no te quiere ver muerto. El que nos da algo, por poco que sea, no nos quiere mal.

• «Ahí le envío, querida mía, una sarta de corales con estremos de oro: yo me holgara que fuera de perlas orientales, pero quien te da el hueso no te querría ver muerta; tiempo vendrá en que nos conozcamos y nos comuniquemos, y Dios sabe lo que será.» Miguel de Cervantes Saavedra, *Segunda parte del ingenioso caballero don Quijote de la Mancha*, **1615**. España.

2. > **perro,** *perro que anda, hueso halla.*

huésped

1. el huésped y el pez a los tres días hieden. Los invitados deben quedarse poco tiempo.

• «Huésped (El) y el pece a los tres días hieden.» Vlady Kociancich, *La octava maravilla,* **1982**. Argentina.

huevo

1. no es por el huevo sino por el fuero. Se hacen las cosas por cuestión de principios, no por razones prácticas tan sólo.

• «... del qual vocablo usamos de la manera que veis en el refrán que dize: No por el huevo sino por el fuero.» Juan de Valdés, *Diálogo de la lengua,* **1535**. España. || «El célebre adagio no por el huevo sino por el fuero, en que se empeñaron tal vez los aragoneses, reclamando contra una contribución de aquel tenue precio, quiere decir.» Marco Fidel Suárez, *Sueños de Luciano Pulgar,* **1923**. Colombia. || «En determinados partidos que apuntaban la recogida de actas de defunción de nombres incluidos en el censo, más por el fuero que por el huevo, porque desacreditando el censo de Córdoba, moralmente, se pierde menos en Jaén y en Almería.» *El País,* 1/3/**1980**. España. [◇«Impuso un señor a sus vasallos por reconocimiento un güevo, y ellos pleiteáronlo y gastaron sus haciendas en defenderse, y diciéndoles que cómo por tan poca cosa aventuraban tanto, respondían que no lo hacían por el güevo, sino por el fuero.» Iribarren también cita a Sbarbi, a Rodríguez Marín y Cejador.]

2. sobre un huevo pone la gallina. Tenemos que tener una base sobre la cual continuar.

• «En fin, yo quiero saber lo que gano, poco o mucho que sea, que sobre un huevo pone la gallina, y muchos pocos hacen un mucho, y mientras se gana algo no se pierde nada.» Miguel de Cervantes Saavedra, *Segunda parte del ingenioso caballero don Quijote de la Mancha*, **1615**. España. || «Y aun un vaso de aloja sin barquillos, que al fin es algo: y si nos enojamos, por poco que es, sin ello nos quedamos. Muchos pocos, hermana, hacen un mucho: recibe cualquier cosa, Catalina, que sobre un huevo pone la gallina...» Sebastián Rodríguez de Villaviciosa, *La vida holgona. Entremés*, **1657**. España.

humillarse > **Dios,** *a quien se humilla Dios le ensalza.*

humo
  1. por el humo se sabe dónde está el fuego. Hay indicios que delatan. Por una cosa se saca otra.
  • «El humo deskubre dónde está el fuego.» Gonzalo Correas, *Vocabulario de refranes y frases proverbiales*, **1627**. España. || «Total: que el tal Melecio empezó a asomar la oreja, y yo a darme cuenta, porque por el humo se sabe dónde está el fuego.» Enrique Jardiel Poncela, *Eloísa está debajo de un almendro*, **1943**. España. || «Por la tarde se representaría Doña Francisquita, en un teatro popular. Por el humo se sabe dónde está el fuego.» José María Pemán, *Mis almuerzos con gente importante*, **1970**. España. || «Y por el humo se sabe dónde está el fuego.» Javier Maqua, *Invierno sin pretexto*, **1992**. España. [◇L. «fumus ergo ignis.»]
  2. > **amor,** *amor, tos, humo y dinero no se pueden ocultar.*

hurtar
  1. hurtar es cosa linda si colgasen por la pretina. No se cometen más crímenes por el miedo al castigo.
  • «El hurtar es cosa linda, si colgasen por la pretina. GER. Hombres tan mirados no jueguen a los dados.» Lope de Vega Carpio, *La Dorotea*, **1632**. España. [◇*pretina*, correa, cinturón.]
  2. > **Dios,** *hurtar el cebón y dar los pies por Dios.*
  3. > **heredar,** *quien lo hereda no lo hurta.*

i

iglesia
 1. **iglesia o mar o casa real.** Estas actividades hacían medrar, prosperar, a los antiguos.
 • «Hay un refrán en nuestra España, a mi parecer muy verdadero, como todos lo son, por ser sentencias breves sacadas de la luenga y discreta experiencia; y el que yo digo dice: Iglesia o mar o casa real...» Miguel de Cervantes Saavedra, *El ingenioso hidalgo don Quijote de la Mancha*, **1605**. España.

ignorancia
 1. **la ignorancia es muy atrevida.** Los hay que acometen empresas por desconocer sus propias limitaciones, por su ignorancia.
 • «Como la ignorancia es muy atrevida, según un refrán castellano por temor de que no me cogiese de lleno, tuve reservado este modesto trabajo, sin atreverme darlo a luz, desconfiando de su mérito y dudando de su buena acogida...» José Hidalgo y Terrón, *Obra completa de equitación*, **1889**. España. || «... que ignoran y sin embargo rechazan, aceptando la antigua dogmática escolástica, impotente y represiva, pues impide el desarrollo ideativo y hace imposible desplazarse dentro de la conceptualización artística de nuestra época? Pero la ignorancia es atrevida...: se autodefiende a arañazos y nunca se llama a silencio pues carece de autocrítica.» Jorge Fernández Chiti, *Estética de la nueva imagen cerámica y escultórica*, **1991**. Argentina.

*****igualdad** (ideas) *en materia de* **cojones** *las milicias no admiten graduaciones; toda* **comparación** *es odiosa; de* **cosario** *a cosario no se pierden sino los barriles; donde las* **dan***, las toman; de menos nos hizo* **Dios***; cada uno es como* **Dios** *le hizo; cuando* **Dios** *amanece, amanece para todos; a tal* **emperador***, tal siervo; en todas partes cuecen* **habas** *(y en mi casa* *a calderadas); a la **hija** muda su madre la entiende; al **hijo** de tu vecino, límpiale las narices y mételo en tu casa; el **hijo** de la gata ratones mata; no hay **hombre** grande para su ayuda de cámara; de **hombre** a hombre no va nada; tan **honrado** es el conde como los gitanos; cree (piensa) el **ladrón** que todos son de su condición; cada **oveja** con su pareja; de tal **palo**, tal astilla; bien haya quien a los suyos se **parece**; lo que es bueno para la pava es bueno para el **pavo**.*

ilusión
1. de ilusión también se vive. Las ilusiones nos ayudan a convivir con los sinsabores de la vida.

• «Y, mientras, Dalmau dando la cara, cargando con todo, creyéndose un héroe que sacrifica su vida por la de su hija... –Sí, de ilusión también se vive –dice Chalán.» Jaume Ribera, *La sangre de mi hermano*, **1988**. España. || «Energía positiva: ciertos símbolos esotéricos, de alguna manera vinculados con las corrientes de la moda, demuestran que, como en cualquier otro momento de la historia, de ilusión también se vive.» *La Nación*, 9/7/**1992**. Argentina. || «Ese es el mito que la firma automovilística británica lleva explotando desde hace varias décadas, consciente de que, como de ilusión también se vive, la mejor alternativa a comportarse como un jaguar puede ser comprarse un Jaguar.» Pedro J. Ramírez, *David contra Goliat. Jaque mate al felipismo*, **1995**. España. [◇«Engaños e ilusiones son tomados por las más profundas verdades, mientras la realidad se nos antoja pura fábula.» D. H. Thoreau, *Walden*.]

imprescindible
1. de personas imprescindibles están llenos los cementerios. No hay nadie imprescindible.

• «Claro que de personas imprescindibles están llenos los cementerios, según reza un viejo refrán castellano.» *Diario de las Américas*, 21/6/**1997**. EE. UU. [◇Parece ser que fue el general Charles de Gaulle el que dijo que los cementerios están llenos de gente imprescindible.]

infierno
1. el infierno está empedrado de buenas intenciones. Las buenas intenciones no son suficientes y acaban a veces mal.

• «La arena política de nuestro país está empedrada con esta clase de personajes, como pretenden algunos que lo está el infierno con buenas

intenciones...» Alberto Blest Gana, *Martín Rivas*. *Novela de costumbres político-sociales*, **1862-75**. Chile. || «... También dicen que el infierno está empedrado de lenguas de mujer. ¡Vieja maliciosa! Dios la guarde, mi ama.» Alejandro Casona, *La dama del alba*, **1944**. España. || «De buenas intenciones, dice el viejo refrán, está empedrado el reino del infierno.» Camilo José Cela, *Judíos, moros y cristianos*, **1956**. España. || «Tengo clavado en el alma un dicho popular: el suelo del infierno está empedrado de buenos propósitos.» Juan Antonio Vallejo-Nágera, *Yo, el rey*, **1985**. España. || «Dicen que el camino al infierno está empedrado de buenas intenciones.» *Los Tiempos*, 6/2/**1997**. Bolivia.
    2. > **desagradecido,** *de desagradecidos se puebla el infierno.*

***influencias** (ideas) *el que tiene el padre **alcalde**, seguro va a juicio; los **amigos**, el dinero y los cojones son para las ocasiones; los **amigos** son para las ocasiones; más vale **amigos** en plaza que dineros en arca; más vale un buen **amigo** que en troja mucho trigo; quien a buen **árbol** se arrima, buena sombra le cobija; a **canas** honradas, no hay puertas cerradas; **dádivas** quebrantan peñas; **da** y ten, venirte han a ver; poderoso caballero es don **dinero**; a tal **emperador**, tal siervo; ¿quién te **enriqueció**? Quien te gobernó; por falta de **hombres** buenos a mi padre hicieron alcalde; **iglesia** o mar o casa real; **júntate** con los buenos y serás uno de ellos; no tiene la culpa el **loro**, sino quien le enseña a hablar; la **manzana** podrida pierde a su compañía; quien tiene **padrinos** se bautiza; quien **paga**, manda; por la **peana** se adora al santo; ni quito ni pongo **rey**.*

***infortunio** (ideas) *la **adversidad** es la madre de la sapiencia; quien trueca de **amo**, trueca de ventura; **año** caro, harnero espeso y cedazo claro; del **árbol** caído todos hacen leña; contra el caído todos se **atreven**; tocarle a uno **bailar** con la más fea.*

ingenio > **desdicha,** *siempre la desdicha persigue al buen ingenio.*

***injusticia** (ideas) *la ley del **embudo**, para mí lo ancho y para ti lo agudo; por falta de **hombres** buenos a mi padre hicieron alcalde; no por **jugar** bien siempre se gana; todos quieren **justicia** y ninguno por su casa; hecha la **ley**, hecha la trampa; allá van **leyes** do quieren reyes; nunca **llueve** a gusto de todos; entre todos la **mataron** y ella sola se murió; ver la **mota** (paja) en el ojo ajeno y no la viga en el suyo; unos **nacen** con estrella y otros nacen* *estrellados; achaque al **odre** que sabe a pez; **ojo** por ojo, diente por diente; una **olla** y una vara, el gobierno de una casa; pagar justos por **pecadores**; ofrecer mucho al que poco **pide** es especie de negar; a **perro** flaco todo son pulgas; muerto el **perro**, se acabó la rabia; el **pez** grande se come al pequeño (chico); entra el **pobre** agachadito, se esconde como un ratón, comerá si acaso sobra; al más ruin **puerco** la mejor bellota; a buen **servicio**, mal galardón.*

***innecesario** (ideas) *para ese viaje no necesitamos **alforjas**; nos acordamos de Santa **Bárbara** cuando truena; habló el **buey** y dijo mu; **candil** sin mecha, ¿qué aprovecha?; la mujer del **ciego**, ¿para quién se afeita?; **confesión** de parte, relevo de prueba; da **Dios** almendras (pan) a quien no tiene muelas (dientes); **Dios** da pañuelo a quien no tiene mocos; machacar (majar) en **hierro** frío; **hijo** no tenemos y nombre le ponemos; el **hombre** no hace la cosa; **honra** sin provecho, anillo en dedo; de personas **imprescindibles** están llenos los cementerios; el **maestro** Ciruela, que no sabía leer y puso escuela; a buenas horas **mangas** verdes; quien está bien que no se **mueva**; el **nombre**, ni quita ni pone; mucha **paja** y poco grano; el buen **paño** en el arca se vende; **pedir** peras al olmo; **perro** que ladra no muerde; María tapó el **pozo** luego que cayó el niño.*

inquisición > **rey,** *del rey y la inquisición, chitón.*

***interés** (ideas) *si quieres que te siga el **can** dale pan; por **carta** de más o de menos se pierden los juegos; si quieres que cante el **ciego**, dale la paga primero; **comida** (pan comido) hecha, compañía deshecha; más tira **coño** que soga; no hay **coño** de balde; a **coño** regalado no le mires los pelos; **da** y ten, venirte han a ver; poderoso caballero es don **dinero**; a **dineros** pagados, brazos quebrados; **dinero** llama dinero; costumbres y **dineros** hacen los hijos caballeros; fíate en **Dios** y no corras; encenderle una vela a **Dios** y otra al diablo; donde **duermas** no hagas daño; más da el **duro** que el desnudo; a **enemigo** que huye, puente de plata; el **enemigo** de mi enemigo es mi amigo; ¿quién **enriqueció**? Quien te gobernó; yo me **entiendo** y bailo solo; cada uno cuenta (habla) de la **feria** como le va en ella; el **fruto** prohibido es el más apetecido; la **gallina** de los huevos de oro; hasta los **gatos** quieren zapatos; quien **guarda**, halla; **iglesia** o mar o casa real; por arte **juran** muchos, y por arte son perjuros; muerto **marido**, amigo venido; sea **marido**, aunque sea de palo; llevar agua a su **molino**; el **muerto** al hoyo y el* *vivo al bollo; la* **necesidad** *hace a la vieja trotar; un asno cubierto de* **oro** *parece mejor que un caballo enalbardado; un asno cargado de* **oro** *sube ligero por una montaña; dame* **pan** *y dime tonto; no sólo de* **pan** *vive el hombre; mejor es* **pan** *duro que ninguno; más quiero mis dientes que mis* **parientes**; *puesto que* **pecar**, *por lo menos chúpate los bigotes;* **querer** *es poder; arrimar uno el ascua a su* **sardina**; *quien bien* **siembra**, *bien coge; cuando te dieren la vaquilla (cabrilla) corre con la* **soguilla**; *quien más* **tiene** *más quiere.*

invierno > **vivir**, *si quieres vivir sano, la ropa que traes por invierno, tráela por verano.*

ir
   1. **donde fueres, haz lo que vieres.** Aconseja acomodarse a las costumbres de los lugares que se visitan.
   • «Ve do vas, y como vieres, ansí haz.» Francisco Delicado, *La Lozana Andaluza,* **1528**. España. || «Mientras yo pasaba revista de aquellos bárbaros, me acordaba del dicho de Alcibíades: A donde fueres, haz lo que vieres.» Lucio Victorio Mansilla, *Una excursión a los indios Ranqueles,* **1870**. Argentina. || «... y yo le mandé otros dos (porque hay que vivir con el mundo, y donde fueres haz lo que vieres) para que dijesen a los otros que no; que qué había de querer ofenderle; que Dios me librase. Ya ve usted, no se puede ver comedias.» Leopoldo Alas (Clarín), *Apolo en Pafos,* **1887**. España. || «Y luego se sorprende del triunfo de los valientes, de los que arrostran motajos, de los que no se atienen al en donde fueres haz lo que vieres y el ¿adónde vas, Vicente?, ¡adonde va la gente!, de los que se sacuden del instinto rebañego.» Miguel de Unamuno, *Vida de don Quijote y Sancho,* **1905**. España. || «Equivale al proverbio Adonde fueres haz lo que vieres.» R. Emilio Jiménez, *Informe acerca de la Historia, Raza, Carácter, Costumbres, Religión y Lenguaje de los Habitantes de ...,* **1922**. Rep. Dominicana. || «Siempre siguieron con las mismas costumbres de los habitantes del lugar a que llegaron, practicaron eso de que al lugar a donde fueres, haz lo que vieres.» VV. AA., *Vida y Palabra Campesina,* **1986**. Chile. || «A donde fueres, has lo que vieres... si tienes buen estómago. Si no, pruebe la comida internacional en El Alamo o El Gaucho.» Pablo Cuvi, *Ecuador. Paso a Paso,* **1994**. Ecuador. || «Nosotros miramos alrededor y aplicamos la máxima infalible: Donde fueres, haz lo que vieres.»

La Vanguardia, 30/8/**1995.** España. || «No soy de los que a donde fueres, haz lo que vieres.» Alfonso Chase Brenes, *El pavo real y la mariposa,* **1996.** Costa Rica.

ira > **adversario,** *el duro adversario entibia las iras y las sañas.*

J

jaula
   1. **jaula nueva, pájaro muerto.** Morada nueva era augurio de mala suerte.
   • «En las supersticiones de las gentes a cambiarse de casa, incluso en el refrán popular: Jaula nueva, pájaro muerto.» Juan José López Ibor, *La neurosis como enfermedad del ánimo*, **1966**. España.

joder > **bien,** *haz bien y no mires a quien.*

Juan
   1. **éste no es mi Juan, que me lo han cambiado.** Esta no es la persona que yo conocía. Se emplea cuando alguien ha cambiado de hábitos o de carácter.
   • «... a Segura lo llevan preso; éste no es mi Juan que me lo han cambiado...» Julio Casares, *Introducción a la Lexicografía moderna*, **1950**. España. [◇«Esta frase popular con la que expresamos la sorpresa que nos produce el súbito cambio de carácter en una persona, o su total transformación de hábitos y costumbres, debe tener su origen en algún cuento popular, y quizá en alguna historieta picante. Montoto, en su libro *Personajes, personas y personajillos* (tomo II, pág. 67) transcribe esta coplilla popular andaluza: Este no es mi Juan / que me lo han cambiado: aquel tenía pelo / y este está pelado.» JMI. Y dice: «Pero aquí estamos hablando del español de todos los tiempos, insolidario de puro individualista, por lo menos a través de los refranes. Otra cosa es que podamos concluir que *este no es mi Juan, que me lo han cambiado*. Aunque, la verdad, ese Juan Español poco ha cambiado en lo fundamental.»]

judío
   1. **ni judío necio ni liebre perezosa.** Refrán que demuestra más bien

juego

la maldad del pueblo que su sabiduría, al creer que los judíos son todos unos pillos.
• «Más tarde se les reconoce la grandeza. Así dice el refrán: Ni judío necio ni liebre perezosa.» Juan Goytisolo, *ABC Cultural*, 10/2/**2001**. España.

juego
1. desgraciado en el juego, afortunado en amores. Pequeño consuelo para los que pierden en el juego.
• «... yo, aprovechando el refrán de desgraciado en amores, afortunado en el juego, apunto y me hincho. La ganancia es infalible.» Enrique Jardiel Poncela, *Las cinco advertencias de Satanás*, **1935**. España. || «A Fito se le puede aplicar aquel refrán que dice que cuando hay suerte en los negocios el amor se aleja.» *La Prensa*, 5/9/**1996**. Honduras.
2. en la mesa y en el juego se conoce al caballero. Por la manera de comportarse al comer y al jugar se conoce a las personas.
• «Y cuadra esto con lo que dize Platón, libro De legibus, que en el juego se conoce uno quién es, si noble, si villano, si pródigo y si deshonesto.» Alonso Villegas, *Fructus sanctorum y quinta parte del Flossanctorum*, **1594**. España. || «Es un axioma que en el juego se conoce la buena educación.» Leopoldo Alas (Clarín), *La Regenta*, **1884**. España.
3. quien conoce el juego no lo enseña. Los hay que no comparten sus conocimientos.
• «Quienes así piensan, aplicando el proverbio tradicional quien conoce el juego no lo enseña.» Federico Fasano Mertens, *Después de la derrota: un eslabón débil llamado Uruguay*, **1980**. Uruguay.
4. > bobo, *entre bobos (pillos, cutres, vivos) anda el juego.*
5. > carta, *por carta de más o de menos se pierden los juegos.*

jueves
1. tres jueves hay en el año que relucen más que el sol: Jueves Santo, Corpus Christi y el día de la Ascensión. Porque son días señalados e importantes para los católicos.
• «La noche anterior al Corpus, después que las Gigantas y Gargantillas recorran el escalonado laberinto de calles y plazuelas como heraldos jubilosos de uno de los tres jueves del año que relucen más que el Sol, se procede concienzudamente a alfombrar el trayecto con ramitas y hojas de tomillo, de romero y cantueso.» Luis Agromayor, *España en fiestas*,

1987. España. [◇«*Hay tres días en el año que se llena bien la panza: Jueves Santo, Viernes Santo y el día de la matanza*. Este refrán se despoja de contenido religioso para apuntar hacia el lado práctico...» AMD.]

juez
  1. de las cosas internas no juzga el juez. El juez debe decidir sólo según las pruebas objetivas y fehacientes.
  • «Bueno es eso hay un dicho muy antiguo: De las cosas internas no juzga el juez, y no puedo jusgar lo que dice la gente, tengo que creer lo que dicen.» *Hoy*, 7-13/12/**1983**. Chile.
  2. el buen juez por su casa empieza. Antes de arreglar las cosas de los demás es mejor hacerlo en casa.
  • «... o porque viéndose con un bastón en la mano que le adquirió la graduación de su borla, se fundó en aquel común adagio: que el buen juez, por su casa empieza.» Fray Joaquín Bolaños, *La portentosa vida de la muerte*, **1792**. México.

jugar
  1. no por jugar bien siempre se gana. Por bien que se hagan las cosas, pueden resultar fallidas.
  • «El Lleida hizo bueno ayer aquel refrán que dice que no por jugar bien siempre se gana.» *La Vanguardia*, 2/2/**1995**. España.

junio > día, *días treinta hay en septiembre, en abril, noviembre y junio, en febrero veintiocho, y en los demás treinta y uno.*

juntarse
  1. júntate con los buenos y serás uno de ellos. Las buenas compañías siempre sirven de algo.
  • «Júntate con los buenos y serás uno de ellos, porque quien los trata los imita; y, al fin, es sabido que la mala compañía hace al hombre malo.» Gregorio González, *El guitón Onofre*, **1604**. España. || «Sí soy –respondió Sancho–, y soy quien la merece tan bien como otro cualquiera; soy quien júntate a los buenos, y serás uno de ellos, y soy yo de aquellos no con quien naces, sino con quien paces, y de los quien a buen árbol se arrima, buena sombra le cobija.» Miguel de Cervantes Saavedra, *Segunda parte del ingenioso caballero don Quijote de la Mancha*, **1615**. España. || «... soy quien júntate a los buenos y serás uno de ellos...» Miguel de Una-

muno, *Vida de don Quijote y Sancho*, **1905-14**. España. || «Y no es otra cosa, es su criatura; como dice el refrán español arrímate a los buenos y serás uno de ellos.» Pedro Salinas, *Lo que debemos a Don Quijote [Ensayos de literatura hispánica. Del «Cantar de Mio Cid» a García Lorca ...,* **1947**. España.

justo > **pecador,** *pagar justos por pecadores.*

jurar
   1. por arte juran muchos, y por arte son perjuros. Es tan fácil hacer promesas como romperlas.
   • «... por arte juran muchos, por arte son perjuros.» Juan Ruiz (Arcipreste de Hita), *Libro de buen amor*, **1330-43**. España.

*__justicia__ (ideas) *la ley del **embudo**, para mí lo ancho y para ti lo agudo; por falta de **hombres** buenos a mi padre hicieron alcalde; no por **jugar** bien siempre se gana; todos quieren **justicia** y ninguno por su casa; hecha la **ley**, hecha la trampa; allá van **leyes** do quieren reyes; nunca **llueve** a gusto de todos; entre todos la **mataron** y ella sola se murió; ver la **mota** (paja) en el ojo ajeno y no la viga en el suyo; unos **nacen** con estrella y otros nacen estrellados; achaque al **odre** que sabe a pez; **ojo** por ojo, diente por diente; **pecado** confesado es medio perdonado; el **pecado** lleva la penitencia; de aquellos **polvos** vienen estos lodos; a cada **puerco** le llega su San Martín; cuando el **sol** sale, sale para todos; quien a nosotros trasquiló, las **tijeras** le quedaron.*

justicia
   1. todos quieren justicia y ninguno por su casa. La queremos para nosostros, no para los demás.
   • «... quando de ella hablan, de donde resulta el adagio comun: Todos quieren Justicia, y ninguno por su casa; è importa mucho el que à todas casas sepa.» Francisco Máximo de Moya Torres y Velasco, *Manifiesto universal de los males envejecidos que España padece*, **1730**. España.

justificar > **fin,** *el fin justifica los medios.*

juzgar > **juez,** *de las cosas internas no juzga el juez.*

L

labrador > abogado, *así está el labrador entre dos abogados como el pez entre dos gatos.*

La Coruña
1. en La Coruña nadie es forastero. Porque las gentes de allí son hospitalarias y agradables.
• «Las gentes de Almendralejo se encontraron en su llegada a la ciudad gallega con el refrán que dice que en La Coruña nadie es forastero, y lo hicieron en el más amplio sentido de la palabra.» *ABC Electrónico,* 23/6/**1997**. España.

ladrón
1. cada ladrón tiene su santo de devoción. Hasta las ladrones son devotos de algún santo.
• «A eso responderé, esentísimo padre –dijo el tío Bastián, y a este tiempo tomó un polvo de la caja que a tal punto abrió el padre maestro–, que en cada villa su maravilla y cada ladrón tiene su santo de devoción.» José Francisco de Isla, *Historia del famoso predicador Fray Gerundio de Campazas alias Zotes,* **1758**. España.
2. cree (piensa) el ladrón que todos son de su condición. Todos creemos que los demás adolecen de los defectos o vicios que nosotros tenemos.
• «... mas ¿no sabes que piensa el ladrón que todos han su coraçon?» Alfonso de Valdés, *Diálogo de Mercurio y Carón,* **1529**. España. || «Piensa el ladrón que todos son de su condición.» Miguel de Unamuno, *Abel Sánchez,* **1917**. España. || «Me gusta esa frase. El sabrá, desde luego. Yo lo único que digo es que cree el ladrón que todos son de su condición.» *ABC,* 3/6/**1986**. España. || «Cree el ladrón que todos son de su condición y olvida el ciego que los demás tienen ojos.» Javier Maqua, *Invier-*

ladrón 268

no sin pretexto, **1992**. España. || «Se cree el ladrón que todos son de su condición. La biografía de Alonso Puerta y la mía prueban el poco apego que tenemos a los cargos y nuestra escasa facilidad acomodaticia.» *El Mundo*, 30/1/**1994**. España. || «Se cree el ladrón que todos son de su condición.» Programa «Gente con chispa», Telemadrid, 27/6/**2000**. [◇NDLC: «Piensa el ladrón que todos son de su condición; es muy común en el hombre sospechar en otros el mal que él ha hecho o es capaz de hacer.»]

3. la ocasión hace al ladrón. Muchos roban simplemente porque tienen la ocasión de hacerlo.

• «Vuesa merced perdone el atrevimiento, que la ocasión hace al ladrón: hallé la puerta abierta y entréme, dándome ánimo al entrarme venir a servir a vuesa merced, y no con palabras.» Miguel de Cervantes Saavedra, *Entremés del vizcaíno fingido*, **1615**. España. || «La ocasión hace al ladrón –dijo Juan Díaz, uno de mis baquianos, muy ocurrente.» Lucio Victorio Mansilla, *Una excursión a los indios Ranqueles*, **1870**. Argentina. || «En el ave se cumple, y permítasenos que lo digamos, el adagio de que «la ocasión hace al ladrón»: en una región cereal nada tiene de extraño que el ave sea granívora...» Casildo Ascárate y Fernández, *Insectos y criptógamas que invaden los cultivos en España*, **1893**. España. || «(La ocasión hace al ladrón, 1812.)» Emilia Zanders, *Breve historia de la ópera*, **1992**. Venezuela. || «En La ocasión hace al ladrón, Agustín Moreto Cabaña trata el parangón posible.» Reynaldo González, *El bello habano. Biografía íntima del tabaco*, **1998**. Cuba. [◇L. «Occasio facit furem.» Se da a entender que en muchas ocasiones se roba por la posibilidad de hacerlo y no por malicia. Creo que es una excusa. «La ocasión hace al ladrón; muchas veces se hacen cosas malas que jamás se había pensado, por verse en ocasión oportuna para hacerlas.» NDLC.]

4. quien roba a un ladrón tiene cien años de perdón. Este refrán pretende justificar un robo, una mala acción.

• «Entre otros adagios de inmoral filosofía, hay aquel de tiene cien años de perdón, etcétera...» Benito Pérez Galdós, *La de Bringas*, **1884**. España. || «... pero dice el refrán que el que roba a un ladrón tiene cien años de perdón, y no he de tener yo escrúpulos para trabajar por el bien de usted, cuando...» Ángel Ganivet, *Los trabajos del infatigable creador Pío Cid*, **1898**. España. || «... pero él sabe Dios si escuchó porque su abuelita había dicho un día ladrón que roba a ladrón tiene cien años de perdón y eso mismo acababa de sucederle.» Alfredo Bryce Echenique, *Un*

mundo para Julius, **1970**. Perú. || «... si ladrón que roba a ladrón tiene no sé cuántos años de perdón, criminal que asesina a criminal... me parece jodido...» David Leyva, *Una piñata llena de memoria,* **1984**. México. || «Quien roba a ladrón tiene cien años de perdón.» Carmen Naranjo, *El caso 117.720,* **1987**. Costa Rica. [◇«El refranero avala la interpretación tradicional como alentadora de la conducta que buscaba aprovecharse del prójimo. Una vez más, se nos aparece una especie de evangelio apócrifo, de moral cristiana al revés, que puede resultar sorprendente. Un refrán popular de todos los tiempos es el de *quien roba a un ladrón, tiene cien años de perdón.* No requiere mayor exégesis.».]
   5. > **gastar,** *el que gasta más de lo que tiene no debe enojarse si le dijeren ladrón.*

lamentar > **prevenir,** *más vale prevenir que lamentar (remediar, castigar, curar, ser prevenidos).*

lana
   1. ir por lana y salir trasquilado. Cree uno que gana y sale perdiendo.
   • «¿No será mejor estarse pacífico en su casa, y no irse por el mundo a buscar pan de trastrigo, sin considerar que muchos van por lana y vuelven trasquilados?» Miguel de Cervantes Saavedra, *El ingenioso hidalgo don Quijote de la Mancha,* **1605**. España. || «... que no sabe nadie el alma de nadie, y tal suele venir por lana que vuelve trasquilado...» Miguel de Cervantes Saavedra, *Segunda parte del ingenioso caballero don Quijote de la Mancha,* **1615**. España. || «Y el juego tiene reveses, albur y gallo, y entreses, y se echa culo, y se echa suerte, y se reniega, y se divierte. A veces se pierde, a veces se gana, y también sucede que uno va por lana, y trasquilao sale de la jugada por desdichao.» Hilario Ascasubi, *Paulino Lucero,* **1853**. Argentina. || «¿Esa ristra de cuitas, malandanzas, miserias y estropiezos? ¿Ese ir por lana y salir trasquilado?» José Sanchís Sinisterra, *El retablo de Eldorado,* **1985**. España. || «"Es una calientapollas", dictaminó en seguida Rovira, el clásico comentario del que entra a por lana pisando fuerte y sale trasquilado.» Manuel Hidalgo, *Azucena, que juega al tenis,* **1988**. España. || «Antonio Asensio fue por lana y ha salido trasquilado. El presidente de Antena 3 y del grupo Zeta, editor de revistas de marcado carácter sensacionalista, trató de acusar de amarillismo a través de *El País* a *El Mundo* y *ABC.*» *El Mundo,* 2/8/**1994**. España.

2. unos tienen la fama y otros cardan la lana. Unos hacen el esfuerzo y otros se llevan la recompensa.
• «Bien sabes que unos cardan la lana y otros llevan la fama...» Domingo Miras, *Las brujas de Barahona*, **1978**. España. ‖ «Unas tienen la fama y otros cardan la lana.» Programa «Mamma mía», Antena3 TV, 11/7/**2001**. España.

lanza
1. las cañas se vuelven lanzas. A veces comenzamos en broma y acabamos en veras.
• «No hay amigo para amigo: las cañas se vuelven lanzas.» Miguel de Cervantes Saavedra, *Segunda parte del ingenioso caballero don Quijote de la Mancha*, **1615**. España. ‖ «A fe de Somoza, que si don Víctor ataca a mi primo Carraspique en broma, yo empuño la espada, le ataco en serio y las cañas se vuelven lanzas.» Leopoldo Alas (Clarín), *La Regenta*, **1885**. España. ‖ «... compromete su fortuna o la de los suyos por alcanzar la efímera caricia de los aplausos de una noche –a las veces las cañas se vuelven lanzas...» Joaquín Álvarez Quintero, *Discurso de recepción en la Real Academia Española*, **1925**. España.

lástima > **envidia,** *mejor es tener envidia que lástima.*

lavar > **mano,** *una mano lava la otra.*

lealtad
1. más vale una onza de lealtad que un quintal de sapiencia. La lealtad es mejor que los conocimientos.
• «No es del caso personalizar; por sus frutos los hemos ido conociendo. Su bandera no es la azul y blanca ni la de ARENA, sino el billete, lo que les hace desconocer aquello que siempre hemos creído los areneros puros: Que más vale una onza de lealtad que un quintal de sapiencia.» *El Salvador Hoy*, 18/9/**1996**. El Salvador.

leche
1. después de la leche nada eches. Se supone que no se debe tomar nada después de beber leche.
• «El doctor Cabrerizo añade que hay teorías muy diversas sobre la

digestibilidad de la leche. El refrán después de la leche, nada eches, es un buen ejemplo. Esta afirmación no tiene base científica.» *ABC Salud*, 29/12/**2001**. España. [◇Este refrán, como tantos otros, demuestra que la cacareada sabiduría popular no tiene base científica alguna. No hay que insistir, sin embargo, en que la leche es un alimento esencial.]
2. lo que en la leche se remama, en la mortaja se derrama. Somos el resultado de nuestra primera educación que llevamos hasta la muerte, para bien o para mal.

• «Como dice el vulgo, todo eso está en la masa de la sangre; o cual otro adagio castizo: lo que en la leche se remama, en la mortaja se derrama; y seguramente es así. En resumidas cuentas, que tengo un novio que no me sirve de marido. ¡Y es una lástima –decíase– porque...» Salvador González Anaya, *La oración de la Tarde,* **1929**. España. || «Lo que en la leche se mama, en la mortaja se derrama.» José Sanchís Sinisterra, *Ñaque o de piojos y autores,* **1980**. España.

leer
1. el que lee mucho y anda mucho, ve mucho y sabe mucho. Leer y viajar aumentan la cultura y la sabiduría.

• «Ahora digo –dijo a esta sazón don Quijote–, que el que lee mucho y anda mucho, vee mucho y sabe mucho.» Miguel de Cervantes Saavedra, *Segunda parte del ingenioso caballero don Quijote de la Mancha,* **1615**. España.

2. > agua, *no bebas agua que no veas ni firmes carta que no leas.*

legaña
1. hay ojos que de legañas se prendan. Como el amor es ciego, los hay que se enamoran de gente poco agraciada.

• «Dice muy bien el refrán, que hay ojos, y aun ojos tales, que de legañas se prendan, plega a Dios que no te falten.» Francisco Rodríguez Marín, *Coser y cantar,* **1933**. España.

2. > dormir, *el que mucho duerme, legañas cría.*

lengua
1. quien lengua ha, a Roma va. Preguntando y hablando se consiguen las cosas.

• «A perro viejo no cuz cuz. Pero muy mejor veréis la diferencia que ay en el escrivir a sin h o con ella en este refrán: Quien lengua ha, a Roma va; y para que veáis mejor lo que importa escrivir a con aspiración o sin ella, mirad este refrán que dize: Quien no aventura no gana, el qual algunos no entienden por hallar escrita la primera a del aventura con aspiración, porque piensan ser razón que quiere dezir: quien no tiene ventura no gana; en lo qual ya vosotros veis el engaño que reciben.» Juan de Valdés, *Diálogo de la lengua*, **1535**. España.

lenteja
1. lentejas, si las quieres las tomas (comes) y si no las dejas. Hay cosas que tenemos que aceptar a la fuerza, sin alternativa.
• «Antes puede. Ahora como las lentejas: el que quiere las come y el que no las deja.» Alfonso Grosso, *La zanja*, **1961**. España. || «Alfredo Sáenz en lugar de darnos bombones nos ha ofrecido lentejas. En definitiva, lo que nos ha dicho es que si quieres, las comes, y si no, las dejas.» *La Vanguardia*, 27/3/**1994**. España. [◇«*Esto son lentejas, si las quieres las tomas y si no, las dejas.* Señala que ciertas tareas son inexorables y se han de hacer antes o después.» AMD.]

león
1. no es tan fiero el león como lo pintan. No es la persona o la cosa tan peligrosa como dicen.
• «No es tan fiero el león, como lo pintan, ni los filipinos tan perversos, como se dice en ella…» Juan José Delgado, *Historia general sacroprofana, política y natural de las islas del Poniente llamadas Filipinas*, **1754**. Filipinas. || «A veces no es tan fiero el león como lo pintan.» Emilia Pardo Bazán, *Los pazos de Ulloa*, **1886**. España. || «Que en su caso, no era cierto aquello de que no es tan fiero el león como lo pintan.» Inés Palou, *Carne apaleada*, **1975**. España. || «Don Ramón, convenza usted al señor Carnerero de que no es tan fiero el león como lo pintan.» Antonio Buero Vallejo, *La detonación*, **1977**. España. || «¿No es tan fiero el león como lo pintan?» *Tiempo*, 8/1/**1990**. España. [◇«No es tan fiero o tan bravo el león como lo pintan; dícese asegurando que alguna persona no es tan áspera y temible como se creía, no puede tanto como se ponderaba, etc. Dícese asimismo por cualquier asunto, negocio, empresa u otra mucho menos ardua, peliaguda y difícil de lo que se pensaba, de lo que se temía o se creía en un principio.» NDLC.]
2. > **ratón**, *es mejor ser cabeza de ratón que cola de león*.

letra
   1. la letra con sangre entra. Se creía que para aprender había que sufrir y que el alumno aprendía mejor con castigos.
   • «... menester será que el buen Sancho haga alguna diciplina de abrojos, o de las de canelones, que se dejen sentir, porque la letra con sangre entra, y no se ha de dar tan barata la libertad de una tan gran señora como lo es Dulcinea...» Miguel de Cervantes Saavedra, *Segunda parte del ingenioso caballero don Quijote de la Mancha*, **1615**. España. || «Y éste fue entonces el dolor segundo, y dejaremos ya de llevar cuenta, que para algo Dios nos echa al mundo, y la letra con sangre entra y se asienta...» José de Espronceda, *El diablo mundo*, **1840**. España. || «Era devoto de la máxima clásica: La letra con sangre entra.» Pio Baroja, *Desde la última vuelta del camino. Memorias*, **1944-49**. España. || «Esto y la imprenta son las dos cosas más necesarias que llevamos a bordo, fuera de los cañones. La letra con sangre entra, dijo Esteban.» Alejo Carpentier, *El siglo de las luces*, **1962**. Cuba. || «La letra con sangre entra –dijo Calzada–. Es una lástima que a estos niños no se los pueda tocar. Si les levantas la mano se quejan y se arma un escándalo.» Mario Vargas Llosa, *La ciudad y los perros*, **1962**. Perú. || «Pero el verdadero maestro era el toro, partidario de la máxima pedagógica de que la letra con sangre entra, y que, consecuente con este criterio, arreaba cada cornada, que destrozaba las juveniles carnes de los torerillos en agraz.» Antonio Díaz-Cañabate, *Paseíllo por el planeta de los toros*, **1970**. España. || «La letra con sangre entra me decía mi abuela; yo me encariñé con la letra, pero la sangre me produce fatiga. Por eso no hay sangre en este libro.» José Maza, *Astronomía contemporánea*, **1988**. Chile. || «La letra con sangre entra, retumbó de nuevo en su cerebro al tiempo que advertía sobre sí los ojos y el contorno del Pantocrátor.» Felipe Hernández, *Naturaleza*, **1989**. España. || «El adagio popular: La letra con sangre entra, ha regresado de nuevo al sistema educativo universitario, y se ha implantado en el nuevo plan de estudios del Colegio de Ciencias y Humanidades de la UNAM.» *Excelsior*, 13/9/**1996**. México. || «¿La letra con sangre entra? – No a la violencia institucionalizada, pero sí algo menor: la cachetada bien dada.» *Hoy*, 1-7/9/**1997**. Chile. || «La letra con ganas entra.» *Muy Especial*, nº 40, marzo-abril, **1999**. España. [◇NDLC: «Este refrán violentamente interpretado por los antiguos dómines, que desgraciadamente y muy a costa nuestra hemos conocido, equivalía a sacudir sendas vapulaciones, o a meter la instrucción por donde no podía ser, con acom-

pañamiento de azotes, castigo infamante que prodigaban a docenas sobre los inofensivos traseros de sus víctimas.» En su *Pío Baroja y su tiempo*, Sebastián Juan Arbó dice de don Pío: «Siendo él muy niño, cierto día, en la escuela de San Sebastián, nos cuenta él, por el maestro León Sánchez y Calleja, que tenía la costumbre de pegar con el puntero muy duro, la letra con sangre entra, se oyó decir por primera vez: este chico no será nunca nada.»]

ley
   1. allá van leyes do quieren reyes. Se requiere alguien que dirija, no que imponga normas.
   • «Allá van leyes do quieren reyes, y también...» Juan de Valdés, *Diálogo de la lengua*, **1535**. España. || «... me llaman Teresa Panza (que a buena razón me habían de llamar Teresa Cascajo, pero allá van reyes do quieren leyes.» Miguel de Cervantes Saavedra, *Segunda parte del ingenioso caballero don Quijote de la Mancha*, **1615**. España. || «¡Qué hemos de hacer!... Allá van leyes do quieren reyes.» Benito Pérez Galdós, *La de Bringas*, **1884**. España. || «Y así, como temía Sancho Panza, quiere el candidato Molina que siga siendo cierto que allá van leyes do quieren reyes.» *El Mundo*, 25/5/**1995**. España.
   2. hecha la ley, hecha la trampa. Tan pronto se aprueba una ley que se descubre una manera de evitarla.
   • «Nada es tan conocido ni tan comprobado por la experiencia como que el monopolio multiplica ardides al paso que las leyes sus precauciones. Hecha la ley, hecha la trampa.» Gaspar Melchor de Jovellanos, *Informe de la Sociedad Económica de Madrid...*, **1794**. España. || «... justificando a las mil maravillas el antiguo adagio de que quien hizo la ley hizo la trampa.» Julián Zugasti y Sáenz, *El bandolerismo. Estudio social y memorias históricas*, **1876-80**. España. || «Claro que las hacíamos. Como tú bien sabes, hecha la ley, hecha la trampa.» *Tiempo*, 26/11/**1990**. España. || «Lo que algunos temen es que no ha de faltar quienes acudan a la costumbre muy colombiana de hecha la ley, hecha la trampa, para buscar la manera de revivir esos privilegios.» *El Tiempo*, 1/12/**1991**. Colombia. || «... se confirma el viejo adagio de que hecha la ley, hecha la trampa, puesto que siempre se está a la búsqueda de mecanismos que permitan burlar la acción fiscalizadora que el Estado debiera ejercitar para controlar la corrupción.» *La Hora*, 24/6/**1997**. Guatemala.
   3. > **ley,** *la ley del embudo, para mí lo ancho y para ti lo agudo.*

libertad
1. por la libertad y la honra se puede y se debe aventurar la vida. La honra y la libertad merecen arriesgar la propia vida.

• «No sólo acuña giros y vocablos, sino que crea y recrea las frases y dichos que son la entraña viva, la esencia comunicadora de una lengua. Ruin sea quien por ruin se tiene... No conocemos el bien hasta que lo hemos perdido... El que es vencido hoy será vencedor mañana... Tanto vales, cuanto tienes... Quien a buen árbol se arrima, buena sombra le cobija, Nació para vivir muriendo... Nunca lo bueno fue mucho... Por la libertad y la honra se puede y se debe aventurar la vida... Proverbios y refranes siembran el libro con sus referencias sentenciosas, otorgando al lenguaje su valor supremo, el del entendimiento común.» Eulalio Ferrer, *Información y comunicación*, **1997**. México. [◇«La libertad, Sancho, es uno de los más preciosos dones que a los hombres dieron los cielos; con ella no pueden igualarse los tesoros que encierra la tierra...» Quijote, II, Cap. LVIII.]

2. > secreto, *a quien dices el secreto das tu libertad.*

libre > servir, *quien a otro sirve no es libre.*

libro
1. libro cerrado no saca letrado. Para aprender hay que estudiar, es necesario abrir los libros.

• «Que no me espanto deso, Teodora, que ya se sabe que libro cerrado saca letrado.» Lope de Vega Carpio, *La Dorotea*, **1632**. España. [◇Thomas Carlyle dijo que la verdadera universidad hoy día es una colección de libros. Y Thoreau escribió que los libros son el patrimonio atesorado de la humanidad y la mayor herencia para las futuras generaciones.]

2. libro prestado, perdido o estropeado. Quien presta libros debe atenerse a las consecuencias.

• «... regálalo a tus enemigos para fastidiarlos, pero no los prestes. Recuerda el proverbio: Libro prestado, perdido o estropeado.» Carlos Fisas, *Historias de la Historia*, **1983**. España.

3. no hay libro malo que no tenga algo bueno. Hoy en día esto puede no ser siempre cierto

• «... pues los labradores a quien esto mas pertenece no saben leer echando la culpa agena al libro. cuyas friuolas razones ni me espantan ni a ellas quiero responder. Anima me mas aquel dicho de Plinio que dezia que no auia libro tan malo: que en alguna parte no sea prouechoso: si quiera para ocupar los ociosos algun poco de tiempo aque no exerciten algun viçio de onde siempre males y escandalos suelen resultar.» Gabriel Alonso Herrera, *Obra agricultura*, **1513**. España. || «Bien veo de mi rudo ingenio y cortos estudios fuera muy justo temer la carrera y haber sido esta libertad y licencia demasiada; mas considerando no haber libro tan malo donde no se halle algo bueno, será posible que en lo que faltó el ingenio supla el celo de aprovechar que tuve, haciendo algún virtuoso efeto, que sería bastante premio de mayores trabajos y digno del perdón de tal atrevimiento.» Mateo Alemán, *Primera parte de Guzmán de Alfarache*, **1599**. España. || «No hay libro tan malo –dijo el bachiller–, que no tenga algo bueno. –No hay duda en eso –replicó don Quijote–, pero muchas veces acontece que los que tenían méritamente granjeada y alcanzada gran fama por sus escritos, en dándolos a la estampa la perdieron del todo o la menoscabaron en algo.» Miguel de Cervantes Saavedra, *Segunda parte del ingenioso caballero don Quijote de la Mancha*, **1615**. España. || «Con todo eso –dijo el don Juan–, será bien leerla, pues no hay libro tan malo, que no tenga alguna cosa buena. Lo que a mí en este más desplace es que pinta a don Quijote ya desenamorado de Dulcinea del Toboso.» Miguel de Cervantes Saavedra, *Segunda parte del ingenioso caballero don Quijote de la Mancha*, **1615**. España. || «Con todo esso, dijo el don Juan, será bien leerla, pues no ai libro tan malo que no tenga alguna cosa buena.» Gregorio Mayans y Siscar, *Vida de Miguel de Cervantes Saavedra*, **1737**. España. || «Los hombres, hijos míos, son como los libros. Ya sabéis que no hay libro tan malo que no tenga algo bueno; así los hombres, no hay ninguno tan perverso que tal cual vez no tenga algunos buenos sentimientos; y en esta inteligencia, el mayor pecador, el más relajado y libertino, puede darnos un consejo sano y edificante.» José Joaquín Fernández de Lizardi, *El Periquillo Sarniento*, **1816-27**. México. || «Pero como no hay libro tan malo que no contenga alguna cosa útil, hay en el de este bárbaro grafómano algunas curiosidades filológicas é históricas que el erudito no debe desdeñar.» Marcelino Menéndez Pelayo, *Orígenes de la novela*, **1905**. España. || «No hay hombre malo que no tenga algo bueno, podríamos decir de nuestros colegas de especie, con las palabras que Don Quijote aplicó a los libros.» Gregorio Marañón, *El Conde-Duque de Olivares, la pasión de mandar*, **1933**. España. || «Más me inquietaron otras noticias; Twirl, pese a la oposición de Irala y de Cruz, había invocado a Plinio el joven, según el cual no hay libro tan malo que no encierre algo bueno, y había propuesto la compra indiscriminada de colecciones de *La Prensa*, de tres mil cuatrocientos ejemplares de Don Quijote, en diversos formatos, del epistolario de Balmes...» Jorge Luis Borges, *El libro de arena*, **1975**. Argentina. [◇Nótese que Herrera y Borges atribuyen el dicho a Plinio y el Dr. Marañón cree, como muchos, que es de Cervantes. Iribarren dice: «La sentencia latina citada por Cervantes dice: *nullus est liber tam malus non aliqua parte prosit.*» A propósito de los libros comenta Gregorio Marañón en su *El Conde-Duque de Olivares*... «... porque la librería de un hombre es también su retrato, y tan fino que no pueden igualarle ni los pinceles más exactos ni la pluma más penetrante y fiel del mejor biógrafo. Los libros que cada cual escoge para su recreo, para su instrucción, incluso para su vanidad, son verdaderas huellas dactilares del espíritu, que permiten su exacta identificación. El hombre de una cierta importancia social debe recibir siempre en su librería...» Henry David Thoreau en su *Walden* dijo: «Los libros son el patrimonio atesorado por la humanidad y la mejor herencia para las futuras generaciones.»]

liebre
1. cuando menos se espera (piensa) salta la liebre. Las cosas siempre ocurren cuando menos lo esperamos.
• «... y también se dice: donde no piensa, s alta la liebre.» Miguel de Cervantes Saavedra, *Segunda parte del ingenioso caballero don Quijote de la Mancha*, **1615**. España. || «... de modo que en donde menos se piensa, salta la liebre, y detrás de la cruz, suele estar el diablo.» Julián Zugasti y Sáenz, *El Bandolerismo. Estudio social y memorias históricas*, **1876-80**. España. || «...recordándole subliminalmente que Cristo era el dios nacido en un pesebre (donde menos se piensa salta la liebre) y literalmente que a ella le construían pesebres en sus terrenos.» Carlos Fuentes, *Cristóbal Nonato*, **1987**. México. || «Pero ya lo dice el viejo y sabio refranero: donde menos se espera salta la liebre.» Julio Llamazares, *El río del olvido*, **1990**. España. || «Acto consciente y no necesariamente fallido, pero donde menos se espera salta la liebre que perdió la carrera con la tortuga.» *Excelsior*, 13/9/**1996**. México. || «...claro, y Sogecable está en la recusación, en el gachó de Bruselas, Bangeman o como se llame, adiós al pacto de Nochebuena, donde menos se piensa salta la liebre.» *ABC Electrónico*, 25/7/**1997**. España. [◇«*De donde menos se espera salta la liebre.* Ya recogido por Orozco y Correas... Indica la sorpresa de encontrarse algo donde no se busca.» AMD.]

2. > enero, *enero y febrero, la liebre en el reguero.*

limosna
1. tamaña limosna pone sospechoso al santo. Las excesivas dádivas hacen sospechar al que las recibe.
• «... me traen a la memoria un dicho de mi madre cada vez que dábamos cuenta de la mermelada, de los dulces o del queso y acudíamos a ella llenándola de caricias: Niños, tamaña limosna pone sospechoso al santo.» *Revista Hoy,* 18-24/8/**1986**. Chile.

litera
cada uno a su litera y vengan tempestades. Cada uno a lo suyo, que no pasa nada.
• «... y por la noche a casita. Cada uno a su litera y vengan tempestades.» Benito Pérez Galdós, *Ángel Guerra,* **1890-91**. España.

*****litigio** (ideas) *así está el labrador entre dos **abogados** como el pez entre dos gatos; más vale un mal **arreglo** que una permanente discusión; más vale un mal **arreglo** que un buen pleito; cuando la **cólera** sale de madre, no tiene la lengua padre; donde no hay **harina**, todo es mohína; quien **resiste**, gana; más vale mala avenencia (ajuste, arreglo) que buena **sentencia**.*

llaga > Dios, *Dios que da la llaga, da la medicina.*

llama
1. salir de las llamas y caer en las brasas. Salir de una situación mala y caer en una peor.
• «Salíamos de las llamas para caer en las brasas.» Fidel Araneda Bravo, *Breve historia de la Iglesia en Chile,* **1968**. Chile. || «... pero salimos de las llamas para caer en las brasas: tres días después nos capturaron los chinos.» Gutierre Tibón, *Aventuras en las cinco partes del mundo (con un brinco a Úbeda),* **1986**. México. [◇Tertuliano (c.160-225): «de calcaria in carbonarium.» También «de calcaria in carbonariam pervenire.» > Guatemala.]

llamar
1. muchos son los llamados y pocos los elegidos (escogidos). Muchos desean pero pocos consiguen.

• «Onde dice nuestro señor Jesucristo: Muchos son los llamados e pocos los escogidos, porque pocos son los que conoscen sus menguas.» Benedicto XIII, Papa Luna, *Libro de las consolaciones de la vida humana*, **1417**. España. || «Sobre aquel testimonio de San Mateo en el capítulo veinte, Muchos son los llamados y pocos los escogidos.» Alonso de Villegas, *Fructus sanctorum y quinta parte del Flossanctorum*, **1594**. España. || «Atado de pies y de manos arrojadle en las tinieblas exteriores: allí será el llorar y el crujir de dientes. Porque muchos son los llamados, y pocos los escogidos.» Juan Francisco Guerra, *Manual de oratoria sagrada o año predicable, parte tercera, tomo II*, **1855**. España. || «El Evangelio dice: «Unos son los llamados y otros los elegidos.» A la mayoría de los hombres esto no les consuela.» Pio Baroja, *Desde la última vuelta del camino. Memorias*, **1944-49**. España. || «Pero los sostuvimos y triunfamos. Muchos son los llamados: pocos son los elegidos.» Joaquín Verdaguer, *El arte de fumar en pipa*, **1980**. España. || «Que en esto de las armas y la iglesia muchos son los llamados y pocos los escogidos.» Fanny Rubio, *La sal del chocolate*, **1992**. España. [◊*Mateo* 22:14, «Porque muchos son ciertamente los llamados, mas son pocos los escogidos.»]
2. > **vestir,** *vístete como te llamas.*

llano > **sano,** *aquel va más sano, que anda por el llano.*

llorar
1. **el que no llora no mama.** Los que no piden o importunan, no consiguen nada.
• «Desengáñese usted, amigo mío, que el que no llora no mama, y por más que oiga decir que a Fulano y a Mengano han venido a proponerle tal colocación o empleo...» Sebastián de Miñano, *Sátiras y panfletos del Trienio Constitucional (1820-1823)*, **1820-23**. España. || «... que el que no llora no mama.» José de Espronceda, *El diablo mundo*, **1840**. España. || «... y, como dice un refrán que mama todo llorón, me lamento esta ocasión a ver si saco mi astilla y me largan una silla: que es toda mi pretensión...» Hilario Ascasubi, *Aniceto el Gallo*, **1872**. Argentina. || «Mario, que no es de hoy, que los requisitos se saltan a la torera cuando conviene, yo recuerdo la pobre mamá que en paz descanse, el que no llora, no mama, date cuenta, pero me da rabia contigo, Mario...» Miguel Delibes, *Cinco horas con Mario*, **1966**. España. || «Luis Andreu, director artístico del Gran Teatro del Liceo de Barcelona, hace acopio del viejo refrán,

quien no llora no mama.» *ABC,* 4/8/**1989**. España. || «... y le sigue pidiendo porque el que no llora no mama.» M. Santos Febres, *Pez de vidrio,* **1996**. Colombia. || «El que no llora no mama, dice el refrán.» Manuel Penella, *Tu hijo: genio en potencia,* **1995**. Argentina. || «... y por más vueltas que le demos el que no llora no mama, y el que no se afana es un gil.» Camilo José Cela, «Moderación en las costumbres», *ABC,* 10/9/**2000**. España.
   2. > **alma,** *el alma triste en los gustos llora.*
   3. > **querer,** *quien bien te quiere te hará llorar.*

llover
   1. nunca llueve a gusto de todos. La gente no siempre es de la misma opinión y es difícil que los acontecimientos agraden a todos por igual.
   • «Sin embargo, nunca llueve a gusto de todos, y así, mientras los habitantes de...» *ABC,* 11/10/**1982**. España. || «Como nunca llueve a gusto de todos, todos refunfuñamos. Pero ya están ahí, a la vuelta de la esquina, las vacaciones.» *ABC,* 3/6/**1985**. España. || «Nunca llueve a gusto de todos –comentó mi padre.» Fernando Fernán-Gómez, *El viaje a ninguna parte,* **1985**. España. || «¡Nunca llueve a gusto de todos!, reza la sabiduría popular.» José María Escrivá de Balaguer, *Surco,* **1986**. España. || «La insularidad nos salva de los rencores y afortunadamente nos recuerda que el mundo es muy grande y que no siempre llueve a gusto de todos.» *La Vanguardia,* 30/5/**1995**. España. || «... como suele ocurrir, esta nueva idea comercial ha confirmado que nunca llueve a gusto de todos.» *El Mundo,* 20/4/**1996**. España. || «Al final ha llovido a gusto de todos, o todos han renunciado a alguna pretensión.» *ABC Electrónico,* 17/10/**1997**. España.

*****lluvia** (ideas) **abril,** *aguas mil; aguarraditas de abril, unas ir y otras venir.*

lobo
   1. a carne de lobo, diente de perro. Por mala que sea la comida, cuando hay hambre se come de todo.
   • «¡Gerarda, Gerarda! A carne de lobo, diente de perro.» Lope de Vega Carpio, *La Dorotea,* **1632**. España.
   2. con un lobo no se mata otro. No enmendamos y cometemos el mismo error dos veces.
   • «Está el mono en la pared, dice de todos y todos dél. Hijo Lauren-

cio, con un lobo no se mata otro.» Lope de Vega Carpio, *La Dorotea*, **1632**. España.
   3. el lobo pierde los dientes más no las mientes. Con el tiempo se pierde la capacidad, pero no el interés.
   • «El lobo pierde los dientes, mas no las mientes.» Gonzalo Correas, *Vocabulario de refranes y frases proverbiales*, **1627**. España.
   4. > **asno,** *asno de muchos, lobos se lo comen.*
   5. > **tripa,** *la tripa del lobo nunca se harta.*

loco
   1. cada loco con su tema. Todos nos apegamos a nuestros intereses, a nuestros temas, a lo nuestro.
   • «Bien dicen que es locura amor; que en cada cual mostrar procura el modo en que se extrema. Mas, don Juan, cada loco con su tema.» Tirso de Molina (Fray Gabriel Téllez), *Los balcones de Madrid*, **1632-34**. España. || «Esas gentes viven acariciando dulces errores, lo mismo que los que subordinan la moral al sentimiento, y hay que dejar a cada loco con su tema.» Lucio Victorio Mansilla, *Una excursión a los indios Ranqueles*, **1870**. Argentina. || «Y agregaba: Con verdad se dice que cada loco con su tema, y usted conoce el mío.» Azorín (José Martínez Ruiz), *Madrid*, **1941**. España. || «Sigue con la matraca del solar mientras se acaricia el pie. Cada loco con su tema.» Ángel Palomino, *Torremolinos, Gran Hotel*, **1971**. España. || «Un catalanista heterodoxo ya tiene su nombre: es un españolista. Al lector le extrañará —cada loco con su tema— que yo diga: no.» *El País*, 11/7/**1980**. España. || «De ahí quizá el cada loco con su tema, aunque este tema de los lunáticos requiera más bien el género femenino, cosa que suele pasarse por alto.» Amando de Miguel, *La perversión del lenguaje*, **1994**. España. || «Cada loco con su tema y la política de nota roja es locura que se hace endémica.» *Excelsior*, 13/9/**1996**. México. [◇ *Cada loco con su tema, y cada llaga con su postema.*]
   2. el loco por la pena es cuerdo. El castigo hace enmendar a todos, incluso a los locos.
   • «El loco por la pena es cuerdo.» Sebastián de Covarrubias, *Tesoro de le lengua española o castellana*, **1611**. España. || «General, pareces loco perenne, pero te recuerdo el proverbio que dice: El loco por la pena es cuerdo.» Homero Aridjis, *Comedia de los últimos días*, **1994**. México.
   3. los niños y los locos dicen la verdad. Los niños por ignorancia y los locos porque no saben lo que dicen.

• «–Porque las grandes verdades las dicen los niños y los locos. –Es un refrán sin sentido común. Los locos no dicen más que disparates.» Benito Pérez Galdós, *Fortunata y Jacinta*, **1885**. España. || «¿No dicen que los chicos y los locos dicen la verdad? Y bueno, yo soy loco, y muchas veces, por esta cruz, ni sé por qué hablo.» Ernesto Sábato, *Sobre héroes y tumbas*, **1961**. Argentina. [◇L. «ex ore parvulorum veritas.» > también **verdad**.]

4. más vale loco conocido que cuerdo por conocer. Lo conocido es preferible a lo ignorado por si acaso resulta peor.

• «Ese ministro tiene mérito: consiguió cambiar la cúpula policial cuando los agoreros le decían que más vale loco conocido que cuerdo por conocer.» *La Vanguardia*, 2/3/**1995**. España. [◇De más vale malo conocido…]

5. todos somos locos, los unos y los otros. Todos estamos tocados por la locura.

• «… y se cumpla con éstos el refrán que dice: Todos somos locos, los unos y los otros.» Francisco de Quevedo, *Pragmática del tiempo*, **1613**. España.

6. un loco hace ciento. Un loco acaba enloqueciendo a los demás.

• «… y después será cualque cosa que no vale un cuatrín, y dice mil faránduras y, a la fin, todo nada. Vamos, que un loco hace ciento.» Francisco Delicado, *La Lozana Andaluza*, **1528**. España. || «¿No es verdad que un loco hace ciento? ¡Terrible palabra es esta de la técnica, engendradora de tales y tantas equivocaciones…» Joaquín Álvarez Quintero, *Discurso de recepción en la Real Academia Española*, **1925**. España. || «Un loco hace ciento.» Carmen Martín Gaite, *Usos amorosos del dieciocho en España*, **1972**. España. || «Tal vez el caro colega le haya aplicado este cuento. «Dicen que un loco hace ciento y usted es un loco de pega.» Víctor Chamorro, *El muerto resucitado*, **1984**. España. [◇«*Un loco hace ciento*. El mal ejemplo suele tener mucho influjo en las costumbres.» NDLC.]

7. > **decidor,** *aunque el decidor sea necio (loco), el escuchador sea cuerdo.*
8. > **médico,** *de médico, de poeta y de loco, todos tenemos un poco.*
9. > **necio,** *más sabe el necio (loco) en su casa que el cuerdo en la ajena.*

***locura** (ideas) *cabeza loca no quiere toca; el* **consejo** *de la mujer es poco, y el que no lo toma, un loco; aunque el* **decidor** *sea necio (loco), el escuchador sea cuerdo; ni* **están** *todos los que son ni son todos lo que están; no hay*

hombre *cuerdo a caballo; cada* **loco** *con su tema; más sabe el* **necio** *(loco) en su casa que el cuerdo en la ajena.*

locura
3. la locura no se cura, y si se cura poco dura. Es difícil recuperarse de este mal pero debemos ser optimistas, a pesar de lo que dice el refrán.
• «Un viejo refrán castellano afirma: La locura no se cura, y si se cura poco dura. Afortunadamente, los trastornos de ansiedad nunca pertenecen a esa categoría de enfermos mentales.» Jerónimo Saiz, *La ansiedad*, **1993**. España.
2. quien de locura enferma, tarde sana. Los que no tienen juicio no tienen remedio.
• «E por ende dizen que quien de locura enferma que tarde sana della.» Anónimo. *Libro del caballero Çifar*, **1300**. España. ‖ «Quien de locura enferma, tarde sana.» Marqués de Santillana (Íñigo López de Mendoza), *Refranes que dizen las viejas tras el fuego*, **1454**. España. [◊«... todas nuestras locuras proceden de tener los estómagos vacíos y los cerebros llenos de aire.» Quijote, II.]
3. si la locura fuese dolores, en cada casa habría voces. Da a entender que la locura abunda.
• «Luego, ¿locura es amar y yo soy loco y sin seso? Pues si la locura fuesse dolores, en cada casa avría bozes.» Fernando de Rojas, *La Celestina*, **1499**. España.

lodo > **polvo,** *de aquellos polvos vienen estos lodos.*

longaniza
1. haber más días que longanizas. Tener mucho tiempo por delante.
• «Más días ay que longaniças, dízese de los que se comen lo que tienen con mucha priessa, sin mirar qué ay mañana.» Sebastián de Covarrubias, *Tesoro de la lengua castellana o española*, **1611**. España. ‖ «... hija mía, más días hay que longanizas, y cuando queráis noticias de la tierra, sabed que allá cerca del cielo hay una vieja que os quiere bien; y ahora me voy, señor vecino, que ya ha acabado de ser noche y la vieja honrada su puerta cerrada, y cada uno en su casa y Dios en la de todos...» Ramón Mesonero Romanos, *Escenas y tipos matritenses*, **1842**. España. ‖ «... y tío Gonzalo tenía que darse cuenta, de que mañana y

pasado y al otro habría días que serían iguales que hoy, días corrientes y molientes, más días que longanizas.» Álvaro Pombo, *El metro de platino iridiado*, **1990**. España. [◇«Longaniza: embutido en forma alargada y delgada, elaborado con carne de cerdo picada y adobada.» CLAVE. «Nombre de distintas variedades de embutidos de forma delgada y larga.» MM.]

loro
1. loro viejo no aprende a hablar. A la gente mayor le cuesta aprender.
• «Tengo intención de pedirle a su Majestad o al Virrey, para traer un maestro ya no será para mí: loro viejo no aprende a hablar.» Tomás Carrasquilla, *La marquesa de Yolombó*, **1928**. Colombia. || «Y además estas cosas hay que cogerlas de chico. Como decía mi padre, loro viejo no aprende lengua.» Luis Landero, *Juegos de la edad tardía*, **1989**. España. || «Las sardinas desaparecieron de mi dieta, y aunque dicen que loro viejo no aprende a hablar, tuve que enseñarme el oficio de cazador. Ratones enanos cazaba yo.» Ednodio Quintero, *La danza del jaguar*, **1991**. Venezuela. || «Y Setién era tenido por iglesia vasca. Cuando usted llegó a esa hermosa tierra, quiero recordarle que le llamaron loro, sólo por no tener edad, decían, de aprender vasco.» Carlos Herrera, *ABC*, 2/12/**2000**. España.
2. no tiene la culpa el loro, sino quien le enseña a hablar. Los que instigan y alientan a otros a hacer mal, son los verdaderos culpables.
• «No tiene la culpa el loro, sino quien le enseña a hablar, reza el refrán que tipifica a nuestra idiosincrasia.» *La Hora*, 14/7/**1997**. Guatemala.

luna
1. así es redonda y así es blanca la luna de Salamanca. Afirmar lo que es evidente.
• «La luna de Salamanca assí es redonda y assí es blanca.» Anónimo, *Corpus de la lírica popular hispánica*, **1500-1700**. España. || «Así es redonda y así es blanca la luna de Salamanca.» Lope de Vega Carpio, *La Dorotea*, **1632**. España.

m

madera
   1. la madera (palo) no está para hacer cucharas. Hay cosas y personas que están para un destino más importante del que se les da.
   • «Menos prosa. La madera no está para hacer cucharas.» Manuel Bretón de los Herreros, *El pelo de la dehesa*, **1840**. España. ‖ «Ciertamente, tal como reza el refrán, el palo no está para hacer cucharas, ni para delirantes muestras de optimismo...» *El Tiempo*, 1/7/**1998**. Colombia. [◇> también **palo**.]

madre
   1. madre holgazana saca hija cortesana. Una mala madre puede malograr a una hija.
   • «Que del ocio nació el negocio. Y es muy conforme a razón que la madre holgazana saque hija cortesana.» Mateo Alemán, *Segunda parte de la vida de Guzmán de Alfarache. Atalaya de la vida humana*, **1604**. España. [◇«Holgazán: que no quiere trabajar y elude cualquier actividad.» CLAVE: «Cortesana: mujer que vive manteniendo relaciones irregulares con algún hombre, pero no pública.» (*sic*.)
   1. > **hija,** *a la hija muda su madre la entiende.*

madrugar
   1. el que madruga coge agua clara. Llegar antes que nadie es siempre mejor.
   • «... como el expresado en refranes tales como el que madruga coge agua clara, o el que madruga Dios le ayuda.» Leoncio Barrios, *Familia y televisión*, **1993**. Venezuela.
   2. el que madruga, Dios le ayuda. Indica que es bueno madrugar para aprovechar el día. Dormir demasiado no es aconsejable.

madrugar

- «Quien madruga Dios le ayuda, si lleva buena intençión...» Anónimo, *Corpus de la lírica popular hispánica,* **1500-1700**. España. || «Como al que madruga Dios le ayuda, quien fue primero mejor púsose...» Javier Fuentes y Ponte, *Murcia que se fue,* **1872**. España. || «Me levanto y me acuesto tarde, pues no creo que Dios ayude al que madruga: ahí están las gallinas que, a pesar de que se levantan con el alba, envejecen poniendo huevos para que se los coman los demás y acaban muriendo en la cazuela.» Enrique Jardiel Poncela, *Amor se escribe sin hache,* **1933**. España. || «... como es cierto el refrán de que el que madruga Dios le ayuda...» Concepción Castella de Zavala, *Cruz de flora,* **1935**. España. || «... casi agarra una nueva dimensión de lo profundo, pero ni hablar del peluquero y al que madruga Dios lo ayuda.» Alfredo Bryce Echenique, *Un mundo para Julius,* **1970**. Perú. || «A quien madruga ...» *Hoy,* 8-14/11/**1978**. Chile. || «Quien practica el lema de que a quien madruga, Dios le ayuda». *El Tiempo,* 1/7/**1989**. Colombia. || «... como el expresado en refranes tales como el que madruga coge agua clara, o el que madruga Dios le ayuda.» Leoncio Barrios, *Familia y televisión,* **1993**. Venezuela. [◇var. *El que madruga coge agua clara.* «Es el refrán de los trabajadores, que aconseja levantarse temprano. Se cuenta el relato de un hombre que por madrugar se encontró una chaqueta o un costal, entonces responde uno: *Más madrugó el que la perdió.* AMD.]

2. no por mucho madrugar amanece más temprano. Ciertas cosas requieren su tiempo y su momento y ocurren cuando les llega su hora, ni antes ni después.

- «... mesuraos en vuestro amblar, que por mucho madrugada no amanece más aína.» Antón de Montoro, *Cancionero,* **1445-80**. España. || «Y mirá que por mucho madrugada, no amanece más aína.» Francisco Delicado, *La Lozana Andaluza,* **1528**. España. || «Por mucho madrugada, no amanece más presto es dicho de dormilones...» Baltasar Gracián, *El Criticón. Tercera parte,* **1657**. España. || «Voy a leerme las noticias; lo que sea, será; pero ya se sabe, no por mucho madrugar se amanece más temprano.» Camilo José Cela, *La colmena,* **1951**. España. || «Ese viejo zorro de la política, Hernando Durán Dussán, les enseñó que no por mucho madrugar amanece más temprano.» *El Tiempo,* 1/12/**1987**. Colombia. || «Igualmente, el tiempo se nos presenta como una senda para la maduración de los procesos productivos, lo cual se recoge con sabiduría en el viejo proverbio: no por mucho madrugar amanece más temprano; hay que dar tiempo al tiempo.» Ramón Tamames, *Curso de Economía,* **1992**.

España. || «No por mucho madrugar amanece más temprano... Dime con quién andas y te diré quien eres... Quien bien te quiere te hará llorar... Refranero popular. Ya ves, también es casualidad que siempre se te adelanten.» Rafael Mendizábal, ¡Viva el cuponazo!, **1992**. España. || «Eso, y no por mucho madrugar amanece más temprano.» Rosa Regás, *Ganas de quejarse, la verdad*, **1995**. España. || «Hay un refrán que dice que no por mucho madrugar se amanece más temprano, y tal parece que aplica como anillo al dedo a un evento del jueves por la mañana en Yauco.» *El Nuevo Día*, 5/1/**1998**. Puerto Rico.

maestrillo
 1. **cada maestrillo con su librillo.** Cada cual tiene su propia metodología o manera de hacer las cosas, que cree la mejor y única.
 • «Ocurre en la cocina también lo que en la enseñanza; que cada maestrillo tiene su librillo...» Ángel Muro, *El Practicón. Tratado completo de cocina*, **1891**-94. España. || «Hay un refrán castellano que dice: Cada maestrillo tiene su librillo, refrán que en esta época en que se multiplican los manuales y libros de texto no necesita expluicación para ser bien comprendido.» Julio Caro Baroja, *Las brujas y su mundo*, **1961**. España. || «En esto también, cada maestrillo tiene su librillo. Alberto Closas, que suele presumir de que si se pusiera a indagar en su árbol genealógico a lo mejor descubría que era vizconde....» *ABC*, 27/11/**1987**. España. || «Como dice el refrán, cada maestrillo tiene su librillo, y cada manual y en cada taller encontramos diferentes formas de sujetar la muñequilla, pero básicamente es igual para todos.» María Teresa Lastra, *Cómo restaurar muebles antiguos*, **1999**. España.

maestro
 1. **al maestro, cuchillada.** A los superiores hay que echarles al degüello.
 • «Señor, esto ha sido burlar al burlador y dar al maestro cuchillada.» Mateo Alemán, *Primera parte de Guzmán de Alfarache*, **1599**. España. || «¿Qué seguridad puedo yo tener deste? Que nunca buena vaga se hizo de buen cohombro. El que malas mañas ha, tarde o nunca las perderá. Y ésta será la fina, darle a el maestro cuchillada, sobre buena reparada.» Mateo Alemán, *Segunda parte de la vida de Guzmán de Alfarache*, **1604**. España. || «¡Al maestro cuchillada, y grande! Refrán y equívoco que desde luego captó, no sólo la admiración, sino el pasmo de todo el auditorio.» José

maestro

Francisco Isla, *Historia del famoso predicador Fray Gerundio de Campazas alias Zotes*, **1758**. España. || «... mujer del Alejandro de las putas, se valió un gran campeón de la Pepona, para dar al maestro cuchillada y que pague...» Nicolás Fernández de Moratín, *El arte de putear*, **1771**. España. [◇ Gonzalo Correas dice que es metáfora de la esgrima, y se aplica al que de menos fuerza y opinión en algo, es superior a su maestro.]

2. el maestro Ciruela, que no sabía leer y puso escuela. Se refiere a los que no sabiendo se dedican a dar lecciones a los demás.

• «El maestro de Siruela, que no sabía leer y puso escuela.» A. Rodríguez Moñino, *Dictados tópicos de Extremadura*, **1931**. España. || «¿Maestro Ciruela, o el maestro de Siruela?» José María Iribarren, *El porqué de los dichos*, **1956**. España. || «Además de totalitarios son el maestro Ciruela, que no sabía leer y puso escuela. Todo es posible en Granada. Pues, ya nos tocará llorar. O sea, como Boabdil.» *ABC*, 7/5/**1986**. España. || «...el que mejor le viene al ¿todavía? candidato Molina a la presidencia de la región vinícola más importante del mundo es el que le compara con el maestro Ciruela, que no sabía leer y puso escuela.» *El Mundo*, 25/5/**1995**. España. || «El licenciado sabelotodo. El abogado de secano. El maestro ciruela.» A. Zamora Vicente, *Historias de viva voz*, **1995**. España. [◇ Dice sobre esto AdM: «No se exige más ciencia que la mostrada por el *maestro Ciruela, que no sabía leer y puso escuela*. Otros dicen que el maestro era de Siruela, provincia de Badajoz, pero ya sabemos que los nombres propios son un comodín para los refranes.» Iribarren cita variantes: «El maestro de Algodor, que no sabía leer y daba lección; el maestro del Campillo, que no sabía leer y tomaba niños, etc.»]

3. el ejercicio hace maestro. La práctica lo es todo en el aprendizaje.

• «Pero como es sabido que las costumbres políticas se van formando poco a poco, hasta que según el adagio vulgar el ejercicio hace maestro, como, sin embargo, por otro lado, hay peligro durante el aprendizaje y peligro que puede acarrear.» Antonio Alcalá Galiano, *Lecciones de Derecho Político*, **1843**. España. [◇ «Practicar lo aprendido es lo más importante para aprender. La versión en latín es: *Usus magister est optimus.*» DCB.]

4. si va el maestro a los toros, vámonos todos. La gente se aprovecha de la ausencia del jefe.

• «Fallas notables á todo el público notoriamente visibles, del músico mayor al real servicio por aquel adagio que dice: si va el maestro a los toros vámonos todos, por lo que a este núm. I siguen tres ya son 4

los que...» Andrés Sas Orchassal, *La música en la catedral de Lima durante el virreinato*, **1972**. Perú. || «El amo va a los toros, vámonos todos.» Carlos Abella, *¡Derecho al toro!*, **1996**. España.
5. > **práctica,** *la práctica hace al maestro.*

mal
1. **a grandes males, grandes remedios.** En situaciones límite hay que tomar grandes decisiones.
• «Para grandes males grandes remedios.» Miguel Ángel Asturias, *El papa verde*, **1954**. Guatemala. || «Y, con su sonrisita helada, añadió: —No se preocupe: a grandes males, grandes remedios.» Mario Vargas Llosa, *La tía Julia y el escribidor*, **1977**. Perú. || «A grandes males, grandes remedios. Cojo el mejor cuchillo que tengo y me pongo a cortar a la Raquel en pedazos.» Carlos Pérez Merinero, *Días de guardar*, **1981**. España. || «Siempre se ha dicho que a grandes males, grandes remedios. Pues él ha hecho exactamente lo contrario.» *El Mundo*, 1/7/**1995**. España. || «Como se dice que para resolver grandes males hay que buscar grandes remedios en enero de 1987 promovieron una campaña masiva de donaciones de sangre en la región donde se sospechaba que residía el criminal.» Alina Quevedo, *Genes en tela de juicio*, **1996**. Cuba. || «A grandes males, pequeñas pastillas.» *Muy Especial*, nº 40, marzo-abril, **1999**. España. [◇L. «Extremis malis extrema remedia», en situaciones extremas hay que aplicar métodos extremos, dijo Hipócrates (460-377? A.C.).]
2. **a quien de mucho mal es ducho, poco bien se le hace mucho.** Los que sufren siempre, un atisbo de buena suerte les parece una gran cosa.
• «Nuestros passados dezían ducho por vezado o acostumbrado, como parece por el refrán que dize: A quien de mucho mal es ducho, poco bien se le hace mucho.» Juan de Valdés, *Diálogo de la lengua*, **1535**. España.
3. **bien vengas mal si vienes solo.** Normalmente los males vienen a montones.
• «Y como de un dolor otro se empieza. Proverbio latino: Malis mala succedunt. También dicen: Bien vengas, mal, si vienes solo.» Francisco Sánchez de las Brozas, *Comentarios a Garcilaso*, **1574**. España. || «... a cada paso pienso que debajo de los pies de improviso se ha de abrir otra sima más profunda que la otra, que acabe de tragarme. Bien vengas mal, si vienes solo.» Miguel de Cervantes Saavedra, *Segunda parte del ingenioso caballero don Quijote de la Mancha*, **1615**. España. || «... aciendo de las

tripas coraçón: diciendo bien venido seas mal si vienes solo.» Marcos Fernández, *Olla podrida a la española*, **1655**. España. || «Pero no fue eso lo peor. Con razón se canta aquello de Bien vengas, mal, si vienes solo.» Alonso Zamora Vicente, *A traque barraque*, **1972**. España. [◇> Las desgracias nunca vienen solas.]
4. del mal, el menos. Puestos a elegir, escojamos siempre el menos malo de varios males.
• «Diziendo quien quisiere guardar ssalud conserue el estomago. ibiden. giraudus jn glosa & galieno & ypocras allegados por ellos Por tanto del mal el menos. & por esto los pescados pequennos quantun jn genero.» Estéfano de Sevilla, *Visita y consejo de médicos*. Biblioteca Nacional de Madrid, MS. 18052, **1300-1400**. España. || «Del mal el menos con todas estas desdichas mi caudal estaba en pie, la vergüenza perdida, que al pobre no le es de provecho tenerla, y cuanta menos poseyere le dolerán menos los yerros que hiciere.» Mateo Alemán, *Primera parte de Guzmán de Alfarache*, **1599**. España. || «Del mal el menos, dijo el adagio. Es menos malo el número de damas que supongo en esta variedad, como son las discretas.» Baptista Remiro de Navarra, *Los peligros de Madrid*, **1646**. España. || «... aciendo de las tripas coraçón: diciendo bien venido seas mal si vienes solo.» Marcos Fernández, *Olla podrida a la española*, **1655**. España. || «Paciencia; ya que lo quieren estos insensatos, consúmanse en brutal indiferencia. Cubran mi mesa suculentos platos; brillen en casa el lujo y la opulencia; manténganse los sacos de oro llenos, y haya buena salud; del mal el menos.» Andrés Bello, *Leyendas españolas por José Joaquín de Mora*, **1840**. Venezuela. || «¡Abandonarte! ¿Eso he dicho y tú no lo crees? (Llorando.) Vaya, hombre, vaya, del mal el menos. No faltaba más sino que, desconfiando de mi talento, desconfiases también de mi corazón. No, no te abandonaré.» Manuel Tamayo y Baus, *Un drama nuevo*, **1867**. España. || «Del mal el menos... Pero... me pregunto... si no habrá que pactar.» Antonio Buero Vallejo, *La detonación*, **1977**. España. || «Es mejor que siga como está... Del mal el menos.» Manuel Martínez Mediero, *Las hermanas de Búfalo Bill cabalgan de nuevo*, **1988**. España. || «Del mal el menos, porque ya que nos enfrentamos al enemigo más difícil, al menos el segundo encuentro es en el Bernabéu, que puede ser una ventaja si hay prórroga.» *ABC*, 5/5/**1989**. España. || «Pero (del mal el menos) ahora nadie puede pensar, decir ni proponer...» Ramón Pérez de Ayala, *Carta a Gregorio Marañón*, 13.XII. 1939, *El Mundo, El Cultural*, 4/4/**2001**. España. [◇El DA

dice: «Phrase adverbial con que se da a entender la precisión de elegir el menor entre dos daños. L. *ex malo minimum.*» Mae West decía que cuando tenía que elegir entre dos males siempre escogía el que nunca había probado antes. Tomás de Kempis, *Imitación de Cristo:* «de duobus malis minus est semper eligendum.»]

5. mal de muchos consuelo de todos (tontos). Da a entender que un mal es más llevadero si aqueja a muchos, si se comparte. Por lo menos esta idea parece consolar a la gente.

• «... que non se tenga por menguada por amar e tal crimen cometer, que mal de muchos gozo es...» Alfonso Martínez de Toledo, *Arcipreste de Talavera (Corbacho),* **1438.** España. || «Iten, se prohibe como pestilente dicho, mal de muchos, consuelo de todos; no dezía en el original sino de tontos, y ellos le han adulterado.» Baltasar Gracián, *El Criticón. Tercera parte,* **1657.** España. || «¿Y es esa la razón por la que nos tienta así?, vuelve a preguntar el doctor, y el espíritu maligno responde: «Solamen miseris socios habuisse doloris», que es lo que mal traducido en romance, decimos: mal de muchos, consuelo de tontos.» Miguel de Unamuno, *Del sentimiento trágico de la vida,* **1913.** España. || «Pero mal de muchos, consuelo de tontos, dice el refrán.» Ruy Pérez Tamayo, *Ciencia, paciencia y conciencia,* **1991.** México. || «... algo así como mal de muchos, consuelo de tontos...» Agustín Cerezales, *Escaleras en el limbo,* **1991.** España. || «Como mal de muchos consuelo de tontos, la cosa es aún peor en la librería italiana...» Quim Monzó, *Magazine La Razón,* 17/12/**2000.**

6. más mal hay en la aldehuela del que suena. Hay más peligro del aparente.

• «Ay señor, señor, y como hay más mal en la aldegüela que se suena, con perdón sea dicho de las tocadas honradas.» Miguel de Cervantes Saavedra, *El ingenioso hidalgo don Quijote de la Mancha,* **1605.** España. || «... que a fe que les viene a pelo aquello de más mal hay en el aldehuela, madre, que se suena.» Tirso de Molina (Fray Gabriel Téllez), *Los balcones de Madrid,* **1632-34.** España. [◇«Aldehuela: diminutivo, el más frecuente, de aldea.» MM.]

7. no hay mal que cien años dure (ni cuerpo que lo resista). Nada dura mucho, ni los males.

• «Lo sentiré; calcula si lo sentiré... pero ya me iré consolando. No hay mal que cien años dure.» Benito Pérez Galdós, *Fortunata y Jacinta,* **1885-87.** España. || «No diga eso, madre, aunque lo dé por cierto.

No hay mal que cien años dure –le respondía Pascasia acariciándola.» Eugenio Noel, *Las siete cucas,* **1927**. España. || «Pero no te apures, hombre, no eches los pies por alto, no merece la pena. Además, ya sabes que no hay mal que cien años dure.» Camilo José Cela, *La colmena,* **1951**. España. || «No hay mal que dure cien años ni cuerpo que lo resista.» Cantinflas, Película *El padrecito,* **1964**. México. || «Todo llega y todo pasa. Nada eterno: ni gobierno que perdure, ni mal que cien años dure...» Max Aub, *La gallina ciega. Diario español,* **1971**. España. || «Para que veáis: no hay mal que cien años dure.» Antonio Gala, *Petra Regalada,* **1980**. España. || «Y no hay mal que cien años dure, salvo este mío...» Manuel Martínez Mediero, *Lola la divina,* **1988**. España. || «Pero ¿sabes una cosa? No hay mal que cien años dure...» Juan Marsé, *El embrujo de Shangai,* **1993**. España. || «Dice el refrán que no hay mal que dure cien años, ni cuerpo que lo resista.» *Diario de las Américas,* 31/1/**1997**. EE.UU. || «... que nunca falta un roto para un descosido ni tampoco hay mal que cien años dure.» Camilo José Cela, «Sobre solidaridades y soledades», *ABC,* 23/7/**2000**. España.[◇> **bien**. «... que no hay memoria a quien el tiempo no acabe ni dolor que la muerte no le consuma.» Quijote, I. Y también nos dice: «... porque no es posible que el mal ni el bien sean durables, y de aquí se sigue que, habiendo durado mucho el mal, el bien está ya cerca.»]

8. no hay mal que por bien no venga. Los males siempre acaban trayendo algún bien. Se emplea el refrán a modo de consuelo fatalista.

• «... desdicha crea que en sus estremos mayores no hay mal que por bien no venga.» Alonso de Castillo Solórzano, *Donayres del Parnaso,* **1625**. España. || «No hay mal que por bien no venga, dicen adagios vulgares...» Pedro Calderón de la Barca, *La dama duende,* **1629**. España. || «... fué bastante para que se supiese descartar que lo pudo tener por gran dicha y con él se confirmó aquel adagio que dice: No hay mal que por bien no venga.» Raimundo de Lantery, *Memorias,* **1705**. España. || «Sábete que no hay mal que por bien no venga.» José Joaquín Fernández de Lizardi, *El Periquillo Sarniento,* **1816-27**. México. || «... cuán tontamente me perdí... pero no hay mal que por bien no venga...» Benito Pérez Galdós, *Marianela,* 1878. España. || «No hay mal que por bien no venga –afirma Franco, al referirse al asesinato de Carrero, en el discurso de fin de año en el que resume su política exangüe.» Luis María Anson, *Don Juan,* **1994**. España. || «... el pequeño suceso ha permitido apreciar el despertar del viejo orgullo cultural de Barcelona. En este sentido, no hay mal que por bien no venga.» *La Vanguardia*, 30/6/**1995**. España. ‖ «No alcahuetear al delito Mendoza parte del principio de que no hay mal que por bien no venga y, como el común, espera que los hechos de La Planta sirvan para que de una vez por todas se hunda el acelerador en la reforma judicial.» *El Universal*, 27/10/**1996**. Venezuela. ‖ «Pero así como no hay mal que por bien no venga, tampoco hay bien que no tenga a su vez alguna consecuencia negativa.» *La Prensa*, 17/12/**1997**. Nicaragua. ‖ «Cuba, muy influida por los 37 años de ser tratada esta pequeña isla como el país enemigo de Estados Unidos. Pues no hay mal que por bien no venga. Es precisamente uno de sus encantos, el de lo prohibido.» *Granma Internacional*, 10/**1997**, n° 40. Cuba. ‖ «Dispense Ud. que le hable con tanta confianza; pero el que temprano se moja lugar tiene de secarse y ya ve Ud. que no hay mal que por bien no venga y zorra adormecida no coje gallina, y por esto más vale maña que fuerza.» Eladia González, *Quién como Dios*, **1999**. México. ‖ «... pero como no hay males que dejen de traer bienes...» M. Martín Ferrand, *ABC*, 2/12/**2000**. España. ‖ «Y llegué, sobre todo, porque no hay mal que por bien no venga.» Alfredo Bryce Echenique, «Crianza y malcrianza sentimental (1)», *ABC*, 23/7/**2000**. España.

9. no hay mal que no tenga remedio. Todo tiene remedio, excepto la muerte.

• «Pero se advierte, si el susto ocurrió en agua corriente, el mar, un torrente, etc., ya no hay que llamar el ánimo pues se considera que no hay curación en estos casos, aunque el refrán diga: No hay mal que no tenga remedio.» Jorge Lira, *Medicina andina*, **1985**. Perú.

10. quien mal hace aborrece la claridad. Los que hacen el mal no quieren las cosas claras sino turbias y complicadas para que no se les descubra.

• «Cuando me vi en tal afrenta, no quisiera ser nacido. Quien mal hace aborrece la claridad.» Gregorio González, *El guitón Onofre*, **1604**. España.

11. > hormiga, *por su mal le nacieron alas a la hormiga.*
12. > pensar, *piensa mal y acertarás.*

malagueño > vino, *vino malagueño, vino jarabeño.*

***malo** (ideas) *lo que mal empieza (comienza), mal* **acaba.**

malo
1. más vale malo conocido que bueno (chato) por conocer. Lo conocido, por malo que sea, no nos sorprende ni defrauda. En cambio algo nuevo puede resultar aún peor, si cabe, que lo que conocíamos.
• «He aquí por qué –observó el general– nuestro sensato proverbio dice: Más vale malo conocido que bueno por conocer.» Cecilia Böhl de Faber (Fernán Caballero), *La gaviota*, **1849**. España. ‖ «Si es cierto que perro que ladra no muerde, también lo es que más vale malo conocido que bueno por conocer. La caída de Jruschov no fue ninguna bendición para Occidente...» Aquilino Duque, *El suicidio de la modernidad*, **1984**. España. ‖ «Hay un adagio que dice más vale malo conocido que bueno por conocer, el cual es falso, porque antepone lo malo efectivo a lo bueno posible.» Marco Fidel Suárez, *Sueños de Luciano Pulgar, III*, **1923**. Colombia. ‖ «... nos engañamos creyendo que más vale lo malo conocido.» Álvaro Pombo, *El metro de platino iridiado*, **1990**. España. ‖ «... más vale malo conocido que bueno por conocer.» *El Mundo*, 1/6/**1995**. España. ‖ «Aunque sea por aquello de más vale malo conocido que chato por conocer.» *Caretas*, 43709, **1996**. Perú. [◊«Erasmo dijo: *nota res mala, optima*. Lo desconocido implica un riesgo y un peligro, por bueno que parezca.» DCB.]
2. donde todo es malo no es posible escoger. A veces es imposible escoger algo bueno porque no lo hay.
• «Donde todo es malo –dijo Federico [...]; donde todo es malo, no es posible escoger.» Benito Pérez Galdós, *La familia de León Roch*, **1875**. España.
3. > **Dios,** *Dios sufre a los malos, pero no para siempre.*

mamar > **llorar,** *el que no llora no mama.*

mandar > **amo,** *haz lo que tu amo te manda y siéntate con él a la mesa;* > **pagar,** *quien paga, manda.*

*mandar (ideas) *bueno eres para **adalid** para regir gente en tierra de moros; haz lo que tu **amo** te manda y siéntate con él a la mesa.*

manga
1. a buenas horas mangas verdes. Indica que llega tarde la ayuda, cuando ya no tiene solución el problema.
• «¡A buena hora mangas verdes! Después del burro muerto...» Leo-

poldo Alas (Clarín), *Pipá*, **1886**. España. || «Contra la corrupción vamos a tener unas leyes divinas; a buenas horas, mangas verdes... En Europa estamos que da gloria vernos...» *El Mundo*, 29/4/**1995**. España. || «A buenas horas mangas verdes. Justo castigo a su indolencia ofensiva, los bilbaínos se llevaron una justa derrota y los atléticos una victoria que merecieron por el mero hecho de mirar algo más lejos que su rival.» *ABC Electrónico*, 12/5/**1997**. España. || «Ese día, don Luis Roldán, fugado ex director general de la Guardia Civil (cuerpo de vigilancia que, como su antecedente la Santa Hermandad –fundada por los Reyes Católicos–, vestía verde uniforme, de donde se deriva el sentido de la expresión a buenas horas, mangas verdes).» *El Mundo*, 3/3/**1995**. España. [◇«Débese el origen de esta frase a que en tiempo de los cuadrilleros de la Santa Hermandad, como casi nunca llegaban a tiempo para capturar a los malhechores, los delitos quedaban impunes. Los cuadrilleros vestían un uniforme de mangas verdes y coleto. [...] La Santa Hermandad era, como se sabe, un tribunal con especial jurisdicción. Fue instituida en la Edad Media y regularizada en el reinado de los Reyes Católicos...» JMI.]

manjar
  1. un manjar solo pronto da hastío. Por bueno que sea algo, si siempre es lo mismo, cansará a la larga.
  • «Una alma sola ni canta ni llora; un solo acto no haze hábito; un frayle solo pocas vezes le encontrarás por la calle; una perdiz sola por maravilla buela, mayormente en verano; un manjar solo, continuo, presto pone hastío; una golondrina no hace verano; un testigo solo no es entera fe; quien sola una ropa tiene, presto la envegece.» Fernando de Rojas, *La Celestina*, **1499**. España.

mano
  1. mano besa el hombre que quisiera ver cortada. Muchos tienen que rendir pleitesía a los que odian.
  • «... que mano besa omne que la querría ver corta.» Juan Ruiz (Arcipreste de Hita), *Libro de buen amor*, **1330-43**. España. || «... de más grandeza que nombre, mandarme dar vuestra mano, por la qual ningúnd humano dirá mano besa el ombre...» Antón Montoro, *Cancionero*, **1445-1480**. España. || «Muchos besan manos ke kerrían ver kemadas; o kortadas.» Gonzalo Correas, *Vocabulario de refranes y frases proverbiales*, **1627**. España.

2. manos frías, corazón caliente. Frase que trata de disculpar la frialdad de las extremidades.

• «E aquéllos que las tocan con las manos ardientes, es a saber amándolas con el coraçón ardiente, ca el patriarcha Abrahán rico era, mas tocava las riquezas con las manos frías, ca non avía el coraçón ardiente...» San Vicente Ferrer, *Sermones*, **1411**. España.

3. una mano lava la otra. Para conseguir algo es necesaria la cooperación.

• «Cada cual tiene sus dos hileras de dientes y muelas; todos quieren comer; en todo hay pechos y derechos y corren intereses. Una mano lava la otra y entrambas la cara.» Mateo Alemán, *Segunda parte de la vida de Guzmán de Alfarache. Atalaya de la vida humana*, **1604**. España. || «...pero somos amigos, y, así como una mano lava la otra y las dos lavan el culo, tenemos que ayudarnos. Luis Sepúlveda, *Un viejo que leía novelas de amor*, **1989**. Chile. [◇«Una mano lava la otra y ambas la cara; refr. que demuestra la dependencia que tienen entre sí los individuos de una misma comunidad o familia.» NDLC. Séneca: «manus manum lavat.»]

manto

1. debajo de mi manto, al rey mato. Hacerlas a la chita callando, con disimulo.

• «... y sabes lo que comúnmente se dice, que debajo de mi manto, al rey mato, todo lo cual te esenta y hace libre de todo respecto y obligación, y, así, puedes decir de la historia todo aquello que te pareciere, sin temor que te calunien por el mal ni te premien por el bien que dijeres della.» Miguel de Cervantes Saavedra, *El ingenioso hidalgo don Quijote de la Mancha*, **1605**. España.

manzana

1. la manzana podrida pierde a su compañía. Lo malo influencia y daña lo que tiene cerca.

• «La manzana podrida pierde a su konpañía.» Gonzalo Correas, *Vocabulario de refranes y frases proverbiales*, **1627**. España. || «¡Todavía creemos en la manzana podrida que pudre a las demás! ¡Palabra de honor que somos encantadores!» Miguel Ángel Asturias, *La disciplina [París 1924-1933. Periodismo y creación literaria]*, **1929**. Guatemala. [◇L. «Pomum compuctum cito corrumpit sibi junctum.»]

2. > huerta, *huerta mejor labrada da la mejor manzana.*

maña
1. el que malas mañas ha, tarde o nunca las perderá. Los malos no enmiendan nunca.
• «El que malas mañas ha, tarde o nunca las perderá, dice el adagio... ¡Por eso creo que Diego debió pensarlo mejor antes de responderle a la pobre niña de que no le dará usted otro chasco como el pasado!...» Pedro Antonio de Alarcón, *El escándalo*, **1875-91**. España.
2. más vale maña que fuerza. La inteligencia es superior a la fuerza bruta.
• «Véis cómo vale más maña que fuerza.» Jerónimo Jiménez de Urrea, *Diálogo de la verdadera honra militar*, **1566**. España. || «Pero ahora le tenía debajo de los pies. Más valía maña que fuerza.» Leopoldo Alas (Clarín), *La Regenta*, **1884**. España. || «... y ahí estaba dale que dale pero la puerta dale también con atrancársele y con tantos nervios probablemente se había olvidado de que más vale maña que fuerza.» Alfredo Bryce Echenique, *La vida exagerada de Martín Romaña*, **1981**. Perú. || «Vamos a conservar la calma. Se trata, ante todo, de salir de esta jaula. ¿Cómo lo haría? Vale más maña que fuerza.» José Luis Alegre Cudós, *Minotauro a la cazuela*, **1982**. España. || «... y la superioridad de nuestro armamento, que por aquello de que más vale maña que fuerza, sirvió para combatir la desventaja numérica en que nos encontrábamos.» Yolanda Arenales, *Desde el Arauco*, **1992**. España. || «Dispense Ud. que le hable con tanta confianza; pero el que temprano se moja lugar tiene de secarse y ya ve Ud. que no hay mal que por bien no venga y zorra adormecida no coje gallina, y por esto más vale maña que fuerza.» Eladia González, *Quién como Dios*, **1999**. México. || «La fuerza física no es todo y en la Lucha Leonesa se cumple el refrán, vale más maña que fuerza.» *ABC*, 23/9/**2000**.

mañana
1. mañana será otro día. Implica resignación fatalista por los acontecimientos de hoy.
• «... nota que un sosiego no demasiado frecuente le sube igual que un lento fuego, por los vasos de la sangre. Después de todo, mañana, si los dioses no disponen otra cosa, será otro día.» Camilo José Cela, *Del Miño al Bidasoa*, **1952**. España.
2. no dejes para mañana lo que puedas hacer hoy. Recomienda no posponer las cosas.
• «Lo ke puedes hazer oi, no lo dexes para mañana.» Gonzalo Correas,

Vocabulario de refranes y frases proverbiales, **1627**. España. ‖ «Llámese a los ministros con la expresión de urgencia; pues si se cree que es urgente, ¿por qué se ha de dejar para mañana lo que puede hacerse en este día?» Juan Romero Alpuente, *Intervenciones en las Cortes Ordinarias [Escritos]*, **1820**. España. ‖ «Mañana, por fas o por nefas, estará esto cerrado; mi artículo no podrá salir a tiempo... puede adelantarse Flinder... No dejemos para mañana lo que podemos hacer hoy.» Leopoldo Alas (Clarín), *El señor y lo demás son cuentos*, **1893**. España. ‖ «Algunos salen turbados del Cabaret de la Muerte, otros por el contrario más resueltos a divertirse, a aprovechar el minuto que pasa, a no dejar para mañana lo que se puede hacer hoy, esta noche, en esta ciudad que alivia los dolores como una aspirina maravillosa para el alma.» Miguel Ángel Asturias, *El Cabaret de la Muerte*, **1928**. Guatemala. ‖ «... dijo el teniente, tratando de parecer jovial–. No dejes para mañana lo que puedes hacer hoy.» Mario Vargas Llosa, *La tía Julia y el escribidor*, **1977**. Perú. ‖ «Lo que puedes hacer hoy, no lo dejes para mañana.» José Luis Martín Vigil, *En defensa propia*, **1985**. España. ‖ «The Procrastinator: el moroso, el que aplaza, el que deja para mañana lo que puede hacer hoy (ahí Dios dirá)...» Alain Derbez, *Los usos de la radio*, **1988**. México. ‖ «El movimiento se demuestra andando, y por eso se subieron al carrito; no dejes para mañana lo que puedes hacer hoy (y eso que era domingo) y la prédica más concreta es la del ejemplo.» *Hoy*, 18-24/8/**1997**. Chile. [◊«Recuerda cuánto tiempo estás demorando esto y cuántas veces has recibido revelaciones de los dioses, y no te sirves de ellas. Es preciso percatarse de una vez de qué mundo eres parte... y de que tienes fijado un límite de tiempo, el cual, si no lo empleas para serenarte, se irá, y no habrá una segunda vez.» Marco Aurelio, *Meditaciones*.]

   3. >**hoy**, *hoy mejor que mañana*.
   4. > **hoy**, *hoy por ti, mañana por mí*.

mar
   1. quien no se aventura (arriesga) no pasa la mar. Para conseguir algo hay que correr riesgos.
   • «Ejecutar y cumplir su mandado; que quien no se aventura no pasa la mar.» Gregorio González, *El guitón Onofre*, **1604**. España. ‖ «Conque, Perico, manos a la obra; sal de miserias y de hambre, que el que no se arriesga no pasa la mar.» José Joaquín Fernández de Lizardi, *El Periquillo Sarniento*, **1816-27**. México. ‖ «... creen responder a todo con el refrán

de que: El que no se arriesga no pasa la mar.» Enrique Gil y Carrasco, *El Señor de Bembibre*, **1844**. España. || «No, señor, pero el que no se arriesga no pasa la mar.» Antonio Díaz-Cañabate, *Paseíllo por el planeta de los toros*, **1970**. España. || «El que no se arriesga no cruza el mar.» Sergio Corrieri, *Y si fuera así*, **1978**. Cuba. || «... lo que pasa es que se arriesga, y el que no se arriesga no pasa la mar.» Carmen Martín Gaite, *Nubosidad variable*, **1992**. España. || «El que no arriesga no pasa la mar, perro que no anda no topa hueso, y como el que a buen árbol se arrima buena sombra le cobija...» Eladia González, *Quién como Dios*, **1999**. México.

 2. > **agua,** *echar agua al mar.*
 3. > **iglesia,** *iglesia o mar o casa real.*
 4. > **mero,** *de la mar el mero, y de la tierra el carnero.*
 5. > **orar,** *si quieres aprender a orar, cruza la mar.*

maravilla
 1. cada villa (tiene) su maravilla. Cada lugar tiene sus peculiaridades y bondades.
 • «A eso responderé, esentísimo padre –dijo el tío Bastián, y a este tiempo tomó un polvo de la caja que a tal punto abrió el padre maestro–, que en cada villa su maravilla y cada ladrón tiene su santo de devoción.» José Francisco de Isla, *Historia del famoso predicador Fray Gerundio de Campazas alias Zotes*, **1758**. España.
 2. ninguna maravilla dura más de tres días. La gente se cansa de todo.
 • «Ninguna maravilla dura más de tres días; luego kon otra se olvida.» Gonzalo Correas, *Vocabulario de refranes y frases proverbiales*, **1627**. España. [◇Tito Livio, «Romanis quoque ab eodem prodigio novendiale sacrum publice susceptum esse, seu voce id quoque traditur –seu aruspicum monitu.»]

marido
 1. muerto marido, amigo venido. Las viudas se consuelan con rapidez.
 • «¿Qué dirán?, dezía la viuda, que a muerto marido, amigo venido, que del riego de mi llanto nace el verde de mis gustos...» Baltasar Gracián, *El Criticón. Segunda parte*, **1653**. España.
 2. sea marido, aunque sea de palo. Antaño las mujeres tenían que tener marido, fuese como fuese, y quien fuese.

• «Por eso se dice: sea marido aunque sea de palo, que por ruin que sea, ya es marido.» Francisco Delicado, *La Lozana Andaluza*, **1528**. España.
3. > **celoso,** *celosillo es mi marido y yo me río porque cuando él va yo ya he venido.*

marinero
1. los buenos marineros se ven en las tempestades. Los hechos demuestran las habilidades.
• «Hay un refrán en Galicia que dice: los buenos marineros se ven en las tempestades.» *Tiempo*, nº 993, **2001**. España.
2. > **patrón,** *donde hay patrón no manda marinero.*

Marta
1. bien canta Marta cuando está harta. Uno está contento cuando come lo que quiere y tiene lo que quiere.
• «Bien canta Marta quando esta farta.» Marqués de Santillana (Íñigo López de Mendoza), *Refranes que dizen las viejas tras el fuego*, **1454**. España. ‖ «También es falso aquél de bien canta Marta después de harta; antes, ni bien ni mal, que en viéndose hartos, ni canta Marta, ni pelea Marte, sino que se echan a poltrones.» Baltasar Gracián, *El Criticón. Tercera parte*, **1657**. España. ‖ «Sí, sí; bien canta Marta cuando esta harta –le gritó don Martín.» Cecilia Böhl de Faber (Fernán Caballero), *Clemencia*, **1864**. España.
2. muera Marta y muera harta. Los hay que se matan con tal de hacer su voluntad.
• «... no aprobará vuesa merced aquel refrán que dice muera Marta, y muera harta.» Miguel de Cervantes Saavedra, *El ingenioso caballero don Quijote de la Mancha*, **1615**. España. ‖ «... el señor Estebanillo Gonzales, estaba en la cámara de popa haciendo penitencia por el buen temporal con una mochila de pasas y higos, dos panecillos frescos y un frasco de vino que le había soplado al capitán, diciendo con mucha devoción: muera Marta y muera harta.» Anónimo, *La vida y hechos de Estebanillo González*, **1646**. España.

martes
1. martes, ni te cases ni te embarques. Se supone que los martes son días nefastos y de mala suerte.
• «Trece y martes, ni te cases ni te embarques, reza el refrán, pero

que se sepa, no existe adición alguna que diga: ni inaugures exposiciones de caricaturas.» Ángel Augier, *Prosa varia*, **1943**. Cuba. || «... y también mandamos y ordenamos que no se use más el refrán en martes ni te cases ni te embarques ni de tu casa te apartes, porque eso es gafedad.» Guillermo Morón, *El gallo de las espuelas de oro*, **1986**. Venezuela. || «Hoy se celebra el día de San Hilario, pero el recuerdo del santo se opaca porque este día es una fecha cabalística para los supersticiosos. Martes 13: no te cases ni te embarques. No te atrevas a salir de tu casa, a regar sal, romper un espejo o cruzarte con un gato negro. Son 24 horas de precauciones contra la mala suerte.» *Diario Hoy*, 13/1/**1998**. Ecuador. [◊«*En martes ni gallinas eches ni hijas cases*. En la superstición popular este era un día aciago en el que ni siquiera la iglesia celebraba bodas. Subsiste hoy ese sentimiento en general.» AMD. Acerca de esta superstición resume Iribarren lo siguiente: «Desde muy antiguo el martes fue considerado día aciago, por ser el día dedicado a marte, dios de la guerra y de las disensiones. Y la coincidencia de que determinadas batallas se hubiesen perdido en día martes nada tiene que ver con la antiquísima, constante y aún vigente creencia de que el martes es día aciago.»]

martillo > **yunque,** *ser yunque o martillo.*

marzo
1. **marzo ventoso y abril lluvioso traen a mayo florido y hermoso.** Una manera poco científica de pronosticar el tiempo.
• «Marzo ventoso i abril lluvioso, sakan a maio hermoso.» Gonzalo Correas, *Vocabulario de refranes y frases proverbiales*, **1627**. España. || «Supongo que usted conoce el refrán: Marzo ventoso... Bueno, menos mal, porque con lo remirado que es usted, a lo mejor no le gustan los refranes.» Alonso Zamora Vicente, *A traque barraque*, **1972**. España. || «... la ilusión optimista del viejo refrán: Marzo ventoso y abril lluvioso traen a mayo florido y hermoso. Ya veremos.»*Muy Interesante*, 3/**1997**. España.

más vale > **acaso,** *más vale un por si acaso que un quién pensara.* > **algo,** *más vale algo que nada.* > **amigo,** *más vale aceña parada que amigo molinero.* > **amigo,** *más vale amigos en plaza que dineros en arca.* > **arreglo, amigo,** *más vale un buen amigo que en troja mucho trigo*; *más vale un mal arreglo que una permanente discusión.* > **asno,** *más vale con mal asno* *el hombre contender, que solo y cargado a cuestas traer.* > **beber**, *más vale beber que perder.* > **borracho**, *más vale borracho conocido que alcohólico anónimo.* > **colorado**, *más vale ponerse morado una vez que cien veces colorado.* > **esperanza**, *más vale buena esperanza que ruin posesión.* > **dar**, *más vale darlo que pedirlo.* > **gordo**, *más vale un gordo sano que un flaco enfermo*; **gracia**, *más vale caer en gracia que ser gracioso.* > **hombre**, *más vale un hombre de bien que un cura perdido.* > **lealtad**, *más vale una onza de lealtad que un quintal de sapiencia.* > **loco**, *más vale loco conocido que cuerdo por conocer.* > **malo**, *más vale malo conocido que bueno por conocer.* > **maña**, *más vale maña que fuerza.* > **pájaro**, *más vale pájaro en mano que ciento volando.* > **paso**, *más vale paso que dura que trote que cansa.* > **pelear**, *más vale pelear con gente de bien que triunfar con gente de mal.* > **persuadir**, *más vale persuadir que prohibir.* > **prevenir**, *más vale prevenir que lamentar (remediar, castigar, curar, ser prevenidos).* > **rodear**, *más vale rodear que caer.* > **sentencia**, *más vale mala avenencia (ajuste) que buena sentencia.* > **sobrar**, *más vale que sobre que falte.* > **solo**, *más vale estar solo que mal acompañado.* > **tarde**, *más vale tarde que nunca.* > **tomar**, *más vale un toma que dos te daré.* > **ventura**, *más vale arte que ventura.* > **viejo**, *más vale lo viejo conocido que lo no tan joven por conocer.* > **verdad**, *más vale sufrir por la verdad que la verdad tenga que sufrir.*

matar
   1. **entre todos la mataron y ella sola se murió.** Indica que la gente suele desentenderse de sus responsabilidades y las elude siempre.
   • «... ¡que nadie pueda decir que entre todos la mataron y ella sola se murió!» Jesús Cacho Cortés, *Asalto al poder. La revolución de Mario Conde,* **1988**. España. || «Entre todos la mataron y ella sola se murió. Ese acabó por ser el epitafio de la comisión que debía investigar el caso GAL.» *La Vanguardia,* 2/12/**1995**. España.
   2. **lo que no mata, engorda.** Lo que no es capaz de hacernos gran daño nos puede hacer bien.
   • «Y uno de los basureros se rió: Lo que no mata, engorda. Y hundió la boca golosa y ávida en la pulpa amarillenta, casi podrida, de la piña.» Enrique Serpa, *Contrabando,* **1938**. Cuba. || «Y, como suele decirse, todo lo que no mata, engorda.» *El Mundo,* 6/10/**1994**. España. || «Creen como los camareros que todo lo que no mata, engorda.» Ignacio Carrión, *Cruzar el Danubio,* **1995**. España. || «Bajo la máxima de que todo lo que no mata,

engorda, México, Brasil, Argentina y Chile ya sufrieron hace tres años su particular calvario por la crisis mexicana y su posterior efecto tequila.» *El País Digital,* 10/11/**1997**. España.

3. tanto peca el que mata la vaca como el que le detiene la pata. Los que ayudan en una acción son cómplices e igual de culpables.

• «Hay un refrán que dice: Tanto peca el que mata la vaca como el que le detiene la pata.» Julián Matute Vidal, *Perfil del mexicano,* **1992**. México. [◇Y Covarrubias, 1611, dice esto: «Dize el proverbio: Hazientes y consientes, pena por igual.»]

4. > **agua,** *agua corriente no mata a la gente.*

5. > **porfiar,** *el que porfía mata venado (la caza).*

mate
1. quien toma mate y chupa caña, no vuelve a España. Por lo bueno que es, o al revés, quizá.

• «Y un refrán sobre el mate que seguramente creó algún inmigrante español preocupado por la *brujería* que podría conllevar la toma de la autóctona infusión: ¡Quien toma mate, y chupa caña, no vuelve a España.» VV. AA., *Cocina argentina,* **1996**. Argentina.

matrimonio
1. matrimonio (casamiento) y mortaja del cielo baja. El casamiento y la muerte llegan sin darnos cuenta y sin que podamos remediarlo.

• «Padre, casamiento y mortaja, del cielo baja.» Cecilia Böhl de Faber (Fernán Caballero), *Clemencia,* **1864**. España. || «¿Qué tiene que ver el hecho de que sea o no soltera? Matrimonio y mortaja, dice el refrán, del cielo baja. Como todos los refranes, éste expresa la sabiduría popular que nos dice que el hallazgo de la pareja adecuada es, en la mayor parte de los casos, un asunto de suerte. Ahora bien, ustedes no ignoran que la suerte y los méritos pocas veces andan juntos.» Rosario Castellanos, *El eterno femenino,* **1975**. México. || «Matrimonio y mortaja del cielo baja para la señorita como homenaje a sus méritos, para el señorito como penitencia purificadora.» Manuel Longares, *La novela del corsé,* **1979**. España. || «Matrimonio y mortaja, dice el dicho, del cielo baja...» Rafael Olivera Figueroa, *¿Enfermera, doctora o santa?,* **1991**. México. || «Entretanto, no sé si porque ya se le había llegado la hora de casarse o por aquello de matrimonio y mortaja del cielo baja, Abelardo contrajo nupcias...» Jorge López Páez, *Doña Herlinda y su hijo y otros hijos,* **1993**. México.

[◇AdM nos dice: «La actitud sarcástica y mordaz respecto al matrimonio es una constante de los chistes y de las escenas cómicas. La razón es clara. Para eliminar la culpa en los fracasos afectivos, se acude a la fatalidad: *Casamiento y mortaja, del cielo bajan.*»]

mayo
1. como agua de mayo. Lo que llega oportunamente y que era muy esperado.
• «... iban a ser recibidos como agua de mayo por cada una de aquellas desorientadas y borrosas muchachas a quienes se llamaba "querida amiga".» Carmen Martín Gaite, *Usos amorosos de la posguerra española*, **1987**. España. || «Pero, de momento, al Gobierno su detención puede venirle como agua de mayo.» *La Vanguardia*, 28/2/**1995**. España.
2. hasta el cuarenta de mayo no te quites el sayo. Indica que no debemos quitarnos la ropa de abrigo hasta bien entrado el mes de junio.
• «El que quiera andar siempre bueno y sano la ropa del invierno lleve en verano; o la de hasta el cuarenta de mayo nunca te quites el sayo.» Miguel de Unamuno, *Amor y pedagogía*, **1902**. España. || «Hasta el cuarenta de mayo no te quites el sayo.» Ignacio Amestoy Egiguren, *Gernika, un grito. 1937. Tragedia actual en ocho escenas, con prólogo*, **1995**. España. [◇«Sayo: se emplea para designar un vestido cualquiera, de hechura simple, amplio o con poca forma.» MM.]
3. > **marzo,** *marzo ventoso y abril lluvioso traen a mayo florido y hermoso.*

medicina > **Dios,** *Dios que da la llaga, da la medicina.*

médico
1. de médico (músico), de poeta y de loco, todos tenemos un poco. Y no tiene arreglo la cosa.
• «Dice un refrán popular que, de músico, poeta y loco, todos tenemos un poco. No te ofendas, pues, si te incluyo en el número de los últimos, pues yo no tengo empacho en admitir la parte de locura que me toca, como a cualquier otro hijo de vecino.» C. M. Heredia, *Una fuente de energía*, **1932**. México. || «Un proverbio castellano dice que de poeta, músico y loco todos tenemos un poco. Parece que los negros tienen un poco más, como consecuencia de su abundosa expresividad.» Fernando Ortiz, *La música afrocubana*, **1975**. Cuba. || «Y es que no miente el refrán

que afirma que de médico, de poeta y de loco, todos tenemos un poco.» Carlos Fisas, *Historias de la Historia,* **1983**. España.
2. es más cierto médico el experimentado que el letrado. La experiencia es más importante que nada.
• «Por esto dizen: quien las sabe las tañe, y que es más cierto médico el esperimentado que el letrado y la esperiencia y escarmiento haze los hombres arteros...» Fernando de Rojas, *La Celestina,* **1499**. España.
3. médicos errados, papeles mal guardados, y mujeres atrevidas, quitan las vidas. Los tres causan muchos quebraderos de cabeza, sin duda.
• «Por eso dice el adagio castellano: Médicos errados, papeles mal guardados, y mujeres atrevidas, quitan las vidas.» Lope de Vega Carpio, *La Dorotea,* **1632**. España.
4. > doctor, *donde hay más doctores hay más dolores.*

medio
1. en el medio está la virtud. Los extremos no son buenos y el punto exacto es el de la mesura. Ni poco ni mucho, lo justo es lo mejor.
• «... y los ciegan sin que sepan valer en la adversidad, ni regirse en la prosperidad, ni tener el medio adonde está la virtud.» Juan Justiniano, *Instrucción de la mujer cristiana,* **1528**. España. || «En todas las cosas quadra bien lo que dize el refrán, que en el medio está la virtuda, y en ninguna cosa es más necesaria que en el habla.» Bernardo Pérez de Chinchón, *La lengua de Erasmo...* **1533**. España. || «En esto sois muchos los Sanchos, y habéis inventado lo de que en el medio está la virtud.» Miguel de Unamuno, *Vida de don Quijote y Sancho,* **1905-14**. España. || «Aquello de que en el medio está la virtud, es sentencia que falla hablando de los caminos de Navacepeda...» Camilo José Cela, *Judíos, moros y cristianos,* **1956**. España. || «Yo creo que en un término medio está la virtud.» José Asenjo Sedano, *Eran los días largos,* **1982**. España. || «In medio virtus... –En el medio está la virtud, dice la sabia sentencia, para apartarnos de los extremismos.» José María Escrivá de Balaguer, *Surco,* **1986**. España. || «Pienso que, como en tantas otras cosas, la virtud está en el término medio...» José María Carrascal, *La Razón,* 15/4/**2001**. España. [◇L. «in medio stat virtus.»]

medrar > dormir, *durmamos y medraremos.*

mejor
1. lo mejor es enemigo de lo bueno. Por mejorar u obtener algo mejor a veces perdemos algo que es bueno.
• «Aunque dicen que lo mejor es enemigo de lo bueno, un funcionario del Ministerio del Trabajo me refiere que, para las próximas elecciones sindicales, se buscará perfeccionar el sistema.» *Hoy,* 8-14/11/**1978**. Chile. ‖ «También se sintetiza con el eslogan lo óptimo es enemigo de lo mejor» (en contra de la obsoleta máxima hispana de que lo mejor es enemigo de lo bueno).» Ramón Tamames, *Curso de Economía,* **1992**. España. ‖ «El origen de este enredo parece ser la confirmación del refrán de que lo mejor es enemigo de lo bueno.» *Semana,* 1-8/12/**1997**. Colombia. [◊Voltaire (1694-1778) en el artículo «Art dramatique» de su *Dictionnaire philosophique*: «Le mieux est l'ennemi du bien.»]
2. procura lo mejor, espera lo peor y toma lo que te viniere. Aconseja resignación pase lo que pase y aún a pesar de nuestros buenos esfuerzos.
• «Prokura lo mexor, espera lo peor, toma lo ke te viniere.» Gonzalo Correas, *Vocabulario de refranes y frases proverbiales,* **1627**. España.

*****mejorar** (ideas) ***durmamos*** *y medraremos; ¿quién te* ***enriqueció****? Quien te gobernó;* ***enseñando*** *se aprende;* ***hoy*** *(antes) mejor que mañana; el ejercicio hace* ***maestro****; quien no sabe* ***pedir*** *no sabe vivir; el* ***saber*** *no ocupa lugar.*

memoria
1. no hay memoria que el tiempo no acabe, ni dolor que muerte no consuma. El tiempo y la muerte acaban con nuestros pesares.
• «Con todo eso, te hago saber, hermano Panza –replicó don Quijote–, que no hay memoria a quien el tiempo no acabe, ni dolor que muerte no le consuma.» Miguel de Cervantes Saavedra, *El ingenioso hidalgo don Quijote de la Mancha,* **1605**. España.

meneallo
1. lo mejor es no meneallo. Lo mejor es dejar las cosas como están.
• «Peor es meneallo, amigo Sancho.» Miguel de Cervantes Saavedra, *El ingenioso hidalgo don Quijote de la Mancha,* **1605**. España. ‖ «... llevan la impronta religiosa. Judíos, cristianos, musulmanes e hinduistas, no son, a menudo, un modelo de las bondades de la educación religiosa que recibieron. Sí, mejor es no meneallo.» *La Vanguardia,* 3/4/**1995**. Es-

paña. || «Repito, mejor no meneallo.» *ABC Electrónico,* 15/11/**1997**. España. [◇«*Peor es meneallo.* Comentario con que se invita a callar o no seguir hablando sobre cierto asunto que muestra más lo que hay en él de censurable cuanto más se remueve.» MM.]

menear > meneallo

mentir
 1. **el que compra y miente en su bolsa lo siente.** El comprador y el mentiroso sufren mermas económicas siempre.
 • «De mis viñas vengo, no sé nada, no soy amigo de saber vidas ajenas, que el que compra y miente, en su bolsa lo siente.» Miguel de Cervantes Saavedra, *El ingenioso hidalgo don Quijote de la Mancha,* **1605**. España.
 2. > **verdad,** *quien dice verdad ni peca ni miente.*

mentira
 1. **una mentira hace ciento.** Los que empiezan a mentir no pueden acabar.
 • «El adagio popular dice que una mentira hace ciento.» José Ortega y Gasset, *Artículos (1917-1933),* **1917**. España.

mentiroso
 1. **más presto se coge al mentiroso que al cojo.** Indica que las mentiras se descubren pronto.
 • «Pero antes se pilla a un mentiroso que a un cojo.» Víctor Chamorro, *El muerto resucitado,* **1984**. España. «Y antes se coge a un mentiroso que a un cojo.» Juan Aparicio, *Retratos de ambigú,* **1989**. España. || «... pero primero se descubre a un mentiroso que a un cojo.» Jesús Díaz, *La piel y la máscara,* **1996**. Cuba. || «Es cierto que se pilla antes a un mentiroso que a un cojo.» *El Mundo,* 30/5/**1996**. España. || «No creo cometer una herejía al modificar un viejo refrán muy conocido: primero se agarra a un vocero yanki que ... a otro mentiroso.» *Granma Internacional,* 3/**1997**. Cuba.

mero
 1. **de la mar el mero, y de la tierra el carnero.** Implica que el mejor pescado es el mero.

miedo 308

• «De los pescados, el mero de las carnes el carnero. Esto dice un refrán castellano, pero habría que discutirlo.» Ángel Muro, *El practicón,* 1891-94. España. || «Yo, por ejemplo, no me explico la preferencia que atribuye Cervantes al carnero respecto de otras carnes cuando habla del yantar de Don Quijote; pero, si considero que corrían válidos a la sazón refranes como de la mar el mero, y de la tierra, el carnero, vaca y carnero, olla de caballero, olla sin carnero, olla de escudero, etc.» Julio Casares, *Crítica efímera,* 1919. España. || «Comentemos algún refrán. En De la tierra el carnero y de la mar el mero, dice Sorapán.» Sagrario Muñoz Calvo, *Historias de la farmacia en la España moderna y contemporánea,* 1994. España. [◇«Mero: pez acantopterigio de carne muy estimada, como lo demuestra el proverbio de la mar el mero, y de la tierra el carnero.» MM.]

miedo
1. miedo guarda viñas que no viñadero. El miedo al castigo es el mejor guardián de la propiedad.
• «Plugiese a Dios que estas galeras en las ciudades no fuesen espantajo de tordos, y que se cumpliese el refrán: Miedo guarda viñas que no viñadero.» Magdalena de San Gerónimo, *Razón y forma de la galera y casa real,* 1608. España. [◇Nos dice Cervantes por boca de Sancho, Quijote, I, cap. XX: «Pero tiene el miedo muchos ojos, y ve las cosas debajo de tierra.»]
2. mucho miedo y poca vergüenza. Disimulan pero se aprovechan.
• «¿Qué fue de tanto galán? Pues como dice el refrán: mucho miedo y poca vergüenza.» Federico Jiménez Losantos, *Lo que queda en España,* 1995. España.
3. > deseo, *el deseo vence al miedo.*

miel
1. haceos miel y paparos han moscas. Si somos débiles se aprovecharán de nosotros.
• «No, sino haceos miel, y paparos han moscas; tanto vales cuanto tienes, decía mi agüela, y del hombre arraigado no te verás vengado.» Miguel de Cervantes Saavedra, *Segunda parte del ingenioso caballero don Quijote de la Mancha,* 1615. España. || «No, sino haceos miel, y comeros han moscas.» Miguel de Cervantes Saavedra, *Segunda parte del ingenioso caballero don Quijote de la Mancha,* 1615. España. || «Haceros miel y papa-

ros han moscas. Hazme la barba y te haré el copete. Huésped (El) y el pece a los tres días hieden.» Vlady Kociancich, *La octava maravilla*, **1982**. Argentina. [◊Shelton lo tradujo así al inglés, en 1620: «Cover yourself with honey and the flies will eat you.»]

2. no se ha hecho la miel para la boca del asno. Lo bueno no se hace para los que no se lo merecen.

• «No es la miel para la boca del asno –respondió Sancho–; a su tiempo lo verás, mujer, y aun te admirarás de oírte llamar señoría de todos tus vasallos.» Miguel de Cervantes Saavedra, *El ingenioso hidalgo don Quijote de la Mancha*, **1605**. España. || «No sé cómo Dios me tuvo de su mano y no le llené de dedos aquella cara compungida; pero contentéme con decirle que no era la miel para la boca del asno.» José Francisco de Isla, *Historia del famoso predicador Fray Gerundio de Campazas alias Zotes*, **1758**. España. || «No se hizo la miel para la boca del asno –fue la vernácula respuesta de la moza con la que hizo visible que, del mismo modo que su padre, también.» Luis Martín-Santos, *Tiempo de silencio*, **1961**. España. || «No se ha hecho la miel para la boca del asno, como dejó escrito Juan Ramón, que de borricos sabía lo suyo.» Juan García Hortelano, *Mucho cuento*, **1987**. España. [◊«Las cosas delicadas o primorosas sólo pueden ser debidamente apreciadas por los que tienen discernimiento y exquisito gusto para conocerlas.» NDLC.]

3. si quieres miel, por San Andrés; si quieres cera, por las Candelas. La mejor y la peor época para la miel.

• «Si quieres miel, por San Andrés; si quieres cera, por las Candelas. O sea, cada día tiene su afán.» Miguel Delibes, *Las guerras de nuestros antepasados*, **1975**. España.

milagro
1. hágase el milagro, hágalo el diablo. Lo importante es resolver una dificultad, sin importar quien lo haga.

• «Sea milagro, i hágalo el diablo.» Gonzalo Correas, *Vocabulario de refranes y frases proverbiales*, **1627**. España. || «Claro que siempre habrá alguno que diga, hágase el milagro, hágalo el diablo.» *Tiempo*, 26/6/**2000**. España.

mío
1. lo mío, mío es y lo tuyo de entre ambos. Divisa de los egoístas que todo lo acaparan.

• «Lo mío, mío i lo tuio, de entranbos.» Gonzalo Correas, *Vocabulario de refranes y frases proverbiales*, **1627**. España.

mirar
1. quien adelante no mira, atrás se queda. El que no es previsor acaba mal.
• «Quien adelante no mira, atrás se queda. Este refrán enseña que en todos los negocios que emprendamos no miremos sólo el tiempo presente, sino también el venidero.» José González Seijas, *Catón metódico de los niños*, **1885**. España.

misa > **monaguillo,** *todo monaguillo alguna vez quiere decir misa.*

mochuelo
1. cada mochuelo a su olivo. Cada cual a su lugar, donde le corresponde estar.
• «Cada mochuelo a su olivo. El refrán nos hizo reír.» Vlady Kociancich, *La octava maravilla*, **1982**. Argentina. || «Que cada cosa a su tiempo. Hala, cada mochuelo a su olivo.» Ramón Ayerra, *La lucha inútil*, **1984**. España. || «Y nos fuimos, cada mochuelo a su olivo, con el rabo entre las piernas.» Manuel Hidalgo, *Azucena, que juega al tenis*, **1988**. España. [◊Para AMD, sin embargo, «Se trata de una fórmula de despedida cuando cada uno se dirige a su casa.]

moco > **Dios,** *Dios da pañuelo a quien no tiene mocos.*

mojada > **seca,** *a gran seca, gran mojada.*

moler
1. quien primero viene, primero muele. Los primeros en llegar, obtienen éxito.
• «Kien primero viene, primero muele.» Gonzalo Correas, *Vocabulario de refranes y frases proverbiales*, **1627**. España. || «Kien primero viene, primero tiene.» Gonzalo Correas, *Vocabulario de refranes y frases proverbiales*, **1627**. España.
2. > **agua,** *agua pasada no muele molino.*

molinero > **amigo,** *más vale aceña parada que amigo molinero.*

molino
1. llevar agua a su molino. Emplear métodos o acciones que favorecen más la causa de uno.
• «... gobierna cada uno como mejor vaya el agua a su molino.» Mateo Alemán, *Segunda parte de Guzmán de Alfarache,* **1599**. España. || «Allí veréis –dixo Argos– enseñando a traer agua a su molino desde sus principios...» Baltasar Gracián, *El Criticón,* **1653**. España. || «... las reglas de la moral y la idoneidad para evitar nuevos fracasos motivados por el sectarismo partidista o burocrático donde cada quien trata de llevar agua a su molino.» *Los Tiempos,* 13/12/**1996**. Bolivia. || «Qué despelote el que se presentó el último día de la identificación, con todos los activistas políticos queriendo llevar agua a su molino, peleando porque sus afines no se quedaran fuera de la cedulación.» *La Tribuna,* 2/7/**1997**. Honduras. || «A veces ni secretarios que estudiaron en la UNAM llevan agua a su molino. Julia Carabias, egresada de la UNAM, tiene tres subsecretarios de otras universidades.» *Proceso,* 9/2/**1997**. México. || «Los medios de información están prestando su concurso al registrar estos sucesos, tratando los sandinistas de llevar agua a su molino, aunque remen contra la corriente de la legalidad que Nicaragua necesita desesperadamente después de 18 años de delitos consecutivos al margen de la misma.» *Diario de las Américas,* 26/2/**1997**. EE.UU. || «Ese día, Gladys Marín agregó agua a su molino diciendo que el alto porcentaje de votos nulos.» *Hoy,* 15-21/12/**1997**. Chile.
2. molino andando gana. Trabajando, con esfuerzo, se consiguen las cosas.
• «Cierta cossa es ésta: molino andando gana, huerta mejor labrada da la mejor mançana, muger mucho seguida sienpre anda loçana.» Juan Ruiz (Arcipreste de Hita), *Libro de buen amor,* **1330-43**. España. || «Señora, aquí a peso de dineros, daca y toma, y como dicen el molino andando gana, que guayas tiene quien no puede.» Francisco Delicado, *La Lozana Andaluza,* **1528**. España. || «El molino andando gana, ke no estando la rrueda parada.» Gonzalo Correas, *Vocabulario de refranes y frases proverbiales,* **1627**. España.
3. > *agua,* agua pasada no muele molino.

mona
1. aunque la mona se vista de seda, mona se queda. El cambio de apariencia o atuendo no incide en nuestro ser, ni nos cambia.

- «Suelen decir vulgarmente que aunque vistan a la mona de seda, mona se queda.» Mateo Alemán, *Primera parte de Guzmán de Alfarache*, **1599**. España. || «Siendo ansí que no sois más que unas probes y honradas labradoras, sin considerar que causáis risa a las personas de meollo, porc'al fin por más que la mona se vista de seda, mona se queda.» José Francisco de Isla, *Historia del famoso predicador Fray Gerundio de Campazas alias Zotes*, **1758**. España. || «Los dos. Aunque a monas y monos vistan de seda, como dice el adagio, monos se quedan. Quien nació en el barrio de las Maravillas, ¿cómo podrá nunca parecer usía?» Anónimo, *La maja constante. Tonadilla a dúo*, **1800**. España. || «Has hecho bien, gaznápiro, por aquello de que aunque la mona se vista de seda, mona se queda.» Cecilia Böhl de Faber (Fernán Caballero), *La gaviota*, **1849**. España. || «Más tarde, todo es lo mismo; con guantes o sin guantes, con retoques o sin ellos la mona aunque se vista de seda mona se queda.» Lucio Victorio Mansilla, *Una excursión a los indios Ranqueles*, **1870**. Argentina. || «Todas no tenemos la suerte de ser tan finas como tú. Pero, hija, no te hagas muchas ilusiones, que aunque la mona se vista de seda... mona se queda...» Carlos Fernández Santana *Réquiem por Yarini*, **1960**. Cuba. || «¿Ante quién, si no, justificar la superioridad del colonizador?, ¿cómo legitimar su dominio? Aunque la mona vista de seda, mona se queda. Hay que marcar las diferencias y fijar las distancias.» Guillermo Batalla, *Los pueblos indígenas: viejos problemas, nuevas demandas [México, hoy]*, **1979**. México. || «¿Sabes lo que te digo?: Seda aunque la mona vestir pueda jamás. Ya entiendes... –concluyó enigmáticamente.» Javier García Sánchez, *La historia más triste*, **1991**. España. || «Dice el refrán: Aunque la mona se vista de seda, mona se queda. Yo me quedaba encogido, con la vista fija en el plátano y no lo comía.» Alejandro Jodorowsky, *Donde mejor canta un pájaro*, **1992**. Chile. [◊Erasmo: «simia simia est, etiamsi aurea gestet insignia.» Iriarte: «Monos hay que aunque se vistan de estudiantes / se han de quedar lo mismo que eran antes.»]

2. > **asno**, *un asno entre muchas monas, cócanle.*

monaguillo

1. todo monaguillo alguna vez quiere decir misa. Los de abajo siempre quieren el poder de los de arriba.

- «Pues hay un dicho que dice que todo monaguillo alguna vez quiere decir misa.» *El País*, 16/1/**1998**. Colombia.

monte
  1. no todo el monte es orégano. Las cosas no son tan fáciles como parecen a simple vista.
  • «Piensa ke todo el monte es orégano.» Gonzalo Correas, *Vocabulario de refranes y frases proverbiales*, **1627**. España. ‖ «Ahora, sin embargo, tienen que trabajar y remar de firme porque ya no es como antes, que siempre se ganaba; ahora hay más competencia y ya no todo el monte es orégano.» Camilo José Cela, *Del Miño al Bidasoa*, **1952**. España. ‖ «... al contrario del que ha sido estafado y el que se queda sin trabajo por obra y gracia de un irresponsable inmoral que cree que todo el monte es orégano.» *La Vanguardia*, 24/10/**1994**. España. ‖ «Sin su ejemplo, los jóvenes se creerían que todo el monte es orégano y dejarían de estudiar ocho carreras para conseguir un trabajo basura.» *El País Digital*, nº 616, 9/1/**1997**. España. [◇«*Pensar que todo el monte es orégano... denota la inocencia de los que creen que es oro todo lo que reluce, como dice ese otro, más general.*» AMD.]

morado > **colorado**, *más vale ponerse morado una vez que cien veces colorado*.

morir
  1. aquí morirá Sansón y cuantos con él son. Grito de desesperación fatalista.
  • «¡Ah cuerpo de tal! Aquí morirá Sansón y cuantos con él son. Mi fin es llegado, dije. Levantéme alborotado de la mesa y el alguacil me dijo: —Sosiéguese Vuestra Merced, que no es por ladrón.» Mateo Alemán, *Segunda parte de la vida de Guzmán de Alfarache. Atalaya de la vida humana*, **1604**. España. ‖ «Volvió Sancho a su tarea con tanto denuedo, que ya había quitado las cortezas a muchos árboles: tal era la riguridad con que se azotaba; y alzando una vez la voz y dando un desaforado azote en una haya, dijo: — ¡Aquí morirá Sansón, y cuantos con él son!» Miguel de Cervantes Saavedra, *Segunda parte del ingenioso caballero don Quijote de la Mancha*, **1615**. España.
  2. > **matar**, *entre todos la mataron y ella sola se murió*.
  3. > **nacer**, *el hombre sabe donde nace, pero no donde ha de morir*.
  4. > **viejo**, *ninguno es tan viejo que no pueda vivir un año, ni tan mozo que hoy no pudiese morir*.

moro
1. a más moros, más ganancia. Cuanto más difícil es la empresa, mayor la recompensa.
• «Y si más quisieres, mejor te irá; que mientras más moros, más ganancia. Que honrra sin provecho, no es sino como anillo en el dedo.» Fernando de Rojas, *La Celestina*, **1499**. España. || «Se glorían algunas livianas de tener uno o dos servidores y cuántos más moros más ganancia.» Juan Justiniano, *Instrucción de la mujer cristiana, de J. L. Vives*, **1528**. España. || «Cuando esto no bastaba, nos llegábamos a las colgaduras de seda o tela de oro, que nunca reparábamos en hacerles cortesía más a esto que a esotro; antes a más moros más ganancia...» Mateo Alemán, *Segunda parte de la vida de Guzmán de Alfarache. Atalaya de la vida humana*, **1604**. España. || «A más moros muertos más ganancia y entonces serán de los enemigos los menos.» Pascual Boronat, *Los moriscos españoles y su expulsión*, **1901**. España.
2. a moro (toro) muerto, gran lanzada. Cuando el peligro ha desaparecido todos somos capaces de grandes proezas o *lanzadas*.
• «Y todos gran lanzada a moro muerto.» Pedro de Oña, *Arauco domado*, **1596**. Chile. || «Ni es hecho de romano, ni soldado, dar en cuerpo muerto gran lanzada...» Cristóbal Mosquera de Figueroa, *Poesías manuscritas*, **1610**. España. || «Lerda debía de ser esta agua y dura de espuela, pues dar en ella Longinos fue como dar en un toro gran lanzada.» Hernando Domínguez Camargo, *Lucifer en romance...*, **1652**. Colombia. || «... siguen la valiente consigna: A moro muerto, gran lanzada.» *Excelsior*, 1/11/**1996**. México. || «... escribió entonces la frase famosa. A moro muerto, gran lanzada.» *ABC Electrónico*, 21/6/**1997**. España. [◇En los siglos XVI y XVII, los toros eran alanceados por nobles y caballeros en las plazas mayores; de ahí que este refrán conserve el término lanzada y exprese la decisión que mucha gente tiene cuando ya ha pasado el peligro, cuando el toro ya ha muerto. Iribarren en su libro *El porqué de los dichos* cuenta que el origen de este refrán se encuentra en la sustitución de la palabra toro por moro, y como tal lo recoge Sbarbi en su *Gran diccionario de refranes*.]
3. o todos moros o todos cristianos. No hay medias tintas, o todo o nada.
• «Creo que si el Conservatori ha de salir, también tendría que hacerlo el Cercle. Como dice el refrán, ¡o todos moros o todos cristianos!» *La Vanguardia*, 16/2/**1995**. España.

mortaja > **leche,** *lo que en la leche se remama, en la mortaja se derrama.*
> **matrimonio,** *matrimonio (casamiento) y mortaja del cielo baja.*

mosca > **boca,** *en boca cerrada no entran moscas.* > **miel,** *haceos miel y paparos han moscas.*

mota
1. **ver la mota (paja) en el ojo ajeno y no la viga en el suyo.** Fijarse en los defectos de los demás, pero no en los propios.
• «No ve este ciego su muy gran yerro, y presume ver y corregir el ajeno. Lo mesmo que dice él temerariamente, se dice a él conveniblemente: tú, tú quita la viga de tus ojos, y podrás entonces ver cómo se quita la mota de los otros; tú, tú que presumes de médico, cura a ti mesmo...» Fray Hernando de Talavera, *Católica impugnación del herético libelo maldito y descomulgado,* **1487.** España. || «Saca primero la viga de tu ojo & despues sacaras la paja del ojo de tu xpistiano...» Alfonso X, *Siete Partidas,* **1491.** España. || «El que se ensoberbeçe juzga las maldades ajenas y conserva su ley propia, ve la paja en el ojo ajeno y no ve la viga en el suyo...» Jorge de Montemayor, *Diálogo espiritual,* **1543.** España. || «Veo la paja en el ojo ajeno y no la viga en el mío.» Mateo Alemán, *Segunda parte de la vida de Guzmán de Alfarache,* 1604. España. || «Así que es menester que el que vee la mota en el ojo ajeno vea la viga en el suyo, porque no se diga por él: espantóse la muerta de la degollada; y vuestra merced sabe bien que más sabe el necio en su casa que el cuerdo en la ajena.» Miguel de Cervantes Saavedra, *Segunda parte del ingenioso caballero don Quijote de la Mancha,* **1615.** España. || «¿Y por qué miras la mota en el ojo de tu hermano y no reparas la viga que tienes en tu ojo?» Juan Francisco Guerra, *Manual de oratoria sagrada o año predicable, parte tercera,* tomo II, **1855.** España. || «¿No es la paja que te nubla el ojo lo que te permite ver la viga del mío? Tal vez el demonio carga con las culpas de los que le temen... Santifiquemos nuestra intención y quedará santificado el mundo...» Miguel de Unamuno, *Vida de don Quijote y Sancho,* **1905.** España. || «¡Ay! No me dirán que no veo la viga en ojo propio. Mi nietecina Herminia, la pobre, ¿cómo va a aspirar...? Nada tiene, nada vale.» Ramón Pérez de Ayala, *Tigre Juan,* **1926.** España. || «Va por el mundo viendo la paja en el ojo ajeno y las manchas de la Luna.» Manuel Vázquez Montalbán, *La soledad del mánager,* **1977.** España. || «Pero usted ve la paja en el ojo ajeno, se me dirá. No, amigos.» *El País,* 2/8/**1980.** España.

‖ «Si no fuera en un taxi, hasta me haría una paja. Hablando de pajas en el ojo ajeno, ¿habrá llegado ya al cielo el bueno de Robledo?» Carlos Pérez Merinero, *Días de guardar*, **1981**. España. ‖ «Las respuestas corren por cuenta de cada uno. En el Evangelio se habla de la viga en el ojo propio y la paja en el ajeno y algunas abuelas simplemente preguntaban con sabiduría: ¿Y por casa, cómo andamos?» *La Nueva Provincia*, 5/2/**1997**. Argentina. ‖ «Algunos candidatos a la Presidencia de la República que están en plena campaña por alcanzar ese puesto a través de las elecciones del primer domingo de junio próximo, nos recuerdan al pecador que acude al sacerdote a confesar sus pecados, pero sólo se ocupa de la paja en el ojo ajeno.» *Los Tiempos*, 25/3/**1997**. Bolivia. ‖ «Le dirán que en el tráfico, como en ella vida, el bosque no permite ver los árboles. Pero usted sabe que es la paja en el ojo propio la que le impide ver la viga en el ajeno.» *Autoclub RACE*, nº 90, verano **2001**. España.[◇*Mateo*, 7:3: «¿Y por qué miras la paja que está en el ojo de tu hermano, y no echas de ver la viga que está en tu propio ojo?» > **paja**.]

moverse
1. quien está bien que no se mueva. Hay que dejar las cosas como están y no empeorarlas.

• «Yo me hallo en esta ciudad y reino muy admitido y estimado, y pagadas mis obras á toda satisfaccion mia, y así seguiré el adagio tan comun como verdadero: Quien está bien no se mueva. Con esto quedé satisfecho y desengañado de ser verdad lo que decia.» Jusepe Martínez, *Discursos practicables del nobilísimo arte de la pintura*, **1673**. España.

movimiento
1. el movimiento se demuestra andando. La práctica demuestra los hechos que no la palabraría vana.

• «El movimiento se demuestra andando, y andando se llega de A a B y Aquiles alcanza a la tortuga.» Julián Marías, *Historia de la Filosofía*, **1941-70**. España. ‖ «El movimiento se demuestra andando: de una parte, tomamos textos que sólo una intuición previa nos permite seleccionar.» Dámaso Alonso, *Poesía española. Ensayo de métodos y límites estilísticos. Garcilaso*, **1950**. España. ‖ «¿No dices que me quieres? El movimiento se demuestra andando.» Antonio Díaz-Cañabate, *Paseíllo por el planeta de los toros*, **1970**. España. ‖ «De todos modos, como el movimiento se demuestra andando, tal probanza se manifiesta en las nuevas promesas que el básquetbol formula, frente a un calendario '79 que es realmente ambicioso y consiguientemente optimista.» *El Clarín,* 21/2/**1979**. Argentina. || «El movimiento se demuestra andando, con esta afirmación contestó ayer Rodrigo Rato a la posibilidad de colaboración entre el Gobierno y el PP ofrecida el martes por Felipe González...» *La Vanguardia,* 2/2/**1995**. España. [◇Ya dijo Aristóteles que lo que tenemos que aprender a hacer, lo aprendemos haciendo. «Nuestra naturaleza está en el movimiento. El reposo absoluto es la muerte.» Blaise Pascal, *Pensamientos.*]

mozo
1. guárdate del mozo cuando le nace el bozo. Las chicas deben cuidarse de los jovencitos que empiezan con sus apetitos sexuales.
• «Por una vuelta soy contenta. ¿Mochacho eres tú? Por esto dicen: guárdate del mozo cuando le nace el bozo.» Francisco Delicado, *La Lozana Andaluza,* **1528**. España.
2. > viejo, *el mozo puede morir, y el viejo (no) puede vivir.*

*****mucho** (ideas) *éramos pocos y parió la* **abuela**; *lo que* **abunda** *no daña.*

mucho > poco

mudarse
1. quien se muda, Dios le ayuda. Para tener éxito, hay que cambiar de táctica cuando no da resultado la primera.
• «Partirme quiero sin duda, faga mi vida mudança, que dizen que quien se muda a las vezes Dios le ayuda.» Juan del Enzina, *Égloga de Plácida y Vitoriano,* **1513**. España. || «Lozana: Señor, quien se muda, Dios lo ayuda.» Francisco Delicado, *La Lozana Andaluza,* **1528**. España. || «Más a cuento me viene mirar por mis baúles y salirme de lugar que no conozco ni soy conocido. Que a quien se muda, Dios le ayuda.» Mateo Alemán, *Segunda parte de la vida de Guzmán de Alfarache. Atalaya de la vida humana,* **1604**. España.

muela
1. entre dos muelas cordiales nunca pongas tus pulgares. No hay que meterse en contiendas ni asuntos peligrosos.
• «¿Qué mejores –dijo Sancho– que entre dos muelas cordiales nunca pongas tus pulgares, y a idos de mi casa y qué queréis con mi mujer, no

hay responder, y si da el cántaro en la piedra o la piedra en el cántaro, mal para el cántaro, todos los cuales vienen a pelo? Miguel de Cervantes Saavedra, *Segunda parte del ingenioso caballero don Quijote de la Mancha*, **1615**. España. [◇Muelas del juicio.]
   2. > **Dios,** *da Dios almendras a quien no tiene muelas.*

muerta
   1. espantose (maravillose) la muerta de la degollada. Nos sorprenden los defectos de los demás, y no apreciamos los nuestros.
   • «Marauillose la muerta de la degollada.» Marqués de Santillana (Íñigo López de Mendoza), *Refranes que dizen las viejas tras el fuego*, **1454**. España. || «Así que es menester que el que vee la mota en el ojo ajeno vea la viga en el suyo, porque no se diga por él: espantóse la muerta de la degollada.» Miguel de Cervantes Saavedra, *Segunda parte del ingenioso caballero don Quijote de la Mancha,* **1615**. España. || «Pero como no podía acostarme con Cortés, mejor se me ocurrió devolverle al diablo el hato y el garabato y decidir que por esta vez, la muerta no se asustaría de la degollada...» Carlos Fuentes, *El naranjo,* **1993**. México.

muerte** (ideas) *cadáver a bordo, tempestad segura; dentro de cien años todos* **calvos; de grandes* **cenas** *están las sepulturas llenas; más mató la* **cena** *que sanó Avicena; tan presto se va el* **cordero** *como el carnero; nadie puede prometerse más horas de vida que* **Dios** *quiera darle;* **jaula** *nueva, pájaro muerto; lo que en la* **leche** *se remama, en la mortaja se derrama;* **médicos** *errados, papeles mal guardados, y mujeres atrevidas, quitan las vidas; no hay* **memoria** *que el tiempo no acabe, ni dolor que muerte no consuma; aquí* **morirá** *Sansón y cuantos con él son; a* **moro** *(toro) muerto, gran lanzada; la* **muerte** *todo lo iguala y todo lo ataja; para el amor y la* **muerte** *no hay casa fuerte; quien teme la* **muerte** *no goza la vida; hasta la* **muerte** *todo es vida; el hombre sabe donde* **nace***, pero no donde ha de morir; vivir* **pobre** *por morir rico; el mozo puede morir, y el* **viejo** *(no) puede vivir; el* **viejo** *come las sopas en la sepultura.*

muerte
   1. hasta la muerte todo es vida. Mientras se vive, se debe disfrutar de la vida.
   • «Hay mucho que decir en eso –dijo Sancho–. Durmamos por entrambos, y después Dios dijo lo que será. Sepa vuestra merced que esto de

azotarse un hombre a sangre fría es cosa recia, y más si caen los azotes sobre un cuerpo mal sustentado y peor comido: tenga paciencia mi señora Dulcinea, que cuando menos se cate me verá hecho una criba, de azotes; y hasta la muerte, todo es vida: quiero decir, que aún yo la tengo, junto con el deseo de cumplir con lo que he prometido.» Miguel de Cervantes Saavedra, *Segunda parte del ingenioso caballero don Quijote de la Mancha*, **1615**. España. || «Hasta la la muerte, todo es vida.» Gonzalo Correas, *Vocabulario de refranes y frases proverbiales*, **1627**. España.

2. la muerte todo lo iguala y todo lo ataja. La muerte lo arregla y lo termina todo.

• «La muerte todo lo barre, todo lo iguala i todo lo ataxa; [o] La muerte lo iguala todo, lo ataxa todo, lo barre todo.» Gonzalo Correas, *Vocabulario de refranes y frases proverbiales*, **1627**. España. || «María Gloria se acercó a su hijo muerto, le besó en la frente y, sin derramar una lágrima, le limpió la cara con agua de lluvia. –La muerte todo lo iguala.» Fulgencio Argüelles, *Letanías de lluvia*, **1993**. España.

3. para el amor y la muerte no hay casa fuerte. Entran cuando quieren y no hay quien los pare.

• «Mas como para el amor ni muerte no hay casa fuerte todo lo vencí, todo se me hizo fácil.» Mateo Alemán, *Primera parte de Guzmán de Alfarache*, **1599**. España.

4. para todo hay remedio, si no es para la muerte. Todo tiene una importancia relativa.

• «… que para todo hay remedio, si no es para la muerte.» Miguel de Cervantes Saavedra, *Segunda parte del ingenioso caballero don Quijote de la Mancha*, **1615**. España.

5. quien teme la muerte no goza la vida. La preocupación por la muerte nos priva de disfrutar de la vida.

• «Y es así que quien teme la muerte no goza la vida. Si el miedo me acobardara, sin gozar de más dulce me quedara.» Mateo Alemán, *Primera parte de Guzmán de Alfarache*, **1599**. España. [◇Ya dijo uno que la vida es puro riesgo y la muerte pura seguridad. «Mis miedos son mis compañeros constantes que tratan de controlar mis acciones y reacciones, deseos y emociones y hasta la calidad de mi vida. Mi vida es una lucha para vencerlos.» Anónimo. Y Marco Aurelio nos dice en sus *Meditaciones*: «La muerte, como el nacimiento, es un misterio de la naturaleza, una combinación de los mismos elementos y una disolución de los mismos…»]

6. > costumbre, *la costumbre es otra naturaleza, y mudarla se siente como la muerte.*
7. > memoria, *no hay memoria que el tiempo no acabe, ni dolor que muerte no consuma.*
8. > vida, *tal la vida, tal la muerte.*

muerto
  1. a muertos y a idos no hay amigos. Hay que estar presente para que no nos olviden los demás.
  • «No digan por mí a muertos y ydos...» Fernando de Rojas, *La Celestina*, **1499**. España. || «No hay que confiar en parientes, o a muertos y a idos no hay amigos. Dízesse este refrán de los que están en necessidad, o los mesmos lo dizen de sí mismos, porque no hay nadie que entonces los favorezca.» Fray Bernardino de Sahagún, *Historia general de las cosas de Nueva España*, **1576**. México. || «Mis quejas no escucharán los amigos fementidos, no, porque a muertos y a idos... Conocido es el refrán.» Manuel Bretón de los Herreros, *Muérete ¡y verás!*, **1837**. España. || «En él no se cumplió el adagio pesimista: A muertos y a idos... Ausente, no le olvidaron sus amigos; muerto, tampoco.» Andrenio (Eduardo Gómez de Baquero), *De Gallardo a Unamuno*, **1926**. España.
  2. el muerto al hoyo y el vivo al bollo. La gente olvida pronto a los difuntos ya que la vida tiene más fuerza que el duelo por los muertos, y se impone.
  • «El jumento está como conviene; la montaña, cerca; la hambre carga: no hay qué hacer sino retirarnos con gentil compás de pies, y, como dicen, váyase el muerto a la sepultura y el vivo a la hogaza.» Miguel de Cervantes Saavedra, *El ingenioso hidalgo don Quijote de la Mancha*, **1605**. España. || «Ni pésame le dieron, ni consuelo. —¿Y cómo estáis? —Así, con su cachaza, uno la preguntó, de edad madura. Y ella le respondió: —El vivo a a la hogaza.» El Cucalambé (Juan Cristóbal Nápoles Fajardo), *Poesías completas*, **1840-62**. Cuba. || «Es verdad: El muerto al hoyo y el vivo al bollo.» José Carlos Reyes, *El carnaval de la muerte alegre*, **1991**. Colombia. || «El muerto al hoyo y el vivo al bollo.» Sergio Ramírez, *Un baile de máscaras*, **1995**. Nicaragua. || «El muerto al hoyo y el vivo al bollo.» *El Mundo*, 20/11/**1995**. España. || «El mensajero siempre responsable, incluso en situaciones como ésta, donde todos, el muerto al hoyo, buscan protagonismo.» Jesús Mariñas, *Tiempo*, 19/2/**2001**. España.
  [◊Covarrubias: «Por más sentimiento que los vivos tengan de los muertos,

en dejándolos en la sepultura, se vienen a comer a casa.» Y NDLC dice: «El muerto al hoyo y el vivo al bollo; enseña que debemos resignarnos aun cuando mueren aquellas personas de nuestra afección, siempre que Dios tiene a bien llamarlas para sí; puesto que todos hemos de pagar semejante deuda, procurando vivir y no entregarse a un sentimiento tan absoluto que ponga en peligro la existencia, por ser un deber conservarla.» Shelton en su traducción del Quijote, 1612, dice: «To the grave with the dead, and them that live to the bread.» Y Vicente Blasco Ibáñez dice en su *Los muertos mandan:* «No, los muertos no mandan; la vida manda y sobre la vida, el amor.»]
 3. > **diente,** *cara sin dientes hace a los muertos vivientes.*

muestra
 1. como muestra vale un botón. Un solo ejemplo nos da una idea del resto.
 • «¡Cuántas veces pensamos mal de un sujeto, fundándonos en habillas del vulgo o en cualquier dato inseguro, como, por ejemplo, un pelo, un botón!... y después de mirar bien el hecho, ¿qué resulta? que no basta para muestra un botón...» Benito Pérez Galdós, *Fortunata y Jacinta,* **1885.** España. || «Y como para muestra basta un botón, sobrará recordar que si la primera manzana que referimos sobre la plaza principal fué vendida por una yegua blanca y un traje de paisano hace tres siglos, noventa años há el valor de la legua al otro lado de San Borombón sólo era de veintiséis pesos, vendiéndose otras á diez y seis.» Pastor Servando Obligado, *Tradiciones argentinas,* **1903.** Argentina. || «No siga ciega, para muestra basta un botón.» Hermilio Alcalde del Río, *Escenas cántabras,* **1914.** España. || «Como se ve, si como muestra vale un botón, Borrell es un buen ejemplo de que la sucesión ya provoca agitaciones.» *El Mundo,* 20/2/**1995.** España. || «En este caso no es procedente ese adagio de que para muestra basta un botón. Son más saludables las diferencias que las afinidades.» *Proceso,* 7/7/**1996.** México. || «De muestra, bien vale un botón como éste, un anuncio real: Tú tienes una cita con el destino: sol, diversión y bingo en el Caribe a bordo del Crucero del Bingo 97. En el precio va incluido un lujoso crucero por el exótico Mar Caribe...» *El Mundo,* 6/4/**1997.** España. || «Aunque a menudo sus fabulaciones ni siquiera hayan pasado al papel, no por ello han dejado de ser consideradas neuróticas e histéricas, y para muestra un botón: basta con asomarse a Freud.» Carmen Riera, «La enfermedad de escri-

bir», *ByN Ella*, 16/6/**2001**. España. || «Lo del alfabenzopireno es sólo un botón de muestra.» Amando de Miguel, *La Razón*, 22/7/**2001**. España. [◇L. «ab uno disce omnes.»]

mujer
1. a idos de mi casa y qué queréis con mi mujer, no hay responder. Hay preguntas que no se deben hacer, y menos contestar.

• «¿Qué mejores —dijo Sancho— que entre dos muelas cordiales nunca pongas tus pulgares, y a idos de mi casa y qué queréis con mi mujer, no hay responder, y si da el cántaro en la piedra o la piedra en el cántaro, mal para el cántaro, todos los cuales vienen a pelo?» Miguel de Cervantes Saavedra, *Segunda parte del ingenioso caballero don Quijote de la Mancha*, **1615**. España.

2. a mujer no debéis confiar cosas secretas. Parece indicar que antaño las mujeres se iban de la lengua.

• «Creedme, señor Condestable, que ni en burlas ni en veras nunca de muger debéis confiar cosas secretas, porque a fin que las tengan los otros en algo luego descubren cualquier secreto.» Fray Antonio de Guevara, *Epístolas familiares*, **1521**. España. [◇Es la idea ancestral y equivocada que quería demostrar que la mujer es tarambana y habladora.]

3. el atavío de la mujer no es mucho oro, sino mucha bondad y crianza. La bondad es buena en la mujer y también en el hombre.

• «De esta misma sentencia y parecer es Sófocles. Entre los griegos solían haber este dicho muy usado y lo tenían casi por un refrán: El atavío de la mujer no es mucho oro, sino mucha bondad y crianza.» Juan Justiniano, *Instrucción de la mujer cristiana*, **1528**. España. [◇Ya advierte la Biblia, *Eclesiástico*, 9:8: «Aparta tus ojos de mujer muy compuesta y no fijes la vista en la hermosura ajena. Por la hermosura de la mujer muchos se extravían…» Pero eran otros tiempos, afortunadamente.]

4. en casa del ruin la mujer es alguacil. La mujer del débil toma el mando de la casa.

• «Estoy por decir por ti que en casa del ruin la mujer es alguacil.» Lope de Vega Carpio, *La Dorotea*, **1632**. España. [◇«No te dejes dominar de tu mujer, no se alce sobre ti.» *Eclesiástico*, 9:1.]

5. la mujer honrada, la pierna (pata) quebrada y en casa. Refrán machista y muy conocido y celebrado por los hombres.

• «Vos, hermano, idos a ser gobierno o ínsulo, y entonaos a vuestro gusto, que mi hija ni yo por el siglo de mi madre que no nos hemos de mudar un paso de nuestra aldea: la mujer honrada, la pierna quebrada, y en casa; y la doncella honesta, el hacer algo es su fiesta.» Miguel de Cervantes Saavedra, *Segunda parte del ingenioso caballero don Quijote de la Mancha*, **1615**. España. || «Y le dijo Ud., muy bien, María, añadió Pedro, la mujer honrada, la pierna quebrada, y en casa.» Cecilia Böhl de Faber (Fernán Caballero), *La familia de Alvareda*, **1849**. España. || «Yo supuse que con dulzuras iría conquistando tu voluntad hasta hacer que pensaras como yo misma; mas doime cuenta que es inútil. Ese adagio de los abuelos y el otro de la pierna quebrada que nos condenan al suplicio de la hogareña esclavitud no se han compuesto para mí.» Salvador González Anaya, *La oración de la tarde*, **1929**. España. || «Muchos siguen pensando que nosotros participamos del viejo refrán castellano de La mujer honrada, la pata quebrada y en casa.» *El País Digital*, 24/9/**1997**. España. [◇«No te apartes de mujer discreta y buena, porque vale su gracias más que el oro.» *Eclesiástico*, 7:21.]

6. la mujer lunarosa, de suyo se es hermosa. Las mujeres con muchos lunares son más guapas.

• «La mujer lunarosa, de suyo se es más hermosa, dice un refrán, y bien lo conoce y proclama Juan del Pueblo en muchos de sus cantares...» Francisco Rodríguez Marín, *Coser y cantar*, 1933. España. [◇El concepto de belleza cambia con los tiempos, como todo. Una greguería de Ramón Gómez de la Serna dice «El lunar es el punto final del poema de la belleza.»]

7. la mujer y el vino sacan al hombre de tino. Tanto el vino como las mujeres hacen perder la razón al hombre, que tiende a perderla con facilidad.

• «Y, pues me lleváis allá, hazedme muchos prazeres. ¡Do al diabro estas mugeres, que contino sacan al hombre de tino.» Sebastián de Horozco, *Representación de la historia de Ruth*, **1550**. España. || «La muxer i el vino, sakan al onbre de tino.» Gonzalo Correas, *Vocabulario de refranes y frases proverbiales*, **1627**. España. [◇«El vino es petulante, y los licores, alborotadores.» *Proverbios*, 20:1.]

8. la mujer y la gallina por andar se pierde aína. La mujer, como la gallina, corre peligro por andar suelta.

• «Y de aquí adelante no se muestren tan niños, ni tan deseosos de ver mundo, que la doncella honrada, la pierna quebrada, y en casa, y la mujer y la gallina, por andar se pierden aína, y la que es deseosa de ver, también tiene deseo de ser vista. No digo más.» Miguel de Cervantes Saavedra,

Segunda parte del ingenioso caballero don Quijote de la Mancha, **1615**. España.
9. la mula y la mujer a palos se han de vencer. Parece indicar que la única forma de vencer el espíritu de ambas es con malos tratos.
• «La mula i la muxer, a palos se an de venzer.» Gonzalo Correas, *Vocabulario de refranes y frases proverbiales*, **1627**. España. [◇Afortunadamente no se ha repetido mucho esta bárbara idea que demuestra la cacareada «sabiduría del pueblo.» Lo que demuestra es lo cazurros y machistas que eran los de antaño.]
10. la olla y la mujer, reposadas han de ser. Refrán machista de claro entendimiento.
• «Martínez Curt recoge un refrán, también reaccionario, que dice "la olla y la mujer, reposadas han de ser". La olla, desde luego; pero la mujer creo firmemente que no. El mismo autor transcribe otro refrán, más reaccionario que el anterior: "una olla y una vara, el gobierno de una casa". Si estos refranes no son invenciones de algún alcalde de secano del anterior régimen, habrá que pensar que la denominada...» Antonio Vergara, *Comer en el País Valencià*, **1981**. España.
11. las mujeres sacan al hombre de tino. Debemos suponer que es al revés también.
• «Do al diabro estas mugeres, que contino sacan al hombre de tino.» Sebastián de Horozco, *Representación de la historia de Ruth*, **1550**. España. [◇«Mejor es vivir en un desierto que con mujer rencillosa e iracunda.» *Proverbios*, 21:19.]
12. las mujeres y el vino hacen al hombre renegar. ¿Por qué?
• «Oye a Salomón, do dize que las mugeres y el vino hazen a los hombres renegar.» Fernando de Rojas, *La Celestina*, **1499**. [◇«El hijo necio es el tormento de su padre, y gotera continua la mujer quisquillosa.» *Proverbios*, 19:13.]
13. mujer al volante, peligro constante. Los hombres creen erróneamente que las mujeres conducen mal.
• «Me permito recordar a los que estén pensando en el refrán misógino mujer al volante, peligro constante, que las mujeres conductoras somos más prudentes.» Nativel Preciado, Tiempo, 3/9/**2001**. España.
14. mujer enferma, mujer eterna. Se supone que porque no se muere nunca.
• «Al final admitió como cierta la versión del hospital de desahuciados, sin más consuelo que un refrán conocido: Mujer enferma, mujer

eterna.» Gabriel García Márquez, *El amor en los tiempos del cólera*, **1985**. Colombia.

15. mujer mucho seguida siempre anda lozana. La mujer muy cortejada anda siempre muy puesta.

• «Cierta cossa es ésta: molino andando gana, huerta mejor labrada da la mejor mançana, muger mucho seguida sienpre anda loçana.» Juan Ruiz (Arcipreste de Hita), *Libro de buen amor*, **1330-43**. España.

16. mujer sin enredo, bolsa sin dinero. Mujer honrada no medra.

• «Los mercaderes, ni verla, que por esso tienen las tiendas a escuras y aborrecen sus cajones la luz; los cortesanos, ni oírla. No se halló muger que la quisiesse probar, y dezía una: ¡Anda allá!, que muger sin enredo, bolsa sin dinero.» Baltasar Gracián, *El Criticón. Tercera parte*, **1657**. España.

17. toma casa con hogar y mujer que sepa hilar. Advierte que la mujer debe ser hacendosa.

• «Don Federico, dice el refrán: toma casa con hogar y mujer que sepa hilar, y no ha hecho caso.» Cecilia Böhl de Faber (Fernán Caballero), *La gaviota*, **1849**. España. [◊La implicación es que la mujer debe tabajar, en casa o en las labores del campo. Era consejo para el hombre, naturalmente.]

18. > **caporal,** *no dejes que tu caporal administre tu hacienda, monte tu caballo y cuide a tu mujer, porque te puedes quedar sin hacienda, sin caballo y sin mujer.*

19. > **ciego,** *la mujer del ciego, ¿para quién se afeita?*
20. > **consejo,** *el consejo de la mujer es poco, y el que no lo toma, un loco.*
21. > **hombre,** *el hombre braga de hierro, la mujer de carne.*
22. > **hombre,** *el hombre es fuego, la mujer estopa; llega el diablo y sopla.*
23. > **médico,** *médicos errados, papeles mal guardados, y mujeres atrevidas, quitan las vidas.*
24. > **puta,** *para ser puta y no ganar nada, más vale ser mujer honrada.*
25. > **puta,** *ser puta y buena mujer no puede ser.*

***mujeriego** (ideas) **amor** *trompero, cuantas veo, tantas quiero; el que en la calle* **besa,** *en la calle la deja; más vale un* **bombón** *para dos que una perlana para uno.*

mula > **mujer,** *la mula y la mujer a palos se han de vencer.*

mulo
 1. dijo el asno al mulo, arre allá, orejudo. No vemos nuestros propios defectos, sólo los de los demás.
 • «Dixo el asno al mulo: tírate allá orejudo.» Marqués de Santillana (Íñigo López de Mendoza), *Refranes que dizen las viejas tras el fuego*, **1454**. España. || «Dixo el asno al mulo: ¡harre allá! orejudo.» Juan de Valdés, *Diálogo de la lengua*, **1535**. España. [◇«Indudablemente es una desgracia estar lleno de defectos. Pero es peor aún estar lleno de ellos y negarse a admitirlo.» Blaise Pascal, *Pensamientos.*]
 2. > burro

mundo > casa, *cada casa es un mundo.*

músculo
 1. a más músculo, menos pensamiento. Se cree que los fuertes no son inteligentes.
 • «El último best-seller en EE. UU., *Emotional Intelligence*, parece dejar claro que la inteligencia hay que medirla fundamentalmente por las emociones. Al final va a tener razón ese refrán que dice que a más músculo, menos pensamiento.» *El Mundo*, 15/2/**1996**. España. [◇> *Más vale maña que fuerza.*]

n

nabo
1. cada cosa en su tiempo y los nabos en adviento. Las cosas hay que hacerlas cuando es menester, ni antes ni después.
• «Pero cada cosa en su tiempo y los nabos en adviento.» Benito Pérez Galdós, *La Corte de Carlos IV,* **1873**. España. [◇«Adviento. Tiempo del año litúrgico que comprende las cuatro semanas que preceden al día de Navidad.» MM.]

nacer
1. el hombre sabe dónde nace, pero no dónde ha de morir. La fecha y lugar de la muerte es incierta.
• «Comparo este punto á aquel adagio que dicen; el hombre sabe á donde nace, pero no sabe adonde ha de morir.» Cristóbal de Cala, *Desengaño de la espada y Norte de diestros,* **1642**. España.
2. nadie nace enseñado. Todo lo tenemos que aprender. Con esta frase excusamos nuestra ignorancia.
• «Vos tenéis razón, Sancho –dijo la duquesa–, que nadie nace enseñado, y de los hombres se hacen los obispos, que no de las piedras.» Miguel de Cervantes Saavedra, *Segunda parte del ingenioso caballero don Quijote de la Mancha,* **1615**. España. || «Hija, opinó María, nadie nace enseñado. Niño, añadió, la paloma es un símbolo. El Espíritu Santo es Dios como el Padre y el Hijo.» Cecilia Böhl de Faber (Fernán Caballero), *La familia de Alvareda,* **1849**. España. || «... pero nadie nace sabiendo y los genios de mayor relumbrón...» Antonio Serrano Pareja, *Coleccionismo de sellos.* **1979**. España. || «Hija, nadie nace enseñado...» Andrés Berlanga, *La gaznápira,* **1988**. España.
3. no es como naces, sino con quien paces. Las compañías, los amigos y camaradas, son más importantes e influyen más que la cuna.

nada

- «Sí soy –respondió Sancho–, y soy quien la merece tan bien como otro cualquiera; soy quien júntate a los buenos, y serás uno de ellos, y soy yo de aquellos no con quien naces, sino con quien paces, y de los quien a buen árbol se arrima, buena sombra le cobija.» Miguel de Cervantes Saavedra, *Segunda parte del ingenioso caballero don Quijote de la Mancha*, **1615**. España. ‖ «… si es verdadero el refrán que dice: Dime con quién andas, decirte he quién eres, y el otro de No con quien naces, sino con quien paces.» Miguel de Cervantes Saavedra, *Segunda parte del ingenioso caballero don Quijote de la Mancha*, **1615**. España. ‖ «… no con quien naces, sino con quien paces. Dime con quién andas…» David Viñas, *Maniobras*, **1985**. Argentina. [◇var. *Con quien paces, no con quien naces*. «Pacer: comer, roer o gastar una cosa.» JST.]

4. unos nacen con estrella y otros nacen estrellados. No todos tenemos la misma suerte.

- «Qué razón tiene el refrán –se dijo al encontrarse en la calle–, cuando afirma: hay unos que nacen con estrella y otros estrellados.» Francisco Herrera Luque, *En la casa del pez que escupe el agua*, **1985**. Venezuela. ‖ «Es la vida, Manolo. Los hay que nacen con estrella y los hay que nacen estrellados.» José Ángel Mañas, *Historias del Kronen*, **1994**. España. [◇> también **estrella.**]

5. > **desnudo,** *desnudo nací, desnudo me hallo, ni pierdo ni gano.*

nada > **algo,** *más vale algo que nada*; > **día,** *día de mucho, víspera de nada*.

necesidad

1. de la necesidad nace el consejo. El consejo se pide cuando se necesita.

- «Y como suelen decir que de la necesidad nace el consejo.» Mateo Alemán, *Primera parte de Guzmán de Alfarache*, **1599**. España.

2. la necesidad hace a la vieja trotar. La necesidad obliga a hacer cosas que a veces ni podemos ni queremos hacer.

- «Señor, la necesidad hace a la vieja trotar.» Cecilia Böhl de Faber (Fernán Caballero), *Clemencia*, **1884**. España.

necio

1. el propósito muda el sabio, el necio persevera. Los necios no cambian jamás de parecer.

- «El propósito muda el sabio; el nescio persevera. A nuevo negocio,

nuevo consejo se requiere.» Fernando de Rojas, *La Celestina*, **1499**. España.
 2. más (vale) quiero ser necio que porfiado. Excusas, sólo excusas.
  • «... y como no lo pudiesse recabar cayó de su asno diziendo: Más quiero ser necio que porfiado.» Francisco Agustín Tárrega, *Discurso o recopilación de las necesidades más ordinarias en que solemos caer hablando, introducidas...*, **1592**. España. || «Más quiero ser necio que porfiado.– A lo qual la señora acudió tan presto diziéndole: –Vaya V.m., que todo lo es.– Assí le dió la respuesta que él bien mereció.» Lucas Gracián Dantisco, *Galateo español*, **1593**. España. [◊«Más vale ser necio que porfiado; de dos cualidades malas debe evitarse la más enfadosa o molesta.» NDLC.]
 3. más sabe el necio (loco) en su casa que el cuerdo en la ajena. La experiencia de uno vale más que toda la de los demás.
  • «Más sabe el necio en su casa, que el cuerdo en la agena.» Sebastián de Covarrubias, *Tesoro de la lengua castellana o española*, **1611**. España. || «... y vuestra merced sabe bien que más sabe el necio en su casa que el cuerdo en la ajena.» Miguel de Cervantes Saavedra, *Segunda parte del ingenioso caballero don Quijote de la Mancha*, **1615**. España. || «También se prohíbe el dezir que más sabe el necio en su casa que el sabio en la agena, pues el sabio donde quiera sabe y el necio donde quiera ignora.» Baltasar Gracián, *El Criticón. Tercera parte*, **1657**. España. || «Dupont y el vagabundo, no queriendo tomar partido por una vez, le dijeron que a ellos la cosa ni les parecía ni les dejaba de parecer y que, en estos casos, más sabía el loco en su casa que el cuerdo en la ajena.» Camilo José Cela, *Del Miño al Bidasoa*, **1952**. España. [◊Entró en la lengua inglesa en 1620 en la traducción de Shelton del Quijote: «A fool knows more in his own house than a wise man in another's.» Y Covarrubias nos dice más: «Ay unas frasis galanas: No sabéys dónde me aprieta el zapato; esto responde el hombre que aunque sea necio, sabe más en su casa que el cuerdo en la agena.»]
 4. necio es quien piensa que el otro no piensa. No hay que fiarse de la necedad o ignorancia de los demás.
  • «Necio es quien piensa que el otro no piensa.» José Sanchís Sinisterra, *Ñaque o de piojos y autores*, **1980**. España.
 5. > decidor, *aunque el decidor sea necio (loco), el escuchador sea cuerdo.*

negra
   1. fue la negra al baño y trajo que contar un año. Se les suponía de poco aseo personal.
   • «Ya la advirtieron antaño los españoles, cuando entre ellos contaron con gran copia de negros. En España corrió un refrán que dice: fue la negra al baño y trajo que contar un año». Fernando Ortiz, *La música afrocubana*, **1975**. Cuba.

nido
   1. en los nidos de antaño ya no hay pájaros hogaño. Las cosas ya no son como eran y han cambiado.
   • «Señora Lozana, no se maravelle, que quien viene no viene tarde, y el deseo grande vuestro me ha traído, y también por si hay pájaros en los nidos d'antaño.» Francisco Delicado, *La Lozana Andaluza*, **1528**. España. || «Acojámonos a buen vivir, que en los nidos de antaño no hay pájaros este año.» Gregorio González, *El guitón Onofre*, **1604**. España. || «Señores –dijo don Quijote–, vámonos poco a poco, pues ya en los nidos de antaño no hay pájaros hogaño. Yo fui loco y ya soy cuerdo…» Miguel de Cervantes Saavedra, *Segunda parte del ingenioso caballero don Quijote de la Mancha*, **1615**. España. || «… pero no le dé a usted pena, porque, así en esto como en todo lo que verdaderamente merezca el nombre de abuso, se les dirá sin rodeos que en los nidos de antaño no hay pájaros hogaño, y que todo se andará si el palito no se quiebra.» Sebastián Miñano, *Sátiras y panfletos del Trienio Constitucional (1820-1823)*, **1820-23**. España. || «Queriendo resurgir, buscando el aire otra vez. En los nidos de antaño. No hay pájaros, amigo. Ahí perdona y comprende…» Luis Cernuda, *La realidad y el deseo*, **1936-64**. España.
   2. > **pájaro,** *pájaro de mal natío el que se ensucia en el nido.*

niño
   1. quien con niños (mocosos) se acuesta, cagado (mojado) amanece. El que se junta con cierta gente de poco fiar corre el riesgo de sufrir algún percance.
   • «No termino la cita, por la misma razón de urbanidad que suele dejar incompleto ese otro refrán, que dice: El que con niños se acuesta, etc.» Julio Casares, *Introducción a la lexicografía moderna*, **1950**. España. || «Quien con mocosos se acuesta siempre amanece mojado. ¿Has oído ese refrán?» Mario Vargas Llosa, *La tía Julia y el escribidor*, **1977**. Perú. ||

«Que la que con niños se acuesta ya sabes cómo se levanta.» C. Zaragoza, *Y Dios en la última playa*, **1981**. España. || «... sin echar nunca al olvido lo que puede ocurrirle al que con niños se acuesta.» J. L. Martín Vigil, *En defensa propia*, **1985**. España. [◇var. *Quien con niños se acuesta, cagado se despierta; quien con niños se acuesta, por la mañana apesta*. Sin embargo se ha dicho que cuando jugamos con un niño nos damos cuenta de lo bella que es la vida a pesar de sus dificultades. «Quien con niños se acuesta, sucio se levanta; el que confía en personas inexpertas e inadvertidas, será indudablemente chasqueado.» NDLC.]

nombre
1. el nombre, ni quita ni pone. El nombre no tiene gran importancia en la persona, que tenga el nombre que tenga, será siempre igual.
• «No me has dicho tu nombre, pero no por eso dejas de ser simpático amigo, pues como dice un refrán, ni quita ni pone.» Cecilia Böhl de Faber (Fernán Caballero), *Clemencia*, **1868**. España. [◇Sin embargo en *Proverbios*, 22:1, se dice: «Más que las riquezas vale el buen nombre; más que la plata y el oro, la buena gracia.»]
2. > hijo, *hijo no tenemos y nombre le ponemos.*

*****novedad** (ideas) *amores nuevos olvidan viejos; las sopas y los **amores**, los primeros son los mejores;* **escoba** *nueva barre bien;* **jaula** *nueva, pájaro muerto.*

noviembre > día, *días treinta hay en septiembre, en abril, noviembre y junio, en febrero veintiocho, y en los demás treinta y uno.*

nublado
1. no hay nublado que dure un año. Los males no duran siempre.
• «Pinel Anda, señora, que no ay nublado que dure un año; que si no me tuviéssedes por de casa, nunca acá asomaría ni sería amigo de quien tal no fuesse, aunque Fulminato e yo seamos de un señor.» Juan Rodríguez Florián, *Comedia llamada Florinea, que tracta de los amores del buen duque Floriano con la linda y muy casta...*, **1554**. España.

nuevo
1. no hay nada nuevo bajo el sol. Todo es siempre lo mismo, con diferente apariencia, pero igual.
• «Nada es nuevo bajo el sol –se ha dicho–, y puede agregarse que ni

siquiera es nueva la luz que se ve...» José Echegaray, *Ciencia popular,* **1870**. España. || «Para los que sienten la agitación, nada es nuevo bajo el sol, y éste es estúpido en la monotonía de los días; para los que viven en la quietud, cada nueva mañana trae una frescura nueva.» Miguel de Unamuno, *En torno al casticismo,* **1895**. España. || «¡Vaya! —exclamó Bolen—. Nada hay nada nuevo bajo el sol.» José María Gironella, *Un millón de muertos,* **1961**. España. || «No hay nada nuevo bajo el sol, querida. Y mucho menos bajo el sol de Acapulco.» Rosario Castellanos, *El eterno femenino,* **1975**. México. || «No todo es nuevo bajo el sol.» Pedro Laín Entralgo, *Descargo de conciencia (1930-1960),* **1976**. España. || «Nada nuevo bajo el sol. Y menos la equivalencia entre teatro y mundo y entre hombre y actor. Ya Quevedo, en traducción en verso de alguno de los clásicos...» José Andrés Rojo, *Hotel Madrid,* **1988**. Bolivia. || «... se trata de una cita tomada del pasado con el propósito de hacerla escalar el tiempo, por aquello de que nada hay nuevo bajo el sol...» José Antonio Évora, *Tomás Gutiérrez Alea,* **1996**. Cuba. || «Nada nuevo bajo el sol, sobre todo en ámbitos tan inestimables, tan venales y tantas veces banales como los de la creación literaria...» J. J. Armas Marcelo, *ABC,* 13/1/**2001**. España. || «Es decir, la vanidad, una luz inmensa y nada nuevo bajo el sol.» J. J. Armas Marcelo, *ABC Cultural,* 9/6/**2001**. España. [◊Vulgata, *Eclesiastés,* 1:9: «*nihil sub sole novum.* Lo que fue, eso será. Lo que ya se hizo, eso es lo que se hará; no se hace nada nuevo bajo el sol.»]

    2. todo lo nuevo place. La novedad gusta.

    • «No sé después lo que hiciera, porque al fin todo lo nuevo aplace y más a quien como yo tenía espíritu deambulativo, amigo de novedades.» Mateo Alemán, *Segunda parte de la vida de Guzmán de Alfarache. Atalaya de la vida humana,* **1604**. España. || «Que sólo lo nuevo aplace, se podría decir modificando el estribillo de la loa de Agustín de Rojas, y sólo en lo nuevo creen que está el triunfo y el negocio.» Joaquín Álvarez Quintero, *Discurso de recepción en la Real Academia Española,* **1925**. España. || «... cuando estrenó en esta ciudad la loa de Agustín de Rojas *Todo lo nuevo place...*» José Sánchez Arjona, *Noticias referentes a los Anales del Teatro en Sevilla desde Lope de Rueda hasta fines del siglo XVI,* **1898**. España.

nunca > **tarde,** *más vale tarde que nunca.*

***nunca** (ideas) *cuando San Juan baje el* **dedo**; *de* **higos** *a brevas; más largo que un día sin* **pan**; *cuando las* **ranas** *críen (echen) pelo(s).*

O

obispo
  1. por muerte de un obispo. Acontecimiento extraño, cosa rara.
  • «Por muerte de un obispo, reza un refrán para expresar una ocasión rara...» Tomás Carrasquilla, *Hace tiempos*, **1935**. Colombia.

obligación
  1. antes (primero) es la obligación que la devoción. El deber, la obligación es lo principal y después se puede hacer lo que se quiera.
  • «Martina, le dijo después con seriedad, ya sabes que primero es la obligación que la devoción, y por eso, yo, aunque me corría priesa, bien lo sabe Dios, nunca quise que dejaras a doña Beatriz...» Enrique Gil y Carrasco, *El Señor de Bembibre*, **1844**. España. || «Yo, Hipólito, no dudo de que nos quieres, ¡pero obras son amores y no buenas razones...!» Miguel de Unamuno, *Fedra*, **1918-21**. España. || «... la charla está verdaderamente sabrosa, pero qué quieres, dicen que está primero el deber que la devoción...» Cristina Bain, *El dolor de la Ceiba*, **1993**. Colombia. || «Pero los ciudadanos de toda España entendemos que antes es la obligación que la devoción.» *El Mundo*, 10/1/**1994**. España.

*****obligar** (ideas) *a la fuerza* **ahorcan**; *que quiera, que no quiera, el* ***asno*** *ha de ir a la feria; autoridad que no abusa no es* **autoridad**; *díjolo* **Blas**, *punto redondo; a la* **burra** *preñada cargarla hasta que para; lo prometido es* ***deuda***.

obligar
  1. obligado te veas para que lo creas. Cuando no hay más remedio, y a la fuerza, hacemos las cosas.
  • «... que con razon ó sin ella le hace frente á cada momento; y de aquí

el adagio comun: obligado te veas para que lo creas: cuyo adagio proviene de los repetidos ejemplares de muchos que en tales empresas han perdido sus caudales...» Ventura Peña y Valle, *Tratado general de carnes*, **1832**. España.

obra
    1. cada uno es hijo de sus obras. Cada cual es como actúa, y así le juzgamos.
    • «... y, aunque pobre, soy cristiano viejo y no debo nada a nadie; y si ínsulas deseo, otros desean otras cosas peores, y cada uno es hijo de sus obras...» Miguel de Cervantes Saavedra, *El ingenioso hidalgo don Quijote de la Mancha*, **1605**. España.
    2. la obra alaba al maestro. Un buen trabajo demuestra la profesionalidad del autor.
    • «No me curo, que la obra es la que alaba al maestro. Señora Lozana, torná presto por vuestra fe, que nosotros vamos a pescaría.» Francisco Delicado, *La Lozana Andaluza*, **1528**. || «La obra alaba al maestro, i el maestro a la obra la alaba...» Gonzalo Correas, *Vocabulario de refranes y frases proverbiales*, **1627**. España.
    3. obras son amores y no buenas razones. Hay que ofrecer hechos y no sólo palabras.
    • «E, pues, en las afrentas se ha de ver la buena voluntad vestida de buenas obras, porque obras son amores que no buenas razones...» Juan Rodríguez Florián, *Comedia llamada Florinea, que tracta de los amores del buen duque Floriano con la linda y muy casta...*, **1554**. España. || «... pudiera yo esperar alegre fiesta; más no se admite en esta cruda ley que amor usa el buen deseo, pues es cierto el proverbio antiguo entre amadores, que son obras amores; y yo, que por mi mal sólo poseo voluntad de hacellas...» Miguel de Cervantes, *La Galatea*, **1585**. España. || «Menos donde, de cuatro partes, las cinco son palabras: y amistad es obras, y obras son amores...» Baltasar Gracián, *El Criticón. Segunda parte*, **1653**. España. || «Entre San Francisco de Asis y cualquier Carlos Marx, yo estaría por San Francisco. Obras son amores.» Leopoldo Alas (Clarín), «Soñando», **1900**? (en *El Cultural*, 13/6/2001) España. || «No el de golpe de pecho, sólo de oración y contemplación, sino el de creación, producción, generosidad y desprendimiento. Bien dice el dicho: obras son amores y no buenas razones.» Julián Matute Vidal, *Perfil del mexicano*, **1992**. México. || «Para mí, obras son amores y no buenas razones. Voy a ver las obras,

una vez que la persona esté elegida.» *La Nación,* 10/10/**1996**. Costa Rica. || «La plaza ni siquiera se llenó, ¡en plena feria! Mucho hablar de la legendaria divisa, de la histórica Maestranza, de su sensible afición, pero obras son amores...» *El País Digital,* 21/4/**1997**. España. [◊«El mejor modo de manifestar amor, es dando pruebas positivas, haciendo beneficios o sacrificios.» NDLC.]
   4. > **común,** *obra de común, obra de ningún.*

*obstinado (ideas) *sólo los burros no cambian de opinión con el tiempo; el que está a muchos cabos está en ninguno; la cabra tira al monte; el can que mucho lame, sangre saca; si da el cántaro en la piedra, o la piedra en el cántaro, mal para el cántaro; tanto va el cántaro a la fuente que allí deja el asa o la frente; hacer uno de su capa un sayo; quien hace un cesto hace ciento; un clavo saca otro clavo; piensan los enamorados que todos tienen los ojos vendados; de los hombres es errar, de bestias perseverar; genio (hechura) y figura hasta la sepultura; muera Marta y muera harta; pobre porfiado saca mendrugo.*

ocasión
   1. la ocasión hace al ladrón. Se deben evitar las tentaciones que son las culpables de que nos portemos mal.
   • «Vuesa merced perdone el atrevimiento, que la ocasión hace al ladrón: hallé la puerta abierta y entréme, dándome ánimo al entrarme venir a servir a vuesa merced, y no con palabras.» Miguel de Cervantes Saavedra, *Entremés del vizcaíno fingido,* **1615**. España. || «La ocasión hace al ladrón...» Emilia Zanders, *Breve historia de la ópera,* **1992**. Venezuela. || «En La ocasión hace al ladrón, Agustín Moreto Cabaña trata el parangón posible...» Reynaldo González, *El bello habano. Biografía íntima del tabaco,* **1998**. Cuba. [◊«La ocasión hace al ladrón; muchas veces se hacen cosas malas que jamás se había pensado, por verse en ocasión oportuna para hacerlas.» NDLC. L. «Occasio facit furem.» > también **ocasión.**]
   2. la ocasión la pintan calva (pelona). Hay que aprovechar las oportunidades.
   • «Pero... ¿quién dijo miedo? La ocasión la pintan calva, y no por eso deja de tener demasiados apasionados; y nuestro pretendiente de entonces rendía el más humilde tributo a la diosa de la ocasión.» Ramón Mesonero Romanos, *Escenas y tipos matritenses,* **1842-51**. España. || «El vagabundo, quizá por aquello de que a la ocasión la pintan calva, se comió

tres platos de judías con chorizo, una perdiz escabechada y medio jamón, de postre; se bebió lo que le dió tiempo de trasegar y, recordando que de grandes cenas están las sepulturas llenas, procuró hacer la digestión despierto.» Camilo José Cela, *Judíos, moros y cristianos*, **1956**. España. || «... la oportunidad la pintan pelona y pensar que este éxito popular de la canción empezó con el encierro del gordito en el huevo por el tío Homero F.» Carlos Fuentes, *Cristóbal Nonato*, **1987**. México. [◇Iribarren nos dice: «Es dicho muy antiguo, aunque inexacto. Los romanos tenían una diosa llamada Ocasión, a la que pintaban como mujer hermosa, enteramente desnuda, puesta de puntillas sobre una rueda, y con alas en la espalda o en los pies, para indicar que las ocasiones buenas pasan rápidamente. Representaban a esta diosa con la cabeza adornada en torno de la frente con abundante cabellera y enteramente calva por detrás, para expresar la imposibilidad de asir por los pelos a las ocasiones después que han pasado, y la facilidad de asirse a ellas cuando se las espera de frente.»]

3. quien quita la ocasión, quita el pecado. Se hacen males cuando hay oportunidad.

• «Que él se ocupe de lo suyo, y recuerde, que en el siglo, el que quita la ocasión, quita calumnia y peligro.» José Echegaray, *El gran Galeoto*, **1881**. España. || «En cambio, este otro refrán quien quita la ocasión quita el pecado no ofrece el menor interés como texto.» Julio Casares, *Introducción a la Lexicografía moderna*, **1950**. España. || «Quien quita la ocasión quita el peligro.» Película *La pícara molinera*, 1954. España. [◇«Huye de los tropiezos y evitarás las caídas y los daños.» NDLC.]

ociosidad
1. la ociosidad es la madre (fuente) de todos los vicios. Como el trabajo se considera la mayor virtud, la ociosidad está mal vista y se cree que engendra vicios sin fin.

• «... y por ninguna manera los consientas andar ociosos; porque la ociosidad es la madre de todos los vicios...» Fray Antonio de Guevara, *Reloj de Príncipes*, **1529**. España. || «... por que la ociosidad es maestra de toda malicia...» Alonso de Villegas, *Fructus Sanctorum*, **1594**. España. || «... Venus es enemiga de las tareas, y que la ociosidad fecunda madre del vicio.» Diego de Torres Villarroel, *Visiones y visitas de Torres con don Francisco de Quevedo*, **1727-28**. España. || «... porque dice que soy muy ociosa, y que la ociosidad es la madre de todos los vicios; ¡ese refrán tan viejo!» Teresa de la Parra, *Ifgenia*, **1924-28**. Venezuela. || «... desde chico siempre me atuve a la máxima: La ociosidad es la madre de todos los vicios.» Roberto Arlt, *Trescientos millones,* **1932**. Argentina. || «Convencido de que la ociosidad es la madre de todos los vicios, le hacía acarrear agua y escobillar las yeguas en las horas libres.» Enrique Araya, *La luna era mi tierra,* **1982**. Chile. || «¿Y los que labran a San Isidro en el altar?, replicas tú; y don Salustio levanta la vista del libro que le tiene absorto y te castiga a copiar diez veces la ociosidad es la madre de todos los vicios, o te deja elegir otra máxima, como él dice.» Andrés Berlanga, *La gaznápira,* **1984**. España. || «... en ejercicios honestos para sustentar vuestra casa y familia, así para conservar vuestro patrimonio como por huir de la ociosidad, que es fuente y raíz de todos los males.» Antonio Limón, *Andalucía, ¿tradición o cambio?,* **1988**. España. || «La ociosidad es la madre de todos los vicios. Es una madre: hay que respetarla. El ocio es el padre de todos los vicios. Pero es un padre: hay que respetarlo.» *Hoy,* 6-12/10/**1997**. Chile. [◇L. «omnium malorum origo otium.»]

ocultar > **amor,** *el amor, el dolor y el dinero no se pueden ocultar.*

odioso > **comparación,** *toda comparación es odiosa.*

odre
  1. achaque al odre que sabe a pez. Culpar al que no tiene culpa, al inocente.
  • «Achaque al odre que sabe a la pez.» Marqués de Santillana (Íñigo López de Mendoza), *Refranes que dizen las viejas tras el fuego,* **1454**. España. [◇«... acerca de los que alegan pretextos frívolos para excusarse de cumplir debidamente.» NDLC. «Refr. Que se dice de los que dan disculpas o causas frívolas de sus operaciones, o buscan motivos y pretextos para no hacer lo que se les pide.» DA. Odre: piel cosida y pegada para contener aceite o vino.]

oficio
  1. quien ha oficio, ha beneficio. Un oficio siempre ayuda en la vida.
  • «Por mi fe, hermano mío, a dar con ella en un esportón, que fue la ciencia que estudié para ganar de comer, que es una buena parte della; pues quien ha oficio ha beneficio.» Mateo Alemán, *Primera parte de Guzmán de Alfarache,* **1599**. España. [◇«El que trabaja siempre alcanza utilidad; pero el holgazán y perezoso no puede conseguirla.» NDLC.]

ofrecer 338

ofrecer > pedir, *ofrecer mucho al que poco pide es especie de negar.*

oído
1. entrar por un oído y salir por el otro. No hacer caso a lo que se le dice a uno.
• «Estoy por levantarme y cantarle las cuarenta delante de todos. Pero lo mejor es que me vaya, para demostrarle que por un oído me entra y por el otro me sale, que a palabras necias, oídos sordos y que el que mucho habla, mucho yerra y que todo lo que diga me lo paso por el arco del triunfo.» Luciano G. Egido, *Corazón,* **1995.** España. || «A Pacheco esto le entra por un oído y le sale por el otro.» José Ángel Mañas, *Sonko95,* **1999.** España.

ojo
1. el ojo del amo engorda el caballo. Sólo el propietario sabe cuidar bien de su hacienda.
• «... por eso dice el refrán que el ojo del amo engorda el caballo.» Raimundo de Lantery, *Memorias,* **1705.** España. || «... teniendo presente que el ojo del amo engorda el caballo.» Lucio Victorio Mansilla, *Una excursión a los indios Ranqueles,* **1870.** Argentina. || «... refrán con un axioma de matemáticas: el ojo del amo engorda el caballo.» José Lezama Lima, *Paradiso,* **1966.** Cuba. || «... rezongó Dionisio para sus adentros –como lo del ojo del amo que engorda el caballo.» Fernando Sánchez-Dragó, *El camino del corazón,* **1990.** España. || «... recordando el dicho de su padre, sólo el ojo del amo engorda el caballo.» Samuel Rovinski, *Herencia de sombras,* **1993.** Costa Rica. || «... ya sabe usted que el ojo del amo engorda el caballo.» Eladia González, *Quién como Dios,* **1999.** México. [◇> **caballo,** *el ojo del amo engorda el caballo.*]
2. lo que veo por los ojos, con el dedo lo señalo. Lo obvio se reconoce con facilidad.
• «Ya yo he dicho –le respondieron– que yo no juzgo de deseos, pero, con todo eso, te sé decir que los que tu hijo tiene son de enterrarte. –Eso es –dijo el caballero–: lo que veo por los ojos, con el dedo lo señalo.» Miguel Cervantes Saavedra, *Segunda parte del ingenioso caballero don Quijote de la Mancha,* **1615.** España. [◇Covarrubias: «Lo que con el ojo se vee, con el dedo se adivina.»]
3. los ojos (cara) son el espejo del alma. Se supone que los ojos, y la cara también, reflejan la personalidad del individuo.

- «Estos órganos [...] inmediatos de la visión [...] pues si de los hombres se dice que representan el espejo del alma...» Santiago de la Villa y Martín, *Exterior de los principales animales*, **1881**. España. || «La cara –se ha dicho– es el espejo del alma. El espejo, pero no el retrato.» Andrenio, *De Gallardo a Unamuno*, **1926**. España. || «... pero como la cara es el espejo del alma, veamos en su alma su cara.» Eugenio Noel, *Las siete cucas*, **1927**. España. || «Pero sus ojos sí. Y los ojos son el espejo del alma.» Anacristina Rossi, *María la noche*, **1985**. Costa Rica. || «Si los ojos son el espejo del alma, las manos son el espejo de la educación.» Magali García Ramos, *Felices días, tío Sergio*, **1986**. Puerto Rico. || «... la cara es el espejo del alma.» Álvaro Pombo, *El metro de platino iridiado*, **1990**. España. [◊Cicerón, *Orator LX:* «Ut imago est animi voltus sic indices oculi», la cara es un retrato de la mente y los ojos su intérprete. Y *Mateo*, 6:33: «La lámpara del cuerpo es el ojo; así que si tu ojo es bueno, todo tu cuerpo estará lleno de luz.»]

4. más ven cuatro ojos que dos. Se pueden hacer las cosas mejor cuantos más sean.

- «... es gran descanso y contento ver que los prudentes y fieles consejeros aprueban y confirman nuestra opinión y determinación; y al fin más ven cuatro ojos que dos...» Diego Hermosilla, *Diálogo de los pajes en que se trata de la vida que a mediados del siglo XVI llevaban en los palacios...*, **1545**. España. || «... que no nos moriremos de hambre, pues más ven cuatro ojos que dos. El oficio es fácil, de poco trabajo, divertido y de utilidad.» José Joaquín Fernández de Lizardi, *El Periquillo Sarniento*, **1816-27**. México. || «... que el matrimonio mejor constituido debe ser como una sociedad mercantil, establecida con el fin de vivir más cómoda y económicamente y hacer prosperar una tienda de géneros catalanes al por menor, por aquello de que más ven cuatro ojos que dos.» Ramón Pérez de Ayala, *Tigre Juan*, **1926**. España. || «¡Ahí le duele! Claro que agua pasa no mueve molino, pero yo me asocié con el Melecio por aquello de que más ven cuatro ojos que dos y porque lo que uno no piensa al otro se le ocurre.» Enrique Jardiel Poncela, *Eloísa está debajo de un almendro*, **1943**. España. || «Eso no cambiará nada. –Cambiará. Mejor cuatro ojos que dos.» Horacio Vázquez Rial, *La isla inútil*, **1991**. Argentina. [◊L. «magis vident oculi quam oculus.» «fras. Met. Con que se da a entender que las resoluciones salen mejor conferidas y consultadas con otros, que tomadas por solo un dictamen.» NDLC.]

5. no es mal acierto darte en el ojo tuerto; que si en el bueno te

diera, ciego te hiciera. Hay que ser optimistas y pensar que todo podría haber sido peor.

• «Sí, como dice el refrán: No es mal acierto darte en el ojo tuerto; que si en el bueno te diera, ciego te hiciera.» Antonio Martínez Ballesteros, *Pisito clandestino,* **1990**. España.

6. no es nada lo del ojo, y lo llevaba en la mano. Hay a los que nada afecta y tienen una actitud positiva siempre.

• «Pero, ¿qué tiene el padre con el sermón del hijo? No es nada lo del ojo (y llevábale en la mano). ¿Qué ha de tener, si él mismo se le encarga?» José Francisco de Isla, *Historia del famoso predicador Fray Gerundio de Campazas alias Zotes,* **1758**. España. || «¿Amancebada yo? ¡Pues no es nada lo del ojo, y lo llevaba en la mano! ¡Amancebada! ¡Amancebada! Siempre me habéis querido mal; como suegra al fin, y mala suegra; pero yo no sabía que los que se comen los santos levantasen tales testimonios.» Cecila Böhl de Faber (Fernán Caballero), *La familia de Alvareda,* **1849**. España. || «¡Bicoca!, ahí es nada lo del ojo. ¿No sabes que es un embustero, atrevido, lascivo, tramposo y enredador? Ya se ha descubierto a qué debe su fortuna, y la verdad es que la culpa no la tiene él, sino quien lo consiente.» Benito Pérez Galdós, *La corte de Carlos IV,* **1873**. España. || «Doña Bárbara trae desde Yolombó, entre ceja y ceja, el problema capital del indumento. ¡Casi nada lo del ojo.» Tomás Carrasquilla, *La marquesa de Yolombó,* **1928**. España. || «... el que no piensa es un animal..., ¡pues no es nada lo del ojo! (Locución adverbial empleada con mucha frecuencia por Solana).» Camilo José Cela, *La obra literaria del pintor Solana,* **1957**. España. || «¿Que le hable de cosas serias? Oiga, usted, ¿qué clase de hombre es? ¿Serio? Pues no es nada lo del ojo. En mi tiempo, para que se entere de nuestra seriedad, éramos muy patriotas.» Alonso Zamora Vicente, *A traque barraque,* **1972**. España. || «... que de todo hay en esta ópera tantas veces bufa, otras tantas silenciada por intereses evidentes y siempre obviada por inconveniente. No era nada lo del ojo y lo llevaba en la mano.» J. J. Armas Marcelo, *ABC,* 13/1/**2001**. España. [◇AdM: «El toro se llamaba, premonitoriamente, Barrabás, el cual espetó una cornada en el ojo del pobre matador. Acudieron los peones al quite y el maestro, para darles ánimos, les decía: *No es nada, no es nada lo del ojo.* Para demostrarlo, recogió los restos del ojo y, con ellos en la mano, se encaminó por su pie a la enfermería.» Todo esto acerca del torero Manuel Domínguez, en 1857. Sin embargo la cita del P. Isla de 1758 parece desmentir la historieta de Amando de Miguel. Iribarren aporta variantes, tomadas de Correas:

No es nada la meada, y calaba siete colchones y una frazada. No es nada, sino que matan a mi marido. No es nadilla, y llegábale a la rodilla.]
   7. ojo por ojo, diente por diente. Indica que hay que hacer el mismo mal que se ha recibido.
   • «... que el ojo por ojo y diente por diente es una idea antigua...» Antonio Alcalá-Galiano, *Lecciones de derecho político,* **1843**. España. || «Vuestros padres dijeron: ojo por ojo, diente por diente.» Emilio Castelar, Discurso de 13/5/**1861**. España. || «... el disparatado plan de una venganza de las de ojo por ojo...» Eugenio Noel, *Las siete cucas,* **1927**. España. || «... no me causaban ningún remordimiento por aquello de ojo por ojo...» Manuel Mujica, *Bomarzo,* **1962**. Argentina. || «... la sacudía del brazo y comenzó a cantar ojo por ojo, chola, diente por diente.» Mario Vargas Llosa, *Conversación en la catedral,* **1966**. Perú. || «Pero el terrorismo de los palestinos y la práctica israelí de devolver ojo por ojo y diente por diente bloquearon toda negociación.» Javier Tusell, *Geografía e Historia,* **1995**. España. || «Insistió Abascal en que no se trata de imponer el ojo por ojo, diente por diente, de si cayeron cuatro hombres de empresa, ahora deben caer cuatro funcionarios. No es eso, sino que la ley debe ser pareja para todos.» *Excelsior,* 22/9/**1996**. México. || «Es como si regresáramos a los tiempos del ojo por ojo y diente por diente.» *Diario de Yucatán,* 8/9/**1996**. México. || «La infracción suponía el castigo social, no en términos de vendeta de diente por diente y ojo por ojo.» *Diario Hoy,* 5/2/**1997**. Ecuador. [◊*Éxodo,* 21:23-25: «Pero si siguiere daño, pagarás vida por vida, ojo por ojo, diente por diente, mano por mano, pie por pie...» L. «oculum pro oculo et dentem pro dente.»]
   8. ojos que no ven, corazón que no siente (quiebra). Se sufre menos cuando se ignoran los males.
   • «... y ojos que no ven, corazón que no quiebra...» Miguel de Cervantes Saavedra, *Segunda parte del ingenioso caballero don Quijote de la Mancha,* **1615**. España. || «Porque ojos que no ven, corazón que no siente.» Miguel de Unamuno, *Vida de don Quijote y Sancho,* **1905**. España. || «Ojos que no ven, corazón que no siente.» Miguel Ángel Asturias, *El Papa Verde,* **1954**. Guatemala. || «Ojos que no ven, corazón que no siente, como dice mi madre.» Renato Prada Oropeza, *Larga hora: la vigilia,* **1979**. México. || «No veo, no veo: ojos que no ven, corazón que no siente.» Daniel Leyva, *Una piñata llena de memoria,* **1984**. México. || «Sí, hijos, sí, marcharos, que ojos que no ven...» Adolfo Marsillach, *Se vende ático,* **1995**. España. || «Ojos que no ven, corazón que no siente, dice

el refrán. Sartre concedía mucha importancia a que el otro nos mirase...» José Carlos Somoza, «El otro», *ABC Cultural*, 7/4/**2001**. España. [◇*Ojos que no ven, corazón que no quiebra*. L. «quod oculus non videt, cor non desiderat.»]
 9. > **enamorado,** *piensan los enamorados que todos tienen los ojos vendados.*
 10. > **mota,** *ver la mota (paja) en el ojo ajeno y no la viga en el suyo.*
 11. > **teta,** *dos tetas (ojos) tiran más que dos carretas.*

olivo > **mochuelo,** *cada mochuelo a su olivo.*

olla
 1. cada día olla amarga el caldo. Siempre lo mismo, sin variedad, cansa.
 • «Pasaremos –dijo– como podamos, que cada día olla amarga el caldo.» Gregorio González, *El guitón Onofre,* **1604**. España. || «... y el otro: Cada día olla, amargaría el caldo.» Sebastián de Covarrubias, *Tesoro de la lengua castellana o española,* **1611**. España.
 2. no hay buena olla con agua sola. Se necesita siempre toda clase de ingredientes.
 • «No hay buena olla con agua sola. Unos galones no más, y en el jubón trencillas.» Lope de Vega Carpio, *La Dorotea,* **1632**. España. [◇«Para que una cosa sea buena, es necesario que tenga todo lo conveniente.» NDLC.]
 3. una olla y una vara, el gobierno de una casa. La olla para comer bien, y la vara para atizarle a la mujer, debemos suponer.
 • «Martínez Curt recoge un refrán, también reaccionario, que dice la olla y la mujer, reposadas han de ser. La olla, desde luego; pero la mujer creo firmemente que no. El mismo autor transcribe otro refrán, más reaccionario que el anterior: una olla y una vara, el gobierno de una casa. Si estos refranes no son invenciones de algún alcalde de secano del anterior régimen, habrá que pensar que la denominada...» Antonio Vergara, *Comer en el País Valencià,* **1981**. España. [◇Causa rubor leer estos refranes tan preñados de «sabiduría popular».]
 4. > **mujer,** *la olla y la mujer, reposadas han de ser.*

olmo > **pera,** *pedir peras al olmo.*

olor > vaso, *el vaso conserva siempre el olor del primer licor que en él se echó.* **> sal,** *de los olores el pan, de los sabores, la sal.*

*****olvidar** (ideas) *el que se **acuerda** mucho de uno, merece el olvido piadoso de los demás;* **agua** *que no has de beber, déjala correr; quien bien* **ama** *tarde olvida; la* **ausencia** *causa olvido; no hay mejor* **desprecio** *que no hacer aprecio; no se acuerda el cura (prior) de cuando fue* **sacristán**.

olvido > ausencia, *la ausencia causa olvido.*

opinión > burro, *sólo los burros no cambian de opinión con el tiempo.* **> dormir,** *dos que duermen en el mismo colchón se vuelven de la misma opinión.*

oración
  1. **oración breve sube al cielo.** No hay que ser pesado al pedir favores.
  • «Y es la oración breve de que se dice que penetra los cielos...» San Juan de la Cruz (Juan de Yepes), *Subida del Monte Carmelo,* **1578-83.** España. || «... y es la oración breve de que se dice que penetra en los cielos, porque es breve, porque no es en tiempo.» Pedro Laín Entralgo, *La Espera y la Esperanza. Historia y teoría del esperar humano,* **1957.** España. [◇«Lo corto y breve es siempre más apreciado y tiene más y mejor efecto. L. «brevis oratio penetrat coelos.» DCB.]

orar
  1. **si quieres aprender a orar, cruza la mar.** El mar es peligroso.
  • «Si kieres aprende a orar, entra en la mar.» Gonzalo Correas, *Vocabulario de refranes y frases proverbiales,* **1627.** España. || «Nos decía una vez un amigo nuestro, que estuvo en la Guerra Mundial en lugares peligrosísimos, que el antiguo adagio si quieres aprender a orar, entra en el mar, debe cambiarse en este otro: entra en las trincheras. Pues, como decía un soldado que allí estuvo, todos oraban sin excepción.» C. M. de Heredia, *Una fuente de energía,* **1932.** México. [◇L. «qui nescit orare, pergat ad mare.»]

*****ordenar** (ideas) *bueno eres para* **adalid** *para regir gente en tierra de moros; a la fuerza* **ahorcan***; como el capitán* **Araña** *que embarcaba a la tropa y se quedaba en tierra; en* **boca** *cerrada no entran moscas.*

orégano

orégano > monte, *no todo el monte es orégano.*

oro
   1. no es oro todo lo que reluce. Las apariencias engañan y no hay que fiarse.
   • «Porque el olor de los adobíos, por más que se perfumen, va delante de ellas pregonando y diciendo que no es oro lo que reluce, y que todo es asco y engaño...» Fray Luis de León, *La perfecta casada*, **1583-87**. España. || «De que podrá ser esta cadena de alquimia; que se suele decir que no es oro todo lo que reluce...» Miguel de Cervantes Saavedra, *Entremés del vizcaíno fingido*, **1615**. España. || «Después de ponderar por cosa buena a la moza, añadiste y eso que... como quien dice: no es oro todo lo que reluce...» José María de Pereda, *Peñas arriba*, **1895**. España. || «... fíjate, que hay mucho papanatismo todavía, Mario, y con tal de cambiar cualquier cosa, que no es oro todo lo que reluce.» Miguel Delibes, *Cinco horas con Mario*, **1966**. España. || «A sus 27 años, esta sevillana de ojos grandes y mucho sentido común ha descubierto que, en su profesión, no es oro todo lo que reluce y que más vale dejarse de delirios de grandeza.» *Cambio 16*, 8/1/**1990**. España. || «Pero no es oro todo lo que reluce, y no porque una aplicación se desarrolle en el entorno Windows quiere decir que sea buena y potente.» Kosme del Teso, *Introducción a la informática para torpes*, **1993**. España. || «Quiero recordar que en tiempos pasados, cuando no se nos permitía marchar a América, algunos catalanes se dedicaban a traficar con esclavos. No es oro todo lo que reluce.» *La Vanguardia*, 2/8/**1995**. España. || «Y los tinglados funcionan como funcionan. Si en el mundo fuera oro todo lo que reluce, hubiera en nuestra cultura tantos genios, y tantas escrituras cardinales como los proclamados con tanto timbal, no sería el mundo, sería otra cosa, un sueño ideal.» José Jiménez Lozano, *ABC*, 10/2/**2001**. [◊L. «non omne quod nitet aurum est.» Se añade «ni harina lo que blanquea.»]
   2. un asno cubierto de oro parece mejor que un caballo enalbardado. El oro, el dinero, lo puede todo.
   • «... antes se toma el pulso al haber que al saber: un asno cubierto de oro parece mejor que un caballo enalbardado.» Miguel de Cervantes Saavedra, *Segunda parte del ingenioso caballero don Quijote de la Mancha*, **1615**. España.
   3. un asno cargado de oro sube ligero por una montaña. El oro, el dinero, lo puede todo, y lo cambia todo.

• «Todo lo puede el dinero; las peñas quebranta, los ríos passa en seco. No ay lugar tan alto que un asno cargado de oro no le suba.» Fernando de Rojas, *La Celestina,* **1499**. España. || «En suma, todo lo puede el dinero, las peñas quebranta, los ríos pasan en seco, no hay lugar tan alto que un asno cargado de oro no lo suba.» Anónimo, *Diálogo de las transformaciones de Pitágoras,* **1535**. España. || «Sabiendo aquel refrán que dicen por ahí, que un asno cargado de oro sube ligero por una montaña, y que dádivas quebrantan peñas, y a Dios rogando y con el mazo dando, y que más vale un toma que dos te daré.» Miguel de Cervantes Saavedra, *Segunda parte del ingenioso caballero don Quijote de la Mancha,* **1615**. España.

oso
1. **vender la piel del oso antes de cazarlo.** Adelantarse a los acontecimientos.
• «Conocéis eso de vender la piel del oso antes de cazarlo?» *ABC,* 22/2/**1985**. España. || «¿El cruce de participaciones de su grupo con Banesto que proyectó hace un año no se celebró porque quizá usted vendió la piel del oso antes de matarlo?» *Tiempo,* 8/10/**1990**. España. || «En primer lugar, en lo que se refiere a la victoria: será necesario esperar a la noche del 3 de marzo para comprobar que nadie se ha repartido la piel del oso antes de haberlo cazado.» *El Mundo,* 9/1/**1996**. España. || «A Lionel Jospin, secretario general del Partido Socialista francés, muchos lo describen como "la fuerza tranquila". Aparentemente inalterable, sonrisa difícil, prefiere tenerlo todo "atado y bien atado" antes de decir nada. Lionel Jospin es de los que nunca venderá la piel del oso antes de haberlo cazado.» *ABC Electrónico,* 2/6/**1997**. España.

otro
1. **otros vendrán que bueno te harán.** Por mala que sea una persona siempre hay otros peores.
• «Con Félix Pons se ha cumplido una vez más, el viejo refrán: Otros vendrán que bueno te harán.» Amando de Miguel, *La ambición del César,* **1989**. España. || «De fuera vendrán que bueno te harán, dicen.» Programa «Sabor a ti», Antena3 TV, 26/6/**2001**. España.

oveja
1. **cada oveja con su pareja.** Cada cual se empareja con los de su calaña.

- «Cada oveja con su pareja, y nadie tienda más la pierna de cuanto fuere larga la sábana; y déjenme pasar, que se me hace tarde.» Miguel de Cervantes Saavedra, *Segunda parte del ingenioso caballero don Quijote de la Mancha,* **1615**. España. || «Ande cada oveja con su pareja, que no son buenas burlas con los mayores.» Mateo Alemán, *Primera parte de Guzmán de Alfarache,* **1599**. España. || «Mire usted don Pedrito, dice el refrán que cada oveja con su pareja.» José Joaquín Fernández de Lizardi, *El Periquillo Sarniento,* **1816**. México. || «Aquí, cada oveja con su pareja. –¿Y mi oveja, quién es? –Yo, tu ovejita soy yo –dijo Mely a Fernando. –¡... nita tú! Siéntate aquí, mi reina.» Rafael Sánchez Ferlosio, *El Jarama,* **1956**. España. || «... que también son ganas de llamar la atención, cuando más sabiendo que me molesta, que no es que sea por orgullo, pero cada oveja con su pareja, calamidad, que tú en esto de guardar las formas, cero...» Miguel Delibes, *Cinco horas con Mario,* **1966**. España. || «Todos debemos ayudarlas a que encuentren su mozo, cada oveja con su pareja, Liboria por ejemplo...» Andrés Berlanga, *La gaznápira,* **1984**. España. || «Primero, cada oveja con su pareja; después, todos contra todos.» Alfonso Armada, *La edad de oro de los perros,* **1989**. España. || «Cada oveja con su pareja los matrimonios juntos, desfilando primero el marido y a continuación la mujer. Cierto es que esto es una discriminación antifeminista.» José Antonio de Urbina, *El arte de invitar. Su protocolo,* **1989**. España. [◇L. «omnis avisquaerit similem sui.» En inglés se dice que «birds of a feather flock together» y los franceses: «Chacun cherche son semblable.» «En la Biblia, *Ecclesiastés,* 27:9, se dice que los pájaros se juntan con sus iguales.» DCB.]

 2. la oveja más ruin es la que rompe el corral. Los inútiles son los que más daño hacen.

- «Mas un refrán muy formal dice que en el campo, al fin, siempre la oveja más ruin es la que ruempa el corral...» Hilario Ascasubi, *Santos Vega, el payador,* **1872**. Argentina. [◇*ruempa,* rompe.]

 3. la oveja que se va de la manada, el lobo la come. El que se aparta de los suyos corre peligro.

- «La oveja que se va de la manada, o presto la veréis abarrancarse, o que el hambriento lobo da con ella donde el pastor no puede socorrella.» Pedro de Oña, *Arauco domado,* **1596**. Chile.

 4. oveja que bala pierde bocado. El que se despista, pierde.

- «... y como la oveja que bala bocado pierde, todos callaban, que comer y callar sabe que rabia; sólo se oían de vez en cuando los sorbi-

tones al caldo.» Javier Fuentes y Ponte, *Murcia que se fue*, **1872**. España.
[◇Covarrubias, 1611, nos dice: «Oveja que vala, bocado pierde; el que te divierte hablando, si come con otros en un plato, quando acude a él, le hallará vacío.»]

    5. reunión de pastores (rabadanes), oveja muerta. Cuando los fuertes o poderosos se reúnen es para tramar algo contra el débil.

• «En el zaguán de la Pitona no hay tres sino seis señores de oscuro. ¡Malo! –comenta el tío Jotero–; siempre se ha dicho: reunión de pastores, oveja muerta.» Andrés Berlanga, *La gaznápira,* **1984**. España. ||
«–Ándese con mucho ojo su Caridad. Porque ya sabe que reunión de rabadanes, oveja muerta.» Luciano G. Egido, *Corazón,* **1995**. España.
[◇DRAE: «Rabadán. Pastor que gobierna uno o más hatos de ganado, a las órdenes del mayoral de una cabaña.»]

ovillo > **hilo,** *por el hilo se saca el ovillo.*

P

paciencia** (ideas) ***gota *a gota la mar se agota;* ***grano*** *a grano llena el buche la gallina;* ***hablando*** *se entiende la gente; a buen* ***hambre*** *no hay pan duro (mal pan); cada uno a su* ***litera*** *y vengan tempestades; haber más días que* ***longanizas****; del* ***mal****, el menos; quien está bien que no se* ***mueva****; cada cosa en su tiempo y los* ***nabos*** *en adviento; a* ***palabras*** *necias (locas), oídos sordos; las cosas de* ***palacio*** *van despacio; más vale* ***paso*** *que dura que trote que cansa; todo a su tiempo; no se ganó* ***Zamora*** *en una hora.*

paciencia
   1. **paciencia y barajar.** Hay que tener paciencia y perseverar.
   • «¿Qué puedo más, desdichado de mí? Nacido soy; paciencia y barajar, que ya está hecho.» Mateo Alemán, *Primera parte de Guzmán de Alfarache*, **1599**. España. || «Buen dueño tenemos: no hay sino paciencia y barajar, que la noche es larga y en una mano se restaura todo lo perdido.» Gregorio González, *El guitón Onofre*, **1604**. España. || «… cuando así no sea, ¡oh primo!, digo, paciencia y barajar. Y volviéndose de lado tornó a su acostumbrado.» Miguel de Cervantes Saavedra, *Segunda parte del ingenioso caballero don Quijote de la Mancha*, **1615**. España. || «No estoy loco. Ténme en más. Ven y escucha. CORAL ¿Das en eso? Pues paciencia y barajar.» Tirso de Molina (Fray Gabriel Téllez), *Los balcones de Madrid*, **1632-34**. España. || «Con todo, aún estaba a tiempo de rectificar, de volver a ser el resuelto hijoputa que siempre fue y que nunca debió dejar de ser, qué imprudencia, te ablandas y te joden vivo, así que barajar y barajar, decidió ahora, pateando furiosamente unas algas podridas de la playa.» Juan Marsé, *Últimas tardes con Teresa*, **1966**. España.

padre
   1. **padre guardador, hijo gastador.** Los hijos y los padres a veces no se parecen en nada, y muchos hijos dilapidan los ahorros de los padres.

• «Demás que en linaje de tahures no corre el común proverbio: A padre que gasta, sucede hijo que guarda, antes sucede al revés, por ser todo un lenguaje, ocupación y ejercicio...» Francisco de Luque Fajardo, *Fiel desengaño contra la ociosidad y lsos juegos*, **1603**. España. || «Todos ellos prometían ser dignos continuadores del linaje ahorrativo de los Badillas, para mengua del refrán que dice que á padre guardador, hijo gastador.» Ricardo Fernández Guardia, *Cuentos ticos*, **1901**. Costa Rica. [◇«Codiciado y pingüe tesoro hay en la casa del sabio, pero el necio lo disipa.» *Proverbios*, 21:20.]

padrino
1. quien tiene padrinos se bautiza. Se logran las cosas con influencias y amigos.

• «... que estoy harta de oirle a mamá, el que tiene padrinos se bautiza...» Miguel Delibes, *Cinco horas con Mario*, **1966**. España. || «El que tiene padrinos se bautiza, pero si no, ya me dirás.» Carmen Martín Gaite, *Nubosidad variable*, **1992**. España. || «Ya se sabe que quien no tiene padrinos no se bautiza...» *ABC Electrónico*, 24/5/**1997**. España.

paga
1. paga adelantada, paga viciosa. Pagar por adelantado conlleva riesgos y disgustos.

• «Aunque paga adelantada es paga viciosa, si tuviese la generosidad de enviármela gratis en adelante, yo haría un esfuerzo y pagaría con usura en composiciones líricas este presente.» Juan Valera, *Carta de 5 de mayo de* **1883**. España. || «... prontísimo que este año se empieza a recaudar el impuesto, pero para esto me resulta mejor otro refrán: paga adelantada, paga viciosa.» *ABC*, 19/4/**1986**. España.

pagador
1. al buen pagador no le duelen prendas. Al cumplidor no le importa dar seguridades.

• «Haya lo que hubiere –replicó Sancho–, que al buen pagador no le duelen prendas, y más vale al que Dios ayuda que al que mucho madruga, y tripas llevan pies, que no pies a tripas; quiero decir que si Dios me ayuda, y yo hago lo que debo con buena intención, sin duda que gobernaré mejor que un gerifalte.» Miguel de Cervantes Saavedra, *Segunda parte del ingenioso caballero don Quijote de la Mancha*, **1615**. España. || «Pues al buen pagador no le duelen prendas; y nadie a mí me pisó la cola, ni rayó más alto que yo, ni me ensalivó la oreja, y por mucho menos en esto de los decires y de la conversación por lo pintado y lindo, porque a mí me llamaban pico de oro, devano palabras por madejas y sé más casos y sucedidos que don Pedro de Portugal, que corrió las siete partidas del mundo, y tengo más respuestas y acertijos que la doncella Teodor.» Serafín Estébanez Calderón, *Escenas andaluzas, bizarrías de la tierra, alardes de toros, rasgos populares, cuadros de costumbres...*, **1847**. España. || «¿Pobre? Como Rosita. Otra que tal. A mí no me duelen prendas. ¡Pobres de nosotras, Generosa, pobres de nosotras! ¿Qué hemos hecho para este castigo? ¿Lo sabe usted?» Antonio Buero Vallejo, *Historia de una escalera*, **1949**. España. [◇«Al que quiere cumplir con lo que debe, no le cuesta trabajo dar cuantas seguridades se le pidan.» NDLC.]

pagar
   1. quien paga, manda. El que paga, el que tiene el poder, es el que da las órdenes.
   • «El vagabundo, sentado a la mesa igual que un caballero, se hizo servir un plato de pipos con chorizo: el que paga manda. Los pipos del Barco gozan de justa fama de tiernos, sabrosos y nutritivos. Por tierras de Ávila, llaman pipo a la judía roja.» Camilo José Cela, *Judíos, moros y cristianos*, **1956**. España. || «... y que se larga infalible y olímpicamente antes de que el espectáculo termine, porque para algo son ellos los que pagan, y quien paga, manda, y suyo es todo esto, incluidos los bufones que se desgañitan para casi nadie en el escenario.» Esther Tusquets, *El mismo mar de todos los veranos*, **1978**. España. || «Debes estudiar para que después puedas mantenerte por ti misma, hija, no es bueno depender de un marido, acuérdate que quien paga, manda, me decía Riad Halabí.» Isabel Allende, *Eva Luna*, **1987**. Chile. || «¿A qué demonios querría ir aquel hombre al cementerio antes del amanecer y en un día como ése? Pues nada, quien paga, manda; al cementerio.» Pilar Pedraza, *La Pequeña Pasión*, **1990**. España. || «Pues en Cataluña decimos quien paga, manda.» *La Vanguardia*, 21/4/**1994**. España.
   2. > romper, *quien rompe, paga.*

paja
   1. de paja o heno, el pancho (vientre) lleno. Lo importante es comer, lo que sea.

• «Sin duda se debió de atener al refrán: De paja o de heno...» Miguel de Cervantes Saavedra, *Segunda parte del ingenioso caballero don Quijote de la Mancha*, **1615**. España. || «U de paxa, u de heno, mi vientre lleno.» Gonzalo Correas, *Vocabulario de refranes y frases proverbiales*, **1627**. España. || «Viendo la muerte a la puerta y la hambre dentro de casa, animé a mis compañeros y, diciéndoles: de paja o feno el vientre lleno, los bajé abajo y, dando en los limones como si estuvieran en conserva, cortábamos la cólera a todas horas, aunque teníamos bien poca; los cuales nos servían de principios y postres.» Anónimo, *La vida y hechos de Estebanillo González*, **1646**. España. || «... diciendo á su modo lo que dicen los españoles que de paja ó heno el pancho lleno, ó más vale algo que nada.» Juan José Delgado, *Historia general sacro-profana, política y natural de las islas del Poniente llamadas Filipinas*, **1754**. Filipinas.

2. mucha paja y poco grano. Mucho de lo accesorio pero poco de lo importante.

• «Y como había de buenos poco grano, Habiendo de los malos mucha paja, Apenas distinción se conocía.» Pedro de Oña, *Arauco domado*, **1596**. Chile. || «Un estilo de moda (especialmente en Francia, donde todo lo que es de moda es bueno, y todo lo que no es de moda es malo) encubre a veces mucha paja en vez de grano...» Ignacio de Luzán, *Defensa de España y participación en la campaña contra Gregorio Mayans*, **1742**. España.

3. ver la paja en el ojo ajeno y no la viga en el nuestro. Siempre vemos los defectos de los demás pero no reparamos en los nuestros, que siempre suelen ser mayores.

• «Reprehende en los otros Casy lo ansi non feziese serie tal commo el que vee la paja en el ojo ajeno & non vee la trauanca en el suyo.» Anónimo, *Castigos*. BNM ms. 6559, **1293**. España. || «Es la tercera, que veen la mota en el ojo ajeno.» Fray Hernando de Talavera, *Católica impugnación del herético libelo maldito y descomulgado*, **1487**. España. || «Veo la paja en el ojo ajeno y no la viga en el mío.» Mateo Alemán, *Segunda parte de la vida de Guzmán de Alfarache. Atalaya de la vida humana*, **1604**. España. || «Así que es menester que el que vee la mota en el ojo ajeno vea la viga en el suyo, porque no se diga por él: espantóse la muerta de la degollada; y vuestra merced sabe bien que más sabe el necio en su casa que el cuerdo en la ajena.» Miguel de Cervantes Saavedra, *Segunda parte del ingenioso caballero don Quijote de la Mancha*, **1615**. España. || «¡Ah! Parece que vemos la paja en el ojo ajeno, ¿eh?» Enrique Jardiel Poncela,

Eloísa está debajo de un almendro, **1943**. España. || «El candidato peronista a gobernador dijo estar seguro de que quienes van a ser sancionados el próximo 6 de setiembre por el voto popular son aquellos secretarios que siempre ven la paja en el ojo ajeno y son incapaces de oír la voz del pueblo, que requería justicia y no obediencia a los actos aberrantes.» *El Clarín*, 3/7/**1987**. Argentina. || «En el fondo sois todas igual que mamá, que veía la paja en el ojo ajeno y nunca reparó la viga que tenía en el suyo.» Isabel Hidalgo, *Todas hijas de su madre*, **1988**. España. || «Ya saben eso de la paja en el ojo ajeno.» Alaska (Olvido Gara), *Diario 16*, 29/4/**2001**. España. [◇*Mateo*: 7:3: «¿Cómo es que ves la paja en el ojo de tu hermano y no adviertes la viga en el tuyo?» > también **mota**.]

pajar > **aguja,** *buscar una aguja en un pajar.*

pájaro
1. **matar dos pájaros de un tiro.** Conseguir dos propósitos a la vez con un solo esfuerzo.
• «... pensando que con enseñar sólo a los hombres era de hacer de una vía dos mandados y (como dice) matar dos pájaros de un tiro.» Juan Justiniano, *Introducción a la mujer cristiana*, **1528**. España. || «De modo —me dijeron echándose a reír— que al venir a ofrecer a usted nuestros respetos, señora mía, matamos dos pájaros de un tiro.» Benito Pérez Galdós, *Misericordia*, **1897**. España. || «Aquí la venderé ya con esa condición, de que Losada en Contemporáneos, la largara en Buenos Aires. Así matamos dos pájaros de un tiro.» Miguel Ángel Asturias, *Carta de amor*, **1950**. Guatemala. || «No son para viajar un hombre. ¡Allá es tan fácil como en París! Pasa uno la noche en una casa de mujeres y así mata dos pájaros de un tiro. Pero aquí no hay de eso.» José Luis Sampedro, *Congreso en Estocolmo*, **1952**. España. || «Pero ganamos. Matamos dos pájaros de un tiro.» Matías Montes Huidobro, *La sal de los muertos*, **1960**. Cuba. || «Me parece que así podríamos matar dos pájaros de un tiro...» José María Pemán, *Mis almuerzos con gente importante*, **1970**. España. || «Y si es con cáncer, mejor (se mata dos pájaros de un tiro), que es precisamente el caso del mencionado Sam Kaplan, que fue congelado junto con su secretaria Lucile Nurenberg...» Ernesto Sábato, *Abaddón el exterminador*, **1974**. Argentina. || «En realidad, intentaba matar dos pájaros de un tiro; puesto que Corneille, tras su conversión a las doctrinas del sobrino de Buda, Ananda Marga, sólo concebía la

salvación a través de la castidad, él moriría sacando la lengua al santo mocarro. Pecó de presumido; poca lengua sacó, y sin tripa ni cuajar.» Fernando Arrabal, *La torre herida por el rayo*, **1982**. España. || «Que la presión fue fuerte. A tal punto que la Junta dijo estar de acuerdo, con una condición que mataba dos pájaros de un tiro, porque de instalarse un Congreso (nótese que usa el vocablo «instalarse» y no «elegir») la Junta de Gobierno se queda sin trabajo... y sin poder.» *Hoy*, 11-17/7/**1984**. Chile. || «Con ello se pretende matar dos pájaros de un tiro. Recaudar y además, poner un freno a su uso ilimitado.» *La Vanguardia*, 2/12/**1995**. España. || «Así los EE. UU. creían matar dos pájaros de un tiro: terminar con la resistencia rusa a su iniciativa de paz y dar a los serbios de Pale las garantías que piden para retirar todas sus armas pesadas de Sarajevo.» *El Mundo*, 21/9/**1995**. España. || «El propósito inicial era que la invitación a la Casa Blanca coincidiera con la Asamblea General de las Naciones Unidas, de manera tal que se mataran dos pájaros de un tiro.» *Rumbo*, 20/10/**1997**. República Dominicana. [◇Plauto: «iam ego uno in saltu lepide apros capiam duos.» Y Cicerón: «una mercede duas res adsequi.» Tiro aquí se entiende como golpe, y no necesariamente como disparo de arma de fuego.]

2. hallar nidos donde se piensa hallar pájaros. Equivocarse.

• «...el señor bachiller quedara imposibilitado para siempre de graduarse de licenciado, por no haber hallado nidos donde pensó hallar pájaros...» Miguel de Cervantes Saavedra, *Segunda parte del ingenioso caballero don Quijote de la Mancha*, **1615**. España.

3. más vale pájaro en mano que cien(to) volando. Es preferible tener poco y seguro que posibilidades de mucho.

• «Y advierta que ya tengo edad para dar consejos, y que este que le doy le viene de molde, y que más vale pájaro en mano que buitre volando, porque quien bien tiene y mal escoge, por bien que se enoja no se venga.» Miguel de Cervantes Saavedra, *El ingenioso hidalgo don Quijote de la Mancha*, **1605**. España. || «... pues beato es el que posee; y más vale pájaro en mano que ciento volando.» Cecilia Böhl de Faber (Fernán Caballero), *La familia de Alvareda*, **1849**. España. || «... que a falta de pan buenas son tortas, y que más vale pájaro en mano que buitre volando...» Luis Coloma, *Pequeñeces*, **1891**. España. || «¿No nos atenemos más bien, como buenos Sanchos, a lo de más vale pájaro en mano que ciento volando?» Miguel de Unamuno, *Vida de don Quijote y Sancho*, **1905**. España. || «Más vale pájara en mano que agobio volando sobre el nido

del cuco.» Andreu Buenafuente, *ByN Dominical,* 14/1/**2001**. España. [◇L. «plus valet in manibus avis unica quam dupla silvis.»]
4. pájaro de mal natío el que se ensucia en el nido. Desagradecido es el que maltrata lo suyo o a los suyos.
• «... y publica la selección de artículos "Pájaro que ensucia su propio nido". El título reclama comentario. Es una frase hecha alemana. Se dice del intelectual crítico y lo aplico en sentido irónico, porque nadie reconoce que el nido está sucio.» Juan Goytisolo, *ABC,* 10/2/**2001**. España. [◇L. «nidos commaculans inmundus habebitur ales.» *Natío:* nacimiento.]
5. > **jaula,** *jaula nueva, pájaro muerto.*
6. > **nido,** *en los nidos de antaño ya no hay pájaros hogaño.*

palabra
1. a palabras necias (locas), oídos sordos. Es mejor no prestar atención a las bobadas que nos dicen.
• «e a palabras locas fazer orejas sordas.» Alfonso Martínez de Toledo (Arcipreste de Talavera), *Corbacho,* **1438**. || «No puso mote, y por eso no fue perfecta, pero a mí me parece que le venía muy a propósito el refrán castellano que dice: A palabras locas, orejas sordas.» Jerónimo Jiménez de Urrea, *Diálogo de la verdadera honra militar,* **1566**. España. || «Eres como Lucita, lleva cuarenta años leyendo el mismo libro y siempre dice que no la dejan leer. Chacho, a palabras locas, oídos sordos.» Gloria Parrado, *Bembeta y Santa Rita,* **1984**. Cuba. || «A palabras necias, oídos sordos.» Germán Sánchez Espeso, *En las alas de la mariposa,* **1985**. España. || «A palabras necias, oídos sordos.» Sergio Ramírez, *Un baile de máscaras,* **1995**. Nicaragua. || «Estoy por levantarme y cantarle las cuarenta delante de todos. Pero lo mejor es que me vaya, para demostrarle que por un oído me entra y por el otro me sale, que a palabras necias, oídos sordos y que el que mucho habla, mucho yerra y que todo lo que diga me lo paso por el arco del triunfo.» Luciano G. Egido, *Corazón,* **1995**. España. [◇«*A palabras locas, oídos sordos*; no se debe hacer caso de las personas que hablan sin razón, porque las cosas se toman como de quien vienen.» NDLC.]
2. las palabras se las lleva el viento. Lo mejor es poner las cosas por escrito.
• «Oh cansado entendimiento, advierte deste presagio que nos dice allá un adagio, las palabras lleva el viento, Oh cansado entendimiento,

palabra 356

advierte deste presagio que nos dice allá un adagio...» Bartolomé Jiménez Patón, *Elocuencia española en arte*, **1604-1621**. España. || «Repara que son sirenas los hombres, que para matarnos cantan. Inés: –Yo tengo cédula suya. Casilda: –Inés, plumas y palabras todas se las lleva el viento.» Lope de Vega Carpio, *Peribáñez y el comendador de Ocaña*, **1610**. España. || «Son palabras (lo sé) que lleva el viento, Y sé que inútilmente las transcribo: Ya quisiera dejarlas todas; pero El ser fiel Traductor es lo primero.» José Francisco de Isla, *El Cicerón*, **1774**. España.. || «Prometió que, a partir de ahora, sus encuentros con el presidente del Gobierno se harán con papeles firmados, porque las palabras se las lleva el viento.» *El País*, 11/10/**1980**. España. || «Muchas veces se ha dicho que a las palabras se las lleva el viento; pero no siempre es cierto, porque las hay que, como dardos, quedan clavadas definitivamente en el centro más sensible de la memoria y jamás se van de allí.» José Luis Martín Vigil, *En defensa propia*, **1985**. España. || «Quiero que los dirigentes firmen un acuerdo previo porque a las palabras se las lleva el viento, dijo. Y agregó: En algún momento voy a volver a jugar en Boca, pero eso va a ocurrir el día que se firmen las condiciones que yo pretendo para regresar al club, porque de palabras estoy cansado.» *El Clarín*, 17/3/**1997**. Argentina. || «No siempre las palabras se las lleva el viento, a veces se quedan dentro de nosotros como espinas tormentosas que dejan secuelas eternas si no se curan a tiempo.» *El Nacional*, 6/2/**1997**. Venezuela.

3. no hay palabra mal dada sino mal entendida. Las palabras en sí no son malas, más bien la interpretación que se les dé.

• «Aunque aquí hay que recordar, invirtiéndolo, aquel adagio que dice: No hay palabra mal dada sino mal entendida. En este caso hemos de decir: No hay silencio mal observado, sino mal interpretado, porque si sus excelencias hubieran ratificado en una tilde.» Marco Fidel Suárez, *Sueños de Luciano Pulgar*, **1923**. Colombia.

4. palabra suelta no puede recogerse. Lo dicho, dicho está.

• «... considerando que quien mucho habla, mucho yerra; que en boca cerrada no entran moscas; que al buen callar llaman Sancho; que la palabra que se suelta, no puede recogerse; que por la boca muere el pez, y que muchas veces la lengua produce más perjuicios que ventajas.» Julián Zugasti y Sáenz, *El bandolerismo. Estudio social y memorias históricas*, **1876-80**. España. [◊«Es un infame quien falta a su palabra...» *Eclesiástico*, 13:15.»]

5. palabra y piedra suelta no tiene vuelta. Lo dicho, dicho está.
• «Palabra y piedra suelta no tiene vuelta.» Gonzalo Correas, *Vocabulario de refranes y frases proverbiales,* **1627**. España. || «Palabra y piedra suelta no tiene vuelta.» Luis Martínez Kleiser, *Discurso de recepción en la Real Academia Española,* **1945**. España.
6. palabras y plumas el viento las tumba. La palabra es endeble comparada con lo escrito.
• «Palabras y plumas, el viento las tumba.» José Sanchís Sinisterra, *Ñaque o de piejos y autores,* **1980**. España.
7. > **entendedor,** *a buen entendedor, pocas palabras bastan.*

palacio
1. las cosas de palacio van despacio. Las cosas burocráticas, del gobierno, se mueven con gran lentitud.
• «En esta fecha, y desde hacía mucho tiempo, las cosas de palacio van despacio, y este axioma lo padecen hasta nuestras propias estructuras –comentario que fue acogido jocosamente–, cada católico leía ya lo que le daba la real gana.» Ramón Ayerra, *La lucha inútil,* **1984**. España. || «Las cosas de palacio van despacio y avanzan de manera imperceptible.» *Hoy,* 10-16/11/**1997**. Chile. || «De todos modos, y habida cuenta de que las cosas de palacio van despacio.» *Época,* 19/1/**1998**. España. || «Las cosas de palacio van espacio, y en mí, créame, tiene usted un cónsul de la prisa.» Camilo José Cela, Carta a Rafael Alberti, *La Razón,* 11/2/2002. España.

palo
1. de tal palo, tal astilla. Todos tendemos a parecernos a nuestros mayores, o ser o actuar como otros.
• «... así el insigne Pereda, en el prólogo "De tal palo tal astilla"...» Emilia Pardo Bazán, *La cuestión palpitante,* **1883**. España. || «... las formas tal y tales llevan siempre acento: de tal palo, tal astilla.» Tomás Navarro Tomás, *Manual de pronunciación española,* **1918**. España. || «Y como de tal palo tal astilla [...] los hijos caminaban por el mundo fuertes y morenos.» Ciro Alegría, *Los perros hambrientos,* **1939**. Perú. || «... de tal palo tal astilla, quien lo hereda no lo hurta. En ese tiempo la orquesta ya no tocaba en la Casa de Castilla.» Mario Vargas Llosa, *La casa verde,* **1966**. Perú. || «No le tomó mucho tiempo a Philip Marlowe Jr. encontrar (de tal palo tal astilla) a Dominique: Tres días.» Daniel Leyva, *Una piñata*

palo

llena de memoria, **1984**. México. || «Que en esto de las ideas políticas y las mujeres, de tal palo tal astilla.» *El Mundo,* 3/3/**1996**. España. || «Los refranes vienen a la mente al pensar en Los Pasaco: de tal palo, tal astilla, y dime con quién andas y te diré quién eres.» *Prensa Libre,* 7/3/**1997**. Guatemala. || «De tal palo, tal astilla.» *Vistazo,* 19/6/**1997**. Ecuador. [◇L. «qualis pater talis filius.»]

2. el palo (madera) no está para hacer cucharas. No hay que tomar una cosa por otra y darle un fin para el cual no está hecha.

• «Menos prosa. La madera no está para hacer cucharas.» Manuel Bretón de los Herreros, *El pelo de la dehesa,* **1840**. España. || «Ciertamente, tal como reza el refrán, el palo no está para hacer cucharas, ni para delirantes muestras de optimismo...» *El Tiempo,* 1/7/**1998**. Colombia. [◇> también **madera**.]

3. que cada palo aguante su vela. Que cada cual se las arregle por su propio esfuerzo y sea responsable de sus actos.

• «Con su pan se lo coma, y cada palo aguante su vela. Pero yo quiero que usted tenga conduta y no pase malos ratos...» Benito Pérez Galdós, *Misericordia,* **1897**. España. || «Conviene no olvidar, a fin de que cada palo aguante su vela, que algunos habíamos anunciado hace diez años, hace quince años, esta sorprendente mudanza.» José Ortega y Gasset, *Artículos (1917-1933).* España. || «Eso está claro. Cada palo aguante su vela.» *Cambio 16,* 26/3/**1990**. España. || «Cada palo aguante su vela, no hay que dar quehacer, Lucía a su tarea y Dios a la suya.» Javier Maqua, *Invierno sin pretexto,* **1992**. España. || «Que cada palo aguante su vela, refunfuña el pirenaico, y no que cada vela aguante su palo como pretende el cordobés.» *La Vanguardia,* 16/12/**1995**. España. || «Mira, estoy muy jodido. Lo que me apetece es contar todo lo que sé, y que cada palo aguante su vela. No sé...» Ernesto Ekaizer, *Vendetta,* **1996**. Argentina. || «Basta para saber cuál era mi aportación personal al subjetivismo enajenado de la época. Conviene que cada palo aguante su vela. Yo aguantaré mi vela.» Jorge Semprún, *Autobiografía de Federico Sánchez,* **1977**. España. || «A uno le da la modesta impresión de que la fiesta no ha hecho sino empezar. Que cada cual aguante su vela.» Fernando Rodríguez Lafuente, *ABC Cultural,* 21/4/**2001**. España. [◇«Expresión de origen marinero, alusiva al palo, o madero redondo, fijo verticalmente en una embarcación, y destinado a sostener las velas.» JMI.]

4. palo compuesto no parece palo. Lo arreglado parece mejor y tiene mejor aspecto.

• «Vístete bien, que un palo compuesto no parece palo: no digo que traigas dijes ni galas, ni que siendo juez te vistas como soldado, sino que te adornes con el hábito que tu oficio requiere, con tal que sea limpio y bien compuesto.» Miguel de Cervantes, *Segunda parte del ingenioso caballero don Quijote de la Mancha,* 1615. España. [◇var. *Compuesta, no hay mujer fea.*]
   5. > **gusto,** *hay gustos que merecen palos.*

pan
   1. a falta de pan, buenas son tortas. Si no tenemos lo deseado, nos tenemos que conformar con otra cosa.
   • «Dígote todo esto por mí que trato de alumbrarme con aceite de sabiduría, sin que por mucha que ponga dentro de mi cerebro, nunca me luzca ni aproveche; pero á falta de pan, buena la torta es.» Javier Fuentes y Ponte, *Murcia que se fue,* 1872. España. || «... ¿y la vieja que manda matar en pascuas un puerco gordo, es asimismo joven y valiente? A falta de pan, buenas son tortas, Chinchilla...» Juan Montalvo, *Las catilinarias,* 1880-82. Colombia. || «... y teniendo en cuenta sin duda que a buena hambre no hay pan duro, que a falta de pan buenas son tortas, y que más vale pájaro en mano que buitre volando...» Luis Coloma, *Pequeñeces,* 1891. España. || «... y como diría la pobre mamá, a falta de pan, buenas son tortas...» Miguel Delibes, *Cinco horas con Mario,* 1966. España. || «A falta de pan buenas son tortas.» I. Palou, *Carne apaleada,* 1975. España. || «Pero sus blancos pétalos encierran una despensa de suculento néctar donde el quiróptero –a falta de pan buenas son tortas– calma su apetito.» Javier Maqua, *Invierno sin pretexto,* 1992. España. || «A falta de Indecopi buenas son tortas. O tortazos.» *Caretas,* 25/4/**1997**. Perú. [◇«El que no tiene nada, cuando logra alguna cosa, aunque sea corta, debe consolarse y estar contento. Se suele usar irónicamente, dando a entender que alguno consiguió más de lo que esperaba.» NDLC.]
   2. al pan, pan y al vino, vino. Con claridad y sin rodeos.
   • «No os maravilléis, amigos míos, que estos mis criados son tan torpes y rústicos de ingenio, que no saben decir sino al pan, pan, y al vino, vino. Id con Dios, que yo los castigaré.» Juan de Timoneda, *El sobremesa y alivio de caminantes,* 1562-1569. España. || «No hay que buscar de hablar otro camino que el pan se llame pan y el vino vino.» Luis Quiñones de Benavente, *Los vocablos,* 1642. España. || «Vamos claro; que a mí me gusta el pan pan, y el vino vino.» Cecilia Böhl de Faber (Fernán

Caballero), *La familia de Alvareda,* **1849**. España. || «Hay un refrán español que dice, aconsejando el lenguaje sencillo y directo: Al pan, pan, y al vino, vino.» Pedro Salinas, *Góngora. La exaltación de la realidad,* **1937**. España. || «Como hablaban pan pan, vino, vino, no es raro que pronto indignaran al dictador Velasco.» Pedro G. Beltrán, *La verdadera realidad peruana,* **1976**. Perú. || «Casi nadie se atreve hoy a llamar al pan, pan y al vino, vino, en esta materia, como lo hacía con tanta naturalidad Marx.» Carlos Rangel, *El tercermundismo,* **1982**. Venezuela. || «Yo te hubiera dicho maricón, chata. Yo le llamo al pan, pan, y al vino, vino.» Ana Diosdado, *Los ochenta son nuestros,* **1988**. España.

3. contigo pan y cebolla. Con tal de estar juntos, los enamorados se arreglan con poca cosa.

• «Tú conocías lo de contigo pan y cebolla, y algo más que pan y cebolla podías ofreçerla, como era una olla de algo más vaca que ternera, salpicón las más noches, lentejas los viernes... y algún palomino de añadidura los domingos...» Miguel de Unamuno, *Vida de don Quijote y Sancho,* **1905**. España. || «¡Hija, qué gusto verme probetona! Si yo no quiero dinero; sólo quiero que... me quieran y queré. – Pero contigo pan y sebolla no está mu bien tampoco.» Concepción Castella de Zavala, *Cruz de flores,* **1939**. España. || «Es una versión nueva, pero idéntica en el fondo, del contigo pan y cebolla: contigo, pisito barato y fregar juntos la vajilla...» José María Pemán, *ABC,* 25/11/**1951**. España. || «No importa que sea la primera o la penúltima vez que nos enamoramos. Vale el refrán: contigo pan y cebolla.» Horacio de Dios, *Miami,* **1999**. Argentina. || «Ella se ríe de ese falsísimo y absurdo refrán de contigo pan y cebolla, pues la realidad es muy otra.» *ByN Ella, ABC,* 31/3/**2001**. España. [◊Covarrubias, 1611, nos dice de la cebolla: «Entre otras dotes de la cebolla dizen que acrecienta la esperma, dado que ofusca la razón y el sentido.»]

4. dame pan y dime tonto. Trátame como quieras pero dame lo que necesito.

• «... dame pan y dime tonto.» Julio Casares, *Introducción a la Lexicografía moderna,* **1950**. España.

5. del pan de mi compadre, gran zatico a mi ahijado. Solemos ser muy dadivosos con las posesiones de los demás, pero no con las nuestras.

• «Dize un proverbio: Del pan de mi compadre, buen çatico a mi ahijado.» Sebastián de Covarrubias, *Tesoro de la lengua castellana o española,* **1611**. España. || «A este mismo tenor pudiera explicar la palabra çatico que dice Oihenart que en vascuence significa lo mismo que pedacito de pan: pues hai dos refranes; el uno que dice: del pan de mi compadre, buen zatico a mi ahijado. I el otro: romero hito saca zatico, cuyo último adagio tradujo en dos dísticos Fernando de Arce, célebre poeta de su tiempo, diciendo...» Gregorio Mayans y Siscar, *Orígenes de la lengua española*, **1737**. España. [◇«*Del pan de mi compadre, gran zatico a mi ahijado*. De los bienes ajenos solemos ser muy liberales, aunque seamos escasos en dar de los nuestros.» NDLC. Covarrubias en su *Tesoro*, nos dice: «Çatico. Vale pedaço; vocablo español antiguo. Dize un proverbio: Del pan de mi compadre, buen çatico a mi ahijado.»]

6. el pan engorda en lo que se moja. Lo que engorda es lo que va con el pan y no el pan en sí.

• «El pan engorda en lo que se moja, dice con acierto el refrán. Es saludable, un alimento fundamental...» *ABC Salud*, 29/12/**2001**.

7. más largo que un día sin pan. Muy largo, mucho tiempo.

• «Pero en lo que todas estaban de acuerdo es que era más largo que un día sin pan.» Medardo Fraile, *Cuentos con algún amor*, **1954**. España. || «Te pago el autobús, que de aquí al barrio es más largo que un día sin pan.» José Luis Martín Vigil, *Los curas comunistas*, **1968**. España. || «... en el correo de hoy me vuelvo a encontrar con su carta, demasiado extensa, sí señor, más larga que un día sin pan...» Gabriel García-Badell, *Funeral por Francia*, **1975**. España. || «Y más largo que un día sin pan decimos cuando algo se nos hace inacabable.» Inmaculada Tejera Osuna, *El libro del pan*, **1993**. España.

8. mejor es pan duro que ninguno. Cuando se tiene poco que comer no se pueden hacer remilgos.

• «Porque mejor es pan duro, que ninguno.» Mateo Alemán, *Segunda parte de la vida de Guzmán de Alfarache. Atalaya de la vida humana*, **1604**. España.

9. mucho te quiero Perico pero pan poquico. Hay quien promete mucho y da poco.

• «Mucho te quiero Perico, pero pan poquico.» Programa «Quédate conmigo», Telecinco TV., 10/8/**2000**. España.

10. no debe haber mesa sin pan ni ejército sin capitán. Ambos se consideraban imprescindibles antaño.

• «... pues como reza un antiguo refrán popular español, no debe haber ni mesa sin pan ni ejército sin capitán.» *Granma Internacional*, 10/**1997**. Cuba.

11. no sólo de pan vive el hombre. El hombre necesita también lo espiritual para vivir.

• «Respondió el verdadero Aquías, que es nuestro Redentor, desechando de sí la perversa tentación del demonio con las palabras que el evangelio trae del quinto libro de la Ley las cuales son: No sólo de pan vive el hombre sino de la palabra del Señor.» Jorge de Montemayor, *Diálogo espiritual*, **1543-48**. España. || «Y ríase de los que digan que no sólo de pan viven las gentes; que esto suelen decirlo los que nunca han logrado hartar el estómago.» José María de Pereda, *Sotileza*, **1885-88**. España. || «No le digo nada de los otros problemas, los que podríamos denominar problemas de índole moral, ya que no sólo de pan vive el hombre.» Ernesto Sábato, *Sobre héroes y tumbas*, **1961**. Argentina. || «El aforismo no sólo de pan vive el hombre puede aplicarse indudablemente a su papel en la alimentación del hombre.» Francisco Grande Covián, *Nutrición y salud*, **1988**. España. || «Me das todo, es cierto, no me falta nada, pero no sólo de pan vive el hombre, y menos una madre.» Enrique Espinosa, *Jesús el bisabuelo y otros relatos*, **1995**. México. || «No sólo de pan vive el hombre, es para todos un actual y excelente antídoto contra esa concepción de la política, reducida a un híbrido entre un mal discurso contable y las habilidades teatrales.» *La Vanguardia*, 17/4/**1995**. España. [◇*Deuteronomio*, 8:3: «Él te afligió, te hizo pasar hambre y te alimentó con el maná, que no conocieron tus padres, para que aprendieras que no sólo de pan vive el hombre, sino de cuanto procede de la boca de Yavé.» Y *Mateo*, 4:4: «No sólo de pan vivirá el hombre, sino de toda palabra que sale de la boca de Dios.» Woody Allen ha dicho que no sólo de pan vive el hombre; de vez en cuando necesita un trago.]

12. pan ajeno caro cuesta. Lo que nos dan o regalan suele cobrarse después.

• «Pan ajeno, caro cuesta.» Inmaculada Tejera Osuna, *El libro del pan*, **1993**. España. [◇«refr. *Pan ageno caro cuesta*. Los beneficios o favores que uno recibe, le obligan al agradecimiento y a la correspondencia.» NDLC, 1863.]

13. pan ajeno poco engorda. Porque nos dan poco, o nada.

• «Pan ajeno, poco engorda.» Inmaculada Tejera Osuna, *El libro del pan*, **1993**. España.

14. pan con pan comida de tontos. Hay que tener variación en la dieta.

• «... para no incurrir en aquello de pan con pan comida de tontos.» Miguel Muro, *El practicón*, **1891**. España. || «... quieren pan y no les

dan, al santo olor de la panadería, pan con pan...» Carlos Fuentes, *Cristóbal Nonato,* **1987**. México.
14. pan de ayer, carne de hoy y vino de antaño, traen al hombre sano. Se pensaba que el pan recién horneado era dañino.
• «El doctor Sorapán dedica dos capítulos detallados al pan, tomando como punto de partida dos refranes españoles: el primero es Pan de ayer, carne de hoy y vino de antaño, traen al hombre sano y el segundo es el que dice De los olores el pan, de los sabores, la sal. Para que el pan sea de provecho, nunca debe faltarle la condición que la sentencia enseña, es decir, que el pan no sea del día como recoge Galieno en De los Alimentos según se veía en el Banquete de Nobles Caballeros.» Inmaculada Tejera Osuna, *El libro del pan,* **1993**. España.
16. pan de neguilla, pan de maravilla; en tu troje, que no en la mía. Ciertas cosas se creen buenas, pero mejor son para otros.
• «... ya las recuerda un refrán castellano, pero dice así: Pan de neguilla, pan de maravilla; en tu troje, que no en la mía.» Pío Font Quer, *Plantas medicinales,* **1992**. España. [◇*Neguilla:* nombre de una planta que crece en los sembrados de trigo. La semilla es áspera y negra y mezclada con el grano del trigo hace que el pan sea moreno y de mala calidad. *Troje, troj,* «espacio limitado por tabiques, para guardar frutos y especialmente cereales.» DRAE.]
17. pan y agua, vida hambrienta o vida sana. Según quién lo coma.
• «Ya lo dice el refrán: Pan y agua, vida hambrienta o vida sana.» Inmaculada Tejera Osuna, *El libro del pan,* **1993**. España.
18. tan buen pan hacen aquí como en Francia. No debemos menospreciar lo que tenemos a mano, cerca, por lo foráneo o extraño.
• «Tan buen pan hacen aquí como en Francia, y de noche todos los gatos son pardos, y asaz de desdichada es la persona que a las dos de la tarde no se ha desayunado...» Miguel de Cervantes Saavedra, *Segunda parte del ingenioso caballero don Quijote de la Mancha,* **1615**. España. ||
«... y si el señor alcalde quiere ir contra la caridad cristiana, recogeremos los cuartos y alzaremos la tienda, y adiós, ahó, que tan buen pan hacen aquí como en Francia.» Miguel de Cervantes Saavedra, *Los trabajos de Persiles y Segismunda,* **1616**. España. [◇Amando de Miguel nos cuenta: «... equiparación que no se mantiene en el recuerdo de los que fuimos niños durante la última postguerra. El pan era entonces algo tan valorado que un eslogan político de la época rezaba *por la Patria, el Pan y la Justicia,* los tres ideales con mayúscula.»]

19. vale más una migaja de pan con paz, que toda la casa llena de viandas con rencilla. Las peleas y las rencillas nos hacen la vida imposible.
• «Que los sabios dizen que vale más una migaja de pan con paz, que toda la casa llena de viandas con renzilla.» Fernando de Rojas, *La Celestina*, **1499**. España. [◇«Mejor es un pedazo de pan seco en paz, que la casa llena de carne de víctimas y de contienda.» Proverbios, 17:1.]
20. > **comida,** *comida (pan comido) hecha, compañía deshecha.*
21. > **duelo,** *los duelos con pan son menos.*
22. > **hambre,** *a buen hambre no hay mal pan.*
23. > **pastor,** *al pastor nunca le falta en la mochila pan; ni tierra en las albarcas le faltan al gañán.*

pancho > **paja,** *de paja o heno, el pancho lleno.*

pandero
1. en (buenas) manos está el pandero, que lo sabrá tañer. El negocio o asunto está en buenas manos.
• «… devoto llaman ypócrita. ¿Qué dirán sino que andas royendo los sanctos? Si passión tienes, súfrela en tu casa; no te sienta la tierra. No descubras tu pena a los estraños, pues está en manos el pandero, que lo sabrá bien tañer.» Fernando de Rojas, *La Celestina*, **1499**. España. ‖ «En manos está el pandero que le sabrá bien tañer –respondió Sancho Panza.» Miguel de Cervantes Saavedra, *Segunda parte del ingenioso caballero don Quijote de la Mancha*, **1615**. España.

panza > **danza,** *la danza sale de la panza.*

paño
1. el buen paño en el arca se vende. Lo bueno se aprecia y se compra sin necesidad de publicidad.
• «El refrán de que el buen paño en el arca se vende era verdad como un templo en aquel sólido y bien reputado comercio.» Benito Pérez Galdós, *Fortunata y Jacinta*, **1886**. España. ‖ «No hay refrán más falso que el que dice: el buen paño en el arca se vende. El buen paño, si se queda en el arca, en el arca se queda; y se vende el malo, anunciado y celebrado.» Juan Valera, *Epistolario de Valera y Menéndez y Pelayo*, **1887**. España. ‖ «El buen paño en el arca se vende, decían nuestras abuelas.» Rosa Chacel, *Barrio*

de maravillas, **1976**. España. || «Estamos en unos tiempos –decía– en los que el buen paño ya no se vende en el arca. Hay que salir a la calle a exponer la mercancía que uno tiene...» José Asenjo Sedano, *Eran los días largos*, **1982**. «Su postura hasta el momento recuerda la de aquellos viejos comerciantes seguidores del dicho el buen paño en el arca se vende. *ABC*, 28/5/**1989**. España. || «Asimismo, se mostró sorprendido por el giro dado por los socialistas vascos en la campaña, que hace unos días querían ocupar la Lehendakaritza y ahora sopesan la posibilidad de pasar a la oposición. "Es una política artificial y de fachada, porque el buen paño en el arca se vende y ellos intentan vender el paño que no está en el arca", explicó.» *El Mundo*, 17/10/**1994**. España. [◇Como bien decía Juan Valera, el refrán no es cierto y el moderno marketing demuestra que el buen paño no se vende por ser bueno sino porque se pregona y anuncia. AMD también dice: «... su significado es amplio pero lo hemos oído en nuestra tierra aplicado a la virtud de las jovencitas, tan importante de cara al matrimonio.»]

    2. por la muestra se conoce el paño. Por un poco se puede conocer el todo.

• «Sé muy bien, como dijo el otro, que por el hilo se saca el ovillo, por la muestra se conoce el paño y por la uña el león.» Benito Pérez Galdós, *Doña Perfecta*, **1876**. España. || «... bien puede decirse que por la muestra se conoce el paño.» Laureano Figuerola, *Una proposición de Mr. Vaillant, concejal del Ayuntamiento de París*, **1893**. España.

    3. > sastre, no es mal sastre el que conoce el paño.

pañuelo > Dios, *Dios da pañuelo a quien no tiene mocos.*

papel
    1. el papel lo aguanta todo. El papel es muy sufrido y se puede escribir cualquier cosa sobre él y la gente se lo cree.

• «Así como el refrán popular dice que el papel lo aguanta todo, yo diría que el secreto masónico lo ampara todo.» *Hoy*, 19-25/10/**1983**. Chile. || «En primer lugar hay que decir que el micrófono, como el papel, aguanta con todo...» *La Hora*, 30/4/**1997**. Guatemala. [◇«Suele también decirse: El papel todo lo admite. El papel no tiene vergüenza o no tiene empacho. Para demostrar que no debe darse mucha fe a una cosa por el solo hecho de estar escrita o impresa, por que al papel se le hace decir lo que se quiere, y porque no ha de sonrojarse ni sufrir las consecuencias de lo que en él se haya estampado.» JMI.]

2. > médico, *médicos errados, papeles mal guardados, y mujeres atrevidas, quitan las vidas.*

papo > grano, *grano a grano llena el buche la gallina.*

parecerse
  1. bien haya quien a los suyos se parece. Es natural parecerse a la familia y ser como ellos.
  • «... y que su Excelencia, por descendiente de aquella real casa y por gozar de las bendiciones de aquel adagio que dice: bien haya quien a los suyos parece, me admitiría, por constarle que semejantes casas jamás están escasas.» Anónimo, *La vida y hechos de Estebanillo González*, **1646**. España.

pared
  1. las paredes oyen. Hay que guardar los secretos y extremar la discreción.
  • «Oye del hombre mas solo que tiene el mundo las quexas, que pues las paredes oyen bien pueden oyr las piedras.» Anónimo, *Cancionerillos de Munich*, **1589-1602**. España. || ¿No se os acuerda de aquel refrán que dicen comúnmente que las paredes oyen?» Miguel de Cervantes Saavedra, *Comedia famosa intitulada La gran sultana...*, **1615**. España. || «Sabe que las paredes oyen, y que lo mal hecho revienta por salir.» Baltasar Gracián, *Oráculo manual y arte de prudencia*, **1647**. España. || «¡Mirad que las paredes oyen! D. CARLOS.– ¡Al cuerno las paredes y mi padre!» Carlos Muñiz, *Tragicomedia del Serenísimo Príncipe Don Carlos*, **1980**. España. || «¡Vaya novela estarás escribiendo tú! Pero el ruido que haces, eso sí que es grande, ¡oh Antígona! Y las paredes oyen y los dioses del escorial son omnipotentes.» Alfonso Sastre, *Los hombres y sus sombras (Terrores y Miserias del IV Reich)*, **1991**. España. || «Ten más orden en tus palabras. Mira que ya no eres una chiquilla, y las paredes oyen.» Orlando Rossardi, *La visita*, **1997**. Cuba. [◇Cita Iribarren la revista *Meridiano*: «La reina Catalina de Médicis ...era muy desconfiada, y para poder escuchar mejor a las personas de que más sospechaba, mandó instalar en las paredes del Palacio Real conductos acústicos.» Sin embargo Christine Ammer, *Have a Nice Day – No Problem!*, dice que la expresión se refiere a Dionisio, el tirano de Siracusa (430-367 a.C.) e construyó unas cavernas para poder escuchar lo que decían sus prisio-

neros. También habían escuchas en el Louvre y en el Castillo de Hastings. La primera referencia escrita en inglés de este refrán o dicho data de 1633.]

pariente
1. más quiero mis dientes que mis parientes. Cada cual es más importante que nadie, inclusive que los parientes.
• «Proverbio: Más cerca están mis dientes que mis parientes, primero es uno obligado a sí y luego a los otros.» Sebastián de Covarrubias, *Tesoro de la lengua castellana o española,* **1611**. España. || «Más quiero mis dientes que mis parientes. Cuando yo era pobre no tenía parientes ni conocidos, que quien no tiene sangre, no tiene consanguíneos, y ahora me nacen como hongos y se pegan como lapa.» Baltasar Gracián, *El Criticón. Segunda parte,* **1653**. España. [◊Nos dice don Quijote, I, cap. XVIII, «… la boca sin muelas es como molino sin piedra, y en mucho más se ha de estimar un diente que un diamante.» NDLC: «Primero son mis dientes o más cerca están mis dientes que mis parientes; antes es lo propio que lo ajeno, antes debe ser preferido lo que interesa a uno mismo que lo que conviene a los demás.»]

parte
1. el que desparte lleva la peor parte. Los que median y parten y reparten, suelen correr riesgos.
• «No hagáis tal –les dixo–, que el que desparte suele siempre llevar la peor parte.» Baltasar Gracián, *El Criticón. Tercera parte,* **1657**. España.
2. segundas partes nunca fueron buenas. La segunda vez ya no tiene la lozanía ni el entusiasmo de la primera.
• «Sí promete –respondió Sansón–, pero dice que no ha hallado ni sabe quién la tiene, y, así, estamos en duda si saldrá o no, y así por esto como porque algunos dicen: Nunca segundas partes fueron buenas, y otros: De las cosas de don Quijote bastan las escritas, se duda que no ha de haber segunda parte; aunque algunos que son más joviales que saturninos dicen: Vengan más quijotadas, embista don Quijote y hable Sancho Panza, y sea lo que fuere, que con eso nos contentamos.» Miguel de Cervantes Saavedra, *Segunda parte del ingenioso caballero don Quijote de la Mancha,* **1615**. España. || «I assí por esto, como porque algunos dicen: nunca segundas partes fueron buenas, i otros: de las cosas de Don Quijote bastan las escritas, se duda que no ha de aver segunda parte.» Gregorio Mayans

partir

y Siscar, *Vida de Miguel de Cervantes Saavedra*, **1737**. España. || «Las personas que gozan de gran presupuesto y tienen arte y gusto para ello pueden permitirse ciertas originalidades y fantasías, que no deben ser imitadas, pues nunca segundas partes fueron buenas.» María Mestayer de Echagüe, *Enciclopedia culinaria. La cocina completa*, **1940**. España. || «Pocos hechos confirman mejor la certeza de un refrán español que dice que segundas partes nunca fueron buenas, que los resultados de segundos mandatos de los presidentes de Estados Unidos...» *El Universal,* **1997**. Venezuela. || «Nunca segundas partes fueron peores.» Programa «El informal»,Telecinco TV, 27/3/**2001**. España. || «*El Extramundi* y los *Papeles de Iria Flavia* es rotunda demostración de que todas las reglas conocen sus excepciones, verbigracia ésa de que nunca fueron buenas segundas partes.» Gonzalo Santonja, «Los Papeles de Son Armadans», *ABC Cultural*, 5/5/**2001**. España. || «Segundas partes sí fueron buenas.» *ABC*, 4/7/**2001**. España. [◊«Pero la frase suele aplicarse también a aquellos escritores que, después de haber publicado un libro o un tratado, componen o publican una segunda parte del mismo. Baltasar Gracián, en el prólogo a la tercera parte de su obra *El Criticón*, dice: También he atendido en esta tercera parte huir del ordinario tope de los más autores, cuyas primeras partes suelen ser buenas, las segundas ya flaquean y las terceras de todo punto decaecen.» JMI.]

3. > **todo,** *la parte vale más que el todo.*

partir > **repartir,** *quien parte y reparte se lleva la mejor parte.*

pasar > **arroyo,** *a gran arroyo, pasar postrero.*

pasión
1. la pasión ciega la razón. No se puede razonar ni pensar si la pasión nos domina.
• «... pero aduierto que el actor delante del mayor no le está bien jugar de mano razonando, porque es mala crianza; estando apassionado puede, porque la passión ciega la razón.» Alonso López Pinciano, *Filosofía antigua poética*, **1596**. España.

paso
1. más vale paso que dura que trote que cansa. Mejor es lo lento y seguro que lo rápido e incierto.

• «... como gustaba llamarse: pero no mate la culebra, que aquí hay mucho que hacer, dijo don Cleto, recién incorporado al grupo; y más vale paso que dura y no trote que cansa, se dejó recomendar don Máximo.» Alfonso Chase Brenes, *El pavo real y la mariposa*, **1996**. Costa Rica.

pastor
1. al pastor nunca le falta en la mochila pan; ni tierra en las albarcas le faltan al gañán. La vida del agricultor era más difícil y de menos provecho que la del pastor.
• «Y a otros muchos. La ociosidad y ganancia relativa de los pastores, en comparación con lo penoso de la vida de los gañanes y albarranes dedicados a la agricultura, han sido causa de que se hiciera este adagio versificado: Al pastor nunca le falta en la mochila pan; ni tierra en las albarcas le faltan al gañán.» Julio Caro Baroja, *Los Pueblos de España*, **1946**. España. [◊«Albarca, abarca, cierto calzado toscamente adaptado al pie, sin ajustarse exactamente a su forma destinado a proteger especialmente la planta. Se hace de cuero fuerte y, ahora *(sic)* de cubiertas de automóviles desechadas.» MM.]
2. > **albarda,** *cada pollino, su albarda.*

patrón
1. donde hay patrón no manda marinero. Donde hay alguien con autoridad no mandan los subalternos o inferiores.
• «Pero donde manda capitán no manda marinero.» Benito Pérez Galdós, *Trafalgar*, **1873**. España. || «El pueblo español guardó esa sabiduría en un refrán: Donde hay patrón, no manda marinero. Patrón, el espíritu.» Pedro Salinas, *Don Quijote en presente*, **1945**. España || «– No –dijo un marinero–. ¡Eso sí que no! Matarlo podrán, despresarlo podrán, pero no lo echarán al agua. Yo voy a despresarlo bien. Donde manda marinero no manda capitán.» Osvaldo Vivanco, *El despresado*, **1971**. Chile. || «... no puede ser catalogado de otra manera que como enemigo personal por la población reclusa por la cuestión simple de dependencia, donde hay patrón no manda marinero...» Gabriel García-Badell, *Funeral por Francia*, **1975**. España. || «Pero donde no hay patrón..., ya se sabe, y la disciplina es la disciplina.» Julio Feo, *Aquellos años*, **1993**. España. || «Y además, está bien claro: que donde no hay capitán no manda marinero. En la frase hecha no se dice capitán, sino patrón. Ya lo sé, pero eso de patrón es de Fraga.» Jaime Campmany, *ABC*, 28/8/**2000**.

pavo
1. lo que es bueno para la pava es bueno para el pavo. Lo que sirve para unos puede servir también para otros.
• «... podemos ganar por devaluación. Lo que es bueno para la pava es bueno para el pavo, refirió, citando un refrán popular.» *El Universal*, 9/10/**1996**. Venezuela.

paz
1. si quieres la paz, prepárate para la guerra. Hay que estar preparado siempre para cualquier contingencia y tenemos que ser prácticos.
• «Como dijo el teólogo italiano Balducci (Anexo 2), del grupo por la paz de Florencia, y repiten cada vez más ciudadanos del mundo, ya no vale el primitivo adagio: Si quieres la paz, prepara la guerra. En la actual situación del mundo, si quieres la paz, prepara la paz.» Fernando Urbina, *La guerra nuclear*, **1984**. España.
2. > **pan,** *vale más una migaja de pan con paz, que toda la casa llena de viandas con rencilla.*

peana
1. por la peana se adora al santo. Se consigue la gracia y favores de la gente con dádivas.
• «Existe Dios desde que hay conciencias con telarañas porque le hacen sus creyentes, como al mar sus gotas y es lo que dice un refrán: Cada pollino, su albarda. Cada pastor, su rebaño; cada caudillo, sus masas; cada cura su parroquia; cada santo, su peana; y que me diga quien sepa buscar efectos y causas...» José García Pradas, *Sin caudillo*, **1938**. España. ‖ «En los consultorios sentimentales, que tendían a prohibir cualquier iniciativa femenina, como luego veremos, este expediente de adorar al santo por la peana era uno de los pocos que se tenían por inocentes y legítimos.» Carmen Martín Gaite, *Usos amorosos de la posguerra española*, **1987**. España. [◇El cepillo para recibir las limosnas está en la peana. Con dinero lograremos el favor del santo.]

pecado
1. el pecado lleva la penitencia. La mala acción conlleva su castigo.
• «Porque en el pecado lleva la penitencia.» Pedro Antonio de Alarcón, *El sombrero de tres picos*, **1874**. España.

2. pecado confesado es medio perdonado. Cuando se admite la culpa se asegura el perdón.
• «Y a mí me tocará la penitencia, fuera de que el pecado confesado, sinceramente, es medio perdonado.» José Francisco de Isla, *El Cicerón*, **1774**. España.

pecador
1. pagar justos por pecadores. Llevarse las culpas y el castigo los que no han hecho mal alguno.
• «A las vegadas lastan justos por pecadores.» Juan Ruiz, *Libro de buen amor*, **1330-43**. España. || «No quiebre la soga por lo más delgado; no seas la telaraña, que no muestra su fuerça sino contra los flacos animales. No paguen justos por pecadores.» Fernando de Rojas, *La Celestina*, **1499**. España. || «... manso como un cordero; bravo como un león; hará cera pabilo; pagar justos por pecadores...» Francisco de Quevedo, *Pragmática que este año 1600 se ordenó*, **1600**. España. || «Aquella noche quemó y abrasó el ama cuantos libros había en el corral y en toda la casa, y tales debieron de arder que merecían guardarse en perpetuos archivos, mas no lo permitió su suerte y la pereza del escrutiñador, y así cumplió el refrán en ellos de que pagan a las veces justos por pecadores.» Miguel de Cervantes Saavedra, *El ingenioso hidalgo don Quijote de la Mancha*, **1605**. España. || «De la culpa que tú tienes lleve la triste pena, que justos por pecadores tal vez pagan en mi tierra.» Miguel de Cervantes Saavedra, *Segunda parte del ingenioso caballero don Quijote de la Mancha*, **1615**. España. || «... y si ello es así, y os hallan acá, vamos a tener que sentir, y eso no es razón, ni deben pagar justos por pecadores, y la caridad bien ordenada...» Cecilia Böhl de Faber (Fernán Caballero), *La familia de Alvareda*, **1849**. España. || «Esto es pagar justos por pecadores. Porque la señorita haya sido una loca...» Jacinto Benavente, *La losa de los sueños*, **1911**. España. || «Esto ha impuesto una depuración necesaria en la que, desgraciadamente, pueden pagar justos por pecadores.» Alejo Carpentier, *El siglo de las luces*, **1962**. Cuba. || «... pagó la chica. Siempre pagan justos por pecadores.» Miguel Delibes, *La hoja roja*, **1986**. España. || «... pero ahora por la denuncia de Morel Rodríguez no ha debido suspender las asignaciones porque están pagando justos por pecadores.» *El Universal*, 17/4/**1988**. España. || «No son las instituciones, ni las empresas, ni los apellidos los que delinquen, y no es correcto que paguen justos por pecadores.» *El Tiempo*, 16/5/**1992**. Colombia. || «Todavía quedan personas

como ellos para las que los valores son tan importantes como la vida misma, y la injusticia de un mundo en el que los escándalos por fraude y robo se suceden y pagan justos por pecadores puede acabar con sus días.» *La Vanguardia*, 30/12/**1995**. España. [◇En la primera citación «lastar: suplir lo que otra persona debe pagar.» JST. «Pagar justos por pecadores; llevar la culpa de algo los que no la tienen, mientras libran inpunes los verdaderos culpables. Dícese aludiendo a las injusticias de este pícaro mundo, donde ordinariamente los pobres y desamparados pagan por los poderosos y válidos, los débiles por fuertes, los inocentes por los culpables.» NDLC.]

pecar
   1. **puesto que pecas, por lo menos chúpate los bigotes.** Ya puestos a pecar, debemos por lo menos sacar partido de ello.
   • «Bebe y aplica el proverbio: Puesto que pecas, por lo menos chúpate los bigotes.» Alejandro Jodorowsky, *Donde mejor canta un pájaro*, **1992**. Chile.
   2. > **matar,** *tanto peca el que mata la vaca como el que le detiene la pata.*
   3. > **verdad,** *quien dice verdad ni peca ni miente.*

*pedir (ideas) *le ha hecho la* **boca** *un fraile; hasta los* **gatos** *quieren zapatos; el que no* **llora** *no mama.*

pedir
   1. **contra el vicio de pedir, hay la virtud de no dar.** Se emplea para negar una petición.
   • «Contra el vicio de pedir...» Fernando Sánchez Dragó, *El camino del corazón*, **1990**. España. || «Me alegraba verlo entrar por la puerta de mi oficina, pelado de la risa y gritando ¡Aquí estoy, Padre, no se apure!, Contra el vicio de no dar está la virtud de pedir!, o El que da lo que no tiene, a ganar el cielo se atiene! mientras me abrazaba cariñosamente o me daba palmadas por la espalda...» Rosario Ferré, *La batalla de las vírgenes*, **1993**. Puerto Rico.
   2. **ni pidas a quien pidió ni sirvas a quien sirvió.** Los que han sufrido hacen sufrir a los demás.
   • «Ni sirvas a quien sirvió, ni pidas a quien pidió.» Marqués de Santillana (Íñigo López de Mendoza), *Refranes que dizen las viejas tras el fuego*. **1454**. España. || «... otras que hilan y no son pagadas, otras que

piden a quien pidió y sirven a quien sirvió, otras que ayunan por no tener...» Francisco Delicado, *La Lozana Andaluza*, **1528**. España. [◇«*No pidas a quien pidió*...; no te fíes en la constancia de carácter de quien haya mudado de condición; de quien se haya elevado a una condición noble, desde la oscuridad, no esperes nada.» NDLC.]

3. ofrecer mucho al que poco pide es especie de negar. Dar más de lo que nos piden es ofensivo e induce a negativa.

• «No te alargues más. No pongas sospechosa duda en mi pedir; que dizen que ofrescer mucho al que poco pide es especie de negar.» Fernando de Rojas, *La Celestina*, **1499**. España.

4. quien no sabe pedir no sabe vivir. Para medrar hay que solicitar favores.

• «Quien no sabe pedir no sabe vivir: ¡qué engaño! antes, el pedir es morir para los hombres de bien...» Baltasar Gracián, *El criticón. Tercera parte*, **1657**. España.

5. > dar, *más vale darlo que pedirlo.*

pedrada
1. venir como pedrada en ojo de boticario. Ser algo muy conveniente y venir bien.

• «... y en la cueva de Altamira (Santander) vienen a esa teoría como pedrada en ojo de boticario.» José Ortega y Gasset, *Arte de este mundo y del otro*, **1911**. España. || «Y permítame que le manifieste, sin que le ofenda la comparación, que viene usted como pedrada en ojo de boticario...» Rómulo Gallegos, *Canaima*, **1935**. Venezuela. || «Esta es la designación que hemos de dar a nuestras locuciones, adverbiales o proverbiales, a las que pensamos que ha de venirles como anillo al dedo, a las mil maravillas e incluso como pedrada en ojo de boticario, expresado sea con tres díceres.» Camilo José Cela, *Diccionario geográfico popular de España*. I, **1998**. España. [◇«Ojo de boticario: sitio de las farmacias donde se guardan las substancias de más valor.» MM.]

Pedro
1. bien se está San Pedro en Roma. Las cosas que marchan bien hay que dejarlas tranquilas.

• «¡Bien se está San Pedro en Roma! Y, aunque pierda lo servido, donde el hombre es conocido, no le faltará qué coma.» Sebastián de Horozco, *Representación de la historia de Ruth*, **1550**. España. || «... perdónenme

pelear 374

las barbas destas señoras, que bien se está San Pedro en Roma, quiero decir, que bien me estoy en esta casa donde tanta merced se me hace...» Miguel de Cervantes Saavedra, *Segunda parte del ingenioso caballero don Quijote de la Mancha*, **1615**. España. || «... qué avergonzada se vería en aquellos festivales tan resplandecientes, debajo de unos perifollos que no sabría manejar!... ¡Quita, quita! Bien se está San Pedro en Roma...» José María de Pereda, *Peñas arriba*, **1895**. España. [◊«Según el *Diccionario de modismos* de Ramón Caballero, dícelo el que no quiere, ni aun bajo pretexto de mejoría, abandonar el sitio o puesto que ocupa. Indica también quietud, calma, conformidad. También hoy suele decirse *¡Bien se está San Pedro en Roma, aunque no coma!*» JMI.]

pelear
1. más vale pelear con gente de bien que triunfar con gente de mal.
A la gente de mal, la gentuza, es mejor no tratarla.
• «... que obran como quien son, y vale más pelear con gente de bien que triunfar de gente de mal.» Baltasar Gracián, *Oráculo manual y arte de prudencia*, **1647**. España.

***peligro** (ideas) del **agua** mansa me libre Dios, que de la brava me libraré yo; nadie diga de esta **agua** no beberé; por el **alabado** dejé el conocido, y vime arrepentido; de muy **alto** grandes caídas se dan; en la dádiva está encubierto el **anzuelo**; **asno** de muchos, lobos se lo comen; quien bien **ata**, bien desata; cuando las **barbas** de tu vecino veas afeitar, pon las tuyas a remojar; cuentas de **beato** y uñas de gato; entre **bobos** (pillos, cutres, vivos) anda el juego; el que abre la **boca** paga con la gorja; por la **boca** muere el pez; la **cabra** tira al monte; **cadáver** a bordo, tempestad segura; camarón (boquerón) que se duerme se lo lleva la corriente; el mal **camino**, andarlo pronto; quien **camisas** hurta, jubón espera; el **can** con angosto a su amo vuelve el rostro; el **can** que mucho lame, sangre saca; quien matar quiere a su **can**, achaque le levanta; quien hace la **canasta** hará el canastillo; si da el **cántaro** en la piedra, o la piedra en el cántaro, mal para el cántaro; tanto va el **cántaro** a la fuente que allí deja el asa o la frente; no dejes que tu **caporal** administre tu hacienda, monte tu caballo y cuide a tu mujer, porque te puedes quedar sin hacienda, sin caballo y sin mujer; por **carta** de más o de menos se pierden los juegos; **casa** de dos puertas es difícil de guardar; **casa** sin varón, plaza sin guarnición; quien hace un **cesto** hace ciento; dejar lo **cierto** por lo dudoso; agarrarse a un **clavo** ardiendo; quien* *se junta con un **cojo**, al año cojo y medio; cuando la **cólera** sale de madre, no tiene la lengua padre; no hay **coño** de balde; ojo al **Cristo**, que es de plata; detrás de la **cruz** está el diablo; quien te **cubre**, te descubre; un **cuchillo** mesmo me parte el pan y me corta el dedo; cría **cuervos** y te sacarán los ojos; el **dinero** es la fuente de todos los males; **dinero** no falte y trampa adelante; a las iras de **Dios** no hay casa fuerte; **Dios** sufre a los malos, pero no para siempre; en la **duda**, abstente; al **embarcar**, el primero y al desembarcar, el postrero; con lo que **encantas**, espantas; no hay **enemigo** pequeño; quien a su **enemigo** popa, a sus manos muere; quien **escucha** su mal oye; ni **fíes** ni porfíes; quien juega con **fuego** se quema los dedos; escarba la **gallina** siempre por su mal; **gallo** cantor acaba en el asador; el **hombre** es un lobo para el hombre; el **infierno** está empedrado de buenas intenciones; **jaula** nueva, pájaro muerto; la ocasión hace al **ladrón**; **libro** prestado, perdido o estropeado; cuando menos se espera (piensa) salta la **liebre**; **salir** de las llamas y caer en las brasas; más vale **loco** conocido que cuerdo por conocer; más **mal** hay en la aldehuela del que suena; quien no se aventura (arriesga) no pasa la **mar**; **martes**, ni te cases ni te embarques; a **moro** (toro) muerto, gran lanzada; quien con **niños** (mocosos) se acuesta, cagado (mojado) amanece; la **ocasión** hace al ladrón; no es nada lo del **ojo**, y lo llevaba en la mano; si quieres aprender a **orar**, cruza la mar; reunión de pastores (rabadanes), **oveja** muerta; las **paredes** oyen; el que quiera **peces** que se moje el culo; es peor el **remedio** (cura) que la enfermedad; a quien duerme junto al **río** la corriente se lo lleva; **saltar** de la sartén y caer en las brasas; a quien dices el **secreto** das tu libertad; cuando la **zorra** predica no están los pollos seguros.*

peligro
1. en la confianza está el peligro. No hay que confiar siempre.
• «Al vagabundo, sin embargo, se le ocurre la tan socorrida ocurrencia de que en la confianza está el peligro, en este caso, no está demasiado lejos.» Camilo José Cela, *Del Miño al Bidasoa*, **1952**. España.
2. en la tardanza suele estar muchas veces el peligro. Hay que hacer las cosas con rapidez y en caliente.
• «Y manos a la labor; que en la tardanza dicen que suele estar el peligro.» Miguel de Cervantes Saavedra, *El ingenioso hidalgo don Quijote de la Mancha*, **1605**. España. || «Sancho respondió que hiciese su gusto; pero que él quisiera concluir con brevedad aquel negocio a sangre caliente y cuando estaba picado el molino, porque en la tardanza suele estar muchas

veces el peligro.» Miguel de Cervantes Saavedra, *Segunda parte del ingenioso caballero don Quijote de la Mancha*, **1615**. España.
   3. quien busca el peligro perece en él. Hay que ir con tiento con lo peligroso.
   • «... cuanto más que yo he oído predicar al cura de nuestro lugar, que vuestra merced bien conoce, que quien busca el peligro perece en él.» Miguel de Cervantes Saavedra, *El ingenioso hidalgo don Quijote de la Mancha*, **1605**. España. || «... por eso dijo el Espíritu Santo que quien no teme el peligro perece en él.» Sor María de Jesús de Ágreda, *Carta de 20 de julio de 1647 [Correspondencia con Felipe IV]*, **1647**. España. [◇*Eclesiástico*, 3:27: «El que ama el peligro caerá en él, y el corazón duro parará al fin en la desgracias.» Vulgata: «qui amat periculum in illo peribit.»]

pelo
   1. cuando se cae el palo y el pelo no lo para sino el suelo. Hay cosas que no tienen remedio.
   • «Pues lo que dice el refrán que cuando se caen el palo y el pelo no lo para sino el suelo.» Francisco Herrera Luque, *En la casa del pez que escupe agua*, **1985**. Venezuela.

pelota
   1. la pelota es redonda y viene en caja cuadrada. No hay nada imposible.
   • «En el mundo de los deportes no existen imposibles. Dice un viejo refrán beisbolero que la pelota es redonda y viene en caja cuadrada. Cualquier cosa puede suceder en el béisbol.» *Diario de las Américas*, 21/6/**1997**. EE.UU.

penitencia > **cuernos,** *sobre cuernos, penitencia.*

pensar
   1. piensa mal y acertarás. Para no equivocarse al juzgar a una persona o situación, es preciso pensar mal.
   • «El caso es que acierto, por aquello de piensa mal y acertarás, dijo el viejo marrullero.» Cecilia Böhl de Faber (Fernán Caballero), *La familia de Alvareda*, **1849**. España. || «Sin embargo, muchos hay que, guiados sin duda por aquel consejo (que tomado en este sentido nada tiene de

cristiano y sí mucho de injusto), piensa mal y acertarás, forman malos juicios de cualquier prójimo, sin más base que un leve indicio...» Juan Albizo y Sainz de Murieta, *Homilías parroquiales...*, **1917**. España. || «A los cuarenta, le encanta reunirse con otras para despellejar al prójimo. A los cincuenta, su lema es piensa mal y acertarás.» Carmen Martín Gaite, *Usos amorosos de la posguerra española*, **1987**. España. || «María siempre se había opuesto al refrán, al piensa mal y acertarás: era un refrán indigno, deprimente: piensa mal y no acertarás.» Álvaro Pombo, *El metro de platino iridiado*, **1990**. España. || «Había algo más que amistad, porque piensa mal y acertarás.» Luciano G. Egido, *El corazón inmóvil*, **1995**. España. || «El mismo refrán lo dice: piensa mal y acertarás.» Rosario Castellanos, *El eterno femenino*, **1995**. México. || «Los aficionados al misterio, a lo enrevesado, a los tortuosos caminos del mal, a las emociones fuertes, al piensa mal y acertarás, a la conspiración permanente, y a la tertulia universal tienen ya a su alcance una completa visión del infierno.» *La Vanguardia*, 4/5/**1994**. España. || «No puedo dar ni un sí ni un no en lo que respecta a la renuncia del abad, aseguró. Ello, en tanto que voces episcopales declararon en torno de la renuncia del viejo refrán de piensa mal y acertarás. *Excelsior*, 8/6/**1996**. México. [◇Sin embargo, *Mateo*, 7:1, nos dice acerca de pensar mal de los demás: «No juzguéis para que no seais juzgados.»]
 2. > **necio**, *necio es quien piensa que el otro no piensa.*

peor > **mejor**, *procura lo mejor, espera lo peor y toma lo que te viniere.*

pera
 1. **pedir peras al olmo.** Pedir imposibles.
 • «... aquello, que pensé era, magnífica a maytines, o que yuades a coger peras al olmo y si no fuera por...» Francisco Martínez de Castillo, *Tratado breve sobre la maravillosa obra de la boca*, **1570**. España. || «... y es pedir a nosotros eso como pedir peras al olmo.» Miguel de Cervantes Saavedra, *El ingenioso hidalgo don Quijote de la Mancha*, **1605**. España. || «... porque pensar que el duque mi señor me ha de hacer justicia es pedir peras al olmo por la ocasión que ya vuesa merced...» Miguel de Cervantes Saavedra, *Segunda parte del ingenioso caballero don Quijote de la Mancha*, **1615**. España. || «Mantos hay en mi aposento y baules. Baja a abrirlos. Leonor: Vamos; que apaciguar celos es pedir peras al olmo.» Tirso de Molina, *Los balcones de Madrid*, **1632-34**. España. || «¿Sí? Pues

perder

aplíquese usted ese texto desde hoy. No pida peras al olmo y deje a cada varón que haga de su capa un sayo.» Manuel Bretón de los Herreros, *El pelo de la dehesa,* **1840**. España. || «Pedir, por lo tanto, instituciones a un dictador es pedir peras al olmo.» Emilio Romero, *Tragicomedia de España. (Unas Memorias sin contemplaciones),* **1985**. España. || «Que cambie el talante del presidente Bucaram parece que es pedir peras al olmo.» *Diario Hoy,* 29/1/**1997**. Ecuador. || «Pero no pidamos peras al olmo ni racionalidad a la irracionalidad.» José María Carrascal, *La Razón,* 22/7/**2001**. España.

perder
1. lo que con unos se pierde con otros se gana. No hay que desesperar porque todo se suele igualar y cumplir.
• «¿Veis aquí?, lo que con unos se pierde con otros se gana.» Francisco Delicado, *La Lozana Andaluza,* **1528**. España.
2. > **beber,** *más vale beber que perder.*
3. > **ganar,** *unas veces se gana y otras se pierde.*
4. > **maña,** *el que malas mañas ha, tarde o nunca las perderá.*

perdido
1. perdido es quien tras perdido anda. El que sigue los pasos de otro y le imita corre el riesgo de sufrir las mismas calamidades.
• «¡Guay de orejas que tal oyen! Perdido es quien tras perdido anda.» Fernando de Rojas, *La Celestina,* **1499**. España. || «… señor Figueroa, que se podrá dezir de nosotros que «es perdido quien tras perdido anda.» Lorenzo Sepúlveda, *Comedia de Sepúlveda,* **1565**. España.

perdiz
1. la perdiz, en la nariz. El olor nos dice si se puede comer el ave.
• «La perdiz es mejor un día o dos después de muerta, pero nunca es buena cuando su estado está de acuerdo con el refrán: la perdiz, en la nariz.» Ángel Muro, *El Practicón, tratado completo de cocina,* **1891**. España. || «Dice el adagio, que la perdiz por la nariz, pero no hay que exagerar. No debe estar pasada el ave, ni tampoco se puede condimentar bien una perdiz recién muerta. Sólo a fuerza de aliños y guarniciones, se podría tragar.» Ángel Muro, *El Practicón, tratado completo de cocina,* **1891**. España.

*perdonar (ideas) *quien se **abate** a poco, no perdonará lo mucho; haz **bien** y no mires (cates) a quien; a **enemigo** que huye, puente de plata; en casos de **honra**, no se ahonda.*

*pereza (ideas) *unos por otros y la casa sin barrer; obra de **común**, obra de ningún; a mal **Cristo**, mucha sangre; **culo** sentado no gana bocado; el que mucho **duerme**, legañas cría; quien a su **enemigo** popa, a sus manos muere; juntarse (confundir) el **hambre** con las ganas de comer; en casa del **herrero**, cuchillo de palo; al **hombre** vergonzoso el diablo se lo llevó a palacio; **hombre** sin plata, la cama lo mata; **madre** holgazana saca hija cortesana; a buenas horas **mangas** verdes; la **ociosidad** es la madre (fuente) de todos los vicios; entrar por un **oído** y salir por el otro; no es nada lo del **ojo**, y lo llevaba en la mano; **oveja** que bala pierde bocado; **oveja** que bala pierde bocado; a nadie le toma el **sol** en la cama.*

Perico > **pan,** *mucho te quiero Perico, pero pan poquico.*

perro
   1. **a carrera larga, perro galgo.** Porque es el más corredor. Para hacer las cosas bien se necesita un experto.
   • «Como bien dice el refrán, a carrera larga, perro galgo.» Carlos Gracia Monterde, *Tras la caza menor,* **1996**. España.
   2. **a otro perro con ese hueso.** Se emplea para rechazar lo que no es conveniente para uno.
   • «A otro perro con ese hueso.» Marqués de Santillana (Íñigo Lóez de Mendoza), *Refranes que dizen las viejas tras el fuego,* **1454**. España. || «Querían ver si era levantisco, de los que quitan y no ponen; mas, como se las entendía y les entrevaba la flor decía: No a mí que las vendo, a otro perro con ese hueso, salto en vago habéis dado...» Mateo Alemán, *Primera parte de Guzmán de Alfarache,* **1599**. España. || «A otro perro con ese hueso –respondió el ventero.» Miguel de Cervantes Saavedra, *El ingenioso hidalgo don Quijote de la Mancha,* **1605**. España. || «A otro perro con ese hueso –dijo el familiar–, que yo no le roeré.» José Francisco de Isla, *Historia del famoso predicador Fray Gerundio de Campazas...,* **1758**. España. || «¿Con que usted no tiene ideas políticas? A otro perro con ese hueso, padre Julián...» Emilia Pardo Bazán, *Los Pazos de Ulloa,* **1886**. España. || «Conque el desierto... eh... a otro otro perro con ese hueso: tú lo que quieres es joderte a Teresa.» Fernando Arrabal, *La torre herida por*

perro

el rayo, **1982**. España. || «A otro perro con ese hueso –dijo el del lavadero.» Rafael Ramírez Heredia, *El Rayo Macoy y otros cuentos*, **1984**. México. || «¡A otro perro con ese hueso! He oído lo mismo antes.» Gloria Parrado, *Muerte en el muelle*, **1984**. Cuba. [◇«A otro perro con ese hueso. f. fam. con que se da a entender a alguno que no se quieren dexar engañar de él, despidiéndole del intento.» Ac.1780.]
    3. a perro flaco todo son pulgas. La desgracia se ceba con los débiles, con los desheredados de la fortuna.
    • «El día tercero fue casi de muerte, cargó todo junto. Halléme como perro flaco ladrado de los otros, que a todos enseña los dientes, todos lo cercan, y acometiendo a todos a ninguno muerde.» Mateo Alemán, *Primera parte de Guzmán de Alfarache*, **1599**. España. || «Mucho me pudre la sangre todo esto. El león de España, desde este punto de vista, no me parece león, sino perro flaco comido de pulgas, para que salga verdadero el refrán.» Juan Valera, carta de 4/3/**1884**. España.|| «Y que a perro flaco to son pulgas.» Enrique Jardiel Poncela, *Eloísa está debajo de un almendro*, **1940**. España. || «Sí. en perro flaco todas son pulgas... He pensado que vayas a ver a la hermana, vive en la calle de Ibiza.» Camilo José Cela, *La colmena*, **1951**. España. || «¿Qué ha pasao? ABUELA: Lo de siempre, hijo. ¡Que a perro flaco...!» Lauro Olmo, *La camisa*, **1962**. España. || «¡A perro flaco todo son pulgas!» *El Mundo*, 11/11/**1995**. España. || «Dice el refrán que a perro flaco todo se le vuelven pulgas y cuando del espacio se trata no hay, hoy día...» *ABC Electrónico*, 26/6/**1997**. España. || «Euro: a perro flaco…» *ABC Economía*, 1/10/**2000**. España. [◇«*A perro flaco, pulgas gordas.* También sin la última palabra. Correas recoge un refrán similar referido a la oveja. Todos señalan que a los más débiles siempre les toca lo peor.» AMD.]
    4. a perro viejo no hay cuz cuz (tus, tus). Es difícil engañar a los de mucha experiencia.
    • «A perro viejo no cuz cuz. Pero muy mejor veréis la diferencia que ay en el escriuir a sin h o con ella en este refrán: Quien lengua ha, a Roma va; y para que veáis mejor lo que importa escriuir a con aspiración o sin ella, mirad este refrán que dize Quien no aventura no gana, el qual algunos no entienden por hallar escrita la primera a del aventura con aspiración, porque piensan ser razón que quiere dezir: quien no tiene ventura no gana; en lo qual ya vosotros veis el engaño que reciben.» Juan de Valdés, *Diálogo de la lengua*, **1535**. España. || «¡Estas burlas, a un cuñado; que yo soy perro viejo, y no hay conmigo tus, tus!» Miguel de Cervantes Saa-

vedra, *Segunda parte del ingenioso caballero don Quijote de la Mancha,* **1615.** España. [◇«cuz, cuz, voz con que, en algunos sitios, se llama a los perros.» MM. «A perro viejo no hay tus tus. Refr. que enseña, que el hombre experimentado y juicioso es mui dificultoso de engañar.» DA.]

5. cada perro se parece a su dueño. Eso creen los que no gustan de perros.

• «El significado que la gente le atribuye a esa relación se expresa en el refrán popular: cada perro (o cada carro, o cada casa) se parece a su dueño.» Leoncio Barrios, *Familia y televisión,* **1993.** Venezuela.

6. el perro del hortelano que ni come ni deja comer. Se refiere a los que no hacen pero tampoco dejan hacer.

• «... no sabiendo en qué lo debe gastar o en qué guardar, sino que siempre guardan y siempre esconden y siempre atesoran como si el mundo todo les hubiese de faltar, hechas el perro del hortelano...» Juan Justiniano, *Instrucción de la mujer cristiana,* **1528.** España. || «... porque todos los días estoy en la calle y a su puerta: porque soy su guarda: soy, en fin, el perro del hortelano...» Miguel de Cervantes Saavedra, *Entremés de la guarda cuidadosa,* **1615.** España. || «Deja, señora, querer, si no quieres; que eso es ser el perro del hortelano...» Agustín Moreto, *El desdén con el desdén,* **1654.** España. || «... siendo los indios, como dice el refrán castellano, al modo del perro del hortelano, que ni come ni deja comer, ni ellos se aprovechan de estas tierras cercanas tan buenas, ni permiten que otros las trabajen y se aprovechen de ellas.» Juan José Delgado, *Historia general sacro-profana, política y natural de las islas del Poniente llamadas Filipinas,* **1754.** Filipinas. || «... celos? —No, señor; yo no soy el perro del hortelano... aunque he de confesar que algo me disgustó en el primer momento el descubrir aquella prueba de su liviandad.» Leopoldo Alas (Clarín), *La Regenta,* **1884.** España. || «A él, perro del hortelano, no le cayó bien la decisión de ella, lo envisco. Quiso que lo discutieran, que se viesen.» Marta Portal, *Pago de traición,* **1983.** España. || «Mientras Cayetano Palacios se vengaba haciendo de su casa un sayo, afuera, el perro del hortelano envejecía sin que le asomaran los colmillos.» Héctor Sánchez, *El héroe de la familia,* **1988.** Colombia. || «El libre mercado mal entendido enfrenta proyectos autogestionados, autónomos y autofinanciados de aplicación intensiva para el desarrollo, con grandes multinacionales de recursos casi ilimitados ejecutando políticas de perro del hortelano.» *Caretas,* 30/1/**1997.** Perú. || «Como el perro del hortelano, ni comen ni dejan comer.» *El Mundo,* 12/7/**1994.** España. || «Pero no; Mendoza se ha comportado como el perro del hortelano. Ni ha comido ni ha dejado comer a los demás...» *El Mundo,* 19/9/**1994**. España. [◇«El perro del Hortelano, que ni come berzas, ni las dexa comer. Refr. que reprehende a quien ni se aprovecha de las cosas, ni dexa que los otros se aprovechen de ellas.» DA.]

7. los mismos perros pero con diferentes (distintos) collares. Igual que antes aunque la apariencia esté disfrazada.

• «¡Qué Restauración ni qué niño muerto! son los mismos perros con distintos collares...» Leopoldo Alas (Clarín), *La Regenta,* **1884**. España. || «Cuando sustituyeron a los milicianos nacionales por los voluntarios realistas, al final de 1823, y estos voluntarios formaron la guardia en la plaza de la Armería y les pasaron revista, Fernando VII, comparándolos con los milicianos nacionales, dijo: —Estos son los mismos perros con diferentes collares.» Pío Baroja, *Desde la última vuelta del camino. Memorias,* **1944-49**. España. || «Aun siendo los mismos perros con distintos collares lo que importa es deshacer nuestros predecesores. En España, la moda, las modas son muy importantes.» Max Aub, *La calle de Valverde,* **1961**. España.

8. muerto el perro, se acabó la rabia. El efecto se acaba cuando termina la causa.

• «—Muerto el perro se acabó la rabia —había dicho uno de los nobles de Vetusta.» Leopoldo Alas (Clarín), *La Regenta,* **1884**. España. || «Podrá decirse, sí, que muerto el perro se acabó la rabia, y que después que me muera no me atormentará ya esta hambre de no morir...» Miguel de Unamuno, *Del sentimiento trágico de la vida,* **1913**. España. || «... yo lo sé: muerto el perro se acabó la rabia. ¿No se dice así?» Juan Pedro Aparicio, *Lo que es del César,* **1981**. España. || «Y muerto el perro se acaba la rabia, Don Juan explica todo esto...» Luis María Anson, *Don Juan,* **1994**. España. || «Freud consideraba que la única posibilidad de curarse que le quedaba al escritor consistía en abandonar la escritura, una solución drástica: muerto el perro se acabó la rabia.» Carmen Riera, «La enfermedad de escribir», *ByN Ella,* 16/6/**2001**. España.

9. quien con perros se acuesta, con pulgas se levanta. Las malas compañías acarrean problemas.

• «E por ende dizen quien con perros se echa que con pulgas se leuanta.» Anónimo, *Libro del caballero Çifar,* **1300-1305**. España. || «Kien kon perroa se echa, kon pulgas se levanta.» Gonzalo Correas, *Vocabulario de refranes y frases proverbiales,* **1627**. España. || «Ya lo decía yo, el que se acuesta con pulgas se levanta hecho un perro.» Homero Aridjis, *Él y ella: jinetes blancos*, **1994**. México. [◇L. «qui cum canibus concumbunt cum pulicibus surgent.»]

10. perro ladrador, poco mordedor. Indica que a muchos se les va la fuerza por la boca.

• «Perro ladrador, nunka buen mordedor.» Gonzalo Correas, *Vocabulario de refranes y frases proverbiales*, **1627**. España. || «¡Toma! Eso por entendido se calla, Marcos. Bien lo sabes: perro ladrador... amén de que no hay una cuesta abajo sin una cuesta arriba...» José María de Pereda, *La puchera*, **1889**. España. || «Y liquido el trámite de disecar el perro ladrador poco mordedor.» Pedro J. Ramírez, *David contra Goliat*, **1995**. España. [◇«Los que más hablan suelen hacer menos, cuando llega la ocasión; el que más ruido o bulla mete es, casi siempre, el que menos vale.» NDLC. L. «Canes que plurimum ladrat, perraro mordent.»]

11. perro que anda, hueso halla. Para encontrar y triunfar hay que moverse.

• «Perro que anda, hueso halla, reza un proverbio.» *ABC Cultural*, 10/5/**1996**. España. || «El que no arriesga no pasa la mar, perro que no anda no topa hueso, y como el que a buen árbol se arrima buena sombra le cobija...» Eladia González, *Quién como Dios*, **1999**. México.

12. perro que ladra no muerde. Los que amenazan no suelen cumplir sus propósitos.

• «Sí, y con mui grande razón aquesse nombre te quadra, pues eres perro que ladra y muerde en el coraçón...» Hernando de Ávila, *La tragedia de San Hermenegildo*, **1580**. España. || «A pesar de estas fierezas, la coja la lleva por delante con la misma calma con que se conduce a un perro que ladra mucho, pero que se sabe no ha de morder...» Benito Pérez Galdós, *Fortunata y Jacinta*, **1885-1887**. España. || «Ya que de vista se pierde y sostiene las paradas no venga con balacadas, perro que ladra no muerde.» B. Fernández y Medina, *Charamuscas*, **1892**. Uruguay. || «¡A vé zi conmigo er refrán de que perro que ladra no muerde!» Serafín Álvarez Quintero, *Puebla de mujeres*, **1912**. España. || «Viva la filosofía con humo pero sin esqueletos... Viva el el perro que ladra y que muerde, vivan los astrólogos libidinosos...» Pablo Neruda, *Confieso que he vivido*, **1973**. Chile. || «Si es cierto que perro que ladra no muerde, también lo es que más vale malo conocido que bueno por conocer. La caída de Jruschov no fue ninguna bendición para Occidente...» Aquilino Duque, *El suicidio de la modernidad. Una revisión crítica de la cultura contemporánea*, **1984**.

España. [◇L. «canis timidus vehementius latrat quam mordet.» Nótese que en algunas de las citas el perro ladra y muerde.]
13. perro viejo late echado. La experiencia enseña a ahorrar energías.
• «¡Jm! Pero... como dice el dicho que perro viejo late sentao...» Rómulo Gallegos, *Canaima*, **1935**. Venezuela. || «Hay que planteárselo como un balón de ensayo –anota Caballero. Ese refrán según el cual perro viejo late echado vale para...» *El Universal*, 15/9/**1996**. Venezuela. [◇*latir*, ladrar.]
14. > **ciego,** *por dinero baila el perro.*
15. > **lobo,** *a carne de lobo, diente de perro.*

*****perseverar** (ideas) *poco a poco se* **anda** *mucho;* **año** *caro, harnero espeso y cedazo claro;* **año** *nuevo, vida nueva; al cabo de los* **años** *mil, vuelve el agua por do solía ir; quien no* **arrisca** *no aprisca; quien no se* **aventura** *no gana; sólo los* **burros** *no cambian de opinión con el tiempo; un* **clavo** *saca otro clavo; el que* **comienza,** *la mitad tiene hecho; el* **comer** *y el rascar todo es empezar; nunca mucho* **costó** *poco; a* **Dios** *rogando y con el mazo dando; lo que no se* **empieza** *no se acaba; a los animosos ayuda la* **fortuna;** **genio** *(hechura) y figura hasta la sepultura;* **gota** *a gota la mar se agota; a lo* **hecho,** *pecho; no* **hagas** *las cosas a medias;* **hoy** *(antes) mejor que mañana; quien* **lengua** *ha, a Roma va: el* **lobo** *pierde los dientes más no las mientes; el que* **madruga** *coge agua clara; el que* **madruga,** *Dios le ayuda; a grandes* **males,** *grandes remedios; quien se* **muda,** *Dios le ayuda; antes (primero) es la* **obligación** *que la devoción; el que la sigue la mata; el que la* **sigue,** *la consigue.*

persuadir
1. más vale persuadir que prohibir. Convencer es siempre más racional que obligar.
• «En el intento por evitar que los jóvenes caigan en la drogadicción, más vale persuadir que prohibir y abrir la discusión antes que dictar cátedra.» *El Tiempo*, 7/4/**1997**. Colombia.

pescador > **río,** *a río revuelto ganancia de pescadores.*

pez
1. el pez grande se come al pequeño (chico). Los grandes, los poderosos, siempre destruyen a los débiles.
• «La cucaracha nunca tuvo razón ante la gallina. Equivale al refrán

español: el pez grande come siempre al más chico.» R. Emilio Giménez, *Informe acerca de la Historia, Raza, Carácter,* **1922**. Rep. Dominicana. || «Que sobrevivan los más aptos, decía mi padre recordando antiguas lecturas. Que el pez grande coma al chico, que el pobre de espíritu se la aguante, que los que no pueden seguir caminando se echen a morir.» David Viñas, *Un dios cotidiano,* **1978**. Argentina. || «Y no hay vuelta que darle: el cliente escoge en un mundo en el que el pez grande se come al chico. *Caretas,* 15/1/**1998**. Perú. || «Simplemente puedes sacar una conclusión: en el mundo de la informática no siempre el pez grande come al pez chico, ni el teclado al ratón.» Kosme del Teso, *Introducción a la informática para torpes,* **1993**. España. || «... la supervivencia de los más fuertes, en un ámbito donde el pez grande se enguye al pequeño y donde la solidaridad y el cooperativismo no tienen cabida.» *El Nacional,* 10/4/**1997**. Venezuela.

2. el que quiera peces que se moje el culo. Para obtener algo hay que correr un riesgo y molestarse.

• «Yo sé torear, yo arranco las palmas a los públicos, y estas palmas son las que luego echan las monedas en el capote del guante, y el que quiera peces, que se arrime al toro.» Antonio Díaz-Cañabate, *Paseíllo por el planeta de los toros,* **1970**. España. || «Entonces el que quiera peces se tiene que mojar el culo.» *El País,* 18/4/**1991**. España.

pez > **boca,** *por la boca muere el pez.*

picar
1. al que le pique, que se rasque. Que se atenga a las consecuencias el que se sienta aludido.

• «Pues ya podéis ir con el cuento, y a la que le pique, que se rasque.» Antonio Díaz-Cañabate, *Paseíllo por el planeta de los toros,* **1970**. España.

2. > **ajo,** *quien se pica, ajos come.*
3. > **sarna,** *sarna con gusto no pica.*

piedra
1. menos da una piedra. Hay que conformarse con lo que se obtiene, por poco que sea.

• «Menos da una piedra —contestó Virginia cogiendo la cantidad y la papeleta.» José Ortega Munilla, *Cleopatra Pérez,* **1884**. Cuba. || «No es mucho; pero menos da una piedra, como suele decirse.» Julio Casares,

Crítica efímera, **1919-23.** España. ‖ «Toma estas dos pesetas. Poco es. No me consienten más mis medios, y menos da una piedra.» Ramón Pérez de Ayala, *Tigre Juan,* **1926.** España. ‖ «... ha comido, bebido y tirado de bragueta de largo, y esto no es poco, pues menos da una piedra.» José Gutiérrez-Solana, *Florencio Cornejo,* **1926.** España. ‖ «¡Menos da una piedra, don José! –¡Psché! Poco menos. ¿Adónde va uno con dos duros?» Camilo José Cela, *La colmena,* **1951.** España. ‖ «Pero se contentó una miaja. –Bueno, menos da una piedra.» Ramón Ayerra, *La lucha inútil,* **1984.** España. ‖ «Es un género que interesa poco, pero menos da una piedra, ¿no?» Carmen Martín Gaite, *Nubosidad variable,* **1992.** España. ‖ «No está lamentablemente en el podio directorial Carlos Kleiber, sino el practicón Peter Schneider; pero menos da una piedra.» *ABC Cultural,* 27/12/**1996.** España. ‖ «... sin muestras de entusiasmo, pero con el convencimiento de que menos da una piedra y que, ante el recorte de mil millones...» *El País Digital,* 10/11/**1997.** España. ‖ «Por lo pronto, vamos a celebrar que haya sido una falsa alarma. Unos pestiños, un culito de anís dulce... ¿Hace?... ¡Menos da una piedra, Bibiana!» Alonso Zamora Vicente, «De obligado cumplimiento», El extramundi y los papeles de Iria Flavia, nº XVIII, **1999.** España. [◇«Comentario irónico ante la escasez del provecho o el resultado obtenido de alguien o de algo.» MM. Es cliché más que refrán. «Por poco que gane el que juega, menos da una piedra; más vale contentarse con ganancias módicas, por insignificantes que sean, que exponerse a perder lo ganado.» NDLC.]

2. piedra movediza nunca moho la cobija. La actividad no corrompe ni degrada.

• «Pues ya sabes quán duro es dexar lo usado, y que mudar costumbre es a par de muerte, y piedra movediza que nunca moho la cobija.» Fernando Rojas, *La Celestina,* **1499.** España. ‖ «Tampoco tuve más amos que al Duque y a él, pareciéndome que piedra movediza nunca moho la cobija: y no es de hombres honrados andar cada día mudando bancos.» Diego Hermosilla, *Diálogo de los pajes en que se trata de la vida que a mediados del siglo XVI llevaban en los palacios...»* **1545.** España. ‖ «De muy buena gana me quedara yo en Salamanca con los pavos y gallinas, porque piedra movediza no la cubre moho.» Gregorio González, *El guitón Onofre,* **1604.** España. ‖ «No quise ir porque piedra movediza no cría moho.» Miguel Barnet, *Gallego,* **1981.** Cuba. [◇Erasmo, *Adagios:* «musco lapis volutus haud obducitur.»]

3. tirar la piedra y esconder la mano. Se refiere a los que hacen un daño y disimulan y fingen no haber hecho nada.
• «Echa la piedra y esconde la mano.» Marqués de Santillana (Íñigo López de Mendoza), *Refranes que dizen las viejas tras el fuego*, **1454**. España. || «... que Dios nuestro Señor puede ser muy servido y granjeándole muchas almas a su conocimiento y servicio, y como el demonio es tan astuto y envidioso tira la piedra y esconde la mano revolviendo pasiones y procurando inquietudes...» Antonio Vázquez de Espinosa, *Compendio y descripción de las Indias Occidentales*, **1629**. España. || «Como que esta remilgá de doña Belén tiene más debajo de tierra que encima: tira la piedra y esconde la mano; nada y guarda la ropa.» Serafín Álvarez Quintero, *Puebla de mujeres*, **1912**. España. || «Es el poeta en ejercicio de su alma genial e infantil, y no el encubierto y rencoroso, que tira la piedra y esconde la mano...» Pedro Salinas, *El polvo y los nombres*, **1952**. España. || «Hay que aprovechar el momento de tirar la piedra...» Moema Viezzer, *Si me permiten hablar...*, **1977**. Bolivia. || «En todos sus actos no hace más que tirar la piedra y esconder la mano.» *ABC*, 7/5/**1985**. España. || «Estamos ante una amenaza –sentenció. El tirar la piedra y esconder la mano es propia de los del PNV...» *La Vanguardia*, 30/7/**1995**. || «Anasagasti, después de tirar la piedra, esconde la mano: ahora dice que sus palabras contra los pacifistas se malinterpretaron.» *La Razón*, 29/5/**2001**. España.

4. > **hombre,** *el hombre es el único animal que tropieza dos veces con la misma piedra.*

5. > **tejado,** *quien tiene tejado de vidrio no tire piedras al de su vecino.*

pierna
1. nadie tienda más la pierna de cuanto fuera larga la sábana. Tenemos que ajustarnos a lo que tenemos, y a nuestras posibilidades.
• «Cada oveja con su pareja, y nadie tienda más la pierna de cuanto fuere larga la sábana; y déjenme pasar, que se me hace tarde.» Miguel de Cervantes Saavedra, *Segunda parte del ingenioso caballero don Quijote de la Mancha*, **1615**. España. [◊«Extender la pierna hasta donde llega la sábana. Aconseja que ninguno se exceda en sus gastos más allá de lo que sus facultades le permiten, o de lo que dicta la posibilidad de cada cual; ni en las pretensiones solicite o desee más de lo correspondiente a su estado y clase, etc.» NDLC.]

pino > **roble,** *¿quieres tener un roble? Planta primero un pino.*

plato
1. del plato a la boca se enfría (cae) la sopa. Los hay que se toman su tiempo para hacer las cosas de puro vagos que son.
• «Sin embargo, hay un dicho muy mexicano que nos recuerda que del plato a la boca, se cae la sopa.» *Diario de las Américas*, 4/3/**1997**. EE.UU.
2. poca cama, poco plato y mucha suela de zapato. La salud está en descansar, comer poco y hacer mucho ejercicio.
• «Los castizos decían refiriéndose a los viejos: poca cama, poco plato y mucha suela de zapato.» José María Gironella, *Los hombres lloran solos*. **1986**. España. || «Se come mucho más de lo necesario. La dieta mediterránea es de poco plato y mucho zapato.» Magda Carlas, *Magazine La Razón*, 31/3/**2002**. España.

*pleito (ideas) *así está el labrador entre dos **abogados** como el pez entre dos gatos; más vale un mal **arreglo** que una permanente discusión; más vale un mal **arreglo** que un buen pleito; por **callar** a nadie se hizo proceso; los cristianos en pleitos, los judíos en pascuas y los moros en bodas gastan sus **dineros**.*

pleito
1. tengas pleitos y los ganes. Aunque se ganen, los pleitos son siempre nefastos.
• «El español tenía miedo porque sabía qué significaba ser empapelado, y decía tengas pleitos y los ganes, porque perderlos era la ruina definitiva.» Eduardo Haro Tecglen, *El País*, 23/2/**2001**. España.
2. > arreglo, *más vale un mal arreglo que un buen ajuste.*
3. > sentencia, *más vale mala avenencia que buena sentencia.*

pobre
1. al pobre y al feo, todo se le va en deseo. Los dos desean porque no tienen, ni riqueza ni belleza.
• «... de ellos se puede esperar cualquier cosa, porque como dice el refrán, al pobre y al feo, todo se le va en deseo.» Luciano G. Egido, *Corazón*, **1995**. España.
2. entra el pobre agachadito, se esconde como un ratón, comerá si acaso sobra. El pobre es siempre humillado y está a expensas de los demás.

• «Mando un mozo a buscarlo. Lo entraron. Y él entró, el pobre, encogidito, como dice el refrán: Entra el pobre agachadito, se esconde como un ratón, comerá si acaso sobra.» José Antilaf Gatica, *La cita frustrada*, **1965**. Chile.

3. pobre porfiado saca mendrugo. La perseverancia es esencial para conseguir lo que se desea.

• «Y, además, por el efecto psicológico de la insistencia en la súplica: Pobre porfiado saca mendrugo, dice un refrán castellano.» Fernando Ortiz, *La música afrocubana*, **1975**. Cuba.

4. vivir pobre por morir rico. Muchos viven pobremente para almacenar riquezas que luego deben dejar.

• «El hombre que se puede escalentar a buena lumbre y se dexa ahumar, y el que puede beber buen vino y lo bebe malo, y el que puede tener buena vestidura y la tiene astrosa, y el que quiere vivir pobre por morir rico.» Fray Antonio de Guevara, *Epístolas familiares*, **1521**. España.

5. > necio, *no hay rico necio ni pobre discreto.*

***pobreza** (ideas) *en casa llena presto se guisa la* **cena;** *lo mal ganado el* **diablo** *se lo lleva; el mal habido se lo lleva el* **diablo;** *los* **dineros** *del sacristán, cantando vienen y cantando van; de menos nos hizo* **Dios;** *a buen* **hambre** *no hay pan duro (mal pan); donde no hay* **harina,** *todo es mohína;* **hombre** *sin plata, la cama lo mata; la caca del* **huérfano** *hiede más; entra el* **pobre** *agachadito, se esconde como un ratón, comerá si acaso sobra; unos* **tanto** *y otros tan poco; quien poco* **tiene** *hace largo testamento.*

pobreza

1. cuando la pobreza entra en una casa por la puerta, el amor sale por la ventana. La pobreza y el amor son casi incompatibles.

• «... cuando la pobreza entra por la puerta, el amor sale por la ventana.» Programa «El informal», Telecinco TV, 15/5/**2001**. España.

***poco** (ideas) *a menos* **bulto,** *más claridad.*

poco

1. muchos pocos hacen un mucho. No se debe desdeñar lo poco porque poco a poco se consigue mucho.

• «... porque como los Indios son muchos, aunque dan poco, de muchos pocos se hace un mucho, y más siendo continuo.» Motolinía (Fray Toribio de Benavente), *Historia de los Indios de la Nueva España*,

poder 390

1536-41. España. ‖ «... y qualquier merced que V. M. les haga, es acrecentar la Real hazienda, que muchos pocos suelen hazer una gran suma.» Martín Enríquez, *Carta del virey de la Nueva España Don Martín Enríquez al Rey Don Felipe II*, **1576**. España. ‖ «Algo se ha de gastar; mas quien no escusa el gasto escuse el largo, que muchos pocos hacen un mucho.» Gregorio González, *El guitón Onofre*, **1604**. España. ‖ «... pues como de la equidad de derechos resulta el mayor Comercio, y de ello ser mayor la utilidad, por ser regla cierta la del comun adagio, de que mas valen muchos pocos, que pocos muchos, acuden adonde ay la equidad...» Francisco Máximo de Moya Torres y Velasco, *Manifiesto universal de los males envejecidos que España padece*, **1730**. España. ‖ «Lo otro es antiguo; ya nadie hacía caso de esas hablillas por viejas, por gastadas, pero con el escándalo nuevo, con lo de esa mala pécora, hipócrita y astuta, todo se renueva, todo toma importancia, y muchos pocos hacen un mucho.» Leopoldo Alas (Clarín), *La Regenta*, **1884**. España. ‖ «Por un lado, porque muchos pocos hacen un mucho y, por otro, porque tal medida sirve para transmitir al sector empresarial un mensaje positivo.» *La Nación*, 12/1/**1997**. Costa Rica. ‖ «Ya no es así. Ya no son muchos pocos los que hacen un mucho, como bien sentencia Sancho Panza.» M. Martín Ferrand, *ABC*, 2/12/**2000**. España. [◇«Aconseja el económico cuidado que se debe poner en reducir hasta los desperdicios más cortos, porque continuados suelen acarrear grave menoscabo, considerable pérdida...» NDLC.]

    2. > **andar**, *poco a poco se anda mucho.*
    3. > **tanto**, *unos tanto y otros tan poco.*

poder > **querer**, *querer es poder*; > **querer**, *más hace el que quiere que el que puede.*

poeta
    1. el poeta nace, el orador se hace. Parece ser que los poetas lo son por herencia genética o don divino. Los oradores tienen que estudiar y trabajar para serlo.
    • «... me haze mucha dificultad esta su sentencia q[ue] dize assí: El poeta nace y el orador se haze.» Alonso López Pinciano, *Filosofía antigua poética*, **1596**. España. ‖ «Se dirá que, pues el poeta nace y no se hace, que el haber o no haber Academia podrá contribuir muy poco para estas casuales criaturas...» Francisco Mariano Nipho, *Idea política y cristiana para reformar el actual teatro de España*, **1769**. España.

2. > **médico,** *de médico, de poeta y de loco, todos tenemos un poco.*

pollo
   1. **pollo de enero cada pluma vale un dinero.** Parece que los pollos de enero eran mejores.
   • «El pollo de enero, a San Juan es comedero.» Sebastián de Covarrubias, *Tesoro de la lengua castellana o española,* **1611.** España. || «Dice un refrán catellano que el pollo de enero cada pluma vale un dinero. El pollo es mejor para comerse, de septiembre a mayo, y cuanto más frío hace, mejor es su carne, por consiguiente no miente el adagio.» Ángel Muro, *El Practicón, tratado completo de cocina,* **1891.** España. [◇San Juan es el 24 de junio.]

polvo
   1. **de aquellos polvos vienen estos lodos.** Las malas acciones conllevan malos resultados. Causa y efecto.
   • «Pues que cuando venía alguno en mi seguimiento y me llegaba al alcance, allí sí que era el temer. No hay atajo sin trabajo. De aquellos polvos vinieron estos lodos...» Gregorio González, *El guitón Onofre,* **1604.** España. || «De akellos polvos vienen estos lodos; o se hizieron estos lodos.» Gonzalo Correas, *Vocabulario de refranes,* **1627.** España. || «Entrad en vuestro corazón y allí oiréis una voz sarcástica que os dirá: De aquellos polvos nacen estos lodos.» Ramón Sarabia, *¿Cómo se educan los hijos? Lecciones de pedagogía familiar,* **1945.** España. || «Del lío que se sucedió pudiera decirse –como de estos lodos– que vino de aquellos polvos...» Camilo José Cela, *Judíos, moros y cristianos,* **1956.** España. || «Algunos pretenden convencernos de que de aquellos polvos vienen estos lodos.» *El Mundo,* 7/2/**1996.** España. || «Mientras ello no suceda, aquellos polvos (fondos reservados) traerán estos lodos.» *El Mundo,* 28/7/**1994.** España. || «De aquellos polvos vinieron estos lodos y desde el INAEM se busca donde recolocarla» *ABC Cultural,* 4/10/**1996.** España. || «Tuve etarras en mi casa de Londres. Hacíamos mal y de aquellos polvos vinieron estos lodos.» Joaquín Sabina, *Interviú,* 4-10/12/**2000.** España. || «Lo mataron por una mujer. Aquellos polvos... No le dejé terminar. –Trajeron estos lodos.» José María Carrascal, *Cien millones,* **2000.** España.

porfiar
   1. **el que porfía mata venado (la caza).** Hay que ser constante y no cejar en el empeño.

• «... y así es bien dejarlas asegurar de todo punto, que la espera en estos lances es la que mata la caza.» Alonso Martínez de Espinar, *Arte de Ballestería y Montería*, **1644**. España. || «Sin embargo ya lo dice un dicho y lo dice bien... el que porfía, mata venado, persistente, el regente continuó llevando a cabo sus giras de trabajo, aunque ahora sí procuró ser más cauto en sus recorridos.» *Excelsior,* 8/12/**1996**. México.

*****poseer** (ideas) *no hay tal **ave** como la que dicen ave del tuyo; el ojo del amo engorda el **caballo**; más vale buena **esperanza** que ruin posesión.*

posesión > **esperanza,** *más vale buena esperanza que ruin posesión.*

pozo
   1. **María tapó el pozo luego que cayó el niño.** Las precauciones deben tomarse antes y no después.
   • «Un viejo refrán español dice: María tapó el pozo luego que cayó el niño, lo que demuestra que prevenir antes de...» Jorge Almeida, *Cómo cuidar al bebé,* **1975**. Argentina.
   2. > **gozo,** *mi gozo en un pozo.*

práctica
   1. **la práctica (ejercicio) hace al maestro.** Lá práctica es lo mejor para aprender y dominar algo.
   • «Pero como es sabido que las costumbres políticas se van formando poco a poco, hasta que según el adagio vulgar el ejercicio hace maestro.» Antonio Alcalá Galiano, *Lecciones de Derecho Político,* **1843**. España. || «Diga usted, señora que, como nosotros decimos, la práctica hace al maestro arguye mi compañero chileno.» Miguel Ángel Asturias, *Un viaje por Rumanía (II),* **1928**. Guatemala. [◊> **maestro.**]

predicar
   1. **bien predica quien bien vive.** Es bueno dar buen ejemplo a los demás.
   • «Bien predica quien bien vive –respondió Sancho–, y yo no sé otras tologías.» Miguel de Cervantes Saavedra, *Segunda parte del ingenioso caballero don Quijote de la Mancha,* **1615**. España.
   2. **una cosa es predicar y otra dar trigo.** Hablar es fácil pero hacer un esfuerzo ya es otra cosa.

• «... que es lo que digo, una cosa es predicar y otra dar trigo...» Miguel Delibes, *Cinco horas con Mario*, **1966**. España. || «Que una cosa era predicar y otra dar trigo.» Inés Palou, *Carne apaleada*, **1975**. España. || «... y se quedó un ratito más, meditando qué fácil es predicar y qué difícil dar trigo.» Juan García Hortelano, *Gramática parda*, **1982**. España. || «Una cosa es predicar y otra dar trigo.» Jesús Albarracín, *La economía de mercado*, **1991**. España. || «Pero una cosa es predicar y otra escribir artículos.» Amando de Miguel, *La perversión del lenguaje*, **1994**. España. || «... predicar y dar trigo. Una cosa es predicar y otra dar ejemplo.» *El País Digital*, 20/10/**1997**. España. || «... pues a dos semanas del día electoral ya se ha dicho caso todo. Lo que se debe decir se ha dicho ya. Dar trigo, eso ya se verá.» Mikel Azurmendi, *ABC*, 26/5/**2001**. España.
3. > **ejemplo,** *predicar con el ejemplo.*

prenda > **pagador,** *al buen pagador no le duelen prendas.*

preñada
   1. ay de mí, que cuanto menos lo caté, preñada me vi. A veces no se disfruta del sexo y encima trae malas consecuencias.
   • «Y camino del embarazo es... ¡tente puma!, que ya lo dice el refrán, besos y abrazos no hacen chiquillos, pero tocan a vísperas, cuya consecuencia se desarrolla en otro proverbio: ¡Ay de mí, que cuanto menos lo caté, preñada me ví.» Carlos Fisas, *Historias de la Historia*, **1983**. España.
   2. la vida de la preñada es vida privilegiada. Hoy este refrán no tiene sentido.
   • «Claro está que por ello deben existir el refrán La vida de la preñada es vida privilegiada y la locución popular: tienes más antojos que una preñada.» Carlos Fisas, *Historias de la Historia*, **1983**. España.

preso
   1. preso por mil, preso por mil quinientos. Puestos a correr un riesgo es igual ocho que ochenta y ya puestos hay que ir a por todas.
   • «... sí, por cierto; diga quien dijere; preso por mil, preso por mil y quinientos; todo se me alcanza...» Francisco de Quevedo, *La hora de todos y la Fortuna con seso*, **1635**. España. || «Preso por mil preso por mil y quinientas.» Baltasar Gracián, *El Criticón. Tercera parte*, **1657**. España. [◊«ref. Preso por mil, preso por mil y quinientos; el que se pone a cometer algún delito, emprender alguna cosa, o correr un riesgo,

lo mismo le da ya hacer lo más que lo menos; lo mismo le da ocho que ochenta.» NDLC.]

prestar
1. quien presta, no cobra; si cobra, no tal, y si tal, enemigo mortal. Si se presta se pierde lo prestado y la amistad.
• «Kien presta, no kobra; si kobra, no tal; si tal, enemigo mortal.» Gonzalo Correas, *Vocabulario de refranes y frases proverbiales*, **1627**. España. [◇var. *Quien presta no cobra, y si cobra no todo, y si todo, no tal, y si tal, enemigo mortal.* L. «si prestabis non habebis; si habebis, no tam cito; si tam cito non tam bene; si tam bene, perdes amicum.» Sin embargo, *Mateo* 5:42, nos dice: «Al que te pida, dale; y al que quiera tomar de ti prestado, no se lo rehúses.»]

presumir
1. díme de qué presumes y te diré de qué careces (adoleces). Los que se alaban de algo suelen no tenerlo.
• «Si se creen obligados a aparentar tanta firmeza –di de qué presumes y te diré de qué careces–, es que se sienten débiles.» *El Mundo*, 26/1/**1994**. España. || «El goce que ella proclama, en su desmesura, en su hipersignificación (fresones/fresas), se delata como mascarada. («Dime de qué presumes y te diré de qué careces»).» Jesús González Requena; Amaya Ortiz de Zárate, *El espot publicitario. Las metamorfosis del deseo*, **1995**. España. || «Dime de lo que presumes y te diré de lo que careces...» Luis Clemente, *Kiko Veneno*, **1995**. España. || «Dime de qué presumes y te diré de lo que adoleces.» Armando Barriguete Castellón, *Lo que el vino se llevó (psicodinamia del alcoholismo)*, **1996**. México.

*prevenir (ideas) *más vale un por si* **acaso** *que un quién pensara; no bebas* **agua** *que no veas ni firmes carta que no leas;* **amor** *de rey no es heredad; a gran* **arroyo**, *pasar postrero;* **asno** *de muchos, lobos se lo comen; el* **asno** *sufre la carga, mas no la sobrecarga; lo* **barato** *es caro; cuando las* **barbas** *de tu vecino veas afeitar, pon las tuyas a remojar; el que abre la* **boca** *paga con la gorja; en* **boca** *cerrada no entran moscas; el que* **callar** *no puede, hablar no sabe; ni tanto ni tan* **calvo**; *camarón (boquerón) que se duerme se lo lleva la corriente; cada uno en su* **casa** *y Dios en la de todos;* **casa** *sin varón, plaza sin guarnición; quien se* **casa** *por amores, ha de vivir con dolores; mejor es* **casarse** *que abrasarse; quien hace un* **cesto** *hace ciento; las* **cuentas** *(cosas)* *claras y el chocolate espeso; la mujer del **ciego**, ¿para quién se afeita?; dejar lo **cierto** por lo dudoso; haber sido **cocinero** antes que fraile; a los **cojos** se les conoce por la manera de andar; quien se junta con un **cojo**, al año cojo y medio; más vale ponerse morado una vez que cien veces **colorado**; obra de **común**, obra de ningún; quien no te **conozca** que te compre; de planes que no cuajan y **cuentas** que no salen, se llenan los asilos y los hospitales; poco **daño** espanta y mucho amansa; el que **da** primero da dos veces; la mejor **defensa** es el ataque; del **dicho** al hecho hay mucho trecho; donde hay más **doctores** hay más dolores; la **doncella** honesta, el hacer algo es su fiesta; quien a su **enemigo** popa, a sus manos muere; quien **engaña** al engañador tiene cien años de perdón; para escoger **esposa** hay que bajar un escalón; y subirlo para escoger un amigo; ni **fíes** ni porfíes; el **fin** justifica los medios; no la **hagas** y no la temas; **hombre** prevenido (apercibido, precavido) vale por dos; por el **humo** se sabe dónde está el fuego; **jaula** nueva, pájaro muerto; donde todo es **malo** no es posible escoger; hasta el cuarenta de **mayo** no te quites el sayo; quien adelante no **mira**, atrás se queda; es mejor ser cabeza de **ratón** que cola de león; ¿quieres tener un **roble**? Planta primero un pino; más vale **rodear** que caer.*

prevenir
1. más vale prevenir (remediar, castigar, curar, ser prevenidos) que lamentar. Es siempre mejor estar preparados para cualquier eventualidad.

• «Ordenemos nuestras ánimas con tiempo, que más vale prevenir que ser prevenidos.» Fernando de Rojas, *La Celestina*, **1499**. España. || «Si repentinamente se desarrollase una peste que diezmase nuestras vidas, o una pertinaz sequía agostase prematuramente los campos, correrían todos a una rogativa extraordinaria; lo cual equivaldría a acordarse de Santa Bárbara cuando truena; sin tener en cuenta que más vale prevenir que remediar...» Juan Albizu y Sainz de Murieta, *Homilías parroquiales*, **1917**. España. || «De esos que siempre están formando escándalo en la vía pública, cuando andan con plata en el bolsillo, contimás siendo oro de ley. Más vale prevenir que castigar, dice el manual del buen gobernante que usted está escribiendo en los ratos desocupados. ¿No es así, Bachiller?» Rómulo Gallegos, *Canaima*, **1935**. Venezuela. || «–Es la pregunta que le hice yo a él. –¿Qué le respondió? –Lo de siempre... Que más vale prevenir que curar.» Juan Goytisolo, *Señas de identidad*, **1966**. España. || «... pero está tan flaco, no tiene más que la piel y los huesos, Mario, que me preocupa ese chico, la verdad, que le viene cualquier cosa, le coge sin defensas y sanseacabó. Mamá decía, más vale prevenir que curar...» Miguel Delibes, *Cinco horas con Mario*, **1966**. España. ‖ «Ante la creciente volatilidad de los flujos de capital, la reunión de primavera del FMI sólo ha extraído una conclusión propia del sentido común: más vale prevenir que curar.» *La Vanguardia*, 2/5/**1995**. España. ‖ «Por ahora lo importante es que si se va a adquirir una obra –cualquiera que sea su tamaño o su precio– se recurra primero a la voz de los expertos para que certifiquen la autenticidad de la firma. Más vale prevenir que lamentar.» *El Tiempo*, 24/9/**1996**. Colombia. [◇Bracton, *De Legibus* V, x: «melius & utilius est in tempore occurrere, quam post causam vulneratam quaerere remedium.»]

primavera
1. la primavera la sangre altera. Se supone que la primavera altera el estado de ánimo y físico de las personas.
• «...que el doctor Arellano estaba ausente; y que los demás clínicos no daban abasto, ya que no era un adagio más lo de la primavera la sangre altera...» Torcuato Luca de Tena, *Los renglones torcidos de Dios*, **1979**. España. ‖ «Ándate con ojo. La primavera la sangre altera.» Miguel Delibes, *Madera de héroe*, **1987**. España. ‖ «Resulta que en cuanto entro en primavera, que la sangre altera, hay en mí como una renovación de antiguas heridas.» José Luis Alegre Cudós, *Locus amoenus*, **1989**. España. ‖ «Falsas creencias: La primavera la sangre altera.» *ABC*, 23/4/**2000**. España.

primero
1. lo primero es lo primero. Las prioridades son importantes.
• «Pero, como dice un refrán, lo primero es lo primero y los destinos de la política interior constituyeron ayer el centro de toda atención.» *Excelsior*, 13/9/**1996**. México.

pringar
1. aún no asamos y ya pringamos. Antes de comenzar ya tenemos problemas.
• «¡Aún no asamos y ya pringamos!» Ramón María del Valle-Inclán, *La corte de los milagros*, **1927**. España.

prior
 1. **no se acuerda el prior (cura) de cuando fue sacristán.** Tendemos a olvidar los malos tiempos una vez pasados.
 • «... no se acuerda el prior de cuando fue sacristán.» Gertrudis Gómez de Avellaneda, *El artista barquero o los cuatro 5 de junio*, **1861**. Cuba. [◇«No se acuerda el cura de cuando fue sacristán; el que ha sido elevado a algún empleo, difícilmente se acuerda de los que alternaron con él cuando era de más humilde esfera.» NDLC.]

prisa
 1. **la prisa no hace ganar tiempo.** La prisa no es siempre aconsejable.
 • «En este sentido, Fred DeArmond afirma que la prisa no hace ganar tiempo.» Julián Carrasco Belinchón, *Manual de organización y métodos*, **1966**. España. [◇L. «omnis festi natio est a diabolo», la prisa es cosa del diablo.]

***problema** (ideas) *a cada **cabo** hay tres leguas de mal quebranto; el **can** que mucho lame, sangre saca; el **dinero** es la fuente de todos los males; **dinero** no falte y trampa adelante; no estar el **horno** para bollos; **salir** de las llamas y caer en las brasas.*

procesión > **repicar**, *no se puede repicar y andar en la procesión.*

proceso > **callar,** *por callar a nadie se hizo proceso.*

procurar > **mejor,** *procura lo mejor, espera lo peor y toma lo que te viniere.*

profeta
 1. **nadie es profeta en su tierra (patria).** A nadie se le tiene en cuenta ni en su tierra, ni en su ciudad ni en el seno de su familia.
 • «¡Ah! Aquí no se recompensa el verdadero mérito. Bien dicen que nadie es profeta en su patria.» Benito Pérez Galdós, *La Corte de Carlos IV*, **1873**. España. || «Con lo cual se comprueba una vez más que nadie es profeta en su patria.» M. Menéndez Pelayo, *Orígenes de la novela*, **1905**. España. || «Si el prestigio de Vicente se hallaba en Piedra Azul bajo cero, nadie es profeta en su tierra, en otros lugares...» Teresa de la Parra, *Memorias de Mamá Blanca*, **1929**. Venezuela. || «Esto aparte, es sabido que en el campo de la hechicería el brujo bárbaro o extranjero suele tener

prohibir

siempre más prestigio que el del mismo país. Reza un proverbio castellano que nadie es profeta en su tierra. Ni el mejor brujo.» Fernando Ortiz, *La música afrocubana*, **1975**. Cuba. || «No hablemos más. ¡Nadie es profeta en su tierra, hermanos!» Francisco Nieva, *Coronada y el toro (Rapsodia española)*, **1982**. España. || «Aunque nadie sea profeta en su tierra, Ripstein anuncia: el año que viene, en la Nueva Jerusalén.» Antonio Paulo Paranaguá, *Arturo Ripstein*, **1997**. México [◇*Mateo* 13:56: «Sólo en su patria y en su casa es menospreciado el profeta.» Nótese que San Mateo menciona «casa» también.]

prohibir > **persuadir**, *más vale persuadir que prohibir.*

prometer** (ideas) ***decir *y hacer comen a mi mesa; contigo* ***pan*** *y cebolla; una cosa es* ***predicar*** *y otra dar trigo; más vale un* ***toma*** *que dos te daré.*

prostitución** (ideas) *si vas a trabajar en una casa de citas, es bueno ser la mejor de las empleadas;* ***madre *holgazana saca hija cortesana.*

provecho** (ideas) ***agosto *y vendimia no es cada día, y si cada año, unos con provecho y otros con daño; hacer su* ***agosto****; a nadie le* ***amarga*** *un dulce; los* ***amigos****, el dinero y los cojones son para las ocasiones; más vale aceña parada que* ***amigo*** *molinero;* ***amor*** *hace mucho y el dinero, remucho; cuando te dieren el* ***anillo****, pon el dedillo;* ***año*** *de nieves, año de bienes; un* ***árbol*** *se le conoce por su fruto; quien tiene* ***argén****, tiene todo bien; a la segunda* ***azadonada*** *sacó agua; cuando viene el* ***bien****, métele en casa; hacer* ***bien*** *nunca se pierde; más vale un* ***bombón*** *para dos que una perlana para uno; nunca lo bueno fue mucho; a buen* ***caballo****, la mejor espuela; el ojo del amo engorda el* ***caballo****; ande yo* ***caliente*** *y ríase la gente; menea la cola el* ***can****, no por ti, sino por el pan; si quieres que te siga el* ***can****, dale pan;* ***candil*** *sin mecha, ¿qué aprovecha?; muchas* ***candelillas*** *hacen un cirio pascual; un* ***clavo*** *saca otro clavo; el que* ***comienza****, la mitad tiene hecho; el* ***consejo*** *de la mujer es poco, y el que no lo toma, un loco; lo que no nos* ***cuesta****, hagámoslo fiesta; del* ***cuero*** *salen las correas;* ***dádivas*** *quebrantan peñas;* ***da*** *y ten, venirte han a ver;* ***durmamos*** *y medraremos; en la* ***duda****, abstente; más da el* ***duro*** *que el desnudo; la* ***gallina*** *de los huevos de oro; más vale caer en* ***gracia*** *que ser gracioso; vale más un día del* ***hombre*** *discreto, que toda la vida del necio; no hay* ***libro*** *malo que no tenga algo bueno; el* ***muerto*** *al hoyo y el vivo al bollo; puesto que* ***pecar****, por lo menos chúpate los bigotes; quien bien* ***siembra****, bien coge.*

prueba > confesión, *confesión de parte, relevo de prueba.*

pueblo > arruinar, *acabado el templo, arruinado el pueblo.*

puente > enemigo, *a enemigo que huye, puente de plata;* **> río,** *a gran río, gran puente.*

puerco
   1. a cada puerco (chancho, cerdo) le llega su San Martín. No hay nadie exento de calamidades; tarde o temprano sufrimos nuestro destino.
   • «Ya yo tengo noticia deste libro –dijo don Quijote–, y en verdad y en mi conciencia que pensé que ya estaba quemado y hecho polvos, por impertinente; pero su San Martín se le llegará, como a cada puerco...» Miguel de Cervantes Saavedra, *Segunda parte del ingenioso caballero don Quijote de la Mancha,* **1615**. España. || «¡Ya llegó mi San Martín!» Manuel Bretón de los Herreros, *Muérete ¡y verás!,* **1837**. España. || «A cada puerco le llega su San Martín.» José Sanchís Sinisterra, *Ñaque o de piojos y autores,* **1980**. España. || «A cada chancho le llega su San Martín –me despedí.» Vlady Kociancich, *La octava maravilla,* **1982**. Argentina. || «A cada puerco le llega su San Martín.» José María Gironella, *Los hombres lloran solos,* **1986**. España. || «Los más abyectos refranes sirvieron para enterrarlo y los del que mal anda, mal acaba, el que a hierro mata, a hierro muere y a todo cerdo le llega su San Martín.» Luciano G. Egido, *Corazón,* **1995**. España. || «A cada cerdo le llega su San Martín.» *ABC Eléctrónico,* 13/10/**1997**. España. || «Cuando a cada cerdo le llega su San Martín, al más obeso ¿le meten en la caldera de Pedro Botero?» Fernando Arrabal, *El Mundo,* 25/2/**2001**. España.
   2. al más ruin puerco la mejor bellota. Siempre lo mejor para el que menos se lo merece.
   • «... el más ruin jabalí se come la mejor bellota.» Baltasar Gracián, *El Criticón. Segunda parte,* **1653**. España. || «Siempre la mejor bellota el más ruin puerco la lleva.» Don Ramón de la Cruz, *El casamiento desigual,* **1769**. España.

puerta
   1. si una puerta se cierra, ciento se abren. Siempre hay más oportunidades, si se pierde una.

pulga

- «Que quando una puerta se cierra, otra suele abrir la Fortuna, y este mal, aunque duro, se soldará.» Fernando de Rojas, *La Celestina*, **1499**. España. || «Paréceme, Sancho, que no hay refrán que no sea verdadero, porque todos son sentencias sacadas de la mesma experiencia, madre de las ciencias todas, especialmente aquel que dice: Donde una puerta se cierra, otra se abre. Dígolo porque si anoche nos cerró la ventura la puerta de la que buscábamos, engañándonos con los batanes, ahora nos abre de par en par otra, para otra mejor y más cierta aventura...» Miguel de Cervantes Saavedra, *El ingenioso hidalgo don Quijote de la Mancha*, **1605**. España. || «Por lo demás, no hay que apurarse, que si una puerta se cierra, ciento se abren.» Julián Zugasti y Sáenz, *El bandolerismo. Estudio social y memorias históricas*, **1876**. España. || «Si una puerta se cierra, ciento se abren –contestó Pío Cid de buen humor.» Ángel Ganivet, *Los trabajos del infatigable creador Pío Cid*, **1898**. España. [◇«Por muy adversas que sean las circunstancias siempre surgen nuevas oportunidades. No hay que desesperar, nos dice el refrán. Robert Burton en su *Anatomy of melancholy* nos dice: «premente deo, fert deus alter opem», cuando un dios amenaza, otro viene a la defensa.» DCB. Y el NDLC dice: «Tras un lance desdichado o adverso, suele venir otro feliz y favorable. Sirve este adagio principalmente para consolar en los infortunios, desaires de fortuna, desprecios recibidos, etc.»]

pulga > **perro**, *a perro flaco todo son pulgas.*

punto > **Blas**, *díjolo Blas, punto redondo.*

puta
1. **cada puta hile, y comamos.** Hay que tomar las cosas con calma y esperar acontecimientos.
- «... no hay para qué darme priesa a que ensille a Rocinante, albarde el jumento y aderece al palafrén, pues será mejor que nos estemos quedos, y cada puta hile, y comamos.» Miguel de Cervantes Saavedra, *El ingenioso hidalgo don Quijote de la Mancha*, **1605**. España.
2. **con maricones y putas, no te metas en disputas.** Demuestra la falta de comprensión y caridad de la gente, más que la sabiduría popular.
- «Ya lo dijo el refranero: Con maricones y putas, no te metas en disputas.» Ramón María del Valle Inclán, *Cara de Plata*, **1923**. España.

3. hermosura en puta y fuerza en bastajo. La mujer debe ser guapa y el hombre viril.

• «Mal de muchos, gozo es. Alzá los ojos arriba, y veréis la manifatura de Dios en la señora Clarina. Allí me mirá vos. ¡Aquélla es gentil mujer! Lozana: Hermano, hermosura en puta y fuerza en bastajo.» Francisco Delicado, *La Lozana Andaluza*, **1528**. España. [◇ *bastajo*, badajo.]

4. más vale ser puta sin merecerlo, que parecerlo y no serlo. Parecer puta y no serlo es siempre peor.

• «Pero la otra tampoco es una zonza, pues incluso ha llegado a ponerle sin permiso de nadie filosofía a su comportamiento. Cansada de los chismes y calumnias del pueblo decidió cortar por lo sano buscando justa protección en ese proverbio que, si mi memoria no me falla, dice que más vale ser puta sin merecerlo, que parecerlo y no serlo.» R. Humberto Moreno-Durán, *El toque de Diana*, **1981**. Colombia.

5. ni sábado sin sol, ni moza sin amor, ni viejo sin dolor, ni puta sin arrebol. No es cierto.

• «Ni sábado sin sol, ni moza sin amor, ni viexo sin dolor, ni puta sin arrevol.» Anónimo, *Corpus de la lírica popular hispánica*, **1500-1700**. España.

6. para ser puta y no ganar nada, más vale ser mujer honrada. Si no se va a obtener beneficio, es mejor ser honrado.

• «Claro, pues como dice el refrán, para ser puta y no ganar nada más vale ser mujer honrada.» R. Humberto Moreno-Durán, *El toque de Diana*, **1981**. Colombia.

7. puta próxima escarneces y puta remota ennoblece. Los posibles agravios o afrentas cercanas a nosotros nos afectan más que los lejanos, aun siendo iguales. También los antepasados ennoblecen, por malos que hubiesen sido.

• «La costumbre de tener hijos naturales se está perdiendo [...] Don Juan de Austria, en nuestro timorato tiempo, estaría mal visto en sociedad. El refrán heráldico de que puta próxima escarneces y puta remota ennoblece, se toma, en nuestros días demasiado al pie de la letra.» Camilo José Cela, *La rosa*, **2001**. España.

8. putas y toreros a la vejez os espero. La vejez es nefasta para estas dos profesiones.

• «Por eso, en su artículo de *ABC*, de fecha 2 de octubre de 1995, como argumento [...] decía putas y toreros a la vejez os espero.» Carlos Abella, *¡Derecho al toro!*, **1996**. España.

9. ser puta y buena mujer no puede ser. Pensemos que antaño se tenía otro concepto de la mujer.
* «Ser puta y buena muger ¿cómo puede ser, señor bachiller?» Anónimo, *Corpus de la lírica popular hispánica*, **1500-1700**. España.

q

querer
1. el que algo quiere, algo le cuesta. Para obtener algo es necesario hacer un esfuerzo ya que pocas cosas se consiguen de balde.
• «Y ojalá que aquí se resolviera todo, que quien algo quiere ha de hacer; no se cogen truchas a bragas enjutas...» Gregorio González, *El guitón Onofre*, **1604**. España. || «Existe pues, una clara relación entre el esfuerzo de acumulación, previo al matrimonio, y la aspiración a la independencia, como si se aplicara el dicho el que algo quiere algo le cuesta...» Antonio Limón, *Andalucía, ¿tradición o cambio?*, **1988**. España. || «Hay un refrán que simplifica estas apetencias espontáneas o maduras con calma y es que el que algo quiere algo le cuesta y por eso tomando con parsimonia ese ansia de posesión, paso a paso y con cautela felina...» Antonio Serrano Pareja, *Coleccionismo de sellos*, **1979**. España. || «No, hijita, no, que el que algo quiere, algo le cuesta.» Alonso Zamora Vicente, *A traque barraque*, **1972**. España. || «Y además, ya sabes, el que algo quiere, algo le cuesta.» Camilo José Cela, *La colmena*, **1951**. España. || «Le firmó de inmediato la última letra al editor sin reparar en el monto a todas luces desorbitado. El que algo quiere, algo le cuesta, pensó y dio por bien invertido el dinero.» Miguel Sánchez-Ostiz, *Un infierno en el jardín*, **1995**. España.
2. más hace el que quiere que el que puede. La persona voluntariosa hace hasta lo que no puede o sabe.
• «Más hace el que quiere que el que puede. Este refrán quiere decir que más cosas hace un hombre diligente, aunque encuentre algunos obstáculos, que el perezoso sin ellos, por la desidia de no ponerlas en ejecución.» José González Seijas, *Catón metódico de los niños*, **1885**. España.
3. querer es poder. Lo esencial es querer hacer algo que luego ya encontraremos la manera de hacerlo.

querer

- «Había una sola forma de combatirlos: la indiferencia y ese viejo adagio que dice querer es poder.» Rodolfo Bojorge, *La aventura submarina*, 1992. Argentina. || «También hay que advertir que a veces la buena intención no basta. No siempre querer es poder. Mi voluntad no me asegura el éxito. Lo más que puede hacer es impulsarme a buscar el modo más adecuado de actuar.» José Antonio Marina, «Los conflictos», *El Semanal*, nº 705, 29-5/5/2001. España.

4. quien bien quiere, tarde olvida. El amor verdadero dura y perdura.

- «... otras que hilan y no son pagadas, otras que piden a quien pidió y sirven a quien sirvió, otras que ayunan por no tener...» Francisco Delicado, *La Lozana Andaluza*, 1528. España. || «... no me olvido que quien bien quiere tarde olvida.» Luis de Ayllón y Cuadros, *Vejamen*, 1646. España.

5. quien bien te quiere te hará llorar. Los que verdaderamente quieren, dicen las verdades pase lo que pase.

- «Pero vaya, que todo saldrá en la colada; que yo he oído decir: Este te quiere bien, que te hace llorar.» Miguel de Cervantes Saavedra, *El ingenioso hidalgo don Quijote de la Mancha*, 1605. España. || «... por no perder un bocado se pierden ciento; el que gasta poco gasta doblado, el que te haze llorar te quiere bien.» Baltasar Gracián, *El Criticón. Primera parte*, 1651. España. || «Caridad de ir a salvar almas desatándolas de sus cuerpos; quien bien te quiera te hará llorar.» Miguel de Unamuno, *En torno al casticismo*, 1895. España. || «Bien se dijo aquello de quien bien te quiera, te hará llorar y la caridad suele hacer llorar.» Miguel Unamuno, *Del sentimiento trágico de la vida*, 1913. España. || «... los carpetos lo comprenden así por aquello de quien bien te quiera te hará llorar.» Juan Goytisolo, *Reivindicación del conde don Julián*, 1970. España. || «Ella lo decía: Quien bien te quiere te hará llorar.» José Asenjo Sedano, *Eran los días largos*, 1982. España. || «Quien bien te quiere te hará llorar.» Alfonso Sastre, *Los hombres y sus sombras (Terrores y Miserias del IV Reich)*, 1991. España. [◇Pietro Aretino, 1492-1556, escribió una vez que quería a una persona y porque la quería prefería que esa persona le odiase por decirle la verdad que le amase por decirle mentiras. L. «qui bene amat bene castigat.»]

6. quien todo lo quiere todo lo pierde. Los codiciosos acaban sin nada.

- «Quien todo lo quiere todo lo pierde. Refrán que alude a los que por demasiada codicia abrazan a la vez más cosas de las que pueden desempeñar, resultando por lo mismo quedar todas desatendidas.» José González Seijas, *Catón metódico de los niños*, **1885**. España.

quinto
 1. **no hay quinto malo.** Se refiere al quinto toro de la corrida.
 • «Dice el refrán que no hay quinto malo. El proverbio viene de los tiempos en que no se sorteaban los toros antes de apartado.» *ABC*, 26/4/**1988**. España. [◊«La historia de este refrán es muy curiosa y creo que desconocida para muchos aficionados. Tiene su origen en la época en la que las corridas de toros no existía el sorteo de los toros, sino que era el ganadero quien −teórico conocedor del previsible juego de sus toros− reservaba el de mejor nota y presumible mejor comportamiento para ser lidiado en quinto lugar.» C. Abella, *¡Derecho al toro!*, 1996. Y antes ya había dicho Iribarren en su *El porqué de los dichos:* «Antes de que Mazzantini impusiese el sorteo que, por ser cosa justa, llegó hasta nuestros días, los ganaderos fijaban libremente el orden en que habían de pisar el ruedo sus toros. Y, convencidos de lo mucho que influyen en el éxito los factores psicológicos, reservaban para quinto lugar el toro de más confianza, a fin de dejar buen sabor de boca.»]

r

rabo
1. **de rabo de puerco nunca buen virote.** De algo malo nunca se puede hacer algo bueno.
• «De rabo de puerco nunca buen virote.» Marqués de Santillana (Íñigo López de Mendoza), *Refranes que dizen las viejas tras el fuego*, **1454**. España. || «... por lo qual vulgarmente se dize de rabo de puerco nunca buen virote.» Bernardino de Montaña de Monserrate, *Anothomía*, **1551**. España. [◇«Virote: Flecha guarnecida con un casquillo.» MM. «... de gente soez y de ruines principios, de personas sin educación ni cosa que lo valga no es posible esperar o prometerse obras dignas, meritorias, honrosas, acciones que lleven el sello de la caballerosidad, de la virtud, de la buena fe, rasgos nobles, generosos, sublimes, etc.» NDLC.]
2. > **toro**.

rana
1. **cuando las ranas críen (echen) pelo(s).** En mucho tiempo o nunca.
• «Barbilampiño, por ejemplo, implica dos representaciones, cuando menos: la cara de un adulto masculino y la ausencia de barba en esa cara; en cambio las cinco palabras cuando las ranas críen pelo se resuelven en un solo concepto: nunca.» Julio Casares, *Introducción a la lexicografía moderna*, **1950**. España. || «¿Y eso cuándo va a ser? ¿Cuando las ranas críen pelo?» Carlos Pérez Merinero, *Días de guardar*, **1981**. España. || «–Pues yo he oído que para el 18 de julio quieren venir a bendecilo. –¡Más bien será cuando las ranas críen pelos! –remató el primero.» Andrés Berlanga, *La gaznápira*, **1984**. España. || «... pero muévase, muchacho, no ve que culo sentado no gana bocado, que esto no cambia hasta que la rana eche pelos, o cuando San Juan baje el dedo...» Alfonso Chase Bre-

raposa

nes, *El pavo real y la mariposa*, **1996**. Costa Rica. [◇«Igual a cuando meen las gallinas; en la semana de dos jueves, etc. Úsase dando a entender que nunca se ejecutará o tendrá lugar alguna cosa, o bien que sucederá a la vuelta de un larguísimo e indefinido plazo, o dudando de la posibilidad de su realización, etc.» NDLC.]

raposa
1. **si mucho sabe la raposa, más el que la toma.** Siempre hay alguien más listo que uno.
   • «... quien engaña al engañador... ya me entiendes. Y si sabe mucho la raposa, más el que la toma...» Fernando de Rojas, *La Celestina*, **1499**. España. [◇«Aconseja que nadie se fíe de sus astucias y fraudes, porque cuando menos se piensa suelen ser descubiertos. A pícaro, pícaro y medio.» NDLC.]

rascar > **comer,** *el comer y el rascar, todo es empezar.*

rascar > **picar,** *al que le pique, que se rasque.*

ratón
1. **es mejor ser cabeza de ratón que cola de león.** Es preferible ser importante en una organización pequeña que pequeño en una organización grande.
   • «Por eso dicen que vale más ser cabeza de ratón que cola de león.» Gregorio González, *El guitón Onofre*, **1604**. España. || «Mesía había nacido para algo más que cabeza de ratón; era poco ser jefe de un partido, que nunca era poder, en una capital de segundo orden.» Leopoldo Alas (Clarín), *La Regenta*, **1884**. España. || «Ella por eso no pensaba ni en sueños, que la patria de uno es la patria de uno, lo aclaraba el teniente a cada rato, añadiendo: más vale cabeza de ratón que cola de león, ni en sueños lo pensaba.» Pedro Vergés, *Sólo cenizas hallarás (bolero)*, **1980**. Rep. Dominicana. || «Es mejor ser cabeza de ratón que cola de león.» *Los Tiempos*, 30/12/**1996**. Bolivia. || «... quizás, que todavía no era su tiempo, que es más importante ser cabeza de ratón que cola de león, Ascensión, no te voy a mentar la soga en la casa del ahorcado...» Alfonso Chase Brenes, *El pavo real y la mariposa*, **1996**. Costa Rica. [◇«Su sentido es claro: es preferible ser el que manda en algo, aunque pequeño, que ser mandado en algo mayor.» AMD.]

2. > **hijo,** *el hijo de la gata ratones mata.*

razón > **pasión,** *la pasión ciega la razón.*

*****recordar** (ideas) *el que se **acuerda** mucho de uno, merece el olvido piadoso de los demás; la **ausencia** causa olvido.*

rectificar
   1. **rectificar es de sabios.** Demuestran inteligencia los que aceptan sus errores y saben rectificarlos.
   • «Dice el refrán que rectificar es de sabios.» *El País,* 10/7/**1980**. España. || «Lamet dice que ha reflexionado y rectificar es de sabios.» *El Mundo,* 5/3/**1994**. España. || «Rectifiquen, que rectificar es de sabios.» *La Vanguardia,* 30/10/**1995**. España. || «Dicen que es de humanos errar y de sabios rectificar.» *Diario de las Américas,* 11/2/**1997**. EE.UU. [◊Los sabios rectifican, los tontos jamás.]

refrán
   1. **no hay refrán que no sea verdadero.** Porque las verdades de los refranes son o suelen ser, obvias y de sentido común.
   • «Paréceme, Sancho, que no hay refrán que no sea verdadero, porque todos son sentencias sacadas de la mesma experiencia, madre de las ciencias todas, especialmente aquel que dice: Donde una puerta se cierra, otra se abre. Dígolo porque si anoche nos cerró la ventura la puerta de la que buscábamos, engañándonos con los batanes, ahora nos abre de par en par otra, para otra mejor y más cierta aventura...» Miguel de Cervantes Saavedra, *El ingenioso hidalgo don Quijote de la Mancha,* **1605**. España.

regla
   1. **no hay regla sin excepción.** Las reglas no pueden nunca ser estrictas.
   • «No hay regla sin excepción –respondió don Lorenzo–, y alguno habrá que lo sea y no lo piense.» Miguel de Cervantes Saavedra, *Segunda parte del ingenioso caballero don Quijote de la Mancha,* **1615**. España. || «Aquel adagio que dice no ai regla sin ecepción, se ha de entender según lo que sucede ordinariamente.» Gregorio Mayans y Siscar, *Abecé español,* **1723**. España. || «Claro que algunas veces conviene desplazarse

hacia la izquierda, pues no hay regla sin excepción.» Fabricio Valserra, *Pugilismo*, **1945**. España. || «No hay regla sin excepción, se ha dicho.» Emilio Brugalla Turmo, *La encuadernación suntuaria*, **1975**. España. || «*El Extramundi* y los *Papeles de Iria Flavia* es rotunda demostración de que todas las reglas conocen sus excepciones, verbigracia ésa de que nunca fueron buenas segundas partes.» Gonzalo Santonja, «Los Papeles de Son Armadans», *ABC Cultural*, 5/5/**2001**. España. [◇L. «nula regula sine exceptione.»]

reír
  1. quien ríe el último ríe mejor. Los contratiempos no son importantes, es mejor terminar bien.
  • «... veremos quién ríe el último.» Max Aub, *La calle de Valverde*, **1961**. España. || «JUAN No se preocupe, Salas, acuérdese que el que ríe último, ríe mejor. (Ramiro se vuelve y mira a Juan.)» Albio Paz Hernández, *Huelga*, **1981**. Cuba. || «El que ríe último, ríe mejor.» Griselda Gambaro, *Real envido*, **1983**. Argentina. || «... y siempre, en la risa de amor, quien ríe de último se ríe mejor; y yo guardo en mi alma vacía la última risa, que será la Mía.» Rafael Castillo Zapata, *Fenomenología del bolero*, **1990**. Venezuela. || «Quien ríe el último ríe mejor, dicen.» *El Mundo*, 20/4/**1996**. España.

remedio
  1. es peor el remedio (cura) que la enfermedad. La solución puede ser peor que el problema que trata de resolver.
  • «Hay torbellinos en el humano trato, tempestades de voluntad: entonces es cordura retirarse al seguro puerto del dar vado. Muchas veces empeoran los males con los remedios.» Baltasar Gracián, *Oráculo manual y arte de prudencia*, **1647**. España. || «Pero es fundamental que no caiga ningún retrato, si no sería peor el remedio que la enfermedad.» Juan Pedro Aparicio, *Retratos de ambigú*, **1989**. España. || «Sin embargo, esa determinación, propuesta y aprobada por los mismos directivos que hoy se reunirán, resultó como aquel dicho callejero según el cual es peor el remedio que la enfermedad.» *El Tiempo*, 21/1/**1997**. Colombia. || «La existencia de una prescripción médica que lo aconseje, el caso especial de adultos de talla pequeña o de niños que deban viajar en el asiento delantero, constituyen algunas de las circunstancias que permitirán la desconexión, ya que en estos casos, podría ser peor el remedio que la enfer-

medad el mal que evitan.» *El Nuevo Día*, 28/11/**1997**. Puerto Rico. ||
«Y en esos casos es peor el remedio que la enfermedad.» *El Clarín*,
17/2/**1997**. Argentina. [◇«Peor es la cura que la enfermedad; peor es
el remedio que el mal; peor es querer remediar cierta cosa que dejarla
como está.» NDLC.]
   2. > **consejo,** *consejo sin remedio es cuerpo sin alma.*

remiendo
   1. (nunca) no falta un remiendo (roto) para un descosido. Tal para
cual, y siempre encontramos consuelo.
   • «A los hombres nunca os falta un remiendo para un descosido...»
Miguel Delibes, *Cinco horas con Mario*, **1966**. [◇> **roto**]

renta
   1. si no podéis pagar la renta, dejad el molino. Si no se puede cumplir una obligación, mejor es dejar el asunto.
   • «Si no pagáis la renta, dejad el molino. Si mañana no recibo noticias,
le escribiré de nuevo. Gaviotas por tierra, viento sur a la vela. Quien mal
anda, mal acaba. Cadáver a bordo, tempestad segura. Quien a los suyos
sale, honra merece. Quien bien tiene y mal escoge, del mal que le venga
no se enoje.» Tomás Navarro Tomás, *Manual de pronunciación española*,
1918. España. [◇Si no puedes aguantar el calor, sal de la cocina.]

reñir
   1. dos no riñen si uno no quiere. Para disputar es necesario que dos
quieran hacerlo, si no es imposible.
   • «Amigos míos, nunca deis lugar a estas disputas. Dos no riñen si uno
de ellos no quiere.» Carlos Gracia Monterde, *Tras la caza menor*, **1996**.
España.

repartir
   1. quien parte y reparte se lleva la mejor parte. El que tiene el mando y el poder se reserva lo mejor para él.
   • «Ya sabemos: el que parte y reparte... No es por murmurar; Dios me
libre.» Benito Pérez Galdós, *Misericordia*, **1897**. España. || «... fúndase
en el refrán que hoy se aplica sobre todo a testamentarios y abogados:
Quien parte y reparte se lleva la mejor parte, o El que parte y bien reparte

para sí la mejor parte, o en copia: El que parte y bien reparte, Si en repartir tiene tino, Siempre deja de continuo Para sí la mejor parte.» Ramón Menéndez Pidal, *Poesía juglaresca y juglares*, **1924-57**. España. || «Somos todos más pobres, pero ni siquiera aciertan a repartir bien la pobreza, que quien parte y reparte, se queda con la mejor parte...» *ABC,* 29/1/**1985**. España. || «Somos todos más pobres, pero ni siquiera aciertan a repartir bien la pobreza, que quien parte y reparte se queda con la mejor parte, y administrador que administra y enfermo que enjuaga, algo traga.» *ABC,* 29/1/**1985**. España. || «Me tenés preocupada él me turba il me trouble énormement vos lo deseás y yo también pero esta vez es diferente porque ninguna de las dos está dispuesta a compartir el que parte y reparte se deja la mejor parte y aquí estás negro diciendo que nos llevás en carro in your most correct english.» Anacristina Rossi, *María la noche,* **1985**. Costa Rica. || «Junto a la buena e impostergable privatización, está la forma amañada como se han realizado las ventas de los ingenios, uno de los cuales es ahora propiedad de miembros del comité encargado de la venta. Quien parte y reparte se queda con la mejor parte...» *El Salvador Hoy,* 18/3/**1997**. El Salvador.

repicar
1. a salvo está el que repica. Hay que cuidarse de uno mismo siempre.
• «... y tú estarte has rascando a tu fuego, diziendo, a salvo está el que repica.» Fernando de Rojas, *La celestina,* **1499**. España. || «... mira lo que vas a decir. –Tan mirado y remirado lo tengo, a buen salvo está el que repica, como se verá por la obra.» Miguel de Cervantes Saavedra, *El ingenioso caballero don Quijote de la Mancha,* **1615**. España.
2. no se puede repicar y andar en la procesión. No se puede estar en todo ni hacerlo todo.
• «Pero no se puede repicar y andar en la procesión al mismo tiempo...» Ángel Muro, *El Practicón,* **1891-94**. España. || «No se puede repicar y andar en la procesión.» Cantinflas, Película *El padrecito,* **1964**. México. || «Pero mijita, bien dice el refrán, es imposible repicar y andar en la procesión. No tengo tiempo para andar detrás de él. Ya veremos.» Cristina Bain, *El dolor de la Ceiba,* **1993**. Colombia. [◊«Repicar: tañer o sonar repetidamente y con cierto compás las campanas (en señal de fiesta o regocijo). Doblar: tocar a muerto.» JST.]

***reputación** (ideas) *cría buena **fama** y échate a dormir; lo que no se **hace** no se sabe; en casa del **herrero**, cuchillo de palo; ése es **hidalgo** que hace las obras; el **hijo** de la gata ratones mata; no hay **hombre** grande para su ayuda de cámara; quien a los suyos sale, **honra** merece; no es tan fiero el **león** como lo pintan; el que malas **mañas** ha, tarde o nunca las perderá; no es como **naces**, sino con quien paces; **otros** vendrán que bueno te harán; al buen **pagador** no le duelen prendas; **pájaro** de mal natío el que se ensucia en el nido; **perdido** es quien tras perdido anda; **ruin** sea quien por ruin se tiene.*

resignación** (ideas) *más vale con mal **asno** el hombre contender, que solo y cargado a cuestas traer; no hay **atajo** sin trabajo; tocarle a uno **bailar** con la más fea; de los cuarenta para arriba, no te mojes la **barriga**; no hay **bien** ni mal que cien años dure; más vale un **bombón** para dos que una perlana para uno; no caerá esa **breva**; ¿a dónde irá el **buey** que no are, sino al matadero?; muerto el **burro** (mulo), la cebada al rabo; dentro de cien años todos **calvos**; **campana** cascada nunca sana; quien se **casa** por amores, ha de vivir con dolores; en el país de los **ciegos** el tuerto es rey; agarrarse a un **clavo** ardiendo; el que no se **consuela** es porque no quiere; tras de **cornudo**, apaleado; sobre **cuernos**, penitencia; **desnudo** nací, desnudo me hallo; ni pierdo ni gano; lo mal ganado el **diablo** se lo lleva; **Dios** aprieta pero no ahoga; el hombre propone y **Dios** dispone; **Dios** que da la llaga, da la medicina; cada uno es como **Dios** le hizo; cuando **Dios** amanece, amanece para todos; con lo mío me haga **Dios** merced; los **duelos** con pan son menos; estar a las **duras** y a las maduras; quien bien tiene y mal **escoge**, del mal que le venga no se enoje; unos nacen con **estrella** y otros nacen estrellados; no es la **fortuna** para quien la busca; no tiene más **frío** nadie que la ropa que trae; unas veces se **gana** y otras se pierde; cuán pronta pasa la **gloria** del mundo; en todas partes cuecen **habas** (y en mi casa a calderadas); a buen **hambre** no hay pan duro (mal pan); en casa del **herrero**, cuchillo de palo; el **hombre** propone y Dios dispone; el **hombre** no hace la cosa; de **ilusión** también se vive; unos tienen la fama y otros cardan la **lana**; **libro** prestado, perdido o estropeado; muchos son los **llamados** y pocos los elegidos (escogidos); nunca **llueve** a gusto de todos; más vale **loco** conocido que cuerdo por conocer; **loro** viejo no aprende a hablar; no por mucho **madrugar** amanece más temprano; bien vengas **mal** si vienes solo; del **mal**, el menos; **mal** de muchos consuelo de todos (tontos); no hay **mal** que cien años dure (ni cuerpo que lo resista); no hay **mal** que por bien no venga; procura lo **mejor**, espera lo peor y toma lo que te viniere; lo **mejor** es no meneallo; el hombre sabe donde **nace**, pero no donde ha de morir; no hay nada **nuevo *bajo el sol; cada uno es hijo de sus* **obras**; **ojos** *que no ven, corazón que no siente; no es nada lo del* **ojo**, *y lo llevaba en la mano; las cosas de* **palacio** *van despacio; a falta de* **pan**, *buenas son tortas; el que desparte lleva la peor* **parte**; *cuando se cae el* **palo** *y el pelo no lo para sino el suelo; lo que con unos se* **pierde** *con otros se gana; menos da una* **piedra**; *nadie tienda más la* **pierna** *de cuanto fuera larga la sábana; es mejor ser cabeza de* **ratón** *que cola de león; (nunca) no falta un* **remiendo** *(roto) para un descosido; a* **rey** *muerto, rey puesto; de perdidos al* **río**; *siempre hay un* **roto** *para un descosido; lo que sea* **sonará**; **soplar** *(sopas) y sorber, no puede ser; a mal tiempo, buena cara; hacer de* **tripas** *corazón.*

resistir
 1. **quien resiste, gana.** Hay que tener aguante y paciencia.
 • «... y de ejercitar de forma consciente y metódica ese viejo aforismo español de que aquí, quien resiste, gana.» *El Mundo*, 15/1/**1995**. España. || «Por supuesto que sí, aunque siempre he procurado levantar, contra esos momentos de desaliento, las empalizadas de la paciencia. Ya sabe: El que resiste, gana. Recuerdo muy especialmente una madrugada de grave desconsuelo, a finales de 1941 o principios de 1942, con el Pascual Duarte recién concluido, estando yo muy deprimido por mi enfermedad y por no encontrar editor. Estuve en un tris de quitarme la vida.» Camilo José Cela, *ABC Cultural*, 10/5/**1996**. || «Pero lo dicho, la consigna es aguantar el tipo, aunque siquiera estén convencidos de que a estas alturas el viejo proverbio de resistir es vencer puede hacérseles realidad, así que sólo les queda hacer de tripas corazón y, como González, continuar peleando...» *El Mundo*, 26/1/**1996**. España. || «La polémica continúa. Auguro a Marina Castaño muchas envidias. Es la señal del éxito. Aquí el que gana no tiene más remedio que resistir.» Amando de Miguel, *La Razón*, 13/5/**2001**. España. [◊«Camilo José Cela ha popularizado lo de quien resiste, gana como empresa de su empresa. Pero se trata de un viejo dicho de un pueblo que ha tenido que defenderse de mil ataques. Recordemos los muchos actos heroicos de la Historia de España: muchos consistieron en resistir.» AdM.]

***responsabilidad** (ideas) *a lo* **hecho**, *pecho; el que la* **hace** *la paga; no la* **hagas** *y no la temas; no* **hagas** *las cosas a medias; lo que no se* **hace** *no se sabe; quien a* **hierro** *mata, a hierro muere; si va el* **maestro** *a los toros, vámo-*

*nos todos; no hay **mal** que no tenga remedio; entre todos la **mataron** y ella sola se murió; quien quita la **ocasión**, quita el pecado; el **ojo** del amo engorda el caballo; vender la piel del **oso** antes de cazarlo; **palabra** suelta no puede recogerse; **palabra** y piedra suelta no tiene vuelta; que cada **palo** aguante su vela; no debe haber mesa sin **pan** ni ejército sin capitán; en (buenas) manos está el **pandero**, que lo sabrá tañer; tirar la **piedra** y esconder la mano; lo **primero** es lo primero; quien las **sabe** las tañe.*

retirar > **acometer,** *tiempos hay de acometer y tiempos de retirar.*

revés
1. **al revés te lo digo para que lo entiendas.** Lo repito con más claridad.
• «Bueno, sí... Y al revés te lo digo. Pero, concretamente, ¿esos dos?» Jorge Semprún, *Autobiografía de Federico Sánchez,* **1977.** España. || «Mediante la voz impostada de la coquetería, tenue desvío que el comunicante imprime a su propuesta –al revés te lo digo para que lo entiendas.» Manuel Longares, *La novela del corsé,* **1979.** España.

rey
1. **a rey muerto, rey puesto.** Nadie es imprescindible y puede ser sustituido con presteza.
• «A rey muerto, rey puesto.» Ramón de Campoamor, *Doloras, poemas y humoradas,* **1846.** España. || «Verdad es, afirmó Pedro, porque yo siempre he pensado que a rey muerto, rey puesto.» Cecilia Böhl de Faber (Fernán Caballero), *La familia de Alvareda,* **1849.** España. || «Los lugares comunes se abren paso en este planto que termina con el consabido a rey muerto, rey puesto, habitual en los plantos provenzales.» Ramón Menéndez Pidal, *Poesía juglaresca y juglares. Orígenes de las literaturas románicas,* **1924.** España. || «Ahora, desde hace una semana, la chica sale con otro muchacho, también estudiante de medicina. A rey muerto, rey puesto.» Camilo José Cela, *La colmena,* **1951.** España. || «Yo me las busco, ñato. A rey muerto rey puesto. Si te creés que por una mujer... Ombú o mujer, todos son yuyos en el fondo, che.» Julio Cortázar, *Rayuela,* **1963.** Argentina. || «Ya saben: a rey muerto, rey puesto...» *La Vanguardia,* 2/10/**1995.** España. || «Están obligados a entregar sus cargos al Presidente del país de acuerdo a una tradición que existe en Perú. Rey caído, rey puesto.» *El Tiempo,* 17/7/**1997.** Perú. || «A rey muerto, rey

puesto y así el titular del Poder Legislativo, Fabián Alarcón, fue juramentado como presidente interino.» *La Prensa*, 8/2/**1997**. Honduras. ‖ «A rey muerto, rey puesto.» Carlos Riviriego, *El Cultural, El Mundo*, 7-13/2/**2001**. España.

2. del rey y la inquisición, chitón. No hay que hablar o murmurar de los poderosos, que nos pueden hacer mal.

• «Hay un refrán, que no debe ser muy antiguo, que dice: Del rey y la inquisición, chitón.» Francisco Navarro Villoslada, *Doña Toda de Larrea o la madre de la Excelenta*, **1855-95**. España.

3. hablando del rey de Roma, por la puerta asoma. Se emplea cuando se habla de alguien y aparece en ese instante.

• «El que calla otorga. He dao en el clavo... Mira, en hablando del rey de Roma, por allí asoma.» Antonio Díaz-Cañabate, *Paseíllo por el planeta de los toros*, **1970**. España. ‖ «Andaba por toda la casa, como alma en pena, implorando de alguna de sus inquilinas un vil sobre para meter la carta cuando, al llegar al cuarto de Pierrette —¡hablando del rey de Roma!, me agarró del brazo, me empujó dentro.» Ricardo Cano Gaviria, *Una lección de abismo*, **1991**. Colombia. ‖ «Por cierto, hablando del rey de Roma, oigo pasos que se acercan y no pueden ser otros que los de Tomasa.» Ednodio Quintero, *La danza del jaguar*, **1991**. Venezuela. [◊«En nombrando al ruin de Roma, luego asoma; úsase familiarmente para decir que llega, entra o acaba de presentarse la persona de quien se estaba hablando; especialmente si se murmuraba del sujeto dado.» NDLC.]

4. ni quito ni pongo rey. No tomar partido; ser imparcial.

• «Ni quito rey, ni pongo rey —respondió Sancho—, sino ayúdome a mí, que soy mi señor.» Miguel de Cervantes Saavedra, *Segunda parte del ingenioso caballero don Quijote de la Mancha*, **1615**. España. ‖ «En fin —advirtió Foja— yo ni quito ni pongo rey... Pero ayudo a mi señor —concluyó el coro.» Leopoldo Alas (Clarín), *La Regenta*, **1884**. España. ‖ «... y la célebre frase atribuida al condestable bretón, ni quito ni pongo rey; pero ayudo a mi señor.» Pío Baroja, *Desde la última vuelta del camino*, **1944-45**. España. ‖ «Ni quito ni pongo rey. Son debilidades pronto vencidas...» Max Aub, *La gallina ciega*, **1971**. España. ‖ «Yo no quito ni pongo rey. Sobre todo esto.» Carlos Pérez Merinero, *Días de guardar*, **1981**. España. [◊JMI: «Esta frase alude al conocido suceso que refieren las historias de Castilla, según las cuales, habiéndose encontrado el rey don Pedro el Cruel con su hermano don Enrique en las inmediaciones del castillo de Montiel y en la tienda del capitán francés Beltrán du Guesclin, que había veni-

do en auxilio de éste último, luchando los dos hermanos cayeron al suelo, y como hubiese quedado debajo don Enrique, Beltrán les dio vuelta, diciendo: *Ni quito ni pongo rey, pero ayudo a mi señor.*»]
    5. > **manto**, *debajo de mi manto, al rey mato.*

rezar
    1. **la familia que reza unida permanece unida.** Implica que los que tienen un sentido religioso no se desunen.
    • «El viejo adagio dice que la familia que reza unida, permanece unida. Pero para la familia Scheck quizás esta expresión deba cambiarse a: la familia que trabaja unida, se mantiene unida.» *El Nuevo Herald,* 30/6/**1997**. EE.UU. [◇«Frase que hizo popular el Padre Patrick Payton, por los años cuarenta, y que ha recorrido el mundo. Tiene muchas variantes.» DCB.]

rico
    1. **no es más rico el que tiene más sino el que desea menos.** Hay que contentarse con poco, con lo que se tiene.
    • «Hay un viejo proverbio: No es más rico el que tiene más sino el que desea menos. El deprimido ya no quiere el dinero como cuando está sano, para adquirir bienes o la sensación de poderío.» Juan Antonio Vallejo-Nájera, *Ante la depresión,* **1987**. España. [◇«La riqueza superflua nos permite comprar sólo cosas superfluas. Para comprar lo que necesita el alma no hace falta dinero.» Henry David Thoreau, *Walden.*]
    2. **no hay rico necio ni pobre discreto.** Los ricos lo son porque no son tontos.
    • «Para los aduladores no hay rico necio ni pobre discreto, porque tienen antojos de larga vista, con que se representan las cosas mayores de lo que son.» Mateo Alemán, *Primera parte de Guzmán de Alfarache,* **1599**. España.
    3. **quien en un año quiere ser rico, al medio le ahorcan.** Acumular riquezas de manera honrada lleva tiempo.
    • «También, madre, dicen que quien te gobernó, ése te enriqueció; y debes advertir que a quien en un año quiere ser rico, al medio le ahorcan.» Lope de Vega Carpio, *La Dorotea,* **1632**. España. [◇«Lo pronto y aprisa adquirido no será después bendecido», *Proverbios*: 20:21. William Bryan decía que nadie puede ganar un millón de dólares honradamente.]
    4. > **pobre**, *vivir pobre por morir rico.*

*riesgo (ideas) *quien no **arrisca** no aprisca; a gran **arroyo**, pasar postrero; **asno** de muchos, lobos se lo comen; quien no se **aventura** no gana; lo **barato** es caro; **caldo** de zorra, que está frío y quema; el mal **camino**, andarlo pronto.*

riesgo
   1. a mayor riesgo, mayor desengaño. Cuando más grandes son las expectativas, mayor es la tristeza al no conseguirlas.
   • «A mayor riesgo, mayor desengaño.» Tomás Navarro Tomás, *Manual de pronunciación española*, **1918**. España.

río
   1. a gran río, gran puente. Grandes empresas requieren grandes soluciones.
   • «... porque temía que me huyese con ellos, y diome en lugar de castillo el alcázar del Tarazanal, porque a gran río, gran puente.» Anónimo, *La vida y hechos de Estebanillo González*, **1646**. España.
   2. a quien duerme junto al río la corriente se lo lleva. No hay que correr riesgos.
   • «A quien duerme junto al río, la corriente se lo lleva.» Tomás Navarro Tomás, *Manual de pronunciación española*, **1918**. España.
   3. a río revuelto ganancia de pescadores. Los hay que se aprovechan de las situaciones conflictivas para sacar ganancias.
   • «... le dio la absolución tan bien como si hubiera cien años que ejercitaba el oficio: A río revuelto, ganancia de pescadores.» Juan de Luna, *Segunda parte del Lazarillo de Tormes*, **1620**. España. || «... y a río revuelto ganancia de pescadores...» Fulgencio Afán de Ribera, *Virtud al uso y mística a la moda*, **1729**. España. || «... con el fin exclusivo de crear malestar (a río revuelto, ganancia de pescadores)...» *La Vanguardia*, 20/10/**1994**. España. || «... ¿Fue la incorporación del fatuo y engomado Lepprince o fueron las aciagas circunstancias las que hicieron posible la realización del antiguo dicho de que a río revuelto ganancia de pescadores...» Eduardo Mendoza, *La verdad sobre el caso Savolta*, **1975**. España. || «A río revuelto, ganancia para ellos –decía mi Madrina.» Isabel Allende, *Eva Luna*, **1987**. Chile. || «Asimismo recordaron el viejo refrán: En río revuelto ganancia de pescadores, y ahora varios tarjeta-habientes han comenzado a señalar anomalías en sus cuentas y responsabilizando a las dos acusadas.» *El Salvador Hoy*, 26/6/**1996**. El Salvador. || «A río revuelto, dice

el adagio popular, ganancia de pescadores. Y en el río revuelto que es México, con una clase política en el poder enfrentada de la manera más violenta...» *Proceso,* 8/9/**1996**. México. || «No es tiempo de soberbia ni de autosuficiencia, ni de pescadores en río revuelto...» *El Universal,* 8/1/**1997**. Venezuela. || «... las amenazas terroristas de la guerrilla buscando pescar en río revuelto.» *El Tiempo,* 11/2/**1997**. Colombia. || «En dos manifestaciones [...] se ha reclamado la derogación de la nueva Ley de Extranjería. A río revuelto, ganancia de pescadores.» *ABC,* 24/2/**2001**. España. [◊JMI: «Fúndase esta locución –escribe Bastús– en que la experiencia demuestra que los pescadores cogen mucho más pescado en el agua turbia que en la clara, tal vez porque cuando el agua está turbia los peces no ven los peligros que corren.» Y NDLC: «... alude principalmente a los que suelen medrar en las revueltas y trastornos, explotando hábilmente la mina a favor del desorden. Úsase siempre que se trata de censurar o motejar al que prevaliéndose de la impunidad con que le brindan las cosas faltas de orden y en extraña confusión, va derecho a su negocio de adquirir, sea como fuere, no reparando en los medios, con tal que logre su fin.» L. «piscari in turbido.»]

4. cuando el río suena, agua (piedras) lleva. Cuando algo se comenta o se murmura de ello es por algún fundamento, por algún motivo.

• «... movidos por la idea de que cuando el río suena, agua o piedras lleva...» Julián Marías, *España inteligible,* **1985**. España. || «Porque yo me llamo Belindo, y pienso que cuando el río suena aguas trae –dijo Ramiro.» Marcelo Cohen, *Insomnio,* **1986**. Argentina. || «... pero cuando el río suena, es que agua lleva...» Isabel Allende, *Eva Luna,* **1987**. Chile. || «... a mí no me lo crea pero cuando el río suena piedras trae...» Eliseo Alberto, *La eternidad por fin comienza,* **1992**. Cuba. || «... mucho ruido y pocas nueces, cuando el río suena, piedras trae, gallo cantor acaba en el asador...» A. Chase, *El pavo real y la mariposa,* **1996**. Costa Rica. || «Pienso que cuando el río suena es que agua trae.» Armando Barriguete Castellón, *Lo que el vino se llevó,* **1996**. España.

5. de perdidos al río. Ya no importa lo que pueda pasar.

• «Estando contigo, me da igual. De perdidos al río.» Rafael Sánchez Ferlosio, *El Jarama,* **1956**. España. || «Y no es que la agradasen las esquelas pero de perdidos al río.» Miguel Delibes, *Cinco horas con Mario,* **1966**. España. || «Ella se lo tomará como una afrenta, pensaba, comprenderá el motivo verdadero del despido y me insultará delante de los demás criados; pensará: de perdidos al río, me pondrá como un trapo, me dirá el nombre del puerco...» Eduardo Mendoza, *La ciudad de los prodigios*, **1986**. España.

Rita
  1. **Santa Rita, Rita, lo que se da no se quita.** Se emplea cuando alguien quiere quitar lo que ha dado antes.
  • «Porque Santa Rita, Rita, Rita, lo que se da no se quita.» Rafael Mendizábal, *La abuela echa humo*, **1990**. España. || «Ahora se aferra al cargo como a la vida. Santa Rita, Rita, lo que se da no se quita.» *El Mundo*, 20/11/**1995**. España. || «Lo que es de Rita, Rita, Rita... nadie se lo quita, cantaron a coro rentistas jubilados y trabajadores activos.» *Los Tiempos*, 14/12/**1996**. Bolivia.

*robar (ideas) *quien lo hereda no lo hurta; hurtar es cosa linda si colgasen por la pretina; quien roba a un **ladrón** tiene cien años de perdón; la **ocasión** hace al ladrón.*

roble
  1. **¿quieres tener un roble? Planta primero un pino.** Las cosas se hacen despacio y adquiriendo práctica.
  • «Hay un dicho que reza: ¿Quieres tener un roble? Planta primero un pino.» Agustín Faus, *Diccionario de la montaña*, **1963**. Argentina.

rodear
  1. **más vale rodear que caer.** Es preferible hacer un esfuerzo extra que correr un riesgo.
  • «Más vale rodear que caer. Refrán que aconseja que en muchas ocasiones es mejor andar más camino o tardar más tiempo en hacer las cosas con seguridad, que exponerse a caer en algún precipicio, perdiendo lo más por lo menos.» José González Seijas, *Catón metódico de los niños*, **1885**. España.

Roma
  1. **cuando a Roma fueres, haz lo que vieres.** Aconseja acomodarse a las costumbres de los lugares que se visitan.
  • «Todo lo miraba Sancho, y de ninguna cosa se dolía, antes, por cumplir con el refrán que él muy bien sabía de cuando a Roma fueres, haz como vieres, pidió a Ricote la bota y tomó su puntería como los demás

y no con menos gusto que ellos.» Miguel de Cervantes Saavedra, *Segunda parte del ingenioso caballero don Quijote de la Mancha*, **1615**. España. || «Yo a fuer de castellano tengo presente el refrán de Cuando a Roma fueres, haz lo que vieres, señor Ramírez; buenas noches.» Francisco Navarro Villoslada, *Doña Toda de Larrea o la madre de la Excelenta*, **1855-1895**. España.
    2. preguntando se va a Roma. La única manera de saber es preguntar, a las personas o a los libros.
    • «Preguntando se va a Roma, dice un refrán en mi tierra.» Francisco Navarro Villoslada, *Doña Toda de Larrea o la madre de la Excelencia*, **1855-95**. España.
    3. todos los caminos conducen a Roma. El espíritu, Dios, está en todas partes.
    • «Como se ha dicho, por todos los caminos se llega a Roma.» Hernando Aguirre Gamio, *Mariátegui: destino polémico*, **1960**. Perú. || «Todos los caminos conducen a Roma y lo más que hace falta es no perderse.» Fernando Rayuela, *ABC Cultural*, 5/5/**2001**. España. [◇L. «mille viae ducunt hominem per secula Romam», mil caminos llevan siempre al hombre a Roma.]
    4. > **lengua,** *quien lengua ha, a Roma va.*
    5. > **Pedro,** *bien se está San Pedro en Roma.*

romería
    1. romería vista de cerca, mucho vino y poca cera. Las romerías son excusas para beber y comer, en vez de rezar.
    • «Entonces parece cumplirse el refrán español de que, romería vista de cerca, mucho vino y poca cera.» José Gutiérrez-Solana, *Madrid, escenas y costumbres*, **1913**. España.

romero
    1. de las virtudes del romero se puede escribir un libro entero. Se creía que esta planta tenía muchas virtudes curativas.
    • «De las virtudes del romero se puede escribir un librón entero, afirma el refrán.» Pío Font Quer, *Plantas medicinales*, **1962**. España.
    2. romero hito saca zatico. El tenaz saca siempre algo.
    • «A este mismo tenor pudiera explicar la palabra çatico que dice Oihenart que en vascuence significa lo mismo que pedacito de pan: pues hai dos refranes; el uno que dice: del pan de mi compadre, buen zatico a

mi ahijado. I el otro: romero hito saca zatico, cuyo último adagio tradujo en dos dísticos Fernando de Arce, célebre poeta de su tiempo, diciendo...» Gregorio Mayans y Siscar, *Orígenes de la lengua española*, **1737**. España. [◇Hito: tenaz, inoportuno; zatico: pedazo de pan. Aquí *romero* significa peregrino.]

ropa
  1. **quien sólo una ropa tiene, presto la envejece.** Con el mucho uso se estropean las cosas, al no poder alternarlas con otras.
  • «Una alma sola ni canta ni llora; un solo acto no haze hábito; un frayle solo pocas vezes le encontrarás por la calle; una perdiz sola por maravilla buela, mayormente en verano; un manjar solo, continuo, presto pone hastío; una golondrina no hace verano; un testigo solo no es entera fe; quien sola una ropa tiene, presto la envegece.» Fernando de Rojas, *La Celestina*, **1499**. España.
  2. **mucha mala ropa cubre buen cobertor.** Un buen abrigo puede tapar mala ropa y disimular; o una buena apariencia tapa los defectos.
  • «... que mucha mala bestia vende buen corredor e mucha mala ropa cubre buen cobertor.» Juan Ruiz (Arcipreste de Hita), *Libro de buen amor*, **1330-43**. España.
  3 > **trapo,** *los trapos sucios se lavan en casa.*

romper
  1. **quien rompe, paga.** El que hace un mal debe asumir su responsabilidad.
  • «... le ruego tenga muy presente el hábito español de las gratificaciones, o aquello de quien rompe paga y se lleva los cascos a casa...» Alonso Zamora Vicente, *A traque barraque*, **1972**. España. || «Porque ustedes no se fijan en que el niño no tiene conocimiento aún, y eso de los cristales... Sí, sí, quien rompe paga...» Alonso Zamora Vicente, *A traque barraque*, **1972**. España.

rosa
  1. **bien sabe la rosa en qué mano posa.** Requiebro adulador para la mujer, dando a entender que ella es como la rosa.
  • «Cierta dama española, linda y bien vestida, estaba al balcón de su casa con una rosa en la mano, y pasando a su vista un decidor de buenas palabras, quiso lisonjearla con el adagio español siguiente: Bien sabe

la rosa en qué mano posa, a que respondió con mucha satisfac[c]ión: Qui rosa, qui no rosa, qui no te costó to plata.» Concolorcorvo (Alonso Carrió de la Vandera), *El Lazarillo de ciegos caminantes*, **1775**. Perú.
   2. rosa que muchos huelen, su fragancia se pierde. Lo que muchos usan, pronto se estropea.
   • «Rosa que muchos huelen, su fragancia se pierde.» Tomás Navarro Tomás, *Manual de pronunciación española*, **1918**. España.

rostro > **can,** *el can con agosto a su amo vuelve el rostro.*

roto
   1. lo mismo sirve para un roto que para un descosido. Polivalente, que sirve para todo.
   • «... personas que lo mismo sirven para un roto que para un descosido, que lo mismo pone unas inyecciones...» Camilo José Cela, *La colmena*, **1951**. || «Los anuncios de Las riberas del Eo aclaran todas las dudas del lector y lo mismo sirven para un roto que para un descosido.» Camilo José Cela, *Del Miño al Bidasoa*, **1952**. España. || «¿Un hombre comodín que lo mismo sirve para un roto que para un descosido.» *Cambio 16,* 10/12/**1990**. España. || «...ese tema literario que lo mismo sirve para un roto que para un descosido.» *El Mundo*, 5/3/**1994**. España. || «Hoy la noción de surrealismo se ha convertido en una apelación tan laxa que lo mismo vale para un roto que para un descosido.» *ABC Cultural,* 12/7/**1996**. España. || «... que don Mariano Rajoy lo mismo sirve para un roto que para un descosido.» Eduardo Mendicutti, *El Mundo,* 3/3/**2001**. España. [◊> **remiendo**.]
   2. siempre hay un roto para un descosido. Unas cosas, hasta personas, encuentran alivio unas con otras.
   • «Siempre hay un roto para un descosido. Pero, ya os digo, nada de eso de los hombres y las mujeres es pecado. Se acabó el pecado, joder.» Fernando Fernán-Gómez, *Las bicicletas son para el verano*, **1982**. España. || «Vos sabes que siempre hay un roto para un descosido.» Tomás Eloy Martínez, *Santa Evita*, **1995**. Argentina. [◊> **remiendo**.]

ruido
   1. más es el ruido que las nueces. Implica que el tema causa más bullicio y alboroto que importancia tiene.
   • «En un credo, oficiales despachara que en despachar se tardan una

era; menos el roido que las nueces fuera, y el pino fruto de nogal llevara.» Francisco de Quevedo, *Poesías,* **1597-1645**. España. || «Cuanto más rezas y más suspiros arrojas al cielo, te creo menos porque es más el ruido que las nueces.» Gregorio González, *El guitón Onofre,* **1604**. España. || «Con que más fue el ruido que las nueces, así todo lo que no maneja un hombre por su misma mano, se va en humo...» Raimundo de Lantery, *Memorias,* **1705**. España. || «Que a veces en casa de los marqueses más suele ser el ruido que las nueces.» José Joaquín Fernández de Lizardi, *El Periquillo Sarniento,* **1816-27**. México. || «... más que ruido y pocas nueces.» *La Vanguardia,* 6/7/**1994**. España. || «... al que se calificó de mucho ruido y pocas nueces.» *Diario de Yucatán,* 4/7/**1996**. México. || «... mucho ruido y pocas nueces, cuando el río suena, piedras trae, gallo cantor acaba en el asador...» A. Chase, *El pavo real y la mariposa,* **1996**. Costa Rica. || «Mucho ruido y pocas nueces.» *Siglo Veintiuno,* 10/6/**1997**. Guatemala. [◇var. *Mucho ruido y pocas nueces.* L. «multum clamoris parum lanae.»]

ruin
1. **ruin sea quien por ruin se tiene.** El carácter de la persona se amolda a lo que ella cree de sí misma.
• «Hágalo Dios –repuso don Quijote– como yo deseo y tú, Sancho, has menester, y ruin sea quien por ruin se tiene.» Miguel de Cervantes Saavedra, *El ingenioso hidalgo don Quijote de la Mancha,* **1605**. España. || «Sin tener presente el refrán de que ruin es quien por ruin se tiene.» Cecilia Böhl de Faber (Fernán Caballero), *La gaviota,* **1849**. España. || «No sólo acuña giros y vocablos, sino que crea y recrea las frases y dichos que son la entraña viva, la esencia comunicadora de una lengua. Ruin sea quien por ruin se tiene..., No conocemos el bien hasta que lo hemos perdido...; El que es vencido hoy será vencedor mañana...; Tanto vales, cuanto tienes...; Quien a buen árbol se arrima, buena sombra le cobija; Nació para vivir muriendo...; Nunca lo bueno fue mucho...; Por la libertad y la honra se puede y se debe aventurar la vida... Proverbios y refranes siembran el libro con sus referencias sentenciosas, otorgando al lenguaje su valor supremo, el del entendimiento común.» Eulalio Ferrer, *Información y comunicación,* **1997**. México.

S

sábado > puta, *ni sábado sin sol, ni moza sin amor, ni viejo sin dolor, ni puta sin arrebol.*

sábana > pierna, *nadie tienda más la pierna de cuanto fuera larga la sábana.*

saber
   1. el saber no ocupa lugar. Tener conocimientos, saber, no estorba nunca.
   • «Eso es conforme y según, porque el saber no ocupa lugar, y más vale que yo haya ido como aprendiz, que no un maestro encallecido y sin conciencia...» Julián Zugasti y Sáenz, *El bandolerismo. Estudio social y memorias históricas,* **1876-80.** España. || «El saber no ocupa lugar, dice un proverbio y es una gran verdad, la cual viene a corroborar que los objetos materiales lo ocupan siempre...» Gumersindo Vicuña, *Manual de física popular,* **1881.** España. || «Bueno es conocer lo que pasa en el extranjero, porque el saber no ocupa lugar y puede servir de estimulante y de materia de consulta muy interesante...» Amós Salvador Rodríguez, *Discurso de contestación ante la Real Academia de Ciencias Exactas, Físicas y Naturales...,* **1920.** España. || «Quizá el saber no ocupe lugar, pero lo cierto e incontestable es que pesa –y bastante–.» *ABC,* 1/6/**1989.** España. || «Venga, no cuesta nada saber algo más; el saber no ocupa memoria.» Kosme del Teso, *Introducción a la informática para torpes,* **1993.** España. || «El saber no ocupa todo su lugar y el sentir es tan precario en ellos que tienen tres segundos para salir a escena.» Fanny Rubio, *La sal del chocolate,* **1992.** España.
   2. más sabe el que vive sin querer saber, que el que quiere saber sin vivir. La experiencia es muy importante en la vida.
   • «Juanito acabó por declararse a sí mismo que más sabe el que vive

sin querer saber, que el que quiere saber sin vivir.» Benito Pérez Galdós, *Fortunata y Jacinta,* **1886**. España. [◊Jack Kerouac dijo: «No lo sé. No me importa y es igual.»]

3. más vale saber que haber. La cultura es mejor que las posesiones materiales.

• «Más vale saber que haber, dice un adagio vulgar, pero sabiendo guardar juntas haber y saber...» Luis de Ayllón y Cuadros, *Vejamen,* **1646**. España.

4. no sólo basta saber, sino que hay que saber enseñar. El saber no es suficiente, se requiere técnica para impartir los conocimientos.

• «Aquí viene como anillo al dedo, aquel adagio tan conocido que dice: no sólo basta saber, sino que hay que saber enseñar: no se cumple el fin docente, con el conocer y dominar las materias, con ser inteligente, hay que hacer más; es preciso saber transmitir al niño...» José Sarmiento Lasuén, *Compendio de paidología,* **1914**. España.

5. quien las sabe las tañe. El que habla es porque algo sabe.

• «Por esto dizen: quien las sabe las tañe, y que es más cierto médico el esperimentado que el letrado y la esperiencia y escarmiento haze los hombres arteros y la vieja...» Fernando de Rojas, *La Celestina,* **1499**. España. || «Toda cosa es bueno probar, cuanto más, pues que es de tan buena maestra, que, como dicen, la que las sabe las tañe.» Francisco Delicado, *La Lozana Andaluza,* **1528**. España. || «Dios se lo perdone –dijo Sancho–. Dejárame en mi rincón, sin acordarse de mí, porque quien las sabe las tañe, y bien se está San Pedro en Roma.» Miguel de Cervantes Saavedra, *Segunda parte del ingenioso caballero don Quijote de la Mancha,* **1615**. España. || «Bien dijo el otro, que quien las sabe las tañe, y si al palomar no le falta cebo, no le faltarán palomas... Pero usted, señor don José, puede decir aquello de que el ojo del amo engorda la vaca, y ahora que está aquí vea de recobrar su finca.» Benito Pérez Galdós, *Doña Perfecta,* **1876**. España. || «Cada vez que por las mañanas, a primera hora, entraba en el comedor para el desayuno, me extasiaba ante el pan. El pan de Alcalá de los Panaderos –quien las sabe, las tañe, dice el refrán– no tenía rival en el mundo. Y luego...» Azorín (José Martínez Ruiz), *Madrid,* **1941**. España. [◊NDLC: «Quien las sabe las tañe; nadie debe obrar o hablar sino en lo que entiende.» «Ser filósofo no consiste simplemente en tener pensamientos sutiles, ni siquiera en fundar una escuela... consiste en resolver algunos problemas de la vida, no sólo desde el punto de vista teórico, sino también práctico.» *Walden,* Henry David Thoreau.]

6. todo lo sabe el que sabe contar. Si el dinero es importante, saber contarlo también.

• «... mas antes nos obliga a que con todas las fuerzas, ayudándonos a ello por aquel proverbio que dice: Todo lo sabe el que sabe contar.» Juan Pérez de Moya, *Diálogo de aritmética práctica y especulativa,* **1562**. España.

7. > **cosa,** *cuatro cosas no valen si no son participadas: el placer, el saber, el dinero y el coño de la mujer.*

8. > **enterrar,** *con vos me entierren que sabéis de cuenta (de todo).*

9. > **hacer,** *lo que no se hace no se sabe.*

sabio

1. mientras más sabio es su autor, menos enmienda tiene su error. Los que se creen sabios son reacios a rectificar porque no creen posible su error.

• «Mientras más sabio es su autor, menos enmienda tiene su error.» Tomás Navarro Tomás, *Manual de pronunciación española,* **1918**. España.

2. > **necio,** *el propósito muda el sabio, el necio persevera.*

3. > **rectificar,** *rectificar es de sabios.*

*****sacerdote** (ideas) *el **abad** de lo que canta, yanta; si bien canta el **abad**, no le va en zaga el monacillo; le ha hecho la **boca** un fraile; entre **fraile** y fraile, Dios me guarde; un **fraile** solo pocas veces lo encontrarás por la calle; lo que no haga un **fraile** no hará el diablo: tú lo quisiste **fraile** mostén, tú te lo ten; más vale un **hombre** de bien que un cura perdido.*

sacristán

1. no se acuerda el cura (prior) de cuando fue sacristán. La gente olvida los malos tiempos.

• «... dice un refrán de nuestra tierra que no se acuerda el prior de cuando fue sacristán, y eso sucederá acaso a vuestro señor padre.» Gertrudis Gómez de Avellaneda, *El artista barquero o los cuatro 5 de junio,* **1861**. Cuba.

2. si bien habla el sacristán, no le va en zaga el monaguillo. Son tal para cual.

• «Sus chantajes y sus tejemanejes no sirven ya. Camila. Bien habla el sacristán, pero no le va en zaga el monaguillo.» Antonio Gala, *Petra Regalada,* **1980**. España. [◇> **abad**.]

sal

3. > prior, *no se acuerda el prior de cuando fue sacristán.*

sal
1. de los olores el pan, de los sabores, la sal. La sal gustaba y sigue gustando.

• «El doctor Sorapán dedica dos capítulos detallados al pan, tomando como punto de partida dos refranes españoles: el primero es Pan de ayer, carne de hoy y vino de antaño, traen al hombre sano y el segundo es el que dice De los olores el pan, de los sabores, la sal. Para que el pan sea de provecho, nunca debe faltarle la condición que la sentencia enseña, es decir, que el pan no sea del día como recoge Galieno en *De los Alimentos* según se veía en el Banquete de Nobles Caballeros.» Inmaculada Tejera Osuna, *El libro del pan*, **1993**. España.

Salamanca
1. lo que natura no da, Salamanca no lo presta. Los estudios no pueden mejorar la corta inteligencia de algunos.

• «Claro es que no basta ni el trabajo constante, ni la fidelidad a la vocación, ni las renunciaciones y sacrificios todos, para realizar con fruto una gran obra. Ya lo decían nuestros antiguos: *Quod natura non dat, Salmantica non praestat*; pero cuántas naturalezas espléndidas quedan en barbecho y...» Miguel Artigas, *La vida y la obra de Menéndez Pelayo*, **1939**. España. || «Ya lo dice en refrán: lo que natura non da, Salamanca non presta.» Gregorio Fingermann, *Psicología pedagógica infantil*, **1946-74**. Argentina. || «Por lo demás, nada mi querido Martín, nada para los peruanos o más bien sólo aquel proverbio salmantino: Lo que natura no da, Salamanca no lo presta, aunque la verdad es que uno no se puede fiar ni siquiera de eso.» Alfredo Bryce Echenique, *La vida exagerada de Martín Romaña*, **1981**. Perú. [◇«Quod natura non dat, Salmantica non prestat. Proverbio latino [*sic*] que significa: Lo que la naturaleza no da, Salamanca no presta. Es frase antigua, y todavía usual, alusiva a la inteligencia del estudiante y a la Universidad salamantina. Indica que por grande que sea la fama de un centro de estudios, si el que acude a él carece de dotes para estudiar, no obtendrá provecho alguno.» JMI.]

salsa
1. la mejor salsa es el hambre. Cuando hay hambre, todo sabe bien.

• «La mejor salsa del mundo es la hambre; y como esta no falta a los

pobres, siempre comen con gusto.» Miguel de Cervantes Saavedra, *Segunda parte del ingenioso caballero don Quijote de la Mancha*, **1615**. España. [◇Cicerón, *De Finibus*, «cibi condimentum esse famem.» «La frase es de Cicerón, *cibi condimentum est fames*, cosa que con toda seguridad ignoraban los Panza» nos dice Amando de Miguel. «... y tendidos sobre la verde yerba, con la salsa de su hambre, almorzaron, comieron, merendaron y cenaron...» Quijote, I, XIX.]
   2. la mejor salsa es la de estar vivo. Indica que no hay cosa mejor que estar vivo y, que hay que conformarse con todo lo demás.
   • «La mejor salsa es la de estar vivo.» Gilberto Chávez, *El batallador*, **1986**. México.

*__salud__ (ideas) **cabeza** *fría, pies calientes y culo corriente dan larga vida a la gente;* **cura** *más la dieta que la lanceta; más vale un* **gordo** *sano que un flaco enfermo;* **pan** *de ayer, carne de hoy y vino de antaño, traen al hombre sano; aquel va más* **sano**, *que anda por el llano; en donde no entra el* **sol** *entra el doctor (médico); para* **vivir** *mucho, poca carne, poco plato y mucha suela de zapato; si quieres* **vivir** *sano, la ropa que traes por invierno, tráela por verano.*

salud
   1. salud y dinero para quien los quisiere. La salud es más importante que el dinero.
   • «Con este donaire antiguo, tenga vuesa merced salud, y perro del hortelano dineros quien los quisiere.» Francisco Luque Fajardo, *Fiel desengaño contra la ociosidad y los juegos*, **1603**. España.

salvo > **repicar**, *a salvo está el que repica.*

San Andrés
   1. San Andrés de Teixido, lo visita de muerto quien no lo hace de vivo. Pueblo de la sierra de Capelada.
   • «En la sierra de Capelada, además de unas interesantes comunidades vegetales, se encuentra el conocido pueblo de San Andrés de Teixido, que, como reza el refrán, lo visita de muerto quien no lo hace de vivo.» Biológica, nº 24, 9/**1998**. España.
   2. como dice San Andrés, el que es tonto, tonto es. Los tontos no tienen remedio.
   • «Como dice San Andrés, el que es tonto, tonto es.» José Antonio Jau-

regui, *ABC, Los Domingos,* 1/4/**2001**. España. [◇Y además los tontos somos felices como decían los latinos: «Risus abundat in ore stultorum.»]

San Juan > **dedo,** *cuando San Juan baje el dedo.*

San Martín > **puerco,** *a cada puerco le llega su San Martín.*

San Pedro > **Pedro,** *bien se está San Pedro en Roma.*

Sancho
   1. **al buen callar llaman Sancho (santo).** Se aconseja ser prudente en el hablar.
   • «... byen se le devyera menbrar que a buen callar llaman Sancho.» Alfonso Martínez de Toledo (Arcipreste de Talavera), *Corbacho,* **1438**. España. || «... mi secreto para mí, que al buen callar llaman santo.» Mateo Alemán, *Primera parte de Guzmán de Alfarache,* **1599**. España. || «Y ahora se me ofrecen cuatro que venían aquí pintiparados, o como peras en tabaque, pero no los diré, porque al buen callar llaman Sancho.» Miguel de Cervantes Saavedra, *Segunda parte del ingenioso caballero don Quijote de la Mancha,* **1615**. España. || «De suerte que si al buen callar llaman santo, al mal callar llámanle diablo.» Baltasar Gracián, *El Criticón. Segunda Parte,* **1653**. España. || «... considerando que quien mucho habla, mucho yerra; que en boca cerrada no entran moscas; que al buen callar llaman Sancho; que la palabra que se suelta, no puede recogerse; que por la boca muere el pez, y que muchas veces la lengua produce más perjuicios que ventajas.» Julián Zugasti y Sáenz, *El bandolerismo. Estudio social y memorias históricas,* **1876**. España. || «Pero a bien que a éstos no les faltará ocasión de lucirlo, y entretanto nos iremos repartiendo nuestros millones en oro, que al buen callar llaman Sancho.» Sebastián de Miñano, *Sátiras y panfletos del Trienio Constitucional (1820-1823),* **1820**. España. [◇NDLC: «Al buen callar llaman sabio.»]

sangre > **letra,** *la letra con sangre entra.* > **primavera,** *la primavera la sangre altera.* > **can,** *el can que mucho lame, sangre saca.*

sano
   1. **aquel va más sano, que anda por el llano.** Debemos ir por el camino trillado, seguro y conocido.

• «Porque, como dizen, no da passo seguro quien corre por el muro y que aquél va más sano que anda por llano.» Fernando de Rojas, *La Celestina*, **1499**. España.
   2. > **vivir,** *si quieres vivir sano, la ropa que traes por invierno, tráela por verano.*

Sansón > **morir,** *aquí morirá Sansón y cuantos con él son.*

Santa Lucía
   1. **por Santa Lucía, un salto de pulga crece cada día.** Los días se hacen más largos.
   • «... existe en castellano un refrán similar: Por Santa Lucía, un salto de pulga crece el día.» Carlos Fisas, *Historias de la Historia*, **1983**. España.

santo > **peana,** *por la peana se adora al santo.* > **ladrón,** *cada ladrón tiene su santo de devoción.* > **limosna,** *tamaña limosna pone sospechoso al santo.* > **vestir,** *desvestir a un santo para cubrir (vestir) a otro.*

sapiencia > **lealtad,** *más vale una onza de lealtad que un quintal de sapiencia.*

sardina
   1. **arrimar uno el ascua a su sardina.** Hacer uno lo que es más conveniente para él.
   • «Kada uno llega la brasa a su sardina.» Gonzalo Correas, *Vocabulario de refranes y frases proverbiales,* **1627**. España. ‖ «Amigo, es que cada uno arrima el ascua a su sardina.» Ángel de Saavedra (Duque de Rivas), *Don Álvaro o la fuerza del sino,* **1835**. España. ‖ «... pero, ¿qué quieres, amigo? Cada uno arrima el ascua a su sardina.» Enrique Gil y Carrasco, *El Señor de Bembibre,* **1844**. España. ‖ «Flunder de fijo arrima el ascua a su sardina; de fijo lo convierte todo en sustancia...» Leopoldo Alas (Clarín), *El señor y lo demás son cuentos,* **1893**. ‖ «El taurino es un hombre que vive alrededor de los toreros, prestándoles servicios accesorios, que apaña sus comisiones, que actúa de corifeo y que pontifica en las discusiones, arrimando el ascua a su sardina.» Antonio Díaz-Cañabate, *Historia de una tertulia,* **1952**. España. ‖ «Vila-Matas reconoce... tener manía a la novela. Es divertido ver cómo –y en este caso con todo derecho– cada

cual arrima el ascua a su sardina.» Martín Casariego, *ABC,* 29/7/**2000**. [◇MM: «Arrimar alguien el ascua a su sardina. Dirigir las cosas en provecho propio.» «Rodríguez Marín explica sí el origen de este dicho: Dicen algunos que antaño solían dar a los trabajadores de los cortijos sardinas, que ellos asaban en la candela (en la lumbre) de los caseríos; pero como cada uno cogía ascuas para arrimarlas a su sardina, la candela se apagaba, por lo cual tuvieron que prohibir el uso de ese pescado.» JMI.]

sarna
   1. sarna con gusto no pica. Las incomodidades de lo que apetece no molestan y se llevan a gusto.
   • «Estima Aviraneta que sarna con gusto no les picará, y que ello será experiencia y escarmiento.» Pedro Ortiz-Armengol, *Aviraneta o la intriga,* **1994**. España. [◇MM: «Sarna con gusto no pica. Refrán de sentido claro.»]

sartén
   1. saltar de la sartén y caer en las brasas. Salir de una situación mala y caer en una peor.
   • «… donde no menos hubo de qué hacerte plato con que puedas entretener el tiempo, y por saltar de la sartén caí en la brasa…» Mateo Alemán, *Primera parte de Guzmán de Alfarache,* **1599**. España. [◇> **llama**.]

sastre
   1. no es mal sastre el que conoce el paño. El que conoce su oficio o profesión bien, lo hace mejor.
   • «Terminó recomendando el mayor cuidado y vigilancia de día y de noche, por los indios gauchos ladrones, probándome con lo primero que era hombre entendido en asuntos de campo, con lo segundo, que no es mal sastre quien conoce el paño…» Lucio Victorio Mansilla, *Una excursión a los indios Ranqueles,* **1870**. Argentina. || «A esto diría un castizo que no hay tan buen sastre como el que conoce el paño, y él lo conocía como escritor y como editor; así, que en estas cuestiones de publicación de libros era un águila.» Pío Baroja, *Desde la última vuelta del camino. Memorias,* **1944-49**. España.

*__satisfacción__ (ideas) *bien está lo que bien* **acaba***; a la segunda* **azadonada** *sacó agua; cuando viene el* **bien***, métalo en casa; más vale un* **bombón** *para dos que una perlana para uno; lo **bueno** (poco) si breve, dos veces bueno; el **buey** suelto bien se lame; entre **bueyes** no hay cornadas; a **caballo** regalado no le mires el diente; el ojo del amo engorda el **caballo**; ande yo **caliente** y ríase la gente; ni tanto ni tan **calvo**; echar las **campanas** al vuelo; cada uno en su **casa** y Dios en la de todos; a **cerdo** gordo, untarle el rabo; cada **chancho** busca el afrecho que le gusta; en el país de los **ciegos** el tuerto es rey; muchas **candelillas** hacen un cirio pascual; un **clavo** saca otro clavo; el que **comienza**, la mitad tiene hecho; de la **abundancia** del corazón habla la boca; la **danza** sale de la panza; el que **da** primero da dos veces; hay más dicha en **dar** que en recibir; piensan los **enamorados** que todos tienen los ojos vendados; a **enemigo** que huye, puente de plata; yo me **entiendo** y bailo solo; la **esperanza** es lo último que se pierde; al **freír** será el reír y al pagar será el llorar; la **gallina** de los huevos de oro; cada **gallo** canta en su muladar; **haz** bien y no mires (cates) a quien; quien lo **hereda** no lo hurta; ése es **hidalgo** que hace las obras; **iglesia** o mar o casa real; de **ilusión** también se vive; el que **madruga**, Dios le ayuda; a quien de mucho **mal** es ducho, poco bien se le hace mucho; bien canta **Marta** cuando está harta; quien está bien que no se **mueva**; todo lo **nuevo** place; la **obra** alaba al maestro; la **ocasión** la pintan calva (pelona); no es mal acierto darte en el **ojo** tuerto; que si en el bueno te diera, ciego te hiciera; es mejor ser cabeza de **ratón** que cola de león; quien **ríe** el último ríe mejor; no es más **rico** el que tiene más sino el que desea menos; **sarna** con gusto no pica.*

sayo > capa, *hacer uno de su capa un sayo.*

seca
    1. **a gran seca, gran mojada.** Las sequías y las grandes lluvias se alternan.
    • «Don Cipriano se alegraba repitiendo el viejo adagio agrario: A gran seca, gran mojada.» Ciro Alegría, *Los perros hambrientos,* **1939.** Perú. [◇«Se podría hablar también en presente porque el comportamiento de la naturaleza es una constante milenaria, precisamente porque agrupa sucesos caóticos. Pero ahora al menos las oscilaciones climáticas no son tan dañinas. Por eso advierte la sabiduría popular (*sic*) que *a gran seca, gran mojada.* No es de extrañar el carácter fluctuante de las cosechas, cuya tendencia en forma de dientes de sierra tanía tanto que ver con las enfermedades o las bodas.» AdM.]

secreto
1. a quien dices el secreto das tu libertad. El que confía secretos a los demás, se pone en sus manos.
• «Porque a quien dizes el secreto das tu libertad.» Fernando de Rojas, *La Celestina*, **1499**. España. || «A kien dizes tu sekreto, das tu libertad i estás suxeto.» Gonzalo Correas, *Vocabulario de refranes y frases proverbiales*, **1627**. España.

seguir
1. el que la sigue, la consigue. El que persevera, gana.
• «Desde el colegio ¿te acuerdas? El que la sigue la consigue, ya ves.» Mario Vargas Llosa, *Conversación en la catedral*, **1969**. Perú. || «A mí, como la Cleo se me ponga entre ceja y ceja, a por ella voy; que yo donde mesantoja, allí que meto la cabeza, dice farruco el Caguetas y tú le azuzas burlona con un ¡ánimo y a las gachas, que el que la sigue la consigue!» Andrés Berlanga, *La gaznápira*, **1984**. España. || «El que la sigue la consigue, y el talento demostrado por Stoynic resulta amenazador para los intereses pecuniarios del remitente.» *Caretas*, 18/1/**1996**, Perú. || «... quien la sigue, la consigue.» Programa «Corazón, corazón», TVE1, 12/5/**2001**. España.
2. el que la sigue la mata. El que persevera, gana.
• «Se tira unos meses sin ligar y en una noche se amontonan. Pues, yo –cruzó los antebrazos sobre la barra– voy a esperar. El que la sigue la mata. Buena está buena.» Juan García Hortelano, *El gran momento de Mary Tribune*, **1972**. España. || «Ya los griegos usaban esta metáfora del amor como cacería y los romanos proveyeron a Cupido con un arco y una flecha. Esa frase, venatoria y venérea, es El que la sigue la mata.» Guillermo Cabrera Infante, *La Habana para un infante difunto*, **1986**. Cuba. || «El que la sigue la mata –rezongó el viajero, que se había acostumbrado a los refranes por influencia de su amigo y recurría a ellos casi tan a menudo como lo hacía éste...» Fernando Sánchez Dragó, *El camino del corazón*, **1990**. España.

sembrar
1. de lo que se siembra, se coge. Las buenas acciones, el buen hacer, dan buenos resultados, o viceversa.
• «Lo que se siembra se coge. Quien siembra agravios no coge agradecimientos. Quien siembra beneficios coge premios.» Juan de Zabaleta, *El día de fiesta por la tarde*, **1660**. España. || «... podrá la siega ser más

ó ménos abundante; pero de lo que se siembra, se coge.» Javier Fuentes y Ponte, *Murcia que se fue*, **1872**. España. [◇Cicerón, *De oratore*: «ut sementem feceris ita metes.» Y *Proverbios* 22:8 dice: «El que siembra iniquidad cosecha desventura y la vara de su ira lo consumirá.»]

    2. quien bien siembra, bien coge. Las buenas acciones, el buen hacer, dan buenos resultados, o viceversa.

    • «Con lo cual, viéndome afable, franco y dadivoso, me acredité de manera que les compré los corazones, ganándoles los ánimos. Que quien bien siembra, bien coge.» Mateo Alemán, *Segunda parte de la vida de Guzmán de Alfarache. Atalaya de la vida humana*, **1604**. España. [◇«Quien bien siembra, bien coge; el que pone los medios, acostumbra lograr el fin. El que acierta a emplear bien su liberalidad o sus servicios, fácilmente consigue lo que desea.» NDLC. «El que siembra escasamente, también segará escasamente; y el que siembra generosamente, generosamente también segará.» Corintios II, 9:6.]

    3. siembra postrero y lograrás tu dinero. Tenemos que hacer las cosas con calma, bien, a su debido tiempo, para conseguir resultados.

    • «¿Y si lloviera aún? Después recordó el adagio: Siembra postrero y lograrás tu dinero.» Ciro Alegría, *Los perros hambrientos*, **1939**. Perú.

    4. > **trigo,** *quien tenga trigo que siembre.*

sentencia
    1. más vale mala avenencia (ajuste, arreglo) que buena sentencia. Los pleitos, aunque se ganen, son siempre desastrosos.

    • «Más vale mala avenenzia ke buena sentenzia.» Gonzalo Correas, *Vocabulario de refranes y frases proverbiales*, **1627**. España. || «Excepto contados casos, quien litiga cree tener razón y teme que no se la reconozcan. Por ello también dice un refrán que Más vale mal ajuste, que buena sentencia.» Carlos Fisas, *Historias de la Historia*, **1983**. España. [◇«La desconfianza hacia los jueces es más bien hacia el sistema judicial, que lo hace lento y oneroso. La sabiduría popular entiende que hay que evitar los pleitos tanto como se pueda.» AdM. «Las más de las veces es preferible perder uno algo de su derecho o renunciar a él, que sujetarlo a la decisión de la curia, de cuyas manos suele salir siempre en camisa el que gana y en cueros el que pierde.» NDLC. > **arreglo.**]

señor
    1. a tal señor, tal honor. El trato debe ajustarse a la persona.

- «... despegó los labios mientras miraba a Justo y exhumó para celebrar el lance en rotundo idioma castellano un no menos rotundo proverbio de origen andalusí. –A tal señor, tal honor– dijo.» Fernando Sánchez Dragó, *El camino del corazón*, **1990**. España.

señora
 1. **tal es la señora cual es la perrilla.** Los animales se parecen a los dueños.
- «... tiene un refrán que tal es la señora cual es la perrilla.» Juan Justiniano, *Instrucción a la mujer cristiana*, **1528**. España.

septiembre > día, *días treinta hay en septiembre, en abril, noviembre y junio, en febrero veintiocho, y en los demás treinta y uno.*

sepultura > cena, *de grandes cenas están las sepulturas llenas.*

ser > sonar, *lo que sea sonará.*

*****seriedad** (ideas) *habló el* **buey** *y dijo mu; el que se* **burla** *se confiesa; el que siempre está de* **burlas** *no es hombre de veras; las* **burlas** *se vuelven veras; no son buenas* **burlas** *con los mayores; si te vide* **burléme**, *y si no calléme.*

servicio
 1. **a buen servicio, mal galardón.** Los hay ingratos que no premian los buenos servicios que reciben.
- «¡Pues ni él ni las armas –replicó don Quijote– quiero que se ahorquen, porque no se diga que a buen servicio, mal galardón.» Miguel de Cervantes Saavedra, *Segunda parte del ingenioso caballero don Quijote de la Mancha*, **1615**. España. || «Aquello de a uso de Aragón, a buen servicio mal galardón, los aragoneses lo entienden por pasiva.» Baltasar Gracián, *El Criticón. Tercera parte*, **1657**. España.

servir
 1. **quien a otro sirve no es libre.** Porque tiene que estar a sus órdenes y de él depende.
- «Calla, mi señora, mi vida, mis amores; que quien a otro sirve no es libre.» Fernando de Rojas, *La Celestina*, **1499**. España. || «... yo nascí en signo de servir toda mi vida, y quien a otro sirve no es libre.» Juan

Rodríguez Florián, *Comedia llamada Florinea, que tracta de los amores del buen duque Floriano con la linda y muy casta...*, **1554**. España.
    2. > **pedir,** *ni pidas a quien pidió ni sirvas a quien sirvió.*

seso > **dar,** *el dar y el tener seso ha menester.*

*****sexo** (ideas) *por Santa **Ana** amanecen las mujeres con cojones en la cama; primero la firmita y luego la **camita**; más tira **coño** que soga; el que no la corre de joven, la corre de viejo; ni **fea** que espante, ni hermosa que mate; el **hombre** es fuego, la mujer estopa, llega el diablo y sopla; el **hombre** braga de hierro, la mujer de carne; la vieja **honrada**, su puerta cerrada; guárdate del **mozo** cuando le nace el bozo; la **primavera** la sangre altera; dos **tetas** (ojos) tiran más que dos carretas.*

siervo > **emperador,** *a tal emperador, tal siervo.*

sobrar
    1. más vale que sobre que falte. Idea que esgrimen los manirrotos para justificar su derroche.
        • «... que más vale que sobre remedio que no que falte salud.» Juan Méndez Nieto, *Discursos medicinales*, **1600-1611**. Portugal. || «Que sean dieciocho pesos en números redondos. Más vale que sobre y no que falte.» Mariano Azuela, *La luciérnaga*, **1932**. México. || «Anda, hija Ansarona, trae otra poca, que más vale que sobre que no que falte.» Domingo Miras, *Las brujas de Barahona*, **1978**. España.

socorrer > **amigo,** *ese es el amigo que socorre a su amigo.*

soga
    1. echar (arrojar) la soga tras el caldero. No hay que deshacerse de lo esencial por lo accesorio; no poner las cosas peor de lo que están.
        • «Habla con respeto, Sancho, de las cosas de mi señora –dijo don Quijote–, y tengamos la fiesta en paz, y no arrojemos la soga tras el caldero.» Miguel de Cervantes Saavedra, *Segunda parte del ingenioso caballero don Quijote de la Mancha*, **1615**. España. || «¿Hanle robado á vuesamerced la cadena? ¡Vive Dios! –Fuese la soga tras el caldero, Pablillos.» Enrique Larreta, *La gloria de don Ramiro. Una vida en tiempos de Felipe Segundo*, **1908**. Argentina.

2. mentar la soga en casa del ahorcado. Mencionar algo que no se debe mentar.

• «Mas no sé yo para qué nombro asno en mi boca, pues no se ha de mentar la soga en casa del ahorcado.» Miguel de Cervantes Saavedra, *El ingenioso hidalgo don Quijote de la Mancha*, **1605**. España. || «Y ¿dónde hallastes vos ser bueno el nombrar la soga en casa del ahorcado?» Miguel de Cervantes Saavedra, *Segunda parte del ingenioso caballero don Quijote de la Mancha*, **1615**. España. || «Pues ¿no sabéis lo del refrán, que no se ha de mentar la soga en casa del ahorcado?» Francisco Navarro Villoslada, *Doña Toda de Larrea o la madre de la Excelenta*, **1855-95**. España. || «Me jacto de poner los pies en el plato y de mentar la soga en casa del ahorcado, decía, gozándose en ser insoportable y ríspido.» Alejo Carpentier, *El siglo de las luces*, **1962**. Cuba. || «Muy mal. Como mentar la soga en casa del ahorcado...» Manuel Hidalgo, *Azucena, que juega al tenis*, **1988**. España. || «Nombrando la soga en casa del ahorcado y la Zona Franca en Linares, el artífice de la Plataforma Andalucista...» *El Mundo*, 5/3/**1994**. España. || «... quizás, que todavía no era su tiempo, que es más importante ser cabeza de ratón que cola de león, Ascensión, no te voy a mentar la soga en la casa del ahorcado...» Alfonso Chase Brenes, *El pavo real y la mariposa*, **1996**. Costa Rica. || «Pero al nombrar la soga en casa del ahorcado pusieron en movimiento al prismo pertinaz de la tradición oportunista y la maleabilidad infinita.» *Excelsior*, 12/1/**1997**. México. || «Hablarle del fin de la modernidad a un pueblo que trataba de modernizarse a toda prisa y de consolidar la democracia era, desde luego, igual que mentar la soga en casa del ahorcado...» *ABC Electrónico*, 12/5/**1997**. España. [◊Ernesto Sábato tiene una variante en su *Abaddón el exterminador*, 1974: «No se ha de mentar el cazzo en casa del ahorcado.» Por *cazzo* debemos entender pene. «*En casa del ahorcado no hay que mentar la soga*; debemos respetar las desgracias de los otros, no sólo callando sobre cosas que puedan herirlos o aludir a recuerdos desconsoladores, sino procurando que no se nos escape la menor especie capaz de renovar amortiguados sentimientos.» NDLC.]

3. siempre quiebra la soga por lo más delgado. Todo tiene y todos tenemos nuestro punto débil, el talón de Aquiles.

• «... y gente honrada de la villa, pusiéronlos medio en paz y asieron de mí, que siempre quiebra la soga por lo más delgado.» Mateo Alemán, *Primera parte de Guzmán de Alfarache*, **1599**. España. || «Potencia dentro de otra, la filantropía pugnando con el espíritu de partido, siempre mezquino y estrecho, resulta del pugilato establecido entre el médico y el administrador, que se quiebra la soga por lo más delgado, y aquí lo más delgado suele ser el enfermo, *amima vili* en la contienda.» T. Lacemendi, *Impresiones*, **1884**. España.

soguilla
  1. cuando te dieren la vaquilla (cabrilla) corre con la soguilla. Hay que aprovechar las oportunidades.
    • «Quando te dieren la cabrilla, acorre con la soguilla.» Alfonso Martínez de Toledo (Arcipreste de Talavera), *Corbacho*, **1438**. España. ‖ «... que también se dice: cuando te dieren la vaquilla, corre con la soguilla, y cuando viene el bien, métalo en tu casa.» Miguel de Cervantes Saavedra, *Segunda parte del ingenioso caballero don Quijote de la Mancha*, **1615**. España. ‖ «... y como dijo el otro, si os acuden con la vaquilla llegad heis con la soguilla, y blancas manos no ofenden...» Serafín Estébanez Calderón, *Escenas andaluzas, bizarrías de la tierra, alardes de toros, rasgos populares, cuadros de costumbres...*, **1847**. España. [◊«Se derivó, al parecer, de la costumbre de correr por las calles de los pueblos con novillos y las vacas atados de una soga, cuya extremidad llevaban los mozos para detenerlos cuando conviniese. Aconseja el refrán que se aprovechen las ocasiones y se obre según ellas.» NDLC.]

sol
  1. a nadie le toma el sol en la cama. En la cama no se hace ni se consigue nada.
    • «Si eso es ansí, repartidme vos el tiempo en qué le gastan, que por fuerza ha de ser todo dormir. PEDRO: Eso es lo que menos hazen, que a nadie le toma el sol en la cama; pero soy contento de repartirósles el tiempo en qué lo gastan...» Anónimo, *Viaje de Turquía*, **1557-58**. España. [◊La pereza ha sido siempre denostada. «¿Hasta cuándo, perezoso, acostado? ¿Cuándo despertarás de tu sueño?» *Proverbios*, 6:9.]
  2. cuando el sol sale, sale para todos. Todos somos iguales.
    • «Y en ocasiones los refranes no reflejan la verdad... Dicen que El sol sale para todos, pero el sábado salió sólo para Sheffield... Y el árbitro Layne usa escobilla para limpiar el plato...» *Diario de las Américas*, 21/4/**1997**. EE. UU. [◊L. «sol lucet omnibus.»]
  3. en donde no entra el sol entra el doctor (médico). El sol es fuente de vida y salud.

soledad

- «La belleza es la salud, escribió Beauchamp, pudiendo decirse, también, que la salud depende de la higiene y por esto el antiguo refrán que dice: En donde no entra el sol, entra el doctor, razón por la cual hay que fijarse mucho en la orientación de las habitaciones antes de alquilarlas.» Josefina Dublanc, *La habitación*, **1916**. España. ‖ «La orientación de la vivienda ideal debe ser aquella que proporcione más horas de insolación, ya que el sol es el destructor por excelencia de los microbios. Donde entra el sol, no entra el médico, reza un antiguo refrán.» José María Mascaró Porcar, *El médico aconseja*, **1969**. España.

   4. > **nuevo**, *no hay nada nuevo bajo el sol.*

*****soledad** (ideas) *un **alma** sola ni canta ni llora; **amor** y señorío no quieren compañía; más vale con mal **asno** el hombre contender, que solo y cargado a cuestas traer; un **ave** sola ni bien canta ni bien llora; el **buey** suelto bien se lame; cada uno en su **casa** y Dios en la de todos.*

solo
   1. **más vale estar solo que mal acompañado.** La soledad es preferible a la compañía nefasta de ciertas personas.
   - «Mejor sería andar solo que mal acompañado.» Juan Manuel, *El Conde Lucanor*, **1325-35**. España. ‖ «Yo quíselo todo, y assí me padezco su absencia y tu presencia. Valiera más solo que mal acompañado.» Fernando de Rojas, *La Celestina*, **1499**. España. ‖ «Hay momentos en que me gustaría estar con alguien, pero más vale estar solo que mal acompañado.» *Tiempo*, 19/3/**1990**. España. ‖ «Vaticinó que a pesar de los infundios del PRI y del PRD, ganará el Partido de Acción Nacional las próximas elecciones, y que más vale solo que mal acompañado como se ha reflejado en las pasadas elecciones del Estado de México, Coahuila e Hidalgo, comentó el presidente del blanquiazul.» *Excelsior*, 21/1/**1997**. México. ‖ «Tuvieron temor. Se quedó solo. Mejor solo que mal acompañado –pensó.» Alan García, *El mundo de Maquiavelo*, **1994**. Perú. ‖ «Mi padre me enseñó cuando era pequeño que más vale hacer las cosas solo que mal acompañado.» Fernando Arrabal, *El cementerio de automóviles*, **1979**. España. ‖ «¡¿Es mejor estar sola que mal acompañada?!» ByN Ella, *ABC*, 2/12/**2000**. ‖ «... bellezas representativas de dos épocas, fueron seguidas por el ojo inquisitivo y solitario de Pedro Ruiz –mejor solo que mal acompañado, ahora lo descubrió...» Jesús Mariñas, *La Razón*, 2/2/**2001**. España. [◇Una pintada en una pared pública: «¿Te sientes

solo? ¡Hazte esquizofrénico!» Otra pintada decía: «¿Quién necesita compañía cuando uno puede sentarse solo y beber en su habitación?» Y Honorato de Balzac escribió que la soledad es buena pero necesitamos a alguien a quien decirle que la soledad es buena. Henry David Thoreau en su *Walden*, nos dice: «Me parece saludable estar solo la mayor parte del tiempo. Estar en compañía, aun en la mejor compañía, pronto resulta aburrido y una pérdida de tiempo. Me encanta estar solo. Nunca he encontrado una compañía que acompañe tanto como la soledad.»]
    2. > **alma**, *un alma sola ni canta ni llora.*

sonar
    1. lo que sea sonará. Ya sabremos a su debido tiempo lo que acontecerá. El refrán recomienda paciencia.
    • «El diablo las carga. Lo que sea ya sonará.» Eugenio Noel, *Las siete cucas*, **1927**. España. || «Floreos nada más, mana Cantalicia. Pero no mentemos estas cosas. Lo que fuere sonará.» Tomás Carrasquilla, *Hace tiempos*, **1935**. Colombia. || «Para los malos momentos tengo exclamaciones consoladoras y fatales: –Lo que sea sonará.» Ramón Gómez de la Serna, *Automoribundia*, **1948**. España. || «Ya tiene bastante con lo que ha oído. El mercero se traga la tostada: –Lo que sea sonará. ¿Nos damos el don José pirando?» Antonio Díaz-Cañabate, *Paseíllo por el planeta de los toros*, **1970**. España. || «Bueno, chica, pues lo que sea sonará, ya procuraré yo pillarle el aire a la señora, tampoco será para tanto.» Carmen Martín Gaite, *Fragmentos de interior*, **1976**. España. || «¿Quién puede asegurar que el de Tomás no está ya en manos del Partido? Carlos: Lo que sea sonará.» Virgilio Piñera, *Las siamesas*, **1990**. Cuba.

sopa
    1. dar sopas con honda. Hacer algo por las bravas, a la fuerza, y sin delicadeza.
    • «... aunque me suena que fue un tío que debía bordar el órdago, mejorando a los presentes, que sois todos unos chambones chapuceros, y quitándome a mí, que os doy sopas con honda en los envites.» Antonio Díaz-Cañabate, *Paseíllo por el planeta de los toros*, **1970**. España. || «Y es que no es fácil dar sopas con honda a Javier de la Rosa en materia bursátil.» Jesús Cacho Cortés, *Asalto al poder. La revolución de Mario Conde*, **1988**. España. || «Pécker está muy enfadado con los jerarcas de la SER, con los que le jubilaron cuando creía que todavía tenía fuerzas para dar sopas

con onda a estrellas de poca monta.» Lorenzo Díaz, *La radio en España (1923-1993)*, **1992**. España.
2. > plato

soplar
   1. **soplar (sopas) y sorber, no puede ser.** No se puede tener todo, no se puede hacer todo.
   • «Cuanto mayor es el ciudadano, tanto mayor es la caída que da; que siempre la buena fama es madre de la envidia. En efecto, soplar y sorber no puede ser. Pero, con todo eso, me quedaron docientos escudos que traía pegados en la carne, cosidos...» Gregorio González, *El guitón Onofre*, **1604**. España. || «Echar sopas i sorver, no puede todo ser; o no puede xunto ser.» Gonzalo Correas, *Vocabulario de refranes y frases proverbiales*, **1627**. España. || «Oiga, ¿será posible? ¿Usted cree que le harán ir al cuartel todavía? ¿Encima? Yo creo que deben dejarle conmigo, que para eso le he esperado yo tanto, eso son sopas y sorber, qué caramba.» Alonso Zamora Vicente, *A traque barraque*, **1972**. España. || «La destrucción y el paraíso. Sopas y sorber, la vida plena, lo imposible...» Francisco Nieva, *Nosferatu*, **1993**. España. [◇«Soplar y sorber no puede ser. Refr. Que persuade a no poder lograrse a un tiempo las cosas incompatibles: como premio sin trabajo, ni libertad con servidumbre. Otros dicen sopas y sorber.» DA.]

sordo
   1. **no hay peor sordo que el que no quiere oír.** Los hay que se niegan a escuchar lo que se les dice.
   • «No me oirán ¿verdad? No hay peor sordo que el que no quiere oír.» Fernando Arrabal, *El cementerio de automóviles*, **1979**. España. || «Definitivamente, Manolo, no hay peor sordo que el que no quiere oír.» Alfredo Bryce Echenique, *Magdalena peruana y otros cuentos*, **1986**. Perú. || «... la Magdalena no está para tafetanes o no está el horno para bollos o no hay peor sordo que el que no quiere oír.» *Diario de Yucatán*, 9/9/**1996**. México. || «Aunque no es necesariamente cierto, la verdad es que cuando organizaciones con la autoridad moral y la experiencia ponen el dedo en la llaga, no hay peor sordo que el que no quiere escuchar.» *Prensa Libre*, 22/1/**1997**. Guatemala. [◇Los franceses dicen que «il n'y a pas de mauvais sourd, qui celui qui en veut pas entendre.» En Salmos, en Vulagata: «aures habent et non audient», Tienen oídos y no oirán.]

*sospecha (ideas) > *suspicacia

suegro > burro, *jo que te estrego, burra de mi suegro.*

suerte
1. la suerte de la fea la hermosa la desea. Nunca estamos conformes con lo que tenemos.
• «... si bien dice el dicho que la suerte de la fea las bonitas la desean.» R. Elizondo Elizondo, *Setenta veces siete,* **1987**. México. || «... la suerte de la fea la bonita la desea.» VV. AA., *Cuentos de fútbol,* **1995**. España. || «Mari Cruz Soriano liga con Belloch, haciendo suyo aquello de la suerte del feo, el guapo la desea.» J. Rodríguez-Sieiro, *Diario 16,* 5/10/**2000**. España. [◇var. *La dicha de la fea la bonita la desea.* Afortunadamente tenemos una versión menos machista en la última citación de *Diario 16,* que posiblemente apunte a que las cosas están cambiando lingüísticamente.]
2. la suerte es para quien la busca. Suelen tener suerte los que hacen algo por ella.
• «La suerte es para quien la busca.» Javier Figuero, *UCD: La «empresa» que creó Adolfo Suárez. Historia, sociología y familias del suarismo,* **1981**. España. [◇Sin embargo > fortuna. Y respecto a esto, decía el cantante Raphael en *ByN Ella,* 4/11/**2000**, «La suerte hay que salir a buscarla, matarse por encontrarla.»]

sufrir
1. el sufrido es bien servido. El aguantador es siempre despreciado y maltratado.
• «El sufrido es bien servido: no, sino muy mal, y cuanto más peor.» Baltasar Gracián, *El Criticón. Tercera parte,* **1657**. España.

*superfluo (ideas) *para ese viaje no necesitamos* **alforjas**; **aprendiz** *de todo, maestro de nada; nos acordamos de Santa* **Bárbara** *cuando truena; yo dígole que se vaya, y abájase las* **bragas**; *la mujer del* **ciego**, *¿para quién se afeita?;* **confesión** *de parte, relevo de prueba; da* **Dios** *almendras (pan) a quien no tiene muelas (dientes);* **Dios** *da pañuelo a quien no tiene mocos;* **fatigar** *y no ganar nada; machacar (majar) en* **hierro** *frío;* **hijo** *no tenemos y nombre le ponemos; el* **hombre** *no hace la cosa;* **honra** *sin provecho, anillo en dedo; de personas* **imprescindibles** *están llenos los cementerios; a buenas horas* *mangas* verdes; el **nombre**, ni quita ni pone; mucha **paja** y poco grano; María tapó el **pozo** luego que cayó el niño.

***suspicacia** (ideas) quien se pica, **ajos** come; cuando las **barbas** de tu vecino veas afeitar, pon las tuyas a remojar; entre **bobos** (pillos, cutres, vivos) anda el juego; lo **bueno** cansa y lo malo nunca se daña; el que se **burla** se confiesa; a **caballo** regalado no le mires el diente; quien matar quiere a su **can**, achaque le levanta; dale pan; por **carta** de más o de menos se pierden los juegos; **casa** de dos puertas es difícil de guardar; pasarse algo de **castaño** oscuro; toda **comparación** es odiosa; quien no te **conozca** que te compre; quien te **cubre**, te descubre; del **dicho** al hecho hay mucho trecho; so la color está el **engaño**; cada uno cuenta (habla) de la **feria** como le va en ella; el **gato** que se quemó con leche, cuando ve la vaca, llora; **herradura** que chapalea, clavo le falta; el **hombre** no hace la cosa; no es por el **huevo** sino por el fuero; no es tan fiero el **león** como lo pintan; cuando menos se espera (piensa) salta la **liebre**; tamaña **limosna** pone sospechoso al santo; no tiene la culpa el **loro**, sino quien le enseña a hablar; **obras** son amores y no buenas razones; **pan** ajeno poco engorda; **piensa** mal y acertarás; al que le **pique**, que se rasque; cuando el **río** suena, agua (piedras) lleva.

t

taberna
1. taberna sin gente, poco vende. No es buena señal cuando una tienda está vacía de gente.
• «Evite las tiendas con poca clientela porque hay mayor probabilidad de que los alimentos que venden estén pasados o caducados. Dice el refrán: taberna sin gente, poco vende.» Mercedes Bobillo, *Guía práctica de la alimentación,* **1991**. España.
2. ya que no bebo en la taberna, huélgome en ella. Los hay que se divierten viendo hacer a los demás lo que ellos no hacen.
• «… sino en el deleite del pensamiento interior: que es cuando el hombre determinadamente quiere estarse deleitando en un pensamiento malo, aunque no lo quiere poner por obra; que es, como suelen decir si no bebo en la taberna, huélgome en ella.» Fray Luis de Granada, *Libro de la oración y meditación,* **1554**. España. || «Ved qué negro adobo para que no se dañase el adobado! Si no bebo en la taberna, huélgome en ella. No hay hombre cuerdo a caballo…» Mateo Alemán, *Segunda parte de la vida de Guzmán de Alfarache,* **1604**. España.

tabernero > vender, *cuando el tabernero vende la bota, o sabe a pez o está rota.*

tamborilero
1. en casa del tamborilero todos son danzantes. Los de una familia tienden a imitarse, a actuar igual.
• «… y con esto los entrantes y salientes de tu casa dirán, como es evangélico corto, aquel adagio: En casa del tamborilero todos son danzantes. Porque esto de cotilla, aguja de plata, basquiña con cola, y delantal con farfalaes, es cosa muy extraña de una casa donde se profesa tanta virtud

como en la tuya.» Fulgencio Afán de Ribera, *Virtud al uso y mística a la moda*, **1729**. España.

tanto
   1. unos tanto y otros tan poco. Parece que todo está mal repartido.
   • «¡Vaya, por amor de Dios, unos tanto y otros tan poco! Mas no por eso pierdo la esperanza de verlo colocado.» Sebastián de Miñano, *Sátiras y panfletos del Trienio Constitucional (1820-1823)*, **1820-23**. España. ‖ «¿Por qué ha de sobrar a unos tanto mientras otros no tenemos ni lo necesario?» Juan Antonio de Zunzunegui, *El Chiplichandle*, **1940**. España. ‖ «Unos tanto y otros tan poco, se decía en sus horas bajas. Abrumado por tal cúmulo de...» Miguel Delibes, *Madera de héroe*, **1987**. España. ‖ «He pensado: Unos tantos y otros tan poco. No lo he pensado con envidia, usted sabe que no.» Luis Landero, *Juegos de la edad tardía*, **1989**. España. ‖ «Además, unos tanto y otros tan poco.» Juan Pablo Ortega, *Los invitados*, **1996**. España.
   2. > **calvo,** *ni tanto ni tan calvo.*

tardanza > **peligro,** *en la tardanza suele estar muchas veces el peligro.*

tarde
   1. más vale tarde que nunca. Siempre es mejor que algún acontecimiento suceda, o llegue tarde, que nunca.
   • «... la auiamos de poner entre las plantas mayores mas mas vale tarde que nunca y por eso venga entre las ortalizas.» Gabriel Alonso de Herrera, *Obra agricultura*, **1513**. España. ‖ «Diálogo entre Morales y Jusepa, que había sido honrada cuando moza y vieja dio en mala mujer. Pregunta: Maridito, ¿agora das en dar paso a la espelunca? Respuesta: Más vale tarde que nunca.» Francisco de Quevedo y Villegas, *Poesías*, **1597-45**. España. ‖ «Pero sin embargo, Señor, mas vale tarde que nunca, que no han de ser perdurables los males, y el medio no se ha de omitir, à lo menos en lo que repare, para que no sea mayor el mal, porque del mal el menos, como tambien el Derecho enseña.» Francisco Máximo de Moya Torres y Velasco, *Manifiesto universal de los males envejecidos que España padece*, **1730**. España. ‖ «... jamás es tarde la conversión, y otro refrán también dice que más vale tarde que nunca.» José Joaquín Fernández de Lizardi, *El Periquillo Sarniento*, **1816-27**. México. ‖ «Mi querido compadre y más querido amigo: Más vale tarde que nunca. Al

cabo de mil años, tenga Ud. este recuerdo mío a cuenta de los frecuentísimos que hago de Ud. Ud. se vino sin decirme nada; y después de mucho tiempo.» José Joaquín Olmedo, *A don Andrés Bello [Epistolario]*, **1835**. Ecuador. || «La frase más vale tarde que nunca, que nuestro Diccionario recoge en valer...» Julio Casares, *Introducción a la Lexicografía moderna*, **1950**. España. || «¡Más vale tarde que nunca, negrito!» Elio Palencia, *Camino a Kabaskén*, **1989**. Venezuela. || «Habré metido la pata —dijo Custardoy hijo—, pero yo creo que más vale saber las cosas, mejor enterarse de todo tarde que nunca.» Javier Marías, *Corazón tan blanco*, **1992**. España. || «No lo pienses dos veces, poeta, más vale tarde que nunca.» Eliseo Alberto, *La eternidad por fin comienza*, **1993**. Cuba. || «Aunque más vale tarde que nunca.» *El Mundo*, 15/12/**1995**. España. || «Pero más vale tarde que nunca.» *Caretas*, 10472, **1995**. Perú. || «Baby Doc Duvalier huía de Haití, robándose todo, y robándose todo huía Ferdinand Marcos de Filipinas, mientras los archivos norteamericanos revelaban, más vale tarde que nunca.» Eduardo Galeano, *El fútbol. A sol y sombra*, **1995**. Uruguay. || «El reconocimiento, como tantas cosas, más vale tarde que nunca.» Ricardo García Cárcel, *ABC Cultural*, 12/5/**2001**. España. [◇Tito Livio (59 a.C. - 17 d.C.) *Historia romana*: «*potius sero quam nuncam.*» «Iribarren, copiando de Joaquín Bastús, dice que siendo ya de mucha edad, el filósofo Diógenes se propuso aprender la música y habiéndole uno dicho *Iam senex discis*, ya eres viejo para aprender, le contestó: *Praestantius sero doctum esse, quam nunquam*, más vale tarde que nunca.» DCB.]

2. nunca es tarde si la dicha es buena. Indica que vale la pena esperar si el resultado es satisfactorio, y que las cosas, los acontecimientos, llegan a su tiempo.

• «Nunca es tarde, cuando la dicha es buena —le interrumpí.» Lucio Victorio Mansilla, *Una excursión a los indios Ranqueles*, **1870**. Argentina. || «Nunca es tarde si la dicha es buena.» Miguel de Unamuno, *Abel Sánchez*, **1917**. España. || «Nunca es tarde si la dicha es buena.» Camilo José Cela, *Las compañías convenientes...*, **1963**. España. || «Nunca es tarde si la dicha es buena.» Luis Landero, *Juegos de la edad tardía*, **1989**. España. || «Nunca es tarde si la dicha es buena.» Ana Diosdado, *Trescientos veintiuno, trescientos veintidós*, **1992**. España. || «Hay que decir que esta fiebre beatnica editorial llega hasta nosotros con más de diez años de retraso, aunque nunca es tarde si la dicha es buena» *La Vanguardia*, 1/7/**1994**. España. || «¿Ha llegado demasiado tarde? Rodrigo reconocía

que nunca es tarde si la dicha es buena; aunque nunca he buscado ni esperado los premios, reconozco que me halagan y que los celebro con emoción. Me siento inmensamente honrado por este Príncipe de Asturias.» *El Mundo,* 25/5/**1996**. España. || «Porque, como se sabe, nunca es tarde cuando la dicha es buena.» *La Nueva Provincia,* 5/2/**1997**. Argentina. [◇«Nunca es demasiado tarde para abandonar nuestros prejuicios.» D.H. Thoreau, *Walden.*]
    3. > **venir,** *quien viene no viene tarde.*

tejado
    1. quien tiene tejado de vidrio (cristal) no tire piedras al de su vecino. El que tiene algo de qué avergonzarse no debe censurar a los demás.
    • «Kallar kallemos, ke kien tiene el texado de birlo, no es bien ke bolee al de su vezino.» Gonzalo Correas, *Vocabulario de refranes y frases proverbiales,* **1627**. España. || «El hombre sonríe feliz porque toca ya con las manos el instante de la perfección máxima, de la falsa y máxima perfección que alguien bautizó, sin saber quizá que tiraba la primera piedra contra su tejado de cristal...» Camilo José Cela, *Las compañías convenientes y otros fingimientos y cegueras,* **1963**. España. || «Cada uno de ellos se autocalifica de perfecto, de honrado, de moral alta, de no enriquecerse en el puesto. Pero no deben olvidar ellos que tienen tejado de vidrio» *Hoy,* 7-13/1/**1981**. Chile. || «... por eso de que, en cojera de perro y lágrimas de mujer no hay que creer, se dijo don Ricardo, a mí con consejos, éste, que tiene tejado de vidrio y tirándole piedras al vecino...» Alfonso Chase Brenes, *El pavo real y la mariposa,* **1996**. Costa Rica. || «Bueno, a mí no me gusta hablar mal de nadie. Aparte de que no me corresponde porque... como yo tengo tejado de vidrio a causa de mi hijo...» Héctor Quintero, *Te sigo esperando (Una crónica cubana de los noventa),* **1996**. Cuba. [◇var. *Si es de vidrio tu tejado, no apedrees el de al lado.*]

tempestad
    1. de la tempestad más vale escuchar los ecos. Lo malo cuanto más lejano mejor.
    • «Creo que Voltaire, dijo: De la tempestad más vale escuchar los ecos. Pero no era un hombre cobarde.» Luis Antonio de Villena, *El burdel de Lord Byron,* **1995**. España.
    2. después de la tempestad viene la calma. Todo se apacigua con el tiempo.

• «Se cumplía el viejo proverbio, después de la tempestad, vino la calma.» Cristina Bain, *El dolor de la Ceiba*, **1993**. Colombia. ‖ «Después de la tempestad no viene la calma. Viene el trabajo continuo y sin decanso.» *ABC*, 23/7/**2000**. [◇> **tormenta**.]

3. > **litera**, *cada uno a su litera y vengan tempestades*.

4. > **viento**, *quien siembra vientos recoge tempestades*; ver **litera**, *cada uno a su litera y vengan tempestades*.

témporas > **culo**, *confundir el culo con las témporas*.

tener

1. quien más tiene más quiere. La gente es muy avariciosa y nunca tiene bastante.

• «Nadie está contento con su suerte, quien más tiene más quiere.» Carlos García, *La desordenada codicia de los bienes ajenos*, **1619**. España. ‖ «Casi se murió de gusto, porque el rey mientras más tiene más quiere.» Floridor Rojo, *La princesa responsable de su propia fortuna [Cuentos folklóricos chilenos de raíces hispánicas]*, **1964**. Chile.

2. quien tuvo, retuvo. El que ha tenido algo, siempre le queda un rescoldo de lo poseído.

• «Es que, señora, en tocándome al respeto de las damas, todavía de mi obligación me acuerdo; que, aunque un hombre no es muy niño, quien tuvo, retuvo.» Don Ramón de la Cruz, *El Prado por la noche*, **1765**. España. ‖ «Y a la cuenta debe de andarse por mis años. Pero bien dicen: quien tuvo, retuvo y guardó para la vejez..., porque doña Isabel ha estao una buena moza ande las haya habío.» Jacinto Benavente, *La Malquerida*, **1913**. España. ‖ «Por aquello de que quien tuvo y retuvo guardó para la vejez!, don Alvaro, a pesar de sus sesenta y pico y de sus alifafes, tenía una cabeza muy hermosa, y un cuerpo, si no alto, derecho como un huso y proporcionado y armónico como el de una estatua clásica.» Juan F. Muñoz Pabón, *Justa y Rufina*, **1928**. España. ‖ «Pero estos ojos de ceniza y este pelo que hoy mostraba una extraña sequedad serena e inanimada, como de cardo, habían sido luminosos y por lo visto era verdad, como decía su tío, que quien tuvo retuvo.» Juan Marsé, *Últimas tardes con Teresa*, **1966**. España. ‖ «Ya sabes lo que dicen: quien tuvo retuvo, rebatió Diodor.» Pau Faner, *Flor de sal*, **1986**. España. ‖ «No en vano, el partido de Lacalle sacó más votos que el PSC en las últimas europeas y el refrán dice que quien tuvo, retuvo.» *La Vanguardia*, 9/11/**1994**. España.

3. > **dar,** *da y ten, venirte han a ver.*
4. > **escoger,** *quien bien tiene y mal escoge, del mal que le venga no se enoje.*
5. > **valer,** *tanto tienes, tanto vales.*

tercera
1. a la tercera (tres) va la vencida. Se cree que a la tercera vez que se hace algo, se consigue.

• «Pero a las tres va la vencida, pues de las dos había tan bien salido, pensó el señor rector que en la tercera yo me enlodara, aunque Dios sabe que tal estaba el ánimo de Lázaro en este tiempo...» Anónimo, *Segunda parte del Lazarillo de Tormes,* **1555.** España. || «Dadme aquí tercer herida; Veremos si a las tres va la vencida.» Pedro de Oña, *Arauco domado,* **1596.** Chile. || «Y Fad[rique]: Pues a las tres va la vencida. Los philósophos antiguos quisieron enseñar y dieron la doctrina en fabulosa narración, como quien dora vna píldora.» Alonso López Pinciano, *Filosofía antigua poética,* **1596.** España. || «–A tres va la vencida –dije yo–. Vm. sin duda anda por dar un buen día de invierno a los mochachos con su hoguera.» Gregorio González, *El guitón Onofre,* **1604.** España. || «Pues, a la tercera va la vencida, señora –contestó Herminia con firmeza.» Ramón Pérez de Ayala, *El curandero de su honra,* **1926.** España. || «Ni Sartorius, ni Bravo Murillo lograron sobreponerse al elemento militar. A la tercera va la vencida, y espero mostrar que puede un hombre civil ejercer la dictadura.» Ramón María del Valle-Inclán, *La corte de los milagros,* **1927-31.** España. || «... a la China Saldivar y que si a la tercera va la vencida, decía, el que la sigue la consigue, feliz.» Mario Vargas Llosa, *Los cachorros,* **1967.** Perú. || «¿La conoce? A la tercera va la vencida. –Sí. Tiene una boutique aquí cerca –responde, al fin, cogiendo el retrato de Echegaray.» Carlos Pérez Merinero, *Días de guardar,* **1981.** España. || «Sí, y alguna vez estuvimos muy cerca. Así que ahora tengo que confiar en el viejo refrán de que a la tercera va la vencida. Yo, sinceramente, veo que tenemos posibilidades.» *Tiempo,* 19/11/**1990.** España. || «Sería la cuarta. ¿Es a la cuarta que va la vencida? Había amargura. Lo que llegaba al través de Soto y de algunos amigos traslucía el mismo viejo fondo negativo.» Arturo Uslar Pietri, *La visita en el tiempo,* **1990.** Venezuela.

testamento
1. quien poco tiene hace largo testamento. Los pobres se hacen ilusiones.

tiempo

• «… y otras que guardan tanto que hacen ricos a muchos; y quien poco tiene hace largo testamento.» Francisco Delicado, *La Lozana Andaluza*, **1528**. España. [◇Al morir un millonario alguien preguntó cuánto había dejado. La respuesta fue: todo.]

testigo
1. un testigo solo no es entera fe. Un solo testigo no es suficiente para probar algo.

• «Una alma sola ni canta ni llora; un solo acto no haze hábito; un frayle solo pocas vezes le encontrarás por la calle; una perdiz sola por maravilla buela, mayormente en verano; un manjar solo, continuo, presto pone hastío; una golondrina no hace verano; un testigo solo no es entera fe; quien sola una ropa tiene, presto la envegece.» Fernando de Rojas, *La Celestina*, **1499**. España.

teta
1. dos tetas (ojos) tiran más que dos carretas. La mujer tiene una gran influencia sobre el hombre, por sus atributos sexuales.

• «Rotundo adagio nos afirma que más pueden dos ojos que dos carretas, y los de Elvirita eran bellos sobre toda ponderación...» Salvador González Anaya, *La oración de la tarde*, **1929**. España. || «¡Si te juro que más jalan dos tetas que dos carretas!» Enrique Serpa, *Contrabando*, **1938**. Cuba. || «A los hombres hay que ponerlos siempre en el compromiso –afirmó– y, como suele decirse, con perdón, pueden más dos tetas que dos carretas.» José Luis Sampedro, *El caballo desnudo*, **1970**. España. || «… que jalan más dos (señalándose el pecho) que dos carretas.» Rosario Castellano, *El eterno femenino*, **1975**. México. || «Y así les dije muy clarito a las chicas: hijas mías, que siempre habéis oído decir a todo el mundo que más tiran dos tetas que dos carretas...» José Jiménez Lozano, *El grano de maíz rojo*, **1988**. España. || «Pero más tiran dos tetas que dos etcétera y quién iba a aguantar al mozo aquél.» José María Conget, *Todas las mujeres*, **1989**. España. || «Dos tetas tiran más que dos carretas.» *Cambio 16*, 10/9/**1990**. España. || «Si dos tetas valen más que dos carretas....» Luis María Anson, *Don Juan*, **1994**. España. [◇var. *Más tiran tetas que sogas ni guindaletas.*]

tiempo
1. a mal tiempo, buena cara. Hay que aceptar los reveses de la fortuna con serenidad y paciencia.

- «Allá en el vivero los convidados habían puesto a mal tiempo buena cara, y mientras en el palacio viejo los curas rurales, el Marqués y...» Leopoldo Alas (Clarín), *La Regenta,* **1884**. España. || «Pecao mortal es que aquella boca se los zampe, pero a mal tiempo buena cara: a más de que a eso le tenemos avezao mucho hace...» José María de Pereda, *La puchera,* **1889**. España. || «Pobre viejo, anímate, toma esta calabaza, cuécela y cómetela, y a mal tiempo buena cara.» Rómulo Lachatañaré, *El sistema religioso de los lucumí...,* **1939-52**. Cuba. || «... yo me dije: Hasta aquí hemos llegao; se acabó lo que se daba; tanto va el cántaro a la fuente, que al fin se rompe; ca uno en su casa y Dios en la de tos; y a mal tiempo buena cara, y pa luego es tarde...» Enrique Jardiel Poncela, *Eloísa está debajo de un almendro,* **1943**. España. || «¡Qué le vamos a hacer! Al mal tiempo, buena cara. ¡Conformidad!» Camilo José Cela, *Las compañías convenientes y otros fingimientos y cegueras,* **1963**. España. || «En fin, a mal tiempo, buenas muecas...» Alejandro Jodorowsky, *Donde mejor canta un pájaro,* **1992**. Chile. || «Aprobado en suavizar asperezas, en buscar un sitio para cada cosa y en poner a mal tiempo buena cara.» Carmen Martín Gaite, *Nubosidad variable.* **1992**. España. || «Si por ahora no se puede... ¡a mal tiempo buena cara! Hablaremos de eso otro día...» *ABC Cultural,* 14/6/**1996**. España.

2. cualquier tiempo pasado fue mejor. La memoria retiene lo bueno y olvida lo malo y desagradable y así parece que lo pasado siempre fue mejor.

- «... cómo, a nuestro parescer, cualquier tiempo passado fue mejor.» Jorge Manrique, *Coplas por la muerte de su padre,* **1477**. España. || «Y hay otras que no tienen sino día e vito, y otras que lo ganan a heñir, y otras que comen y escotan, y otras que les parece que el tiempo pasado fue mejor.» Francisco Delicado, *La Lozana Andaluza,* **1528**. España. || «No piensan así los que viven sujetos al prejuicio de que todo tiempo pasado fue mejor, y de que los vicios de hoy son los mayores que jamás vieron los siglos.» Gregorio Marañón, *Ensayos sobre la vida sexual,* **1919-29**. España. || «Aceptan, añoran un Madrid que fue pero no con la idea de que cualquier tiempo pasado fue mejor, es decir, su juventud, sino su libertad y la guerra.» Max Aub, *La gallina ciega. Diario español,* **1971**. España. || «Por tanto, el discurso anticolonial es además de hispanófilo, antifeminista y reaccionario porque está basado en la idea de que cualquier tiempo pasado fue mejor.» Margarita Ostolaza Bey, *Política sexual en Puerto Rico,* **1989**. Puerto Rico. || «No somos de quienes postulan que

todo tiempo pasado fue mejor, ni que los ejemplos del pasado sean siempre buenos.» *El Universal,* 8/9/**1996**. Venezuela. [◇ Jorge Manrique (1440?-1479) «Recuerde el alma dormida / avive el seso e despierte / contemplando / cómo se passa la vida; / cómo se viene la muerte / tan callando; / cuán presto se va el plazer; / cómo, despues de acordado, / da dolor; / cómo, a nuestro parescer, / cualquier tiempo passado / fue mejor.»]
    3. del tiempo el consejo. El tiempo es el mejor consejero porque pone las cosas en su justo lugar.
    • «Por Dios, dexemos enojo; y al tiempo, el consejo. Ayamos mucho plazer.» Fernando de Rojas, *La Celestina,* **1499**. España.
    4. el tiempo es oro. El tiempo es importante y valioso.
    • «Todas estas voces se discuten, se comentan, se prestan a mil conjeturas, se trata de saber cómo han llegado, quién las ha traído, y el tiempo corre y nada sucede, y el malón aplazado se realiza, porque el tiempo es oro y es necesario no perderlo, ya que los amigos federales se duermen en las pajas.» Lucio Victorio Mansilla, *Una excursión a los indios Ranqueles,* **1870**. Argentina. || «¡Nuestro mal endémico! ¡En este país nadie tiene prisa, y el tiempo es oro, como canta el inglés de la zarzuela! ¡Ahí debíamos tomar ejemplo!» Ramón María del Valle-Inclán, *La corte de los milagros,* **1927**. España. || «Time is money! (¡El tiempo es oro!)» Enrique Jardiel Poncela, *Amor se escribe sin hache,* **1929**. España. || «Si en tratándose de otras cosas es muy cierto que el tiempo es oro, cuando se relaciona con la oración, el factor tiempo suele ser desesperante.» C. M. de Heredia, *Una fuente de energía,* **1932**. México. || «... deja poco espacio para la sexualidad, ya que el tiempo es oro, y el oro se ha convertido en algo más importante que la sexualidad.» Juan José López Ibor, *El libro de la vida sexual,* **1968**. España. || «Esto ya está visto, el truco es fácil, la vida no es sino una tregua, el tiempo es oro, pero un oro fugaz que se caza un momento.» *El Mundo,* 25/4/**1994**. España. || «Los dueños, que pueden contarse entre los más firmes partidarios del gobierno, que pueden ser aun miembros del pcc, operan de acuerdo con las reglas más elementales... del mercado: el tiempo es oro, el trabajador no sólo debe realizar todas las tareas encomendadas, ha de hacerlo más rápido, con más eficiencia, más productividad.» Brecha, 24/10/**1997**. Paraguay. || «... le pedimos disculpas por haberle robado su tiempo, después de habernos dedicado una mañana a enseñarnos sus taller: ¡si el tiempo lo dan dao! Esta frase contrasta con la máxima del ritmo de vida en nuestros días urbanos, lo de tiempo es oro.» *Turismo rural,* n° 11, 9/**1998**. España.

[◇Platón decía que los amigos se convierten con frecuencia en ladrones de nuestro tiempo.]

5. el tiempo todo lo cura (muda, trueca, puede, vence, borra, olvida, sana). El tiempo hace olvidar y lo arregla todo porque es poderoso.

• «Coche de grandeza brava trae con suma bizarría el hombre que aún no lo oía sino cuando regoldaba, y el que sólo estornudaba, ya mil negros estornuda: el tiempo todo lo muda.» Francisco de Quevedo, *Poesías,* **1597-1645**. España. || «A todos les llegó su día y tuvieron vez. Mas como el tiempo todo lo trueca, las unas pasan...» Mateo Alemán, *Primera parte de Guzmán de Alfarache,* **1599**. España. || «Si mi gloria me han robado tus mudanzas y vaivenes, ellos me la volverán. Que el tiempo todo lo puede...» Bernardo de Valbuena, *Siglo de oro en las selvas Erífele,* **1608**. España. || «¡Sí, sí... echar por la boca! El tiempo todo lo vense –afirmó con profético acento la comadre, cogiendo una hilera de puntos, que se le habían soltado...» Emilia Pardo Bazán, *La Tribuna,* **1883**. España. || «... recordáis de mí? No es extraño. El tiempo todo lo borra, y cuando es algo enojoso lo borrado, no deja ni siquiera el borrón como recuerdo.» Jacinto Benavente, *Los intereses creados,* **1907**. España. || «Pasan los meses y el tiempo todo lo envuelve en un piadoso olvido.» Salvador de Madariaga, *¡Viva la muerte!,* **1974**. España. || «Es nuestra mejor medicina porque el tiempo todo lo cura y lo cierra. Y no perder el coraje es muy importante.» *Tiempo,* 3/9/**1990**. España. || «Así a la táctica de que el tiempo todo lo cura se añadiría la de una Administración que se pone al lado de los estudiantes...» *ABC,* 17/2/**1987**. España. || «El sábado, bajo el mismo cielo del departamento de Córdoba por el que corrieron las balas que se apuntaron mutuamente y cerca al mismo río por el que corrió la sangre de varios de sus muchachos, los dos hombres de huerra comprobaron aquel refrán que dice que el tiempo termina por sanar todas las heridas.» *El Tiempo,* 21/10/**1996**. Colombia. [◇Si cree usted que el tiempo todo lo cura, espere en la antesala de la consulta de un médico y verá lo que es bueno. Pero Sancho, más sabio, nos dice: «... y dejando al tiempo que haga de las suyas; que él es el mejor médico destas y de otras mayores enfermedades.» Quijote, II.]

6. el tiempo vuela. Se tiene la impresión de que el tiempo pasa veloz.

• «No vivimos mucho tiempo los hombres; solamente vivimos un dudoso y breve espacio, que con el mismo tiempo vuela y huye; sola el alma inmortal sin fin camina...» Francisco de Quevedo, *Epícteto y Phocilides,* **1609-26**. España. || «Está en plantas no escrita, en piedras sí, firmeza honre Himeneo, calzándole talares mi deseo, que el tiempo vuela...» Luis de Góngora, *Soledades,* **1613-1626**. España. || «... los años huyen, los contentos no llegan, el tiempo vuela, la vida se acaba, la muerte le coge, la sepultura le traga...» Baltasar Gracián, *El Criticón, Primera Parte,* **1651**. España. || «El relox me atormenta, el sol camina sin parar un punto y el tiempo vuela como el pensamiento.» Fray Joaquín Bolaños, *La portentosa vida de la muerte,* **1792**. México. || «... emplea ese oro a gusto de quien le da, y lo que falte yo lo abono; y a otra cosa, que el tiempo vuela...» José Zorrila, *Traidor, inconfeso y mártir,* **1849**. España. || «... hace ya me parece un siglo: el tiempo vuela, el tiempo huelga, el tiempo es moscas: time flies!» Carlos Fuentes, *Cristóbal Nonato,* **1987**. México. || «A quien hay que integrar en «el Tinglado» alfonsino es a Serrano –es ahora la opinión de Aviraneta– y ello cuanto antes, pues el tiempo vuela.» Pedro Ortiz-Armengol, *Aviraneta o la intriga,* **1994**. España. || «Quedan tres años. Y el tiempo vuela» *Diario Hoy,* 3/10/**1997**. Ecuador. [◇Virgilio (70-19 a.C.) en la *Eneida*: «sed fugit inreparabile tempus.» Es curioso cómo pensamos que algo que no existe, vuela y huye.]

7. quien tiempo tiene y mejor lo espera, tiempo viene que se arrepiente. Hay que saber aprovechar las oportunidades cuando se presentan y se tienen, para disfrutar de ellas.

• «Gozá vuestras frescas mocedades, que quien tiempo tiene y mejor le espera, tiempo viene que se arrepiente, como yo hago agora por algunas horas que dexé perder quando moça...» Fernando de Rojas, *La Celestina,* **1499**. España. || «... en la pluralidad está el remedio y en hacer que las gentes gocen sus mocedades, que quien tiempo tiene y mejor lo espera, tiempo viene que se arrepiente.» Ramiro de Maeztu, *Don Quijote, Don Juan y la Celestina. Ensayos en simpatía,* **1926**. España.

8. tal el tiempo, tal el tiento. Las cosas hay que hacerlas cuando el momento es propicio.

• «Pero el hombre pone y Dios dispone, y Dios sabe lo mejor y lo que le está bien a cada uno, y cual el tiempo, tal el tiento, y nadie diga desta agua no beberé, que adonde piensa que hay tocinos, no hay estacas; y Dios me entiende, y basta, y no digo más, aunque pudiera.» Miguel de Cervantes Saavedra, *Segunda parte del ingenioso caballero don Quijote de la Mancha,* **1615**. España. || «Calla, mochacha –dijo Teresa–, que no sabes lo que te dices, y este señor está en lo cierto, que tal el tiempo, tal el tiento: cuando Sancho, Sancha, y cuando gobernador, señora, y no

tierra

sé si diga algo.» Miguel de Cervantes Saavedra, *Segunda parte del ingenioso caballero don Quijote de la Mancha,* **1615**. España.
   9. todo a su tiempo. Hay que tener paciencia y buscar la oportunidad correcta.
   • «¿Le gustaría ser el jefe del equipo y que sus compañeros lo mimaran? Todo a su tiempo. Tal vez algún día.» *Tiempo,* 30/7/**1990**. España. || «La tarea común habrá de ser hornear la hogaza. Todo a su tiempo.» *Proceso,* 7/7/**1996**. México.
   10. > **acometer,** *tiempos hay de acometer y tiempos de retirar.*
   11. > **nabo,** *cada cosa en su tiempo y los nabos en adviento.*

tierra
   1. en cada tierra su uso. Las costumbres y los usos cambian en cada región o país.
   • «... y piensa que en vestir no hay regla cierta, porque ven que hay é siempre hovo en cada tierra su uso.» Fray Hernando de Talavera, *De vestir y de calzar,* **1477-96**. España. || «Señor caballero, ¿no ha oído decir Vuestra Merced: en cada tierra su uso?» Mateo Alemán, *Segunda parte de la vida de Guzmán de Alfarache. Atalaya de la vida humana,* **1604**. España. || «Señor –respondió Sancho–, en cada tierra su uso: quizá se usa aquí en el Toboso edificar en callejuelas los palacios y edificios grandes.» Miguel de Cervantes Saavedra, *Segunda parte del ingenioso caballero don Quijote de la Mancha,* **1615**. España.

tijeras
   1. quien a nosotros trasquiló, las tijeras le quedaron. El que hace un mal puede volver a hacerlo.
   • «... y nadie diga mal de las dueñas, y más de las antiguas y doncellas, que aunque yo no lo soy, bien se me alcanza y se me trasluce la ventaja que hace una dueña doncella a una dueña viuda; y quien a nosotras trasquiló, las tijeras le quedaron en la mano.» Miguel de Cervantes Saavedra, *Segunda parte del ingenioso caballero don Quijote de la Mancha,* **1615**. España.

tinto
   1. a la vuelta lo venden tinto. Se emplea como rechazo e indiferencia.
   • «... y era el marrajo de su padre el que con vida desatentada y de perdido había hilvanado a sus solas expensas una tradición de ironía, befa

y chufla, y en la vida como en todo, a la vuelta lo venden tinto.» Ramón Ayerra, *La lucha inútil*, **1984**. España.

toca > **cabeza,** *cabeza loca no quiere toca.*

tocino
   1. **adonde se piensa que hay tocino, no hay estacas.** Estar equivocado, equivocarse.
   • «... y ansí de mano en mano, do pensáis que hay tocinos no hay estacas.» Francisco Delicado, *La Lozana Andaluza*, **1528**. España. || «... saldrán del agalla con el sueño del perro, buscando tocinos donde no tienen estacas.» Juan Rodríguez Florián, *Comedia llamada Florinea, que tracta de los amores del buen duque Floriano con la linda y muy casta...*, **1554**. España. || «Y muchos piensan que hay tocinos, y no hay estacas. Mas ¿quién puede poner puertas al campo? Cuanto más, que de Dios dijeron.» Miguel de Cervantes Saavedra, *El ingenioso hidalgo don Quijote de la Mancha*, **1605**. España. || «Pero el hombre pone y Dios dispone, y Dios sabe lo mejor y lo que le está bien a cada uno, y cual el tiempo, tal el tiento, y nadie diga desta agua no beberé, que adonde piensa que hay tocinos, no hay estacas; y Dios me entiende, y basta, y no digo más, aunque pudiera.» Miguel de Cervantes Saavedra, *Segunda parte del ingenioso caballero don Quijote de la Mancha*, **1615**. España. [◇Dice Covarrubias: «Adonde pensáys hallar tozinos, no ay estacas; quando tenemos a alguno en possesión de muy rico y, ocurriendo necesidad de averiguarlo, hallamos estar pobre.»]

todo > **viña,** *de todo hay en la viña del Señor.*

todo
   1. **la parte vale más que el todo.** Mejor es un poco que buscar el todo y no tenerlo.
   • «Hasta mucho después resaltaba á este respecto la aberración matemática de que la parte vale más que el todo.» Pastor Servando Obligado, *Tradiciones argentinas*, **1903**. Argentina.
   2. > **ser,** *ni están todos los que son ni son todos los que están.*

tomar > **dar,** *donde las dan, las toman.*

tomar
1. más vale un toma que dos te daré. Es preferible que nos den poco que recibir promesas solamente.
• «... que hablen cartas y callen barbas, porque quien destaja no baraja, pues más vale un toma que dos te daré.» Miguel de Cervantes Saavedra, *Segunda parte del ingenioso caballero don Quijote de la Mancha*, **1615**. España. || «... sabiendo aquel refrán que dicen por ahí, que un asno cargado de oro sube ligero por una montaña, y que dádivas quebrantan peñas, y a Dios rogando y con el mazo dando, y que más vale un toma que dos te daré?» Miguel de Cervantes Saavedra, *Segunda parte del ingenioso caballero don Quijote de la Mancha*, **1615**. España. || «Más vale un toma que dos te daré.» Javier Fuentes y Ponte, *Murcia que se fue*, **1872**. España. || «No en vano el fabulista dijo: Vale más un toma que dos te daré.» Andrés Mercé Varela, *La Copa del mundo de Jules Rimet*, **1955**. España. || «No en vano el fabulista dijo: Vale más un toma que dos te daré.» Andrés Mercé Varela, *Traducción de Fútbol. La Copa del mundo de Jules Rimet*, **1955**. España. [◊«No le digas al prójimo: Vete y vuelve, mañana te lo daré, si es que lo tienes a mano.» *Proverbios*, 3:28.]

*****tontería** (ideas) *habló el **buey** y dijo mu; el que se **burla** se confiesa; el que siempre está de **burlas** no es hombre de veras; no son buenas **burlas** con los mayores.*

tonto
1. a tontas y a locas. Sin meditar, irresponsablemente.
• «... como se vio señor del argamandijo, no hacía más de a troche y moche escribirla billetes y más billetes, y ella leer que leerás a tontas y a locas...» Francisco de Quevedo, *Cuento de cuentos*, **1626**. España. || «Narices de seso ¿quién inventó y para qué? —proseguía en su reparo Andrenio—. Los ojos ya podrían, para no mirar a tontas y a locas; pero en las narizes ¿de qué puede servir el seso?» Baltasar Gracián, *El criticón. Tercera parte*, **1657**. España. || «Consideróla siempre como dichos de las gentes, a tontas y a locas, y ocurriendo además que estos dichos sonaban muy poco y muy de tarde en tarde...» José María de Pereda, *La puchera*, **1889**. España. || «Los zamarreones aumentaban, las cuchilladas menudeaban a tontas y a locas, los gritos de desesperada negación se repetían con mayor frecuencia.» Ricardo Güiraldes, *Don Segundo Sombra*, **1926**. Argentina. || «... por eso procuramos informarnos bien de lo que dan

cada noche en lugar de estar haciendo zapping a tontas y locas...» *Cambio 16*, 29/5/**1995**. España. || «... soy persona que me dejo presionar por las circunstancias o que actúo a tontas y locas.» *El Universal*, 30/6/**1996**. Venezuela. || «No las escribas nunca a tontas y a locas. Asegúrate bien de lo que escribes.» *El Mundo*, 20/4/**1996**. España.
   2. el número de los tontos es infinito. Hay muchos tontos; todos los demás son tontos, excepto nosotros.
   • «Son tontos todos los que lo parecen, y la mitad de los que no lo parecen.» Baltasar Gracián, *Oráculo manual y arte de prudencia*, **1647**. España. || «Acabemos una vez de conocer que el número de los ignorantes es mucho mayor de lo que se cree generalmente, pero que es mucho menor el número de los tontos de lo que piensan los discretos.» Sebastián de Miñano, *Sátiras y panfletos del Trienio Constitucional (1820-1823)*, **1820-1823**. España. || «El número de tontos en París es infinito, como en todas partes. Hay que ser un cándido para creer otra cosa.» Pío Baroja, *Desde la última vuelta del camino*, **1944-49**. España. || «... y ya nunca más pasaremos cuidados porque el número de tontos es infinito y con lo que nos den unos satisfaremos la codicia de quienes picaron primero y vengan en compañía de parientes y...» Javier Fernández de Castro, *La novia del Capitán*, **1987**. España. [◇L. *Eclesiastés*, 1:15: «stultorum infinitus est numerus.» Fernando R. Lafuente cita a Ramón Gómez de la Serna cuando dice: «En la vida hay que ser un poco tonto porque si no lo son sólo los demás y no te dejan nada.» *ABC Cultural*, 26/5/2001. Y Abraham Lincoln decía que es mejor permanecer callado y que crean que somos tontos que hablar y disipar la duda.]
   3. más piensa un tonto que corre un río. Los tontos cavilan mucho, para nada.
   • «Qué curioso. En mi pueblo hay un dicho: Más piensa un tonto que corre un río.» Angélica Gorodischer, *Bajo las jubeas en flor*, **1973**. Argentina.
   4. > San Andrés, *como dice San Andrés, el que es tonto, tonto es.*

torero
   1. los toreros en las plazas; los cómicos, en las tablas. Cada cual debe hacer lo que sabe y dejar a los profesionales hacer su trabajo.
   • «Cada cual en su sitio. [...] Recuerdo que el crítico Antonio Díaz Cañabate recurrió a este refrán en varias ocasiones en sus crónicas de los años sesenta en el periódico ABC para aludir al tipo de toreo de Manuel

Benítez, *El Cordobés*, por su similitud con el que con gran profesionalidad practican los toreros cómicos.» Carlos Abella, *¡Derecho al toro!*, **1996**. España.
    2. > **puta,** *putas y toreros a la vejez os espero.*

tormenta
    1. después de la tormenta viene la calma. Tras un periodo de ajetreo y dificultades, las cosas vuelven a la tranquilidad del principio.
    • «... dicen que después de la tormenta viene la calma.» Henry Díaz Vargas, *Más allá de la ejecución*, **1984**. Colombia. || «... lo que en apariencia podría tener consecuencias gravísimas, sólo es una llamarada de petate, pues después de la tormenta viene la calma y las aguas vuelven a su cauce.» Julián Matute Vidal, *Perfil del mexicano*, **1984**. México. || «Y, que después de la tormenta viene la calma, pone en mis labios un necio.» Henry Díaz Vargas, *Más allá de la ejecución*, **1984**. México. || «Después de la tormenta viene la calma. Te espera un día muy placentero, en el cual los problemas parecerán haberse ido de vacaciones.» *El Nuevo Herald*, 28/4/**1997**. EE.UU. [◇var. *Tras tormenta, gran bonanza.* > **tempestad.**]
    2. tras muy sosegada bonanza muy furiosa tormenta. Después de la calma vienen los problemas.
    • «Y ser lo ha asimismo cuando en las tales partes y tiempos hubieron precedido grandes calmas con excesivo calor, estando los cielos limpios de nublados porque en semejante caso se sacrifica aquel adagio que se dice: tras muy sosegada bonanza muy furiosa tormenta.» Juan de Escalante de Mendoza, *Itinerario de navegación de los mares y tierras occidentales*, **1575**. España.

toro
    1. hasta el rabo todo es toro. Indica que debemos ser cautos ante el peligro.
    • «Hasta el rabo todo es toro. Sinónimo de precaución y de que no hay que fiarse de las apariencias porque cuando ya se cree haber eliminado una situación ésta puede complicarse.» Carlos Abella *¡Derecho al toro!*, **1996**. España.
    2. > **moro,** *a moro (toro) muerto, gran lanzada.* > **maestro,** *si va el maestro a los toros, vámonos todos.*

torta > **pan**

tos > **amor**, *amor, tos, humo y dinero no se pueden ocultar.*

trabajar
   1. el que no trabaje que no coma. No se debe vivir sin trabajar, a costa de otros.
   • «Y termina con este proverbio tan judío y al mismo tiempo tan cristiano: El que no trabaja que no coma; palabra estupenda, que para aquel obrero incansable de la vida evangélica...» Fray Justo Pérez de Urbel, *San Pablo, apóstol de las gentes,* **1940**. España. [◇San Pablo dice en su epístola segunda a los Tesalonicenses, 3:10, «En efecto, cuando todavía estábamos entre vosotros, os dimos esta norma: el que no trabaje, que no coma.» Var. *Trabajar para manducar.* «El ocioso ni come con gusto, ni duerme con quietud, ni descansa con reposo, que la flojedad viene a ser verdugo y azote del alejamiento y pereza del ocio.» Vicente Espinel, *Vida del escudero Marcos de Obregón.*]
   2. trabajar y trabajar y nunca medrar. Queja contra el trabajo continuo que no depara riquezas.
   • «Que mi vida nunca es synón de día e de noche trabajar e nunca medrar.» Alfonso Martínez de Toledo (Arcipreste de Talavera), *Corbacho,* **1438**. España. [◇También *afanar y afanar y nunca medrar.* Fue Ana Frank la que escribió en su diario que la pereza puede parecer atractiva pero el trabajo nos da satisfacción. Sin embargo, para Óscar Wilde el trabajo es el refugio de los que no tienen nada que hacer.]

*****trabajo** (ideas) *el* **abad** *de lo que canta, yanta; si bien canta el abad, no le va en zaga el monacillo; no hay* **atajo** *sin trabajo; a la segunda* **azadonada** *sacó agua; en conuco viejo nunca faltan* **batatas***; si quieres que cante el* **ciego***, dale la paga primero; el que* **comienza***, la mitad tiene hecho; nunca mucho* **costó** *poco; no hay* **cuesta** *abajo sin cuesta arriba;* **culo** *sentado no gana bocado; la* **diligencia** *es la madre de la buena ventura; a* **dineros** *pagados, brazos quebrados; a* **Dios** *rogando y con el mazo dando; la* **doncella** *honesta, el hacer algo es su fiesta; predicar con el* **ejemplo***; lo que no se* **empieza** *no se acaba;* **fatigar** *y no ganar nada; a los animosos ayuda la* **fortuna***;* **gato** *con guantes no caza ratones;* **huerta** *mejor labrada da la mejor manzana;* **libro** *cerrado no saca letrado;* **molino** *andando gana; el* **movimiento** *se demuestra andando; antes (primero) es la* **obligación** *que la devoción;* **obras** *son amores y no buenas razones; la* **obra** *alaba al maestro; quien ha* **oficio***, ha beneficio;* **perro** *que anda, hueso halla;* **piedra** *movediza nunca* *moho la cobija; lo que mucho **vale**, mucho cuesta; **zorra** adormecida no coge gallina.*

traidor
   1. a un traidor, dos alevosos. No se puede confiar en los que obran de mala fe.
   • «Sí, mucho; y si os acordáis lo avréis leído en algunos libros, un refrán dize: A un traidor, dos alevosos. M. –¿Qué significa alevoso? V. –Pienso que sea lo mismo que traidor.» Juan de Valdés, *Diálogo de la lengua*, **1535**. España. || «... a grandes cautelas cautelas mayores, y a un traydor con dos alevosos se cura.» Juan Méndez Nieto, *Discursos medicinales*, **1606**. España. || «A un traidor, dos alevosos.» Don Ramón de la Cruz, *El cortejo escarmentado*, **1773**. España. [◊«Da a entender que el que obra con traición no se merece que se le guarde fe.» Ac.]
   2. el que avisa no es traidor. No se puede acusar de malintencionado al que nos informa de sus intenciones.
   • «No es mal enemigo el que avisa.» Alfonso Grosso, *La zanja*, **1961**. España. || «El que avisa no es traidor.» Juan García Hortelano, *El gran momento de Mary Tribune*, **1972**. España.

trapo
   1. los trapos sucios se lavan en casa. Los secretos personales se deben resolver en privado.
   • «¿Qué importa que Fernando venga poniendo entre sus condiciones para reconocer a este nuevo gobierno, la de que se dispersen y no sean auxiliados los españoles de la frontera? ¿Declara por eso la guerra? No; pero declárela, entonces en un momento volvió a aparecer la libertad de España; y por muy poco que la Francia limpió la ropa sucia de su casa, ni dentro de tres ni de tres mil años, puede recelar de la parte de afuera ningún ataque ni aun tentativa.» Juan Romero Alpuente, *Los tres días grandes de Francia*, **1830**. España. || «Recomienden a los cadetes discreción absoluta. Los trapos sucios se lavan en casa.» Mario Vargas Llosa, *La ciudad y los perros*, **1962**. Perú. || «... por mucho que algunos niños fresa sigan pensando anacrónicamente que los trapos sucios se lavan en casa.» J. J. Armas Marcelo, «Guadalajara, boleto de regreso», *ABC Cultural*, 9/12/**2000**. [◊En francés lo dicen así: «C'est en famille, ce n'est pas en publique, qu'on lave sa linge sale.»]

trasquilar > tijeras, *quien a nosotros trasquiló, las tijeras le quedaron.*

trigo
  1. quien tenga trigo que siembre. El que tenga algo, que lo utilice y no lo eche a perder.
  • «Así sirve de provecho; hoy vengo yo enamorado de renovar con mi arado las llagas de aquel barbecho, para el próximo septiembre sembrar la avena y el trigo, que ya el refrán dice, amigo, Quien tenga trigo que siembre.» Miguel Hernández, *Quién te ha visto y quién te ve...*, **1934**. España.
  2. > amigo, *más vale un buen amigo que en troja mucho trigo.*
  3. > predicar, *una cosa es predicar y otra dar trigo.*

tripa
  1. hacer de tripas corazón. Aguantar y tolerar.
  • «... y si es que hemos de estar prontos para estas batallas que nos amenazan, menester será estar bien mantenidos, porque tripas llevan corazón, que no corazón tripas.» Miguel de Cervantes Saavedra, *Segunda parte del ingenioso caballero don Quijote de la Mancha*, **1615**. España. ||
  «... se pone por de dentro una almilla o alma de hierro y por de fuera se viste de una cota de carne momia de lengua, que es hacer de corazón tripas y no de tripas corazón...» Hernando Domínguez Camargo, *Lucifer en romance de romance en tinieblas paje de hacha de una noche culta...*, **1652**. Colombia. || «Si no se lleva, uno no tiene más remedio que tirar con lo que tiene, haciendo de tripas corazón.» Javier García Sánchez, *El Alpe d'Huez*, **1994**. España. || «Anguita aseguró que entre nuestras obligaciones está el tratar de hacer de tripas corazón y escuchar a otras fuerzas políticas.» *La Vanguardia*, 16/5/**1995**. España. || «Resulta que le tiene pánico a los aviones pero en esta ocasión, le ha tocado hacer de tripas corazón porque la mitad del viaje ha sido por tierra y la otra mitad por aire.» *El Tiempo*, 25/10/**1996**. Colombia. || «Y ella hace de tripas corazón y piensa en un futuro aviso: Viuda joven remata ropero de Woody.» *Hoy*, 29/12/1997-04/1/**1998**. Chile. [◇Horacio: «quicquid corrigere est nefas.»]
  2. la tripa del lobo nunca se harta. Los hay que comen por comer, por vicio.
  • «... cosa que otros animales sólo la comen por vicio; así dice el adagio que la tripa del lobo nunca se harta. Esto lo verificamos cada día, que

triste

para juntar estos animales para hacer ojeos a su Majestad, los cebamos echándoles alguna cabalgadura.» Alonso Martínez de Espinar, *Arte de Ballestería y Montería*, **1644**. España. [◇El odio ancestral hacia el lobo aún perdura en Europa.]
   3. tripa llena, Dios alaba. La buena alimentación contenta a cualquiera.
   • «Acordaros del refrán: tripa llena, Dios alaba...» José María Rodríguez-Méndez, *Bodas que fueron famosas del Pingajo y la Fandanga*, **1976**. España.

triste
   1. el que nació para triste, ni bolo se pone alegre. Los que son tristes son tristes siempre.
   • «El espíritu de las ciudades, como el de las personas, es imposible de cambiar, lo que vulgarmente se dice con el refrán de hechura y figura hasta la sepultura, o el otro, más chapín, de que el que nació para triste, ni bolo se pone alegre.» Miguel Ángel Asturias, *Ojo nuevo*, **1928**. Guatemala.
   2. > **alma,** *el alma triste en los gustos llora.*

triunfar > **pelear,** *más vale pelear con gente de bien que triunfar con gente de mal.*

tronar > **Bárbara,** *nos acordamos de Santa Bárbara cuando truena.*

tropezar > **hombre,** *el hombre es el único animal que tropieza dos veces con la misma piedra.*

trote > **paso,** *más vale paso que dura que trote que cansa.*

trucha
   1. no se pescan truchas a bragas enjutas. Hay que arriesgarse y trabajar para obtener algo.
   • «Y ojalá que aquí se resolviera todo, que quien algo quiere algo ha de hacer; no se cogen truchas a bragas enjutas; pues había comido.» Gregorio González, *El guitón Onofre*, **1604**. España. || «No se toman truchas a bragas enjutas: digo que sí, que los buenos pescadores las toman presentadas.» Baltasar Gracián, *El Criticón. Tercera parte*, **1657**. España. ||

«Lo que hay es que dedicarles algún ratillo al día, ¡qué caramba! ¡No se pueden pescar truchas a bragas enjutas!» Camilo José Cela, *La colmena*, **1951**. España. || «... los peces, intoxicados, se dejan coger a bragas enjutas. Esta pesca fraudulenta se realiza machacando los frutos maduros.» Pío Font Quer, *Plantas Medicinales. El Dioscórides Renovado*, **1962**. España. [◇ *braga*, antiguamente pantalón de hombre.]

tuerto > **ojo**, *no es mal acierto darte en el ojo tuerto; que si en el bueno te diera, ciego te hiciera*.

u

último > **reír,** *quien ríe el último ríe mejor.*

uno
   1. cuando uno no quiere, dos no barajan. Es imposible que dos hagan algo si uno de ellos no coopera.
   • «Pues do uno no quiere, dos no barajan.» Juan Rodríguez Florián, *Comedia llamada Florinea, que tracta de los amores del buen duque Floriano con la linda y muy casta...*, **1554**. España. || «Pues, cuando uno no quiere, dos no regañan, y no tenga soberbia ni malicia, ni en poco a su compañero.» Jerónimo Jiménez de Urrea, *Diálogo de la verdadera honra militar,* **1566**. España. || «... porque cuando uno no quiere, dos no barajan...» Alfonso Chase Brenes, *El pavo real y la mariposa,* **1996**. Costa Rica. [◊Covarrubias dice: «En esta significación se toma barajar por reñir y tener pendencia en el proverbio que dize: Quando uno no quiere, dos no barajan.»]
   2. todos somos uno. Todos somos iguales.
   • «Pariente, conozca a Colás Morado, que aunque probe, en fin tal cual, como dice aquel adagio, dende hoy todos semos unos...» Don Ramón de la Cruz, *La presumida burlada,* **1768**. España.

uña > **beato,** *cuentas de beato y uñas de gato.*

usar
   1. lo que se usa no se excusa. No hay que pedir perdón por los actos necesarios.
   • «... que por ser lo más nuevo el decir mal de mujeres, todos dicen que lo que se usa no se excusa...» María de Zayas y Sotomayor, *Desengaños amorosos,* **1647**. España. || «Yo no sé, padre nuestro, si lo he leído

[...] Sólo sé que lo que se usa no se excusa y que a los oradores se nos encarga estar al uso, según aquella reglecita que saben hasta los niños.» José Francisco de Isla, *Historia del famoso predicador Fray Gerundio de Campazas, alias Zotes,* **1758.** España.

uso > **tierra,** *en cada tierra su uso.*

v

vaca > **guarro,** *Dios te libre de guarro gordo y de vaca flaca.* > **buey,** *buey muerto, vaca es.* > **matar,** *tanto peca el que mata la vaca como el que le detiene la pata.*

vaga
　1. nunca de buena vaga se hizo buen cohombro. Con malos o inadecuados materiales no se puede hacer nada bien.
　• «¿Qué seguridad puedo yo tener deste? Que nunca buena vaga se hizo de buen cohombro. El que malas mañas ha, tarde o nunca las perderá. Y ésta será la fina, darle a el maestro cuchillada, sobre buena reparada.» Mateo Alemán, *Segunda parte de la vida de Guzmán de Alfarache,* **1604**. España. [◇ *vaga*: especie de hilo; *cohombro*, tipo de pepino. Ha existido el refrán, como demuestra la cita, pero ha quedado obsoleto. Covarrubias dice de cohombro: «Dize un proverbio: Quien hizo el cohombro, que se lo tryga al hombro; algunos padres engendran hijos maltallados y desproporcionados, como es el cohombro, y a vezes por su culpa, por estar ellos dañados o ser mal regidos; y éstos deben tener paciencia y sufrirlos y alimentarlos.»]

valer
　1. lo que mucho vale, mucho cuesta. Lo que merece conseguirse, requiere mucho esfuerzo.
　• «No se atiende sino a la perfección, y sólo el acierto permanece. Entendimiento con fondos logra eternidades: lo que mucho vale, mucho cuesta que aun el más precioso de los metales es el más tardo y más grave.» Baltasar Gracián, *Oráculo manual y arte de prudencia,* **1647**. España. || «A buen bocado, buen grito; lo que mucho vale mucho cuesta; donde las dan, las toman y donde no las toman, no las dan.» Jose Francisco de Isla,

Historia del famoso predicador Fray Gerundio de Campazas alias Zotes, **1758**. España. || «Verdad es que las mujeres son raras; quién sabe si en el fondo de su alma no se siente inclinada ya a querer a mi padre y a casarse con él, si bien, atendiendo a aquello de que lo que mucho vale mucho cuesta.» Juan Valera, *Pepita Jiménez,* **1874**. España. || «Es bella, es dulce y es buena y debe ser exigente para dar el galardón de su presencia y afecto: Lo que mucho vale, mucho cuesta dice un refrán español y la sonrisa y la hermosura de una mujer, es algo noble y santo, que sólo debe ser bien de uno legido, no de todos por igual.» Concepción Castella de Závala, *Cruz de flores,* **1939**. España. || «Es fuerza que lo que mucho vale, mucho cuesta, y en aquella casa se me han de hacer muchos servicios; date prisa en partir para allá...» VV.AA. *La palabra de Cristo. Adviento y Navidad,* **1953**. España. [◊ Se ha dicho que la perfección es hija del tiempo.]

   2. más valéis vos, Antona, que la corte toda. Una persona, un individuo, vale más que todo.
   • «Más valéis vos, Antona, que la corte toda.» Anónimo, *Corpus de la lírica popular hispánica,* **1500-1700**. España. || «En Más valéis vos, Antona, que la corte toda.» Luis Martínez Kleiser, *Discurso de recepción en la Real Academia Española,* **1945**. España.

   3. tanto tienes (pesas, sabes), tanto vales. Según esto, el valor de una persona reside en sus posesiones materiales.
   • «... es que dize quanto as tanto vales...» Juan Manuel, **1337**. || «¡A la barba de las habilidades de Basilio!, que tanto vales cuanto tienes, y tanto tienes cuanto vales.» Miguel de Cervantes Saavedra, *Segunda parte del ingenioso caballero don Quijote de la Mancha,* **1615**. España. || «La máxima inmoral y funestísima, elevada a proverbio, de tanto vales cuanto tienes, es seguramente una de las causas más poderosas del Bandolerismo.» Julián Zugasti y Sáenz, *El bandolerismo. Estudio social y memorias históricas,* **1876**. España. || «Allá se le dice a la mujer: Tanto tienes, tanto vales.» Teresa de la Parra, *Ifigenia. Diario de una señorita que escribió porque se fastidiaba,* **1924**. Venezuela. || «Y ha de verlo precisamente porque realizan las obras de Cristo. Pero hay que decir también: tanto vales cuanto tienes de Cristo.» VV. AA, *La palabra de Cristo,* **1953**. España. || «Y porque la conseja popular nos dice: Tanto sabes, tanto vales.» José Ramón Medina, *Doctrina y testimonio,* **1984**. España. || «El hombre no es ignorante porque es pobre, sino al contrario. Y porque la conseja popular nos dice: Tanto sabes, tanto vales.» José Ramón Medina, *Doctrina y*

testimonio, **1984**. Venezuela. || «Menos mal que el tanto tienes, tanto vales no sirve en cuestiones literarias.» *El Mundo*, 5/10/**1996**. España. || «No sólo acuña giros y vocablos, sino que crea y recrea las frases y dichos que son la entraña viva, la esencia comunicadora de una lengua. «Ruin sea quien por ruin se tiene... No conocemos el bien hasta que lo hemos perdido... El que es vencido hoy será vencedor mañana... Tanto vales, cuanto tienes... Quien a buen árbol se arrima, buena sombra le cobija, Nació para vivir muriendo... Nunca lo bueno fue mucho... Por la libertad y la honra se puede y se debe aventurar la vida... Proverbios y refranes siembran el libro con sus referencias sentenciosas, otorgando al lenguaje su valor supremo, el del entendimiento común.» Eulalio Ferrer, *Información y comunicación*, **1997**. México. || «... sino que vuelve a la carga con la ecuación –difícil y lastimosa para algunos– del viejo dicho: tanto pesas, tanto vales.» *Caras*, 12/5/**1997**. Chile. [◇var. *Tanto sabes, tanto vales*. «*Tanto vales cuanto tienes*; nos hace conocer este refrán que el poder y la estimación entre los hombres es a porción de la riqueza que tienen o se les supone; que generalmente es uno atendido y recibido en la sociedad por su posición social, por el boato que ostenta, sin que sirvan de nada la virtud, la honradez y demás buenas cualidades.» NDLC. L. «quantum habebis, tantus erit.»]

valiente
 1. **el valiente vive mientras el cobarde quiere.** El valiente lo es porque los demás se lo permiten.
 • «Cuando el Güero murió, un dicho mexicano me explicó su fin: El valiente vive mientras el cobarde quiere. Los cobardes se cansaron de él. Su muerte fue trágica –independiente...» *Proceso*, 25/8/**1996**. México.
 2. > **cortés,** *lo cortés no quita lo valiente.*

vaquilla > **soguilla,** *cuando te dieron la vaquilla, corre con la soguilla.*

vara > **olla,** *una olla y una vara, el gobierno de una casa.*

*****variedad** (ideas) *entre* **col** *y col, lechuga.*

variedad
 1. **en la variedad (variación) está el gusto.** La variedad en todo es lo mejor, antes de que cunda la monotonía.

varón

• «En la variación está el gusto.» Jorge Ibarbengüitia, *Clotilde en su casa*, **1955**. México. || «Cierto que pude dedicarle más, pero cada hora tiene su afán, como dice el Eclesiastés, y en la variación está el gusto, como decimos los españoles.» José María Iribarren, *El porqué de los dichos*, **1956**. España. || «En la variedad está el gusto, particularmente en las variedades, entendido en el género.» Max Aub, *La calle de Valverde*, **1961**. España. || «Si es cierto que en la variación está el gusto, este escaparate semanal de hoy debiera resultar explosivamente sabroso...» *El País*, 2/11/**1980**. España. || «Todas son sus novias. En la variedad está el gusto.» Héctor Azar, *El premio de Excelencia*, **1994**. México. || «Una vez metidos entre teología y teleología, si lejos de la fe, en la variedad está el gusto.» Federico Jiménez Losantos, *Lo que queda de España. Con un prólogo sentimental y un epílogo balcánico*, **1995**. España. || «Elsa Anka afirma que en la variedad está el gusto para justificar la existencia de un programa como 'Sonría, por favor', cuyo antecesor...» *El Mundo*, 15/6/**1996**. España. || «...y es que por más que pudiera resultar atractivo al espíritu de algunos pensar que en la variedad está el equilibrio, el hecho es que a Estados Unidos éste le costó y mucho.» *Excelsior*, 21/1/**1997**. México. [◇Séneca ya dijo que «aliquando vectatio iterque et mutata regio vigorem dabunt», a veces un desplazamiento, un viaje, un cambio de horizontes dan un vigor nuevo.]

varón > **casa,** *casa sin varón, plaza sin guarnición.*

vaso
1. el vaso conserva siempre el olor del primer licor que en él se echó. Las primeras experiencias son las más duraderas.
• «El carácter se educa en todas las edades, si bien en la primera edad se marca ya la idea del carácter, no olvidando el adagio de que el vaso conserva siempre el olor del primer licor que en él se echó.» José Sarmiento Lasuén, *Compendio de paidología*, **1914**. España.

vecindad > **amistad,** *para conservar la amistad (vecindad), pared en medio.*

vecino
1. ¿quién es tu hermana? La vecina más cercana. La proximidad es más importante que los lazos de parentesco.
• «Momo, dice el refrán: ¿Quién es tu hermana? La vecina más cercana.

Y otro añade: Al hijo de tu vecina, quitarle el moco y meterlo en casa. Y la sentencia reza: Al prójimo como a ti mismo.» Cecilia Böhl de Faber (Fernán Caballero), *La gaviota*, **1849**. España. || «... y entonces teníamos un dicho que decía mi abuela: ¿quién es tu hermano? Tu vecino más cercano.» Encuesta 3M-205-s, **1995**. RAE. Venezuela.
2. > **hijo,** *al hijo de tu vecino, límpiale las narices y métrelo en tu casa.*

vejez
1. **a la vejez, viruelas.** Tener, sufrir, disfrutar en edad tardía lo que se suele tener, sufrir, disfrutar en la juventud.
• «A la vexez viruelas.» Gonzalo Correas, *Vocabulario de refranes y frases proverbiales,* **1627**. España. || «El 14 de octubre de 1824, día de gala por el aniversario del nacimiento de Fernando VII, apareció anunciada en los carteles del Príncipe una comedia nueva, en prosa, original de D.M.B. de los Herreros, titulada *A la vejez, viruelas*, que fue escuchada con gusto por el público, sin cuidarse poco ni mucho de su originalidad, ni tampoco de averiguar la persona de su autor.» Ramón de Mesonero Romanos, *Memorias de un setentón,* **1880**. España. || «¡Váyase usted a paseo, señor Fraigerundio de hospital! ¡El embustero será usted! ¡Pues hombre! Bonita manía saca el señor doctor; hacérsenos el sabio ahora. A la vejez, viruelas.» Leopoldo Alas (Clarín), *La Regenta,* **1884**. España. || «¡Si vieses qué contenta me pongo cuando vienes tan pronto! –¡Vaya! A la vejez, viruelas.» Camilo José Cela, *La colmena,* **1951**. España. || «Mentira, de aquí a la oficina llego más rápido que el Chispas –se rió don Fermín–. Además, ahorro, y he descubierto que me gusta manejar. A la vejez viruelas.» Mario Vargas Llosa, *Conversación en la catedral,* **1969**. Perú. || «... de mis creencias engañosas, de mis principios falsos. Y ahora, a la vejez viruelas.» Agustín Gómez-Arcos, *Queridos míos, es preciso contaros ciertas cosas,* **1994**. España. || «A la vejez viruelas. A medida que la aspirina se encamina a celebrar con esplendor su centenario, el número de sus cualidades terapéuticas, más allá de la analgesia y de la antitermia, va en aumento.» *El Mundo,* 3/4/**1997**. España.

vela > **palo,** *que cada palo aguante su vela.* > **Dios,** *encenderle una vela a Dios y otra al diablo.*

vencedor
1. **el que es vencido hoy será vencedor mañana.** No hay que preo-

cuparse porque la suerte es cambiante y nunca se sabe cómo acabarán las cosas.

• «Si es que se muere de pesar de verse vencido, écheme a mí la culpa, diciendo que por haber yo cinchado mal a Rocinante le derribaron; cuanto más que vuestra merced habrá visto en sus libros de caballerías ser cosa ordinaria derribarse unos caballeros a otros y el que es vencido hoy ser vencedor mañana.» Miguel de Cervantes Saavedra, *Segunda parte del ingenioso caballero don Quijote de la Mancha*, **1615**. España. || «No sólo acuña giros y vocablos, sino que crea y recrea las frases y dichos que son la entraña viva, la esencia comunicadora de una lengua. Ruin sea quien por ruin se tiene... No conocemos el bien hasta que lo hemos perdido... El que es vencido hoy será vencedor mañana... Tanto vales, cuanto tienes... Quien a buen árbol se arrima, buena sombra le cobija, Nació para vivir muriendo... Nunca lo bueno fue mucho... Por la libertad y la honra se puede y se debe aventurar la vida...» Proverbios y refranes siembran el libro con sus referencias sentenciosas, otorgando al lenguaje su valor supremo, el del entendimiento común.» Eulalio Ferrer, *Información y comunicación*, **1997**. México.

vender
   1. cuando el tabernero vende la bota, o sabe a pez o está rota. Cuando alguien se deshace de algo importante es por algún motivo.
   • «Cuando el tabernero vende la bota, o sabe a la pez o está rota. Este refrán quiere decir que no se debe comprar muchas cosas sin detenido examen, cuando con precisión las necesita el mismo que las vende; porque podrá ser muy probable que tengan algún defecto.» José González Seijas, *Catón metódico de los niños*, **1885**. España. [◊«Pez: sustancia negruzca muy viscosa, residuo de la destilación del alquitrán, que por ser insoluble en el agua, se emplea para impermeabilizar superficies.» MM.]
   2. mucha mala bestia vende buen corredor. El buen vendedor vende lo que sea.
   • «... que mucha mala bestia vende buen corredor e mucha mala ropa cubre buen cobertor.» Juan Ruiz (Arcipreste de Hita), *Libro de buen amor*, **1330-43**. España. [◊Por mala bestia se entiende burro o caballo malo. *Corredor*, vendedor.]

venganza > **agravio,** *a secreto agravio, secreta venganza.*

venir
1. quien primero viene, primero tiene. Los primeros tienen éxito; los rezagados, no.
• «Kien primero viene, primero tiene.» Gonzalo Correas, *Vocabulario de refranes y frases proverbiales*, **1627**. España.
2. quien viene no viene tarde. Se dice a modo de excusa cuando se llega tarde.
• «Señora Lozana, no se maravelle, que quien viene no viene tarde, y el deseo grande vuestro me ha traído, y también por ver si hay pájaros en los nidos d'antaño.» Francisco Delicado, *La Lozana Andaluza*, **1528**. España.
3. > **moler,** *quien primero viene, primero muele.*
4. > **otro,** *otros vendrán que bueno te harán.*

ventura
1. más vale arte que ventura. El trabajo, el esfuerzo, vale más que la suerte.
• «Mas vale arte que ventura; la pereza e la mala guarda aduze a omne.» Anónimo, *Libro de los cien capítulos*, **1284**. España. || «... dizen que a las vegadas que mas vale arte que ventura pues la pereza & la mala guarda trae al ombre a suerte de muerte.» Anónimo, *Libro del caballero Çifar*, **1300-1305**. España. [◇Este refrán contradice el siguiente, lo que nos da a entender lo poco fiables que son en materia de sabiduría.]
2. quien no tiene ventura no gana. Sin suerte no se consiguen las cosas.
• «A perro viejo no cuz cuz. Pero muy mejor veréis la diferencia que ay en el escrivir a sin h o con ella en este refrán: Quien lengua ha, a Roma va; y para que veáis mejor lo que importa escrivir a con aspiración o sin ella, mirad este refrán que dize Quien no aventura no gana, el qual algunos no entienden por hallar escrita la primera a del aventura con aspiración, porque piensan ser razón que quiere dezir: quien no tiene ventura no gana; en lo qual ya vosotros veis el engaño que reciben.» Juan de Valdés, *Diálogo de la lengua*, **1535**. España. [◇Ventura: felicidad, satisfacción o suerte. «Siempre deja la ventura una puerta abierta en las desdichas, para dar remedio a ellas –dijo don Quijote.» Quijote, I.]
3. > **amo,** *quien trueca de amo, trueca de ventura.*
4. > **diligencia,** *la diligencia es la madre de la buena ventura.*

ver

1. si te he visto no me acuerdo. La gente se desentiende de las cosas, de las responsabilidades.

• «El rey paga mal, y después, si queda uno cojo o baldado, le dan las buenas noches, y si te he visto no me acuerdo.» Benito Pérez Galdós, *Trafalgar*, **1873**. España. || «Ahora se la pasa metida en los corotos, hecha una verdadera señora, y hasta con el mismo don Balbino: si te he visto, no me acuerdo.» Rómulo Gallegos, *Doña Bárbara*, **1929**. Venezuela. || «Eso dicen todos y después, para uno que vuelve, cien se largan, y si te he visto no me acuerdo. ¡Ni hablar! ¡Cría cuervos y te sacarán los ojos! Dile a Pepe que ya sabe: a la calle con suavidad, y en la acera, dos patadas bien dadas donde se tercie. ¡Pues nos ha merengao!» Camilo José Cela, *La colmena*, **1951**. España. || «¡Qué razón tenía Julia! Cuando la señorita Vieites tuvo el aprobado en la mano, se llevó sus cosas de la pensión y, si te he visto, no me acuerdo.» Gonzalo Torrente Ballester, *La saga/fuga de J. B.*, **1972**. España. || «Para ligar más, para dar confianza y hacerte caer antes. Y después, si te he visto no me acuerdo.» *Tiempo*, 17/9/**1990**. España. || «Al cuarto día se levantó y salió despendolado a la oficina, y si te he visto no me acuerdo.» Carmen Rico Godoy, *Cómo ser una mujer y no morir en el intento*, **1990**. España. || «... después de darle a Kruger su merecido cogiera un avión y adiós Shanghai, si te he visto no me acuerdo.» Juan Marsé, *El embrujo de Shangai*, **1993**. España. || «Creo que hay que plantear las cosas con seriedad y rigor y no asumir compromisos y al cabo de unos años decir si te he visto no me acuerdo, indicó.» *El Mundo*, 13/4/**1996**. España.

2. ver la paja (mota) en el ojo ajeno y no la viga en el suyo. Los defectos de los demás son más aparentes que los nuestros.

• «Aquí se confirma, cuán grande parece la mota en el ojo ajeno, i qué pequeña la viga en el propio.» Mateo Alemán, *Ortografía Castellana*, **1609**. España. || «Así que es menester que el que vee la mota en el ojo ajeno vea la viga en el suyo, porque no se diga por él: espantóse la muerta de la degollada; y vuestra merced sabe bien que más sabe el necio en su casa que el cuerdo en la ajena.» Miguel de Cervantes Saavedra, *Segunda parte del ingenioso caballero don Quijote de la Mancha*, **1615**. España. || «¡Ciegos!... Veis la mota en el ojo de vuestro hermano, pero no veis la viga en el vuestro.» Juan José Benítez, *Caballo de Troya 1*, **1984**. España. || «En el Evangelio se habla de la viga en el ojo propio y la paja en el ajeno y algunas abuelas simplemente preguntaban con sabiduría: ¿Y por casa, cómo andamos?» *La Nueva Provincia*, 5/2/**1997**. Argentina. [◇*Mateo*

7:3: «¿Cómo es que ves la paja en el ojo de tu hermano y no adviertes la viga en el tuyo?»]
   3. ver para creer. Sólo debemos creer lo que vemos, lo que experimentamos personalmente.
   • «En vez de partir de la base de que, ya de por sí, el español necesita ver para creer y aun así duda.» Aníbal Ariaz Ruiz, *Radiofonismo. Conceptos para una radiodifusión española*, **1955**. España. || «¿Ese idiota que quería ver para creer?» Julio Cortázar, Rayuela, **1963**. Argentina. || «Ver para creer, asegura un dicho popular.» Jorge Urrutia, *Sistemas de comunicación*, **1975**. España. [◇Sin embargo Jesucristo dijo: «Bienaventurados los que no vieron, y creyeron.» *Juan*, 20:29.]
   4. > **ir**, *donde fueres, haz lo que vieres.*

verano
   1. Corrientes tiene dos estaciones, el verano y la del ferrocarril. Alude al calor de Corrientes, provincia y capital de la Argentina.
   • «En Corrientes hay un dicho: Corrientes tiene dos estaciones, el verano y la del ferrocarril.» VV. AA., *Cocina argentina*, **1996**. Argentina.

verano > **golondrina,** *una golondrina no hace verano.*

verdad
   1. los niños y los locos dicen la(s) verdad(es). Los niños dicen la verdad por su inocencia y los locos porque no saben lo que dicen.
   • «Que cuanto dijeres e hicieres sea sin seso y bien pensado porque, a mi ver, más seso quiere un loco que no tres cuerdos, porque los locos son los que dicen las verdades.» Francisco Delicado, *La Lozana Andaluza*, **1528**. España. || «–Porque las grandes verdades las dicen los niños y los locos. –Es un refrán sin sentido común. Los locos no dicen más que disparates.» Benito Pérez Galdós, *Fortunata y Jacinta*, **1885**. España. || «¿No dicen que los chicos y los locos dicen la verdad? Y bueno, yo soy loco, y muchas veces, por esta cruz, ni sé por qué hablo.» Ernesto Sábato, *Sobre héroes y tumbas*, **1961**. Argentina. || «Los niños dicen las verdades. No se puede dejar de hablar ahora de estas cosas.» Benedicto Revilla, *Guatemala: El terremoto de los pobres*, **1976**. Guatemala. || «Y entre muchas vaciedades lleva parte de razón: Muchachos y locos, son los que dicen las verdades...» Víctor Chamorro, *El muerto resucitado*, **1984**. España. [◇L. «ex ore parvulorum veritas.» > también **loco**.]

2. mal me quieren mis comadres porque digo las verdades. Decir la verdad acarrea enemistades y disgustos.

• «Ella púsose en negarles la convención y promesa y dezir que todo era suyo lo ganado, y aun descubriendo otras cosillas de secretos, que, como dicen: riñen las comadres.» Fernando de Rojas, *La Celestina*, **1499**. España. || «Eso fuera, si yo lo fuera –dije entonces–. Mal me quieren mis comadres, porque les digo las verdades.» Gregorio González, *El guitón Onofre*, **1604**. España. || «Mal me quieren mis comadres porque les digo las verdades.» Juan Rodríguez Florián, *Comedia llamada Florinea, que tracta de los amores del buen duque Floriano con la linda y muy casta...*, **1554**. España. [◇«Por eso en *La Celestina* se especifica que *riñen las comadres, y dícense las verdades*. Esto es, dejan de fingir las vecinas y se espetan unas a otras lo que no quieren oír.» AdM. Y Lucio Anneo Séneca dijo que prefería molestar con la verdad que complacer con adulaciones. «Comadre: se dan este nombre entre sí las mujeres de los pueblos de algunas regiones, vecinas o amigas.» MM. L. «veritas odium parit.» Y Sebastián de Cobarrubias nos dice en su *Tesoro*: «Riñen las comadres y dízense las verdades, la mujer enojada, y aun sin enojarse, no sabe guardar secreto. Proverbio: mal me quieren mis comadres porque les digo las verdades.»]

3. más vale sufrir por la verdad que la verdad tenga que sufrir. Mejor es padecer por decir la verdad que hacerle violencia y mentir.

• «Hacías tu oración delante de un Crucifijo, y tomaste esta decisión: más vale sufrir por la verdad, que la verdad tenga que sufrir por mí.» José María Escrivá de Balaguer, *Surco*, **1986**. España. [◇«Di lo que quieres decir, no lo que deberías decir. Cualquier verdad es preferible al fingimiento.» H. D. Thoreau, *Walden*.]

4. quien dice verdad ni peca ni miente. Implica que es siempre bueno ir con la verdad por delante.

• «Que pasé más vergüenza que en toda mi vida junta, te lo prometo, pero a ver qué le iba a contestar, la verdad, Mario, que quien dice la verdad ni peca ni miente.» Miguel Delibes, *Cinco horas con Mario*, **1966**. España. || «No lo digo por peseta más o menos sino por estar en paz y todos contentos; por quitarme un peso de encima, que quien dice la verdad ni peca ni miente. ¡Dios tenga en su gloria a tu abuela!» Andrés Berlanga, *La gaznápira*, **1984**. España. [◇Robert Browning decía que la verdad nunca hiere al que la dice. Sin embargo, Henry David Thoreau, *Walden*, ha dicho que «di lo que quieres decir, no lo que deberías decir. Cualquier verdad es preferible al fingimiento.»]

5. > **ahorcar**, *a quien dice la verdad, lo ahorcan.*

verde
  1. quien se viste de verde a su rostro se atreve. El color de la belleza. Sólo las mujeres guapas se atrevían a llevarlo.
  • «La ke se viste de verde, en su hermosura se atreve.» Gonzalo Correas, *Vocabulario de refranes y frases proverbiales*, **1627**. España. || «De todas, príncipe; que cuando era moza, me inclinaba a verde; porque quien se viste de verde, a su rostro se atreve. Pero ya, ¡mal pecado!, no hay color para mí como el abrigo, y más cuando veo que se aderezan los tejados, que es la mayor señal del invierno.» Lope de Vega Carpio, *La Dorotea*, **1632**. España. || «Pues ahí brota el refrán: Quien se viste de verde a su rostro se atreve.» Alonso Zamora Vicente, Prólogo al *Diccionario panhispánico de refranes*, **2002**. España.

vestido > **hábito**, *el hábito no hace al monje.*

vestir
  1. desvestir a un santo para cubrir (vestir) a otro. Arreglar una cosa desarreglando otra.
  • «... dejó la casaca y volvió al lugar, y a María le pareció bien desnudar a un santo para vestir a otro que...» Cecilia Böhl de Faber (Fernán Caballero) *La familia de Alvareda*, **1849**. España. || «¿Se ha dado usted cuenta que va a desvestir a un santo para vestir a otro?» *Tiempo*, 9/4/**1990**. España. || «¿Son tan escasos los peones de que dispone la ministra Carmen Alborch como para que se vea obligada a desvestir a un santo para vestir a otro?» *El Mundo*, 24/9/**1994**. España. || «Dicen que hay que desvestir a un santo para vestir a otro. ¿A cuál desvestirías?» *El Nuevo Herald*, 7/2/**1997**. EE.UU. [◇var. *Desnudar a San Pedro para vestir a San Pablo, no lo ideara el diablo.* «Desnudar a un santo para vestir a otro; pedir uno a otro que le pague lo que le debe, para prestar o socorrer con ello a otro necesitado. Faltar a una obligación por atender a otra. Descubrir un objeto por tapar otro. Quedar mal con alguna persona, por complacer o contentar a otra, etc.» NDLC.]
  2. el que de ajeno se viste, en la calle le desnudan. El que vive de los favores ajenos debe prepararse para que se los cobren o exijan en cualquier momento.
  • «No queramos lo que no es nuestro, pues dice el refrán que el que

de ajeno se viste, en la calle le desnudan.» Marciano Curiel Merchán, *Cuentos extremeños,* **1944**. España. || «Para tener que leer las ideas propias vestidas con trajes ajenos es cosa no llevadera y recuerda aquella notable advertencia: el que de ajena se viste, en la calle lo desnudan.» Salvador de Madariaga, *ABC,* 28/11/**1971**. España.
3. vístete como te llamas. Vestirse acorde con lo que uno es.

• «Es cierto que el refrán vulgar dice: vístete como te llamas; y si usted, llamándose don Pedro Sarmiento y teniendo con qué, debe vestirse como don Pedro Sarmiento, esto es, como un hombre decente pobre; pero ahora me parece usted un marqués por su vestido, aunque sé que no es marqués ni cosa que lo valga por su caudal.» José Joaquín Fernández de Lizardi, *El Periquillo Sarniento,* **1816**. México.
3. > **verde,** *quien se viste de verde a su rostro se atreve.*

Vicente
1. ¿dónde vas, Vicente? Donde va la gente. Indica la falta de iniciativa y personalidad de la gente.

• «Y luego se sorprende del triunfo de los valientes, de los que arrostran motajos, de los que no se atienen al en donde fueres haz lo que vieres y el ¿adónde vas, Vicente?, ¡adonde va la gente!, de los que se sacuden del instinto rebañego.» Miguel de Unamuno, *Vida de don Quijote y Sancho,* **1905**. España.

víctima
1. las victorias tienen padrino mientras que las derrotas son huérfanas. Todos se apuntan a las victorias, cuya historia la escribe el vencedor.

• «Como dice el refrán, las victorias tienen padrino mientras que las derrotas son huérfanas.» *Granma Internacional,* 7/**1997**. Cuba. [◇ Los romanos decían que la historia la escribe el vencedor.]
2. ser víctima de su propio invento. Sufrir uno el resultado de sus propias acciones.

• «Lo que está viviendo el Festival Vallenato cabe dentro del refrán popular ser víctima de su propio invento.» *El Tiempo,* 16/5/**1992**. Colombia.

victoria
1. no cantes victoria antes de hora (tiempo). No se debe celebrar la victoria hasta estar seguros de ella, por si acaso.

• «No cantes victoria, no cantes victoria tan pronto –indicó Rosalía, flechada súbitamente por un pensamiento triste en medio de su alegría–.» Benito Pérez Galdós, *La de Bringas,* **1884**. España. || «No cantes victoria antes de tiempo.» Luis Mateo Díez, *La fuente de la edad,* **1986**. España.

*****vida** (ideas) ***cabeza fría,** pies calientes y culo corriente dan larga vida a la gente; cada **casa** es un mundo; nadie puede prometerse más horas de vida que **Dios** quiera darle; la mejor **salsa** es la de estar vivo.*

vida
   1. mientras hay vida hay esperanza. La esperanza no se pierde nunca y sólo se termina cuando acaba la vida.
   • «Mi lema en lo moral, es el del médico en lo fisiológico: Mientras hay vida hay esperanza.» Pedro Salinas, *Correspondencia,* **1923-1951**. España. || «Realmente tenemos que estar hablando dos idiomas muy distintos, para que no te hayas dado cuenta de que eso quiere decir que mientras hay vida hay esperanza.» Alfredo Bryce Echenique, *La vida exagerada de Martín Romaña,* **1981**. Perú. || «El tiene una superioridad sobre los demás que ya se ha visto, pero mientras hay vida hay esperanza.» *El Mundo,* 25/4/**1994**. España. || «Se dice que mientras hay vida hay esperanza y que ésta es lo último que se pierde.» *La Vanguardia,* 2/10/**1995**. España. || «... porque sin vida no somos nada y la vida de nuestros hijos es lo más importante y mientras hay vida hay esperanza.» *Hoy,* 23-29/9/**1996**. Chile. [◇«modo liceat vivere, este spes» dijo Terencio. Refrán muy optimista.]
   2. siete vidas tiene un gato. Porque los gatos parecen imposibles de matar y aguantan las más adversas situaciones.
   • «... en la cabeza, que en ella tienen la mayor flaqueza, pues no suelen morir de siete heridas (por quien dicen que tienen siete vidas y un golpe en la cabeza los atonta...» Lope de Vega Carpio, *La Gatomaquia,* **1634**. España. || «No te fíes, aunque parezcan fiambres, que aquel de allá es el Gato y los gatos tienen siete vidas...» Ramón J. Sender, *Imán,* **1930**. España. || «... se disponen a yugular el bastión acorralado, que parece tener siete vidas como los gatos.» Augusto Roa Bastos, *Hijo de hombre,* **1960**. Paraguay. [◇«Los gatos sobreviven siempre. Hay muchas teorías sobre el número nueve en inglés y siete en castellano. Por ejemplo: el tres es un número de la suerte y así tenemos tres veces tres, nueve. Pero creo

vieja

que el número, tanto en inglés como en castellano, es indiferente porque se trata de decir que los gatos se las arreglan para sobrevivir a todo tipo de accidentes. No obstante, no deja de ser curiosa la creencia que los gatos son poco menos que inmortales. Quizá las leyendas de los gatos negros y del diablo que se disfrazaba de gato tengan algo que ver.» DCB.]

3. tal la vida, tal la muerte. Se muere como se vive.

• «¡Tal la vida, y tal la muerte que las sella!» Eduardo Marquina, *El rey trovador*, **1912**. España. [◇Var. «Como se vive, se muere.» DA: «Es sentencia sagrada contra los que viven desordenadamente y sin acordarse de la ley de Dios, que muchas veces mueren mal, porque la muerte suele ser como la vida.»]

4. > **cabeza,** *cabeza fría, pies calientes y culo corriente dan larga vida a la gente.*

5. > **dieta,** *dieta mangueta y vida quieta y mandar los disgustos a la puñeta.*

6. > **Dios,** *nadie puede prometerse más horas de vida que Dios quiera darle.*

7. > **médico,** *médicos errados, papeles mal guardados, y mujeres atrevidas, quitan las vidas.*

vieja

1. regostóse la vieja a los bledos, no dejó verdes ni secos. Cuando algo gusta, nos hartamos de ello.

• «Regostose la vieja: a los bledos ni dexo verdes ni secos.» Marqués de Santillana (Íñigo López de Mendoza), *Refranes que dizen las viejas tras el fuego*, **1454**. España. || «¡Cuerpo de mí! ¿Qué tiene que ver manosearme el rostro con la resurreción desta doncella? Regostóse la vieja a los bledos.» Miguel de Cervantes Saavedra, *Segunda parte del ingenioso caballero don Quijote de la Mancha*, **1615**. España. [◇ *regostarse*: aficionarse o tomar gusto a alguna cosa. Covarrubias, 1611, nos dice: «Regostóse la vieja a los bledos, y no dejó verdes ni secos. Aplícase a los que en los principios no arrostran una cosa, y después la apetecen en demasía.» También berros, por bledos.]

2. > **honrado,** *la vieja honrada, su puerta cerrada.*
3. > **necesidad,** *la necesidad hace a la vieja trotar.*

*viejo (ideas) *de los cuarenta para arriba, no te mojes la* **barriga**; *a* **canas** *honradas, no hay puertas cerradas; más sabe el* **diablo** *por viejo que por diablo;* **putas** *y toreros a la vejez os espero.*

viejo
1. el mozo puede morir, y el viejo (no) puede vivir. Todos estamos sujetos a la incertidumbre de la muerte.

• «... y temo que no hay donde huir aquel tremendo día. Tú, como eres moza, estás pensando en tus galas; que, aunque dicen que el mozo puede morir y el viejo no puede vivir...» Lope de Vega Carpio, *La Dorotea*, **1632**. España. || «Bien lo sabes tú, Miguel; el mozo puede morir, pero el viejo no puede vivir...» José María de Pereda, *Sotileza*, **1885-88**. España.

2. el viejo come las sopas en la sepultura. Por la proximidad de la muerte.

• «Más amigas aún que parientas, viven pared en medio, teniendo puerta abierta a todas horas, y assí dizen que el viejo ya come las sopas en la sepultura, que de los moços mueren muchos y de los viejos no escapa ninguno. No os la pinto porque la veréis presto, y por gran dicha.» Baltasar Gracián, *El Criticón. Tercera parte*, **1657**. España. [◊Una perogrullada sin mucho tino ya que nadie sabe cuándo le va a tocar morir. Y Bob Hope dijo que uno es viejo cuando las velas cuestan más que la tarta de cumpleaños. Así de fácil.]

3. más vale (lo) viejo conocido que lo no tan joven por conocer. Lo conocido siempre es más seguro, sea lo que sea.

• «Pero no estoy creyendo que aquí vaya a cambiar algo con ellos. Es sólo eso de que más vale viejo conocido...» Alfonso Chase Brenes, *El pavo real y la mariposa*, **1996**. Costa Rica. || «Y entre Anguita y los paracaidistas del PSOE han acabado por convencerle de que más vale lo viejo conocido que lo no tan joven por conocer.» *El País Digital*, nº 535, 20/10/**1997**. España.

4. ninguno es tan viejo que no pueda vivir un año, ni tan mozo que hoy no pudiese morir. Mueren los viejos y los jóvenes y no se pueden hacer cábalas sobre la duración de la vida.

• «Ninguno es tan viejo que no pueda vivir un año, ni tan moço que oy no pudiesse morir. Assí que en esto poca avantaja nos leváys.» Fernando de Rojas, *La Celestina*, **1499**. España.

5. > **diablo**, *más sabe el diablo por viejo que por diablo.*

6. > **puta**, *ni sábado sin sol, ni moza sin amor, ni viejo sin dolor, ni puta sin arrebol.*

viento
   1. quien siembra vientos recoge tempestades. Los que actúan mal reciben su merecido castigo.
   • «Los resultados no podían menos de ser desastrosos: si el que siembra vientos recoge tempestades, el que siembra iras y discordias recogerá guerras.» Antonio Pirala, *Historia de la guerra civil y de los partidos liberal y carlista, I*, **1868**. España. ‖ «Y pensaba la viuda: quien siembra trigo, cosecha trigo; el que siembra vientos, cosecha tempestades.» Ramón Pérez de Ayala, *El curandero de su honra*, **1926**. España. ‖ «... a propósito de mi carácter violento, me decías que quien siembra vientos recoge tempestades?» Cristóbal Zaragoza, *Y Dios en la última playa*, **1981**. España. ‖ «¡Y quien siembra vientos, cosechará tempestades! Lo resolví hoy: ¡tendremos guerra!» Griselda Gambaro, *Del sol naciente*, **1984**. Argentina. ‖ «... pero al presidente del PP tendría que recordarle que quien siembra vientos recoge tempestades.» *La Vanguardia*, 22/11/**1994**. España. ‖ «Como quien siembra vientos recoge tempestades, González debe empezar a acostumbrarse a que toda visita a su propio grupo parlamentario se haya convertido ya en una incursión tan peligrosa como el trayecto de Medjugorje a Mostar.» Pedro J. Ramírez, *David contra Goliat*, **1995**. España. [◇ *Oseas*, 8:7: «siembran vientos y recogerán tempestades.» Ahora a hacer esto se le llamaría poca «inteligencia emocional».]
   2. > **palabra,** *las palabras se las lleva el viento.*

vientre
   1. el vientre grueso engendra grueso entendimiento. El que come bien discurre mejor.
   • «... en confirmación de lo cual trae Galeno un refrán que dice: el vientre grueso engendra grueso entendimiento.» Juan Huarte de San Juan, *Examen de ingenios para las ciencias*, **1575**. España. ‖ «... desto trae el mismo Galeno un refrán que dice: el vientre grueso engendra grueso entendimiento.» Marcos Fernández, *Olla podrida a la española*, **1655**. España.
   2. > **paja,** *de paja o heno, el pancho (vientre) lleno.*

viga > **mota,** *ver la mota (paja) en el ojo ajeno y no la viga en el suyo.*

villano
   1. al villano le das el dedo y se toma la mano. La gente de baja estofa se toma libertades enseguida, y se aprovecha de todo.

• «... y si una vez se la das, arrebatan de ella y (como dice el refrán) al villano le das el dedo y toma la mano.» Juan Justiniano, *Instrucción de la mujer cristiana, de J. L. Vives*, **1528**. España. [◊También tiene la variante de «Al villano, dale el pie y se tomará la mano.» Ac. dice que aconseja que no se tengan familiaridades con gente ruin, para que no se tomen más confianza de la que corresponde. «Villano: se aplicaba a los habitantes de una villa o aldea, perteneciente al estado llano. Grosero. Falto de buena crianza.» MM.]

vino

1. cada cuba huele al vino que tiene. Cada cual se comporta según su naturaleza, y no de otra forma.

• «Y cada cuba huele al vino que tiene. Ríos.– Y cada cual siente el frío, según anda vestido.» José Sanchís Sinisterra, *Ñaque o de piojos y autores*, **1980**. España. [◊«Cuba: recipiente formado por dos bases circulares unidas por listones de madera que, por ser más anchos por el centro que por los extremos, dan al recipiente forma abombada característica.» MM.]

2. el ajo y el vino, atriaca de los villanos. Tanto el ajo como el vino se consideran la medicina de la gente de baja estofa.

• «Por ende se dise: El ajo e el vino atriaca de los villanos. E como la poca vianda en el estómago rruede con el mucho bever, non se puede de ligero...» Alfonso Martínez de Toledo (Arcipreste de Talavera), *Corbacho*, **1438**. España. || «... que al fin, como Galeno dize, el vino es el atriaca de los vyejos y para solos ellos fue cryado...» Juan Méndez Nieto, *Discursos medicinales*, **1606**. Portugal. [◊«Atriaca: Triaca: preparado farmacéutico usado antiguamente compuesto de muchos ingredientes, entre ellos el opio.» MM.]

3. el buen vino no ha menester pregonero. Lo bueno no necesita valedores.

• «El buen vino no á menester pregonero, más de él hecho.» Gonzalo Correas, *Vocabulario de refranes y frases proverbiales*, **1627**. España. [◊Sólo se ha documentado en este refranero. Erasmo en su *Adagia* de 1536 lo reseña como «vino vendibili suspensa hedera nihil opus.»]

4. el vino con agua es salud de cuerpo y alma. Se supone que el vino aguado no daña.

• «El vino con agua es salud de cuerpo y alma.» Baltasar Gracián, *El Criticón*, **1657**. España. [◊«bonum vinum laetificat cor.» El buen vino alegra el corazón, nos dice *Eclestiastés*.]

5. el vino demasiado ni guarda secreto ni cumple palabra. Aconseja la templanza en el beber.

• «Sé templado en el beber, considerando que el vino demasiado ni guarda secreto ni cumple palabra.» Miguel de Cervantes Saavedra, *Segunda parte del ingenioso caballero don Quijote de la Mancha,* **1615**. España. [◇En su traducción inglesa de 1620, Shelton pone «Wine neither keeps secrets nor fulfils promises.» que se encuentra en los refraneros ingleses.]

6. quien es amigo del vino es enemigo de sí mismo. El vino puede ser un gran enemigo y un pésimo amigo.

• «A todos essos –dixo Critilo– responderé yo con este solo: Quien es amigo del vino es enemigo de sí mismo.» Baltasar Gracián, *El Criticón,* **1657**. España.

7. vino malagueño, vino jarabeño. Alude a lo dulce que es el vino de Málaga.

• «El vino de Málaga se elabora en la provincia del mismo nombre, y tiene color pardo oscuro, a veces, casi negro. Y, como dice el refrán, es muy dulce: Vino malagueño, vino jarabeño.» Pío Font Quer, *Plantas medicinales,* **1962**. España.

8. vino usado y pan mudado. Era tan pésimo el vino que había que acostumbrarse poco a poco a él.

• «Del tiempo de los vinos naturales, pero mal elaborados y pésimamente criados nos viene aquel adagio que recomienda: Vino usado y pan mudado; porque la costumbre de tomarlo de mala calidad lo hacía pasadero, y al catarlo por primera vez desagradaba infaliblemente.» Pío Font Quer, *Plantas Medicinales,* **1962**. España.

9. > **cochino,** *carne de cochino, pide vino.*

10. > **mujer,** *la mujer y el vino sacan al hombre de tino; las mujeres y el vino hacen al hombre renegar.*

11. > **pan,** *pan de ayer, carne de hoy y vino de antaño, traen al hombre sano.*

viña

1. de todo hay en la viña del Señor. Tenemos que tener de todo en la vida, nos guste o no y no debemos sorprendernos de nada.

• «Pero no es culpa nuestra que la ciencia esté derribando a martillazos un día y otro tanto ídolo vano, la superstición, el sofisma, las mil mentiras de lo pasado, bellas las unas, ridículas las otras, pues de todo hay en la viña del Señor.» Benito Pérez Galdós, *Doña Perfecta*, **1876**. España. || «De todo tiene la viña del Señor, porque hay hombres que prefieren guardar su gato, a que le degüellen toda su familia...» Julián Zugasti y Sáenz, *El bandolerism. Estudio social y memorias históricas*, **1876-80**. España. || «... no te deje aprender por experiencia la verdad que pueda encerrar semejante afirmación! De todo habrá en la viña del Señor.» Gregorio Martínez Sierra, *Granada (Guía emocional)*, **1920**. España. || «Aquí en Torrelavega hubo, en mi vida, de todo como en la viña del Señor, y a los tiempos buenos sucedieron los tiempos malos...» Camilo José Cela, *Del Miño al Bidasoa*, **1952**. España. || «Las he visto buenas, muy buenas, malas, rematadamente malas y hasta insufribles, que de todo ha habido en la viña del Señor...» *ABC,* 1/6/**1989**. España. || «Muchos observadores políticos, incluso desde la buena fe, registraron con preocupación –o delectación, que de todo hay en la viña del señor...» *La Vanguardia,* 16/9/**1995**. España. || «¿No hay, acaso, políticos malos, policías malos, periodistas malos? Hay de todo en la viña del Señor, insistió el jefe del Estado.» *La Nueva Provincia,* 1/4/**1997**. Argentina. || «En el arte de hablar bien no existen izquierdas ni derechas. Y de todo hay en la viña del Señor.» *Tiempo,* 16/4/**2001**. España. [◇Completo es: *De todo hay en la viña del señor: uvas, pámpanos y agraz*. «Viña del Señor: el rebaño de Jesucristo, el pueblo católico.» NDLC.]

virtud
1. la virtud es más perseguida de los malos que amada de los buenos. A nadie le interesa la virtud, en realidad.
• «Pues así es, quiero, señor caballero, que sepades que yo voy encantado en esta jaula por envidia y fraude de malos encantadores, que la virtud más es perseguida de los malos que amada de los buenos.» Miguel de Cervantes Saavedra, *El ingenioso hidalgo don Quijote de la Mancha*, **1605**. España. [◇María Moliner define virtud como «cualquiera de las cualidades que se estiman como buenas en las personas.» Sin embargo los ejemplos que propone no tienen desperdicio: «Una dama llena de virtud. Una joven estimada por su virtud.» Las cualidades que estimamos en los demás o en nosotros mismos pueden cambiar. Y don Quijote, II, nos dice: «Mira Sancho: donde quiera que está la virtud en eminente grado, es perseguida.»]

2. > medio, *en el (término) medio está la virtud.*

viruelas > vejez, *a la vejez, viruelas.*

víspera > día, *día de mucho, víspera de nada.*

vituperio > alabanza, *la alabanza propia envilece.*

viuda
   1. la viuda rica con el uno ojo llora y con el otro repica. La riqueza hace más llevadero el dolor.
   • «Desdichada suerte –exclamó Critilo– la de un avaro, que nadie se alegra con su vida ni se entristeze en su muerte! Todos bailan en ella al son de las campanas: la viuda rica con el un ojo llora y con el otro repica.» Baltasar Gracián, *El Criticón, segunda parte,* **1653.** España. [◇Refrán que ha tendio poca fortuna lingüística, y que ya nadie repite, y con razón. También el concepto y la idea de «viuda» ha cambiado con los tiempos. Ya no se lleva luto, y muy bien hecho.]

vivir
   1. para vivir mucho, poca carne (cama), poco plato y mucha suela de zapato. Hay que comer poco y hacer mucho ejercicio.
   • «Claro que existe otro concepto de la vida, y es el que tienen David y Olga: sobriedad, deporte, higiene... Los castizos decían refiriéndose a los viejos: poca cama, poco plato y mucha suela de zapato.» José María Gironella, *Los hombres lloran solos,* **1986.** España. || «Para vivir mucho, poca carne, poco plato y mucha suela de zapato.» Programa «Saber vivir», TVE1, 15/5/**2001.** España. [◇Pero como *Isaías,* 22.13, nos dice que comamos y bebamos porque mañana moriremos, la gente sigue al profeta por glotonería y comodidad.]
   2. si quieres vivir sano, la ropa que traes por invierno, tráela por verano. Dice la «sabiduría popular» que hay que taparse bien en verano, aunque haga calor.
   • «Es verdad que el adagio castellano dice: si quieres vivir sano, la ropa que traes por invierno, tráela por verano.» Benito Jerónimo Feijoo, *Teatro crítico universal I,* **1726.** España. || «El que quiera andar siempre bueno y sano la ropa del invierno lleve en verano; o la de hasta el cuarenta de mayo nunca te quites el sayo.» Miguel de Unamuno, *Amor y pedagogía,* **1902.** España. [◇Se sigue pensando que los resfriados se pescan

por andar desabrigado. La «sabiduría popular» es muy obscecada y reacia a aceptar lo que nos dice la ciencia.]
    3. sólo se vive una vez. Hay que aprovechar porque no tenemos la oportunidad de una nueva vida.
    • «... que la vida no te digo que no tenga contrariedades, ojalá, pero hay que sobreponerse, hay que disfrutarla creo yo, ya ves mamá, a todas horas, nena, sólo se vive una vez, que lo oyes así y parece que no, que es una tontería...» Miguel Delibes, *Cinco horas con Mario*, **1966**. España. || «Sólo se vive una vez, Paquito: y quiero ser libre, independiente. Me parece una ingenuidad sacrificar esa libertad por una idea que acaso más adelante resulte grotesca.» Mercedes Salisachs, *La gangrena*, **1975**. España. || «¿De qué sirve trabajar si uno no lo hace con alegría? Yo siempre trato de aprovechar al máximo todas las ocasiones. Al fin y al cabo sólo se vive una vez.» William Shand, *El sastre*, **1982**. Argentina. || «La vida sólo se vive una vez, y es absurdo pasarla todo el tiempo con la misma mujer. Vamos, es que es una gilipollez.» Manuel Hidalgo, *Azucena, que juega al tenis*, **1988**. España. [◊Este refrán anima a vivir pero Ernesto Sábato ha dicho que la vida es tan corta y el oficio de vivir tan difícil que cuando uno empieza a aprenderlo, ya hay que morirse. «Aunque fueras a vivir tres mil años y otras tantas veces diez mil, recuerda, sin embargo, que nadie pierde otra vida que esta que vive, y no vive otra que la que pierde.» Marco Aurelio, *Meditaciones.*]
    4. vive y deja vivir. Ocúpate de tus asuntos y deja a los demás con los suyos.
    • «El individuo centrado y realizándose, como se halla denso de su propia realidad, en nada teme perderla o debilitarla y no se siente «atacado» en ella por los demás; está seguro de su camino y por eso vive y deja vivir.» Luis Cencillo, *Método y base humana*, **1973**. España. || «... los cristianos y los que no lo son, convivan pacíficamente en una sociedad «que vive y deja vivir, precisamente las dos cosas esenciales que un individuo puede pedirle a una sociedad.» *ABC,* 19/8/**1989**. España. || «Proteger el ocio..., la naturaleza... Vive y deja vivir.» María Luisa Luca de Tena, *Un millón por una rosa*, **1990**. España. || «Vive y deja vivir. A su estela todo es posible. Al margen sólo cabe el fracaso.» *El País Digital,* nº 489, 4/9/**1997**. España. [◊Esta máxima no la sigue nadie, ni antes ni ahora. A mí me agrada mucho y creo que es la clave del contento terrenal.]
    5. vivir para ver. La vida nos enseña y da experiencia y no deja de sorprendernos.

- «... cuando cierto día me dio un tapaboca el más pícaro desengaño, llegando a confirmarme en aquello de vivir para ver, y ver para aprender.» Serafín Estébanez Calderón, *Escenas andaluzas, bizarrías de la tierra, alardes de toros, rasgos populares, cuadros de costumbres...*, **1847**. España. || «En fin, como decía mi madre, que en paz descanse: vivir para ver.» Camilo José Cela, *La colmena*, **1951**. España. || «Usted supongo que seguirá explicando, y a lo mejor hasta escribe un artículo de tarde en tarde para que tengamos que corregir algún capítulo, o alguna conclusión de nuestros libros de texto, claro, si ya se ve qué clase de maníaco es usted. En fin, vivir para ver.» Alonso Zamora Vicente, *A traque barraque*, **1972**. España. || «¡Qué ojos, qué mujer! Desde luego, Juani, vivir para ver.» Ángel Vázquez, *La vida perra de Juanita Narboni*, **1976**. España. || «... vamos, que Dios da pañuelo a quien no tiene mocos, vivir para ver, y es que en invierno y en verano, con calor o con frío, el cura, con paso firme pero sin precipitaciones, batía el entorno de Santa Inés, abordando toda clase de caminejos practicables y haciendo rotar los itinerarios...» Ramón Ayerra, *La lucha inútil*, **1984**. España. || «Ayer me dieron la extremaunción, y hoy escribo ésta: el tiempo es breve, las esperanzas menguan, y con todo eso llevo la vida sobre el deseo que tengo de vivir para ver, como en profecía, el esplendor de su Reinado. No se conturbe Su Alteza Serenísima por las sombras que han caído sobre su alma, que la locura es el más alto don que...» Augusto Roa Bastos, *Vigilia del Almirante*, **1992**. Paraguay.
    6. > **pobre,** *vivir pobre por morir rico.*
    7. > **predicar,** *bien predica quien bien vive.*

y

yunque
1. ser yunque o martillo. Ser de los que sufren o de los que golpean.
• «Nos encontramos con una consecuencia paradójica: que la invasión árabe de España significó cosas completamente distintas para los invasores y para los invadidos; no ya por ser unos yunque y otros martillo...» Julián Marías, *España inteligible. Razón histórica de las Españas*, **1985**. España. || «El dilema de Goethe se planteó de nuevo: ser yunque o martillo. El hombre tiene derecho a la vida y a la legítima defensa.» Volodia Teitelboim, *En el país prohibido. Sin el permiso de Pinochet*, **1988**. Chile. || «¿No ves que ellos son el martillo y nosotros el yunque?» Tony Évora, *Orígenes de la música cubana. Los amores de las cuerdas y el tambor*, **1997**. Cuba. [◇ *Cuando seas martillo, da; cuando seas yunque, recibe y cuando yunque, sufre; cuando mazo, tunde.*]

Z

Zamora
1. no se ganó Zamora en una hora. Las cosas requieren su tiempo para conseguirlas.
• «… y será bien dar tiempo al tiempo; que no se ganó Zamora en una hora.» Miguel de Cervantes Saavedra, *Segunda parte del ingenioso caballero don Quijote de la Mancha,* **1615**. España. || «Sosiéguese usted; que, como dice allá, no se ganó Zamora en una hora.» Tomás de Iriarte, *La librería,* **1788**. España. || «Dar tiempo al tiempo, no se tomó Zamora en una hora, el primer año es el más difícil, iremos encajando poco a poco.» Miguel Delibes, *Madera de héroe,* **1987**. España. || «Recupero el hilo, Cristina, y vuelvo de paso al poema de Kavafis: no se ganó Zamora en una hora.» Fernando Sánchez Dragó, *El camino del corazón,* **1990**. España. [◊Leamos lo que comenta Iribarren sobre este dicho: «Sbarbi dice que alude a la defensa que hicieron los zamoranos en largos y apretados sitios, y singularmente en el que puso don Sancho, *El Bravo,* contra su hermana doña Urraca.»]

zapatero
1. zapatero a tus zapatos. Cada cual debe dedicarse a lo suyo, a lo que entiende.
• «The right man in the right place, dice una sentencia inglesa: el hombre que conviene en el puesto que le conviene. A lo que cabe replicar: ¡Zapatero, a tus zapatos! ¿Quién sabe el puesto que mejor conviene a uno y para el que está más apto?» Miguel de Unamuno, *El sentimiento trágico de la vida,* **1913**. España. || «El zapatero a tus zapatos se acabó para mí. Yo soy un hombre pacífico. Yo no estoy acostumbrado a estos voceríos y a estar en lenguas de todos.» Federico García Lorca, *La zapatera prodigiosa,* **1930**. España. || «¡Vamos, hombre, vamos! Y no está mal que

uno diga entonces: zapatero, a tus zapatos. ¡Qué tono se daba!» Enrique Serpa, *Contrabando,* **1938**. Cuba. || «Hemos reajustado el negocio. Nos hemos dicho: zapatero a tus zapatos. Y nuestros zapatos son los jeans.» *La Vanguardia,* 30/9/**1995**. España. || «Senador Zuleta, Zapatero a tus zapatos.» *Los Tiempos,* 8/4/**1997**. Bolivia. || «¡Zapatero a tus zapatos! Que se dedique a escribir novelas porque de realidades no puede por su orgullo y egocentrismo.» *Caretas,* 9/1/**1997**. Perú. || «Señor Regino Díaz Redondo: Y aquí lo más triste y lamentable, como ese negocio ya los rebasó, piden a gritos su venta para quitarse esa bronca de encima porque no pudieron. ¡Qué vergüenza! Aquí cabe eso de zapatero a tus zapatos.» *Excelsior,* 23/9/**2000**. México. || «José Luis Rodríguez Zapatero, el secretario general del PSOE, está haciendo bueno el refrán de zapatero a tus zapatos.» César Lumbreras, *La Razón,* 22/4/**2001**. España. [◊«Tiene su origen en la siguiente anécdota que refiere Plinio el Viejo en su *Historia Natural*: Apeles, el más ilustre de los pintores griegos (…) era muy exigente con sus obras, y lejos de deseñar la crítica, la provocaba (…) Cierto día acertó a pasar un zapatero que censuró acremente la hechura de una sandalia en un retrato de cuerpo entero. Apeles comprendió el error y lo corrigió; pero al día siguiente volvió a pasar el mismo zapatero, que, al ver corregido el defecto señalado, se envalentonó y se metió a criticar otras partes del cuadro. Apeles salió exclamando *Ne sutor ultra crepida.*» JMI.]

zapato
1. **cada cual sabe dónde le aprieta el zapato.** Cada cual sabe mejor que nadie los problemas que tiene.
• «Ay unas frases galanas: No sabéys dónde me aprieta el zapato; esto responde el hombre que aunque sea necio, sabe más en su casa que el cuerdo en la agena.» Sebastián de Covarrubias, *Tesoro de la lengua castellana o española,* **1611**. España. || «... y no consiento que me anden musarañas ante los ojos, porque sé donde me aprieta el zapato.» Miguel de Cervantes Saavedra, *Segunda parte del ingenioso caballero don Quijote de la Mancha,* **1615**. España. || «El dueño es un viejo zorro, bizco, retaco, maleado, que sabe muy bien dónde le aprieta el zapato.» Camilo José Cela, *Viaje a la Alcarria,* **1948**. España. || «Según Pagiola, estas son reformas necesarias; sin embargo, los métodos de implementación o reformas adicionales, serían bienvenidas, pues cada país sabe a dónde le aprieta el zapato.» *El Salvador Hoy,* 19/5/**1997**. El Salvador. || «No se puede poner

en duda nuestra lucha contra la violencia y tampoco puede dejarse de reconocer que nosotros conocemos perfectamente lo que está pasando en el País Vasco, sabemos dónde nos aprieta el zapato y sufrimos más que nadie el problema del terrorismo.» *ABC Electrónico*, 18/7/**1997**. España.
|| «Escobedo le había llegado a decir al rey: Don Juan es hombre y sabe dónde le aprieta el zapato.» Arturo Uslar Pietri, *La visita en el tiempo*, **1990**.Venezuela. [◊En mi *Diccionario de refranes, inglés y castellano*, digo: «De *Las vidas paralelas* de Plutarco, en la vida del romano Emilius Paulus. Según la cita de Luján, *Cuento de cuentos II*, Paulus se casó con Papiria... y después de haber vivido con ella mucho tiempo la repudió... Los amigos le amonestaban, ¿No es honesta?, ¿No es bella?, ¿No es fecunda?, y él, mostrando su zapato... dijo: ¿No es elegante?, ¿No es nuevo?, pero nadie de vosotros podría decir dónde este zapato me duele.» Abraham Madroñal reseña la variante *Alguien sabe donde le muerde el zapato.*]

2. hallar uno la horma de su zapato. Toparse con la persona o situación que está a nuestra altura y nos puede hacer frente.

• «Traigo mi pensamiento siempre descalzo, porque no haya la horma de su zapato.» Lope de Vega Carpio, *El poeta*, **1620**. España. || «... puede decir esta copla que no halló en mi pluma la horma de su zapato. « Hernando Domínguez Camargo, *Lucifer en romance...*, **1652**. Colombia. || «Si eres cocinero o escritor, sin salir de éstas hallarás la horma de tu zapato.» Diego de Torres Villarroel, *Visiones y visitas de Torres con don Francisco de Quevedo por la corte*, **1777**. España. || «Además el Sr. Moratín se va a encontrar con la horma de su zapato, por meterse a criticar...» Benito Pérez Galdós, *La corte de Carlos IV*, **1873**. España. || «... imponerse en la familia y meternos a todos en la horma de su zapato...» Tomás Carrasquilla, *Hace tiempos*, **1935**. Colombia. || «Sin embargo, parece haber encontrado la horma de su zapato, puesto que ese eterno batallador...» *La Hora*, 1/3/**1997**. Guatemala. [◊«Esta frase, en sentido irónico, significa: encontrar una persona con quien sepa o entienda más que ella; con quien entienda sus mañas o tretas o como se dice vulgarmente con quien le ponga las peras a cuarto.» NDLC.]

3. > **calcetín**, *calcetín blanco y zapato oscuro, hortera seguro*.

4. > **plato**, *poca cama, poco plato y mucha*.

zorra

1. cuando la zorra predica no están los pollos seguros. Cuando cierta gente pontifica y alardean de honradez es porque van a hacer algún mal.

- «Cuando la zorra predica, no están los pollos seguros.» Miguel de Cervantes Saavedra, *Comedia famosa del laberinto de amor,* **1615**. España.
  2. zorra adormecida no coge gallina. El que se descuida no tiene éxito.
- «Dispense Ud. que le hable con tanta confianza; pero el que temprano se moja lugar tiene de secarse y ya ve Ud. que no hay mal que por bien no venga y zorra adormecida no coge gallina, y por esto más vale maña que fuerza.» Eladia González, *Quién como Dios,* **1999**. México.
  3. > **caldo,** *caldo de zorra, que está frío y quema.*

BREVE PRUEBA DE SUS CONOCIMIENTOS DE REFRANES

Quien mucho _____ poco _____
Abril, aguas _____
Lo que abunda no _____
Quien adelante no mira, atrás se _____
Agua corriente no mata a _____
Nadie diga de esta agua no _____
Agua que no has de beber _____
A la fuerza _____
Buscar una _____ en un pajar
Quien bien ama, tarde _____
A nadie le amarga un _____
Cuando te dieren el anillo, pon el _____
Quien mal anda _____
Las apariencias _____
Del árbol caído todos _____
Arrieros somos y en el camino nos _____
No hay atajo sin _____
Quien destaja no _____
Quien bien quiere a Beltrán, bien quiere a _____
Lo bueno si breve dos veces _____
El ojo del amo _____ el caballo
Cabeza loca no quiere _____
Camarón que se duerme se lo lleva la _____
Meterse en camisa de _____ varas
Cada uno en su casa y _____ en la de todos
Haber sido cocinero antes que _____
A mal Cristo mucha _____
Más sabe el diablo por _____ que por diablo

Dios los cría y ellos se _____
Quien escucha su mal _____
Cada gallo canta en su _____
De noche todos los gatos son _____
Gota a gota la mar se _____
En todas partes cuecen habas y en la mía a _____
A lo hecho _____
No hay hombre cuerdo a _____
Hoy mejor que _____
Salir de las llamas y caer en las _____
Matrimonio y mortaja, del cielo _____
A más moros, más _____
Cada cosa a su tiempo y los nabos en _____
Oveja que bala pierde _____
A palabras _____ oídos sordos
El buen paño en el arca se _____
A perro flaco todo son _____
Una cosa es predicar y otra dar _____
Nunca falta un roto para un _____
A salvo está el que _____
Al buen callar llaman _____
Sarna con gusto no _____

BIBLIOGRAFÍA

(Como tras cada citación se reseña el nombre completo del autor, la obra y la fecha, así como el país de origen, esta bibliografía es una lista de las fuentes, como se indica en la Introducción, adonde remito al lector, y no un tratado bibliográfico. Las fechas son casi siempre las de las ediciones manejadas, y no siempre las primeras. En las citas del CREA-CORDE —RAE aquí—, hay que consultar esa base de datos para más información.)

ABC. España.
Abella, Carlos. *¡Derecho al toro!*, 1996. España.
Abril, Pedro Simón. *Traducción de la Ética de Aristóteles*, 1577. RAE. España.
Acosta, José de. *Historia natural y moral de las Indias*, 1590. RAE. España.
Afán de Ribera, Fulgencio. *Virtud al uso y mística a la moda*, 1729. RAE. España.
Ágreda, Sor María Jesús de. *Carta de 20 de julio de 1647* [*Correspondencia con Felipe IV*], RAE. España.
Agromayor, Luis. *España en fiestas*, 1987. RAE. España.
Aguilera Malta, Demetrio. *Una pelota, un sueño y diez centavos*, 1988. RAE. Ecuador.
Alarcón, Pedro Antonio de. *El sombrero de tres picos*, 1874. España.
Alas (Clarín), Leopoldo. *El señor y lo demás son cuentos*, 1893. España.
—. *La Regenta*, 1884. España.
—. *Apolo en Pafos*, 1887. España.
—. *Pipá*, 1886. RAE. España.
Alaska (Olvido Gara), Diario 16, 29/4/2001. España.
Alatriste, Sealtiel. *Por vivir en quinto patio*, 1985. México.
Alberto, Eliseo. *La eternidad por fin comienza*, 1992. Cuba.
Albizu y Sainz de Murieta, Juan. *Homilías parroquiales*, 1917. RAE. España.

Alcalá-Galiano, Antonio. *Lecciones de derecho político,* 1843. RAE. España.
Alcalde del Río, Hermilio. *Escenas cántabras,* 1914. RAE. España.
Aldana, Francisco de. *Poesías,* 1560-78. RAE. España.
Alegría, Ciro. *Los perros hambrientos,* 1939. Perú.
Alemán, Mateo. *Guzmán de Alfarache,* 1599. España.
—. *Ortografía Castellana,* 1609. RAE. España.
—. *Segunda parte de la vida de Guzmán de Alfarache. Atalaya de la vida humana,* 1604. España.
Alfonso X, *General Estoria I,* 1275. RAE. España.
—. *Siete Partidas,* 1491. RAE. España.
Allende, Isabel. *Eva Luna,* 1987. Chile.
—. *La casa de los espíritus,* 1982. Chile.
Almeida, Jorge. *Cómo cuidar al bebé,* 1975. RAE. Argentina.
Alonso Millán, Juan José. *El guardapolvo,* 1990. España.
Alonso, Dámaso. *Poesía española. Ensayo de métodos y límites estilísticos. Garcilaso,* 1950. España.
Álvarez Quintero, Joaquín. *Discurso de recepción en la Real Academia Española,* 1925. RAE. España.
Álvarez Quintero, Serafín. *Puebla de las mujeres,* 1912. España.
Ammer, Christine. *Have a Nice Day – No Problem!,* 1995. EE. UU.
Anderson Imbert, Enrique. *El estafador se jubila,* 1969. Argentina.
Andrade, Jorge. *Un solo dios verdadero,* 1993. Argentina.
Andrenio (Eduardo Gómez de Baquero), *De Gallardo a Unamuno,* 1926. RAE. España.
Anónimo, *Corpus de la lírica popular hispánica,* 1500-1700. RAE. España.
—. *Diálogo de las transformaciones de Pitágoras,* 1535. RAE. España.
—. *Geografía de España y Portugal,* 1920. RAE. España.
—. *Juegos de naipes españoles,* 1944. RAE. España.
—. *La maja constante. Tonadilla a dúo,* 1800. RAE. España.
—. *Libro de los cien capítulos,* 1284. RAE. España.
—. *Los calzones y las alforjas,* 1850-1900. RAE. España.
—. *Viaje de Turquía,* 1557-58. RAE. España.
—. *La vida y hechos de Estebanillo González,* 1646. RAE. España.
Anson, Luis María. *Don Juan,* 1994. España.
Antena 3 TV, Programa «Ahora», 8/3/2001. España.
Antilaf Gatica, José. *La cita frustrada,* 1965. Chile.

Aparicio, Juan Pedro. *Lo que es del César*, 1981. España.
—. *Retratos de ambigú*, 1989. RAE. España.
Araneda Bravo, Fidel. *Breve historia de la Iglesia en Chile*, 1968. RAE. Chile.
Araya, Enrique. *La luna era mi tierra*, 1982. RAE. Chile.
Arenales, Yolanda. *Desde el Arauco*, 1992. RAE. España.
Arguedas, José María. *El zorro de arriba y el zorro de abajo*, 1969. Perú.
Argüelles, Fulgencio. *Letanías de lluvia*, 1993. España.
Arias-Paz, Manuel. *Manual de automóviles*, 1940. RAE. España.
Arias Ruiz, Aníbal. *Radiofonismo. Conceptos para una radiodifusión española*, RAE. 1955. España.
Aridjis, Homero. *Adiós, mamá Carlota*, 1994. México.
—. *El mundo al revés*, 1994. México.
Arlt, Roberto. *Trescientos millones*, 1932. RAE. Argentina.
Armada, Alfonso. *La edad de oro de los perros*, 1989. RAE. España.
Armas Marcelo, J. J. «Achero», *ABC*, 10/2/2001. España.
—. «Guadalajara, boleto de regreso», *ABC Cultural*, 9/12/2000. España.
—. *ABC*, 13/1/2001. España.
Arolas Bonet, Juan. *Poesías*, 1830-46. RAE. España.
Arrabal, Fernando. *El Arquitecto y el Emperador de Asiria*, 1975. RAE. España.
—. *El cementerio de automóviles*, 1979. España.
—. *La torre herida por el rayo*, 1982. España.
Artigas, Miguel. *La vida y la obra de Menéndez Pelayo*, 1939. España.
Ascasubi, Hilario. *Aniceto el Gallo*, 1872. RAE. Argentina.
—. *Paulino Lucero*, 1853. RAE. Argentina.
—. *Santos Vega, el payador*, 1872. RAE. Argentina.
Asenjo Sedano, José. *Eran los días largos*, 1982. España.
Asensio, Eugenio. *Itinerario del entremés*, 1963. España.
Asturias, Miguel Ángel. *Carta de amor, 1950*. RAE. Guatemala.
—. *El Papa Verde*, 1954. Guatemala.
—. *Hombres de maíz*, 1949-53. Guatemala.
—. *Ojo nuevo*, 1928. RAE. Guatemala.
—. *Un viaje por Rumania (II)*, 1928. RAE. Guatemala.
Aub, Max. *La calle de Valverde*, 1961. España.
—. *La gallina ciega. Diario español*, 1971. España.
Augier, Ángel. *Prosa varia*, 1943. RAE. Cuba.
Autoclub RACE. España.

Ávila, Hernando de. *La tragedia de San Hermenegildo,* 1580. RAE. España.
Ayerra, Ramón. *La lucha inútil,* 1984. España.
Ayllón y Cuadros, Luis de. *Vejamen,* 1646. RAE. España.
Azara, Félix de. *Geografía física y esférica de las provincias del Paraguay,* 1790. RAE. Paraguay.
Azorín (José Martínez Ruiz), *Madrid,* 1941. RAE. España.
Azúa, Félix de. *Historia de un idiota contada por él mismo (o el contenido de la felicidad),* 1986. España.
Azuela, Mariano. *La luciérnaga,* 1932. México.
Azurmendi, Mikel, *ABC,* 26/5/2001. España.
Bain, Cristina. *El dolor de la Ceiba,* 1993. RAE. Colombia.
Ballesteros Gaibrois, Manuel. *Historia de América,* 1946-52. España.
Barnet, Miguel. *Gallego,* 1981. Cuba.
Baroja, Pío. *Desde la última vuelta del camino. Memorias,* 1944-49. España.
—. *La busca,* 1904. España.
—. *Zalacaín el aventurero,* 1909. España.
Barreiro Trelles, Nélida. *La farmacia está en su cocina,* 1996. RAE. Argentina.
Barriguete Castellón, Armando. *Lo que el vino se llevó,* 1996. México.
Barrionuevo, Jerónimo de. *Poesías,* 1641-43. RAE. España.
Barrios, Leoncio. *Familia y televisión,* 1993. Venezuela.
Batalla, Guillermo. *Los pueblos indígenas: viejos problemas, nuevas demandas [México, hoy],* 1979. México.
Bécquer, Gustavo Adolfo. *Desde mi celda,* 1864. España.
Belli, Gioconda. *La mujer habitada,* 1992. Nicaragua.
Bello, Andrés. *Leyendas españolas por José Joaquín de Mora,* 1840. RAE. Venezuela.
Beltrán, Pedro. *La verdadera realidad peruana,* 1976. RAE. Perú.
Benavente, Jacinto. *La losa de los sueños,* 1911. España.
—. *La Malquerida,* 1913. España.
Benedetti, Mario. *Primavera con una esquina rota,* 1982. Uruguay.
Benedicto XIII (Papa Luna), *Libro de las consolaciones de la vida humana,* 1417. RAE. España.
Benítez, Juan José. *Caballo de Troya 1,* 1984. España.
Bergua, J. *Refranero español,* 1988. España.
Blanco y Negro. España.
Blasco Ibáñez, Vicente. *La bodega,* 1905. España.

Blasco, Eusebio. *Mis Contemporáneos*, 1886. España.
Blest Gana, Alberto. *Martín Rivas*, 1862-75. Chile.
Bobillo, Mercedes. *Guía práctica de la alimentación*, 1991. RAE. España.
Böhl de Faber, Cecilia (Fernán Caballero). *La familia de Alvareda*, 1849. España.
—. *La gaviota*, 1849. España.
—. *Clemencia*, 1864. RAE. España.
Bojorge, Rodolfo. *La aventura submarina*, 1992. RAE. Argentina.
Bolaños, Fray Joaquín. *La portentosa vida de la muerte*, 1792. RAE. México.
Borges, Jorge Luis. *El libro de arena*, 1975. Argentina.
Boronat y Barrachina, *Los moriscos españoles y su expulsión*, 1901. RAE. España.
Bretón de los Herreros, Manuel. *La escuela del matrimonio*, 1852. RAE. España.
—. *El pelo de la dehesa*, 1840. RAE. España.
—. *La escuela del matrimonio*, 1852. RAE. España.
—. *Muérete ¡y verás!*, 1837. RAE. España.
Brugalla Turmo, Emilio. *La encuadernación suntuaria*, 1975. RAE. España.
Bryce Echenique, Alfredo. *Magdalena peruana y otros cuentos*, 1986. Perú.
—. *Un mundo para Julius*, 1970. Perú.
—. *La vida exagerada de Martín Romaña*, 1981. Perú.
Buero Vallejo, Antonio. *Historia de una escalera*, 1949. España.
—. *La detonación*, 1977. España.
Butteler, Oscar. *Ecología y civilización*, 1996. RAE. Perú.
ByN Dominical. España.
Caballero, Cristán. *Cómo educar la voz hablada y cantada*, 1985. RAE. México.
Caballero, Ernesto. *Quinteto de Calcuta*, 1996. España.
—. *Squash*, 1988. España.
Cabezas, Javier. *Cartilla del Colmenero*, 1951. España.
Cabouli, José Luis. *Terapia de vidas pasadas*, 1995. Argentina.
Cabrera Infante, Guillermo. *La Habana para un infante difunto*, 1986. Cuba.
Cacho Cortés, Jesús. *Asalto al poder. La revolución de Mario Conde*, 1988. España.
Cadalso, José. *Cartas marruecas*, 1773. España.

Cala, Cristóbal de. *Desengaño de la espada y Norte de diestros,* 1642. RAE. España.
Calderón de la Barca, Pedro. *El alcalde de Zalamea,* 1640-44. RAE. España.
Calvo Ocampo, Fabiola. *Colombia. ELP, una historia armada,* 1987. RAE. Colombia.
Cambio 16. España.
Campmany, Jaime. *ABC.* España.
Campoamor, Ramón de. *Doloras, poemas y humoradas,* 1846. España.
Cano Gaviria, Ricardo. *Una lección de abismo,* 1991.
Caras. RAE. Chile.
Carbonell Basset, Delfín. *Diccionario de refranes, inglés y castellano,* 1996. España.
—. *Gran diccionario del argot: El Sohez,* 2000. España.
Caretas. Perú.
Carlos Díaz Güell, *Diario 16,* 29/4/2001. España.
Caro Baroja, Julio. *Las brujas y su mundo,* 1961. RAE. España.
—. *Los Pueblos de España,* 1946. España.
Carpentier, Alejo. *El siglo de las luces,* 1962. Cuba.
Carrascal, José María. *Cien millones,* 2000. España.
—. *La Razón,* 15/4/2001. España.
Carrasquilla, Tomás. *Hace tiempos,* 1935. RAE. Colombia.
—. *La marquesa de Yolombo,* 1928. RAE. Colombia.
Carrillo, Hugo. *El señor presidente. Ritual bufo en dos jornadas,* 1974. RAE. Guatemala.
Carrillo, Santiago. El País, 23/2/2001. España.
Carrió de la Vandera; Alonso. *El Lazarillo de ciegos caminantes,* 1775. RAE. Perú.
Casares, Julio. *Crítica efímera,* 1919-23. España.
—. *Introducción a la Lexicografía moderna,* 1950. España.
Casona, Alejandro. *La dama del alba,* 1944. España.
Castelar, Emilio. *Discurso del 13/5/1861.* RAE. España.
Castella de Závala, Concepción. *Cruz de flores,* 1939. España.
Castellano, Rosario. *El eterno femenino,* 1975. RAE. México.
Castillo Solórzano, Alonso de. *Aventuras del Bachiller Trapaza,* 1637. RAE. España.
—. *Donayres del Parnaso,* 1625. RAE. España.
Castillo Zapata, Rafael. *Fenomenología del bolero,* 1990. RAE. Venezuela.

Cayetano, Moisés. *Autonomías, ocio, educación y cultura*, 1980. España.
Cebrián, Juan Luis. *La rusa*, 1986. España.
Cela Conde, C. J. *Cela, mi padre*, 1989. España.
Cela, Camilo José. *Del Miño al Bidasoa*, 1952. España.
—. «Carta a una escritora incipiente», *ABC*, 1/10/2000. España.
—. «Moderación en las costumbres», *ABC*, 10/9/2000. España.
—. *Diccionario geográfico popular de España, I*, 1998. España.
—. *Judíos, moros y cristianos*, 1956. España.
—. *La colmena*, 1951. España.
—. *La obra literaria del pintor Solana*, 1957. España.
—. *La rosa*, 2001. España.
—. *Las compañías convenientes y otros fingimientos y cegueras*, 1963. España.
—. *Viaje a la Alcarria*, 1947. España.
Cencillo, Luis. *Método y base humana*, 1973. RAE. España.
Cerezales, Agustín. *Escaleras en el limbo*, 1991. España.
Cervantes Saavedra, Miguel de. *Comedia famosa del laberinto de amor*, 1615. RAE. España.
—. *Comedia famosa intitulada La gran sultana...*, 1615. España.
—. *El ingenioso hidalgo don Quijote de la Mancha*, 1605. España.
—. *Entremés del retablo de las maravillas*, 1615. RAE. España.
—. *Entremés del viejo celoso*, 1615. RAE. España.
—. *Entremés del vizcaíno fingido*, 1615. RAE. España.
—. *La Galatea*, 1585. España.
—. *Los trabajos de Persiles y Sigismunda*, 1616. España.
—. *Rinconete y Cortadillo*, 1613. España.
—. *El ingenioso caballero don Quijote de la Mancha*, 1615. España.
Chacel, Rosa. *Barrio de maravillas*, 1976. España.
—. *Desde el amanecer. Autobiografía de mis primeros diez años*, 1972. España.
Chamorro, Víctor. *El muerto resucitado*, 1984. España.
Chase Brenes, Alfonso. *El pavo real y la mariposa*, 1996. Costa Rica.
Chávez, Gilberto. *El batallador*, 1986. México.
Clarín ver Alas, Leopoldo.
Clemente, Luis. *Kiko veneno*, 1995. España.
Cohen, Marcelo. *Insomnio*, 1986. Argentina.
Coloma, Luis. *Pequeñeces*, 1891. España.
Conca, Maria. «D'un complex d'inferioritat proverbial», *Caplletra 18*, Primavera, 1995. España.

Conca, Maria. «Proverbis catalans en el *Vocabulario de refranes* de Gonzalo Correas.» *Att. del XXI Congresso Internazionale di Linguistica e Philologia Romanza*, Vol. 3, Tübingen: Max Niemeyer Verlag, 1998. España.
Conte, Rafael. *ABC Cultural*, 6/1/2001. España.
Corpas Pastor, Gloria. «El uso de paremias en un corpus del español peninsular actual.» en Gerd Wotjak (ed.), *Estudios de fraseología y fraseografía del español actual* (Lingüística iberoamericana, Universidad de Leipzig, 1998). Alemania.
—. *Las lenguas de Europa: Estudios de fraseología, fraseografía y traducción*, Comares: 2000. España.
Correas, Gonzalo. *Vocabulario de refranes y frases proverbiales*, 1627. RAE. España.
Corrieri, Sergio. *Y si fuera así*, 1978. Cuba.
Cortázar, Julio. *Final del juego*, 1945-64. RAE. Argentina.
—. *Rayuela*, 1963. Argentina.
Covarrubias, Sebastián de. *Tesoro de le lengua castellana o española*, 1611. España.
Cruz, Don Ramón de la. *El casamiento desigual*, 1769. RAE. España.
—. *El cortejo escarmentado*, 1773. RAE. España.
—. *El Prado por la noche*, 1765. RAE. España.
—. *La presumida burlada*, 1768. España.
Cruz, San Juan de la. *Subida del Monte Carmelo*, 1578-83. España.
Cuéllar, José Manuel. *ABC*, 2/12/2000. España.
Cuéllar, José Tomás de (Facundo), *Historia de Chucho el Ninfo*, 1871. RAE. México.
CuerpoMente, nº 101, julio 2000. España.
Cuervo, Justo. *Traducción del Compendio de Doctrina Cristiana recopilado de diversos autores...*, 1906. RAE. España.
Cuvi, Pablo. *Ecuador. Paso a Paso*, 1994. RAE. Ecuador.
Daniel Piñero, *De las bacterias al hombre: la evolución*, 1987. México.
Delgado, Juan José. *Historia general sacro-profana, política y natural de las islas del Poniente llamadas Filipinas*, 1754. RAE. Filipinas.
Delibes, Miguel. *Cinco horas con Mario*, 1966. España.
—. *La hoja roja*, 1986. España.
—. *Las guerras de nuestros antepasados*, 1975. España.
—. *Madera de héroe*, 1987. España.
Delicado, Francisco. *La Lozana Andaluza*, 1528. RAE. España.

Derbez, Alain. *Los usos de la radio*, 1988. México.
Diario 16. España.
Diario de las Américas. EE. UU.
Diario de Yucatán. RAE. México.
Diario El Clarín. RAE. Argentina.
Diario Hoy, Ecuador.
Díaz Cañabate, Antonio. *Paseíllo por el planeta de los toros*, 1970. España.
Díaz Vargas, Henry. *Más allá de la ejecución*, 1984. Colombia.
Díaz, Jesús. *La piel y la máscara*, 1996. Cuba.
Díaz, Lorenzo. *La radio en España (1923-1993)*, 1992. RAE. España.
Dicenta, Joaquín. *Juan José*, 1895. España.
Dionisio Lussich, Antonio. *Cantalicio Quirós y Miterio Castro*, 1883. RAE. Uruguay.
Dios, Horacio de. *Miami*, 1999. Argentina.
Diosdado, Ana. *Los ochenta son nuestros*, 1988. España.
—. *Trescientos veintiuno, trescientos ventidós*, 1992. España.
Domingo, Xavier. *El sabor de España*, 1992. España.
Domínguez Camargo, Hernando. *Lucifer en romance...*, 1652. RAE. Colombia.
Donoso, José. *Donde van a morir los elefantes*, 1995. Chile.
Dragún, Oswaldo. *Al violador*, 1981. RAE. Argentina.
Dublanc, Josefina. *La habitación*, 1916. RAE. España.
Echegaray, José. *Ciencia popular*, 1870. RAE. España.
—. *El gran Galeoto*, 1881. España.
Edwards, Jorge. *El anfitrión*, 1987. Chile.
Egido, Luciano G. *El corazón inmóvil*, 1995. España.
Ekaizer, Ernesto. *Vendetta*, 1996. RAE. Argentina.
El Cultural. España.
El Diario Vasco. España.
El extramundi y los papeles de Iria Flavia. España.
El Mundo. España.
El Nacional. Venezuela.
El Norte de Castilla. España.
El Nuevo Día. RAE. Puerto Rico.
El País. Colombia.
El Salvador Hoy. RAE. El Salvador.
El Semanal. España.
El Siglo. RAE. Panamá.

El Tiempo. Perú.
El Tiempo. RAE. Colombia.
El Universal. Venezuela.
Elizondo Elizondo, R. *Setenta veces siete,* 1987. México.
Enríquez Soriano, Ángeles. *Estrés. Cómo aprender en la encrucijada,* 1997. España.
Enríquez, Martín. *Carta del virrey de la Nueva España Don Martín Enríquez al Rey Don Felipe II,* 1576. RAE. España.
Enzina, Juan del. *Égloga de Plácida y Vitoriano,* 1513. RAE. España.
Época. España.
Escalante de Mendoza, Juan de. *Itinerario de navegación de los mares y tierras occidentales,* 1575. RAE. España.
Escrivá de Balaguer, José María. *Surco,* 1986. RAE. España.
Espinosa, Enrique. *Jesús el bisabuelo y otros relatos,* 1995. México.
Espronceda, José de. *El diablo mundo,* 1840. RAE. España.
Esteban, José. *Refranero anticlerical,* 1994. España.
Estébanez Calderón, Serafín. *Escenas andaluzas, bizarrías de la tierra, alardes de toros, rasgos populares, cuadros de costumbres...,* 1847. RAE. España.
Évora, José Antonio. *Tomás Gutiérrez Alea,* 1996. RAE. Cuba.
—. *Orígenes de la música cubana. Los amores de las cuerdas y el tambor,* 1997. Cuba.
Excelsior. RAE. México.
Faner, Pau. *Flor de sal,* 1986. España.
Faro de Vigo. España.
Fasano Mertens, Federico. *Después de la derrota: un eslabón débil llamado Uruguay,* 1980. RAE. Uruguay.
Faus, Agustín. *Diccionario de la montaña,* 1963. España.
Feijoo, Benito Jerónimo. *Teatro crítico universal I,* 1726. España.
Feo, Julio. *Aquellos años,* 1993. España.
Fergusson, Rosalind. *The Penguin Dicctionary of Proverbs,* 1983. Inglaterra
Fernández Chiti, Jorge. *Estética de la nueva imagen cerámica y escultórica,* 1991. Argentina.
Fernández de Lizardi, José Joaquín. *El Periquillo Sarniento,* 1816-27. RAE. México.
Fernández de Moratín, Nicolás. *El arte de putear,* 1771. RAE. España.
Fernández Flórez, Wenceslao. *Volvoreta,* 1917. España.

Fernández Guardia, Ricardo. *Cuentos ticos*, 1901. RAE. Costa Rica.
Fernández Medina, B. *Charamuscas*, 1892. RAE. Uruguay.
Fernández Santana, Carlos. *Réquiem por Yarini*, 1960. RAE. Cuba.
Fernández, José María. *Salvar al drogadicto*, 1981. España.
Fernández, Lucas. *Farsa o quasi comedia... dos pastores e un soldado e una pastora*, 1514. RAE. España.
Fernández, Marcos. *Olla podrida a la española*, 1655. RAE. España.
Fernán-Gómez, Fernando. *Las bicicletas son para el verano*, 1982. España.
Ferrand, M. Martín. *ABC*, 2/12/2000. España.
Ferré, Rosario. *La batalla de las vírgenes*, 1993. Puerto Rico.
Ferrer, Eulalio. *Información y comunicación*, 1997. RAE. México.
Figuerola, Laureano. *Una proposición de Mr. Vaillant, concejal del Ayuntamiento de París*, 1893. RAE. España.
Fingermann, Gregorio. *Psicología pedagógica infantil*, 1946-74. RAE. Argentina.
Fisas, Carlos. *Historias de la Historia*, 1983. España.
Font Quer, Pío. *Plantas Medicinales. El Dioscórides Renovado*, 1962. España.
Fraga Iribarne, Manuel. *El nuevo anti-Maquiavelo*, 1962. España.
Fraile, Medardo. *Cuentos con algún amor*, 1954. España.
Fuentes y Ponte, Javier. *Murcia que se fue*, 1872. RAE. España.
Fuentes, Carlos. *Cristóbal Nonato*, 1987. México.
—. *El naranjo*, 1993. México.
Futoransky, Luisa. *De Pe a Pa*, 1986. Argentina.
Gala, Antonio. *¿Por qué corres, Ulises?*, 1975. España.
—. *Los buenos días perdidos*, 1972. España.
—. *Los verdes campos del Edén*, 1963. España.
Galán, Eduardo. *La posada del arenal*, 1994. España.
Galeano, Eduardo. *El fútbol. A sol y sombra*, 1995. Uruguay.
Gallegos, Rómulo. *Canaima*, 1935. Venezuela.
—. *Doña Bárbara*, 1929. Venezuela.
Gambaro, Griselda. *Del sol naciente*, 1984. RAE. Argentina.
—. *Real envido*, 1983. RAE. Argentina.
Gamboa, Santiago. *Páginas de vuelta*, 1998. Colombia.
Gándara, Alejandro. *La media distancia*, 1984. España.
Ganivet, Ángel. *Los trabajos del infatigable creador Pío Cid*, 1898. España.
Gara, Olvido ver Alaska.
García Cárcel, Ricardo. *ABC Cultural*, 12/5/2001. España.

García Hortelano, Juan. *El gran momento de Mary Tribune,* 1972. España.
—. *Gramática parda,* 1982. España.
—. *Mucho cuento,* 1987. España.
García Lorca, Federico. *La zapatera prodigiosa,* 1930. España.
García Márquez, Gabriel. *El amor en los tiempos del cólera,* 1985. Colombia.
García Pradas, José. *Sin caudillo,* 1938. RAE. España.
García Ramis, Magali. *Felices días, tío Sergio,* 1986. RAE. Puerto Rico.
García Sánchez, Javier. *El Alpe d'Huez,* 1994. España.
—. *La historia más triste,* 1991. España.
García, Alan. *El Mundo de Maquiavelo,* 1994. Perú.
García, Carlos. *La desordenada codicia de los bienes ajenos,* 1619. RAE. España.
García-Badell, Gabriel. *Funeral por Francia,* 1975. España.
García-Olguín, María Teresa. *ABC,* 26/8/2000. España.
Garcilaso de la Vega, (El Inca), *Comentarios Reales de los Incas,* 1606. RAE. Perú.
Gasulla, Luis. *Culminación de Montoya,* 1975. Argentina.
Gete-Alonso, Eugenio Luis. *Tiempo de ocio,* 1987. España.
Gil y Carrasco, Enrique. *El Señor de Membibre,* 1844. RAE. España.
Gironella, José María. *Los hombres lloran solos,* 1986. España.
—. *Un millón de muertos,* 1961. España.
Gómez de Avellaneda, Gertrudis. *El artista barquero o los cuatro 5 de junio,* 1861. RAE. Cuba.
Gómez de la Serna, Ramón. *Automoribundia,* 1948. España.
Gómez de Parada, Rafael. *La universidad me mata,* 1995. España.
Gómez Montoya, Adolfo María. *La cirugía estética. Qué es, qué no es,* 1995. RAE. España.
Gómez Pérez, Rafael. *El ABC de las buenas costumbres,* 1994. España.
Gómez-Arcos, Agustín. *Interview de Mrs. Muerta Smith por sus fantasmas,* 1991. España.
—. *Queridos míos, es preciso contaros ciertas cosas,* 1994. España.
Góngora, Luis de. *Soledades,* 1613-26. RAE. España.
González Anaya, Salvador. *La oración de la tarde,* 1929. RAE. España.
González Requena, Jesús; Amaya Ortiz de Zárate, *El espot publicitario. Las metamorfosis del deseo,* 1995. España.
González Seijas, José. *Catón metódico de los niños,* 1885. RAE. España.
González, Eladia. *Quién como Dios,* 1999. México.

González, Gregorio. *El guitón Onofre*, 1604. RAE. España.
González, Reynaldo. *El bello habano. Biografía íntima del tabaco*, 1998. RAE. Cuba.
Gorodischer, Angélica. *Bajo las jubeas en flor*, 1973. Argentina.
Goytisolo, Juan. *ABC*, 10/2/2001. España.
—. *ABC Cultural*, 10/2/2001. España.
—. *Reivindicación del conde don Julián*, 1970. España.
—. *Señas de identidad*, 1966. España.
Gracia Monterde, Carlos. *Tras la caza menor*, 1996. RAE. España.
Gracián Dantisco, Lucas. *Galateo español*, 1593. RAE. España.
Gracián, Baltasar. *El comulgatorio*, 1655. RAE. España.
—. *El Criticón. Tercera parte*, 1657. RAE. España.
—. *Oráculo manual y arte de prudencia*, 1647. RAE. España.
Granada, Fray Luis de. *Libro de la oración y meditación*, 1554. RAE. España.
Grande Covián, Francisco. *Nutrición y salud*, 1988. España.
Granma Internacional. RAE. Cuba.
Grosso, Alfonso. *La zanja*, 1961. España.
Grupo La Candelaria, *Guadalupe años sin cuenta*, 1975. RAE. Colombia.
Guerra, Juan Francisco. *Manual de oratoria sagrada o año predicable, parte tercera*, tomo II, 1855. RAE. España.
Guevara, Antonio de. *Epístolas familiares*, 1521. RAE. España.
Guevara, Ernesto (Che). *Viaje por Sudamérica*, 1992. Argentina.
Guevara, Fray Antonio de. *Reloj de Príncipes*, 1529-31. RAE. España.
Guia, Josep. «D'un complex d'inferioritat proverbial», *Caplletra 18*, Primavera 1995. España.
—. «Proverbis catalans en el Vocabulario de refranes de Gonzalo Correas.» *Att. del XXI Congresso Internazionale di Linguistica e Philologia Romanza*, Vol. 3, Tübingen: Max Niemeyer Verlag, 1998. España.
Güiraldes, Ricardo. *Don Segundo Sombra*, 1926. RAE. Argentina.
Gutiérrez-Solana, José. *Florencio Cornejo*, 1926. España.
—. *Madrid, escenas y costumbres*, 1913. España.
Haro Tecglen, Eduardo. *El País*, 23/2/2001. España.
Hayen, Jenny E. *Por la calle de los anhelos*, 1993. México.
Heraldo de Aragón. España.
Heredia, C. M. de. *Una fuente de energía*, 1932. México.
Hermosilla, Diego. *Diálogo de los pajes en que se trata de la vida que a mediados del siglo XVI...*, 1545. RAE. España.

Hernáiz, Juan Ignacio. *Teoría, historia y sociología del arte*, 1986. RAE. España.
Hernández, Felipe. *Naturaleza*, 1989. España.
Hernández, Miguel. *Los hijos de la piedra*, 1935. RAE. España.
—. *Quién te ha visto y quién te ve y sombra de lo que eras*, 1934. RAE. España.
Herrera Luque, Francisco. *En la casa del pez que escupe el agua*, 1985. Venezuela.
Herrera, Carlos. *ABC*, 19/5/2001. España.
—. *ABC*, 2/12/2000. España.
Herrera, Eloy. *Un cero a la izquierda*, 1976. España.
Herrera, Gabriel Alonso de. *Obra agricultura*, 1513. RAE. España.
Hidalgo y Terrón, José. *Obra completa de equitación*, 1889. RAE. España.
Hidalgo, Manuel. *Azucena, que juega al tenis*, 1988. España.
Horozco, Sebastián de. *Representación de la historia de Ruth*, 1550. RAE. España.
Hoy. RAE. Chile.
Huarte de San Juan, Juan. *Examen de ingenios para las ciencias*, 1575. RAE. España.
Insúa, Alberto. *El negro que tenía el alma blanca*, 1922. España.
Iriarte, Tomás de. *La librería*, 1788. España.
—. *La señorita malcriada*, 1788. RAE. España.
Iribarren, José María. *El porqué de los dichos*, 1956. España.
Isla, José Francisco de. *El Cicerón*, 1774. RAE. España.
—. *Historia del famoso predicador Fray Gerundio de Campazas alias Zotes*, 1758. RAE. España.
Izquierdo, José. *Traducción de «La imitación de Cristo» de Kempis*, 1967. Venezuela.
Jardiel Poncela, Enrique. *Amor se escribe sin hache*, 1933. RAE. España.
—. *Angelina o el honor de un brigadier*, 1934. RAE. España.
—. *Eloísa está debajo de un almendro*, 1943. España.
—. *Las cinco advertencias de Satanás*, 1935. España.
Jauregui, José Antonio. *Los Domingos de ABC*, 1/4/2001. España.
Javier Figuero, *UCD: La «empresa» que creó Adolfo Suárez. Historia, sociología y familias del suarismo*, 1981. RAE. España.
Jiménez de Urrea, Jerónimo. *Diálogo de la verdadera honra militar*, 1566. España.
Jiménez Losantos, Federico. *Lo que queda en España*, 1995. España.

Jiménez Lozano, José. «Cuando la historia se enquista», *ABC*, 10/2/2001. España.
Jiménez Patón, Bartolomé. *Elocuencia española en arte*, 1604-21. RAE. España.
Jiménez, Juan Ramón. *Españoles de tres mundos*, 1942-58. España.
Jiménez, R. Emilo. *Informe acerca de la Historia, Raza, Carácter, Costumbres, Religión y Lenguaje de los Habitantes de...*, 1922. RAE. Rep. Dominicana.
Jodorowsky, Alejandro. *Donde mejor canta un pájaro*, 1992. RAE. Chile.
Jovellanos, Gaspar Melchor de. *Informe de la Sociedad Económica de Madrid...*, 1794. RAE. España.
Juan de Andrés, Amado. *Mecenazgo y patrocinio. Las claves del Marketing del siglo XXI*, 1993. España.
Justiniano, Juan. *Instrucción de la mujer cristiana, de J. L. Vives*, 1528. RAE. España.
Kempis, Tomás de, véase Izquierdo, José.
Kociancich, Vlady. *La octava maravilla*, 1982. Argentina.
La Época. Chile.
La Hora. RAE. Guatemala.
La Nación. RAE. Costa Rica.
La Nueva Provincia. RAE. Argentina.
La Prensa. RAE. Honduras.
La Prensa. RAE. Nicaragua.
La Razón. España.
La Tribuna. RAE. Honduras.
La Vanguardia. España.
La Voz de Galicia. España.
Lacemendi, T. *Impresiones*, 1884. RAE. España.
Lachatañaré, Rómulo. *El sistema religioso de los lucumí...*, 1939-52. RAE. Cuba.
Lafuente Ferrari, Enrique. *Breve historia de la pintura española*, 1946-53. España.
Laín Entralgo, Pedro. *Descargo de conciencia (1930-1960)*, 1976. España.
—. *La Espera y la Esperanza. Historia y teoría del esperar humano*, 1957. RAE. España.
Landero, Luis. *Juegos de la edad tardía*,1989. España.
Lantery, Raimundo de. *Memorias*, 1705. RAE. España.
Lapesa, Rafael. *Historia de la lengua española*, 1942. España.

Larreta, Enrique. *La gloria de don Ramiro. Una vida en tiempos de Felipe Segundo*, 1908. Argentina.
Leguina, Joaquín. *Tu nombre envenena mis sueños*, 1992. España.
Leguineche, Manuel. *El camino más corto*, 1995. España.
Leis Romero, Raúl Alberto. *Viene el sol con sombrero de combate puesto*, 1976. Panamá.
León, Fray Luis de. *La perfecta casada*, 1583-87. RAE. España.
Leyva, David. *Una piñata llena de memoria*, 1984. RAE. México.
Lezama Lima, José. *Paradiso*, 1966. RAE. Cuba.
Limón, Antonio. *Andalucía, ¿tradición o cambio?*, 1988. España.
Lindo, Elvira. *La ley de la selva*, 1995. España.
—. *Manolito gafotas*, 1996.
Liñán de Riaza, Pedro. *Poesías*, 1607. RAE. España.
Lira, Jorge. *Medicina andina*, 1985. RAE. Perú.
Listín Diario. RAE. República Dominicana.
Llamazares, Julio. *El río del olvido*, 1990. España.
Loma-Ossorio, Antonio. *Hoy, día de la victoria...*, 1939. RAE. España.
Longares, Manuel. *La novela del corsé*, 1979. España.
López de Tortajada, Damián. *Floresta de varios romances*, 1646. RAE. España.
López Ibor, Juan José. *El libro de la vida sexual*, 1968. España.
—. *La neurosis como enfermedad del ánimo*, 1966. España.
López Mondéjar, Publio. *Historia de la fotografía en España*, 1997. España.
López Navarro, Julio. *Clásicos del cine*, 1996. RAE. Chile.
López Páez, Jorge. *Doña Herlinda y su hijo y otros hijos*, 1993. México.
López Pinciano, Alonso. *Filosofía antigua poética*, 1596. RAE. España.
Los Tiempos. RAE. Bolivia.
Luca de Tena, María Luisa. *Un millón por una rosa*, 1990. España.
Luca de Tena, Torcuato. *Los renglones torcidos de Dios*, 1979. España.
Luján, Néstor. *Los espejos paralelos*, 1991. España.
Lumbreras, César. *La Razón*, 22/4/2001. España.
Luna, Juan de. *Segunda parte del Lazarillo de Tormes*, 1620. RAE. España.
Luque Fajardo, Francisco de. *Fiel desengaño contra la ociosidad y lsos juegos*, 1603. RAE. España.
Luzán, Ignacio de. *Defensa de España y participación en la campaña contra Gregorio Mayans*, 1742. RAE. España.

Madariaga, Salvador de. *¡Viva la muerte! Tragedia moderna en tres actos*, 1974. España.
—. *ABC*, 28/11/1971. España.
—. *Vida del muy magnífico señor don Cristóbal Colón*, 1940-47. España.
Madrid, Juan. *Flores, el gitano*, 1989. España.
Madroñal Durán, Abraham. *Refranero popular toledano*, 1991. España.
Maeztu, Ramiro de. *Don Quijote, Don Juan y la Celestina. Ensayos en simpatía*, 1926. España.
Magnabosco, Ana. *Santito mío*, 1990, RAE. Uruguay.
Malón de Chaide, Fray Pedro. *La conversión de la Magdalena*, 1588. RAE. España.
Manrique, Jorge. *Coplas por la muerte de su padre*, 1477. España.
Mansilla, Lucio Victorio. *Una excursión a los indios Ranqueles*, 1870. RAE. Argentina.
Mañas, José Ángel. *Historias del Kronen*, 1994. España.
—. *Sonko95*, 1999. España.
Maqua, Javier. *Invierno sin pretexto*, 1992. España.
Marañón, Gregorio. *Discurso de recepción ante la Real Academia Española*, 1934. RAE. España.
—. *El Conde-Duque de Olivares*, 1936. España.
—. *Ensayos sobre la vida sexual*, 1919-29. España.
Mariano Nipho, Francisco. *Idea política y cristiana para reformar el actual teatro de España*, 1769. RAE. España.
Marías, Javier. *Corazón tan blanco*, 1992. España.
Marías, Julián. *España inteligible*, 1985. España.
—. *Historia de la Filosofía*, 1941-70. España.
Marina, José Antonio. «Los conflictos», *El Semanal*, n° 705, 29-5/5/2001. España.
Mariñas, Jesús. *La Razón*, 2/2/2001. España.
—. *Tiempo*, 19/2/2001. España.
Marquina, Eduardo. *El rey trovador*, 1912. RAE. España.
Marsé, Juan. *Últimas tardes con Teresa*, 1966. España.
—. *El embrujo de Shangai*, 1993. España.
Marsillach, Adolfo. *Se vende ático*, 1995. España.
Martín del Campo, David. *Las rojas son las carreteras*, 1976. México.
Martín Gaite, Carmen. *Fragmentos de interior*, 1976. España.
—. *Nubosidad variable*. 1992. España.
—. *Usos amorosos de la posguerra española*, 1987. España.

Martín Vigil, José Luis. *En defensa propia*, 1985. España.
—. *Los curas comunistas*, 1968. España.
Martínez Ballesteros, Antonio. *Pisito clandestino*, 1990. España.
Martínez de Castillo, Francisco. *Tratado breve sobre sobre la maravillosa obra de la boca*, 1570. RAE. España.
Martínez de Toledo, Alfonso (Arcipreste de Talavera), *Corbacho*, 1438. RAE. España.
Martínez Kleiser, Luis. *Discurso de recepción en la Real Academia Española*, 1945. RAE. España.
—. *Refranero general ideológico español*, 1993. España.
Martínez Llopis, Manuel. *Alimentos y nutrición*, 1961. España.
Martínez Mediero, Manuel. *El niño de Belén*, 1991. España.
—. *Juana del amor hermoso*, 1982. España.
—. *Lola la divina*, 1988. España.
Martínez Sierra, Gregorio. *Granada (Guía emocional)*, 1920. España.
Martínez, Jusepe. *Discursos practicables del nobilísimo arte de la pintura*, 1673. RAE. España.
Martínez, Tomás Eloy. *Santa Evita*, 1995. Argentina.
Martín-Santos, Luis. *Tiempo de silencio*, 1961. España.
Mascaró Porcar, José María. *El médico aconseja*, 1969. RAE. España.
Mateo Díez, Luis. *El expediente del náufrago*, 1992. España.
—. *La fuente de la edad*, 1986. España.
Matute Vidal, Julián. *Perfil del mexicano*, 1992. RAE. México.
Mayans y Siscar, Gregorio. *Orígenes de la lengua española*, 1737. RAE. España.
—. *Vida de Miguel de Cervantes Saavedra*, 1737. RAE. España.
Maza, José. *Astronomía contemporánea*, 1988. Chile.
Medina, José Ramón. *Doctrina y testimonio*, 1984. Venezuela.
—. *Los homenajes del tiempo. Vida y obra de Francisco Lazo Martí*, 1971. RAE. Argentina.
Melcón, María Luz. *Catalina de Cervantes I. Boda en Esquivias*, 1995. España.
Melgares, Francisco. *Anselmo B*, 1985. España.
Méndez Nieto, *Discursos medicinales*, 1606-11. RAE. España.
Mendicutti, Eduardo. El Mundo, 3/3/2001. España.
Mendizábal, Rafael. *¡Viva el cuponazo!*, 1992. España.
Mendoza, Eduardo. *El laberinto de las aceitunas*, 1982. España.
—. *La verdad sobre el caso Savolta*, 1975. España.

Mercado, Luis. *Libro de la peste*, 1599. RAE. España.
Mercé Varela, Andrés. *Traducción de Fútbol. La Copa del mundo de Jules Rimet*, 1955. RAE. España.
Merino, José María. *Novela de Andrés Choz*, 1987. España.
Mesonero Romanos, Ramón de. *Memorias de un setentón*, 1880. España.
Mestayer de Echagüe, María. *Enciclopedia culinaria. La cocina completa*, 1940. RAE. España.
Miguel, Amando de. *El espíritu de Sancho Panza*, 2000. España.
—. *La ambición del César*, 1989. España.
—. *La perversión del lenguaje*, 1994. España.
Miñano, Sebastián de. *Sátiras y panfletos del Trienio Constitucional (1820-1823)*, 1820-23. RAE. España.
Miras, Domingo. *Las brujas de Barahona*, 1978. España.
Moix, Terenci. *No digas que fue un sueño*, 1986. España.
Mojarro, Tomás. *Yo, el valedor (y el Jerásimo)*, 1985. México.
Molina Cano, Juan Alfonso de. *Descubrimientos geométricos*, 1598. RAE. España.
Montalvo, Juan. *Las catilinarias*, 1880-82. RAE. Ecuador.
Montaña de Monserrat, Bernardino de. *Anothomía*, 1551. RAE. España.
Montemayor, Jorge de. *Diálogo espiritual*, 1543-48. RAE. España.
Montes Huidobro, Matías. *La sal de los muertos*, 1960. RAE. Cuba.
Montiel, Sara. Telemadrid, 20/8/2001. España.
Montolinía (Fray Toribio de Benavente), *Historia de los Indios de la Nueva España*, 1536-41. RAE. España.
Montoro, Antón. *Cancionero*, 1445-80. RAE. España.
Mora y Araujo, Blanca de. *Carta*, 1950. RAE. Guatemala.
Moreno-Durán, R. Humberto. *El toque de Diana*, 1981. Colombia.
Moreto, Agustín. *El desdén con el desdén*, 1654. RAE. España.
Morón, Guillermo. *El gallo de las espuelas de oro*, 1986. Venezuela.
Mosquera de Figueroa, Cristóbal. *Poesías manuscritas*, 1610. España.
Moya Torres y Velasco, Francisco Máximo de. *Manifiesto universal de los males envejecidos que España padece*, 1730. RAE. España.
Moya Torres y Velasco, Francisco Máximo de. *Manifiesto universal de los males envejecidos que España padece*, 1730. RAE. España.
Mújica Laínez, Manuel. *Bomarzo*, 1962. Argentina.
Muñiz, Carlos. *Tragicomedia del Serenísimo Príncipe Don Carlos*, 1980. España.

Muñoz Calvo, Sagrario. *Historias de la farmacia en la España moderna y contemporánea,* 1994. RAE. España.
Muñoz Pabón, Juan F. *Justa y Rufina,* 1928. España.
Muro, Miguel. *El practicón,* 1891. RAE. España.
Muy Interesante. España.
Naranjo, Carmen. *El caso 117. 720,* 1987. RAE. Costa Rica.
Navarro Tomás, Tomás. *Manual de pronunciación española,* 1918. España.
Navarro Villoslada, Francisco. *Doña Toda de Larrea o la madre de la Excelenta,* 1855-95. RAE. España.
Neruda, Pablo. *Confieso que he vivido,* 1973. Chile.
Nieva, Francisco. *Coronada y el toro (Rapsodia española),* 1982. España.
—. *La Razón,* 24/9/2000. España.
Noel, Eugenio. *Las siete cucas,* 1927. España.
Nombela, Julio. *Impresiones y recuerdos,* 1912. España.
Noveli, Nicolás Rodrigo. *Cartilla para torear,* 1726. RAE. España.
Obligado, Pastor Servando. *Tradiciones argentinas,* 1903. RAE. Argentina.
Ocampo, Silvina. *Cornelia frente al espejo,* 1988. Argentina.
Olivera Figueroa, Rafael. *¿Enfermera, doctora o santa?,* 1991. México.
Ollero Tassara, Andrés. *ABC,* 7/4/2001. España.
Olmedo, José Joaquín. *A don Andrés Bello [Epistolario],* 1835. Ecuador.
Olmo, Lauro. *La camisa,* 1962. España.
Onetti, Juan Carlos. *Juntacadáveres,* 1964. Uruguay.
Oña, Pedro de. *Arauco domado,* 1596. RAE. Chile.
Orduña Rodríguez, Tomás. *Manual de higiene privada,* 1881. RAE. España.
Ors, Eugenio d'. *Tres horas en el Museo del Prado,* 1923. España.
Ortega Munilla, José. *Cleopatra Pérez,* 1884. RAE. Cuba.
Ortega y Gasset, José. *Artículos (1917-1933),* 1917. RAE. España.
—. *Arte de este mundo y del otro,* 1911. RAE. España.
—. *Ensayo de estética a manera de prólogo, La deshumanización del arte,* 1914. España.
—. *Ideas sobre la novela,* 1925.
—. *Meditaciones del Quijote,* 1914. España.
Ortiz de Zárate, Amaya, ver González Requena, Jesús.
Ortiz, Fernando. *Contrapunteo cubano del tabaco y el azúcar,* 1963. RAE. Cuba.

Ortiz, Fernando. *La música afrocubana*, 1975. RAE. Cuba.
Ortiz-Armengol, Pedro. *Aviraneta o la intriga*, 1994. España.
Ostolaza Bey, Margarita. *Política sexual en Puerto Rico*, 1989. RAE. Puerto Rico.
Otero, Lisandro. *Temporada de ángeles*, 1983. RAE. Cuba.
Palencia, Elio. *Camino a Kabaskén*, 1989. Venezuela.
Pallarés, Juan. *El último estoico*, 1923. España.
Palomino, Ángel. *Torremolinos, Gran Hotel*, 1971. España.
Palomo, Juan. *El Cultural, El Mundo*, 2/5/2001. España.
—. *El Cultural, El Mundo*, 22-28 noviembre, 2000.
Palou, Inés. *Carne apaleada*, 1975. España.
Paranaguá, Antonio Paulo. *Arturo Ripstein*, 1997. México.
Pardo Bazán, Emilia. *La cuestión palpitante*, 1883. RAE. España.
—. *Los pazos de Ulloa*, 1886. España.
—. *La Tribuna*, 1883. España.
Parra, Marco Antonio de la. *La secreta obscenidad de cada día*, 1984. RAE. Chile.
Parra, Teresa de la. *Ifigenia. Diario de una señorita que escribió porque se fastidiaba*, 1924. RAE. Venezuela.
Parrado, Gloria. *1905 (Tríptico)*, 1984. RAE. Cuba.
—. *Bembeta y Santa Rita*, 1984. RAE. Cuba.
—. *Muerte en el muelle*, 1984. Cuba.
Pascual de Sanjuán, Pilar. *Flora o la educación de una niña*, 1888-1923. RAE. España.
Paz Hernández, Albio. *Huelga*, 1981. Cuba.
Paz, Octavio. *Sombra de obras*, 1983. México.
Pedraza, Pilar. *La Pequeña Pasión*, 1990. España.
Pemán, José María. *ABC*, 25/11/1951. España.
—. *Mis almuerzos con gente importante*, 1970. España.
Penella, Manuel. *Tu hijo: genio en potencia*, 1995. Argentina.
Pereda, José María de. *La puchera*, 1889. España.
—. *Peñas arriba*, 1895. España.
—. *Sotileza*, 1885-88. España.
Pérez Aranda, B. *La ex siempre llama dos veces*, 1993. España.
Pérez de Ayala, Ramón. *Belarmino y Apolonio*, 1921. RAE. España.
—. *Tigre Juan*, 1926. España.
Pérez de Chinchón, Bernardo. *La lengua de Erasmo...*, 1553. RAE. España.

Pérez de Urbel, Fray Justo. *San Pablo, apóstol de las gentes*, 1941. RAE. España.
Pérez Galdós, Benito. *La corte de Carlos IV*, 1873. España.
—. *Aita Tettauen*, 1905. España.
—. *Ángel Guerra*, 1890-91. España.
—. *Fortunata y Jacinta*, 1886. España.
—. *La de Bringas*, 1884. España.
—. *La familia de León Roch*, 1875. España.
—. *Misericordia*, 1897. España.
—. *Trafalgar*, 1873. España.
Pérez Merinero, Carlos. *Días de guardar*, 1981. España.
Pérez Tamayo, Ruy. *Ciencia, paciencia y conciencia*, 1991. RAE. México.
Pinillos, José Luis. *La mente humana*, 1969. RAE. España.
Piñera, Virgilio. *¿Un pico, o una pala?*, 1990. RAE. Cuba.
—. *Las siamesas*, 1990. RAE. Cuba.
Pirala, Antonio. *Historia de la guerra civil y de los partidos liberal y carlista, I*, 1868. RAE. España.
Pitol, Sergio. *Juegos florales*, 1982. RAE. México.
Polo de Medina, Jacinto. *Poesía*, 1630-55. RAE. España.
Pombo, Álvaro. *El héroe de las Mansardas de Mansard*, 1983. España.
—. *El metro de platino iridiado*, 1990. España.
Portal, Marta. *Pago de traición*, 1983. España.
Posse, Abel. *La pasión según Eva*, 1995. RAE. Argentina.
Prada Oropeza, Renato. *Larga hora: la vigilia*, 1979. RAE. México.
Prensa Libre. RAE. Guatemala.
Proceso. RAE. México.
Quevedo y Villegas, Francisco de. *Pragmática que este año 1600 se ordenó*, 1600. RAE. España.
—. *Epícteto y Phocilides*, 1609-26. RAE. España.
—. *Cartas del Caballero de la Tenaza*, 1606. RAE. España.
—. *Cuento de cuentos*, 1626. España.
—. *La hora de todos y la Fortuna con seso*, 1635. RAE. España.
—. *Poesías*, 1597-1645. RAE. España.
—. *Vida de la corte y Capitulaciones matrimoniales*, 1611. RAE. España.
Quevedo, Alina. *Genes en tela de juicio*, 1996. Cuba.
Quintero, Ednodio. *La danza del jaguar*, 1991. Venezuela.
Quintero, Héctor. *Te sigo esperando (Una crónica cubana de los noventa)*, 1996. Cuba.

Quiñones de Benavente, Luis. *Los vocablos,* 1642. RAE. España.
Quiroga, Elena. *Escribo tu nombre,* 1965. España.
Rabal, Francisco. *ABC,* 20/1/2001. España.
Ramírez Heredia, Rafael. *El Rayo Macoy y otros cuentos,* 1984. México.
Ramírez, Pedro J. *David contra Goliat,* 1995. España.
Ramírez, Sergio. *Un baile de máscaras,* 1995. RAE. Nicaragua.
Rangel, Carlos. *El tercermundismo,* 1982. RAE. Venezuela.
Rayuela, Fernando. *ABC* Cultural, 5/5/2001. España.
Regás, Rosa. *Ganas de quejarse, la verdad,* 1995. España.
Rellán, Miguel Ángel. *Crónica indecente de la muerte del cantor,* 1985. España.
Remos y Rubio, Juan *Tradición cervantina en Cuba,* 1947. RAE. Cuba.
Repiso, Fernando. *El incompetente,* 1977. España.
Revilla, Federico. *Hacerlo bien y hacerlo saber,* 1970. España.
Revista Hoy, Chile.
Reyes, José Carlos. *El carnaval de la muerte alegre,* 1991. Colombia.
Reyles, Carlos. *El gaucho Florido,* 1932. RAE. Uruguay.
Ribera, Jaume. *La sangre de mi hermano,* 1988. España.
Rico Godoy, Carmen. *Cómo ser una mujer y no morir en el intento,* 1990. España.
Riera, Carmen. «La enfermedad de escribir», ByN Ella, 16/6/2001. España.
Rivera, José Eustasio. *La vorágine,* 1924. Colombia.
Riviriego, Carlos. El Cultural, El Mundo, 7-13/2/2001. España.
Roa Bastos, Augusto. *El Crack,* 1995. Paraguay.
—. *Hijo de hombre,* 1960. Paraguay.
—. *Vigilia del almirante,* 1992. Paraguay.
Ródenas, Magda. *ABC de las plantas de jardín y terraza,* 1964. España.
Rodríguez de Villaviciosa, Sebastián. *La vida holgona. Entremés,* 1657. RAE. España.
Rodríguez Florián, Juan. *Comedia llamada Florinea, que tracta de los amores del buen duque Floriano con la linda y muy casta...,* 1554. RAE. España.
Rodríguez Gallego, Manuel. *Historia de la Cristalografía,* 1990. RAE. España.
Rodríguez Lafuente, Fernando. *ABC Cultural,* 21/4/2001. España.
—. *ABC Cultural,* 26/5/2001. España.
Rodríguez Marín, Francisco (Bachiller Francisco de Osuna). *Coser y cantar,* 1933. España.

Rodríguez Moñino, Antonio. *Dictados tópicos de Extremadura*, 1931. España.
—. *Don Bartolomé José Gallardo (1776-1852)*, Madrid, 1955. España.
Rodríguez-Méndez, José María. *Bodas que fueron famosas del Pingajo y la Fandanga*, 1976. España.
Rodríguez-Sieiro, J. *Diario 16*, 5/10/200. España.
Rojas Zorrilla, Francisco de. *Entre bobos anda el juego*, 1638. España.
Rojas, Fernando de. *La Celestina*, 1499. España.
Rojo, Floridor. *La princesa responsable de su propia fortuna*, 1964. Chile.
Rojo, José Andrés. *Hotel Madrid*, 1988. Bolivia.
Rolla, Edagardo. *Familia y personalidad*, 1976. RAE. Argentina.
Romero Alpuente, Juan. *Intervenciones en las Cortes Ordinarias [Escritos]*, 1820. RAE. España.
—. *Los tres días grandes de Francia*, 1830. RAE. España.
Rossardi, Orlando. *La visita*, 1997. RAE. Cuba.
Rossi, Anacristina. *María la noche*, 1985. RAE. Costa Rica.
Rovinski, Samuel. *Herencia de sombras*, 1993. RAE. Costa Rica.
Rubio, Fanny. *La sal del chocolate*, 1992. España.
Rueda, Lope de. *Pasos*, 1545-65. RAE. España.
Ruiz de Alarcón, Juan. *La verdad sospechosa*, 1619. RAE. España.
Ruiz Gurillo, Leonor. *Aspectos de fraseología teórica española*, 1997. España.
Ruiz, Juan (Arcipreste de Hita), *Libro de buen amor*, 1330-43. RAE. España.
Rumbo. RAE. República Dominicana.
Russotto, Márgara. *Tópicos de retórica femenina*, 1993. Venezuela.
Sábato, Ernesto. *Sobre héroes y tumbas*, 1961. Argentina.
Sabina, Joaquín. *Interviú*, 4-10/12/2000. España.
Sahagún, Fray Bernardino de. *Historia general de las cosas de Nueva España*, 1576. RAE. México.
Saiz, Jerónimo. *La ansiedad*, 1993. España.
Salinas, Pedro. *Correspondencia (1923-51)*, 1923-1951. RAE. España.
—. *El polvo y los nombres*, 1952. RAE. España.
—. *Góngora. La exaltación de la realidad*, 1937. RAE. España.
—. *Lo que debemos a Don Quijote [Ensayos de literatura hispánica. Del «Cantar de Mio Cid» a García Lorca...*, 1947. RAE. España.
Salisachs, Mercedes. *La gangrena*, 1975. España.
Salvador Rodríguez, Amós. *Discurso de contestación ante la Real Academia de Ciencias Exactas, Físicas y Naturales...*, 1920. RAE. España.

Samaniego, Félix María de. *Fábulas*, 1781-84. RAE. España.
Sampedro, José Luis. *Congreso en Estocolmo*, 1952. España.
—. *El caballo desnudo*, 1970. España.
San Gerónimo, Magdalena de. *Razón y forma de la galera y casa real*, 1608. RAE. España.
Sánchez Arjona, José. *Noticias referentes a los Anales del Teatro en Sevilla desde Lope de Rueda hasta fines del siglo XVI*, 1898. RAE. España.
Sánchez de las Brozas, Francisco. *Comentarios a Garcilaso*, 1574. RAE. España.
Sánchez-Dragó, Fernando. *El camino del corazón*, 1990. España.
Sánchez Espeso, Germán. *En las alas de la mariposa*, 1985. España.
Sánchez Ferlosio, Rafael. *El Jarama*, 1956. España
Sánchez, Héctor. *El héroe de la familia*, 1988. Colombia.
Sanchís Sinisterra, José. *El retablo de Eldorado*, 1985. España.
—. *Ñaque o de piojos y autores*, 1980. España.
Santa Cruz de Dueñas, Melchor de. *Floresta española*, 1574. RAE. España.
Santa María, Xavier Antonio de. *Vida prodigiosa de la venerable Virgen Juana de Jesús*, 1756. RAE. Ecuador.
Santonja, Gonzalo. «Los Papeles de Son Armadans», *ABC Cultural*, 5/5/2001. España.
Santos Febres, M. *Pez de vidrio*, 1996. Colombia.
Santos, Alonso de. *La estanquera de Vallecas*, 1981. España.
Sanz Villanueva, Santos. *El Mundo*, 13/6/2001. España.
Sarabia, Ramón. *¿Cómo se educan los hijos? Lecciones de pedagogía familiar*, 1945. RAE. España.
Sarduy, Severo. *Pájaros de la playa*, 1993. RAE. España.
Sarmiento Lasuén, José. *Compendio de paidología*, 1914. RAE. España.
Sas Orchassal, Andrés. *La música en la catedral de Lima durante el virreinato*, 1972. RAE. Perú.
Sastre, Alfonso. *El viaje infinito de Sancho Panza*, 1984. España.
—. *Los hombres y sus sombras (Terrores y Miserias del IV Reich)*. 1991. España.
—. Alfonso. *Revelaciones inesperadas sobre Moisés*, 1991. España.
Scorza, Manuel. *La tumba del relámpago*, 1988. RAE. Perú.
Semana, RAE. Colombia.
Semprún, Jorge. *Autobiografía de Federico Sánchez*, 1977. España.
Sender, Ramón J. *Imán*, 1930. RAE. España.
—. *Réquiem por un campesino español*, 1953. España.

Sepúlveda, Lorenzo. *Comedia de Sepúlveda,* 1565. RAE. España.
Serpa, Enrique. *Contrabando,* 1938. RAE. Cuba.
Serrano Pareja, Antonio. *Coleccionismo de sellos.* 1979. RAE. España.
Serrano, J. *The Vulgar Tongue, Oral Tradition in Spanish,* 1998. España
Serrano, Marcela. *Antigua vida mía,* 1955. RAE. Chile.
Sevilla Arrollo, F. «Rico contra Cervantes», *Manuscrit. Cao, VII,* 1996-98. España.
Sevilla Muñoz, Julia. «Consideraciones sobre la búsqueda de correspondencias paremiológicas, francés-español» en Gloria Corpas Pastor, *Las lenguas de Europa: Estudios de fraseología, fraseografía y traducción,* Comares: 2000. España.
Shand, William. *El sastre,* 1982. RAE. Argentina.
Sierra i Fabra, Jordi. *El regreso de Johnny Pickup,* 1995. España.
Siglo Veintiuno. RAE. Guatemala.
Skármeta, Antonio. *El cartero de Neruda,* 1986. Chile.
Somoza, José Carlos. «El otro», *ABC Cultural,* 7/4/2001. España.
Sophia, *El arte de adivinar con las cartas,* 1996. RAE. EE. UU.
Soriano, Elena. *Caza menor,* 1951. España.
Suances-Torres, Jaime. *Diccionario del verbo español, hispanoamericano y dialectal,* 2000. España.
Suárez Marco, Fidel. *Sueños de Luciano Pulgar,* 1911-25. RAE. Colombia.
Talavera, Fray Hernando de. *Católica impugnación del herético libelo maldito y descomulgado,* 1487. RAE. España.
Tamames, Ramón. *Curso de Economía,* 1992. RAE. España.
Tamayo y Baus, Manuel. *Un drama nuevo,* 1867. España.
Tamayo, Francisco. *El hombre frente a la naturaleza,* 1993. Venezuela.
Tamayo, Franz. *Creación de la pedagogía nacional,* 1910. RAE. Bolivia.
Tárrega, Francisco Agustín. *Discurso o recopilación de las necesidades más ordinarias en que solemos caer hablando...,* 1592. RAE. España.
Tauro del Pino, Alberto. *Perú: época republicana,* 1973. RAE. Perú.
Teitelboim, Volodia. *En el país prohibido. Sin el permiso de Pinochet,* 1988. RAE. Chile.
Tejera Osuna, Inmaculada. *El libro del pan,* 1993. España.
Teso, Kosme del. *Introducción a la informática para torpes,* 1993. España.
Tibón, Gutierre. *Aventuras en las cinco partes del mundo (con un brinco a Úbeda),* 1986. México.

Tiempo. España.
Tiempo. RAE. Colombia.
Timoneda, Joan. *Buen aviso y portacuentos,* 1564. RAE. España.
—. *El sobremesa y alivio de caminantes,* 1562-1569. RAE. España. .
Tirso de Molina (Fray Gabriel Téllez), *Cigarrales de Toledo.* RAE. España.
—. *Los balcones de Madrid,* 1632-34. RAE. España.
—. *El burlador de Sevilla,* 1613. RAE. España.
Tomeo, Javier. *Amado monstruo,* 1985. España.
Toro, Luis de. *Discurso y consideraciones,* 1569. RAE. España.
Torquemada, Antonio de. *Manual de escribientes,* 1552. RAE. España.
Torrente Ballester, Gonzalo. *La saga/fuga de J. B.* , 1972. España.
Torres, Diego de. *Relación del origen y suceso de los Xarifes y del estado de los reinos de Marruecos, Fez y Tarudante,* 1575. RAE. España.
Trías, Eugenio. *El Cultural, El Mundo,* 18/4/2001. España.
Turismo rural. España.
Tusell, Javier. *Geografía e Historia,* 1995. España.
Tusquets, Esther. *El mismo mar de todos los veranos,* 1978. España.
Umbral, Francisco. *El Cultural, El Mundo,* 21-27/6/2000. España.
—. El Mundo, 30/9/1996. España.
Unamuno, Miguel de. *Abel Sánchez,* 1917. España.
—. *Amor y pedagogía,* 1902. España.
—. *Del sentimiento trágico de la vida,* 1913. España.
—. *En torno al casticismo,* 1895. España.
—. *Niebla,* 1914. España.
—. *Vida de don Quijote y Sancho,* 1905. España.
Urabayen, Leoncio. *La tierra humanizada,* 1949. RAE. España.
Urbina, Fernando. *La guerra nuclear,* 1984. España.
Urrutia, Jorge. *Sistemas de comunicación,* 1975. RAE. España.
Uslar Pietri, Arturo. *La visita en el tiempo,* 1990. Venezuela.
Valbuena, Bernardo de. *Siglo de oro en las selvas de Erífile,* 1608. RAE. España.
Valdés, Alfonso de. *Diálogo de Mercurio y Carón,* 1529. RAE. España.
Valdés, Juan de. *Diálogo de la lengua,* 1535. RAE. España.
Valera, Juan. *Epistolario de Valera y Menéndez y Pelayo,* 1887. RAE. España.
—. *Genio y figura,* 1897. RAE. España.
Valle-Inclán, Ramón María del. *La corte de los milagros,* 1927. España.

—. *La rosa de papel*, 1927. España.
—. *Los cuernos de don Friolera*, 1921. España.
Vallejo, Alfonso. *Latidos*, 1980. RAE. España.
Vallejo-Nágera, Juan Antonio. *Yo, el rey*, 1985. España.
Vargas Llosa, Mario. *Conversación en la catedral*, 1966. Perú.
—. *La ciudad y los perros*, 1962. Perú.
—. *La tía Julia y el escribidor*, 1977. Perú.
Vázquez de Espinosa, Antonio. *Compendio y descripción de las Indias Occidentales*, 1629. RAE. España.
Vázquez Montalbán, Manuel. *Galíndez*, 1990. España.
Vega Carpio, Lope de. *La bella malmaridada o la cortesana*, 1598. RAE. España.
—. *La Dorotea*, 1632. RAE. España.
—. *La Gatomaquia*, 1634. RAE. España.
Verdaguer, Joaquín. *El arte de fumar en pipa*, 1980. RAE. España.
Vicuña, Gumersindo. *Manual de física popular*, 1881. RAE. España.
Vidal, César. *Historias del ocultismo*, 1995. RAE. España.
Viezzer, Moema. *Si me permiten hablar...*, 1977. RAE. Bolivia.
Vila-Mata, Enrique. *Suicidios ejemplares*, 1961. España.
Villa y Martín, Santiago de la. *Exterior de los principales animales*, 1881. RAE. España.
Villegas, Alonso de. *Fructus sanctorum*, 1595. RAE. España.
Villena, Luis Antonio de. *El burdel de Lord Byron*, 1995. España.
Viñas, David. *Maniobras*, 1985. RAE. Argentina.
—. *Un dios cotidiano*, 1978. RAE. Argentina.
Vistazo. RAE. Ecuador.
Vivanco, Osvaldo. *El despresado*, 1971. RAE. Chile.
VV. AA, *La palabra de Cristo*, 1953. RAE. España.
—. *Cuentos de fútbol*, 1995. RAE. España.
—. *Cocina argentina*, 1996. RAE. Argentina.
Walsh, Rodolfo. *Cuento para tahures*, 1951-61. RAE. Argentina.
Zabaleta, Juan de. *El día de fiesta por la tarde*, 1660. RAE. España.
Zaldívar, Mario. *Ahora juega usted Señor Capablanca*, 1990. Costa Rica.
Zamora Vicente, Alonso. *A traque barraque*, 1972. España.
—. *Historias de viva voz*, 1995. España.
—. *Prólogo al Diccionario panhispánico de refranes*, 2002. España.
—. «De obligado cumplimiento», *El extramundi y los papeles de Iria Flavia*, nº XVIII, 1999. España.

Zanders, Emilia. *Breve historia de la ópera*, 1992. RAE. Venezuela.
Zaragoza, Cristóbal. *Y Dios en la última playa*, 1981. España.
Zarzalejos, José Antonio. *ABC*, 19/5/2001. España.
Zayas y Sotomayor, María de. *Desengaños amorosos,* 1647. RAE. España.
Zorrilla, José. *Cartas íntimas e inéditas*, 1983. RAE. España.
—. *Traidor, inconfeso y mártir,* 1849. RAE. España.
Zugasti y Sáenz, Julián. *El Bandolerismo. Estudio social y memorias históricas*, 1876. RAE. España.
Zunzunegui, Juan Antonio de. *El Chiplichandle*, 1940. España.